Die Asylrechtsharmonisierung in der Europäischen Union

SCHRIFTEN ZUM STAATS- UND VÖLKERRECHT

Herausgegeben von Prof. Dr. Dieter Blumenwitz

Band 110

Peter Lang
Frankfurt am Main · Berlin · Bern · Bruxelles · New York · Oxford · Wien

Bettina Gerber

Die Asylrechts-harmonisierung in der Europäischen Union

Unter besonderer Berücksichtigung
der Richtlinie zur Festlegung
von Mindestnormen für die Aufnahme
von Asylbewerbern in den Mitgliedstaaten

Peter Lang
Europäischer Verlag der Wissenschaften

Bibliografische Information Der Deutschen Bibliothek
Die Deutsche Bibliothek verzeichnet diese Publikation in der Deutschen Nationalbibliografie; detaillierte bibliografische Daten sind im Internet über <http://dnb.ddb.de> abrufbar.

Zugl.: Würzburg, Univ., Diss., 2003

D 20
ISSN 0172-7796
ISBN 3-631-52392-0

www.peterlang.de

Meinen Eltern

Vorwort

Diese Arbeit lag der Juristischen Fakultät der Bayerischen Julius-Maximilians-Universität zu Würzburg im Sommersemester 2003 als Dissertation vor. Aktuelle Entwicklungen wurden bis Mai 2003 eingearbeitet.
Besonderen Dank gebührt meinem verehrten Doktorvater, Herrn Prof. Dr. Dieter Blumenwitz für seine verständnisvolle und intensive Betreuung bei der Anfertigung dieser Arbeit. Er mich in jeglicher Hinsicht unterstützt und gefördert, stets an mich geglaubt und war immer für Fragen und Bitten erreichbar. Zudem danke ich ihm für die Aufnahme des Werkes in die Reihe „Schriften zum Staats- und Völkerrecht".
Zu danken ist gleichermaßen Herrn Prof. Dr. Michael Wollenschläger für die rasche Erstellung des Zweitgutachtens.
Meinen Eltern danke ich für ihre immerwährende Unterstützung und für ihre Hilfe bei der Korrektur der Arbeit. In Liebe danke ich zudem meinem Mann Andreas Gerber für seine Geduld und seine Unterstützung, insbesondere in den letzten Monaten vor Abgabe.
Die Mitarbeiter des Würzburger Lehrstuhls, insbesondere Frau Ruth Rupp und Herr PD Dr. Winfried Bausback standen mit zu jeder Zeit mit Rat und Tat zur Seite. Allen sei herzlich gedankt.
Dank gebührt weiterhin der Hochschule für Politik in München, die die Arbeit in großzügiger Weise finanziell unterstützt hat.
Dem Europäischen Rechtszentrum der Universität Würzburg danke ich darüber hinaus für den großzügigen Druckkostenzuschuß.
Die Arbeit wurde mit dem Forschungspreis der Gesellschaft zur Erforschung des Weltflüchtlingsproblems (AWR) im Jahr 2003 ausgezeichnet.

Genf, im April 2004

Bettina Gerber

Inhaltsverzeichnis

Abkürzungsverzeichnis

a.A.	andere Ansicht
Abs.	Absatz
Abl.	Amtsblatt
ACCEM	Asociación Comisión Católica Espanola de Migración
ACNUR	Alto Comisionado de los Naciones Unidas para los Refugiados
a.F.	alte Fassung
AöV	Archiv des Völkerrechts
ApuZ	Aus Politik und Zeitgeschichte
ARC	Application Registration Card
ArchVR	Archiv des Völkerrechts
ArGV	Arbeitsgenehmigungsverordnung
Art.	Artikel
AStV	Ausschuß Ständiger Vertreter
AsylblG	Asylbewerberleistungsgesetz
AsylG	Asylgesetz
AsylG-DV	Asylgesetz-Durchführungsverordnung
AsylVfG	Asylverfahrensgesetz
AufnahmeG	Aufnahmegesetz
AusländerG	Ausländergesetz
AWR-Bulletin	Bulletin der Forschungsgesellschaft für das Weltflüchtlingsproblem
AZC	Asielzoeckerscentrum
BayEUG	Bayerisches Gesetz über das Erziehungs- und Unterrichtswesen
BayVBl.	Bayerisches Verwaltungsblatt
belg.	belgisch
BGBl.	Bundesgesetzblatt
BGH	Bundesgerichtshof
BbetrG	Bundesbetreuungsgesetz
BbetrVO	Bundesbetreuungsverordnung
BSHG	Bundessozialhilfegesetz
BT-Drs.	Bundestagsdrucksache
BullEG	Bulletin der Europäischen Gemeinschaft
BVerfG	Bundesverfassungsgericht
BverfGE	Bundesverfassungsgerichtsentscheidung
bzw.	beziehungsweise
CADA	Centres d'Accueil des Demandeurs d'Asile
CEAR	Centro de Ayuda al Refugiado
CGE	Commissariat du Gouvernement aux Etrangers

CGRA	Commissariat Général aux Réfugies et aux Apatrides
CIAR	Comisión Interministerial de Asilo y Refugio
CML. Rev.	Common Market Law Review
COA	Centraal Orgaan opvang Asielzoeckers
CPAS	Centre Public d'Assistance Sociale
CSP	Critical Social Policy
d.h.	das heißt
DNA	Dispositif National d'Accueil
DÖV	Die Öffentliche Verwaltung
DRC	Danish Refugee Council
DÜ	Dubliner Übereinkommen
DVBI	Deutsches Verwaltungsblatt
ECHR	European Convention of Human Rights
ECRE	European Council of Refugees and Exiles
ECOSOC	Economic and Social Council
EG	Europäische Gemeinschaft
EGMR	Europäischer Gerichtshof für Menschenrechte
EEA	Einheitliche Europäische Akte
EJML	European Journal of Migration and Law
E.L. Rev.	European Law Review
EMRK	Europäische Menschenrechtskonvention
E.H.R.L.R.	European Human Rights Law Review
endg.	endgültig
EPL	European Public Law
etc.	ecetera
EU	Europäische Union
EuGH	Europäischer Gerichtshof
EuGRZ	Europäische Grundrechte Zeitung
EuR	Europarecht
EuZW	Europäische Zeitschrift für Wirtschaftsrecht
EWG	Europäische Wirtschaftsgemeinschaft
EWGV	Europäischer Wirtschaftsgemeinschaftsvertrag
F.A.Z.	Frankfurter Allgemeine Zeitung
finn.	finnisch
Fn.	Fußnote
franz.	Französisch
FremdenG	Fremdengesetz
GFK	Genfer Flüchtlingskonvention
GG	Grundgesetz
GVBl.	Gesetzesverordnungsblatt
griech.	griechisch
GYIL	German Yearbook of International Law

h.M.	herrschende Meinung
Hrsg.	Herausgeber
i.d.F.	in der Fassung
it.	italienisch
IGH	Internationaler Gerichtshof
IJCR	International Journal of Childrens' Rights
IJRL	International Journal of Refugee Law
Imm&Nat.Law&Pract.	Immagration and National Law and Practice
IMSERSO	Instituto de Migraciones y Servicios Sociales
IND	Immigratie- en Naturalisatiedienst
InfAuslR	Information Ausländerrecht
IntegrationsG	Integrationsgesetz
IPBPR	Internationaler Pakt für Bürgerliche und Politische Rechte
IPWSKR	Internationaler Pakt über wirtschafliche, soziale und kulturelle Rechte
JA	Juristische Arbeitsblätter
JCMS	Journal of Common Market Studies
JRS	Journal of Refugee Studies
JuS	Juristische Schulung
Kap.	Kapitel
KB	Kommissionsbericht
KE	Zulässigkeitsentscheidung der Kommission (EMRK)
KJ	Kritische Justiz
KOM-E	Kommissionsentscheidung (EMRK)
KRK	Kinderrechtskonvention
lux.	luxemburgisch
m.w.N.	mit weiteren Nachweisen
NASS	National Asylum Support Service
niederl.	niederländisch
NJW	Neue Juristische Wochenschrift
NRO	Nicht-Regierungsorganisation
Nr.	Nummer
NVwZ	Neue Zeitschrift für Verwaltungsrecht
NYIL	Netherland Yearbook of International Law
OAR	Oficina de Asilo y Refugio
OC	Onderzoeks- en Opvangcentrum
öst.	österreichisch
OFPRA	Office français de Protection des Refugies et des Apatrides
OJHR	Official Journal of the Hellenic Republic
port.	portugiesisch

REDP	Revue Européenne de Droit Public
Rn.	Randnummer
Rev.	Revue
Rev. fr. Droit ad.	Revue française de Droit administrative
Rev. fr. Droit	Revue française de Droit
Rev. du Marché	Revue du Marché
RTD	Revue trimestrielle de Droit Européenne
RTDH	Revue trimestrielle de Droit de l'Homme
S.	Satz
SAL	Standard Acknowledgement Letter
schwed.	schwedisch
SFS	Svenska Förtfattningssamling
SMV	Statens Migrationsverket
span.	spanisch
SDÜ	Schengener Durchführungsübereinkommen
Uabs	Unterabsatz
UABS	Unabhängiger Bundesasylsenat
UN-Doc.	United Nations Document
UNHCR	United Nations High Commissioner for Refugees
UNO	United Nations Organisation
UNTS	United Nations Treaty Series
vgl.	vergleiche
VN	Vereinte Nationen
Vol.	Volume
Vorb.	Vorbemerkung
VRÜ	Verfassung und Recht in Übersee
VwVfG	Verwaltungsverfahrensgesetz
WHO	World Health Organisation
WSHG	Wiener Sozialhilfegesetz
WVRK	Wiener Vertragsrechtskonvention
YEL	Yearbook of European Law
ZaöRV	Zeitschrift für ausländisches öffentliches Recht und Völkerrecht
ZAR	Zeitschrift für Ausländerrecht
z.B.	zum Beispiel
ZfRV	Zeitschrift für Rechtsvergleichung
Ziff.	Ziffer
ZP	Zusatzprotokol
ZRP	Zeitschrift für Rechtspolitik

Einführung

Die Ausarbeitung einer gemeinsamen Asylpolitik einschließlich eines gemeinsamen europäischen Asylsystems ist ein wesentlicher Bestandteil des Ziels der europäischen Union, schrittweise einen Raum der Freiheit, der Sicherheit und des Rechts aufzubauen, der all denjenigen offensteht, die rechtmäßig um Schutz auf dem Territorium der Mitgliedstaaten nachsuchen.
Der Europäische Rat kam auf seiner Sondertagung im finnischen Tampere im Oktober 1999[1] überein, ein gemeinsames europäisches Asylsystem zu entwikkeln. Durch den Amsterdamer Vertrag, der am 2. Mai 1999 in Kraft trat, wurde die Asyl- und Flüchtlingspolitik in die Zuständigkeit der Gemeinschaft überführt. Vor dem Inkrafttreten des Amsterdamer Vertrages war dieser Politikbereich lediglich Gegenstand der intergouvernementalen Zusammenarbeit der Mitgliedstaaten im Rahmen der sogenannten „dritten Säule" der Europäischen Union.[2] Der durch den Amsterdamer Vertrag neu eingeführte Titel IV „Visa, Asyl, Einwanderung und andere Politiken betreffend den freien Personenverkehr" legt in Art. 63 Nr. 1 EGV die gemeinschaftliche Asylpolitik fest. Damit hat die Gemeinschaft nun die Kompetenz, eine gemeinsame und auch verbindliche Asyl- und Flüchtlingspolitik durch den Erlaß von Rechtsakten im Sinne von Art. 249 EGV zu gestalten.
Im Bereich der Asylpolitik wird der Rat zum einen ermächtigt, Kriterien und Verfahren zur Bestimmung des für die Prüfung eines Asylantrags zuständigen Mitgliedstaates zu erlassen. Zum anderen, Mindestnormen für die Aufnahme von Asylbewerbern in den Mitgliedstaaten für die Anerkennung von Drittstaatsangehörigen als Flüchtlinge und für die Verfahren zur Zu- oder Aberkennung der Flüchtlingseigenschaft festzulegen (vgl. Art 63 EGV).
Die Aussage, ein europäisches Asylsystem zu schaffen, ist nun keine reine politische Aussage mehr, sondern findet durch den Amsterdamer Vertrag eine konkrete Normierung in Art. 63 EGV.

Die Gemeinschaft hat sich bezüglich der Realisierung eines gemeinsamen Asylsystems einen ehrgeizigen Zeitplan gesetzt, denn bis zum Jahr 2004 sollen in allen in Art. 63 Nr. 1 EGV genannten Bereichen Maßnahmen erlassen worden sein. Inzwischen hat die Kommission zahlreiche Vorschläge in Form von Richtlinien und Verordnungen vorgelegt.[3] Einige davon sind bereits in Kraft getreten. So auch die Richtlinie zur Festlegung von Mindestnormen für die Aufnahme

---

[1] Ausführlich zu den Ergebnissen der Konferenz, IJRL, Documents. Council of Europe, Comittee of Ministers, Band 12, 2. Ausgabe 2000, S. 281 ff.

[2] Art. K.1 Nr. 1 i.V.m. Art. K.3 EUV a.F. Zu der Asylpolitik unter dem Maastrichter Vertrag, siehe ausführlich unter Erster Teil, A, IV. Im Folgenden EU.

[3] Siehe dazu HAILBRONNER, ZAR 2002, S. 259, (259 ff); STABENOW, in: F.A.Z. vom 14.12.2001, S. 8.

von Asylbewerbern in den Mitgliedstaaten, die am 06.02.2003 in Kraft trat.[4] Auch wenn der Einstimmigkeitszwang, der die Sorge der Mitgliedstaaten vor zu großen Souveränitätsverlusten widerspiegelt, allzu schnelle Fortschritte bremst, werden die Anstrengungen beibehalten, um den Harmonisierungsprozeß im Bereich der Asylpolitik peu à peu weiter voranzutreiben.[5] Auf dem Gipfeltreffen des Europäischen Rates in Sevilla im Juni 2002 wurde nochmals bekräftigt, daß der Aufbau einer europäischen Asyl- und Migrationspolitik das zentrale Vorhaben der gesamten Innen- und Justizpolitik der EU bleiben muß. Im Rahmen dieses Gipfels stand allerdings nicht die Asylpolitik im Vordergrund, sondern die Bekämpfung der illegalen Einwanderung.[6]

Dabei darf nicht vergessen werden, daß schon vor dem Inkrafttreten des Amsterdamer Vertrages vielfältige Anstrengungen unternommen worden sind, um in den verschiedenen Bereichen des Asylrechts gemeinschaftliche Lösungen zu erarbeiten. In fast allen künftig zu harmonisierenden Sachbereichen des Asylrechts kann auf bereits vorhandene (völkerrechtliche) Übereinkommen, Gemeinsame Standpunkte, Entschließungen oder ähnliches zurückgegriffen werden. Folglich kann und wird der bestehende EU - aquis[7] als Leitlinie für ein künftiges gemeinsames Asylrecht herangezogen.

Ein gemeinschaftliches Asylrecht erscheint angesichts der bestehenden Problematik dringend erforderlich. Dabei muß sich das Augenmerk insbesondere auch auf die Schaffung gemeinsamer Aufnahmestandards für Asylbewerber in den Mitgliedstaaten richten.
So sind der zwar gesunkene, aber dennoch kontinuierliche Zustrom von Asylbewerbern[8], die ungleiche Lastenverteilung[9] und die illegale Einwanderung[10]

---

4 ABl. L 31/18 vom 06.02.2003. Im Folgenden „Die Richtlinie".

5 Siehe F.A.Z. vom 27.03.2003, S. 4.

6 Vgl. dazu HORT, in: F.A.Z. vom 21.06.2002, S. 6, DERS., in: F.A.Z. vom 24.06.2002, S. 4 und F.A.Z. vom 21.06.2002, S. 1. Siehe auch ZAR-Dokumentation, ZAR 2002, S. 294 ff.

7 Darunter wird die Gesamtheit des Gemeinschaftsbestandes (z.B. an politischen Zielen) und des Gemeinschaftsrechts (Primärrecht, Sekundärrecht, ungeschriebenes Recht) verstanden, STREINZ, Europarecht, S. 37.

8 Die Zahl der Flüchtlinge, die in Afrika und Asien um Schutz nachsuchen, übersteigt um ein vielfaches die Zahl derer, die in Europa um Schutz bitten. Das europäische Flüchtlingsproblem erscheint im Verhältnis dazu geradezu unbedeutend. Zudem sind die Asylbewerberzahlen in Europa seit Ende der neunziger Jahre gesunken, da aufgrund der Asylrechtskrise - ausgelöst durch die sehr hohen, kaum zu bewältigenden Asylbewerberzahlen Mitte der neunziger Jahre - in allen Mitgliedstaaten das Asylrecht erheblich verschärft wurde. Dennoch bleibt die Kontrolle des Zustroms von Asylsuchenden aus europäischer Sicht weiterhin eine Herausforderung. Insbesondere Großbritannien sieht sich zur Zeit einem wachsenden Zustrom von Asylbewerbern gegenüber gestellt, F.A.Z. vom 31.10.2001, S. 7.

9 Die ungleiche Verteilung der Flüchtlingsströme auf die Mitgliedstaaten führt zu der For-

schon längst nicht mehr allein nationale Probleme, sondern europäische Probleme, die europäischer Lösungen bedürfen.[11] Hinzu kommt, daß in der Vergangenheit einzelstaatliche Maßnahmen zur Begrenzung des Asylmißbrauchs zu einer Art „Wettbewerb" bezüglich des strengsten Asylrechts in Europa geführt haben. Grund dafür war die Befürchtung der Mitgliedstaaten, attraktiver für Asylbewerber zu erscheinen, falls das nationale Recht im Vergleich zu dem der Nachbarländer liberaler erschien. Dieser Wettlauf kann zum einen dazu führen, daß mit der Zeit nicht einmal mehr Minimalstandards eingehalten werden und den wirklich Schutzbedürftigen kein adäquater Schutz gewährt wird.[12] Zum anderen ist eine Verschärfung des nationalen Asylrechts in der Regel unsolidarisch gegenüber den anderen Mitgliedstaaten, da diese die unmittelbaren Auswirkungen in Form von höheren Asylbewerberzahlen zu spüren bekommen.[13]

Eine gemeinsame Asylpolitik ist auch vor dem Hintergrund des Funktionierens des gemeinsamen Binnenmarktes erforderlich. Der Abbau der Binnengrenzen hat die Freizügigkeit im europäischen Raum mit sich gebracht, von der auch Drittstaatsangehörige profitieren.[14] Dies führt einerseits dazu, daß illegal in das Hoheitsgebiet der EU eingereiste Flüchtlinge innerhalb der Union bis zu dem Mitgliedstaat weiterreisen, in dem sie die besten sozialen, wirtschaftlichen und rechtlichen Bedingungen vermuten. Andererseits führt es auch dazu, daß in einem Mitgliedstaat abgelehnte Asylbewerber erneut einen Asylantrag in einem anderen Mitgliedstaat stellen, ein Phänomen, das als „asylum-shopping" bezeichnet wird.

Im Hinblick auf die Aufnahme von Asylbewerbern führt die soeben angesprochene Problematik zu der Debatte, inwieweit Asylbewerber in das jeweilige nationale Sozialsystem eingebunden sein sollten und welche Sozialleistungen ih-

---

derung der betroffenen Staaten nach einer gerechten Lastenverteilung. So steht Deutschland zwar weiterhin weit vorn hinsichtlich der absoluten Anzahl der Asylanträge, in Relation zur eigenen Bevölkerung stehen allerdings die kleineren Mitgliedstaaten wie Belgien und die Niederlande an der Spitze, DECKERS, in: F.A.Z. vom 01.12.2000, S. 3. Die Lastenverteilung wird sich an der wirtschaftlichen Leistungsfähigkeit und an der Bevölkerungszahl eines Mitgliedstaates orientieren müssen, vgl. NOLL/VEDSTED-HANSEN in: ALSTON (Hrsg.), The EU and Human Rights, S. 359, (395 f.).

10 Vgl. HAILBRONNER, Angebot und Nachfrage, in: F.A.Z. vom 17.05.2001, S. 10; KLOS, Europäische Migrationspolitik. Zum Spannungsverhältnis Asylpolitik und Einwanderung, NATHWANI, IJRL, 2000, S. 354 ff.

11 Zur Notwendigkeit einer europäischen Asylpolitik auch HAILBRONNER, Immigration and Asylum Law, S. 356 ff.

12 Siehe dazu GOODWIN-GILL, IJRL 1999, S. 1 ff.

13 Siehe F.A.Z. vom 01.06.2002, S. 6; siehe dazu auch ausführlich und mit zahlreichen Beispielen in den Fußnoten, MAAßEN, Rechtsstellung, S. 8 f.

14 Auf die Frage, ob Drittstaatsangehörige auch rechtlich vom Abbau der Grenzkontrollen im Binnenmarkt nach Art. 18 EGV erfaßt werden, kommt es nicht an, da sie jedenfalls faktisch von der Freizügigkeit innerhalb der Union profitieren können; so auch MAAßEN, Rechtsstellung, S. 10, Fn. 40.

nen zufließen sollten.[15] Bis zum Inkrafttreten des Amsterdamer Vertrages gab es zu dieser Frage keine gemeinsame Politik. Nicht einmal eine Zusammenarbeit zwischen den Mitgliedstaaten hinsichtlich dieser Problemstellung war erkennbar.

Aufgrund des Inkrafttretens des Amsterdamer Vertrages hat sich die Situation nun geändert, da die Gemeinschaft mit der Richtlinie die Aufnahmebedingungen für Asylbewerber normiert hat. Damit wird nun auch auf europäischer Ebene über diese Aspekte des Sozialstaates entschieden werden und der europäischen Sozialpolitik ein neues Betätigungsfeld eröffnet.
Zwei Faktoren sind die Eckpunkte der europäischen Regelung im Hinblick auf gemeinsame Aufnahmestandards. Zum einen ist es die Verantwortung der Mitgliedstaaten nach dem Völkerrecht. Art. 6 Abs. 2 EUV normiert die Beachtung der Konvention zum Schutze der Menschenrechte und Grundfreiheiten.[16] Daneben bestimmt Art. 63 Abs. 1 EGV, daß Maßnahmen auf Grundlage dieser Norm mit der Genfer Flüchtlingskonvention[17] und anderen, für das Asylrecht relevanten völkerrechtlichen Verträgen in Einklang stehen müssen.
Zum anderen spielt die gegenwärtige Praxis in den Mitgliedstaaten eine Rolle. Die Praxis der Mitgliedstaaten stimmt bisher insofern überein, als in allen Ländern eine Tendenz besteht, aus finanziellen Gründen sowie aus Gründen der Abschreckung, Sozialleistungen an Asylbewerber einzuschränken. Der Zugang zu wirtschaftlichen, sozialen und kulturellen Zuwendungen sowie die Integrationsmaßnahmen wurden in allen Mitgliedstaaten über die letzten Jahre deutlich verringert.[18] Bevor nicht endgültig über den Status des Asylbewerbers entschieden ist, wollen die Aufnahmestaaten eine Integration des Asylbewerbers in die eigene Gesellschaft weitestgehend einschränken. Dadurch soll erreicht werden, daß der Vollzug der Ausweisung gegenüber Asylbewerbern, die kein Aufenthaltsrecht erhalten, besser durchsetzbar ist und nicht durch entstandene soziale Bindungen behindert wird.[19]
Folglich ist die Richtlinie aufgrund der unterschiedlichen Ziele, welche die Aufnahmepolitik verfolgt, einem Spannungsverhältnis ausgesetzt.[20] Zweifellos gilt es, eine menschenwürdige Behandlung der Asylbewerber sicherzustellen. Andererseits sollen möglichst wenig Anreize geschaffen werden, das jeweilige Aufnahmeland für Asylbewerber attraktiv erscheinen zu lassen. Darüber hinaus soll eine Integration weitestgehend verhindert werden, bis eine endgültige, positive Entscheidung über ein Bleiberecht gefällt ist.

---

15 BANK, in: BOMMES/GEDDES, (Hrsg.), Immigration and Welfare, S. 148 f.
16 Im Folgenden EMRK.
17 Im Folgenden GFK.
18 BANK, in: BOMMES/GEDDES (Hrsg.), Immigration and Welfare S. 148, (159); STREIT/HÜSCHMANN, ZAR 1998, S. 266, (273).
19 So auch BANK, in: BOMMES/GEDDES (Hrsg.), Immigration and Welfare, S. 148, (149).
20 Vgl. dazu auch KJÆRUM, HRQ 2002, S. 513 ff.

Der europäischen Gemeinschaft kommt damit die Aufgabe zu, Sekundärrecht zu schaffen, das den Prinzipien des europäischen Rechts, die auf dem Bekenntnis zur Rechtsstaatlichkeit und der gemeinsamen Verfassungsüberlieferung der Mitgliedstaaten beruhen, entspricht. Es gilt die Herausforderung zu bewältigen, ein einheitliches und effizientes Aufnahmesystem in der Praxis durchzusetzen.
Durch gemeinsame Aufnahmebedingungen wird zudem erreicht, daß bereits bestehende Instrumente effizienter und gerechter werden. So können sich gemeinschaftliche Aufnahmebedingungen insofern positiv auf die Anwendung des Dubliner Übereinkommens[21] auswirken, als der Anreiz, wegen besserer Bedingungen in einen bestimmten Mitgliedstaat zu gelangen, vermindert wird. Darüber hinaus erscheint die Anwendung des DÜ auch gerechtfertigter, da ein Asylbewerber nach diesem Übereinkommen nicht mehr die Wahl hat, welcher Mitgliedstaat für die Prüfung seines Antrags zuständig sein soll.
Auch die Effizienz des Anerkennungsverfahrens ist mit den Aufnahmebedingungen eng verknüpft. Das Vorhandensein angemessener Aufnahmebedingungen und eine humane Behandlung ermöglichen es, dem Asylbewerber einen ordnungsgemäßen Antrag zu stellen. Dies wirkt sich positiv auf die Kooperation mit den Behörden aus und fördert wiederum die Durchführung eines effektiven und fairen Verfahrens mit dem Ziel, möglichst schnell nur diejenigen aufzunehmen, die tatsächlich des Schutzes bedürfen.
Zweifellos darf die Schaffung gemeinsamer Aufnahmestandards nicht isoliert betrachtet werden. Vielmehr ist ihre Festsetzung im Zusammenhang mit dem in Gang befindlichen Prozeß der Harmonisierung des sonstigen formellen und materiellen Asylrechts zu sehen.[22]
Es wird deutlich, daß die europäische Politik hinsichtlich der Asylpolitik vor große Herausforderungen gestellt ist, die nur gemeinschaftlich bewältigt werden können. Das grundsätzliche Ziel muß sein, ein effizientes, gerechtes und transparentes Asylsystem zu schaffen, dessen integraler Bestandteil auch gemeinsame Aufnahmebedingungen sind.

---

21 Im Folgenden DÜ. Auf das DÜ wird unter Erster Teil, A, II, 2 näher eingegangen. Aus diesem Grund sei hier nur knapp angemerkt, daß das DÜ ein einheitliches Zuständigkeitskonzept für die Prüfung von Asylanträgen festlegt. Allgemeine Zielsetzung des DÜ ist es, daß mindestens und zugleich nur ein einziger Mitgliedstaat für die Prüfung eines Asylantrags eines Drittausländers zuständig ist, RÖBEN, in: GRABITZ/HILF (Hrsg.), Das Recht der EU, Band I, Art. 63, Rn. 17 ff.

22 Das formelle Asylrecht umfaßt insbesondere auch das Asylverfahrensrecht, d.h. das Verfahren um den Status eines Asylbewerbers festzustellen. Unter materiellem Asylrecht versteht man die inhaltlichen Voraussetzungen, die vorliegen müssen, um einen Asylbewerber als Asylberechtigten anzuerkennen.

A. Ziel und Gang der Arbeit

Ziel der Arbeit ist es zunächst, vor dem Hintergrund eines zukünftigen europäischen Asylsystems, die Richtlinie dahingehend zu untersuchen, ob sie mit ausgewählten völkerrechtlichen Verträgen in Einklang steht.
Darüber hinaus wird durch die rechtsvergleichende Darstellung der Aufnahmebedingungen in den Mitgliedstaaten aufgezeigt, daß diesbezüglich noch erhebliche Unterschiede in der EU bestehen. Zudem wird mit Hilfe des Rechtsvergleiches und unter Berücksichtigung der völkerrechtlichen Vorgaben das Ziel verfolgt, Verbesserungsvorschläge für die einzelnen Bestimmungen der Richtlinie zu erarbeiten.
Schließlich wird noch aufgezeigt, wie sich eine Umsetzung auf die bestehenden Aufnahmebedingungen in einzelnen, ausgewählten Mitgliedstaaten auswirkt.

Zunächst werden in der Einführung zum besseren Verständnis und zwecks Eingrenzung des Untersuchungsgegenstandes verschiedene wichtige Begriffe erörtert.
Der erste Teil der Arbeit stellt die bisher unternommenen Schritte im Hinblick auf eine Koordinierung bzw. Vergemeinschaftung des Asylrechts dar. Dabei wird sich zeigen, daß schon in vielen wichtigen Bereichen Übereinkünfte bestehen, die das Gerüst für ein zukünftiges gemeinsames europäisches Asylsystem bilden werden.
Besonderes Augenmerk wird bei der Darstellung der Entwicklung der Asylrechtsharmonisierung auf den Amsterdamer Vertrag gerichtet. Erst mit seinem Inkrafttreten ist eine Vergemeinschaftung des Asylrechts möglich geworden und die vertragliche Grundlage geschaffen worden, verbindliche Aufnahmebedingungen festzulegen.

Da Art. 63 Abs. I, Nr. 1 EGV bestimmt, daß das Sekundärrecht mit der GFK und mit „einschlägigen anderen Verträgen" in Einklang stehen muß, schließt sich die Untersuchung an, inwieweit das Völkerrecht bei der Ausgestaltung der Aufnahmebedingungen seitens der Gemeinschaft zu berücksichtigen ist. Damit einhergehend werden auch die wichtigsten völkerrechtlichen Verträge vorgestellt, an denen sich die Richtlinie gegebenenfalls messen lassen muß.

Der zweite Teil der Arbeit beschäftigt sich konkret mit der Richtlinie, welche die gemeinsamen europäischen Aufnahmebedingungen für Asylbewerber in den Mitgliedstaaten festlegt. Zunächst werden einige Vorüberlegungen hinsichtlich des Handlungsinstruments „Richtlinie" vorgenommen. Im Anschluß daran erfolgt eine Darstellung der jeweiligen nationalen Rechtsgrundlagen der Mitgliedstaaten hinsichtlich der Bestimmungen für die Aufnahme von Asylbewerbern und ein Überblick über die nationalen Asylverfahren. Dies ist erforderlich, um klarzustellen, welche Personen überhaupt Zugang zum regulären Asylverfahren

erhalten, da nur die Aufnahmebedingungen innerhalb des regulären Verfahrens Gegenstand des Rechtsvergleiches sind.
Die Aufnahmesysteme der Mitgliedstaaten lassen sich in drei verschiedene Kategorien einteilen. Vor der Untersuchung der einzelnen Bestimmungen der Richtlinie werden die Aufnahmesysteme der sich an der Richtlinie beteiligenden Mitgliedstaaten[23] jeweils einer Kategorie zugeordnet. Aus jeder Kategorie wird ein Schwerpunktland ausgewählt, das ausführlicher dargestellt wird. Dabei handelt es sich um die Mitgliedstaaten Deutschland, Österreich und Spanien.

Die Bestimmungen der Richtlinie, welche die Aufnahmebedingungen betreffen, werden nacheinander untersucht. Nach der Prüfung, ob die jeweilige Bestimmung mit den einschlägigen völkerrechtlichen Verträgen in Einklang steht, wird die bestehende Praxis hinsichtlich des geregelten Sachverhaltes in den Mitgliedstaaten dargestellt. Im Anschluß daran wird untersucht, welche Änderungen in den drei Schwerpunktländern erforderlich sind, um die Vorgaben der Richtlinie umzusetzen. Schließlich erfolgt eine Bewertung hinsichtlich der Frage, inwiefern ein Ausgleich zwischen den Interessen der Mitgliedstaaten und den Rechten der Asylbewerber gefunden wurde. Schließlich werden gegebenenfalls Verbesserungsvorschläge gemacht. Dies geschieht insbesondere in Anbetracht der Tatsache, daß die Kommission bei der Errichtung eines gemeinsamen europäischen Asylsystems ein Zweistufenmodell verfolgt. Zuerst soll ein gewisses Mindestniveau an Harmonisierung mit Spielräumen für die Mitgliedstaaten eingeführt werden. Dies soll später durch die stufenweise Begrenzung nationaler Abweichungen von den gemeinsamen Standards zu einem gemeinsamen Asylsystem ausgebaut werden. Dies gilt auch für die Richtlinie.[24]
Am Schluß erfolgt eine zusammenfassende, wertende Betrachtung der Richtlinie sowie ein Ausblick bezüglich der Weiterentwicklung eines gemeinsamen europäischen Asylsystems.

B. Begriffsbestimmungen

I. Asylbewerber

Im Folgenden geht es nur um die Aufnahmebedingungen für Asylbewerber, nicht um die Situation von anerkannten Asylbewerbern (Asylberechtigten) oder von Personen, die Abschiebungsschutz genießen. Von der Untersuchung ausge-

---

23 Damit wird auf die Situation in Irland und Dänemark nicht eingegangen, da beide Staaten sich nicht an Maßnahmen nach Titel IV EGV beteiligen und folglich die Richtlinie für sie keine Anwendung findet. Siehe dazu Erster Teil, B, II, 1, 2.

24 Nach Art. 25 der Richrlinie erstattet die Kommission dem Europäischen Parlament und dem Rat bis zum 06.08.2006 Bericht über die Anwendung und schlägt gegebenenfalls Änderungen vor. Danach werden muß alle fünf Jahre Bericht erstattet werden.

schlossen ist zudem die Situation von unanfechtbar abgelehnten Asylbewerbern, von Personen, die noch keinen Asylantrag gestellt haben sowie von sonstigen Ausländern, die nicht um Asyl nachsuchen, sich aber auf dem Territorium eines Mitgliedstaates der Europäischen Union befinden.[25] [26]
Bei Asylbewerbern handelt es sich gemäß Art. 2 c) der Richtlinie um Drittstaatsangehörige oder Staatenlose, die in einem Mitgliedstaat der EU einen Asylantrag gestellt haben, über den noch nicht abschließend befunden worden ist. Unter einem Asylantrag versteht die Richtlinie gemäß Art. 2 b) das Ersuchen eines Drittstaatsangehörigen oder Staatenlosen nach internationalem Schutz eines Mitgliedstaates, wenn davon ausgegangen werden kann, daß es sich um einen Flüchtling im Sinne des Art. 1 Abschnitt A der GFK handelt. Jedes Ersuchen um internationalen Schutz wird als Asylantrag betrachtet, es sei denn, es wird ausdrücklich um eine andere Form des Schutzes nachgesucht, die besonders beantragt werden kann.
Ausländer, die einen Asylantrag stellen, werden vielfach unterschiedlich bezeichnet. So finden sich die Begriffe „Asylbewerber", „Asylsuchender", „Asylbegehrender". Auch in europäischen Übereinkommen ist die Terminologie uneinheitlich.[27] Dabei ist allerdings keine inhaltliche Unterscheidung erkennbar. Um Mißverständnissen vorzubeugen, und da auch die zu untersuchende Richtlinie ausschließlich den Begriff „Asylbewerber" verwendet[28], ist im Text nur von „Asylbewerbern" die Rede. Dabei sind natürlich auch immer Asylbewerberinnen mit eingeschlossen. Als Asylbewerberkinder werden im folgen sowohl Kinder von Asylbewerbern bezeichnet als auch Kinder, welche einen eigenen Asylantrag gestellt haben.

II. Asyl

1. Ursprung und Inhalt

Der Asylbewerber verfolgt das Ziel, „Asyl" im Aufnahmestaat zu erhalten.

---

25 Darunter fallen z.B. sogenannte Kontingentflüchtlinge, d.h. Flüchtlinge, die im Rahmen einer humanitären Hilfsaktion aufgenommen werden. Vgl. dazu KOCH, AWR-Bulletin 1999, S. 137 ff.; RENNER, Ausländerrecht, § 1 AsylVfG, Rn. 23 ff.; SEANGER, ZAR 1997, S. 173 ff.

26 Zu den verschiedenen Ausländergruppen, siehe RENNER, Ausländerrecht, § 1 AsylVfG, Rn. 13 ff., einen guten Überblick bietet auch WELTE, Ausländerrecht, S. 32 ff.

27 Im DÜ werden Ausländer, die Asyl beantragen als „Asylbewerber" bezeichnet (Art. 1 Abs. 1 c DÜ), während im Schengener Durchführungsübereinkommen (im Folgenden SDÜ) von „Asylbegehrenden" die Rede ist (Art. 1 SDÜ). Eine inhaltliche Differenzierung ist dabei nicht ersichtlich.

28 Art. 2 c) der Richtlinie.

Der Begriff „Asyl“ leitet sich von dem griechischen Wort „asylos“ ab. „Asylos“ bedeutet, „das, was nicht ergriffen werden kann“. Die ursprüngliche Wortbedeutung war nur räumlich definiert; es bezeichnete einen Ort, der Schutz vor Verfolgung bot. Im Altertum waren zumeist Heiligtümer oder Tempel die Zufluchtsstätten, später dann Kirchen und Klöster.[29] Heute ist nach ganz überwiegender Auffassung Asyl im Rechtssinne kein Ort, sondern der Schutz als solcher, der an einem bestimmten Ort bzw. in einem bestimmten Gebiet gewährt wird.[30] Grundsätzlich wird Asyl nur als territoriales Asyl gewährt, das heißt dem Verfolgten wird Schutz auf dem Staatsgebiet eines fremden Staates gewährt. Ein schutzbedürftiger Staatsangehöriger eines Landes (des Herkunftslandes) oder ein Staatenloser wird damit von einem zweiten Land (dem Aufnahmeland) aufgenommen und vor Verfolgung geschützt.[31]

Asyl ist dadurch gekennzeichnet, daß den Verfolgten ein gesichertes Aufenthaltsrecht gewährt wird, das sie vor dem Zugriff des Herkunftslandes schützt.[32] Darüber hinaus werden Verfolgten weitere Rechte eingeräumt, wie zum Beispiel verschiedene soziale Rechte, das Recht erwerbstätig zu sein sowie eine erleichterte Einbürgerung.[33] Damit geht das Asylrecht über einen Schutz vor dem völkerrechtlichen Refoulement hinaus.[34] Nach dem Refoulement Verbot ist zwar eine Zurück- oder Ausweisung eines Ausländers in den (möglicherweise nur angeblichen) Verfolgerstaat untersagt, wenn diesem dort politische Verfolgung oder sonstige Menschenrechtsverletzungen drohen; ein gesichertes Aufenthaltsrecht und die oben genannten Privilegien werden jedoch nicht in diesem Maße

---

29 Vgl. dazu ausführlich KIMMINICH, Grundprobleme, S. 2, V. POLLERN, Das moderne Asylrecht, S. 48 ff., RANDELSZHOFER, in: MAUNZ/ DÜRIG u.a. (Hrsg.), GG, Art. 16 Abs. 2, S. 2, Rn. 16 ff., WOLLENSCHLÄGER, in: BEITZ/WOLLENSCHLÄGER (Hrsg.), Handbuch, S. 53, (55). Zur geschichtlichen Entwicklung des Asylrechts, siehe SCHÜNEMANN, in: BLUMENWITZ/WEHNER (Hrsg.), Rechte der Staaten, S. 119 ff.

30 Vgl. KIMMINICH, Grundprobleme, S. 2, v. POLLERN, Das moderne Asylrecht, S. 49.

31 KIMMINICH, Grundprobleme S. 3, V. POLLERN, Das moderne Asylrecht, S. 122 ff. Im Gegensatz zum territorialen Asyl ist das interne Asyl völkerrechtlich nicht anerkannt (Dies hat der IGH im Asyl-Fall, ICJ Rep. 1950, S. 274 festgestellt) Beim internen Asyl handelt es sich um Schutz, der einer verfolgten Person auf dem Territorium des Staates, in dem sie verfolgt wird, von einem anderen Staat gewährt wird, IPSEN, Völkerrecht § 35, Rn. 68 ff.

32 Ein gesichertes Aufenthaltsrecht schließt den Schutz vor Abschiebung und die Gewährleistung der Wiedereinreise in den Staat, der dem Verfolgten Asyl gewährt, ein, vgl. GRAHL-MADSEN, The Status of Refugees, S. 23.

33 Vgl. dazu GORNING, EuGRZ 1986, S. 521 (527), KÄLIN, Grundprobleme, S. 9.

34 Das Refoulement-Verbot ist ein zentrales Element der GFK und in Art. 33 Abs. 1 GFK normiert. Es kann über die GFK hinaus inzwischen als Völkergewohnheitsrecht betrachtet werden und bindet die Staaten auch ohne vertragliche Abmachung, vgl. GOODWIN-GILL, The Refugee, S. 167; MARX, IJRL 1995, S. 383 ff.; RANDELZHOFER, in MAUNZ/DÜRIG u.a. (Hrsg.), GG, Art. 16 a, Abs. 2, Rn. 13, V. POLLERN, Das moderne Asylrecht, S. 127, WALDSTEIN, Das Asylgrundrecht, S. 90, WOLTER, Asylrecht in der EU, S. 26; a.A. AMANN, AWR-Bulletin 1992, S. 24 (24).

gewährt[35]. Der Schutz vor Refoulement kommt nicht nur den Verfolgten zugute, die auch Asyl erhalten, sondern grundsätzlich allen Schutzsuchenden.[36]

2. *Asylgewährung*

Es ist geltendes Völkergewohnheitsrecht, daß Staaten berechtigt sind, Ausländern auf ihrem Hoheitsgebiet Asyl zu gewähren.[37] Daran ändert auch der gegenteilige Wille des jeweiligen Heimatstaates des Verfolgten nichts. Das Recht, Asyl zu gewähren, ist ein Teilaspekt der staatlichen Souveränität.[38] Die Staaten sind jedoch weder völkervertraglich noch völkergewohnheitsrechtlich verpflichtet, Ausländern Asyl zu gewähren. Ein einklagbares Recht des einzelnen auf Asylgewährung ist dem geltenden Völkerrecht damit ebenfalls unbekannt.[39] Auch auf europäischer Ebene verpflichtet kein Abkommen die Mitgliedstaaten der EU zur Gewährung von Asyl.[40] Wen der Staat als asylberechtigt anerkannt, verbleibt somit seine nationale Entscheidung.
Die GFK gilt - auch heute noch - als das Basisdokument für den Schutz verfolgter Menschen weltweit. Sie definiert in Art. 1 A Nr. 2 den Flüchtlingsbegriff, wonach eine Person als Flüchtling gilt, die aus begründeter Furcht vor Verfolgung flieht, wobei die Verfolgung durch die fünf Anknüpfungspunkte Rasse, Religion, Nationalität, Zugehörigkeit zu einer bestimmten sozialen Gruppe und politische Überzeugung näher qualifiziert wird. Allerdings verpflichtet sie die Vertragsstaaten ebenfalls nicht zur Asylgewährung. Vielmehr regelt sie

---

35 So sind in Deutschland gemäß § 55 AuslG geduldete Personen weiterhin ausreisepflichtig, denn die Duldung ist kein Aufenthaltsrecht. Die Ausreisepflicht ist nur vorübergehend nicht durchsetzbar, § 55 i.V.m. § 53 Abs. 6 AuslG.

36 So auch WOLTER, Asylrecht in der EU, S. 30 ff.

37 Dies ist die ganz herrschende Meinung, KIMMINICH, Grundprobleme, S. 67 f., KÄLIN, S. 7; RANDESLZHOFER, in: MAUNZ/DÜRIG, (Hrsg.). GG, Art. 16 Abs. 2, S. 2, Rn. 12, v. POLLERN, Das moderne Asylrecht, S. 123, GOODWIN-GILL, The Refugee, S. 102 f, 121.

38 KLOS, Europäische Migrationspolitik, ZAR 2000, S. 202, (203) m.w.N.

39 Die GFK enthält keine Pflicht der Vertragsparteien, Schutzsuchenden Asyl zu gewähren. Lediglich der Schutz vor Refoulement wird in Art. 33 Abs. 1 GFK wird normiert. Hierdurch wird aber weder ein subjektiver Asylanspruch noch eine zwischenstaatliche verbindliche Aufnahmepflicht begründet, HAILBRONNER, in: VITZTHUM (Hrsg.), Völkerrecht, S. 258. Auch die Allgemeine Erklärung der Menschenrechte, die zwar in Art. 14 Abs.1 das Recht „Asyl zu suchen und zu genießen“ enthält, begründet damit keine Verpflichtung der Staaten, Asyl tatsächlich zu gewähren. Das gleiche gilt für die EMRK und den Pakt über Bürgerliche und Politische Rechte. Vgl. dazu GOODWIN-GILL, The Refugee, S. 104 f., (121); HAILBRONNER, in: BEITZ/WOLLENSCHLÄGER (Hrsg.), Handbuch, S. 76, 89, 105.

40 Das Schengener Durchführungsübereinkommen vom 19.06.1990, das 1995 in Kraft trat und das DÜ vom 15.06.1990, das seit dem Inkrafttreten 1997 die asylrechtlichen Bestimmungen des SDÜ ersetzt, enthält nur eine Verpflichtung der Vertragspartner, daß ein Asylantrag von einem Vertragsstaat geprüft wird.

den Umfang der Schutzgewährung für Flüchtlinge und damit ihre Rechte im Asyl.[41]

Fraglich ist nun zum einen, wie der völkerrechtliche Flüchtlingsbegriff der GFK mit der nationalen Asylgewährung zusammenhängt. Zum anderen ist fraglich, wie all die Schutzsuchenden behandelt werden, die auch Flüchtlinge sind, aber nicht unter die Definition des Flüchtlingsbegriffs der GFK fallen.

Zum ersten Aspekt ist anzumerken, daß die Mitgliedstaaten der EU, die alle Vertragspartner der GFK sind, sich trotz unterschiedlicher Auslegung der GFK an diesem Abkommen orientieren. So bildet die Definition des Konventionsflüchtlings in allen nationalen Regelungen der Mitgliedstaaten entweder die Grundlage der Asylgewährung, oder der Kreis der Asylberechtigten wurde zumindest in enger Anlehnung an die Konvention bestimmt.[42] Folglich besteht ein übereinstimmender Grundgedanke dahingehend, daß Asylgewährung bedeutet, Konventionsflüchtlingen ein gesichertes Aufenthaltsrecht zu gewähren. Diese Grundstruktur der nationalen Regelungen spiegelt sich auch in den völkerrechtlichen Abkommen der Mitgliedstaaten der EU wider. So geht der Amsterdamer Vertrag von diesem Grundgedanken aus. Art. 63 Abs. 1 EGV bezieht sich ausdrücklich auf Flüchtlinge, welche die Voraussetzungen des Art. A Nr. 2 GFK erfüllen.

Somit ist mit der Anerkennung als Konventionsflüchtling die Asylgewährung verbunden und mit dem Asylrecht eine privilegierte Stellung des Ausländers, ausgestaltet durch die GFK.[43]

Zum zweiten Aspekt ist anzumerken, daß der Schutz durch die GFK insbesondere bezüglich des personellen Anwendungsbereichs begrenzt ist.[44] Sie will vor Verfolgung schützen, die sich gegen einzelne Menschen richtet. Damit liegt der GFK eine Individualkonzeption zugrunde.[45] Sie ist folglich nicht für all diejenigen Menschen konzipiert, die aus anderen Gründen als den in der GFK genannten fliehen, z.B. vor Bürgerkriegen, Naturkatastrophen oder wirtschaftlichen Krisen und oft als „Massenflüchtlinge" bezeichnet werden.[46] Heutzutage über-

---

41 Siehe dazu bereits Fn. 39 sowie GÖBEL-ZIMMERMANN, in: HUBER (Hrsg.), Handbuch I, IV. SystDarst., Rn. 15 m.w.N.

42 WOLTER, Asylrecht in der EU, S. 25.

43 Vgl. zu einer Reform dieses Ansatzes, TUITT, in: NICHOLSON/TWOMEY (Hrsg.), Refugee Rights, S. 106 ff.

44 Daneben besteht auch noch eine Begrenzung im Hinblick auf die in der GFK normierten Rechte.

45 KÄLIN, Non-refoulement, S. 147.

46 Oft findet man die Bezeichnung „de-facto-Flüchtlinge", die manchmal auch auf Massenflüchtlingssituation angewandt wird, obwohl der Bedeutungsgehalt ein anderer ist. Bei „de-facto Flüchtlingen" handelt es sich um Personen, die nicht als Konventionsflüchtling anerkannt wurden bzw. denen kein Asylrecht eingeräumt wurde, die aber aus politischen oder sonstigen Gründen nicht in ihr Heimatland zurückgeschickt werden können, vgl. HAILBRONNER, De-facto-Flüchtlinge, S. 12, KERBER, Vorübergehende Schutzgewährung,

steigt die Zahl der „Massenflüchtlinge“ bei weitem die Zahl der Konventionsflüchtlinge.[47] Allerdings sind diese Flüchtlinge auch nicht schutzlos gestellt. Zum einen greift auch für sie das sogenannte Refoulement-Verbot ein (Art. 33 Abs. 1 GFK). Zum anderen gelten die in verschiedenen internationalen Abkommen festgeschriebenen Menschenrechte auch für sie. Darüber hinaus gebietet das Völkergewohnheitsrecht, ihnen einen gewissen völkerrechtlichen Mindeststandard zu gewähren.[48]
In allen EU-Staaten existieren gesetzliche Regelungen und Praktiken, die Massenflüchtlingen eine bestimmte Art von Schutz zukommen lassen und auch sonstige Flüchtlinge schützen, die aus verschiedenen Gründen kein Asylrecht erhalten, aber dennoch schutzbedürftig sind („de-facto-Flüchtlinge“).[49] Allerdings haben diese Flüchtlinge in der Regel einen unsicheren Status inne, der nicht mit dem eines Asylberechtigten zu vergleichen ist.[50]
In der Präambel zu der Richtlinie werden die Mitgliedstaaten in Punkt sechzehn aufgefordert, die Bestimmungen der Richtlinie auch im Zusammenhang mit Verfahren anzuwenden, bei denen es um die Gewährung anderer Formen des Schutzes als die in der GFK vorgesehenen für Drittstaatsangehörige oder Staatenlose geht, die nicht als Konventionsflüchtlinge gelten.

III. Asylverfahren

Über die Form der Schutzgewährung bzw. ob überhaupt Schutz gewährt wird, wird nach der Stellung eines Asylantrags im Rahmen eines Asylverfahrens ent-

---

1998. Zu anderen Bezeichnungen siehe, DACYL, IJRL 1995, S. 579, (582 f.).

47 DACYL, IJRL 1995, S. 579, HAILBRONNER, in: DRÜKE/WEIGELT (Hrsg.), Fluchtziel Europa, S. 82, WOLLENSCHLÄGER, AWR-Bulletin 2001, S. 4, (6).

48 Insbesondere durch den Krieg im ehemaligen Jugoslawien erlangte die Frage nach dem Schutz für diese Massenflüchtlinge besondere Bedeutung. Vgl. dazu KÄLIN/ACHERMANN, Rückkehr von Gewaltflüchtlingen, 1992.

49 Dabei ist der Schutz in den Mitgliedstaaten allerdings unterschiedlich ausgestaltet, vgl. HAILBRONNER, ZAR 1995, S. 3; DERS. De-facto Flüchtlinge 1993. Zu den Harmonisierungsbestrebungen, KERBER, Vorübergehenden Schutzgewährung 1998; SCHMAHL, ZAR 2001, S. 3, (7).

50 So kennt z.B. Deutschland neben den anerkannten Asylberechtigten, die eine gesicherte Rechtsstellung genießen, die Gruppe von Ausländern, die ebenfalls politisch verfolgt werden, denen aber aus diversen Gründen der Asylstatus verwehrt bleibt. Diese Gruppe erhält, da sie als politisch verfolgt anerkannt wurde und damit nicht in ihr Herkunftsland abgeschoben werden darf, gemäß § 51 AuslG das sogenannte „kleine Asyl“. Damit ist jedoch keine unbeschränkte Aufenthaltserlaubnis verbunden, sondern lediglich eine Aufenthaltsbefugnis (§ 70 AsylVfG). Eine dritte Gruppe von Ausländern erhält nur den Status der Duldung nach § 55 AuslG, da sie nicht als politisch verfolgt anerkannt wurde, aber auch nicht abgeschoben werden kann, da ihr in den Herkunftsländern Folter und schwere Gefährdungen für Leib und Leben drohen. Mit dem Status der Duldung ist kein Aufenthaltsrecht verbunden; die Ausreisepflicht besteht fort.

schieden. Da die Asylverfahren in den Mitgliedstaaten sehr unterschiedlich ausgestaltet sind, verfolgt die Gemeinschaft auch das Ziel, harmonisierte Mindestnormen für die Verfahren zur Zu- oder Aberkennung der Flüchtlingseigenschaft zu schaffen (vgl. Art. 63 Abs. 1 d EGV) und so das europäische Asylsystem weiter zu vervollständigen.[51]

Die hohe Zahl der Asylbewerber und die damit verbundenen Probleme führten dazu, daß auch das Asylverfahrensrecht in vielen Mitgliedstaaten Gegenstand von zahlreichen Gesetzesänderungen war.[52]
In fast allen europäischen Ländern wurden zwecks Steigerung der Effizienz der Asylverfahren sogenannte „beschleunigte Asylverfahren" eingeführt, die allerdings national unterschiedlich ausgeprägt sind.[53] Solche beschleunigten Asylverfahren werden grundsätzlich in den folgenden Fällen durchgeführt: Einreise des Asylbewerbers aus einem sicheren Drittstaat oder aus einem sicheren Herkunftsland, offensichtlich unbegründete oder mißbräuchliche Asylanträge sowie Eingreifen der Voraussetzungen des Dubliner Übereinkommens.[54] Kennzeichnend für die beschleunigten Verfahren sind unter anderem eingeschränkte Berufungsmöglichkeiten des Asylbewerbers bei negativen Entscheidungen, das Fehlen des Suspensiveffektes im Falle einer Berufung an ein Gericht oder eine Behörde sowie eine Einschränkung der sozialen Rechte gegenüber dem regulären Verfahren.[55]
Eine Form der beschleunigten Asylverfahren sind die sogenannten Grenzverfahren. Dabei wird bei Personen, die an einer Landesgrenze um Asyl nachsuchen, zunächst ein beschleunigtes Verfahren durchgeführt, bevor die Einreise gestattet wird. Treffen die oben genannten Voraussetzungen nicht zu, wird die Einreise gestattet und ein reguläres Asylverfahren durchgeführt. Für Personen, die über den Luftweg einreisen und Asyl beantragen, haben viele Mitgliedstaaten spezielle Flughafenasylverfahren eingeführt.[56]
Das reguläre Asylverfahren findet dann Anwendung, wenn kein beschleunigtes Verfahren durchgeführt wird oder sich im beschleunigten Verfahren herausgestellt hat, daß die Voraussetzungen, die eine sofortige Zurückweisung oder Abschiebung rechtfertigen, nicht vorliegen.

---

[51] Zu der Harmonisierung des Asylverfahrens, vgl. SCHMAHL, ZAR 2001, S. 3 (5 ff.); WEBER, EuGRZ 1999, S. 301, (309 ff.); VAN DER KLAAUW, in: GUILD/HARLOW (Hrsg.), Implementig Amsterdam, S. 165 ff.

[52] MAAßEN, Rechtsstellung, S. 3 ff., insbesondere Fn. 16.

[53] WEBER, EuGRZ, 1999, S. 301, (310 ff.).

[54] Inwieweit bereits europäische Regelungen für die Durchführung von beschleunigten Asylverfahren bestehen, wird noch erörtert werden. Siehe unten, Zweiter Teil, C.

[55] WEBER, EuGRZ, 1999, S. 301, (309 ff.).

[56] Vgl. z.B. für Deutschland, § 18 a AsylVfG. Siehe dazu LAIER, Das Flughafenasylverfahren 1999.

Das reguläre Asylverfahren war ebenfalls in allen Mitgliedstaaten während der letzten Jahre Gegenstand zahlreicher Reformen. Auch der Umfang und die Form der Sozialleistungen im Rahmen des regulären Verfahrens wurden in vielen europäischen Ländern reduziert.[57] Die vorliegende Arbeit konzentriert sich bei dem Vergleich der Aufnahmebedingungen für Asylbewerber in den Mitgliedstaaten nur auf die bestehende Situation während des regulären Asylverfahrens, d.h. die Periode vom Beginn des regulären Verfahrens an bis zur endgültigen Entscheidung gegen die keine Rechtsmittel mehr eingelegt werden können.

IV. Aufnahmebedingungen

Bei der Definition des Begriffs „Aufnahmebedingungen" ist von der Definition der Richtlinie auszugehen. Danach bezieht sich der Begriff der Aufnahmebedingungen auf sämtliche Maßnahmen, welche die Mitgliedstaaten im Einklang mit der Richtlinie zugunsten von Asylbewerbern im Zusammenhang mit der Prüfung der Asylanträge treffen. Hierbei sind verfahrenstechnische Aspekte nicht miteinbezogen.

57 So wurde in Deutschland das AsylbLG mehrfach geändert, zuletzt durch das Zweite Gesetz zur Änderung des AsylbLG, das am 01.19.1998 in Kraft trat. Siehe dazu STREIT/HÜSCHMANN, ZAR 1998, S. 266, (273).

Erster Teil: Die Entwicklung der Asylrechtsharmonisierung in der Europäischen Union

A. Die Entwicklung der Asylrechtsharmonisierung bis zum Amsterdamer Vertrag

Bis Mitte der achtziger Jahre kann von einer gemeinsamen europäischen Asyl- und Ausländerpolitik der Mitgliedstaaten noch nicht gesprochen werden.[58] Vielmehr handelte es sich um ein Konglomerat verschiedener nationaler Politiken innerhalb der Europäischen Mitgliedstaaten.[59] Die Europäische Wirtschaftsgemeinschaft[60] verfolgte zunächst nur wirtschaftliche Ziele. Der EWG-Vertrag[61] hatte die Schaffung eines Gemeinsamen Marktes im rein ökonomischen Sinne zum Ziel.[62] Die Konzentrierung auf die wirtschaftliche Integration ließ die Möglichkeit, auch in anderen Bereichen zu kooperieren, in den Hintergrund treten. Bezüglich einer Zusammenarbeit der Mitgliedstaaten auf dem Gebiet des Ausländer- und Asylrechts gab es zum damaligen Zeitpunkt zudem wenig Bedürfnis, denn die europäischen Staaten verzeichneten nur eine geringe Anzahl Asylsuchender.
Dies ändert sich in den achtziger Jahre als die Flüchtlingsströme in den Mitgliedstaaten der EU kontinuierlich anwuchsen und erhebliche wirtschaftliche, soziale und finanzielle Auswirkungen verursachten.[63] Betroffen waren insbesondere Deutschland und Frankreich, die den stärksten Zustrom zu bewältigen hatten.
Die Asylkrise entwickelte sich zu einem zentralen und kontroversen innenpolitischen Thema. Alle Mitgliedstaaten unternahmen Maßnahmen, um den Zuzug von Drittstaatsangehörigen zu erschweren. Dies führte dazu, daß europäische Asylpolitik hauptsächlich in der Umwälzung der Last entweder auf das Nach-

---

58 Auf die Arbeit des Europarates betreffend Asylfragen kann in diese Arbeit nicht näher eingegangen werden. Die seit 1949 bestehende internationale Organisation befaßt sich bereits seit ihrer ersten Sitzung mit Flüchtlingsfragen und setzt sich für ein liberales und humanitäres Asylrecht ein. Vgl. dazu LEUPRECHT, in: BARWIG u.a. (Hrsg.) Asylrecht im Binnenmarkt, S. 237 ff.; UIBOPUU, ArchVR, 1983, S. 60 ff.; WOLLENSCHLÄGER/BECKER, EuGRZ 1990, S. 1 (3 f.).

59 JOLY, IJRL 1994, S. 159 (S. 159 ff.); V. ARNIM, in: BARWIG u.a. (Hrsg.), Asylrecht im Binnenmarkt, S. 289, (291 f.).

60 Im Folgenden EWG.

61 EWGV vom 25.03.1957, BGBl. 1957 II, S. 753, 1678; BGBl. 1958 II, S. 64, in Kraft getreten am 01.01.1958 gemäß Bekanntgabe vom. 27.12.1957, BGBl. 1958 II, 1.

62 Vgl. Art. 2 EWGV ist es Aufgabe der Gemeinschaft „durch die Errichtung eines Gemeinsamen Marktes und die schrittweise Annäherung der Wirtschaftspolitik der Mitgliedstaaten eine harmonische Entwicklung des Wirtschaftslebens innerhalb der Gemeinschaft (...) zu fördern (...).

63 KETELSEN, in: Barwig u.a. (Hrsg.), Asyl nach der Änderung des GG, S. 349, (351).

barland oder auf das Ersttransitland bestand.[64] Die Fortsetzung der jahrelang praktizierten nationalstaatlich isolierten Asylpolitik versprach somit auf Dauer keine solidarische Lösung des Problems, so daß mehr und mehr die europäische Dimension dieser Rechtsmaterie in den Blickpunkt des Interesses rückte.
Zudem wurde die Diskussion, in der Asylpolitik zu kooperieren, durch die Bestrebung der Gemeinschaft, die Personenkontrollen an den Binnengrenzen schrittweise bis 1992 aufzuheben, belebt. Aufgrund dieses fortschreitenden Integrationsprozesses ließen sich die Folgen eines erweiterten Zustroms von Asylbewerbern nicht mehr auf den jeweils betroffen Mitgliedstaat begrenzen.[65]
Die in den achtziger Jahren begonnene Zusammenarbeit der Mitgliedstaaten im Bereich des Asylrechts stützte sich bis zum Inkrafttreten des Amsterdamer Vertrages zum einen auf rechtlich unverbindliche Entschließungen und völkerrechtliche Abkommen zwischen den Mitgliedstaaten sowie auf Rechtsakte, die im Rahmen der ehemals dritten Säule der Europäischen Union ergangen waren. Bis zum Amsterdamer Vertrag verfügte die Gemeinschaft über keine eigenen Kompetenzen im Bereich des Asylrechts. Somit bedurfte es der oben genannten Handlungsformen. Im Folgenden wird nur die Entwicklung der Asylrechtsharmonisierung dargestellt, wobei die Harmonisierungsbestrebungen im Bereich der Einwanderung und der Aufnahme von Flüchtlingen, die nicht unter den Flüchtlingsbegriff der GFK fallen[66], nicht berücksichtigt werden.

I. Die ersten Ansätze einer Zusammenarbeit im Bereich der Asylpolitik

Die erste Zusammenarbeit der Mitgliedstaaten war eng verknüpft mit dem geplanten Abbau der Personenkontrollen an den Binnengrenzen der Gemeinschaft.[67] Durch die Zusammenarbeit sollten Ausgleichsmaßnahmen für den Wegfall der Grenzkontrollen und die dadurch entstehenden Sicherheitsdefizite gefunden werden. Der Schwerpunkt lag anfänglich allerdings bei der polizeilichen Zusammenarbeit der Mitgliedstaaten.[68]

---

64 MARX, KJ 1992, S. 405, (406).

65 KETELSEN, in: BARWIG u.a. (Hrsg.), Asyl nach der Änderung des GG, S. 349 (351), WEIDENFELD, in: WEIDENFELD/HILLENBRAND, Das europäische Einwanderungskonzept, S. 20 ff.

66 HAILBRONNER, ZAR 1995, S. 9 ff.; KLOS, Europäische Migrationspolitik, S. 27 ff.; SCHIEFFER, Zusammenarbeit, 65 ff.; SCHMAHL, ZAR 2001, S. 3 (7 f.).

67 Siehe ausführlich zur ersten Zusammenarbeit, DE LOBKOWICZ, in: MONAR/MORGAN, (Hrsg.), The third Pilllar, S. 99, (99 ff.).

68 In diesem Zusammenhang ist die TREVI- Gruppe zu erwähnen. Es handelt sich hierbei um ein 1976 mangels Zuständigkeit im Rahmen der EG von den Innen- und Justizministern der Mitgliedstaaten aufgrund eines Beschlusses des Europäischen Rates vom 2. 12 1975 eingesetztes intergouvernementales Gremium für Fragen der inneren Sicherheit und öffentlichen Ordnung. Vgl. dazu RUPPRECHT/HELLENTHAL, in: RUPPRECHT/HELLENTHAL (Hrsg.), Innere Sicherheit S. 23 (151 f.), LANGGUTH, in: BARWIG u.a. (Hrsg.), Asylrecht

Der einheitliche Binnenmarkt, normiert in Art. 8 a EWGV a.F. (Art 14 EGV n.F.), gewährt eine Freizügigkeit, die - zumindest faktisch[69] - auch Drittstaatsangehörigen zugute kommt. Die Folge davon sind auch illegale Wanderungsbewegungen von Ausländern aus Drittstaaten innerhalb der Gemeinschaft, verbunden mit der Gefahr, daß in mehreren Staaten der Gemeinschaft parallel oder nacheinander Asylanträge gestellt werden.[70] Zudem wird das Land mit der liberalsten Gesetzgebung und den höchsten Sozialleistungen an Asylbewerber mit einem höheren Zustrom rechnen müssen. Damit ist eine Anwendung und Durchsetzung der nationalen Einreise- und Aufenthaltsbestimmungen kaum noch möglich. Eine Kooperation im Bereich der Asylpolitik erschien unausweichlich, wenn der europäische Binnenmarkt funktionsfähig sein sollte.[71]

1. Initiativen im Rahmen der Gemeinschaftsstrukturen

a. Der Rat

Die erste gedankliche Initiative unternahm im Jahre 1974 der Europäische Rat auf seinem Gipfeltreffen in Paris als er eine Harmonisierung der Ausländerpolitik in Erwägung zog.[72]
Erst zehn Jahr später, 1984, wurde die Thematik wieder aufgegriffen als der Europäische Rat die Abschaffung der Personenkontrollen an den Binnengrenzen der Union zum Gemeinschaftsziel erklärte.[73] Er setzte den Ad- Hoc- Ausschuß „Europa der Bürger“[74] ein, der sich unter anderem auch mit der Realisierung dieses Ziels befaßte.[75]

---

im Binnenmarkt, S. 251 (264);DEGEN, in: V. D. GROEBEN u.a (Hrsg.), Kommentar, Band 5, Vorbemerkung zu den Art. K bis K. 9, S. 1002 ff.

69 Ob Drittstaatsangehörige auch rechtlich nach Art. 8 a EWGV von der Freizügigkeit erfaßt werden, ist umstritten. Dies ist hier jedoch nicht relevant, denn auch wenn Art. 8a EGV nur Angehörige der EG-Mitgliedstaaten erfaßt, ist es technisch und praktisch kaum möglich, Drittstaatsangehörige ohne die Kontrolle von EG-Angehörigen zu überprüfen. Damit ist eine faktische Auswirkung zu bejahen, vgl. MAAßEN, Rechtsstellung, S. 10, Fußnote 40, SCHOCH, DVBl 1992, S. 525, (527 f.).

70 Diese Phänomen wird auch als „Asyltourismus“ oder „asylum-shopping“ bezeichnet, siehe MAAßEN, Rechtsstellung, S. 8, 360. Laut HAILBRONNER, ZAR 1992, S. 51, (53) stellen nach Schätzungen bis zu 30 % der Asylbewerber Asylanträge in mehreren europäischen Ländern.

71 So auch MAAßEN, Rechtsstellung, S. 10.

72 BullEG 12/1974 Ziff. 1104.10.

73 HAILBRONNER, in: HAILBRONNER/KLEIN u.a (Hrsg.), Handkommentar zum EUV/EGV, Art. K, Rn. 2.

74 BullEG 6/1984 Ziff. 1.1.8.

75 Der Ad- Hoc- Ausschuß „Europa der Bürger“ führte zu einer Bestandsaufnahme, wie man dem Bürger im alltäglichen Leben die Gemeinschaft erfahrbar machen könnte. Vgl. MARGEDANT, in: MICKEL (Hrsg.), Handlexikon, S. 79 f.

b. Die Kommission

Die Kommission befaßte sich mit der Asylrechtsproblematik zunächst unter dem Aspekt der inneren Sicherheit. Im Jahr 1985 sah sie in ihrem Weißbuch über die Vollendung des Binnenmarktes[76], die vollständige Abschaffung der Grenzkontrollen an den Binnengrenzen der Gemeinschaft bis 1992 vor. Um die dadurch entstehenden Sicherheitsdefizite auszugleichen, kündigte die Kommission in ihrem Weißbuch an, bis spätestens zum Jahr 1988 auch asylrechtliche Maßnahmen sowie Maßnahmen zur Lage der Flüchtlinge vorzuschlagen.[77]

Anfang des Jahres 1989 wurde der Vorentwurf zu einem Richtlinienvorschlag der Kommission, betreffend die Koordinierung der Vorschriften auf dem Gebiet des Asylrechts und des Flüchtlingsstatus, bekannt.[78] Im wesentlichen sah der Entwurf vor, daß nur ein Mitgliedstaat für die Prüfung eines Asylantrags verantwortlich sein soll und nannte die Kriterien der Bestimmung.[79] Der Entwurf zielte nicht auf eine eigentliche Harmonisierung des Asylrechts ab, sondern verfolgte vielmehr das Ziel, die stark divergierenden Verfahren in den Mitgliedstaaten zu koordinieren.[80] Letztendlich entschied sich die Kommission allerdings gegen eine Vorlage des Richtlinienentwurfes beim Rat.[81] Die Nichtvorlage hing mit der umstrittenen Kompetenzfrage der Kommission im Bereich des Asylrechts zusammen.[82]

Insbesondere die Mitgliedstaaten verneinten die Kompetenz der Gemeinschaft. Sie bekräftigten diese Ansicht in der Praxis durch die Zusammenarbeit im intergouvernementalen Rahmen außerhalb des Rahmens der Europäischen Gemeinschaft.

Auch die am 01.07.1987 in Kraft getretene Einheitliche Europäische Akte[83] änderte an der Kompetenzverteilung zugunsten der Gemeinschaft nichts.[84]

---

76 KOM (85) 310 endg.

77 KOM (85) 310 endg., S. 15.

78 LANGGUTH, in: Barwig u.a. (Hrsg.), Asylrecht im Binnenmarkt, S. 251, (262 f.).

79 Im einzelnen HUBER, in: BARWIG u.a. (Hrsg.), Asylrecht im Binnenmarkt, S. 43, (53 ff.), SCHWEITZER, ZAR 1992, S. 147, (151), WOLLENSCHLÄGER/BECKER, EuGRZ 1990, S. 1, (5).

80 WOLLENSCHLÄGER/BECKER, EuGRZ 1990, S. 1, (5).

81 SCHOCH, DVBl 1992, S. 525, (529).

82 Vgl. dazu GILSDORF, EuR, 1990, S. 65 (67 ff.); HAILBRONNER, Möglichkeiten und Grenzen, S. 191 ff.; HUBER, in: BARWIG u.a. (Hrsg.), Asylrecht im Binnemarkt, S. 43, (45 ff.); HUMMER, ZfRV 1991 S. 129, (145 ff.), MENKE, Asylgesetzgebung, Bedingungen S. 19 ff.; SCHWEITZER, ZAR 1992, S. 147, (147 ff). SCHWEITZER, in: Festschrift Börner, S. 403, (409) SCHOCH, DVBl 1992, S. 525, (528), WOLLENSCHLÄGER/BECKER, EuGRZ 1990, S. 1, (5 f.).

83 Im Folgenden EEA.

84 BGBl. 1986 II S. 1102; Die EEA stellt im übrigen eine der umfassendsten Änderungen der Gründungsverträge dar. Sie stärkte im institutionellen System die Kommission und das Europäische Parlament, bezog weitere Materien des materiellen Rechts in die Gemeinschafskompetenz ein, stellte die schon institutionalisierte EPZ in den Materien, die

Der Amsterdamer Vertrag hat dann letztendlich durch die Übertragung der Kompetenz im Bereich des Asylrechts auf die Gemeinschaft bestätigt, daß es vor seinem Inkrafttreten eine solche nicht bestand.[85]
Dennoch beschäftigte sich die Kommission weiterhin mit der Materie. In ihrer Mitteilung über das Asylrecht an den Rat und das Europäische Parlament vom 11.10.1991[86] hat die Kommission ihre Vorschläge für eine Harmonisierung des Asylrechts vorgestellt. Unter anderem schlug sie als Maßnahmen die Harmonisierung der Anwendung der GFK sowie eine Harmonisierung der Aufnahmebedingungen von Asylbewerbern vor. In einer weiteren Mitteilung vom 23.02.1994 an den Rat und das Europäische Parlament zur Zuwanderungs- und Asylpolitik[87] plädierte sie unter anderem für eine einheitliche Anwendung der Flüchtlingsdefinition gemäß Art. 1 der GFK und für die Festlegung von Mindeststandards für gerechte und wirksame Asylverfahren.

c. Das Parlament

Das Europäische Parlament beschäftigte sich in einer Reihe von Entschließungen[88] ebenfalls ausführlich mit der Asylrechtsproblematik. Aufgrund der Tatsache, daß Entschließungen des Europäischen Parlaments kein verbindliches Gemeinschaftsrecht darstellen und auch keine Rechtsfolgen nach sich ziehen[89], kommt ihnen allerdings nur politische Relevanz zu. Unter den zahlreiche Entschließungen ist der „Vetter-Bericht“[90] und die dazugehörige Entschließung zu

---

nicht dem Anwendungsbereich der Gründungsverträge unterfallen, auf eine völkerrechtliche Grundlage und legte das Binnenmarktkonzept im damaligen EWGV fest, STREINZ, Europarecht, S. 13 f.; SCHWEITZER, ZAR 1992, S. 147, (147).

85 So auch KLOS, Europäische Migrationspolitik, S. 30.

86 Dok. SEK (91) 1857 endg., Anlage II.

87 Dok. KOM (94) 23 endg.

88 Siehe insbesondere die Entschließung vom 12.03.1987 zu Fragen des Asylrechts (ABl. C 99/167 vom 13.04.1987), vom 18.06.1987 zur menschenrechtswidrigen Asylpolitik einiger Mitgliedstaaten (ABl. C 190/105 vom 20.07.1987), vom 14.06.1990 zum Schengen-Abkommen sowie zu der von der Ad- Hoc- Gruppe Einwanderung ausgearbeiteten Konvention zum Asylrecht und zum Flüchtlingsstatus (ABl. C 175/170 vom 16.07.1990), vom 18.11.1992 zur Harmonisierung des Asylrechts und der Asylpolitiken in der Europäischen Gemeinschaft (abgedruckt in: EuGRZ 1993, S. 105), vom 19.11.1992 zum Inkrafttreten des Schengener Übereinkommens (abgedruckt in: EuGRZ 1992, S. 578), vom 11.03.1993 zur Achtung der Menschenrechte in der Europäischen Gemeinschaft (abgedruckt in EuGRZ 1993, S. 313 ff.), vom 19.01.1994 zu den Grundprinzipien einer europäischen Flüchtlingspolitik (abgedruckt in: EuGRZ 1994, S. 141 ff.), vom 03.04.1998 zu den Auswirkungen der Ost-Erweiterung der EU hinsichtlich der Zusammenarbeit in den Bereichen Justiz und Inneres (abgedruckt in: EuGRZ 1998, S. 542 ff.).

89 BLECKMANN, Europarecht, S. 44, Rn 85.

90 EP Dok. A2-227/86/A u. B, der Name „Vetter“ läßt sich auf Heinz-Oskar Vetter zurückführen, der Berichterstatter war. Bei dem Vetter-Bericht handelt es sich um einen Initativbericht nach Art. 102 der Geschäftsordnung des Europäsichen Parlamentes, der von dem

Fragen des Asylrechts in Europa aus dem Jahr 1987 besonders hervorzuheben. In dem Bericht wird erstmals von europäischer Seite der Versuch unternommen, nach den Ursachen und Strukturen der Asylproblematik zu fragen. Es wird zudem ein Lösungsansatz für die Europäische Gemeinschaft mittels eines Vergleichs der Lage des Asylrechts in den Mitgliedstaaten erarbeitet. Die dazugehörige Entschließung verfolgt das Ziel, das Asylrecht in den Mitgliedstaaten zu sichern und seine Gewährung in menschenwürdiger und rechtsstaatlicher Weise zu garantieren. Dazu werden achtzehn Prinzipien aufgeführt; unter anderem wird auch auf die sozial-rechtliche Stellung von Asylbewerbern eingegangen.[91] Wie viele andere Beschlüsse hat aber auch der Vetter-Bericht letztlich zu keinem meßbaren Ergebnis geführt.[92]
Die ganze Diskussion um eine gemeinsame europäische Asylpolitik war stark von der widersprüchlichen Haltung der Mitgliedstaaten geprägt. Auf der einen Seite erkannten sie den Regelungsbedarf, auf der anderen Seite pochten sie aber auf ihre ausschließliche Regelungskompetenz.

2. *Die Intergouvernementale Zusammenarbeit*

Der auf der einen Seite eingeschränkte Rechtssetzungskompetenzen der Europäischen Gemeinschaft stand auf der anderen Seite ein nach Koordinierung drängender Regelungsbedarf zum Asylrecht gegenüber, der über die Gemeinschaftskompetenz hinausreicht. Aus diesem Grund haben die Mitgliedstaaten außerhalb der Europäischen Gemeinschaft die Initiative ergriffen, sich über die Probleme des Asylrechts zu verständigen. Dazu wurden intergouvernementale Gremien geschaffen, die sich allerdings weitgehend dem Einblick der Öffentlichkeit entzogen.[93]
Am 20.10.1986 kamen die für Einwanderungsfragen zuständigen Minister überein, eine Ad- hoc- Gruppe „Einwanderung" einzusetzen.[94] Der Kommission wurde nur ein Beobachter- und Beraterstatus eingeräumt. Damit setzten die Mitgliedstaaten durch, die für notwendig erachteten Ausgleichsmaßnahmen im Wege der Regierungszusammenarbeit und unter Umständen mit Mitteln des Völkervertragsrechts zu regeln. Die Gruppe sollte unter anderem die Problematik der Asylbewerber, vor allem den Mißbrauch des Asylrechts, untersuchen. Ziel

---

Ausschuß für Recht und Bürgerrechte beschlossen wurde.

91 LANGGUTH, in: BARWIG u.a.(Hrsg.), Asylrecht im Binnenmarkt, S. 251 (252 ff.), SCHWEITZER, ZAR 1992, S. 147, (150); TASCHNER/DE LOBKOWICZ, in: ZULEEG (Hrsg.), Ausländerrecht, S. 143, (148 f.).

92 SCHWEITZER, ZAR 1992, S. 147 (151).

93 SCHOCH, DVBl 1992, S. 525, (530).

94 BullEG 10 /1986, Ziff. 2.4.7. Vgl. hierzu AKMANN, JA, 1994, S. 49, (S. 51); HAILBRONNER, in: HAILBRONENR/KLEIN u.a., (Hrsg.), Handkommentar zum EUV/EGV Art. K, Rn. 7; RUPPRECHT/HELLENTHAL in: RUPPRECHT/HELLENTHAL (Hrsg.), Innere Sicherheit, S. 23, (154).

war es, völkerrechtliche Übereinkommen oder Empfehlungen für eine gemeinsame Strategie zu entwerfen. Um die Arbeit der Ad- hoc- Gruppe Einwanderung beratend zu unterstützen, wurden die Unterarbeitsgruppen „Asyl", „Visa", „Außengrenzen", „Informationsaustausch" und „Gefälschte Dokumente" eingerichtet.
Die Untergruppe „Asyl" war für Fragen des materiellen und formellen Asylrechts zuständig. Sie hat das DÜ vom 15.06.1990 erarbeitet und die Londoner Entschließungen verfaßt.[95] Zudem richteten sie am 30.11.1992 das Informations-, Reflexions- und Austauschzentrum für Asylfragen ein.[96]
Trotz unterschiedlicher Zielrichtungen arbeiteten die verschiedenen Gremien im Zuge ihrer Bemühungen, Ausgleichsmaßnahmen für die entstehenden Sicherheitsdefizite zu finden, in vielen Fällen sehr ähnliche Vorschläge aus. Daher bildete der Europäische Rat im Dezember 1988 die Koordinatorengruppe „Freizügigkeit des Personenverkehrs".[97] Im Gegensatz zu den oben beschrieben Gremien war die Gruppe der Koordinatoren eng an das Gemeinschaftssystem gekoppelt, ohne jedoch rechtlich darin verankert zu sein. Die Gruppe ist daher in einer Grauzone zwischen gemeinschaftlicher und intergouvernementaler Zusammenarbeit einzuordnen.[98] Die Koordinatorengruppe hat keine Weisungsrechte gegenüber den oben erwähnten Gremien, so daß ihre Durchsetzungskraft eingeschränkt war. Sie organisierte hauptsächlich den Informationsaustausch zwischen den Gremien, beseitigte Blockaden und gab neue Impulse. Zusammen mit der Ad- hoc- Gruppe Einwanderung erstellte sie das sogenannte „Palma"- Do-

---

95 Vgl. ausführlich zu den Londoner Entschlüssen, unter Erster Teil, A, III.

96 Centre d'information, de réflexion et d'échange en matière d'asile (CIREA). Dieses Zentrum besteht aus Experten, die die mit der Asylproblematik zusammenhängende Entwicklungen beobachten. Ziel ist es hinsichtlich der Bestimmung der sicheren Herkunftsländer sowie der Aufnahmedrittländern, Übereinstimmung zu erzielen. Um dies zu erreichen, tauschen die Mitgliedstaaten Informationen sowie nationale Entscheidungen, die in diesem Zusammenhang getroffen werden, aus. CIREA stellt ein ständig verfügbares formelles und informelles Netzwerk für Ratsmitglieder dar. Der Vorteil von CIREA liegt darin, daß es ein informelles Forum bietet, damit Informationsfluß und Informationsaustausch weniger interessengeleitet sind. Allerdings gibt es auch einige Kritikpunkte. Zum einen sind die Länderberichte sowie auch die Beratungen und Dokumente des CIREA nicht öffentlich. Zum anderen findet keine Überprüfung der Länderberichte statt. Weiterhin wird kritisiert, daß CIREA hinsichtlich der Struktur und der Effektivität Defitizte aufweist, vgl. zu einer kritischen Auseinandersetzung mit CIREA, INSTITUT FOR MINORITY AND ETHNIC STUDIES, Feasibiltiy Study for a European Migration Observatory, 5. Kapitel, S. 108 ff.

97 Zur Gruppe der Koordinatoren „Freizügigkeit des Personenverkehrs" vgl. auch AKMANN, JA 1994 S. 49, (51), DEGEN, in: V.D. GROBEN u.a. (Hrsg.), Kommentar, Band 5, Vorbemerkung zu den Art. K bis K.9 S. S. 5/1011.

98 WEIDENFELD in: RUPPRECHT/HELLENTHAL (Hrsg.), Innere Sicherheit, S. 7, (15).

kument vom 06.06.1989.[99] Dieses Dokument erwähnt erstmals als Ziel die Schaffung einer gemeinsamen Asylpolitik auf der Grundlage der GFK.[100]

II. Die völkerrechtliche Zusammenarbeit im Bereich des Asylrechts

Aufgrund der Tatsache, daß die Mitgliedstaaten im Bereich des Asylrechts zu diesem Zeitpunkt noch keine Kompetenzen an die Europäische Gemeinschaft übertragen hatten, haben einzelne Mitgliedstaaten mit Hilfe von völkerrechtlichen Abkommen verfahrensrechtliche Regelungen zum Asylrecht angestrebt. Die Mitgliedstaaten zogen weder eine Vereinheitlichung des materiellen noch des formellen Rechts in Betracht, vielmehr ging es um die Regelung der Zuständigkeit für das Asylverfahren.[101] Die Mitgliedstaaten haben damit auf das Instrument des „begleitenden Gemeinschaftsrechts" zurückgegriffen, d.h. auf völkerrechtliche Verträge, die ohne selbst Gemeinschaftsrecht zu sein, der Förderung der Ziele der Europäischen Gemeinschaft dienen.[102] Im Hinblick auf eine Zusammenarbeit im Bereich des Asylrechts kommt insbesondere dem Schengener Durchführungsabkommen, sowie dem DÜ wesentliche Bedeutung zu. Beide Abkommen begründen keinen Anspruch auf Asyl und auch nicht das Recht auf die Anwendung eines bestimmten innerstaatlichen materiellen oder formellen Ausländerrechts.

1. Die Schengener Abkommen

Die Kommission schlug am 23.01.1985 eine Richtlinie vor, die das Ziel hatte, die Personengrenzkontrollen innerhalb der Gemeinschaft zu erleichtern. Aufgrund des Widerstandes von Großbritannien, Dänemark und Irland wurde diese Richtlinie jedoch nie vom Rat verabschiedet.[103] Somit war eine Einigung aller Mitgliedstaaten auf ein homogenes Vorgehen bezüglich der zentralen Frage des Abbaus der Grenzkontrollen bei Personen an den Binnengrenzen aussichtslos. Infolgedessen entschlossen sich Belgien, Luxemburg, die Niederlande, sowie Deutschland und Frankreich außerhalb des Rahmens der EG zu einer gesonderten Kooperation auf diesem Gebiet.[104]

---

99 BullEG 6/1989, Nr. 1.1.7.

100 Unter anderem war die Errichtung eines Europäischen Zuständigkeitssystems geplant, was mit dem Dubliner Übereinkommen auch erreicht wurde. Zudem wurde die Schaffung eines vereinfachten Verfahrens für offensichtlich unbegründete Asylanträge und Regeln über die Freizügigkeit von Asylbewerbern zwischen den Mitgliedstaaten vorgeschlagen, vgl. HAILBRONNER, ZAR 1995, S. 3, (6).

101 HAILBRONNER, Immigration and Asylum Law, S. 383; WEBER, ZRP 1993, S. 170, (171).

102 Vgl. HUBER, NVwZ 1992, S. 618, (620 ff.); SCHWEITZER, ZAR 1992, S. 147, (153).

103 Zu den Einzelheiten siehe, TASCHNER, Schengen, S. 12 ff.

104 FISCHER, EuZW 1994, S. 747, (748).

a. Das erste Schengener Abkommen

Das erste Schengener Abkommen wurde am 14.06.1985 zwischen den Benelux-Staaten Belgien, Luxemburg und den Niederlanden, sowie Deutschland und Frankreich geschlossen.[105]

Ziel des Abkommens war die schrittweise Aufhebung der Personengrenzkontrollen an den gemeinsamen innergemeinschaftlichen Grenzen. Diese Begünstigung sollte nicht nur den Angehörigen der Vertragsstaaten zugute kommen, sondern allen Gemeinschaftsangehörigen.[106] Durch die Realisierung der im Abkommen genannten Maßnahmen sollte am Ende der vollständige Abbau der Grenzkontrollen ermöglicht werden. Um die entstehende Sicherheitsdefizite auszugleichen, finden sich in dem Abkommen auch Regelungen, die das Asyl- und Ausländerrecht betreffen.[107] Diese „Schengen-Gruppe" sah sich als Motor einer fortschreitenden europäischen Integration der damals zwölf Mitgliedstaaten.[108] Die Kommission hatte bei der Gruppe einen formellen Beobachterstatus inne.[109]

Bei dem ersten Schengener Übereinkommen handelte es sich um ein Regierungsübereinkommen, dessen Art. 32 den Vertragsparteien die Ratifikation freistellt.[110] Das Abkommen machte ein Durchführungsabkommen erforderlich. Insofern ist in erster Linie das verbindliche zweite Schengener Abkommen von Bedeutung.

b. Das Schengener Durchführungsübereinkommen

Auf der Grundlage des ersten Schengener Abkommens begannen die Vertragsstaaten die Arbeiten fortzusetzen. Insbesondere galt es die Ausgleichsmaßnahmen für die entstehenden Sicherheitsdefizite zu konkretisieren. Erst fünf Jahre später, am 19.06.1990 unterzeichneten die Vertragsstaaten des ersten Schengener Abkommens das „Übereinkommen zur Durchführung des Übereinkommens von Schengen, betreffend den schrittweisen Abbau der Kontrollen an den ge-

---

105 Übereinkommen zwischen den Regierungen der Staaten der Benelux-Wirtschaftsunion, der Bundesrepublik Deutschland und der Französischen Republik betreffend den schrittweisen Abbau der Kontrollen an den gemeinsamen Grenzen, GMBl. 1986, S. 79.

106 EPINEY, in: ACHERMANN u.a. (Hrsg.), Schengen und die Folgen, S. 21, (24).

107 EPINEY, in: ACHERMANN u.a. (Hrsg.), Schengen und die Folgen, S. 21, (24 f.); O'KEEFFE, YEL, S. 185, (187); vgl. auch SCHOCH, DVBl 1992 S. 525, (532).

108 RESS, in: PAULY (Hrsg.), Les accords de Schengen, S. 79, (83); bezeichnend ist auch der erste Satz der Präambel: „In dem Bewußtsein, daß die immer engere Union zwischen den Völkern der Mitgliedstaaten der Europäischen Gemeinschaft ihren Ausdruck in dem freien Überschreiten der Binnengrenzen durch alle Angehörigen der Mitgliedstaaten finden muß, schließen die Staaten dieses Übereinkommen".

109 TASCHNER, Schengen, S. 19.

110 DÖRR, DÖV 1993, S. 696, (699); ELSEN, in: PAULY (Hrsg.), Les accords de Schengen, S. 19, (19); NANZ, ZAR 1994, S. 99, (99, Fn 4).

meinsamen Grenzen vom 14.06.1985".[111] Bei dem SDÜ handelt es sich um einen ratifizierungsbedürftigen, völkerrechtlichen Vertrag. Er wurde am 26.03.1995 in Kraft gesetzt.[112]

Bis auf Großbritannien und Irland sind alle Mitgliedstaaten dem SDÜ beigetreten. Ausgangspunkt des gesamten Übereinkommens ist die Bestimmung, daß die gemeinsamen Binnengrenzen der Vertragsstaaten von Staatsangehörigen der EG und sich rechtmäßig im Schengener Raum aufhaltenden Drittausländern ohne Personenkontrolle an jeder Stelle überschritten werden dürfen (vgl. Art. 2 Abs. 1 SDÜ).[113]

Das Schengener Durchführungsübereinkommen setzt die Prinzipien des ersten Schengener Abkommens um und legt die dort vorgeschlagenen Ausgleichsmaßnahmen, die aufgrund des Wegfalls der Personengrenzkontrollen an den Binnengrenzen erforderlich werden, verbindlich fest.

Da der angestrebte Abbau der Personengrenzkontrollen an den Binnengrenzen auch weitreichende Konsequenzen für die Asylpolitik hat, regelt das Durchführungsübereinkommen in den Art. 28 bis 38 SDÜ die Koordinierung der Asylpolitik.[114] Es werden einheitliche Zuständigkeitskriterien für die Behandlung von Asylbegehren festgelegt sowie der Informationsaustausch in Asylfragen. Die asylrechtlichen Bestimmungen des SDÜ haben zum Ziel, daß mindestens und gleichzeitig nur ein Vertragsstaat für die Prüfung eines Asylantrags eines Drittstaatsangehörigen zuständig ist, das sogenannte one-chance-only- Prinzip.[115] Ein Asylbewerber soll nur einmal die Möglichkeit haben, in der EG ein Asylverfahren durchzuführen. Dahinter steht die Vermeidung von unkontrollierten Wanderungsbewegungen von Asylbewerbern in andere Vertragsstaaten und damit die Verhinderung der Einleitung paralleler oder sukzessiver Asylverfahren in den Vertragsstaaten. Zudem soll die Abschiebung Asylsuchender von

---

[111] BGBl 1993 II, S. 1010. Die Verhandlungen nahmen so lange Zeit in Anspruch, da zum einen in fast allen Bereichen Neuland beschritten wurde und zum anderen der Fall der Mauer dazu führte, daß die Unterzeichnung aufgrund noch ungeregelter Fragen hinsichtlich der deutschen Grenze als Außengrenze ausgesetzt werden mußte, vgl. NANZ, ZAR 1994 S. 99, (99). Im Folgenden SDÜ.

[112] BGBl 1996 II, S. 242. Das SDÜ differenziert zwischen Inkrafttreten (Eintritt der völkerrechtlichen Bindung der Vertragsstaaten an das Übereinkommen, Art. 139 Abs. 2 SDÜ) und dem Inkraftsetzen (Zeitpunkt, von dem an die Vertragsstaaten das Übereinkommen tatsächlich beachten müssen, Ziff. 1 Nr. 2 der Schlußakte zum SDÜ). Zu diesem zweistufigen System siehe BIEBER, NJW 1994, S. 294, (295); HAILBRONNER/THIERY, ZAR 1997, S. 55 (55, Fn 2).

[113] Zur Frage inwieweit und unter welchen Voraussetzungen Grenzkontrollen dennoch erlaubt sind, vgl. Art. 2 Abs. 2 SDÜ. Siehe auch HAILBRONNER/THIERY, ZAR 1997 S. 55, (55, Fn 4).

[114] Siehe dazu ACHERMANN, in: ACHERMANN/BIEBER u.a. (Hrsg.), Schengen und die Folgen, S. 79, (91 ff.) HUBER, in: NVwZ 1996, S. 1065, (1073 ff); NANZ, ZAR 1994, S. (99), 104.

[115] HAILBRONNER/THIERY, ZAR 1997, S. 55, (56); SCHATTENBERG, in: HAILBRONNER/WEIL, (Hrsg.), Von Schengen nach Amsterdam, S. 23, (27), WOLLENSCHLÄGER, EuGRZ 2001, S. 354, (356).

einem Vertragsstaat in den anderen verhindert werden, ohne daß sich einer dieser Staaten für die Prüfung der Asylbegehren verantwortlich fühlt, da jeder Staat die früheren Reisen des Betroffenen einer Prüfung des Asylantrags entgegenhalten kann (sogenanntes refugee-in-orbit- Phänomen).[116]
Nach Art. 29 Abs. 3 SDÜ ist nur eine Vertragspartei zur Durchführung des Asylverfahrens verpflichtet; es gilt das Prinzip der Ausschließlichkeit.[117] Die Durchführung der Prüfung eines Asylbegehrens verpflichtet den Vertragsstaat den Asylantrag zu prüfen, zu entscheiden und bei einer negativen Entscheidung dafür zu sorgen, daß der Asylbewerber das Vertragsgebiet verläßt. Zudem muß der zuständige Vertragsstaat den Asylbewerber vom unzuständigen Vertragsstaat übernehmen und den Asylbewerber bei Zuständigkeit im Fall einer Weiterreise in einen anderen Vertragsstaat während des laufenden Verfahrens wieder aufnehmen (Art. 31 Abs. 2, 3, Art. 33 SDÜ). Diese Durchführungsverpflichtung führt nicht zu einem Anspruch des Asylbewerbers auf Asyl.[118] Die Prüfungspflicht, die in Art. 29 Abs. 1 SDÜ normiert ist, wird durch Art. 29 Abs. 2 S. 2 SDÜ beschränkt, wonach jeder Vertragsstaat das Recht hat, den Asylbewerber unter Beachtung seines nationalen Rechts und internationalen Verpflichtungen[119] in einen sicheren Drittstaat zurück- oder auszuweisen. Art. 28 SDÜ bekräftigt die Verpflichtungen der Mitgliedstaaten die GFK in der Fassung des New Yorker Protokoll anzuwenden und Art. 135 SDÜ stellt das gesamte Abkommen unter den Vorbehalt der GFK.
Der Staat der für die Prüfung eines Asylantrags zuständig sein soll, wird anhand objektiver Kriterien bestimmt (vgl. Art. 30, 35 und 36 SDÜ). Die genannten Kriterien verdeutlichen, daß dem Asylbegehrenden nach dem SDÜ-System grundsätzlich keine freie Wahl des Asylstaates zukommt.[120] Der nach diesen Kriterien zuständige Vertragsstaat prüft das Asylbegehren gemäß seiner nationalen Rechtsvorschriften und seiner internationalen Verpflichtungen (Art. 32 SDÜ). Das Übereinkommen impliziert damit eine Gleichwertigkeit der unterschiedlichen nationalen asylrechtlichen Bestimmungen und schafft die Möglichkeit, negative Asylentscheidungen eines anderen Vertragsstaats anzuerkennen. Folglich besteht eine fakultative Bindungswirkung.[121] Allerdings enthält das SDÜ in Art. 29 Abs. 4 eine Ausnahmeklausel, wonach ein Vertragsstaat ein

116 MAAßEN, Rechtsstellung, S. 360.
117 HAILBRONNER/THIERY, ZAR 1997, S. 55, (56).
118 HAILBRONNER/THIERY, ZAR 1997, S. 55, (58).
119 Insbesondere das Refoulement-Verbot des Art. 33 GFK ist zu beachten.
120 HAILBRONNER/THIERY, ZAR 1997, S. 55, (57), kritisch dazu BLAKE, in: GUILD/HARLOW (HRSG.). Implementing Amsterdam, S. 95, (106 ff.).
121 HAILBRONNER/THIERY, ZAR 1997, S. 55, (56) Die Möglichkeit, Entscheidungen anderer Vertragsstaaten anzuerkennen, beruht auf der Überzeugung der Vertragstaaten, daß alle Vertragsstaaten aufgrund der Unterzeichnung der GFK von 1951 in der Fassung des New Yorker Protokolls und der EMRK mit ihren nationalen Asylrechtsbestimmungen den rechtsstaatlichen Mindestanforderungen genügen.

Asylbegehren bei Vorliegen besonderer Gründe auch dann prüfen darf, wenn nach dem Abkommen ein anderer Vertragsstaat zuständig ist bzw. war.[122]

Das Ziel des SDÜ, die Grenzkontrollen zwischen den Vertragsstaaten abzubauen, verdeutlicht die Einbindung des Abkommens in den durch die Europäische Gemeinschaft und das Gemeinschaftsrecht in Gang gesetzte Integrationsprozeß.[123] Dies bekräftigt auch Art. 140 Abs. 2 SDÜ, der bestimmt, daß Mitgliedstaaten nur EG-Staaten sein können. Weiterhin wird festgelegt, daß die Bestimmungen des SDÜ nur anwendbar sind, soweit sie mit dem Gemeinschaftsrecht vereinbar sind (Art. 134 SDÜ).
Das Verhältnis des SDÜ als völkerrechtlicher Vertrag mit Gemeinschaftsbezug zum bestehenden und zum künftigen Gemeinschaftsrecht wurde dennoch seit Abschluß des Abkommens kontrovers diskutiert.[124] Jedoch war ein gemeinschaftliches Vorgehen zu diesem Zeitpunkt aufgrund der bestehenden politischen Sensibilitäten und mangels Kompetenz der Gemeinschaft nicht möglich, so daß ein völkerrechtliches Abkommen zwischen den Mitgliedstaaten, die eine weitergehende Integration befürworteten, eine gangbare Alternative für eine sinnvolle Fortentwicklung der Gemeinschaftsaktion war.[125]

2. *Das Dubliner Übereinkommen*

Die übrigen EG-Mitglieder sahen sich ihrerseits veranlaßt, im Asylbereich tätig zu werden und auf Gemeinschaftsebene eine Lösung zu finden. Dabei lag es nahe, im wesentlichen die Regeln des SDÜ zu übernehmen.[126] So schlossen einige Tage vor der Unterzeichnung des SDÜ, am 15.06.1990 die damaligen zwölf

---

[122] Insbesondere Frankreich hatte auf die Einführung dieser Klausel bestanden, um nicht das souveräne Recht des Staates zur Asylgewährung eingeschränkt zu sehen. Zudem hatten zur Zeit der Ausarbeitung der Verträge einige Vertragsstaaten ein individuelles Asylrecht in ihren Verfassungen verankert. So wären z.B. Deutschland und Frankreich nach ihren Verfassungen verpflichtet gewesen, erneut einen Asylantrag zu prüfen, obwohl ein anderer zuständiger Mitgliedstaat ihn bereits überprüft hat und zu einem negativen Resultat gelangt ist. Um zu verhindern, daß auf Grund dieser Rechtslage diese Staaten zu „Reserveasylländern" werden, wurde in beiden Ländern die Verfassung geändert. In Deutschland ermöglicht seitdem Art. 16 Abs. 5 GG die gegenseitige Anerkennung von Asylentscheidungen vgl. BverfGE 94, 49; in Frankreich wurde durch verfassungsänderndes Gesetz vom 25. 11. 1993 im Titel VI der Verfassung vom 4.10.1958 ein Art. 53-1 eingefügt, vgl. hierzu, HAILBRONNER/THIEREY, ZAR 1997, S. 55, (56).

[123] EPINEY, in: ACHERMANN u.a.(Hrsg.), Schengen und die Folgen, S. 21, (30).

[124] Insbesondere wurde zum einen die Vereinbarkeit von Schengen II mit Art. 14 [ex Art. 7a] EGV und Art. 10 (ex Art. 5 EGV) in Frage gestellt und damit auch die grundsätzliche Frage nach der Zulässigkeit völkerrechtlicher Abkommen innerhalb partieller Gemeinschaftskompetenzen; ausführlich zur gesamten Problematik und weiteren Nachweisen, EPINEY in: ACHERMANN u.a. (Hrsg.), Schengen und die Folgen, S. 21, (30 ff.).

[125] EPINEY, in: ACHERMANN u.a. (Hrsg.), Schengen und die Folgen, S. 21, (50).

[126] ACHERMANN, in: ACHERMANN u.a. (Hrsg.), Schengen und die Folgen, S. 79, (80).

Mitgliedstaaten in Dublin das von der erwähnten Ad- hoc- Gruppe Einwanderung ausgearbeitete „Übereinkommen über die Bestimmungen des zuständigen Staates für die Prüfung eines in einem Mitgliedstaat der Europäischen Gemeinschaft gestellten Asylantrages".[127] Mangels einer EG-Kompetenz beruht das DÜ auf einer multilateralen völkervertraglichen Zusammenarbeit der Mitgliedstaaten der Gemeinschaft.[128] Es ging jedoch als Modell der Asylrechtskooperation über den Rahmen der Union hinaus, da nach dem Inkrafttreten andere, insbesondere osteuropäische Staaten, in die Zusammenarbeit einbezogen werden sollten. Um dieses Ziel zu erreichen, sollen Parallelübereinkommen zum DÜ geschlossen werden.[129] Das Abkommen trat für die ursprünglich zwölf Mitgliedstaaten am 01.09.1997 in Kraft. Bis 1998 traten alle Mitgliedstaaten dem Abkommen bei.

Um mögliche Normenkollisionen zwischen dem SDÜ und dem DÜ zu vermeiden, wurde von den Vertragsstaaten des SDÜ aufgrund eines auf Art. 142 Abs. 1 SDÜ gestützten Beschlusses des Schengen-Exekutivausschusses am 26.04.1994 das ratifizierungsbedürftige „Bonner Protokoll"[130] unterzeichnet. Danach sind die Bestimmungen der Art. 28 ff. SDÜ über die Behandlung von Asylbegehren mit Inkrafttreten des DÜ nicht mehr anwendbar. Sie werden durch die bis auf kleinere Modifikationen fast identischen Vorschriften des DÜ ersetzt.[131] Das DÜ verfolgt ebenfalls das Ziel, unkontrollierten Wanderungsbewegungen von Asylbewerbern innerhalb der Gemeinschaft zu verhindern sowie das damit verbundene Problem der mehrfachen Asylanträge einzudämmen. Zudem soll mit dem Abkommen die illegale Einwanderung verhindert werden. Auch hier gilt das Ausschließlichkeitskonzept, das für die Prüfung eines Asylantrags immer nur ein Staat zuständig sein soll. Alles im Hinblick auf das SDÜ diesbezüglich Gesagte, gilt im gleichen Umfang auch für das DÜ.[132]

Art. 2 Dublin verpflichtet ebenfalls die Mitgliedstaaten zur Anwendung der GFK in der Fassung des New Yorker Protokolls. Im Unterschied zum SDÜ (Art. 135) wird der GFK allerdings nicht ausdrücklich der Vorrang eingeräumt. Diese Frage wird vielmehr offengelassen.[133] Im übrigen weist das DÜ zum einen Defi-

---

127 BGBl 1994 II, S. 792.

128 HUBER, NVwZ 1998, S. 150, (150).

129 HAILBRONNER, ZAR 1995, S. 3, (4).

130 BGBl 1995 II, S. 738.

131 Siehe für einen teilweisen Vergleich der beiden Abkommen, ACHERMANN, in ACHERMANN u.a. (Hrsg.), Schengen und die Folgen , S. 79, (83), HAILBRONNER /THIERY, ZAR 1997, S. 55 (57 ff.).

132 Das DÜ spricht weitergehender von der Pflicht der Mitgliedstaaten jeden Asylantrag zu prüfen, den ein Ausländer an der Grenze oder im Hoheitsgebiet eines Mitgliedstaates stellt, während das SDÜ nur das Hoheitsgebiet erwähnt. Daraus läßt sich allerdings wohl keine weitergehende materielle Prüfungspflicht ableiten, zumal die Grenzkontrollen i.d.R. im Hoheitsgebiet des kontrollierenden Staates stattfinden, HAILBRONNER/THIERY, ZAR 1997, S. 55 (58, Fn 34), a.A. wohl ACHERMANN, in ACHERMANN u.a. (Hrsg.), Schengen und die Folgen, S. 79, (92). Vgl. zum DÜ, HUBER, NVwZ 1998, S. 150 ff; GÖBEL-ZIMMERMANN, Asylrecht, S. 377 ff.

133 Allerdings nimmt weder das DÜ noch das SDÜ Bezug auf die EMRK, vgl. BOLTEN, in

zite auf, und zum anderen hat es sich in seiner praktischen Anwendung bisher nicht bewährt.
Die Tatsache, daß durch das Übereinkommen keine Harmonisierung der materiellen und formellen Vorschriften geschaffen wurde, sondern es sich um ein reines Zuständigkeitsabkommen handelt, führt in den einzelnen Mitgliedstaaten weiterhin zur unterschiedlichen Behandlung gleicher Asyltatbestände. Zum einen differiert die Auslegung des Flüchtlingsbegriffs der GFK in den Mitgliedstaaten erheblich und damit die Anerkennungsquoten, zum anderen aber auch die Verfahrensstandards.[134] Dies führt dazu, daß für den Asylbewerber zum einen keine Rechtssicherheit besteht und dieser zum anderen versucht, in den Staaten mit den großzügigsten Bestimmungen einen Asylantrag zu stellen. Damit wird aber die Zuständigkeitskonzeption des Abkommens unterlaufen und die Staaten mit den liberaleren Regelungen sehen sich mit einer steigenden Anzahl von Asylgesuchen konfrontiert.
Darüber hinaus bestehen auch zahlreiche Auslegungsschwierigkeiten.[135]

Die Erfahrungen der letzten Jahre zeigen, daß das DÜ in der Praxis nicht zu den beabsichtigten Erfolgen führt und teilweise sogar gänzlich leerläuft. Ein Grund dafür ist, daß in den Anwendungsbereich des DÜ nur Asylbewerber fallen, nicht jedoch de-facto Flüchtlinge, die prozentual die Anzahl der Asylbewerber weit übersteigen.
Wegen des komplexen Verfahrens, den zuständigen Staat festzustellen sowie gegebenenfalls ein Übernahmeverfahren einzuleiten und des Organisationsaufwandes innerhalb der nationalen Behörden, ist die Effizienz des Systems in Frage zu stellen.
Problematisch ist weiterhin, daß das Konzept des Abkommens hinsichtlich seiner Durchführbarkeit zum großen Teil von der Mitwirkung der Asylbewerber abhängt. Oft verweigern diese jedoch die Kooperation.
Bevor die Anwendungsschwierigkeiten in diesem Maße zutage traten, rechneten die Minister schon mit dem Mißbrauch des Verfahrens und einigten sich 1992 auf die Londoner Beschlüsse, die helfen sollten, ungewollte Nebeneffekte bei der Anwendung des DÜ zu verringern.

MEIJERS (Hrsg.), Schengen, S. 8 (22).

134 Es kann allerdings davon ausgegangen werden, da alle Mitgliedstaaten sowohl die EMRK als auch GFK unterzeichnet haben, daß durch die unterschiedliche Auslegung der Tatbestände die Menschenrechte der Asylbewerber grundsätzlich nicht verletzt werden, vgl. HAILBRONNNER, ZAR 1995, S. 1, (5).

135 Vgl. dazu LÖPER, ZAR 2000, S. 16. Kritisch zum DÜ auch BLAKE, in: GULID/HARLOW, Implementing Amsterdam, S. 95, (95 ff.); HURWITZ, IJRL 1999, S. 646 ff.

III. Die Londoner Beschlüsse

Die Ad- hoc- Gruppe- Einwanderung setzte parallel zu den Abkommen von Schengen und Dublin auch ihre Arbeit fort, die zur Annahme mehrerer Entschließungen und einer Schlußfolgerung führten. Diese sind für das Asylrecht von erheblicher Bedeutung. So schlossen die für Einwanderung zuständigen Minister der Mitgliedstaaten am 30.11. und am 01.12.1992 in London die Entschließung über offensichtlich unbegründete Asylanträge (1), die Entschließung zu einem einheitlichen Konzept betreffend Drittaufnahmestaaten (2), sowie die Entschließung betreffend Länder in denen im allgemeinen keine ernstliche Verfolgungsgefahr besteht (3).[136] Diese Erklärungen sind rechtlich unverbindlich.[137] Sie sind als politische Absprachen weder völkervertraglich noch im Rahmen des EG-Rechts durchsetzbar, so daß ihre Bedeutung mehr im politischen als im rechtlichen Bereich liegt.[138] Dennoch ist vorgesehen, daß die Minister dafür Sorge tragen, daß die jeweiligen innerstaatlichen Rechtsvorschriften, falls erforderlich, den Grundsätzen dieser Entschließungen angepaßt werden.[139]

1. Entschließung über offensichtlich unbegründete Asylanträge

Die Entschließung über offensichtlich unbegründete Asylanträge benennt Kriterien, unter welchen Voraussetzungen ein Antrag als offensichtlich unbegründet gelten soll. Zudem enthält es Vorgaben hinsichtlich der Durchführung eines beschleunigten Verfahrens, bei dessen Anwendung nicht auf jeder Verfahrensstufe eine umfassende Prüfung vorgenommen werden braucht. Erste Entscheidungen über Asylanträge sollen so schnell wie möglich, spätestens jedoch innerhalb eines Monats getroffen werden.[140] Das beschleunigte Verfahren soll bei Vorliegen eines offensichtlich unbegründeten Asylantrags Anwendung finden.[141] Ein offensichtlich unbegründeter Asylantrag liegt vor, wenn eindeutig keines der wesentlichen Kriterien der GFK und des New Yorker Protokolls erfüllt sind, d.h., wenn der Antrag auf einer vorsätzlichen Täuschung bzw. Mißbrauch beruht[142] oder die Behauptungen des Asylbewerbers, in seinem Heimatland Verfolgung befürchten zu müssen, jeder Grundlage entbehrt (Ziff. 1 der Entschließung). Dies ist unter anderem dann der Fall, wenn der Antragsteller nicht nachweist, daß er Verfolgung zu befürchten hat oder der Antrag offensichtlich unglaubwür-

---

136 Die Beschlüsse und die Schlußfolgerung sind abgedruckt in: ZDWF- Schriftenreihe Nr. 53, Februar 1993, S. 150 ff.

137 SCHOENEMANN, NVwZ 1997, S. 1049, (1049).

138 Vgl. MAAßEN, Rechtsstellung, S. 363.

139 Ziff. 12 der Entschließung über offensichtlich unbegründete Asylanträge und Ziff. 4 der Entschließung zu einem einheitlichen Konzept in bezug auf Aufnahmedrittländer.

140 Ziff. 3 der Entschließung.

141 Ziff. 2 der Entschließung.

142 Dazu Ziff. 9 u. 10 der Entschließung.

dig ist.[143] Zudem braucht ein Asylantrag dann nicht in Betracht gezogen zu werden, wenn er unter die Entschließung über die Aufnahme in Drittländern fällt.[144] Das summarische Verfahren kann auch dann Anwendung finden, wenn der Antragsteller die Möglichkeit hat, in einem anderen Teil seines Heimatlandes wirksam Schutz zu finden und nach Art. 33 Abs. 1 GFK erwartet werden kann, daß er sich dort hinbegibt.[145] Ziff. 8 der Entschließung überläßt es den Mitgliedstaaten zu bestimmen, in welchen Ländern ihrer Ansicht nach keine ernsthafte Verfolgungsgefahr droht. Dabei sind allerdings die Vorgaben aus den Schlußfolgerungen betreffend Länder, in denen im allgemeinen keine ernsthafte Verfolgungsgefahr besteht, zu berücksichtigen. Asylanträge von Bewerbern aus diesen Staaten können dann ebenfalls nach dem beschleunigten Verfahren überprüft werden.

2. *Entschließung zu einem einheitlichen Konzept in bezug auf Aufnahmedrittländer*

Die Entschließung zu einem einheitlichen Konzept in bezug auf Aufnahmedrittländer setzt sich zum Ziel, auf das Problem, daß „Asylbewerber die Länder, in denen ihnen bereits Schutz gewährt worden ist oder in denen sie effektiv die Möglichkeit hatten, um Schutz nachzusuchen, auf irreguläre Weise verlassen", eine gemeinschaftliche Antwort zu geben.[146] Der Beschluß zählt die fünf Grundsätze auf, auf die sich die Anwendung des Konzepts stützen soll. Weiterhin nennt die Entschließung die Bedingungen und die Kriterien, die kumulativ erfüllt sein müssen, damit ein Land als ein Aufnahmedrittland qualifiziert werden kann. So wird unter anderem gefordert, daß für das Leben und die Freiheit des Asylbewerbers in dem Drittland keine Bedrohung nach Art. 33 GFK bestehen darf und er zumindest die Möglichkeit gehabt haben muß, sich zum Schutz an die Behörden des Landes zu wenden.[147] Liegen die Bedingungen vor, so sollen die Mitgliedstaaten die Möglichkeit haben, die Prüfung des Antrags auf Anerkennung zu verweigern und den Asylbewerber in das Aufnahmedrittland aus- oder zurückzuweisen.[148] Ziff. 3 der Entschließung verweist auf das DÜ und klärt somit das Verhältnis zwischen der Bestimmung eines sicheren Drittstaates und den Zuständigkeitsbestimmungen nach dem Dubliner System. Bevor ein Mitgliedstaat die Übertragung der Zuständigkeit für die Prüfung eines Asylantrages nach dem System des DÜ in Aussicht nimmt, muß es gemäß Ziff. 3 lit. a der Entschließung zunächst prüfen, ob nicht der Grundsatz des Aufnahmedrittlandes

---

[143] Dazu Ziff. 6 a, b, c, der Entschließung.

[144] Ziff. 1 b der Entschließung, zu dieser Entschließung sogleich weiter unten im Text.

[145] Ziff. 7 der Entschließung, sog. inländische Fluchtalternative.

[146] Erwägung 3 der Präambel der Entschließung. Zur Umsetzung dieses Konzeptes ins deutsche Recht, vgl. TAUSCH, NVwZ 2002, S. 81, (84).

[147] Dazu Ziff. 2 der Entschließung.

[148] Ziff. 1 lit. c der Entschließung.

anzuwenden ist.[149] Verweist ein Mitgliedstaat einen Bewerber gemäß des DÜ an den zuständigen Mitgliedstaat, kann dieser nicht geltend machen, daß der erste Mitgliedstaat den Grundsatz des Aufnahmedrittlandes hätte geltend machen müssen. Der zuständige Mitgliedstaat hat jedoch die Möglichkeit, den Bewerber auf ein von ihm festgestelltes Erstaufnahmeland zu verweisen.[150]
Das Zurück- oder Ausweisen eines Asylbewerbers in ein „sicheres" Drittland setzt grundsätzlich voraus, daß ein Rücknahmeübereinkommen geschlossen wurde.[151]

3. *Schlußfolgerungen betreffend Länder, in denen im allgemeinen keine ernsthafte Verfolgungsgefahr besteht*

Die Schlußfolgerungen betreffend Länder, in denen im allgemeinen keine ernsthafte Verfolgungsgefahr besteht, beabsichtigt, ein harmonisiertes Verfahren zur Behandlung von Asylanträgen von Bewerbern aus Ländern aus denen ein hoher Prozentsatz offensichtlich unbegründeter Anträge stammt, zu konzipieren. Die Herkunft aus einem als sicher geltenden Staat soll nicht automatisch zur Ablehnung des Asylantrages führen, sondern lediglich zur Durchführung eines be-

---

[149] Dieses Drittstaatenkonzept, welches sowohl im DÜ als auch im SDÜ verankert ist und durch diese Entschließung hinsichtlich der Anwendung weiter konkretisiert wurde, war Gegenstand heftiger Kritik. So bemerkt z.B. ACHERMANN:„In Zukunft werden wir zwei Kreise vorfinden, einen inneren der Vertragsstaaten der beiden Übereinkommen, die zwar eine Verpflichtung zur Asylgesuchsprüfung anerkennen, aber kein Asylverfahren durchführen, weil sie Asylsuchende in Drittaufnahmestaaten zurückweisen, und einen äußeren Kreis der Nichtvertragsstaaten des DÜ, die zwar Asylsuchende zurücknehmen, aber selbst nicht verpflichtet sind, Asylverfahren durchzuführen und die wiederum versuchen werden, die betroffenen Personen in einen weiteren Staat zurückzuweisen", ACHERMANN, in: ACHERMANN/BIEBER u.a (Hrsg.), Schengen und die Folgen, S. 79, (111). Vgl. m.w.N. zur Drittstaatenregelung und der Vereinbarkeit mit dem Völkerrecht, MEIERHOFER, S. 42 ff.

[150] Ziff. 3 lit. b und c der Entschließung.

[151] Das Aus- oder Zurückweisen eines Ausländers in ein „sicheres Drittland" setzt grundsätzlich die Existenz eines Rücknahmeübereinkommens voraus, denn die völkerrechtliche Vertragspraxis anerkennt nur die Verpflichtung zur Rückübernahme eigener Staatsangehöriger, die in der Personal- und Territorialhoheit der Staaten begründet liegt. Da diesbezüglich zum einen zwischen den Staaten eine einheitliche Rechtsüberzeugung besteht und zum anderen die Staatenpraxis übereinstimmt, gilt dieser Grundsatz als völkerrechtliches Gewohnheitsrecht, vgl. HAILBRONNER, Rückübernahme, S. 29, (36). Im Gegensatz dazu besteht keine generelle Rücknahmeverpflichtung in bezug auf fremde Staatsangehörige. Eine solche Verpflichtung kann nur vertraglich begründet werden, HAILBRONNER, ZaöRV 1997, S. 1, (37).
Seit Anfang der neunziger Jahre haben sich die westeuropäischen Staaten verstärkt darum bemüht, solche Abkommen abzuschließen, um das Konzept der sicheren Drittstaaten auch in der Praxis erfolgreich umzusetzen. Siehe dazu LEHNGUT, ZAR 1997, S. 161, (162 ff.). Ein Überblick über die wichtigsten Rücknahmeabkommen, die Deutschland geschlossen hat, findet sich bei HUBER (Hrsg.), Handbuch Band I, 770 A ff. und KLOESEL/CHRIST/HÄUßER, Kommentar zum Ausländerrecht, Band 3, S. 410 ff.

schleunigten Verfahrens, wie es in der Entschließung über offensichtlich unbegründete Asylanträge normiert ist. Dennoch werden die Mitgliedstaaten die individuellen Ansprüche aller Asylbewerber aus solchen Ländern und alle von ihnen vorgebrachten besonderen Hinweise prüfen, die gewichtiger sein könnten als die allgemeine Annahme der Sicherheit vor Verfolgung.[152] Es werden diverse Kriterien genannt, die bei der Beurteilung eines Herkunftslandes als „sicher" von den Mitgliedstaaten berücksichtigt werden sollen. Bewertungsmaßstab sind unter anderem frühere Flüchtlingszahlen, die Achtung der Menschenrechte, wobei insbesondere die Rechtspraxis der Länder ausschlaggebend ist sowie das Bestehen demokratischer Einrichtungen sowie insbesondere die Informationen des United Nation High Commissioners.[153]

4. Bewertung der Beschlüsse

Obwohl es sich bei den Londoner Beschlüssen in erster Linie um ein politisches Engagement der Mitgliedstaaten handelt und diese nur aufgefordert sind, bestimmte Mindestregeln zu beachten, sind diese Beschlüsse grundsätzlich nicht unwesentlich auf dem Weg zu einem gemeinschaftlichen Asylrecht. Sie haben auf die vielfältigen Gesetzesänderungen am Anfang der neunziger Jahre in fast allen Mitgliedstaaten Auswirkungen gehabt und diese insoweit beeinflußt als die in den Beschlüssen aufgeführten Grundsätze beachtet wurden.[154] Sie gehen damit über das rein Politische hinaus.[155]

Das Europäische Parlament kritisierte in seiner Entschließung vom 15.07.1993 zur europäischen Einwanderungspolitik[156] die „Londoner Beschlüsse". Es sah vor allem bei der Einlegung von Rechtsmitteln die Menschenrechte der Verfolgten gefährdet sowie das Recht des Verfolgten, das Land, in dem er einen Asylantrag stellen will, selbst zu bestimmen.

Auch die Kommission setzte sich kritisch mit den „Londoner Beschlüssen" auseinander. In ihrem Arbeitspapier über Asylverfahren vom 03.03.1999 hat sie eine grundlegende Reform des Prinzips des sicheren Herkunftsstaates in Erwägung gezogen; denn eine Untersuchung hat ergeben, daß die Schlußfolgerungen betreffend die Länder, in denen im allgemeinen keine ernsthafte Verfolgungsge-

---

152 Ziff. 3 der Entschließung.

153 Ziff. 4 und 5 der Entschließung. Die Mitgliedstaaten können gemäß Ziff. 6 der Entschließung auch andere Bewertungsfaktoren berücksichtigen. Im Folgenden UNHCR.

154 DOUBLET, in: SOCIETE FRANCAISE (Hrsg.), Droit d'asile, S. 217, (225). So führte unter anderem das Konzept der sicheren Herkunftsstaaten zu der Regelung in Art 16 a III GG und der Liste sicherer Herkunftsstaaten nach Anlage II zu § 29 a AsylVfG, siehe SCHOENEMANN, NVwZ 1997, S. 1049, (1051).

155 DOUBLET, in: SOCIETE FRANCAISE (Hrsg.), Droit d'asile, S. 217, (225).

156 BR-Drs. 561/93, Band 21. Vgl. auch die Entschließungen zur europäischen Einwanderungspolitik und zur Harmonisierung des Asylrechts und der Asylpolitiken in der Europäischen Gemeinschaft, ABl. C 337/94 vom 21.12.1992 und ABl. C 337/97 vom 21.12.1992.

fahr besteht, in der Praxis von den Mitgliedstaaten sehr unterschiedlich angewendet werden, was unter anderem auf einer unterschiedlichen Interpretation der Bewertungskriterien beruht.[157] Soll das Konzept der sicherer Herkunftsstaaten bestehen bleiben, so spricht vieles für die verbindliche Festlegung von Listen sichere Herkunftsstaaten, um solche Anwendungsunterschiede zu vermeiden.

IV. Der Vertrag von Maastricht

Der Vertrag von Maastricht über die Europäische Union vom 07.02.1992[158], der infolge von Ratifikationsverzögerungen in den damals zwölf Mitgliedstaaten erst am 01.11.1993 in Kraft trat, führte zu einer der bedeutsamsten Vertragserweiterungen bzw. Vertragsergänzungen seit den Römischen Verträgen von 1957/ 1958.
Es finden sich zum ersten Mal gemeinschaftsrechtliche Vorschriften, die den Kernbereich der Innen- und Justizpolitik betreffen. So wurde die Asylpolitik in die dritte Säule, Kooperation in den Bereichen Justiz und Inneres (Titel VI EUV a.F.), aufgenommen.

1. Die Kompetenz zur Asylrechtsharmonisierung nach dem Vertrag von Maastricht

Systematisch war die sogenannte dritte Säule nicht in die „supranationale Zuständigkeitsordnung der Europäischen Gemeinschaft" eingegliedert worden.[159] Die Kooperation der Mitgliedstaaten im Bereich Inneres und Justiz (ebenso bei der Gemeinsamen Außen- und Sicherheitspolitik) begründete vielmehr eine völkervertragsrechtlich vereinbarte Form des Zusammenwirkens ohne gemeinschaftsrechtliche Qualität.[160] Damit fanden die gemeinschaftsrechtlichen Rechtsetzungsmöglichkeiten (Verordnungen, Richtlinien, Entscheidungen) keine Anwendung. Der Grundsatz des Vorrangs des Gemeinschaftsrechts gilt nicht. Allerdings hat mit dem Vertrag von Maastricht über die Europäische Union die schon vorher bestehende Zusammenarbeit in den Bereichen Inneres und Justiz einen vertraglich institutionalisierten Charakter erhalten.

---

[157] Vgl. SEC (1999), 271 endg., S. 13; vgl. auch HAILBRONNER, Immigration and Asylum Law, S. 462 f.

[158] ABl. 1992 C 191/1, BGBl. 1992 II, S. 1253.

[159] BVerfG 89, S. 155, (176 f.).

[160] DEGEN, in: V.D. GROEBEN u.a. (Hrsg.), Kommentar, Band 5, Art. K, S. 1025, MÜLLER-GRAFF, in: MONAR/MORGAN (Hrsg.), The Third Pillar, S. 21, (23 f.).

a. Art K. EUV a.F.

Die innen- und justizpolitische Zusammenarbeit der Mitgliedstaaten regelt der Maastrichter Vertrag in den Art. K.1 bis K.9 EUV a.F.. Gemäß Art. K.1 EUV a.F. betrachten die Mitgliedstaaten zur Verwirklichung der Ziele der Union unter anderem die Asylpolitik als einen Bereich von gemeinsamem Interesse (Nr.1).[161] Dies bedeutet zunächst, daß die Asylpolitik, wie alle anderen aufgezählten Sachbereiche, weiterhin in die nationale Zuständigkeit jedes Mitgliedstaates fällt. Weiterhin bedeutet die Festsetzung als Angelegenheit von gemeinsamem Interesse, daß für die Mitgliedstaaten eine Koordinierungspflicht hinsichtlich ihrer Asylpolitik besteht. Zudem erhält der Rat die Befugnis, auf Initiative eines Mitgliedstaates oder der Kommission gemäß Art. K. 3 EUV a.F. tätig zu werden.[162]

Die zur Angelegenheit von gemeinsamem Interesse erklärte Asylpolitik umfaßt neben Koordinierungsmaßnahmen das gesamte materielle und formelle Asylrecht. Damit sind im wesentlichen das Verfahren und die sachlichen Kriterien für die Prüfung von Anträgen auf Anerkennung als Konventionsflüchtling, den Zugang von Asylbewerbern zum EU-Hoheitsgebiet, die Aufenthaltsbedingungen in den Mitgliedstaaten, die soziale Stellung der Asylbewerber, die Voraussetzungen für die Beendigung des Aufenthalts und Rückführung in die Herkunftsländer sowie die soziale und rechtliche Stellung bereits anerkannter Konventionsflüchtlinge erfaßt.[163]

Die Mitgliedstaaten sind - wie bereits erwähnt - hinsichtlich des Asylrechts in erster Linie zuständig. Lediglich für Teilaspekte kann eine Zuständigkeit der Gemeinschaft nach Art. 7 a EGV a.F. angenommen werden, soweit es sich um Ausgleichsmaßnahmen für die Abschaffung der Personenkontrollen an den Binnengrenzen handelt.[164]

Nach Art. K EUV a.F. i.V.m. Art. B EUV a.F. sind die Mitgliedstaaten zur Zusammenarbeit verpflichtet. Eine engere Zusammenarbeit einzelner Mitgliedstaaten im Bereich der Asylpolitik auch außerhalb des Rahmens der Europäischen Union ist nach Art. K.7 EUV a.F. möglich, solange dadurch nicht in Titel VI vorgesehene Zusammenarbeit behindert wird.[165] Für die Asylpolitik ist insbe-

---

161 Vgl. dazu ACHERMANN, in: BIEBER/MONAR (Hrsg.), Justice and Home Affairs, S. 127, (129).

162 DEGEN, in: V.D.GROEBEN u.a. (Hrsg.), Kommentar, Band 5, Art. K.1, S. 1032.

163 DEGEN, in: V.D.GROEBEN u.a. (Hrsg.), Kommentar, Band 5, Art. K.1, S. 1035.

164 DEGEN, in: V.D. GROEBEN u.a. (Hrsg.), Kommentar, Band 5, Art. K.1 EUV, S. 1035. A.A. war das Europäische Parlament, das auf der Grundlage von Art. 3 c, 7 a ,100 und 235 EGV der Gemeinschaft unter anderem auch im Bereich des Asylrechts Kompetenz zuerkannte, vgl. Bericht des Ausschusses für Grundfreiheiten und Innere Angelegenheiten über die Zusammenarbeit in den Bereichen Justiz und Inneres gemäß dem Vertrag über die Europäische Union, Robles Piquer Report, EP-DOK A 0215/93, S. 13. Siehe dazu auch HAILBRONNER, in: BIEBER/MONAR (Hrsg.), Justice and Home Affairs, S. 95, (98 ff.).

165 Damit wurde dem Prinzip „Europa der zwei Geschwindigkeiten“ Rechnung getragen.

sondere auch Art. K.2 Abs.1 EUV a.F. bedeutsam. Dieser stellt klar, daß die Mitgliedstaaten die EMRK sowie die GFK als materielle Grenze der Zusammenarbeit zu beachten haben.[166]
Die Hauptgründe für die Aufnahme der Asylpolitik bestanden zum einen darin, daß das DÜ, um effizient zu sein, eine weitergehende Harmonisierung der nationalen Asylvorschriften verlangte, der starke Anstieg der Asylbewerberzahlen in Europa sowie ein unkoordiniertes bisheriges Vorgehen in zahlreichen Gremien.

b. Methoden und Instrumente der Kooperation

Die in Art. K.3 EUV a.F. genannten Handlungsinstrumente unterstanden dem Völkerrecht mit der Konsequenz, daß sich ihr Verhältnis zum innerstaatlichen Recht nach dem für Völkerrechtsakte geltenden Regeln richtete. Damit entfalteten sie für den Bürger erst durch einen innerstaatlichen Transformationsbefehl Bindungswirkung.[167]
Die Gemeinschaft wurde durch Rechtsakte, die im Rahmen der Dritten Säule ergingen, nicht unmittelbar gebunden. Über das Kohärenzgebot des Art. C. Abs. 2 EUV a.F. war jedoch eine mittelbare Auswirkung auf die Handlungsspielräume der Gemeinschaft möglich.
Art. K.3 Abs. 1 EUV a.F. betraf die gegenseitige Konsultation und den Informationsaustausch zwischen den Mitgliedstaaten. Art. K.3 Abs. 2 EUV a.F. benannte nicht abschließend einen Katalog von Instrumenten der Zusammenarbeit, die dem Rat in seiner Funktion als Organ der Union hinsichtlich einer europäischen Asylpolitik zur Verfügung standen. Die intergouvernementale Zusammenarbeit im Rahmen der dritten Säule gemäß Art. K.4 Abs. 3 EUV a.F. setzte grundsätzlich einstimmige Beschlüsse des Rates voraus.
Gemäß Art. K.3 Abs.2 a EUV a.F. konnte der Rat *Gemeinsame Standpunkte* festlegen.[168] Der Vertrag selbst ließ offen, was unter einem gemeinsamen Standpunkt zu verstehen war und gab damit auch keine Auskunft über dessen rechtliche Bindungswirkung. Dies führte dazu, daß in der Literatur und unter den Mitgliedstaaten Streit über die Rechtsnatur und die rechtliche Verbindlichkeit eines gemeinsamen Standpunktes herrschte.[169]

Dieses Prinzip etablierte sich mit dem Schengen Abkommen und hatte sich als integrationsfördernd herausgestellt.

[166] Vgl. DEGEN, in: V.D.GROEBEN u.a (Hrsg.), Kommentar, Band 5, Art. K.1, S. 1053 ff.; HENDRY, GYIL 1993. S. 295, (307), TWOMEY, in: MONAR/MORGAN, (Hrsg.), The third Pillar, S. 49, (56 ff.).

[167] HAILBRONNER, in: HAILBRONNER/KLEIN u.a. (Hrsg.), Handkommentar zum EUV/EGV, Art. K, Rn. 88.

[168] Diese gemeinsamen Standpunkte dürfen nicht mit denen des Rates im Rahmen des Rechtsetzungsverfahrens der Europäischen Gemeinschaft (Art. 189 b Abs. 2, Art. 189 c lit. a EGV) verwechselt werden.

[169] Vgl. HAILBRONNER, in: HAILBRONNER/KLEIN u.a. (Hrsg.), Handkommentar zum EUV/EGV, Art. K, Rn. 75 ff.

Ausschlaggebend für die Entscheidung, ob eine Bindungswirkung zu bejahen war oder nicht, war letztendlich die Entstehungsgeschichte sowie die Staatenpraxis. Es ist davon auszugehen, daß Art. K. EUV a.F. einen Kompromiß darstellte[170] und die Frage der rechtlichen Bindungswirkung damals zwischen den Mitgliedstaaten nicht abschließend geklärt wurde. Dies erklärt auch die wenige Inanspruchnahme dieses Handlungsinstruments durch die Mitgliedstaaten. Der erste Gemeinsame Standpunkt[171] legt in seiner Präambel selbst die im Vorfeld sehr umstrittene Frage der rechtlichen Bindungswirkung fest. Demnach haben die Mitgliedstaaten auf Verwendung des völkerrechtlichen Prinzips, wonach die rechtliche Bindungswirkung einer Übereinkunft aus den Umständen der Einigung bzw. aus der Übereinkunft selbst hervorgeht, zurückgegriffen.[172]

Als weiteres Handlungsinstrument sah Art. K.3 Abs. 2 EUV a.F. die *Gemeinsame Maßnahme* vor. Dabei handelte es sich ebenfalls um eine Einigung der Mitgliedstaaten auf dem Gebiet des Völkerrechts. Allerdings lag der Schwerpunkt, anders als bei dem Gemeinsamen Standpunkt, nicht auf der übereinstimmenden Beurteilung eines Sachverhaltes. Sie diente vielmehr dafür, durch gemeinsames operatives Vorgehen innerhalb eines bestimmten Zeitraumes mit bestimmten Mitteln ein konkretes gemeinsames Ziel zu erreichen.[173] Hinsichtlich der Rechtsnatur sowie der Bindungswirkung einer gemeinsamen Maßnahme gab der Vertrag ebenfalls keine Auskunft, was ebenfalls zu kontroversen Ansichten führte.[174]
Als Anhaltspunkt kann wiederum die Staatenpraxis dienen. Die Mitgliedstaaten gingen mehrheitlich von einer Bindungswirkung aus, wobei es hinsichtlich der Reichweite der Bindung allerdings auf den Inhalt und die Formulierung der jeweiligen gemeinsamen Maßnahme ankam.[175]
Der Abschluß *völkerrechtlicher Abkommen* nach Art. K.3 Abs. 2 EUV a.F. stellte die weitreichendste Form der Kooperation dar.[176] Der Rat konnte unbe-

---

[170] So auch DE LOBKOWICZ, in: MÜLLER-GRAFF (Hrsg.), Europäische Zusammenarbeit, S. 41, (42 ff.).

[171] Er wurde am 23.11.1995 beschlossen und betraf die harmonisierte Anwendung der Definition „Flüchtling“ in Art. 1 der GFK, vgl. dazu unten, Erster Teil, A, IV, 2, b.

[172] So auch KLOS, Europäische Migrationspolitik, S. 54 f., HAILBRONNER, in: HAILBRONNER/KLEIN u.a. (Hrsg.), Handkommentar zum EUV/EGV, Art. K, Rn. 77.

[173] DEGEN, in: V.D. GROEBEN u.a. (Hrsg.), Kommentar, Band 5, Art. 3 K, S. 1058.

[174] Für eine Verbindlichkeit sprechen sich unter anderem aus: DEGEN, in: V.D.GROEBEN u.a. (Hrsg.), Kommentar, Band 5, Art. K.3, S. 1059, KOENIG/PECHSTEIN, Die EU, S. 96. Die rechtliche Bindungswirkung ablehnend: MÜLLER-GRAFF, in: MONAR/MORGAN (Hrsg.), The third Pillar, S. 21, (35 f.).

[175] HAILBRONNER, in: HAILBRONNER/KLEIN u.a. (Hrsg.), Handkommentar zum EUV/EGV, Art. K. Rn. 93.

[176] Zu Übereinkommen nach Art. K.3 Abs.2 c EUV, insbesondere zu dem Verfahren, dem Verhältnis zu Art. 220 EGV, den Durchführungsmaßnahmen und der Zuständigkeit des EuGH, siehe ausführlich: DEGEN, in: V.D. Groeben u.a. (Hrsg.), Kommentar, Band 5, Art. K.3, S. 1060 ff.; HAILBRONNER, in: HAILBRONNER/KLEIN u.a. (Hrsg.), Handkommentar

schadet des Art. 220 EGV Übereinkommen ausarbeiten, die er den Mitgliedstaaten zur Annahme gemäß ihren verfassungsrechtlichen Vorschriften empfahl. Der Ratsbeschluß war rechtlich unverbindlich. Die Mitgliedstaaten wurden erst gebunden, wenn sie ihre Zustimmung erklärt hatten (vgl. Art. 11 ff. WVRK). Schon vor dem Inkrafttreten des Maastrichter Vertrages bedienten sich die Mitgliedstaaten zwecks Kooperation völkerrechtlicher Verträge (z.B. das DÜ). Anders als bis dato war nun der Rat für die Ausarbeitung der Abkommen zuständig.

c. Die institutionelle Verbindung

Art. C Abs. 1 EUV a.F. bestimmte, daß „die Union über einen einheitlichen institutionellen Rahmen verfügt, welcher die Kohärenz und die Kontinuität der Maßnahmen zur Erreichung ihrer Ziele (...) sicherstellt". Damit führte das Unionskonzept unter anderem zu einer institutionellen Verbindung zwischen der Europäischen Gemeinschaft und der dritten Säule.[177] Durch diese Verbindung wurde das ehemals, insbesondere im Bereich der Asylpolitik bestehende, undurchschaubare Geflecht von Formen und Einrichtungen, von Zusammenarbeitsformen und Kontakten zwischen den Mitgliedstaaten und der Europäischen Gemeinschaft insofern entwirrt, als daß diese vielfältigen Kooperationen in einem einheitlichen institutionellen Rahmen zusammengefaßt wurden.[178] Der einheitliche institutionelle Rahmen besteht aus dem Europäischen Rat sowie den vier Gemeinschaftsorganen Rat, Kommission, Europäisches Parlament und Europäischer Gerichtshof.

Das Kohärenzgebot verlangt ein einheitliches, koordiniertes, widerspruchfreies Verhalten bei allem Unionshandeln. Das Prinzip der Kontinuität besagt, daß die Organe ihre Maßnahmen auf die bisherige Entwicklung des Gemeinschafts- und Unionsrechtes abstimmen und ihre Maßnahmen entsprechend den Unionszielen fortsetzen müssen.[179]

aa. Der Europäische Rat

Der Europäische Rat[180], bestehend aus den Staats- und Regierungschefs der Mitgliedstaaten, gibt der Union gemäß Art. D Abs. 1 EUV a.F. die für ihre Entwicklung erforderlichen Impulse und legt die allgemeinen politischen Zielvor-

---

zum EUV/EGV, Art. K, Rn. 100 ff.

177 BIEBER, in: MONAR /MORGAN (Hrsg.), The third Pillar, S. 37, (37); MÜLLER-GRAFF, in: MONAR/MORGAN (Hrsg.), The third Pillar, S. 21, (24).

178 MÜLLER-GRAFF, in: DUE u.a. (Hrsg.), Festschrift für Ulrich Everling, S. 925, (935).

179 STUMPF, in: SCHWARZE (Hrsg.), EU-Kommentar, Art. 3 EUV, Rn. 7 ff.

180 Siehe HAILBRONNER, in: HAILBRONNER/KLEIN u.a. (Hrsg.), Handkommentar zum EUV/EGV, Art. K, S. 44, MÜLLER-GRAFF, in: MÜLLER-GRAFF (Hrsg.), Europäische Zusammenarbeit, S. 11, (28 f.).

stellungen für diese Entwicklung fest. Der Europäische Rat ist, wie sich aus Art. 4 Abs. 1 EGV ergibt, kein Gemeinschaftsorgan.[181] Ihm kommt die politische Führungsrolle zu, die sich auf die gesamte Union erstreckt, so daß er rechtlich verbindliche Leitlinien festlegen kann, ohne jedoch die Kompetenz der unter den Gemeinschaftsverträgen handelnden Organe beeinträchtigen zu dürfen.[182]

bb. Rat, Kommission und Parlament

Dem *Rat* war die zentrale Rolle für die Zusammenarbeit in den Bereichen Justiz und Inneres zugewiesen. Anders als in der ersten Säule, wo der Rat Rechtssetzungsgewalt ausübt, diente er in der dritten Säule als Mittel für die intergouvernementale Kooperation. Damit lag der Rollenverteilung der Grundgedanke der klassisch intergouvernementalen Zusammenarbeit zugrunde, auch wenn sie aufgrund der Bindung des Rates an die Ziele der Union als eine weiter entwickelte Form verstanden werden konnte.[183] Nach den Vertragsbestimmungen war der Rat mehr als das Forum zu verstehen und die Mitgliedstaaten als die verantwortlichen Akteure in diesem Forum, die den Rat mit Hilfe ihres Initiativrechts, das hinsichtlich aller in Art. K.1 EUV a.F. aufgeführten Sachbereiche bestand, zum Tätigwerden gemäß Art. K.3 EUV a.F. aufforderten.[184] Zudem war der Rat auch Adressat der Kommissionsvorschläge sowie Adressat von Anfragen und Empfehlungen des Europäischen Parlaments (vgl Art. K.6 Abs. 3 EUV a.F.).
Dem Rat standen gemäß Art. K.3 Abs. 2 EUV a.F. die schon oben erläuterten Handlungsformen zur Verfügung. Die Beschlüsse des Rates gemäß Art. K.–K.9 EUV a.F. wurden grundsätzlich einstimmig gefaßt, was die Möglichkeit reduzierte, in asylpolitischen Grundsatzfragen Einigkeit zu erlangen. Allerdings war das Einstimmigkeitserfordernis der Preis dafür, daß einige Mitgliedstaaten der Aufnahme der Asylpolitik in Art. K.1 EUV a.F. überhaupt zustimmten.[185] Der

---

181 HAILBRONNER, in: HAILBRONNER/KLEIN (Hrsg.), Handkommentar zum EUV/EGV, Art. K. Rn. 115; für eine eingehende Untersuchung der Stellung des Europäischen Rates, siehe PECHSTEIN/KOENIG, Die EU, S. 90 ff., die davon ausgehen, daß es sich beim Europäischen Rat um eine Regierungskonferenz handelt. Die Ansicht, bei dem Europäischen Rat handelt es sich um ein Unionsorgan (so OPPERMANN, Europarecht, Rn. 299), ist abzulehnen, da Organe rechtlich unselbständige Handlungsinstrumente eines Rechtssubjektes sind und der Europäische Union nach h.M. gerade keine Rechtssubjektivität zukommt.

182 PECHSTEIN/KOENIG, Die EU, S. 97 f.

183 MÜLLER-GRAFF, in: MÜLLER-GRAFF (Hrsg.), Europäische Zusammenarbeit, S. 11, (29).

184 MÜLLER-GRAFF, in: MÜLLER-GRAFF (Hrsg.), Europäische Zusammenarbeit, S. 11, (29). Für den Rat sieht der Unionsvertrag Verfahrens- und Abstimmungsnormen vor und normiert eine teilweise Vertretungsbefugnis des Ratsvorsitzes für die Mitgliedstaaten, so daß davon auszugehen ist, daß es sich beim Rat um ein Vertragsorgan handelt, vgl. auch KOENIG/PECHSTEIN, Die EU, S. 187.

185 HAILBRONNER, ZAR 1995, S. 3, (3).

Rat wurde bei seinen Tätigkeiten durch den K.4 -Ausschuß und den Ausschuß der Ständigen Vertreter unterstützt.[186]
Art. K.4 Abs. 2 EUV a.F. bestimmte, daß die *Kommission* in vollem Umfang an der Arbeit gemäß Titel VI beteiligt war. Sie war damit nicht mehr nur auf die Rolle des Beobachters beschränkt, sondern ihr wurde in den Bereichen Justiz und Inneres eine aktive Rolle zugebilligt.[187] Sie war nun in keinem der von Art. K.1 EUV a.F. genannten Teilbereichen mehr von der Mitwirkung ausgeschlossen.
Die Beteiligung an den Arbeiten der Justiz- und Innenzusammenarbeit umfaßte den Zugang zu allen entscheidenden Informationen, die die Mitgliedstaaten zwecks ihrer Kooperation austauschten, die Einbindung in den Konsultationsprozeß zwischen den Mitgliedstaaten sowie die Möglichkeit zur Teilnahme an allen Sitzungen, insbesondere des K.4-Ausschusses und der Lenkungsgruppen.[188] Art. K.3 Abs. 2 EUV a.F. wies der Kommission in den Bereichen des Art. K.1 Nr. 1-6 eine Initiativbefugnis zu und damit auch für den Bereich der Asylpolitik. Allerdings hatte die Kommission das Initiativmonopol nicht inne, denn den Mitgliedstaaten wurde ebenfalls ein Initiativrecht eingeräumt. Die Kommission nahm über ihren Präsidenten an den Sitzungen des auch für die dritte Säule als impulsgebend konzipierten Europäischen Rates teil.[189] Die moderate Rolle der Kommission war das Ergebnis des grundsätzlichen Charakters der dritten Säule als einer entwickelten Form der intergouvernementalen Zusammenarbeit.[190]
Vor dem Vertrag von Maastricht war das *Europäische Parlament*[191] von der intergouvernementalen Zusammenarbeit völlig ausgeschlossen. Art. K.6 EUV a.F. führte erstmals zu einer Beteiligung des Europäischen Parlaments. Seine institutionelle Einbindung war rechtlich allerdings nur schwach ausgeprägt. Es hatte lediglich einen nicht durchsetzbaren Anspruch, unterrichtet zu werden[192] und zu den wichtigsten Aspekten der Tätigkeit in dem Bereich der intergouvernementalen Zusammenarbeit vom Ratsvorsitz angehört zu werden.[193] Ferner hatte das

---

186 Siehe dazu unten, Erster Teil, A, IV, 1, e.

187 LEYENDECKER, in: WEIDENFELD/WESSELS (Hrsg.), Jahrbuch 1991/92, S. 211, (214), MONAR, in MONAR/ MORGAN, The third Pillar, S. 69, (72).

188 DEGEN, in: V.D. GROEBEN u.a. (Hrsg.), Kommentar, Band 5, Art. K. 4, S. 1069.

189 MÜLLER-GRAFF, in: DUE u.a. (Hrsg.), Festschrift für Ulrich Everding, Band II, S. 925, (935); zur Funktion des Europäischen Rates vgl. Art. D Abs. 1 EUV a.F.

190 MÜLLER-GRAFF, in: DUE u.a. (Hrsg.), Festschrift für Ulrich Everding, Band II, S. 925, (937).

191 Zur Rolle des Parlaments, vgl. MONAR, in: BIEBER/MONAR (Hrsg.) Justice and Home Affairs, S. 243 ff.

192 Die meisten Mitgliedstaaten informieren das Europäische Parlament nur sehr eingeschränkt, was dazu führte, daß ihm beispielsweise nicht mitgeteilt wurde, welche Handlungsform für einen bereits angenommenen Text gewählt wurde, vgl. MONAR, in BIEBER/ MONAR (Hrsg.), Justice and Home Affairs, S. 243, (247).

193 Dabei blieb offen, was unter „wichtigen Aspekten“ zu verstehen war.

Europäische Parlament noch die Möglichkeit, Empfehlungen oder Anfragen an den Rat zu richten.
Das Parlament betrachtete diese Möglichkeit der Einflußnahme als unzureichend.[194] Insbesondere hinsichtlich der europäischen Asylpolitik wurde der Vorwurf laut, daß diese zur Geheimsache der beteiligten Regierungen werde und damit jeder demokratischen Kontrolle durch die Öffentlichkeit entzogen sei.[195]

cc. *Der Europäische Gerichtshof*

Der Europäische Gerichtshof ist grundsätzlich institutionell nicht in den dritten Pfeiler miteinbezogen. Dies bestimmte Art. L. EUV a.F. ausdrücklich. Der Grund dafür lag darin, daß die Zusammenarbeit in den Bereichen Justiz und Inneres nach dem Konzept des Unionsvertrages nicht Teil des Systems des Gemeinschaftsrechts war.[196] Unter anderem ist insbesondere der Ausschluß des EuGH von der Auslegung der Art. K. bis K.9 EUV a.F. kritikwürdig; denn eine verbindliche Auslegung unklarer Begriffe oder Bestimmungen durch eine unabhängige Instanz ist damit nicht möglich.

d. Die sachgegenständliche Verbindung

Neben der institutionellen Verbindung der dritten Säule mit der Europäischen Gemeinschaft bestand, weniger augenscheinlich, auch eine sachgegenständliche Verbindung zwischen der dritten Säule und der Europäischen Gemeinschaft.[197] Als vorrangiges Ziel galt und gilt noch immer die Weiterentwicklung des gemeinsamen Binnenmarktes.[198] Der Realisierung dieses Ziels stand die Gefahr gegenüber, daß die Mitgliedstaaten Maßnahmen im Bereich der Innen- und Justizpolitik einsetzen würden, durch die zugangspolitische Maßnahmen einzelner

194 Eine Möglichkeit für das Parlament Einfluß zu nehmen, kann nur mittelbar über das Haushaltsverfahren erfolgen, über das das Europäische Parlament nach Art. 199-209 EGV a.F. mitbestimmt. Art. K 8 Abs. 2 EUV a.F. bestimmte, daß operative Ausgaben für die Justiz- und Innenzusammenarbeit dem Gemeinschaftshaushalt angelastet werden können; in welchem Umfang dies dann geschieht, entscheidet sich im Haushaltsverfahren gemäß Art. 203 Abs. 9 EGV, in dem das Europäische Parlament das „letzte Wort" hat, siehe dazu DEGEN, in: V.D. GROEBEN u.a. (Hrsg.), Kommentar, Band 5, Art. K.8, S. 1082.

195 HAILBRONNER, ZAR 1995, S. 3, (3).

196 MÜLLER-GRAFF, in: DUE u.a. (Hrsg.), Festschrift für Ulrich Everding, Band II, S. 925, (938). Eine enge Ausnahme normierte Art. K. 3 Abs. 2 c Unterabs. 3 i.V.m. Art. L. EUV, der den Mitgliedstaaten die Möglichkeit einräumte, ein gesondertes Abkommen abzuschließen, das die Zuständigkeit des Gerichtshofs für die Auslegung der darin enthaltenen Bestimmungen und für alle Streitigkeiten über ihre Anwendung vorsah. Die Mitgliedstaaten standen dieser Anwendungsaufforderung hingegen sehr reserviert gegenüber, HAILBRONNER, ZAR 1995, S. 3, (3).

197 MÜLLER-GRAFF, in: MÜLLER-GRAFF (Hrsg.), Europäische Zusammenarbeit, S. 11, (20 f.)

198 SCHELTER, ApuZ 1996, S. 19, (19).

Mitgliedstaaten faktisch gefährdet werden konnten. Insbesondere der Freiverkehr von Personen i.S.d. Art. 48 ff EGV ohne Personenkontrollen konnte negativ betroffen werden. Dies ist dann möglich, wenn die Durchsetzung einer Asylpolitik es erfordert, systematische Personenkontrollen an den Binnengrenzen zu anderen Mitgliedstaaten durchzuführen, weil ein Mitgliedstaat eine liberalere Zugangspolitik zu seinem Hoheitsgebiet verfolgt als ein anderer Mitgliedstaat.[199] Insofern war die Kooperation im Bereich der Asylpolitik eine notwendige Konsequenz der Vereinbarung von 1957, einen gemeinsamen Binnenmarkt zu errichten.

e. Der K.4-Ausschuß

Art. K.4 EUV a.F. regelt die administrative Struktur der Zusammenarbeit in dem Bereich Justiz und Inneres und damit auch im Bereich der Asylpolitik.[200] Gemäß dieser Vorschrift wurde ein aus hohen Beamten bestehender Koordinierungsausschuß eingesetzt, der sogenannte K.4-Ausschuß. Die Schaffung des Koordinierungsausschusses knüpfte an die ursprüngliche Gruppe der Koordinatoren „Freizügigkeit des Personenverkehrs" an.[201]

Seine Hauptfunktion bestand darin, zu den Vorbereitungen der Arbeit des Rates in den in Art. K.1 EUV a.F. genannten Sachbereichen beizutragen. Auch der Ausschuß der Ständigen Vertreter war ebenfalls an der Zusammenarbeit in den Bereichen Justiz und Inneres beteiligt. Ihm kam im Vergleich zum K.4-Ausschuß die umfangreichere Aufgabe zu, alle Ratssitzungen, welche die Zusammenarbeit im Bereich Justiz und Inneres betrafen, vorzubereiten. Aufgrund dieser umfassenderen Befugnisse nahm der K.4-Ausschuß gegenüber dem Auschuß der ständigen Vertreter (AStV) eine untergeordnete Position ein.[202]

Der K.4-Ausschuß erhielt seinerseits Unterstützung durch drei Lenkungsgruppen, die wiederum die Arbeiten zahlreicher, sachbezogener Arbeitsgruppen koordinierten. Damit ergab sich insgesamt ein fünfstufiger Entscheidungsprozeß unter der Beteiligung des Rates, des AStV, des K.4-Ausschusses, einer Lenkungsgruppe und einer Arbeitsgruppe. Bevor ein beschlußreifer Vorschlag dem Rat zugeleitet wurde, mußten auf jeder Hierarchieebene Beratungen stattfinden und ein einstimmiger Beschluß gefaßt werden.[203]

Diese sehr komplexe Struktur wurde nicht durch den EUV geschaffen; vielmehr wurden die zahlreichen intergouvernementalen Gremien, die vor dem EUV be-

---

[199] MÜLLER-GRAFF, in: MÜLLER-GRAFF (Hrsg.), Europäische Zusammenarbeit, S. 11, (20 f.)

[200] Eine detaillierte Analyse des K.4-Ausschusses findet sich bei DEGEN, in: V.D. GROEBEN u.a. (Hrsg.), Kommentar, Band 5, Art. K.4, S. 1064 ff., HAILBRONNER, in: HAILBRONNER u.a. (Hrsg.), Handkommentar zum EUV/EGV, Art. K. Rn. 119 ff., sowie NIEMEIER, in: BIEBER/MONAR, (Hrsg.), Justice and Home Affairs, S. 321 ff.

[201] DEGEN, in: V.D. GROEBEN u.a. (Hrsg.), Kommentar, Band 5, Art. K.4, S. 1065.

[202] DEGEN, in: V.D. GROEBEN u.a. (Hrsg.), Kommentar, Band 5, Art. K.4, S. 1067.

[203] Vgl. KLOS, Europäische Migrationspolitik, S. 61 ff.

standen, zusammengefaßt.[204] Es wurde schnell erkannt, daß diese komplizierten Strukturen einer effektiven Zusammenarbeit im Wege standen und eine Reform nötig werden würde.[205]

f. Art. K. 9 EUV a.F. als Brückennorm

Um die vorrangige Bedeutung, der Asylrechtsharmonisierung zu unterstreichen, wurde dem EUV eine Erklärung zu Asylfragen beigefügt, die vorsieht, daß der Rat Ende 1993 die Möglichkeit der Anwendung der Brückennorm Art. K.9 EUV a.F. überprüft. Art. K.9 EUV a.F. ermöglichte es, Einzelbereiche aus Art. K.1 Nr. 1–6 EUV a.F. in einem zweistufigen, vereinfachten Verfahren der Vertragsänderung in die supranationale Kompetenz der Europäischen Gemeinschaft zu überführen.[206]
Grundsätzlich hätte auf diesem Wege auch die Asylpolitik in die Zuständigkeit der Gemeinschaft überführt werden können. Die Kommission und der Rat lehnten dies jedoch ab. Auf Druck des Europäischen Parlamentes sprach sich die Kommission 1995 wenigstens grundsätzlich für eine Vergemeinschaftung aus.[207] Allerdings zog sie die Erreichung dieses Zieles im Rahmen der Regierungskonferenz der Anwendung von Art. K.9 EUV a.F. vor.[208] Somit hat sich die Vorschrift in der Praxis nie bewährt.

2. Ergebnisse der intergouvernementalen Zusammenarbeit im Bereich des Asylrechts

Vor Inkrafttreten des Maastrichter Vertrages hatten die Abkommen und Beschlüsse maßgeblich das Ziel, Kontroll- und Restriktionsmaßnahmen festzulegen, um den Zugang von Asylbewerbern in die Europäische Union zu senken. Es handelte sich fast ausschließlich um Zuständigkeitsregelungen. Erst seit dem Inkrafttreten des Maastrichter Vertrages wurden auch Rechtsakte verabschiedet, die die Vereinheitlichung der Asylverfahren und eine einheitliche Auslegung und Anwendung der Flüchtlingsdefinition der GFK zum Gegenstand hatten und damit auch das Individuum mehr in den Vordergrund rückten.

---

[204] NIEMEIER, in: BIEBER/MONAR, (Hrsg.), Justice and Home A ff.airs, S. 321, (321).

[205] DE LOBKOWICZ, in: MÜLLER-GRAFF, (Hrsg.), Europäische Zusammenarbeit, S. 41, (54), HAILBRONNER, in: HAILBRONNER/KLEIN u.a. (Hrsg.), Handkommentar zum EUV/EGV, Art. K, Rn. 122.

[206] Zum detaillierten Ablauf dieses Verfahren siehe DEGEN, in: V.D. GROEBEN u.a. (Hrsg.), Kommentar, Band 5, Art. K. 9, S. 1083 ff., HAILBRONNER, in: HAILBRONNER/KLEIN u.a. (Hrsg.), Handkommentar zum EUV/EGV, Art. K, Rn 172 ff.

[207] Die polizeiliche Zusammenarbeit und die Justizzusammenarbeit in Strafsachen sollten von der Vergemeinschaftung ausgenommen werden, DEGEN, in: V.D. GROEBEN u.a. (Hrsg.), Kommentar, Band 5, Art. K , S. 1085.

[208] Vgl. dazu DEGEN, in: V.D. GROEBEN u.a. (Hrsg.), Kommentar, Band 5, Art. K., S. 1084 f.

Nach dem Inkrafttreten des Maastrichter Vertrages hat der Rat „Justiz und Inneres", nach anfänglichem Zögern, letztendlich doch zahlreiche Rechtsakte verabschiedet. Auf einige davon ist im Folgenden kurz einzugehen.

a. Entschließung über Mindestgarantien für Asylverfahren

Die Entschließung des Rates über Mindestgarantien im Asylverfahren wurde am 20.06.1995 angenommen.[209] Die Mindestgarantien empfehlen minimale Standards, die bei der Prüfung von Asylanträgen sowie im Rechtsmittelverfahren von den Mitgliedstaaten zu beachten sind. Zudem werden Minimalstandards hinsichtlich der individuellen Rechte des Asylbewerbers festgeschrieben. Als allgemeiner Grundsatz wird die Nichtdurchführung eines Rückführungsverfahrens, solange die Entscheidung über den Asylantrag noch nicht gefallen ist, normiert (Nr. 2). Bei einem ablehnenden Bescheid sollen die Mitgliedstaaten dafür Sorge tragen, daß der Asylbewerber die Möglichkeit hat, Rechtsmittel einzulegen (Nr. 8) und bis zur Entscheidung keine Rückführungsmaßnahmen durchgeführt werden (Nr. 17). Dennoch nimmt die Entschließung in den Nr. 18, 21, 22, 24 und 25 bezug auf die Londoner Entschließung und bestätigt ihre Anwendung. Zudem enthält sie noch Bestimmungen über Asylanträge an der Grenze und Garantien für unbegleitete Minderjährige und Frauen (Nr. 26-29).
Die Entschließung bindet die Mitgliedstaaten nicht. Dennoch verpflichteten sie sich, ihre innerstaatlichen Rechtsvorschriften bis zum 01.01.1996 mit diesen Grundsätzen zu harmonisieren. Das Europäische Parlament kritisierte die Entschließung scharf und verlangt in seiner Entschließung vom 14.11.1996 weitergehende Mindestgarantien.[210]

b. Harmonisierte Anwendung des Begriffs „Flüchtling"

Hinsichtlich der Bemühungen um eine Harmonisierung des materiellen Asylrechts wurden erst wenige Fortschritte erreicht. Obwohl alle Mitgliedstaaten Signatarstaaten der GFK sind, stellte sich die Festlegung auf eine einheitliche Interpretation des Flüchtlingsbegriffs als schwierig heraus. Die Flüchtlingsdefinition bietet erhebliche Auslegungsspielräume, und die Auffassung der Mitgliedstaaten, wer als Konventionsflüchtling anzuerkennen ist, divergiert zum Teil aufgrund ihrer rechtlichen und politischen Kultur sowie ihren historischen Erfahrungen.[211] Ein erster Schritt war die Festlegung des Rates auf einen gemeinsamen Standpunkt betreffend die harmonisierte Anwendung der Definition des

---

209 ABl. C 274/13 vom 19.09.1996. Vgl. GÖBEL-ZIMMERMANN, Asylrecht, S. 393 f; GUILD, in: NICHOLSON/TWOMEY (Hrsg.), Refugee Rights, S. 313, (328 f.).

210 ABl. C 362/270 vom 1.12.1996.

211 Vgl. WOLTER, Asylrecht in der EU, S. 115 ff.

Begriffs „Flüchtling“ in Art. 1 des GFK.[212] Wie bereits festgestellt, wird die Frage der rechtlichen Bindungswirkung in der Präambel des gemeinsamen Standpunktes selbst geregelt. Darin heißt es:
„(...) Diese Leitlinien werden den für die Zuerkennung der Flüchtlingseigenschaft zuständigen Verwaltungsstellen übermittelt; diese werden aufgefordert, sich unbeschadet der Rechtsprechung der Mitgliedstaaten in Asylsachen und ihrer verfassungsrechtlichen Vorgaben nach diesen Leitlinien zu richten. Dieser Gemeinsame Standpunkt wird in den Grenzen der verfassungsrechtlichen Befugnisse der Regierungen der Mitgliedstaaten erlassen; er bindet weder die gesetzgebende noch die richterliche Gewalt in den Mitgliedstaaten (...).“ Folglich besteht keine rechtliche Verpflichtung der Mitgliedstaaten, und es steht in ihrem Ermessen, inwieweit sie den Vorgaben des Gemeinsamen Standpunktes folgen. Der Gemeinsame Standpunkt spezifiziert die einzelnen Tatbestandsmerkmale der Flüchtlingsdefinition aus Art. 1 A Nr. 2 GFK, d.h. den Verfolgungsbegriff, die möglichen Formen der Verfolgung sowie die verschiedenen Verfolgungsgründe. Bezüglich der meisten Aspekte, die der Gemeinsame Standpunkt behandelt, besteht Einigkeit zwischen den Mitgliedstaaten; einige Stellen lassen jedoch mangels Einigkeit bewußt viel Interpretationsspielraum, und in einem Punkt wurden auch abweichende Rechtsauffassungen zu Protokoll gegeben.[213]

c. Entschließung betreffend unbegleitete minderjährige Staatsangehörige dritter Länder

Der Rat verfolgt mit dieser Entschließung vom 26.05.1997[214] das Ziel, Leitlinien für die Behandlung der besonders schutzbedürftigen und auf Hilfe angewiesenen, unbegleiteten Minderjährigen, zu normieren. Die Entschließung legt unter anderem Bedingungen für ihre Aufnahme, ihren Aufenthalt und ihre Rückkehr fest. Zudem legt sie das anzuwendende Asylverfahren fest, falls es sich bei den unbegleiteten Minderjährigen um Asylbewerber handelt.

---

212 ABl. L 63/2 vom 13.3.1996. Vgl. GÖBEL-ZIMMERMANN, Asylrecht, S. 395 f, GUILD, in: NICHOLSON/TWOMEY (Hrsg.), Refugee Rights, S. 313, (331 f.), FERNHOUT, in: SCHAH/DOEBLER (Hrsg.), U.K. Asylum Law, S. 23 ff.

213 Dies betrifft Nr. 5. 2 („Verfolgung durch Dritte“). Der Gemeinsame Standpunkt erkennt die nichtstaatliche Verfolgung nur an, „wenn sie sich gegen einzelne Personen richtet und von den Behörden gefördert oder gebilligt wird“. Dies entspricht der Auffassung Deutschlands und Frankreichs, nicht aber der Staatenpraxis der meisten anderen Mitgliedstaaten. Aus diesem Grunde hat die schwedische Delegation eine Erklärung zu Nr. 5.2 abgegeben, die ausdrücklich eine andere Rechtsauffassung bekräftigt. Die dänischen Delegation, die ebenfalls anderer Ansicht ist, hat auf einen expliziten Vorbehalt aufgrund der fehlenden Bindungswirkung verzichtet. Siehe dazu, insbesondere auch zu den sich daraus ergebenden Konflikten: GOODWIN-GILL, in GUILD/HARLOW (Hrsg.), Implementing Amsterdam, S. 153.

214 ABl C 221/23 v. 26.05.1997.

V. Zusammenfassende Bewertung

Der Vertrag von Maastricht markiert den ersten Meilenstein; denn es gelang eine umfassende rechtliche Grundlage für die Kooperation im Bereich der Innen- und Justizpolitik und damit auch in der Asylpolitik zu schaffen.
Allerdings waren die im EUV durch den Maastrichter Vertrag festgelegten Handlungsmöglichkeiten und Verfahren das Ergebnis eines schwachen Kompromisses zwischen denjenigen Mitgliedstaaten, die eine Vergemeinschaftung der Asylpolitik anstrebten und denjenigen Mitgliedstaaten, die in der intergouvernemantaler Zusammenarbeit die Grenze der Zusammenarbeit sahen. Insbesondere erschien es problematisch, daß der EU-Vertrag die politischen Ziele der Zusammenarbeit nicht formuliert und die vorgesehenen Instrumente den Aufgaben der Zusammenarbeit nicht gerecht wurden. Das Instrument des völkerrechtlichen Übereinkommens war viel zu schwerfällig und zeitaufwendig, was zur Folge hatte, daß nur Empfehlungen und Stellungnahmen ausgearbeitet wurden. Weiterhin sah der EU-Vertrag keine wirksame parlamentarische Kontrolle vor und schloß die Zuständigkeit des EuGH praktisch aus. Schließlich ist noch das Einstimmigkeitsprinzip zu nennen, welches die Zusammenarbeit von dem politischen Willen jedes einzelnen Mitgliedstaaten abhängig macht.
Es ist allerdings festzuhalten, daß durch die ehemals bestehende intergouvernementale Zusammenarbeit der Weg für die Reformen des Amsterdamer Vertrages geebnet wurde. Die Mitgliedstaaten hatten erkannt, daß die intergouvernementale Zusammenarbeit mit all ihren Nachteilen nicht mehr das geeignete Mittel war, den künftigen Herausforderungen der Asylpolitik zu begegnen.

B. Die Vergemeinschaftung des Asylrechts durch den Amsterdamer Vertrag

Am 16. und 17. Juni 1999 einigten sich die fünfzehn Staats- und Regierungschefs der Mitgliedstaaten der EU gemeinsam mit dem Präsidenten der Europäischen Kommission auf den Vertrag von Amsterdam. Am 2. Oktober 1997 fand die förmliche Unterzeichnung des Amsterdamer Vertrages statt[215], und am 1. Mai 1999 trat er in Kraft.[216]
Hauptthema der Regierungskonferenz war die Reform der Institutionen, die Außenbeziehungen, die Schaffung neuer Kompetenzen der EG bzw. EU und die Weiterentwicklung der Maastrichter Bestimmungen über die Zusammenarbeit in den Bereichen Justiz und Inneres. Letzteres rückte im Laufe der Konferenz in

---

[215] Mit der Unterzeichnung ging die 25-monatige Regierungskonferenz zu Ende. Die wichtigsten Tagungen fanden in Turin (März 1996), Florenz (Juni 1996), Dublin (Oktober und Dezember 1996) und Nordweijk (Mai 1997) statt, HAILBRONNER/THIERY, EuR 1998, S. 583, (583).
[216] ABl. C 340/01 vom 10.11.1997.

den Mittelpunkt der Debatte.[217] Die Absicht, die „dritte Säule“ neu zu gestalten, führte dann letztendlich zu der Einführung des Titels IV „Visa, Asyl, Einwanderung und andere Politiken betreffend den freien Personenverkehr“ in den EGV. Zudem einigte man sich auf die Übernahme der Schengen Übereinkommen[218] in den rechtlichen und institutionellen Rahmen der Europäischen Union. Damit verbleiben nur die Kernbereiche der strafjustiziellen und polizeilichen Zusammenarbeit in der dritten Säule.
Mit dem Inkrafttreten des Amsterdamer Vertrages wurden wichtige Sachbereiche des ehemaligen dritten Pfeilers in den Zuständigkeitsbereich der Europäischen Gemeinschaft überführt und damit vergemeinschaftet.[219] Somit besteht, im Gegensatz zur früheren intergouvernementalen Zusammenarbeit gemäß Art. K EUV a.F. nun die Kompetenz, supranationale, sprich verbindliche Regelungen im Bereich des Ausländerrechts auf europäischer Ebene zu erlassen. Die Vergemeinschaftung dieser wichtigen Politikbereiche ist wiederum vor dem Hintergrund des Ziels der Europäischen Union zu sehen, einen Binnenmarkt als Raum ohne Binnengrenzen zu schaffen, für den die Entwicklung einer Zusammenarbeit in den Bereichen Justiz und Inneres eine wesentliche Bedingung ist.[220]

---

[217] Dies lag vor allem daran, daß sich bei den Bereichen Außen- und Sicherheitspolitik und Reform der europäischen Institutionen nur geringe Verhandlungsspielräume vorhanden waren, HAILBRONNER/THIERY, EuR 1998, S. 583, (583). Viele halten die Reform der dritten Säule für einen der wenigen Durchbrüche, die überhaupt auf der Regierungskonferenz erreicht wurde, vgl. MONAR, E. L. Rev., 1998, S. 320, (321). Siehe ausführlich zu den Verhandlungen der Regierungskonferenz, den konstitutionellen und institutionellen Reformen sowie den Reformen in den verschiedenen Politikbereichen, BERGER, La Politique, S. 235 ff.

[218] Der Amsterdamer Vertrag sieht eine automatische Inkorporation des "Schengen-aquis" in den Unionsvertrag vor. Je nach Sachbereich erfolgt eine Zuordnung zum EGV oder zum EUV (ABl. L 176/01 vom 10.07.1999). Durch Ratsbeschluß vom 10.05.1999 wurde bestimmt, welche Schengen Bestimmungen dem neuen Titel IV zuzuordnen sind und daher vergemeinschaftet werden. Aufgrund der Tatsache, daß die asylrechtlichen Bestimmungen des SDÜ durch das DÜ abgelöst wurden, sind nur die Bestimmungen über Grenzkontrolle, Visa, Bekämpfung der illegalen Einwanderung etc. mittelbar von asylrechtlicher Bedeutung. Siehe dazu CORADO, in: Revue du Marché et de l'Union europeénne 1999, S. 342, (342 ff); EPINEY, in: HUMMER (Hrsg.), Die Europäische Union, S. 103 ff.
Für die Mitgliedstaaten Großbritannien, Irland und Dänemark gilt die automatische Übernahme nicht; es gelten vielmehr Sonderbestimmungen, die in zwei Protokollen festgelegt sind. Beitrittskandidaten sind verpflichtet, den Schengen Besitzstand vollständig zu übernehmen, vgl. HAILBRONNER, Kompatibilität, S. 32 f., zur Integration des Schengen Besitzstandes siehe auch WIEDMANN, in: SCHWARZE, (Hrsg.) EU-Kommentar, Art. 61, Rn. 13 ff.; WEBER, ZAR 1998, S. 147 ff.

[219] Zu den Rückwirkungen des Amsterdamer Vertrages auf das deutsche Asylrecht, vgl. ZIMMERMANN, NVwZ 1998, S. 450, (454).

[220] Vgl. HAILBRONNER/THIERY, EuR 1998, S. 583, (585); MÜLLER-GRAFF/KAINER, in: WEIDENFELD/WESSELS (Hrsg.), Jahrbuch 1998/99, S. 135. WIEDMANN in: SCHWARZE (Hrsg.), Art. 61, Rn. 4 bemerkt hingegen kritisch: „Die hier (in Titel IV, Anmerkung von B.S.) vorgezeichneten Schritte verstehen sich nicht mehr von selbst, folgen nicht mehr

Mit dem Inkrafttreten des Amsterdamer Vertrages wurden die strukturellen Defizite der dritten Säule teilweise behoben und der Beginn eines europäischen Ausländerrechts auf Gemeinschaftsebene markiert.[221] Die Zusammenarbeit der Mitgliedstaaten ist im Bereich der Asyl- und Flüchtlingspolitik in eine neue Phase getreten. Trotz dieser positiven Entwicklung spiegelt der IV. Titel des EGV allerdings auch die stark divergierenden Positionen der einzelnen Mitgliedstaaten wider; denn er betrifft in besonderem Maße ein als Kern staatlicher Souveränität empfundenes Gebiet. Durch die in verschiedener Weise in den Vertrag mit einbezogenen unterschiedlichen Positionen ist der IV. Titel des Amsterdamer Vertrages in hohem Maße von komplexen Regelungen, Ausnahmebestimmungen und Sonderbestimmungen für einzelne Mitgliedstaaten geprägt. Damit geriet die Vergemeinschaftung dieses Politikbereiches zum vertraglich sanktionierten „Europa à la carte".[222]
Wie die Richtlinie in das institutionelle Gefüge einzuordnen ist, wird im Folgenden mit Hilfe einer Darstellung über den Aufgabenbereich der Gemeinschaft im Hinblick auf die Asylpolitik, die Sonderpositionen Großbritanniens, Irland und Dänemarks, die Rolle der Gemeinschaftsorgane im Titel IV sowie die Bedeutung des Asylrechtsprotokolls vorgenommen.

I. Der Aufgabenbereich der Gemeinschaft gemäß Titel IV EGV

Art. 61 EGV umschreibt das Programm für den „schrittweisen Aufbau eines Raumes der Freiheit, der Sicherheit und des Rechts". Die Norm proklamiert die Ziele der vertragsschließenden Mitgliedstaaten: Die Vollendung des Binnenmarktes durch den freien Personenverkehr (lit. a), gemeinsame Standards in der Asyl-, Einwanderungs- und Ausländerpolitik (lit. b), die Erleichterung des grenzüberschreitenden Rechtsschutzes (lit. c), die Zusammenarbeit der nationalen Verwaltung (lit. d) und ein hohes Maß an Sicherheit für die Unionsbürger (lit. e).
Die konkreten Einzelzuständigkeiten des Titel IV sind in den Art. 62, 63, 65 EGV beschrieben.[223]

---

ausschließlich der Logik des Binnenmarktes; sie bedürfen im Gegenteil besonderer Rechtfertigung, und aus Sicht einiger Mitgliedstaaten muß sich erst noch zeigen, ob die zu erwartenden Vorteile den Verlust an nationaler Souveränität aufwiegen."

221 Vgl. zu der Entwicklung auch *Noll,* der einen anderen Ansatz wählt, NOLL, Negotiating Asylum, S. 117 ff.

222 HAILBRONNER/THIERY, EuR 1998, S. 583, (584); Der Begriff „Europa à la carte" verdeutlicht das Prinzip, demzufolge nicht alle Mitgliedstaaten zur Teilnahme an den in Titel IV genannten Politikbereichen verpflichtet sind: Großbritannien, Irland und Dänemark können sich nach Wunsch an den Maßnahmen beteiligen. Von einem „Europa à la carte" spricht auch WIEDMANN, in: SCHWARZE, (Hrsg.), Art. 61, Rn. 4.

223 Art. 62 EGV betrifft Visamaßnahmen und Art. 65 EGV räumt der Gemeinschaft erstmals ausdrücklich die Zuständigkeit im Bereich der justiziellen Zusammenarbeit in Zivilsachen mit grenzüberschreitenden Bezügen ein, vgl. dazu z.B. BASEDOW, EuZW 1997, S. 609;

Von ausschlaggebendem Interesse ist hier Art. 63 EGV. Die Vorschrift legt die Einzelermächtigungen der Gemeinschaft in den sachlich ineinandergreifenden Bereichen Asyl, Einwanderung und Rechte von Drittstaatsangehörigen fest.

1. Die Kompetenzen im Asylrecht

Im einzelnen enthält Art. 63 im Bereich des Asylrechts folgende Zuständigkeiten: Innerhalb eines Zeitraumes von fünf Jahren erläßt der Rat in Übereinstimmung mit der GFK von 1951 und dem dazugehörigen Protokoll von 1967 und den einschlägigen anderen Verträgen

- Kriterien und Verfahren zur Bestimmung des Mitgliedstaates, der für die Prüfung eines Asylantrages zuständig ist, den ein Staatsangehöriger eines dritten Landes in einem Mitgliedstaat gestellt hat (Art. 63 Nr. 1 a).
- Mindestnormen für die Aufnahme von Asylbewerbern (Art. 63 Nr. 1 b).
- Mindestnormen für die Anerkennung von Staatsangehörigen dritter Länder als Flüchtlinge (Art. 63 Nr. 1 c).
- Mindestnormen für die Verfahren in den Mitgliedstaaten zur Zu- oder Aberkennung der Flüchtlingseigenschaft (Art. 63 Abs. 1 d).[224]

Zudem sieht Art. 63 EGV die Vergemeinschaftung des Bereiches der Gewährung eines vorübergehenden Aufenthaltsrechts für sonstige schutzbedürftige Personen, die nicht unter die GFK fallen vor, sowie eine gemeinsame Politik der Lastenverteilung. Weiterhin werden in Art. 63 Abs. 3 EGV wichtige Bereiche des Einwanderungsrechtes angesprochen. Der Zuständigkeitskatalog verdeutlicht, daß die Gemeinschaft ein Gesamtkonzept verfolgt. Das sachliche Ineinandergreifen der Bereiche macht ein solches Konzept auch erforderlich, wenn das Ziel der Gemeinschaft, eine europäische Asylpolitik einschließlich eines gemeinsamen Asylsystems aufzubauen, erreicht werden soll. Die Schaffung gemeinschaftlicher Aufnahmebedingungen ist in dieses Gesamtkonzept eingebettet.

RÖBEN, in: GRABITZ/HILF, (Hrsg.), Das Recht der EU, Band I, Art. 65. Ein ordre- public-Vorbehalt zugunsten der Mitgliedstaaten wurde in Art. 64 EGV normiert.

224 Bisher ist die Richlinie zur Festlegung der Mindestnormen für dieAufnahme von Asylbewerbern der einzige auf Art. 63 Abs. 1 beruhende Rechtsakt, der in Kraft getreten ist. In allen anderen Bereichen wird allerdings über Vorschläge verhandelt. Aufgrund der rasanten Entwicklung bietet die Internetseiten des Rates den besten Überblick über den aktuellen Stand der Dinge. Sie ist abrufbar über: http://www.europa.eu.int (Stand Februar 2003). Zur Erörterung einiger Vorschläge, siehe HAILBRONNER, ZAR 2002, S. 259, (260 ff.); MÜLLER-GRAFF/KAINER, in: WEIDENSFELD/WESSELS (Hrsg.), Jahrbuch 2000/01, S. 127, (129 f.); WOLLENSCHLÄGER, EuGRZ 2001, S. 354, (360 ff). Siehe auch KLOS, ZAR 2000, S. 202, (208 ff.) zu den ersten Vorschlägen.

2. *Die Aufnahme von Asylbewerbern in den Mitgliedstaaten gemäß Art. 63 Abs. 1, lit. b EGV*

Art. 63 Abs. 1, lit. b EGV bildet die Rechtsgrundlage für die Festlegung harmonisierter Aufnahmebedingungen für Asylbewerber. Dabei handelt es sich gemäß der Vorschrift um die Bestimmung von Mindestnormen, durch die eine erste Angleichung der Aufnahmebedingungen in den Mitgliedstaaten erreicht werden soll. Die Tatsache, daß nur Mindestnormen festgelegt werden sollen, zeigt, daß die Mitgliedstaaten nicht gewillt waren, gemeinsame, verbindliche Regelungen, die über den Mindeststandard hinaus gehen, zu treffen. Somit verbleibt ihnen bei der Ausgestaltung der Aufnahmebedingungen noch ein eigener Spielraum und die vollständige Harmonisierung verbleibt als ein langfristig zu erreichendes Ziel.[225]

Anders als bei den übrigen, künftig zu harmonisierenden Sachbereichen, kann bei den nach Art. 63 Abs. 1 lit. b EGV zu erlassenden Mindestnormen für die Aufnahme von Asylbewerbern nicht auf bereits vorhandene Übereinkommen, Gemeinsame Standpunkte, Entschließungen oder Ähnliches zurückgegriffen werden.[226] Der bestehende EU-aquis hinsichtlich des Asylrechts umfaßt diesen Sachbereich nicht.

Damit stellt sich insbesondere die Frage was Art. 63 Abs. 1, lit. b EGV umfaßt bzw. was sich hinter dem Begriff „Aufnahme" verbirgt.

Bevor die Kommission ihren Vorschlag für eine Richtlinie erließ (Dokument: KOM 2001/0181), war diese Frage offen. Insbesondere war offen, ob die Vorschrift eng oder weit auszulegen war, das heißt, ob Regelungsbereiche, die strenggenommen erst nach der eigentlichen Aufnahme eines Asylbewerbers relevant werden, wie zum Beispiel die Unterbringung oder die Schulausbildung, von der Vorschrift gedeckt sind.[227]

Wie in der Einleitung bereits dargestellt wurde, dient die Schaffung gemeinsamer Mindestnormen für die Aufnahme von Asylbewerbern der Eindämmung der Problematik der Sekundärmigration. Es soll zum einen erreicht werden, daß Asylbewerber, die grundsätzlich keine freie Wahl haben, den Mitgliedstaat, welcher ihren Antrag prüfen soll, selbst zu bestimmen, in allen Mitgliedstaaten einheitliche Bedingungen für die Aufnahme von Asylbewerbern vorfinden, die diesen ein menschenwürdiges Leben ermöglichen. Zum andern soll verhindert werden, daß die Mitgliedstaaten den Rechtsstatus von Asylbewerbern immer weiter

---

225 Vgl. v. d. Klaauw, in: v. d. Krieken, (Hrsg.). Aquis Handbook, S. 9, (18 f.).

226 Hinsichtlich Art. 63, Abs. 1 c EGV kann auf den Gemeinsamen Standpunkt betreffend die harmonisierte Anwendung der Definition des Begriffs „Flüchtling" i.S.v. Art. 1 GFK zurückgegriffen werden. Was Art. 63 Abs. 1 d betrifft, kann auf die drei „Londoner Entschließungen", die Entschließung über Mindestgarantien für Asylverfahren, sowie auf die Entschließung über minderjährige Drittstaatsangehörige ohne Begleitung zurückgegriffen werden.

227 Siehe zu der Frage der engen oder weiten Auslegung, Hailbronner, Immigration and Asylum Law, S. 80.

beschneiden, um so ihr Land unattraktiver für Asylbewerber erscheinen zu lassen und damit die Verantwortung auf andere Mitgliedstaaten abwälzen.
Der Richtlinienvorschlag der Kommission für eine Richtlinie des Rates zur Festlegung der Mindestnormen für die Aufnahme von Asylbewerbern in den Mitgliedstaaten klärte diese Interpretationsfrage; denn dieser bestätigte durch seine Bandbreite an Regelungsbereichen, daß der Begriff der Aufnahme weit zu interpretieren ist.
Für eine genaue Analyse der Bestimmungen der Richtlinie wird auf den zweiten Teil dieser Arbeit verwiesen.

II. Ländereigene Sonderregelungen

Das Vereinigte Königreich, Irland und Dänemark stimmten der Vergemeinschaftung des Asylrechts sowie der anderen ehemals in Titel VI EUV a.F. geregelten Sachbereiche nur unter der Voraussetzung zu, daß für sie Sonderbestimmungen Anwendung finden.[228] Diese Sonderregelungen sind in zwei Protokollen niedergelegt, die - wie der Vertrag selbst - völkerrechtlich verbindliche Regelungen treffen. Art. 69 EGV weist, ohne das ihm selbst Regelungscharakter zukommt, auf diese Zusatzbestimmungen hin.[229]

1. Vereinigtes Königreich und Irland

Die länderspezifischen Sonderregelungen für das Vereinigte Königreich und Irland sind im „Protokoll Nr. 4 über die Position des Vereinigten Königreichs und Irlands" niedergelegt.[230] Art.1 des Protokolls Nr. 4 bestimmt, daß die beiden Mitgliedstaaten sich grundsätzlich nicht an der Annahme von Maßnahmen, die entsprechend den Bestimmungen des Titels IV erlassen werden, beteiligen. Als Konsequenz davon sind Maßnahmen nach Titel IV sowie Entscheidungen des EuGH für diese Staaten nicht bindend bzw. anwendbar (Art. 2 des Protokolls Nr. 4). Es besteht allerdings für beide Staaten eine Beteiligungsoption (sogenanntes opt-in). Das bedeutet, daß jeder der beiden Mitgliedstaaten sich entschließen

---

228 Zu den länderspezifischen Regelungen, siehe z.B. HEDEMANN-ROBINSON, in: O'KEEFFE/TWOMEY (Hrsg.), Legal Issues, S. 289 ff.; HAILBRONNER/THIERY, EuR 1998, S. 583, (597 ff.) MONAR, E.L.Rev. 1998, S. 320, (333 ff.); SIMPSON, EPL 1999, S. 91, (99 ff.).

229 WIEDMANN, in: SCHWARZE (Hrsg.), EU-Kommentar, Art. 69, Rn. 1.

230 Abgedruckt in: Satorius II Internationale Verträge, Europarecht, Nr. 151. Weitere, unter dem Aspekt der einheitlichen Geltung des Gemeinschaftsrechts problematische Sonderregelungen für das Vereinigte Königreich und Irland im Rahmen des Titel IV, normiert das Protokoll Nr. 3 für die Anwendung des Art. 14 des Vertrages zur Gründung der Europäischen Gemeinschaft auf das Vereinigte Königreich und auf Irland. Siehe dazu HAILBRONNER/THIERY, EuR 1998, S. 583, (600 f.), O'KEFFE, in: O'KEEFFE/TWOMEY (Hrsg.), Legal Issues, S. 271, (282).

kann, nach der Vorlage eines auf Titel IV EGV basierenden Vorschlags, an der Annahme und Anwendung der betreffenden Maßnahme teilzunehmen. Das Verfahren dazu sowie die Auswirkungen auf die Stimmverhältnisse regelt Art. 3 des Protokolls Nr. 4. Den Fall, daß sich das Vereinigte Königreich oder Irland erst nach der Annahme einer Maßnahme im Rahmen des Titel IV zu einer Partizipation entschließt, regelt Art. 4 des Protokolls Nr. 4. In diesem Fall kann nur noch die gesamte Maßnahme angenommen werden; Änderungen sind dann ausgeschlossen.[231]

Irland hat sich in Art. 8 des Protokolls Nr. 4 die Option ausbedungen, von einer weiteren Anwendung des Protokolls Abstand zu nehmen. Für diesen Fall gelten auch für Irland die üblichen Vertragsbestimmungen.[232]

Bezüglich der Richtlinie hat das Vereinigte Königreich von seiner Beteiligungsoption Gebrauch gemacht. Folglich wird die Richtlinie auch das Vereinigte Königreich binden.[233] Irland sieht von einer Beteiligung an der Maßnahme hingegen ab.

2. *Dänemark*

Dänemark genießt ebenfalls eine Sonderposition im Hinblick auf Titel IV. Im „Protokoll Nr. 5 über die Position Dänemarks" bestimmen die Art. 1 und 3, daß es sich nicht an Maßnahmen nach Titel IV beteiligt.[234] Eine Ausnahme hinsichtlich der Beteiligung normiert Art. 4 des Protokolls Nr. 5. Gemäß Art. 2 des Protokolls Nr. 5 ist Dänemark konsequenterweise an die nach Titel IV beschlossenen Maßnahmen nicht gebunden. Dasselbe gilt auch für Entscheidungen des Gerichtshofes. Dänemark hat zudem aus verfassungsrechtlichen Gründen eine Beteiligungsoption ausgeschlossen.[235] Es besteht jedoch die Möglichkeit für das Königreich, mit einer Mitteilung an die übrigen Mitgliedstaaten und im Einklang mit den verfassungsrechtlichen Vorgaben von dem Protokoll ganz oder teilweise Abstand zu nehmen (Art.7).

---

[231] HAILBRONNER/THIERY, EuR 1998, 583, (599).

[232] Hintergrund dieser Bestimmung ist, daß Irland nur mit Rücksicht auf das Vereinigte Königreich und im Hinblick auf die Aufrechterhaltung des mit dem Vereinigten Königreich bestehenden gemeinsamen Reisegebiets (Common Travel Area) auf eine vollständige Teilnahme am Titel IV verzichtet hat. Deshalb hat Irland in der Schlußakte zum Amsterdamer Vertrag eine Erklärung abgegeben, wonach es sich an Maßnahmen nach Titel IV beteiligt, sofern es die Paßunion mit dem Vereinigten Königreich zuläßt.

[233] Mitteilung des britischen Botschafters für die Europäischen Union *Nigel Sheinwald* an den Ratspräsidenten Louis Michel vom 18.08.2001, Dokument Nr. 11424/01.

[234] Vgl. LIEBAUT, in: V. D. KLAAUW, (Hrsg.), Aquis Handbook, S. 57 ff.

[235] Schon bei der Ratifikation des Vertrages von Maastricht mußte Dänemark aufgrund des Referendums vom 02.07.1992 einen Verfassungsvorbehalt machen, wonach Souveränitätsübertragungen in den Bereichen Justiz und Inneres nach der Verfassung besondere Mehrheiten im Parlament bedürfen bzw. bei einem Volksentscheid voraussetzten, vgl. WIEDMANN, in: SCHWARZE (Hrsg.), EU-Kommentar Art. 69 Rn. 6.

Folglich entfaltet die Richtlinie für Dänemark keine Bindungswirkung.

Es ist grundsätzlich zu bedauern, daß eine Vergemeinschaftung des Asylrechts nur unter den genannten Sonderkonditionen für diese drei Mitgliedstaaten möglich war. Durch den Verlust der Rechtseinheitlichkeit innerhalb der Gemeinschaft entsteht das bereits erwähnte Europa „à la carte". Dies ist das Ergebnis der „Flexibilisierung", d.h. der verstärkten Zusammenarbeit einiger Mitgliedstaaten ohne den Zwang der Mitwirkung aller.[236]
Allerdings ermöglichte die Gewährung von Sonderregelungen auch den anderen Mitgliedstaaten, den Harmonisierungsprozeß voranzutreiben und damit der europäischen Integration einen neuen Impuls zu geben. Es obliegt ihnen zu zeigen, daß eine gemeinsame europäische Lösung effizienter ist und den Verlust von nationalen Souveränitätsrechten aufwiegt.

III. Die Rolle der Gemeinschaftsorgane

Die Aufgaben und Funktionen der Gemeinschaftsorgane im Rahmen des Titels IV entsprechen bislang noch nicht in jeder Weise der Rolle, die ihnen sonst vom EG-Vertrag zugewiesen ist. Art. 67 Abs. 1 EGV normiert Übergangsregelungen, die für einen Zeitraum von fünf Jahren seit dem Inkrafttreten des Amsterdamer Vertrages für das Beschlußverfahren gelten. Art. 67 Abs. 2 EGV legt das Verfahren nach dem Ablauf der Übergangszeit, sprich nach dem 30.04.2004, fest.

1. Der Rat

Nach Art. 63 Abs. 1 EGV hat der Rat grundsätzlich in allen in dieser Vorschrift aufgeführten Regelungsbereichen in einem Zeitraum von fünf Jahren Maßnahmen zu ergreifen. Dies gilt folglich auch im Bereich der Aufnahme von Asylbewerbern nach Art. 63 Abs. 1b) EGV. Die Ausnahmen sind im letzten Satz der Vorschrift aufgeführt. Es besteht eine Handlungsverpflichtung, die mit der Untätigkeitsklage gemäß Art. 232 EGV durchsetzbar ist.[237]

---

236 Zur verstärkten Zusammenarbeit, siehe Erster Teil, B, V.

237 RÖBEN, in: GRABITZ/HILF (Hrsg.), Das Recht der EU, Band I, Art. 67, Rn. 10. Allerdings ist die Tatsache zu bedenken, daß der Rat innerhalb von fünf Jahren nur zum Tätigwerden verpflichtet sein kann, wenn die Kommission bzw. die Mitgliedstaaten ihr Initiativrecht wahrnehmen und dem Rat einen Vorschlag unterbreiten. Somit ist davon auszugehen, daß die Kommission verpflichtet, ist in diesem Zeitraum einen Vorschlag zu machen, falls keine Initiative eines Mitgliedstaates vorliegt, vgl. GRILLER u.a. The Treaty of Amsterdam, S. 472, Fn. 1626.

a. Art. 67 EGV

Hinsichtlich des Verfahrens verweist Art. 63 Abs. 1 EGV auf Art. 67 EGV. Danach beschließt der Rat während der Übergangszeit grundsätzlich einstimmig auf Vorschlag der Kommission oder auf Initiative eines Mitgliedstaates.[238] Aufgrund der vielfältigen Sonderregelungen setzen die Beschlüsse allerdings nicht unbedingt die Zustimmung aller fünfzehn Ratsmitglieder voraus. Dänemark beteiligt sich, wie oben gesehen, nicht an Maßnahmen nach Titel IV, und Großbritannien und Irland entscheiden über ihre Teilnahme von Fall zu Fall, so daß für einen Beschluß, je nach Partizipation, die Zustimmung von zwölf bis vierzehn Ratsmitgliedern erforderlich ist.[239]

Nach dem Ablauf der fünf Jahre sieht der Vertrag in Art. 67 Abs. 2 EGV eine besondere Form der Vertragsänderung vor. Der Rat ist aufgefordert, einstimmig[240] einen Beschluß über die Anwendung des Mitentscheidungsverfahren (Art. 251 EGV) sowie über die Anpassung der EuGH-Zuständigkeiten zu fassen.[241] Dabei blieb zunächst offen, auf welche der in Titel IV genannten Maßnahmen sich der Beschluß beziehen soll, falls der Rat sich entschließt, das Verfahren nach Art. 251 EGV nur auf Teile der Bereiche, die unter Titel IV fallen, anzuwenden.[242]

Diese Frage wurde durch den Vertrag von Nizza vom 11.12.2000[243] geklärt. Art. 67 EGV wurde ein neuer fünfter Absatz beigefügt. Dieser lautet: „Abweichend von Absatz 1 beschließt der Rat gemäß dem Verfahren des Art. 251 die Maßnahmen nach Art. 63 Nummer 1 und Nummer 2 Buchstabe a, sofern der Rat zuvor gemäß Abs. 1 Gemeinsschaftsvorschriften erlassen hat, in denen die gemeinsamen Regeln und wesentlichen Grundsätze für diese Bereiche festgelegt sind". Das bedeutet, daß das Mitentscheidungsverfahren erst Anwendung findet, nachdem die Mindestnormen, die Art. 63 Abs. 1 innerhalb von fünf Jahren zu erlassen vorschreibt, erlassen wurden. Damit gilt für die Asylpolitik ein abgestufter Übergang zum Mitentscheidungsverfahren und damit zur Entscheidung mit

---

238 Die Ausnahme bildet Art. 62 Nr. 2 Buchst. b, Ziff. i und iii, siehe Art. 67 Abs. 3 EGV. Zu der komplizierten Wirklichkeit des Entscheidungsfindungsprozeßes im Rat, DE JONG, in: V. D. KRIEKEN, (Hrsg.), Aquis-Handbook, S. 21, (23).

239 Protokoll Nr. 4 über die Position des Vereinigten Königreichs und Irlands, Art. 1 bzw. Protokoll Nr. 5 über die Position Dänemarks, Art. 1.

240 Das Einstimmigkeitserfordernis ist wiederum unter Berücksichtigung der Nichtbeteiligung des Vereinigten Königreichs, Irlands und Dänemarks zu bestimmen.

241 Dazu sogleich unter Erster Teil, B, III, 4.

242 In Art. 67 Abs. 2 EGV heißt es nur „(...) auf alle Bereich oder auf Teile der Bereiche, die unter diesen Titel fallen (...)". Nach WINKLER in: BERGMANN/LENZ (Hrsg.), Der Amsterdamer Vertrag, Kap. 2, Rn. 25 legt dieser Wortlaut nahe, daß grundsätzlich alle Bereiches des Titel IV erfaßt sein sollen, Art. 67 Abs. 2 EGV aber als Rettungsanker die Wahlmöglichkeit bereithält.

243 ABl. C 80/01 vom 10.03.2000. Nachdem nun auch Irland in einem zweiten Referendum für den Vertrag von Nizza stimmte, trat der Vertrag von Nizza am 01.02.2003 in Kraft. Zu einer Kommentierung des Vertrages siehe FISCHER, Nizza.

qualifizierter Mehrheit.[244] Es ist insofern bis auf die ausdrückliche Normierung alles beim Alten geblieben.
Fraglich bleibt, welche Rechtsfolgen eintreten, sollte der Rat den Beschluß nicht oder nicht fristgerecht fassen oder aber aufgrund eines Vetos eines Mitgliedstaates nicht zu einem einstimmigen Ergebnis kommen. Die Mitgliedstaaten stehen Verlusten ihrer Souveränitätsrechte, insbesondere im Bereich des Asylrechts, sehr reserviert gegenüber. Damit ist nicht von einem automatischen Übergang zum Verfahren nach Art. 251 EGV auszugehen, wie es Art. 67 Abs. IV EGV für Beschlüsse über die Voraussetzungen der Visaerteilung sowie über die Vorschriften über ein einheitliches Visum vorsieht (Art. 62 Nr. 2 b Ziff. ii u. iv).[245] Die Einführung des Mitentscheidungsverfahrens wäre allerdings auch mittelbar durch den Gerichtshof denkbar. Falls der Rat seinen Handlungsverpflichtungen nicht nachkommt und der EuGH dies im Rahmen einer Untätigkeitsklage nach Art. 232 EGV feststellt, dann verpflichtet dies den Rat, von sich aus die sich aus dem Urteil ergebenden Maßnahmen zu treffen. Eine denkbare Maßnahme wäre die Einführung des Mitentscheidungsverfahrens durch Ratsbeschluß gemäß Art. 67 Abs. 2 EGV, um dann mit qualifizierter Mehrheit seiner vertraglichen Verpflichtung nachzukommen.[246]

b. Der Entscheidungsfindungsprozeß im Rat

Aufgrund der Vielzahl und Vielfältigkeit der Materien über die der Rat in verschiedener Zusammensetzung befinden muß, bereiten unterschiedliche Ausschüsse die Beratungen und die Beschlußfassungen des Rates vor. Unter dem Maastricht Vertrag wurde der Entscheidungsfindungsprozeß unter anderem aufgrund der vielen daran beteiligten Instanzen stark in die Länge gezogen und deshalb oft kritisiert. Bedauerlicherweise führt auch der Amsterdamer Vertrag zu keiner grundlegenden Reform im Sinne einer Vereinfachung des Entscheidungsfindungsprozesses, das heißt, daß in anderen EG-Zuständigkeitsbereichen übliche System der drei Ebenen (Arbeitsgruppe - AStV - Rat) fand im Asylbereich keinen Einzug.[247] Vielmehr besteht, wie schon zu Zeiten der intergouvernementalen Zusammenarbeit, ein vierstufiges System. Ähnlich dem ehemaligen K.4-Ausschuß[248] wurde im Bereich der vergemeinschafteten Sachgebiete eine spezi-

---

[244] Der Vertrag von Nizza führte auch zu einer neuen Gewichtung der Ratsstimmen sowie zu einer neuen Bestimmung der qualifizierten Mehrheit, siehe dazu: MONAR, in: MONAR/WESSELS, (Hrsg.), Treaty of Amsterdam, S. 321, (323 ff.).

[245] O'KEEFFE, in: O'KEEFFE/TWOMEY (Hrsg.), Legal Issues, S. 271, (277, Fn. 14); RÖBEN, in: GRABITZ/HILF (Hrsg.), Das Recht der EU, Band I, Art. 67, Rn 6; im Ergebnis auch WEBER, ZAR 1998, S. 147, (148); a.A. WINKLER, in: BERGMANN/LENZ (Hrsg.), Kap. 2, Rn. 25.

[246] So auch RÖBEN, in: GRABITZ/HILF (Hrsg.), Das Recht der EU, Band I, Art. 63, Rn 7.

[247] MONAR, in: MONAR/WESSELS (Hrsg.), Treaty of Amsterdam, S. 267, (279 f.).

[248] In der dritten Säule, Titel VI EUV besteht der nach Art. 4 Abs. 1 EUV a.F eingerichtete

elle Koordinierungsgruppe (Strategic Committee) für die Bereiche Asyl, Einwanderung und Außengrenzkontrollen, die unter der Aufsicht des AStV arbeitet, eingesetzt.[249]

Sowohl das Prinzip der Einstimmigkeit in den ersten fünf Jahren als auch die Möglichkeit seiner Beibehaltung durch einen negativen Beschluß hinsichtlich der Anwendung des Mitentscheidungsverfahrens zeigen, wie ungern die Mitgliedstaaten in dem sensiblen Bereich des Asylrechts auf ihre Souveränitätsrechte verzichten.

2. *Die Kommission*

Die Kommission muß nach Art. 67 Abs. 1 EGV während der ersten fünf Jahre grundsätzlich das Initiativrecht, wie zuvor im Rahmen der Dritten Säule, mit den Mitgliedstaaten teilen (Koinitiativrecht).[250] Damit sicherten sich die Mitgliedstaaten ihren Einfluß bei der Vergemeinschaftung der in Titel IV normierten Politikbereiche. Gleichzeitig haben die Mitgliedstaaten aber auch durch die Bindung des Koinitiativrechts an die Übergangsphase von fünf Jahren ihren politischen Willen bekundet, innerhalb dieses Zeitraums einen rechtlichen Basisrahmen für das gemeinschaftliche Asylrecht zu gestalten. Da dieses Ziel nicht ohne die Unterstützung und Beratung der Kommission erreicht werden kann, ist nicht davon auszugehen, daß das Koinitiativrecht die Position der Kommission schwächt.[251]
Nach dem Ablauf der Übergangsfrist fällt der Kommission gemäß Art. 67 Abs. 2 EGV, ohne vorherigen Überführungsbeschluß des Rates, das alleinige Initiativrecht zu. Allerdings besteht die Verpflichtung der Kommission, einen Antrag eines Mitgliedstaates, der vorsieht, daß die Kommission dem Rat einen Vorschlag unterbreitet, zu überprüfen. Diese Bestimmung modifiziert das Initiativmonopol der Kommission leicht im Interesse der Mitgliedstaaten.[252] Fraglich ist, ob aufgrund der Verpflichtung der Kommission, die Mitgliedstaaten zu konsultieren, diese verpflichtet ist, dem Antrag eines Mitgliedstaates zu folgen.
Für Bereiche, die während der Übergangsperiode hätten geregelt werden müssen, ergibt sich die Handlungspflicht aus dem für einige Bereiche - etwa für die

---

„K.4 - Ausschuß" weiter. Die entsprechende Vorschrift befindet sich nun in Art. 36 Abs. 1 EUV.

249 MONAR, in: MONAR/WESSELS (Hrsg.), Treaty of Amsterdam, S. 267, (279 f.). Der Grund, daß man sich doch wieder für ein vierstufiges System entschied, lieg darin, daß einige nationale Minister verhindern wollten, daß bestimmte Aufsichts- und Koordinationsbefugnisse den ständigen Vertretern zufielen.

250 Die Ausnahme bildet Art. 62 Nr. 2 Buchst. b Ziff. i u. iii, s. Art. 67 Abs. 3 EGV.

251 HAILBRONNER, Immigration and Asylum, S. 92, WIRTZ, in: V. D. KRIEKEN, (Hrsg.), Aquis-Handbook, S. 47, (53).

252 HAILBRONNER/THIERY, EuR 1998, S. 583, (595 f.).

Asylpolitik - normierten Zeitlimit. Erfüllt sie ihren Auftrag nicht, dann ist dies Klagegegenstand einer Untätigkeitsklage nach Art. 232 EGV.
Nach der Übergangsperiode gesteht der Amsterdamer Vertrag der Kommission Ermessensentscheidungen zu, indem er ihr eine Pflicht zu „prüfen“ auferlegt (vgl. Art. 67 Abs. 2 EGV). Allerdings kann die Ermessensbefugnis nicht grenzenlos sein, sonst wäre die Modifizierung des grundsätzlichen Initiativmonopols überflüssig. Somit erscheint es sinnvoll, die Verpflichtung der Kommission auf die Überprüfung der Angemessenheit eines Vorschlages eines Mitgliedstaates zu beschränken.[253]
Der Richtlinienvorschlag zur Festlegung von Mindestnormen für die Aufnahmebedingungen von Asylbewerbern in den Mitgliedstaaten der Europäischen Union wurde von der Kommission vorgelegt. Sie erfüllt damit ihre Verpflichtung nach Art. 63 Abs. 1 EGV.

3. *Das Parlament*

Während der Übergangszeit erfolgt nach Art. 67 Abs. 1 EGV nur eine Anhörung des Parlaments. Nach Einführung des Mitentscheidungsverfahrens wird dann die Position des Parlamentes gestärkt. Beim Mitentscheidungsverfahren kann das Europäische Parlament zwar nicht gegen den Willen des Rates selbst Recht setzten, es verfügt aber aufgrund seines Vetorechts über eine Kontrollmöglichkeit.[254] Es bleibt abzuwarten, wie sich ein künftiger Einfluß des Parlaments, das bisher im Vergleich zum Rat beim Schutz der Menschenrechte Prioritäten gesetzt hat, auf das Gesetzgebungsverfahren nach Art. 251 EGV auswirken wird.

4. *Der Europäische Gerichtshof*

Der Maastrichter Vertrag hatte die Asylpolitik grundsätzlich von der Jurisdiktion des Europäischen Gerichtshofes ausgenommen, was oft kritisiert wurde. Mit dem Inkrafttreten des Amsterdamer Vertrages fallen nun auch die Bereiche, die in den Zuständigkeitsbereich der Gemeinschaft überführt wurden, unter die Jurisdiktion des EuGH. Damit gelten grundsätzlich die allgemeinen Bestimmungen über die Zuständigkeit des Gerichtshofs nach Art. 220 ff. EGV. Folglich finden die dort normierten Verfahrensarten grundsätzlich Anwendung. Allerdings modifiziert Art. 68 EGV die allgemeinen Vorschriften über die Gerichtsbarkeit des EuGH in bezug auf Titel IV in mehrfacher Weise.[255] Zum einen ist

---

[253] HAILBRONNER, CML Rev. 1998, S. 1047, (1053); O'KEEFFE, in: O'KEEFFE/TWOMEY (Hrsg.), S. 271, (277).
[254] WIRTZ, in: V. D. KRIEKEN, (Hrsg.), Aquis-Handbook, S. 47, (54).
[255] Nach Art. 67 Abs. 2, 2. Spiegelstr. EGV beschließt der Rat fünf Jahre nach dem Inkrafttreten des Amsterdamer Vertrages über die Anpassung der Zuständigkeitsbestimmungen des Art. 68 EGV an das allgemeine Rechtsschutzsystem.

die Einleitung eines Vorabentscheidungsverfahrens eingeschränkt worden. Einige Aspekte der ordre public Klausel, die in Titel IV enthalten ist, wurden von der Jurisdiktion des EuGH ausgenommen, und es wurde ein neues abstraktes Auslegungsverfahren eingeführt. Die Modifikationen in Art. 68 Abs. 1 und 2 EGV sind ebenfalls Ausdruck des politischen Vorbehaltes der Mitgliedstaaten hinsichtlich einer vergemeinschafteten Asylpolitik.[256]
Die Richtlinie fällt damit in die Jurisdiktion des Europäischen Gerichtshofes, so daß eine genaue Analyse der in Art. 68 EGV enthaltenen Modifikationen, die zahlreiche Auslegungsprobleme aufweisen, erforderlich erscheint.

a. Beschränkung des Vorlagerechts

Gemäß Art. 68 Abs. 1 EGV sind in Abweichung zu Art. 234 EGV nur letztinstanzliche Gerichte befugt, dem EuGH Rechtsfragen zur Vorabentscheidung vorzulegen. Der Hauptgrund für die Einführung dieser Beschränkung war die Befürchtung, daß der EuGH ohne diese Einschränkung einer nicht zu bewältigenden, hohen Zahl von Asylverfahren ausgesetzt sein würde. Zudem sollten auf diesem Weg politisch unerwünschte Verfahrenverzögerungen durch die Vorlage beim EuGH verhindert werden.[257] Die Tragweite dieser Modifikationen wird deutlich vor dem Hintergrund des Vorabentscheidungsverfahrens nach Art. 234 EGV; denn dieses dient in erster Linie der einheitlichen Anwendung des Gemeinschaftsrechts in den Mitgliedstaaten. Zudem ergibt sich durch die Anknüpfung an ein nationales Verfahren die bedeutsame individualrechtsschützende Funktion des Vorabentscheidungsverfahrens.[258]

aa. Letztinstanzliche Gerichte im Sinn von Art. 68 EGV

Fraglich ist zunächst, wie der Begriff „Gerichte, deren Entscheidung mit Rechtsmitteln des innerstaatlichen Rechtes nicht mehr angefochten werden können“ auszulegen ist. Die Frage wurde durch den EuGH bislang noch nicht ausdrücklich entschieden. Die Entscheidung im Fall Costa/E.N.E.L[259] deutet allerdings darauf hin, daß der EuGH einer konkreten Betrachtungsweise den Vorzug gibt, d.h. darauf abstellt, ob im konkreten Fall ein Rechtsmittel eingelegt werden könnte. Hingegen verlangen die Vertreter der abstrakten Betrachtungsweise, daß es sich bei dem Gericht um das hierarchisch oberste Gericht eines Mitgliedstaa-

---

256 So auch DÖRR/MAGER, AöV, 2000, S. 386, (388).

257 Eine ausführliche Darstellung zu den Gründen und m. w. N. bieten GUILD/PEERS, in: GUILD/HARLOW (Hrsg.), Implementing Amsterdam, S. 267, (280 ff.) unter dem Aspekt der Rolle der nationalen Gerichte als „Mann in der Mitte“ zwischen den jeweiligen nationalen Innenministern und dem EuGH.

258 DÖRR/MAGER, AöV 2000, S. 386, (389).

259 EuGH Rs. 6/64, *Flamincio Costa gegen E.N.E.L.*, Slg. 1964, S. 1253, 1268.

tes handeln muß.[260] Unter dem Aspekt der einheitlichen Anwendung des Gemeinschaftsrechts sowie eines möglichst umfassenden Rechtsschutzes des Einzelnen im Rahmen des Vorabentscheidungsverfahrens, ist der konkreten Betrachtungsweise zuzustimmen.[261] Damit sind letztinstanzliche Gerichte im Rahmen von Art. 68 Abs. 1 EGV Gerichte, deren Entscheidung nicht mehr mit Rechtsmitteln angefochten werden kann. Die Verfassungsbeschwerde stellt dabei kein ordentliches Rechtsmittel in diesem Sinne dar.[262]
Im Bereich des Asylrechts sind in vielen Mitgliedstaaten die Rechtsmittelinstanzen verringert worden. Dies bedeutet letztlich, daß in einigen Mitgliedstaaten die erstinstanzlichen Gerichte berechtigt sind, beim EuGH ein Vorabentscheidungsverfahren einzuleiten. Die Konsequenz davon ist eine steigende Anzahl von Verfahren vor dem EuGH, was paradoxerweise die Mitgliedstaaten gerade durch die Beschränkung auf letztinstanzliche Gerichte verhindern wollten.

bb. Handlungsspielraum unterinstanzlicher Gerichte

Fraglich ist, was gilt, wenn ein unterinstanzliches Gericht einen auf Titel IV EGV gestützten Gemeinschaftsrechtsakt für rechtswidrig hält. In der Rechtssache Foto-Frost[263] brachte der EuGH den Grundsatz zum Ausdruck, daß ein nationales Gericht, das eine gemeinschaftsrechtliche Regelung für ungültig erachtet und aus diesem Grund nicht anwenden will, nicht befugt ist, die Ungültigkeit selbst festzustellen. Vielmehr sind Gerichte jeder Instanz in solch einem Fall verpflichtet, dem EuGH die Gültigkeitsfrage vorzulegen. Der EuGH nimmt für sich eine Monopolstellung hinsichtlich der Verwerfungskompetenz in Anspruch, die sich aus dem Erfordernis der einheitlichen Anwendung des Gemeinschaftsrechts ergibt.[264] Art. 68 Abs. 1 EGV beschränkt, wie bereits festgestellt, die Vorlageberechtigung auf letztinstanzliche Gerichte. Folglich muß ein Gericht, das nicht vorlageberechtigt ist, das heißt dessen Entscheidung noch rechtsmittelfähig ist, den Gemeinschaftsrechtsakt, den es für ungültig hält, dennoch anwenden.[265] Ein Rechtsschutzsuchender, der sich auf die Nichtanwendbarkeit von

---

260 BLECKMANN, Europarecht, Rn. 921.

261 So auch die h.M., z.B. HAILBRONNER, Immigration and Asylum Law, S. 95; OPPERMANN, Europarecht, S. 287, Rn. 761 SCHWARZE, in: SCHWARZE (Hrsg.), EU-Kommentar, Art. 234, Rn. 41; STREINZ, Europarecht, S. 222.

262 OPPERMANN, Europarecht, S. 287, Rn. 761, SCHWARZE, in: SCHWARZE (Hrsg.), EU-Kommentar, Art. 234, Rn. 43.

263 EuGH Rs. 314/85, *Foto-Frost gegen Hauptzollamt Lübeck-Ost*, Slg. 1987, S. 4199, Rn. 11-20.

264 RÖBEN, in: GRABITZ/HILF (Hrsg.), Das Recht der EU, Band I, Art. 68, Rn. 4; SCHWARZE, in SCHWARZE (Hrsg.), EU-Kommentar, Art. 234, Rn 47.

265 In dem Sinne auch RÖBEN in: GRABITZ/HILF (Hrsg.), Das Recht der EU, Band I, Art. 68, Rn. 4.; GEIGER, Kommentar, Art. 68., Rn. 1; DÖRR/MAGER, AöV 200, S. 386, (391); A.A. ARNULL, in: O'KEEFFE/TWOMEY (Hrsg.), Legal Issues, S. 109, (116); CLASSEN, in: MÜLLER-GRAFF/SCHWARZE (Hrsg.), Rechtsschutz, S. 73 (75 f.), der davon ausgeht, daß

Gemeinschaftsrecht stützt, ist damit gezwungen, das Verfahren bis zu einem letztinstanzlichen Gericht, das vorlagebefugt ist, durchführen.[266]
Um diese Konsequenz zu verhindern, wurde vorgeschlagen, in Fällen, wo die Gültigkeit des Gemeinschaftsrechts in Frage steht, doch eine Vorlageberechtigung oder sogar eine Vorlagepflicht unterinstanzlicher Gerichten anzunehmen. So könnte verhindert werden, daß sich das Gericht im Zwiespalt zwischen „Recht und Gesetz" befindet.[267] Diese Berechtigung soll sich aus der Weiterentwicklung der vom EuGH getroffenen Feststellung zum Umfang der Vorlagepflicht in der Rechtssache Foto-Frost ergeben und eine analoge Anwendung des Art. 68 Abs. 1 i.V.m. Art. 234 EGV rechtfertigen.[268] Allerdings schließt der Wortlaut des Art. 68 Abs. 1 EGV explizit die Einleitung eines Vorabentscheidungsverfahrens durch ein unterinstanzliches Gericht aus, so daß diesem Vorschlag nicht zugestimmt werden kann.[269] Aufgrund des grundlegenden Foto-Frost-Urteils des EuGH sowie dem eindeutigen Wortlaut der Norm ist davon auszugehen, daß unter Umständen ein unterinstanzliches Gericht gezwungen ist, eine Norm anzuwenden, die es selbst für rechtswidrig hält. Insofern bleibt es dabei, daß ein Vorabentscheidungsverfahren nicht durch ein unterinstanzliches Gericht eingeleitet werden kann. Die Folge ist, daß ein Rechtsschutzsuchender - wie oben bereits ausgeführt - das Verfahren unter Umständen bis zu einer vorlageberechtigten Instanz treiben muß. Im Endeffekt befriedigt auch diese Lösung nicht, denn sie läuft der grundsätzlichen Rechtsbindung der Gerichte zuwider.[270]

---

die unterinstanzlichen, nicht vorlageberechtigten Gerichte über die Gültigkeit von Sekundärrechtsakten selbst entscheiden müssen. Er begründet dies damit, daß das Entscheidungsmonopol des EuGH, das dieser in der Foto-Frost Entscheidung für sich begründete, nicht mehr besteht und die unterinstanzlichen Gerichte ohnehin nur inzident und nur im Hinblick auf die Anwendbarkeit des Rechtsaktes im konkreten Fall entscheiden, so daß eine formelle Erklärung der Nichtigkeit des Gemeinschaftsaktes dennoch dem EuGH vorbehalten bleibt. Dem ist nicht zuzustimmen. Zum einen kann nicht davon ausgegangen werden, daß das Entscheidungsmonopol des EuGH nicht bestehe. Dies wäre nur dann der Fall, wenn die Zuständigkeit des EuGH ausdrücklich ausgeschlossen ist (siehe PECHSTEIN, DÖV 1998, S. 569, (576)). Bei Art. 68 EGV ist der EuGH jedoch zuständig, wenn auch unter Umständen der Kläger mehrere Instanzen durchlaufen muß. Gerade bei Titel IV, der in besonderem Maße von Ausnahmen und Sonderregelungen geprägt ist, ist es erforderlich, daß die einheitliche Auslegung und Anwendung des Gemeinschaftsrechtes soweit wie möglich gewahrt wird. Zu dem Argument, daß die unterinstanzlichen Gerichte nur inzident entscheiden, ist anzumerken, daß aber durch die Nichtanwendung implizit die Gültigkeit der Gemeinschaftsrechtsaktes negativ beurteilt wird. Dies ist jedoch dem EuGH vorbehalten.

266 RÖBEN, in: GRABITZ/HILF (Hrsg.), Das Recht der EU, Band I, Art. 68, Rn. 4.

267 WINKLER, in: BERGMANN/LENZ, Der Amsterdamer Vertrag, (Hrsg.), Kap. 2, Rn 67.

268 WINKLER, in: BERGMANN/LENZ, (Hrsg.), Kap. 2, Rn 67.

269 HAILBRONNER, Immigration and Asylum Law, S. 95, MONAR, E.L.Rev. 1998, S. 320, 330; NOLL/VEDSTEDHANSEN, in: ALSTON (Hrsg.), The EU and Human Rights, S. 357 (373); WIEDMANN, in: SCHWARZE, (Hrsg.), EU-Kommentar, Art. 68, Rn. 3.

270 So auch HIRSCH, in: HUMMER, (Hrsg.), Rechtsfragen, S. 77 (87). Zu den Bedenken, die Norm könnte gegen das Rechtsstaatlichkeitsprinzip verstoßen, DÖRR/MAGER, AöV, S.

cc. Vorlagepflicht oder Vorlageberechtigung

Die Frage nach dem Bestehen einer Vorlagepflicht des letztinstanzlichen Gerichtes ist dem Wortlaut des Art. 68 Abs. 1 EGV nicht eindeutig zu entnehmen und damit umstritten. Um die Frage zu klären, ist es hilfreich, zunächst die Frage der Vorlagepflicht bei Art. 234 Abs. 2 und Abs. 3 EGV zu erörtern. Nach Art. 234 EGV Abs. 2 EGV ruft ein nationales Gericht den EuGH an, wenn es eine Entscheidung des Gerichtshofes über eine sich im Ausgangsrechtsstreit stellende gemeinschaftsrechtliche Frage gemäß seiner subjektiven Einschätzung zufolge für erforderlich hält.[271] Kommt es zu dem Ergebnis, daß eine Erforderlichkeit vorliegt, dann besteht bei Art. 234 Abs. 2 EGV ein Ermessen des nationalen Gerichts, von diesem Vorlagerecht Gebrauch zu machen. Dieses Ermessen gilt allerdings nicht in dem Fall, in dem das Gericht einen Gemeinschaftsrechtsakt für ungültig hält. In solch einem Fall muß auch ein unterinstanzliches Gericht vorlegen, da nur der Gerichtshof die Befugnis hat, die Ungültigkeit gemeinschaftsrechtlicher Regelungen festzustellen.[272]
Art. 234 Abs. 3 EGV statuiert die Vorlagepflicht von letztinstanzlichen Gerichten. Auch wenn der Vertragstext hier über eine Erforderlichkeitsprüfung schweigt, ist dennoch eine solche vorzunehmen. Zum einen wurde dies vom EuGH bestätigt[273], und zum anderen ist nicht anzunehmen, daß im Rahmen von Art. 234 Abs. 3 EGV Gerichte zur Vorlage von Fragen verpflichten würden, die für den Hauptprozeß keinerlei Relevanz aufweisen.[274] Ist nun die Erforderlichkeit festgestellt, so besteht für das letztinstanzliche Gericht ausdrücklich eine grundsätzliche Vorlageverpflichtung.[275]
Fraglich ist nun, wie Art. 68 Abs. 1 EGV auszulegen ist. Zunächst einmal geht aus dem Wortlaut eindeutig hervor, daß eine Erforderlichkeitsprüfung seitens des nationalen letztinstanzlichen Gerichts vorzunehmen ist. Stellt dieses Gericht nun fest, daß für die zu fällende Entscheidung die Beantwortung einer Frage im Rahmen des Vorabentscheidungsverfahrens erforderlich ist, dann stellt sich die Frage, ob eine Vorlagepflicht besteht oder ob dem Gericht diesbezüglich ein Ermessen zukommt.
Ein erster Ansatzpunkt ist der Vergleich der im Rahmen von Art. 68 Abs. 1 und Art. 234 Abs. 2 und 3 EGV verwendeten Verben sowohl im deutschen Vertrag-

---

386, (391).

271 STREINZ, Europarecht, S. 222.

272 STREINZ, Europarecht, S. 226; WIEDMANN, in: SCHWARZE (Hrsg.), EU-Kommentar, Art. 234, Rn. 47.

273 EuGH, Urteil vom 6.10.1982-Rs. 238/81 (C.I.L.F.I.T), NJW 1983, S. 1257 ff.

274 RENGELING u.a., Rechtsschutz, S. 203.

275 Der EuGH hat allerdings unter bestimmten Voraussetzungen Ausnahmen zugelassen. So entfällt die Pflicht, wenn die Frage bereits in einem gleichgelagerten Fall Gegenstand einer Vorabentscheidung war oder wenn bereits eine gesicherte Rechtssprechung des EuGH zu dieser Frage vorliegt. Zudem kann der EuGH die Annahme verweigern, wenn es offenkundig kein Auslegungsproblem gibt.

stext als auch im englischen und französischen Vertragstext. In Art. 68 Abs.1 EGV ist von „(so) legt (...) vor“ die Rede, Art. 234 Abs. 2 EGV spricht von „kann (...) vorlegen“ und Abs. 3 schließlich von „ist verpflichtet“. Im Französischen werden die Verben „demande“ (Art. 68 Abs. 1 und Art. 234 Abs. 2 EGV) und „est tenue“ (Art. 234 Abs. 3 EGV) gebraucht. Der englische Vertragstext verwendet in Art. 68 Abs. 1 EGV das Verb „shall (...) request“, in Art. 234 Abs. 2 EGV „may (...) request und Abs. 3 EGV „shall (...) bring“. In keiner Sprache wurde damit im Rahmen des Art. 68 Abs. 1 das gleiche Verb gewählt wie in Art. 234 Abs. 3 EGV, wo die Vorlage bei Entscheidungserheblichkeit verpflichtend ist. Statt dessen wurden im französischen Vertragstext, aber auch im deutschen Text, weniger verpflichtende Verben benutzt. Lediglich in der englischen Version ist keine eindeutige Abweichung erkennbar. Folglich spricht der Vertragstext von Art. 68 Abs. 1 EGV zumindest in der deutschen und französischen Version gegen eine Vorlageverpflichtung.[276] Der Text des Art. 68 Abs. 1 EGV scheint sich eher an Art. 234 Abs. 2 EGV zu orientieren. Falls Art. 68 Abs. 1 EGV eine Vorlagepflicht für letztinstanzliche Gerichte statuieren soll, dann ist es unverständlich, aus welchem Grund die Formulierung des Art. 234 Abs. 3 EGV nicht übernommen wurde.

Allerdings kann aufgrund der nicht eindeutigen Sprache des Art. 68 Abs. 1 EGV auch eine andere Interpretation nicht völlig ausgeschlossen werden. Insofern ist nach dem Sinn und Zweck der Vorschrift zu fragen, um auf diese Weise zu einer zuverlässigeren Aussage zu kommen.

In Anlehnung an Art. 234 EGV ist davon auszugehen, daß Art. 68 EGV auch grundsätzlich das Ziel verfolgt, die einheitliche Auslegung und Anwendung des Gemeinschaftsrechts zu gewährleisten.[277] Diese generelle Zielvorgabe spricht für eine Vorlageverpflichtung, denn dadurch sind diese Grundsätze besser zu verwirklichen. Allerdings wurde mit Art. 68 Abs. 1 EGV bewußt ein von dem in Art. 234 EGV normierten Vorabentscheidungsverfahren abweichendes Verfahren geschaffen, wodurch die oben genannten Grundsätze möglicherweise eingeschränkt wurden.[278]

Eine entscheidende Rolle bei der Klärung dieser Frage nimmt die Haltung der Mitgliedstaaten gegenüber dem Regelungskomplex des Titel IV und damit auch gegenüber Art. 68 EGV ein. Titel IV betrifft Rechtsbereiche, die von den Mitgliedstaaten als Kern staatlicher Souveränität begriffen werden, wodurch sich die Verhandlungen aufgrund von Meinungsverschiedenheiten schwierig gestal-

---

[276] A.A. GRILLER u.a (Hrsg.), S. 477, Fn. 1639, der den Wortlaut anders interpretiert; WÖLKER, in: MÜLLER-GRAFF/SCHWARZE (Hrsg.), Rechtsschutz, S. 99, (S.105, Fn. 47), der davon ausgeht, daß in Art. 68 Abs. 1 EGV andere Verben gewählt wurden, um eine Abgrenzung gegenüber Art. 234 Abs. 2 EGV vorzunehmen. Diese Argumentation stimmt allerdings für den französischen Text gerade nicht, s.o.

[277] POTACS, in: HUMMER (Hrsg.), Rechtsfragen, S. 243, (250); SCHWARZE, in: SCHWARZE, (Hrsg.), EU-Kommentar, Art. 234, Rn. 1 ff.

[278] POTACS, in: HUMMER, (Hrsg.), Rechtsfragen, S. 243, (250).

teten und politische Kompromisse gefunden werden mußten.[279] So wollten die Mitgliedstaaten als „Herren der Verträge“, die an sich mit der Verlagerung aus der dritten in die erste Säule verbundene Begründung der Kompetenz des EuGH, nicht ohne Vorbehalte zulassen.[280] Sie waren bestrebt, eine sogenannte „domaine réservé“ zu erhalten und diese auch inhaltlich zu definieren. Dies führte dazu, daß neben anderen Restriktionen auch nur einem modifizierten Vorabentscheidungsverfahren zugestimmt wurde.[281]
Das Verneinen einer Vorlagepflicht, durch die die Anzahl der Vorabentscheidungsgesuche reduziert und damit auch Verfahrensverzögerungen bei Asylrechtsstreitigkeiten - die politisch unerwünscht sind - eingeschränkt werden, entspricht nach dem oben Gesagten eher der Haltung der Mitgliedstaaten, die im Hinblick auf Titel IV des EGV von Angst vor Souveränitätsverlusten geprägt wird. Die Mitgliedstaaten nahmen dafür in Kauf, daß erstmals die Zuständigkeit des EuGH's im Vertrag ausdrücklich beschränkt wurde.[282] Da Art. 234 EGV insofern Anwendung findet, als das Art. 68 EGV keine anderen Bedingungen nennt, ist diese Auslegung auch im Einklang mit dem Vertragstext.
Damit ist als Ergebnis festzuhalten, daß für letztinstanzliche, nationalen Gerichte keine Vorlageverpflichtung besteht. Es besteht vielmehr eine Vorlageberechtigung. Die Vorlageberechtigung erstarkt allerdings aus den selben Gründen wie bei Art. 234 Abs. 2 EGV zu einer Vorlagepflicht, wenn das letztinstanzliche nationale Gericht den Gemeinschaftsrechtsakt für ungültig hält und ihn aus diesem Grund nicht anwenden will.[283]

b. Zuständigkeitsbeschränkung des EuGH

Gemäß Art. 68 Abs. 2 EGV ist dem Gerichtshof die Kontrolle von Maßnahmen oder Beschlüssen nach Art. 62 Nr. 1 EGV, die der Aufrechterhaltung der öffentlichen Ordnung und den Schutz der inneren Sicherheit betreffen, entzogen.[284]

---

279 BARDENHEWER, in: LENZ (Hrsg.), EG-Vertrag-Kommentar, Art. 68, Rn. 3, WIEDMANN, in: SCHWARZE (Hrsg.), EU-Kommentar, Art. 61, Rn. 2.

280 STREINZ, in: HUMMER, (Hrsg.), Rechtsfragen, S. 4, (21).

281 HAILBRONNER, Immigration and Asylum Law, S. 36 f.

282 HAILBRONNER, Immigration and Asylum Law, S. 37.

283 HARINGS, in: V. BOGDANDY/EHLERMANN (Hrsg.), Konsolidierung, S. 81, (87); LABAYLE, RTD eur. 1997, S. 813, (863); MARTINET, in: LÉGER, (Hrsg.), Commentaire, Art. 68, Rn. 7; NOLL/VEDSTED-HANSEN, in: ALSTON (Hrsg.), The EU and Human Rights, S. 357 (373); POTACS, in: HUMMER, (Hrsg.), Rechtsfragen, S. 243 (250), WIEDMANN, in: SCHWARZE, (Hrsg.), EU-Kommentar, Art. 68, Rn. 3; wohl auch HAILBRONNER, Immigration and Asylum Law, S. 94 f.; a.A. ALBORS-LLORENS, CML Rev. 1998, S. 1273, (1287, Fn. 78); CLASSEN, in: MÜLLER-GRAFF (Hrsg.), Rechtsschutz S. 73, (76); KNAPP, DÖV 2001, S. 12, (14 f.); RÖBEN, in: GRABITZ/HILF. (Hrsg.), Das Recht der EU, Band I, Art. 68, Rn. 6; THUN-HOHENSTEIN, Der Vertrag von Amsterdam, S. 39.

284 Insbesondere Frankreich drängte auf diese Einschränkung; denn es wurde befürchtet, daß der EuGH das Recht der Mitgliedstaaten zur zeitweisen Wiedereinführung der Binnen-

Dieser Vorbehalt wird noch erweitert durch Art. 2 Uabs. 3 S. 2 des Protokolls zur Einbeziehung des Schengen- Besitzstandes.[285] Somit wurde die Jurisdiktion des EuGH ratione materiae eingeschränkt.[286] Vorliegend wird darauf verzichtet auf die damit zusammenhängende Problematik näher einzugehen, da Art. 68 Abs. 2 i.V.m. Art. 62 Abs. 1 EGV für die Frage der Aufnahmebedingungen für Asylbewerber keine Relevanz hat.[287]

c. Abstraktes Auslegungsverfahren

Schließlich führt Art. 68 Abs. 3 EGV ein neuartiges Auslegungsverfahren ein. Der Rat, die Kommission und die Mitgliedstaaten haben die Möglichkeit, abstrakt, das heißt auch unabhängig von einem konkreten Rechtsfall, Fragen der Auslegung dem EuGH vorzulegen und damit seine Stellungnahme zu erwirken. Das Verfahren ermöglicht eine Kontrolle im Interesse des Rechts und ist dem „recours dans l'intérêt de la loi" im französischen Zivilprozeßrecht nachempfunden.[288] Es verbindet die Funktionen des Vorabentscheidungsverfahrens und des Gutachterverfahrens, indem es dem Bedürfnis nach einheitlicher Auslegung des Gemeinschaftsrechts sowie der Schaffung von Rechtsklarheit Rechnung trägt.[289] Es bleibt abzuwarten, ob das Auslegungsverfahren im Rahmen der Schaffung gemeinsamer Asylrechtsbestimmungen von den Antragsbefugten genutzt wird.

aa. Antragsbefugnis und Vorlagegegenstand

Antragsbefugt sind der Rat, die Kommission und die Mitgliedstaaten. Der Begriff Mitgliedstaat ist so auszulegen, daß nur die Legislativ- und die Exekutivbehörden eines Mitgliedstaates antragsbefugt sind. Welche Behörden dies im einzelnen sind, richtet sich nach den jeweiligen nationalen Bestimmungen. Art.

---

grenzkontrollen beschränken und damit zu weit in die staatliche Souveränität eingreifen würde, vgl. HAILBRONNER/THIERY, EuR 1998, S. 583, (597).

285 Art. 2 Uabs. 2 S. 2 des Protokolls zur Einbeziehung des Schengen - Besitzstandes schließt die Zuständigkeit des Gerichtshofes „für Maßnahmen oder Beschlüsse, die die Aufrechterhaltung der öffentlichen Ordnung und den Schutz der inneren Sicherheit betreffen", aus und erfüllt damit die gleiche Funktion wie Art. 68 Abs. 2 EGV für den Schengen-Besitzstand, siehe HAILBRONNER, Immigration and Asylum Law, S. 102; ausführlicher dazu, CLASSEN, in: MÜLLER-GRAFF (Hrsg.), Rechtsschutz S. 73, (77).

286 ALBORS-LLORENS, CML. Rev. 1998, S. 1273, (1289).

287 Zu den Auslegungsproblemen siehe: JACOBS, in: ARNULL (Hrsg.), S. 70; BARDENHEWER, in: BERGMANN/LENZ (Hrsg.), Art. 68; DÖRR/MAGER, AöV 2000, S. 386, (396 ff.); HAILBRONNER, Immigration and Asylum Law, S. 102, RÖBEN, in: GRABITZ/HILF (Hrsg.), Das Recht der EU, Band I, Art. 68, Rn. 7.

288 WIEDMANN, in: SCHWARZE (Hrsg.), EU-Kommentar, Art. 68, Rn. 7.

289 RÖBEN, in: GRABITZ/HILF (Hrsg.), Das Recht der EU, Band I, Art. 68; Rn. 15.

68 Abs. 1 EGV behält ausdrücklich die Vorlage nur letztinstanzlichen, nationalen Gerichten vor, so daß eine Antragsbefugnis der Judikative dem Sinn und Zweck des Verfahrens zuwiderlaufen würde.[290]
Vorlagegegenstand sind ausschließlich Fragen der Auslegung des primären Rechts von Titel IV sowie das auf diesen Titel gestützte Sekundärrecht. Das Nichtaufzeigen von Klagegründen in der Norm weist darauf hin, daß der Gerichtshof im Rahmen des Verfahrens nach Art. 68 Abs. 3 EGV keine Kompetenz hat, über die Gültigkeit solchen Sekundärrechts zu befinden.[291] Es ist demnach grundsätzlich möglich, daß die Auslegung zu einer Unanwendbarkeit des streitgegenständlichen Sekundärrechtsaktes führt.[292] Dies könnte dann der Fall sein, wenn niederrangiges Recht in Übereinstimmung mit höherrangigem Recht auszulegen ist und dies zu dem Ergebnis führt, daß aufgrund der Unvereinbarkeit beider das niederrangige Recht ungültig ist.
Die Mitgliedstaaten, der Rat und die Kommission sind im übrigen berechtigt, eine Auslegungsfrage schon zu einem Zeitpunkt zu stellen, zu dem noch keine Fälle gerichtlich anhängig sind.[293]

bb. Rechts- und Bindungswirkung der Entscheidung

Hinsichtlich der Rechtswirkung von Entscheidungen läßt der Vertrag nur erkennen, daß nach Art. 68 Abs. 3 EGV getroffene Entscheidungen rechtskräftige Urteile der Gerichte der Mitgliedstaaten nicht berühren.[294] Diese Regelung war zum Teil Gegenstand von Kritik. Zum einen wurde vorgebracht, daß diese Bestimmung die Bindungskraft der Entscheidungen des EuGH schwächt und zum anderen ganz allgemein die Vorrangwirkung des Gemeinschaftsrechts untergräbt.[295] Weiterhin wurde geltend gemacht, daß somit gegen Fehlurteile nationaler Gerichte der Einzelne keine Rechtsmittel mehr einlegen kann und damit nicht rückwirkend von den Entscheidungen des Gerichtshofes profitieren kann. Insbesondere in dem grundrechtssensiblen Bereich des Asylrechts wurde dies als problematisch angesehen.[296]
Es ist allerdings zu bedenken, daß es bei einer Rechtswirkung auch für bereits rechtskräftige Urteile zu zahlreichen Wiederaufnahmeverfahren in den verschie-

---

290 CLASSEN, in: MÜLLER-GRAFF/SCHWARZE (Hrsg.), Rechtsschutz, S. 73, (77).

291 GRILLER, u.a. (Hrsg.), S. 478; RÖBEN, in: GRABITZ/HILF (Hrsg.), Das Recht der EU, Band I, Art. 68, Rn. 16; THUN-HOHENSTEIN, Der Vertrag von Amsterdam, S. 40.

292 RÖBEN, in: GRABITZ/HILF (Hrsg.), Das Recht der EU, Band I, Art. 68, Rn. 16; KNAPP, DÖV 2001, S. 12, (15); a.A. wohl CLASSEN, in: MÜLLER-GRAFF/SCHWARZE (Hrsg.), Rechtsschutz, S. 73, (79).

293 HAILBRONNER/THIERY, EuR 1998, S. 583, (596).

294 Der untechnische Begriff „Urteil" dürfte für „gerichtliche Entscheidungen" stehen, so auch, KNAPP, DÖV 2001, S 12, (15, Fn. 30).

295 LANG, Das Gemeinschaftsrecht der Drittstaatsangehörigen, S. 351.

296 GUILD/PEERS, in: GUILD/HARLOW (Hrsg.), Implementing Amsterdam, S. 267, (283); MONAR, E.L.Rev. 1998, S. 320, (331).

denen Mitgliedstaaten kommen könnte und damit eine erhebliche Rechtsunsicherheit entstünde.
Fraglich ist jedoch, inwieweit eine Entscheidung des EuGH im Rahmen des Art. 68 Abs. 3 EGV bindend ist. Zunächst ist festzustellen, daß der Wortlaut der Vorschrift durch die Verwendung des Begriffs „Entscheidung (...) fällt" auf eine Bindungswirkung hindeutet.[297] Hinzukommt, daß, wenn es sich nur um einen einfachen Ratschlag handeln würde, die Vorschrift nicht explizit die Nichtgeltung für rechtskräftige Urteile normieren müßte.[298]
Für eine Bindungswirkung sprechen zudem die Protokolle über die Position Großbritanniens und Irlands (Protokoll Nr. 3) sowie Dänemarks (Protokoll Nr. 4). In beiden Protokollen wird jeweils in den Art. 2 festgestellt, daß Entscheidungen des Gerichtshofes, in denen Vorschriften oder Maßnahmen des Titels IV EGV ausgelegt werden, für das Vereinigte Königreich und Irland bzw. Dänemark nicht bindend sind. Dies läßt darauf schließen, daß die übrigen Mitgliedstaaten von einer rechtlichen Bindungswirkung ausgehen.[299] Zudem dient das Verfahren nach Art. 68 Abs. 3 EGV dem anerkannten Erfordernis der einheitlichen Auslegung des Gemeinschaftsrechts und der Herstellung von Rechtsklarheit, so daß eine Bindungswirkung anzunehmen ist.[300] Den letztinstanzlichen, vorlageberechtigten Gerichten bleibt es allerdings unbenommen, eine bereits entschiedene Frage dem EuGH nach Art. 68 Abs. 1 EGV nochmals vorzulegen.[301]

Weiterhin ist es fraglich, wen eine Entscheidung des Gerichtshofs im Rahmen des Art. 68 Abs. 3 EGV bindet. Art. 68 Abs. 3 EGV regelt diese Frage negativ. Wie oben ausgeführt, gilt die Entscheidung nicht für gerichtliche Entscheidungen, die bereits rechtskräftig geworden sind. Damit dürfte eine Auslegungsentscheidung des EuGH für die Gemeinschaftsorgane sowie für die Mitgliedstaaten als solche verbindlich sein.[302]
Fraglich ist jedoch, ob die Entscheidung auch die Gerichte der Mitgliedstaaten bindet. Die Festlegung der Begrenzung der Bindungswirkung in der Vorschrift stützt im Umkehrschluß eine solche Annahme.

---

297 So auch WIEDMANN, in: SCHWARZE (Hrsg.), EU-Kommentar, Art. 68, Rn. 10.
298 BLUMANN, RTD eur., 1997, S. 722, (746).
299 So auch RÖBEN, in: GRABITZ/HILF (Hrsg.), Das Recht der EU, Band I, Art. 68, Rn. 16.
300 Für eine Bindungswirkung sprechen sich aus, BARDENHEWER, in: LENZ (Hrsg.), EG-Vertrag-Kommentar, Art. 68, Rn. 7; BLUMANN, RTD eur. 1997, S. 722, (744); CLASSEN, in: MÜLLER-GRAFF/SCHWARZE (Hrsg.), Rechtsschutz, S. 73, (78); KNAPP, DÖV, 2001, S. 12, (15); LABAYLE, RTD eur. 1997, S. 813, (863); RÖBEN, in: GRABITZ/HILF (Hrsg.), Das Recht der EU, Band I, Art. 68, Rn. 18; STREINZ, EuZW 1998, S. 137, (143); WIEDMANN, in: SCHWARZE (Hrsg.), Art. 68, Rn. 10 aus, unklar HAILBRONNER/THIERY. EuR 1998, S. 583, (596), die von einem Gutachterverfahren sprechen.
301 WIEDMANN, in: SCHWARZE (Hrsg.), Art. 68, Rn. 10.
302 CLASSEN in: MÜLLER-GRAFF/SCHWARZE (Hrsg.), Rechtsschutz, S. 73, (78).

Jedoch könnte eine solche Bindungswirkung mit der Unabhängigkeit der Gerichte unvereinbar sein. Allerdings kennt das Gemeinschaftsrecht in einem gewissen Umfang die Bindung von Gerichten an die Entscheidung anderer Gerichte. So kommt zwar im Rahmen des Vorabentscheidungsverfahrens nach Art. 234 EGV dem Urteil des EuGH im Ausgangsverfahren inter partes Wirkung zu.[303] Allerdings ist von einer allgemeinen Bindungswirkung auszugehen, wenn der EuGH im Verfahren nach Art. 234 einen Rechtsakt für ungültig erklärt. Auch bei der Auslegung des Gemeinschaftsrechts im Rahmen des Art. 234 EGV tendiert der EuGH dazu, eine de facto erga omnes Wirkung anzunehmen.[304] Somit dürfte von einer allgemeinen Bindungswirkung von Auslegungsurteilen des EuGH in dem Sinne auszugehen sein, daß diesen Urteilen aufgrund ihrer „Leitfunktion für die Anwendung des Gemeinschaftsrechts" de-facto eine erga omnes Wirkung zukommt.[305]

Fraglich ist nun, ob sich diese Erkenntnis auch auf die Entscheidungen des EuGH im Rahmen des neu eingeführten abstrakten Auslegungsverfahren übertragen läßt. Zunächst ist festzuhalten, daß sich die Bindungswirkung im Rahmen des Art. 234 EGV auf Fälle beschränkt, in denen der EuGH eine Entscheidung in einem konkreten Verfahren fällte. Bei Art. 68 Abs. 3 EGV hingegen kann es sich auch um eine abstrakte Entscheidung des EuGH handeln. Allerdings ist die Beschränkung der Bindungswirkung auf eine Entscheidung, die in einem konkreten Verfahren ergangen ist, nicht zwingend durch den Grundsatz der Unabhängigkeit der Gerichte geboten, zumal die Bindungswirkung dadurch begrenzt wird, daß die vorlageberechtigten nationalen Gerichte berechtigt sind, dem EuGH eine bereits entschiedene Frage erneut nach Art. 68 Abs. 1 EGV zur Entscheidung vorzulegen.[306]

Die Funktion des EuGH, eine gemeinschaftliche Auslegung des Rechts zu sichern und Rechtssicherheit herbeizuführen, gilt auch im Rahmen des Art. 68 Abs. 3 EGV. Art 234 EGV findet grundsätzlich auf Art. 68 EGV Anwendung, solange keine der in Art. 68 EGV normierten Sonderbestimmungen greift. Art. 68 untersagt nicht die Annahme einer quasi erga omnes Wirkung von Entscheidungen des EuGH. Es entspricht vielmehr auch dem Sinn und Zweck dieser Vorschrift, Streitfragen möglichst ökonomisch und früh zu klären, so daß eine

---

303 BORCHARD, in: LENZ (Hrsg.), EG-Vertrag-Kommentar, Art. 234, Rn. 50; SCHWARZE, in: SCHWARZE (Hrsg.), Art. 234, Rn. 63.

304 Dies wird insbesondere aus dem C.I.L.F.I.T.- Urteil deutlich, wonach letztinstanzliche Gerichte zur erneuten Vorlage verpflichtet sind, wenn sie von der Auslegungsentscheidung des EuGH abweichen wollen, EuGH Rs. 283/81, (*C.I.L.F.I.T.*) Slg. 1982, S. 3415, für nicht-letztinstanzliche Gerichte, die nicht zur Vorlage verpflichtet sind, gilt eine solche Bindung allerdings nicht, SCHWARZE, in: SCHWARZE (Hrsg.), EU-Kommentar, Art. 234, Rn. 66.

305 EVERLING, Vorabentscheidungsverfahren, S. 66; SCHWARZE, in: SCHWARZE (Hrsg.), EU-Kommentar, Art. 234, Rn. 66.

306 CLASSEN, in: MÜLLER-GRAFF/SCHWARZE (Hrsg.), Rechtsschutz, S. 73, (79); WIEDMANN, in: SCHWARZE (Hrsg.), Art. 68, Rn. 10.

solche Wirkung anzunehmen ist.[307] Somit entfalten die Entscheidungen des EuGH im Rahmen des Art. 68 Abs. 3 eine de-facto Bindungswirkung gegenüber den einzelnen nationalen Gerichten.

5. *Anpassungsbeschluß*

Nach dem Ablauf der Übergangsphase sieht der Vertrag in Art. 67 Abs. 2, 2. Spiegelstr. einen einstimmigen Beschluß des Rates über die Anpassung der Bestimmungen über die Zuständigkeit des EuGH an die allgemeinen Vorschriften des Art. 220 ff EGV vor. Dies könnte zu der Aufhebung des Verfahrens in Art. 68 Abs. 3 EGV führen. Allerdings ist das neue Auslegungsverfahren eine positive Ergänzung zu den bisher bestehenden Verfahrensarten vor dem EuGH, so daß es von der Anpassungspflicht wohl nicht umfaßt sein wird.[308]

6. *Bewertung der Rolle des EuGH im Rahmen des IV. Titels*

Es ist als Fortschritt zu bewerten, daß dem EuGH eine richterliche Zuständigkeit im Sachbereich Asyl zugestanden wurde. Zugleich ist diese Zuständigkeit jedoch, wie oben ausführlich dargestellt, erheblichen Einschränkungen unterworfen. Problematisch ist dabei vor allem die Schwächung des bewährten Vorabentscheidungssystems.[309] Die Bestimmung, daß nur letztinstanzlichen Gerichten die Möglichkeit zugestanden wird, Vorabentscheidungen beim EuGH einzuholen, ist in dem praktisch bedeutsamen und juristisch komplizierten Sachbereich Asyl fragwürdig. Zum einen entsteht aufgrund des Wortlautes von Art. 68 Abs. 1 EGV die Problematik, daß nichtvorlageberechtigte nationale Gerichte aufgrund des Verwerfungsmonopols des EuGH unter Umständen Normen anwenden müssen, die sie für rechtswidrig halten. Damit ist diese Vorschrift inhaltlich bedenklich.

Zudem führt diese Bestimmung dazu, daß aufgrund divergierender Interpretationen sowie unterschiedlicher Anwendung des Gemeinschaftsrechts durch nationale Gerichte die Einheitlichkeit der Gemeinschaftsrechtsordnung gefährdet wird.[310] Insbesondere im Bereich des Asylrechtes ist es jedoch wünschenswert, die Rechtseinheitlichkeit zu wahren. Insofern ist die Vorschrift auch aus rechtspolitischen Gründen zu bemängeln.

---

[307] RÖBERN, in: GRABITZ/HILF (Hrsg.), das Recht der EU, Band I, Art. 68 Rn. 18.

[308] HAILBRONNER, Immigration and Asylum Law, S. 95; THUN-HOHENSTEIN, Der Vertrag von Amsterdam, S. 40.

[309] JACOBS, in: ARNULL (Hrsg.), S. 70; CLASSEN, in: MÜLLER-GRAFF/SCHWARZE (Hrsg.), Rechtsschutz, S. 73, (81 ff.); HIRSCH, in: HUMMER (Hrsg.), Rechtsfragen, S. 77, (86 f); THUN-HOHENSTEIN, Der Vertrag von Amsterdam, S. 39.

[310] CLASSEN, in: MÜLLER-GRAFF/SCHWARZE (Hrsg.), Rechtsschutz, S. 73, (75), WINKLER, in: BERGMANN/LENZ (Hrsg.), Der Amsterdamer Vertrag, Kap. 2, Rn 66.

Weiterhin ist zu kritisieren, daß eine Partei, um ein Votum des EuGH zu erlangen, unter Umständen gezwungen ist, den zeit- und kostenintensiveren Instanzenzug auszuschöpfen.[311] Zudem führt die Vorlagebeschränkung dazu, daß die für Asylbegehren in der Regel zuständigen unterinstanzlichen Gerichte nicht die Möglichkeit haben, einstweiligen Rechtsschutz gegen ihrer Ansicht nach rechtswidriges, sekundäres Gemeinschaftsrecht zu gewähren; denn vorläufiger Rechtsschutz kann von nationalen Gerichten nur gewährt werden, wenn gleichzeitig ein Vorabentscheidungsverfahren eingeleitet wird.[312] Damit erschwert Art. 68 Abs. 1 EGV den Zugang zu einem effektiven, individuellen Rechtsschutz.[313]
Hinter dieser Beschränkung des Zugangs zum EuGH steht die Absicht der Mitgliedstaaten, eine Überbelastung des Gerichtshofes durch zahlreiche Vorlageverfahren zum Asylrecht zu verhindern.[314] Einer drohenden Überlastung des EuGH sollte jedoch besser mit einer Strukturreform begegnet werden als mit systemwidrigen einzelnen Maßnahmen.[315]
Die Einführung des abstrakten Auslegungsverfahrens, das in gewisser Hinsicht die Beschränkung der Vorlageberechtigung kompensieren soll, ist hingegen begrüßenswert und dürfte insbesondere für die Rechtsanwendung der Verwaltung hilfreich sein.[316] Zudem hat die Kommission die Möglichkeit, durch eine häufige Anwendung dieses Verfahrens die einheitliche Auslegung und Anwendung des Gemeinschaftsrechtes in Bezug auf das Asylrecht zu fördern. Weiterhin ermöglicht es die Klärung von Auslegungsfragen bereits im Vorfeld, was insbesondere im Bereich des Asylrechts von Interesse ist.[317]

---

311 HAILBRONNER/THIERY, EuR 1998, S. 583, (596); WINKLER, in: BERGMANN/LENZ (Hrsg.), Der Amsterdamer Vertrag, Kap. 2, Rn 66.

312 SCHMAHL, ZAR 2001, S. 3, (9).

313 ALBORS-LLORENS, CML Rev 1998, S. 1273, (1288); ARNULL, in: O'KEEFFE/TWOMEY (Hrsg.), S. 109, (116).

314 GUILD/PEERS, in: GUILD/HARLOW (Hrsg.), Implementing Amsterdam, S. 267, (280); HIRSCH, in: HUMMER (Hrsg.), Rechtsfragen, S. 77, (86 f.); WINKLER, in: BERGMANN/LENZ (Hrsg.), Der Amsterdamer Vertrag, Kapitel 2 , Rn 66.

315 HIRSCH, in. HUMMER (Hrsg.), Rechtsfragen, S. 77, (87 ff.), HIRSCH, ZRP 2000, S. 57 ff.; er weist zu Recht darauf hin, daß „eine zukünftige Europäische Union mit 500 Mio. Bürgern und mit erheblich gestärkten Kompetenzen der Gemeinschaft das Bedürfnis nach gerichtlichem Rechtsschutz und nach Gewährleistung der Rechtseinheit drastisch erhöhen wird. Der EuGH wird (...) auf Dauer seine Rechtsgewährungspflicht nur erfüllen können, wenn das Rechtsschutzsystem der Gemeinschaft strukturell tiefgreifend verändert wird. Die Stärkung der Gerichte der Mitgliedstaaten als Gemeinschaftsgerichte durch Verlagerung von bisher dem EuGH vorbehaltenen Aufgaben erscheint als bedenkenswerter Ansatz in diese Richtung", vgl. HIRSCH, in: HUMMER (Hrsg.), Rechtsfragen, S. 77, (89). Siehe auch EVERLING, EuR 1997, S. 398 ff.; GUILD/PEERS, in: GUILD/HARLOW (Hrsg.), Implementing Amsterdam, S. 267, (284), die die widersrpüchliche Haltung des EuGH selbst zu dieser Problematik kritisieren.

316 SCHMAHL, ZAR 2001, S. 3, (9).

317 CLASSEN, in: MÜLLER-GRAFF/SCHWARZE, (Hrsg.), Rechtsschutz, S. 73, (82).

IV. Das Protokoll über die Gewährung von Asyl für Staatsangehörige von Mitgliedstaaten der Europäischen Union

In dem Protokoll Nr. 29 zum Amsterdamer Vertrag[318] haben die Mitgliedstaaten eine weitere das Asylrecht betreffende Regelung getroffen. Danach ist eine Asylgewährung durch einen Mitgliedstaat an einen Staatsangehörigen eines anderen Mitgliedstaates grundsätzlich ausgeschlossen.[319] Als Konsequenz findet das Sekundärrecht, welches im Zusammenhang mit der Asylgewährung steht, ebenfalls auf Bürger der Europäischen Union keine Anwendung. Dementsprechend bestimmt Art. 3 der vorgeschlagenen Richtlinie, daß die Bestimmungen der Richtlinie nur für Drittstaatsangehörige und Staatenlose gelten.

Das Asylprotokoll stellt fest, daß sich die Mitgliedstaaten für alle rechtlichen und praktischen Zwecke im Zusammenhang mit Asylrechtsfragen gegenseitig als sichere Herkunftsstaaten betrachten, was auch der heutigen Realität entspricht.[320]

Teilweise wurde vorgebracht, daß ein Asylrechtsausschluß für Staatsangehörige der Europäischen Union gegen die Verpflichtungen der Mitgliedstaaten aus der GFK und aus Art. 3 EMRK verstoßen könnte.[321] Zwar begründet weder die GFK noch die EMRK einen Anspruch auf Asyl, aber beide gewähren Schutz vor „refoulement".[322]

Allerdings ist es den Bürgern der EU nicht ausnahmslos verwehrt, in einem anderen Mitgliedstaat einen Asylantrag zu stellen. Das Protokoll sieht in seinem einzigen Artikel unter den Ziffern a bis d Ausnahmeregelungen vor. Die unter a

---

318 Abgedruckt in: Satorius II Internationale Verträge, Europarecht, Nr. 151.

319 Hintergrund des Protokolls ist ein Streit zwischen Spanien und Belgien. Belgien hatte sich zunächst geweigert, mutmaßliche ETA Terroristen, die in Belgien Asyl beantragt hatten, an Spanien auszuliefern. Um den Asylmißbrauch durch mutmaßliche Terroristen auszuschließen, setzte sich Spanien für die Verankerung eines Grundsatzes ein, wonach Staatsangehörigen der EU-Mitgliedstaaten ausnahmslos kein Asyl in anderen Mitgliedstaaten zu gewähren ist. Dieses Ansinnen stieß auf heftige Kritik, und als Kompromiß einigte man sich auf das Asylprotokoll, worin die Asylgewährung zwar in der Regel Drittstaatsangehörigen vorbehalten bleibt, jedoch Ausnahmen normiert werden. Um seiner Gegenposition Ausdruck zu verleihen, hat Belgien dem Protokoll eine Erklärung beigefügt, wonach es gemäß Ziff. d des Protokolls jeden Asylantrag eines Staatsangehörigen eines anderen Mitgliedstaates einer gesonderten Prüfung unterziehen wird, vgl. HAILBRONNER/THIERY, EuR 1998 S. 583, (589).

320 Zu der Vereinbarkeit des Protokolls mit Art. 16 a Abs. III GG, von der allgemein ausgegangen wird, siehe SCHMAHL, ZAR 2001, S. 3, (11) m.w.N.

321 Insbesondere der erste Vorschlag, der EU-Bürgern ausnahmslos das Recht nehmen wollte, in einem anderen Mitgliedstaat Asyl zu suchen, wurde stark von Belgien und einigen NRO's kritisiert, siehe dazu HAILBRONNER/THIERY, EuR 1998, S. 583, (590); LABAYLE RTD eur. 1997, S. 813, (852 ff.). Kritisch zu dem Protokoll aufgrund der Osterweiterung und einer negativer Vorbildfunktion, WINKLER, in: LENZ/BERGMANN (Hrsg.), Der Amsterdamer Vertrag, Kap. 2, Rn. 61.

322 HAILBRONNER, DÖV 1999, S. 617 ff.; GOODWIN-GILL, The Refugee, S. 117 ff.; zur EMRK; MAAßEN, ZAR 1998, S.107 ff.

bis c normierten Ausnahmetatbestände betreffen den Fall einer grundlegenden Absenkung des zur Zeit in den EU-Mitgliedstaaten bestehenden Menschenrechtsschutzes. Ziffer d hingegen enthält eine Souveränitätsklausel, wonach jeder Mitgliedstaat die Möglichkeit hat, im Einzelfall einen Asylantrag eines Staatsangehörigen eines anderen EU-Mitgliedstaates zu prüfen. Die Souveränitätsklausel trägt den völkerrechtlichen Verpflichtungen der Mitgliedstaaten, insbesondere dem Refoulement-Verbot aus Art. 33 GFK, ausreichend Rechnung, so daß durch die Anwendung des Asylrechts-Protokolls keine Mißachtung völkerrechtlicher Verpflichtungen ersichtlich ist, sondern eine legitime Maßnahme ergriffen wurde, den Asylmißbrauch einzuschränken.[323]

V. „Verstärkte Zusammenarbeit" bestimmter Mitgliedstaaten

In Anerkennung des Bedürfnisses, daß einerseits bestimmte Mitgliedstaaten einen stärkeren Integrationswillen haben als andere und andererseits auch zur Durchführung einer verstärkten Zusammenarbeit in der Lage sind, hat der Amsterdamer Vertrag in den Art. 43 bis Art. 45, Art. 40 EUV und Art. 11 EGV ein Verfahren über eine „verstärkt Zusammenarbeit" (auch als „Flexibilitätsprinzip" oder „Europa der verschiedenen Geschwindigkeiten" bezeichnet) entwickelt.[324] Fraglich ist, welche Bedeutung der verstärkten Zusammenarbeit im Asylrecht jenseits der bereits bestehenden Sonderabkommen für Großbritannien, Irland und Dänemark, zukommt.[325] Die Protokolle Großbritanniens, Irlands und Dänemarks sowie das Schengen-Protokoll gehen als speziellere Regelungen über die verstärkte Zusammenarbeit den Art. 43-45 EUV und Art. 11 EGV vor.[326] Das heißt allerdings nicht, daß Art. 43-45 EUV i.V.m. Art. 11 EGV im Rahmen einer künftigen europäischen Asylpolitik grundsätzlich keine Anwendung finden können.[327] Insbesondere im schwierigen Bereich des Asylrechts könnte sich, inner-

---

323 HAILBRONNER/THIERY, EuR 1998, S. 583 (591 f.); LABAYLE, RTD eur. 1997, S. 813 (853).

324 OPPERMANN, Europarecht, S. 204, Rn. 532, THUN-HOHENSTEIN, in: HUMMER (Hrsg.), Die Europäische Union, S. 125, (126). Siehe ausführlich zu dem Integrationskonzept der verstärkten Zusammenarbeit, BÖSE/HATJE in: SCHWARZE (Hrsg.), EU-Kommentar, Art. 40, 43-45 EUV, Art. 11 EGV; EHLERMANN, EuR 1997, S. 362; HAILBRONNER, Immigration and Asylum Law, S: 58 ff.; MONAR, in: MONAR/WESSELS, (Hrsg.), Treaty of Amsterdam, S. 283.

325 Titel IV EGV als solcher enthält alle Merkmale der verstärkten Zusammenarbeit. Obwohl die opt-outs von GB, Irland und Dänemark auf Primärrechtsvorschriften basieren, haben sie die gleiche Basisstruktur wie opt-outs unter Art. 11 EGV. Das gleiche gilt auch für die Einbeziehung des Schengen - Besitzstandes in die Union (Protokoll Nr. 2 Art. 1) vgl. HAILBRONNER, Immigration and Asylum Law, S. 60.

326 HAILBRONNER, Immigration and Asylum Law, S. 59.

327 HAILBRONNER, Immigration and Asylum Law, S. 59; a.A. WIEDMANN, in: SCHWARZE (Hrsg.), EU-Kommentar, Art. 61, Rn. 31, der von einer abschließenden Regelung der Art. 61-69 i.V.m. den dazugehörigen Protokollen ausgeht.

halb einer bestimmten Gruppe von Mitgliedstaaten aufgrund ähnlicher Interessen, das Bedürfnis entwickeln, enger zusammenzuarbeiten, um dadurch schneller Integrationsfortschritte zu erzielen.[328]
Durch die vertragliche Verankerung des Flexibilitätsprinzips wird das Konzepts eines Europas der unterschiedlichen Geschwindigkeiten allgemein institutionalisiert, wobei allerdings die Form wenig praktikabel erscheint.[329] Dies liegt daran, daß die Bestimmungen über eine verstärkte Zusammenarbeit des EUV an sehr strenge Voraussetzungen geknüpft sind, ein kompliziertes Verfahren erfordern und Auslegungsprobleme aufwerfen.[330]
Aus diesem Grund wurde durch den Vertrag von Nizza die Bestimmungen über die verstärkt Zusammenarbeit modifiziert.[331] Insbesondere kann kein Mitgliedstaat mehr sein Veto gegen eine verstärkt Zusammenarbeit einlegen, sondern es wird mit qualifizierter Mehrheit abgestimmt (Art. 11 Abs. 2 EGV i.d.F. des Vertrages von Nizza). Zudem muß die Zusammenarbeit nun acht Mitgliedstaaten umfassen und nicht mehr die Mehrheit der Mitgliedstaaten, was im Hinblick auf die Erweiterung von Bedeutung ist (Abs. 43 g EUV i.d.F. des Vertrages von Nizza).
Seit dem Inkrafttreten des Amsterdamer Vertrages wurde im Bereich des Asylrecht noch kein Gebrauch von der Möglichkeit der verstärkten Zusammenarbeit gemacht. Sie ist wohl eher als eine theoretische Option zu bewerten.[332]

VI. Zusammenfassende Bewertung

Die Kritik an der vormals praktizierten intergouvernementalen Zusammenarbeit hat grundsätzlich Früchte getragen. Der Amsterdamer Vertrag vergemeinschaftet den Sachbereich „Asylrecht". So können nun im grundrechtsrelevanten Bereich des Asylrechts die gemeinschaftsrechtlichen Handlungsinstrumentarien genutzt werden. Die Anwendbarkeit der gemeinschaftlichen Handlungstypen und der damit einhergehenden allgemeinen gemeinschaftsrechtlichen Bindungs- und Di-

---

328 Dies ist überhaupt das Ziel der verstärkten Zusammenarbeit. Das bisherige Integrationskonzept stützt sich auf die Vorstellung einer Einheitsbildung durch einheitliche Normen. Je weiter der Integrationsprozeß voranschritt desto schwieriger wurde es, dieses Konzept zu wahren. Die Flexibilisierung der Integration soll vor diesem Hintergrund unter anderem dazu dienen, Entscheidungsblockaden zu überwinden, im rechtlichen Rahmen der EU vertieft zusammenzuarbeiten und die EU im Ergebnis zu stärken, vgl. HATJE, in: SCHWARZE (Hrsg.), EU-Kommentar, Art. 43 EUV, Rn. 2 f.

329 STREINZ, Europarecht, S. 22, Rn. 55 a.

330 HATJE, in: SCHWARZE (Hrsg.), EU-Kommentar, Art. 11 EGV, Rn. 1; OPPERMANN, Europarecht, S. 204, Rn. 533. Dies ist zum einen darauf zurückzuführen, daß die Gefahr einer weitergehenden Fragmentierung des Gemeinschaftsrechts gering gehalten werden sollte, zum anderen auf die Angst der Mitgliedstaaten vor Alleingängen einer bestimmten Gruppe von Mitgliedstaaten.

331 Vgl. MONAR, in: MONAR/WESSELS, (Hrsg.), Treaty of Amsterdam, S. 321, (330 f.).

332 JANNING, Integration 1997, S. 290.

rektwirkung ist mit einem beachtlichen Effizienz- und Kompetenzgewinn verbunden. Dies hat der Entwicklung der gemeinschaftlichen Asylpolitik einen kräftigen Schub nach vorne gegeben. Auch der Konventsentwurf enthält Ausführungen zur Asylpolitik. In Art. III - 167 Abs. 1 heißt es: "Die Union entwikkelt eine gemeinsame Politik im Bereich Asyl und vorübergehender Schutzgewährung, mit der jedem Drittstaatsangehörigen, der internationalen Schutz benötigt, ein angemessener Status angeboten und die Einhaltung des Grundsatzes der Nicht-Zurückweisung gewährleistet werden soll. Diese Politik muß mit dem Genfer Abkommen vom 28. Juli 1951, dem Protokoll vom 31. Januar 1967 über die Rechtsstellung der Flüchtlinge und den anderen einschlägigen Verträgen in Einklang stehen". In Abs. 2 werden sodann die Bereiche aufgezählt, in denen durch Europäische Gesetze oder Rahmengesetze Maßnahmen festgelegt werden sollen.[333] Diese entsprechen Art. 63 EGV. Unter Abs. 2 lit. f) finden die Aufnahmebedingungen Erwähnung.

Aufgrund des Regierungswechsels in Spanien nach der Wahl im März 2004 wird mit einer Einigung über den Verfassungsvertrag auf der Tagung des Europäischen Rates im Juni 2004 gerechnet.[334]

Der Kompetenzzuwachs kommt allerdings - zumindest in den ersten fünf Jahren - nicht voll zum Tragen. Die Regelungen, die während der Übergangszeit Anwendung finden, insbesondere das Einstimmigkeitsprinzip, reflektieren die Sorge der Mitgliedstaaten vor zu großen Souveränitätsverlusten. Zur Zeit kann man von einem „Zwitter" zwischen der intergouvernementalen Zusammenarbeit und der herkömmlichen europäischen Gesetzgebung sprechen, wo Elemente beider Systeme parallel existieren.[335]

Dennoch läßt sich mit einer gewissen Berechtigung mit der Auflösung des Reformstaus seit Maastricht sprechen. Dies belegen die bereits in Kraft getretenen Rechtsakte und zahlreiche Vorschläge, die derzeit verhandelt werden.

Der Kompetenzzuwachs für die Gemeinschaft im Bereich der Asylpolitik bedeutet aber auch, daß die Gemeinschaft nun in einem besonders grundrechtssensiblen Bereich verbindlich Recht setzt.[336] Dies stellt sie vor große Herausforderungen. Auf der einen Seite besteht die Sorge, durch eine zu liberale Asylpolitik potentielle Asylbewerber anzuziehen sowie das Interesse, im Fall einer negativen Entscheidung den betroffenen Asylbewerber zügig auszuweisen. Zudem sollen die finanziellen Aufwendungen möglichst gering gehalten werden. Auf der anderen Seite muß die Gemeinschaft aber dafür Sorge tragen, daß die euro-

---

333 Der vollständige Text des Verfassungsentwurfs kann unter http://www.europa.eu.int abgerufen werden.

334 Bislang war das Zustandekommen einer europäischen Verfassung von dem ehemaligen spanischen Regierungschef Aznar zusammen mit Polen wegen eines Disputs über die Stimmengewichtung blockiert worden.

335 HAILBRONNER, in: ZAR 2002, S. 259, (259).

336 Vgl. GARRY, NQHR 2002, S. 163, (170 ff.).

päischen Asylrechtsmaßnahmen in Einklang mit den internationalen Menschenrechtsstandards stehen.
Der Gemeinschaft kommt nun die Aufgabe zu, den im Asylrecht bestehenden *aquis* in gemeinschaftliche Rechtsakte zu ersetzen und dabei abzuwägen, inwieweit die bestehenden Regelungen einer kritischen Überprüfung im Hinblick auf ihre Effizienz und ihrer Vereinbarkeit mit den Menschenrechten bedürfen.[337] Bei der Richtlinie zur Festlegung von Mindestnormen für die Aufnahme von Asylbewerbern kann die Gemeinschaft nicht auf frühere Regelungen zurückgreifen. Insofern entfällt hier die Überprüfung der Effizienz einer bestehenden Regelung. An der Beachtung des Völkerrechts, insbesondere der Menschenrechte, ändert sich allerdings nichts. Insofern bietet die Richtlinie eines der ersten Beispiele, wie die Gemeinschaft ihrer neuen Herausforderung begegnet.[338] Dazu ist zunächst zu klären, welche Bedeutung dem Völkerrecht beim Erlaß von Sekundärrechtsakten auf der Grundlage des Art. 63 Abs. 1 EGV zukommt.

C. Die Rolle des Völkerrechts beim Erlaß von Maßnahmen nach Art. 63 Nr. 1 lit. b EGV

Dieser Abschnitt befaßt sich mit der Frage, inwieweit das Völkerrecht Vorgaben enthält, die für die Schaffung von Aufnahmestandards relevant sind und inwieweit die europäische Gemeinschaft verpflichtet ist, diese bei ihrer Rechtssetzung zu beachten. Den Schwerpunkt bilden die völkerrechtlichen Abkommen. Dabei beschränkt sich die Untersuchung auf die Europäische Konvention zum Schutz der Menschenrechte und Grundfreiheiten, die GFK, den Internationalen Pakt über bürgerliche und politische Rechte, den Internationalen Pakt über wirtschaftliche, soziale und kulturelle Rechte sowie das Übereinkommen zum Schutz des Kindes.[339]
Auf die Frage, welche Rolle die Grundrechte-Charta der Europäischen Union bei der Ermittlung von Grundrechtsgarantien zukünftig spielen wird, soll im Rahmen dieser Arbeit nicht eingegangen werden. Bislang ist die Grundrechte-Charta nicht rechtsverbindlich. Sie wurde lediglich feierlich proklamiert, so daß

---

337 Vgl. ausführlich dazu NOLL/VEDSTED-HANSEN, in: ALSTON, (Hrsg.), The EU and Human Rights, S. 359 ff.

338 Kritisch, ob die EU eine Vorreiterstellung einnehmen sollte, wenn es um den Schutz der Menschenrechte geht, im Hinblick auf eine gemeinsame Migratonspolitk allerdings relativierend, V. BOGDANDY, CML Rev. 2002, S. 1307 , (1338).

339 Im Folgenden wird die Europäische Konvention zum Schutz der Menschenrechte und Grundfreiheiten als EMRK, der Internationale Pakt über bürgerliche und politische Rechte als IPBPR, der Internationale Pakt über wirtschaftliche, soziale und kulturelle Rechte als IPWKSR sowie das Übereinkommen zum Schutz des Kindes als KRK abgekürzt.

ihr erst der Charakter einer für die Grundrechtsverpflichteten nicht bindenden und für die Grundrechtsträger nicht einklagbaren Erklärung zukommt.[340]

I. Der völkerrechtliche Handlungsrahmen der Gemeinschaft

Gemäß Art. 63 Nr. 1 EGV beschließt der Rat Asylmaßnahmen in „Übereinstimmung mit dem Genfer Abkommen vom 28. Juli 1951 und dem Protokoll vom 31. Januar 1967 über die Rechtsstellung der Flüchtlinge sowie einschlägigen anderen Verträgen". Art. 6 Abs. 2 EUV nimmt ausdrücklich Bezug auf die EMRK. Danach ist die Union verpflichtet, die Grundrechte, wie sie in der EMRK gewährleistet sind und wie sie sich aus den gemeinsamen Verfassungsüberlieferungen der Mitgliedstaaten als allgemeine Grundsätze des Gemeinschaftsrechts ergeben, zu achten.
Damit ist die Bezugnahme sowohl auf die EMRK als auch auf die GFK und „die anderen einschlägigen Verträge" zunächst einmal eine explizite Bestätigung der Verpflichtung der Mitgliedstaaten, diese zu beachten.[341] Allerdings muß durch diese Bezugnahme auch die Verpflichtung der Gemeinschaft positiviert werden; denn andernfalls wäre die Bezugnahme auf die Konvention überflüssig.[342]
Hinsichtlich einer Bindung der Gemeinschaft an die EMRK, die GFK und an einschlägige andere Verträge ist zu beachten, daß alle Mitgliedstaaten Signatarstaaten dieser völkerrechtlichen Abkommen sind, die Gemeinschaft selbst jedoch keinem der Abkommen beigetreten ist.[343] Somit ist eine Bindung der Gemeinschaft an die EMRK, GFK und „die anderen einschlägigen Verträge" nicht völkerrechtlicher Natur. Folglich muß sich die Reichweite der Bindung an die beiden Konventionen sowie an die anderen einschlägigen völkerrechtlichen Verträge aus den relevanten primärrechtlichen Vorschriften ergeben.

---

340 WINKLER, EuGRZ 2000, S. 18, (26). Zur Charta der Grundrechte siehe ALBER/WIDMAIER, EuGRZ 2000. S. 497 ff.; MAHLMANN, ZEUS 2000, S. 419 ff.; SCHWARZE, NJW 2002, S. 993 ff.; ZULEEG, EuGRZ 2000. S. 511 ff.
Siehe auch GROß, KJ 2001, S. 100 ff., sowie PEERS, European Journal of Migration and Law 2001, S. 141 ff., die beide den Einfluß der Charta auf das Einwanderungs- und Asylrecht untersuchen. Die beiden Bestimmungen der Charta, die sich direkt auf das Asylrecht beziehen, sind Art. 18 und 19. Nach Art. 18 wird „das Recht auf Asyl nach Maßgabe des Genfer Abkommens vom 28. Juli 1951 und des Protokolls vom 31. Januar 1967 über die Rechtsstellung der Flüchtlinge sowie gemäß dem Vertrag zur Gründung der Europäischen Gemeinschaft gewährleistet". Gemäß Art. 19 sind zum einen Kollektivausweisungen unzulässig. Zum anderen darf „niemand in eine Staat abgeschoben oder an einen Staat ausgeliefert werden, in dem für sie oder ihn das ernsthafte Risiko der Todesstrafe, der Folter oder einer anderen unmenschlichen oder erniedrigenden Strafe oder Behandlung besteht."

341 HAILBRONNER, Immigration and Asylum Law, S. 38.

342 HAILBRONNER, Immigration and Asylum Law, S. 38.

343 Vgl. zum Stand der Ratifizierung Fundstellennachweis B, abgeschlossen am 31.12. eines jeden Jahres.

Im Folgenden soll nun zunächst untersucht werden, inwiefern die Vorschriften der EMRK und der GFK im Hinblick auf die Festlegung von Mindestnormen für die Aufnahme von Asylbewerbern relevant sind und inwieweit sie für die Gemeinschaft eine Bindungswirkung erzeugen. Im Anschluß daran wird untersucht, inwieweit die anderen im Rahmen dieser Arbeit zu untersuchenden völkerrechtlichen Verträge, die neben weiteren völkerrechtlichen Abkommen zu den „anderen einschlägigen Verträgen" zählen, bei der Bestimmung der Aufnahmebedingungen von Bedeutung sind und inwiefern sie die Gemeinschaft binden.

1. Die Europäische Menschenrechtskonvention

Die EMRK, am 4. 11. 1950 von den Mitgliedern des Europarates unterzeichnet und am 03.09.1953 in Kraft getreten, ist heute das wichtigste menschenrechtliche Instrumentarium in Europa.[344] Sie wurde seit dem Zeitpunkt ihres Inkrafttretens bisher durch elf Zusatzprotokolle ergänzt.[345] Die Konvention sollte in Europa einen grundrechtlichen Mindeststandard herbeiführen und der europäischen Integration dienen.[346] In der Tat hat die frühere Kommission für Menschenrechte und der Europäische Gerichtshof für Menschenrechte[347] durch eine

---

[344] EMRK vom 4.11.1950, UNTS Bd. 213, S. 122; BGBl. 1954 II, S. 14.
Am 05.05.1949 wurde in London von zehn westeuropäischen Staaten die Satzung des Europarates unterzeichnet. Er setzte sich zum Ziel, eine enge Kooperation zwischen den Mitgliedern zu schaffen und deren sozialen und wirtschaftlichen Fortschritt zu unterstützen. Sein wichtigstes Instrument um dieses Ziel zu erreichen, sind völkerrechtliche Verträge, denen die Mitgliedstaaten beitreten können. Neben der EMRK hat der Europarat zahlreiche andere Abkommen ausgearbeitet. Die EMRK ist allerdings das „Paradepferd und Rückgrat" des Europarates, VILLIGER, Handbuch EMRK, S. 14, Rn. 7.
Die Literatur zur EMRK ist uferlos. Insofern sei nur auf eine kleine Auswahl hingewiesen: FROWEIN/PEUKERT; EMRK; VAN DIJK/VAN HOOF (Hrsg.), European Convention; VELU/ERGEC, La Convention, VILLIGER, Handbuch EMRK. Alle m. w. N.

[345] Nicht alle diese Protokolle haben die gleiche Anzahl von Vertragsparteien erreicht wie die EMRK selbst. Durch die Protokolle wurde unter anderem der Bestand der materiellen Individualrechte erweitert.

[346] VILLIGER, Handbuch EMRK, S. 13, Rn. 16. Der Europarat konnte nicht alle ursprünglich in ihn gesetzten Hoffnungen erfüllen. Auf dem Weg der europäischen Integration hat ihn die Europäische Gemeinschaft im wirtschaftlichen Bereich überholt. Allerdings spielt der Europarat auch heute noch eine wichtige Rolle bei der Regelung und Koordinierung nichtwirtschaftlicher und nichtmilitärischer Fragen, VILLIGER, Handbuch EMRK, S. 10, Rn. 11.

[347] Im Folgenden EGMR. Ende 1998 wurde der Rechtsschutz der EMRK einer grundlegenden Reform unterzogen. Nach dem 11. Zusatzprotokoll zur EMRK (BGBl 1995 II, S. 578) ist seit dem 1.11 1998 an die Stelle von Kommission und Gerichtshof ein neuer ständiger Europäischer Gerichtshof für Menschenrechte getreten, VILLIGER, Handbuch EMRK, S. 125 ff.. m. w. N und SIESS-SCHERZ, in: GRABENWARTER/THIENEL (Hrsg.) Kontinuität und Wandel, S. 1 ff. m.w.N.

dynamische Rechtsprechung, welche die Maßstäbe der EMRK beachtet und den Vertragsstaaten einen eigenen Beurteilungsspielraum läßt, eine Art europäischen Grundrechtsstandard geprägt.[348]

Als regionale Konvention hat die EMRK zudem den Vorteil, daß die Rechtsanschauungen der Vertragsparteien grundsätzlich homogener sind und dadurch auch die garantierten Menschenrechte präziser ausgestaltet werden konnten als bei universalen völkerrechtlichen Abkommen.

Die EMRK kennt ein Individualbeschwerdeverfahren, welches inzwischen von erheblicher praktischer Bedeutung ist.[349] Neben allen Mitgliedstaaten der EU sind inzwischen auch viele ehemalige Ostblockstaaten Signatarstaaten der EMRK.[350] Die Mitgliedstaaten der EU sind in gleicher Weise an die EMRK gebunden wie die übrigen Vertragsstaaten. Die Übertragung von Hoheitsrechten auf die EG ändert an dieser Bindung nichts.[351]

a. Anwendungsbereich und materielle Garantien

Die EMRK schützt jede Person, die sich innerhalb der Jurisdiktion der Vertragsstaaten befindet (Art. 1 EMRK). Damit enthält sie eine unmittelbare Garantie der Menschenrechte für die in ihrem Geltungsbereich befindlichen Personen, unabhängig von deren Staatsangehörigkeit oder ihrem Aufenthaltsort. Folglich fallen auch Asylbewerber in den persönlichen Anwendungsbereich der EMRK.[352]

Die EMRK kombiniert einen Menschenrechtskatalog und einen Katalog von Grundfreiheiten. Im Zusammenhang mit der Gestaltung der Aufnahmebedingungen für Asylbewerber kommt zahlreichen in der EMRK verankerten materiellen Garantien eine erhebliche Bedeutung zu. Dies gilt insbesondere für das Recht auf Achtung des Privat- und Familienlebens (Art. 8 EMRK), das Recht auf Freizügigkeit (Art. 2 des 4. ZP. EMRK) und das Recht auf Bildung (Art. 2 des 1. ZP EMRK).

---

348 HILF, in: Festschrift Bernhardt, S. 1193, (1194); STREINZ, Europarecht, S. 26 f.

349 Es ermöglicht unter anderem auch Privatpersonen - unabhängig von ihrer Staatsangehörigkeit - nach der Erschöpfung der innerstaatlichen Rechtsbehelfe, Beschwerde beim Gerichtshof für Menschenrechte einzulegen. Dieser entscheidet dann in einer verbindlichen Weise, ob eine Verletzung der in der EMRK garantierten Grund- und Menschenrechte besteht. Das Beschwerdesystem der EMRK ist in seiner Ausgestaltung einzigartig im Völkerrecht (eine Ausnahme bildet Nr. 7 der Amerikanischen Menschenrechtskonvention). Siehe dazu FROWEIN/PEUKERT, EMRK, S. 525 ff.; VILLIGER, Handbuch EMRK, S. 63 ff.

350 Vgl. Fundstellennachweis B, abgeschlossen am 31.12. eines jeden Jahres. Insgesamt gilt die EMRK für 43 Vertragsparteien. Zur Bedeutung der EMRK für die innerstaatliche Rechtsanwendung in zahlreichen Vertragstaaten, KRÜGER/POLAKIEWICZ, EuGRZ, 2001, S. 92, (93) m.w.N.

351 STREINZ, Europarecht, S. 28.

352 Siehe statt vieler FROWEIN/PEUKERT, EMRK, S. 18f; JACOBS/WHITE, ECHR, S. 350 f; VELU/ERGEC, La Convention, S. 67 f.

b. Das Gemeinschaftsrecht und die EMRK

Art. 6 Abs. 1 EUV a.F. enthält das Bekenntnis, daß die Union auf den Grundsätzen der Freiheit, der Demokratie, der Achtung der Menschenrechte und Grundfreiheiten sowie der Rechtstaatlichkeit beruht. Diese Verfassungsgrundsätze werden in Art. 6 Abs. 2 EUV a.F. für den Bereich der Grundrechte durch die Verankerung ihrer Rechtserkenntnisquellen konkretisiert.[353] So bestimmt Art. 6 Abs. 2 EUV a.F., daß die Europäischen Union die Grundrechte, wie sie in der EMRK gewährleistet sind und wie sie sich aus den gemeinsamen Verfassungsüberlieferungen der Mitgliedstaaten als allgemeine Grundsätze des Gemeinschaftsrechts ergeben, achtet. Dies entspricht der ständigen Rechtsprechung des EuGH, der schon lange davon ausgeht, daß die leitenden Grundsätze der EMRK im Rahmen des Gemeinschaftsrechts zu berücksichtigen sind.[354]
Die EMRK und ihre Zusatzprotokolle dienen als wichtigste der Erkenntnisquellen zur Ermittlung der gemeinschaftlichen Grundrechte, da sie - wenn auch hinsichtlich der Ziele des Gemeinschaftsrechts nicht ganz vollständig - einen allen Mitgliedstaaten gemeinsamen Grundrechtskatalog enthalten.[355]
Durch Art. 6 Abs. 2 EUV a.F. wird der Grundrechtsschutz primärrechtlich verankert. Art. 6 Abs. 2 EUV a.F. findet Anwendung für die Europäischen Gemeinschaften als Bestandteil der Europäischen Union (Art. 1 Abs. 3 EUV a.F.) sowie für deren Organe (vgl. auch Art. 46 lit. d EUV a.F.).[356] Trotz des ausdrücklichen Verweises auf die EMRK bewirkt Art. 6 Abs. 2 EUV a.F. jedoch keine unmittelbare rechtliche Bindung der Europäischen Union oder der drei Gemeinschaften an diese.[357] Dies ist damit zu begründen, daß weder die drei Gemeinschaften

---

[353] HILF, in: GRABITZ/HILF (Hrsg.), EWG-Vertrag, Art. F, Rn. 21; KINGREEN, in: CALLIES/RUFFERT (Hrsg.), Kommentar, Art. 6 EUV, Rn. 16; WINKLER, Der Beitritt, S. 32.

[354] KOKOTT, AöR 1996, S. 599, (602); FROWEIN/PREUKERT, EMRK, S. 9. So nahm der EuGH erstmals im Urteil *Nold* (EUGH Rs. 4/73, Slg. 1974, S. 491) indirekt Bezug auf die EMRK als Quelle für "Hinweise auf gemeinsame Verfassungstraditionen der Mitgliedstaaten". Zu der Entwicklung siehe HAILBRONNER, Immigration and Asylum Law, S. 38 ff., HILF, in: Festschrift Bernhardt, S. 1193, (1199 ff.); IGLESIAS, in: Festschrift Bernhardt, S. 1269, (1271 ff.); KOKOTT, AöR 1996, S. 599, (602f.); NEUWAHL, in: NEUWAHL/ROSAS (Hrsg.), Human Rights, S. 51 ff.

[355] HILF, in: Festschrift Bernhardt, S. 1193, (1194 ff.); IGLESIAS, in: Festschrift Bernhardt, S. 1271 ff.; KINGREEN, in: CALLIES/RUFFERT (Hrsg.), Kommentar, Art. 6 EUV, Rn. 42 f. , KOKOTT, AÖR, 1996, S. 599, (602 f.); RENGELING, Grundrechtsschutz, S. 229; WINKLER, Der Beitritt, S. 32 f.

[356] GEIGER, Kommentar, Art. 6 EUV, Rn. 3, 8; HAILBRONNER, Immigration and Asylum Law, S. 40; KINGREEN, in: CALLIESS/RUFFERT (Hrsg.), Kommentar, Art. 6 EUV, Rn. 16, STREINZ, S. 132.

[357] HAILBRONNER, Immigration and Asylum Law, S. 40; KOENIG/HARATSCH, Europarecht, S. 35, Rn. 90; STREINZ, Europarecht, S. 132, Rn. 358; VILLIGER, Handbuch EMRK, S. 15, Rn. 19; WINKLER, Der Beitritt, S. 32 EuGH, Gutachten 2/94 vom 28.03.1988, Beitritt zur EMRK, Slg. 1996, I-1759, EuGRZ 1996, S. 197 (206 f.) Die Mitgliedsstaaten der Union hingegen sind an die EMRK als deren Vertragsparteien gebunden. Eine andere Ansicht folgt der Sukzessions- oder Hypothekentheorie. Diese Theorie geht davon aus, daß die

noch die Union - letzterer fehlt mangels Völkerrechtsfähigkeit auch die Kompetenz zum Abschluß völkerrechtlicher Verträge - die EMRK ratifiziert haben.[358] Vielmehr wendet der EuGH die EMRK nur mittelbar als Rechtserkenntnisquelle für den Inhalt der Menschenrechte an als Bestandteil der allgemeinen Rechtsgrundsätze des Gemeinschaftsrechts, die sich aus den gemeinsamen Verfassungstraditionen der Mitgliedstaaten der Europäischen Union ergeben.[359] Damit stellt nach überwiegender Ansicht das materielle Recht der EMRK einen Teil der allgemeinen Rechtsgrundsätze des Gemeinschaftsrechtes dar. Diese allgemeinen Rechtsgrundsätze gehören zusammen mit den Grundrechtsprinzipien der nationalen Verfassungen zum ungeschriebenen Gemeinschaftsrecht. Hierbei ist eine wachsende Bedeutungszunahme der EMRK zu beobachten.[360]

Der EuGH hat mehrfach erklärt, daß Maßnahmen, die gegen die EMRK verstoßen, zugleich auch gegen die allgemeinen Rechtsgrundsätze des Gemeinschaftsrechts verstoßen und aus diesem Grund auch im Gemeinschaftsrecht als unrechtmäßig betrachtet werden.[361]

Hinzuweisen ist noch auf Art. 46 lit. d EUV, der durch den Amsterdamer Vertrag eingeführt wurde. Danach ist der EuGH auch für die Überprüfungen des Art. 6 Abs. 2 EUV in bezug auf Handlungen der EG-Organe zuständig. Dies gilt allerdings nur insofern, als daß der EuGH nach dem EUV a.F. oder den Gemeinschaftsverträgen zuständig ist. Damit gelten für Maßnahmen nach Art. 63 Nr. 1 lit. b EGV die Einschränkungen des Art. 68 EGV. Die in Art. 46 lit. d EUV nun ausdrücklich begründete Prüfungskompetenz des EuGH ist grundsätzlich eine

---

Europäische Gemeinschaft durch Rechtsnachfolge unmittelbar an die EMRK gebunden ist, PESCATORE, in: Festschrift Wiarda, 1988, S. 441 m. w .N.. Siehe ausführlich zu der Sukzessionstheorie und den Argumenten, die gegen sie sprechen, WINKLER, Der Beitritt, S. 29 ff.; IGLESIAS, in: Festschrift Bernhard, S. 1269, (1274).

358 Nach dem EuGH-Gutachten ist zur Zeit ein Beitritt der Europäischen Gemeinschaft zur EMRK ausgeschlossen, da es der Gemeinschaft dafür nach dem Prinzip der begrenzten Einzelermächtigung an der Zuständigkeit fehle. Art. 308 EGV stelle keine ausreichende Ermächtigungsgrundlage dar, denn ein Beitritt würde zu einer strukturellen Änderung des Gemeinschaftssystems des Schutzes der Menschenrechte führen, da die EU in ein andersartiges institutionelles System eingebunden würde. Eine solche Änderung wäre nur in Form einer Vertragsänderung möglich. Zu der Frage eines Beitritts siehe BERNHARDT, in: Festschrift Everling, Band I; S. 103 ff.; HILF, in: Festschrift Bernhardt, S. 1193, (1209 ff.); WINKLER, Der Beitritt.

359 IGLESIAS, in: Festschrift Bernhardt, S. 1269, (1272); KOKOTT, AöR 1996, S. 566, (602); KRÜGER/POLAKIEWICZ, EuGRZ 2001, S. 92, (94); RENGELING, Grundrechtsschutz, S. 227 f; WINKLER, der Beitritt, S. 32.

360 KOKOTT, AöR 1996, S. 599, (602); WINKLER, Der Beitritt, S. 33 mit zahlreichen Rechtsprechungsnachweisen.

361 EuGH, Rs. 5/88, 13.07.1989, Slg. 1989, 2609, Rn. 17 (*Wachauf / Bundesanstalt für Ernährung und Forstwirtschaft*); Rs. C-309/96, 18.12.1997, Slg. 1997, I-7493, Rn. 12 (*Annibaldi*).

positive Entwicklung. Sie bestätigt in Wirklichkeit allerdings nur die schon lange bestehende Praxis des EuGH.[362]
Schließlich ist noch auf den Umfang der gemeinschaftlichen Bindung einzugehen. Fraglich ist, ob die Gemeinschaft verpflichtet ist, nicht nur die Garantien der EMRK zu respektieren, sondern auch die relevante Rechtsprechung des EGMR. Da die Gemeinschaft eine autonome Rechtsordnung ist und Art. 6 Abs. 2 EUV die gleiche rechtliche Bindungswirkung von Grundrechten annimmt, unabhängig davon, ob sie in der EMRK normiert sind oder sich aus den gemeinsamen Verfassungsüberlieferungen der Mitgliedstaaten als allgemeine Grundsätze des Gemeinschaftsrechts ergeben, ist diese Frage grundsätzlich zu verneinen. Eine Bindung des EuGH an den EGMR mit der Konsequenz, daß der EuGH eine gegenüber dem EGMR unterlegene Stellung einnehmen würde, wurde von den Mitgliedstaaten nicht gewollt.[363]
Vielmehr hat es sich der Gerichtshof vorbehalten, selbst über die Anwendung und die richtige Auslegung der EMRK im Gemeinschaftsrecht zu befinden. Dabei orientiert er sich an der Rechtsprechung des EGMR und akzeptiert diese - unter Beachtung der Struktur und den Zielen der Gemeinschaft - als Leitfaden.[364]
Diese Vorgehensweise wird durch Art. 41 und 46 EMRK bestätigt. Ein Urteil des EGMR entfaltet lediglich für den am Rechtsstreit beteiligten Staat eine Bindungswirkung, der grundsätzlich verpflichtet ist, sich nach dem Urteil des EGMR zu richten. Noch nicht abschließend geklärt ist die Frage, inwiefern auch andere Mitgliedstaaten der EMRK an ein Urteil des EGMR gebunden sind.
Damit hat zum einen die Gemeinschaft bei ihrem Richtlinienvorschlag die Vorgaben der EMRK zu beachten. Zudem hat der EuGH die Kompetenz, Handlungen der Organe - und damit eine mögliche Richtlinie - auf die Vereinbarkeit mit Art. 6 Abs. 2 EUV zu überprüfen.

c. Die Kompetenzverteilung zwischen dem EuGH und dem EGMR

Asylrechtliche Maßnahmen der Gemeinschaft unterliegen der gerichtlichen Kontrolle des EuGH (Art. 68 EGV). Dieser hat die Verpflichtungen aus Art. 6 Abs. 2 EUV sowie aus Art. 63 Nr. 1 EGV zu beachten.
Der EGMR, dessen Aufgabe es ist, die Einhaltung der sich aus der EMRK ergebenden Verpflichtungen zu überwachen, schließt eine unmittelbare Überprüfung

362 ALBORS-LLORENS, CMl Rev. 1998, S. 1271 (1285 f.).
363 FINK, in: KLUTH (Hrsg.), Die EU nach dem Amsterdamer Vertrag, S. 57, (68); HAILBRONNER, Immigration and Asylum, S. 43 f.
364 FINK, in: KLUTH (Hrsg.), Die EU nach dem Amsterdamer Vertrag, S. 57, (68). EuGH, Urteil vom 21.09.1989, Rs. 46/87 und 227/88, Slg. 1989, 2859, Rn. 18 ff. (*Hoechst / Kommission*); EGMR Urteil vom 16.12.1992, Series A, Band 256, Rn. 23 (*Niemetz / Deutschland*).

der Rechtsakte der EG am Maßstab der EMRK aus, da die Gemeinschaft nicht Vertragspartei der EMRK ist.[365] Allerdings erstreckt sich die Kontrolle des EGMR auf die Umsetzung von Gemeinschaftsrecht durch nationale Behörden und Gerichte, da die Mitgliedstaaten der Gemeinschaft alle Vertragsparteien der EMRK sind.[366]

Fraglich ist, ob insofern nicht doch eine mittelbare Bindung der EG beziehungsweise der EU über die Mitgliedstaaten an die EMRK besteht. Bisher hat sich der EGMR zu dieser Frage zweimal geäußert. So stellte der EGMR in der Rechtssache *Cantoni gegen Frankreich*[367] fest, daß eine nationale Regelung, die wortgleich dem Gemeinschaftsrecht entspricht, nicht dem Anwendungsbereich der EMRK entzogen und damit auch durch den EGMR überprüfbar ist.[368] Dies kann zu einem möglichen Kollisionsproblem führen. Ein Mitgliedstaat ist verpflichtet, einem Urteil des EuGH Folge zu leisten. Wird nun später die Grundrechtsinterpretation des EuGH vom EGMR als mit der Konvention unvereinbar verworfen, gerät der Mitgliedstaat in eine Konfliktsituation.[369]

Im Fall *Matthews* ging der EMRK noch einen Schritt weiter. Der EGMR hat festgestellt, daß die EMRK die Übertragung von Hoheitsrechten auf internationale Organisationen nicht ausschließt. Allerdings sind die Rechte der EMRK weiterhin zu schützen, so daß die Vertragsstaaten auch nach der Kompetenzübertragung weiterhin für den Schutz der EMRK-Rechte verantwortlich sind.[370] Die Rechte der EMRK müßten „practical and effective" sein.[371] Damit kontrolliert der EGMR indirekt über die Verantwortung der Mitgliedstaaten, das Recht der EMRK zu wahren, auch die Akte der Gemeinschaft. Die Kontrolle erstreckt sich zumindest auf die Umsetzung und den Vollzug von Gemeinschaftsrecht durch die nationalen Behörden und Gerichte.[372]

Somit ist in Zukunft nun bei Erlaß und Durchführung von Gemeinschaftsrecht in verstärktem Maße darauf zu achten, daß die Vorschriften im Einklang mit der EMRK stehen.[373]

---

365 KOENIG/HARATSCH, Europarecht, S. 36, Rn. 91.

366 KRÜGER/POLAKIEWICZ, EuGRZ 2001, S. 92, (96).

367 EGMR, Urt. v. 15.11.1996, *Cantoni/Frankreich*, EuGRZ 1999, S. 193, zu dem Fall siehe auch BUSSE, NJW 2000, S. 1074, (1076); WINKLER, EuGRZ 1999, S. 18, (23) m.w.N.

368 EuGRZ, 1999, S. 193, (197), Ziff. 30.

369 KRÜGER/POLAKIEWICZ, EuGRZ 2001, S. 92, (97), FINK, in: KLUTH (Hrsg.), Die EU nach dem Amsterdamer Vertrag, S. 57, (68 f.).Von einem Scheinprobelm geht RUFFERT, EuGRZ 1995, S. 518, (526) aus.

370 EGMR, Urteil vom 18.02.1999, *Matthews/Vereinigtes Königreich*, EuGRZ 1999, S. 200, (201), Ziff. 27.

371 EGM, Urteil vom 18.02.1999, *Matthews/Vereinigtes Königreich*, EuGRZ 1999, S. 202, Ziff. 34.

372 KOENIG/HARRATSCH, Europarecht, S. 36, Rn. 91; KRÜGER/POLAKIEWICZ, EuGRZ 2001, S. 92, (96).

373 BUSSE, NJW 200, S. 1074, (1077), der auch auf die Problematik erörtert, welche Konsequenzen zu erwarten sind, wenn die Organe der EU ohne Beteiligung der Mitgliedstaaten

Sollten Bestimmungen der Richtlinie gegen die EMRK verstoßen, so kann sich ein Asylbewerber als potentieller Kläger nicht „vor dem Gemeinschaftsrichter unmittelbar auf die EMRK berufen".[374] Er könnte sich vor den europäischen Gerichten nur darauf berufen, daß eine Richtlinienbestimmung gegen Gemeinschaftsgrundrechte verstößt. Allerdings sind der Geltendmachung einer Verletzung von Gemeinschaftsgrundrechten enge Grenzen gesetzt. Bei sekundären Gemeinschaftsrechtsakten sind die Prozeßvoraussetzungen für Privatkläger relativ eng begrenzt und wie oben dargestellt, sind gerade im Bereich des Asylrechts die Kompetenzen des EuGH stark beschnitten.[375] Dem Kläger bleibt noch die Möglichkeit - nach der Ausschöpfung des innerstaatlichen Rechtsweges - vor dem EGMR zu klagen.

Die schon bestehende Gefahr von Divergenzen in der Rechtsprechung der beiden Gerichtshöfe wird sich in Zukunft aufgrund der Erweiterung der Kompetenzen auf den menschenrechtssensiblen Asylbereich verstärken.

2. *Die Genfer Flüchtlingskonvention*

Als Genfer Flüchtlingskonvention wird das am 28.07.1951 unterzeichnete „Abkommen über die Rechtsstellung der Flüchtlinge" bezeichnet.[376] Mit der GFK ist es zum ersten Mal gelungen, sowohl eine allgemeine Definition des Flüchtlings (abstrakter Flüchtlingsbegriff des Art. 1 A Ziff. 2 GFK) zu normieren, als auch alle wichtigen Lebensbereiche des Flüchtlings zu regeln und Flüchtlingen im allgemeinen mindestens die gleiche Behandlung wie Ausländern zu gewährleisten.[377] Die Präambel der GFK betont den universellen Charakter des Flüchtlingsproblems und die Notwendigkeit einer internationaler Zusammenarbeit.[378]

---

eine Norm vollziehen und wenn ein Mitgliedstaat eine europarechtliche Vorschrift zum Teil oder alleine durchführt.

374 EuG, Rs. T/112/98, *Mannesmannröhrenwerke AG,* Urteil vom 20.02.2001, Rn. 75.

375 Siehe oben, Erster Teil, B, III, 4.

376 Abkommen über die Rechtsstellung der Flüchtlinge vom 28. 7. 1951, 189 UNTS. Band 189, S. 150; BGBl. 1953 II, S. 560. Die Konvention wurde durch ein Zusatzprotokoll vom 31.1.1967 ergänzt (606 U.N.T.S. 267, Dokument Nr. 8791); BGBl 1969 II, S. 1294), das die zeitliche Begrenzung des Anwendungsbereichs der Konvention auf Ereignisse vor dem 1.1.1951 aufhob. Zudem wurde durch das Protokoll die räumliche Beschränkung auf Europa aufgehoben, wobei aber die vor 1967 auf Europa einengende Erklärungen von den Vertragssaaten aufrechterhalten werden konnten. Zu der Problematik einer Einschränkung auf „Europa" nach der GFK und einem Beitritt zum Protokoll, siehe AMANN, in: HUBER (Hrsg.), Handbuch, Band II, RdF 511 B, Rn. 7, 30.

377 AMANN, in: HUBER, (Hrsg.), Handbuch, Band II, Vorb. 510 B, Rn. 1.

378 „(...) in der Erwägung, daß sich aus der Gewährung des Asylrechts nicht zumutbare schwere Belastungen für einzelne Länder ergeben können und daß eine befriedigende Lösung des Problems, dessen internationaler Umfang und Charakter die Organisation der Vereinten Nationen anerkannt hat, ohne internationale Zusammenarbeit unter diesen Umständen nicht erreicht werden kann (...)".
Zur Entwicklung der internationalen Zusammenarbeit im Flüchtlingsschutz, KIMMINICH,

Alle EU-Mitgliedstaaten sind Vertragsparteien der GFK und des Protokolls. Dabei haben alle Mitgliedstaaten in ihrem nationalen Recht die Definition des Konventionsflüchtlings entweder zur Grundlage der Asylgewährung gemacht oder sich zumindest bei der Bestimmung des asylberechtigten Personenkreises weitgehend an der GFK orientiert.[379]
Zudem haben inzwischen auch alle Mitgliedstaaten der EU die geographische Begrenzung aufgehoben, die den Anwendungsbereich der GFK auf „Europa" beschränkte.[380] Die GFK ist auch heute noch das Basisdokument für den Schutz verfolgter Menschen.

a. Anwendbarkeit auf Asylbewerber

Fraglich ist, inwieweit die GFK Vorschriften enthält, die bei dem Erlaß der Richtlinie zur Festlegung von Mindestnormen für die Aufnahme von Asylbewerbern die Europäische Gemeinschaft binden. Bevor auf diese Frage eingegangen wird, ist zunächst der personelle Anwendungsbereich der GFK zu bestimmen.
Die GFK unterscheidet zwischen drei Flüchtlingsgruppen, wobei heute die praktisch relevanteste Gruppe die Flüchtlinge i.S.v. Art. 1 Abschnitt A Nr. 2 i.V.m. Art. 1 des Zusatzprotokolls sind.[381] Danach sind Flüchtlinge Personen, die sich aus begründeter Furcht vor Verfolgung wegen ihrer Rasse, Religion, Nationalität, Zugehörigkeit zu einer bestimmten sozialen Gruppe oder wegen ihrer politischen Überzeugung außerhalb des Landes befinden, dessen Staatsangehörigkeit sie besitzen und den Schutz diese Landes nicht in Anspruch nehmen können oder wegen dieser Befürchtungen nicht in Anspruch nehmen wollen.
Nach der überwiegenden Meinung regelt die GFK die persönliche Rechtsstellung des anerkannten Flüchtlings, der in einem Vertragsstaat Aufnahme gefunden hat.[382] Sie gewährt dem anerkannten Flüchtling eine Reihe von Vorrechten, unter anderem eine verbesserte Rechtsstellung in wirtschaftlicher[383], sozialer[384]

Grundprobleme.

379 WOLTER, Asylrecht in der EU, S. 29, 103 ff.

380 AMANN, in: HUBER (Hrsg.), Handbuch, Band II, Vorb. 510 B, Rn. 17.

381 Die beiden anderen Flüchtlingsgruppen sind zum einen die statuären Flüchtlinge nach Art 1 Abschnitt A, Nr. 1 und zum anderen Personen, die den Schutz einer Organisation mit Ausnahme des UNHCR genossen haben, der Schutz mittlerweile aber entfallen ist, Art. 1 Abschnitt D GFK. Unter statuären Flüchtlingen versteht man Flüchtlinge, für welche bereits früher Abkommen zum Schutz von Flüchtlingen Anwendung fanden. Unter Art. 1 Abschnitt D fallen staatenlose Palästinenser, die im Zusammenhang der Gründung des Staates Israels geflohen waren. Für die letzgenannte Gruppe ist die GFK allerdings nur anwendbar, wenn der Schutz aus irgendwelchen Gründen entfällt.

382 GEGENWART, Sozialrechtliche Stellung, S. 270; KÄLIN, Non-refoulement, S. 47; MAAßEN, Rechtsstellung, S. 21; MARX, AsylverfahrensG, § 2 AsylVfG, Rn. 3; RENNER, Ausländerrecht, § 2 AsylVfG, Rn. 6.

383 Art. 13, 14, 17-19, 29, 30 GFK.

und sonstiger Hinsicht.[385] Damit kommt ein Flüchtling grundsätzlich nur in den Genuß der privilegierten Stellung (Art. 2 bis 34 GFK), wenn seine innerstaatliche Anerkennung als Konventionsflüchtling vorliegt.

Bei Asylbewerbern ist die Flüchtlingseigenschaft noch ungeklärt, da das Anerkennungsverfahren noch nicht abgeschlossen ist. Asylbewerber finden in der GFK keine explizite Erwähnung, so daß sich die Frage stellt, ob und gegebenenfalls in welchem Umfang die nach der GFK gewährte verbesserte Rechtsstellung auch schon Asylbewerbern zugute kommt.

Die GFK normiert kein bestimmtes Verfahren zur Feststellung der Flüchtlingseigenschaft.[386] Sie geht allerdings davon aus, daß die Vertragsstaaten ein Anerkennungsverfahren durchführen.[387] Die Anerkennung als Flüchtling im Sinne der GFK wirkt nach überwiegender Ansicht deklaratorisch.[388] Folglich wird eine Person nicht erst durch die innerstaatliche Anerkennung zum Flüchtling, sondern bereits in dem Moment, in dem sie die Flüchtlingseigenschaft erfüllt. Durch die Anerkennung wird die Flüchtlingseigenschaft lediglich bestätigt. Dies bedeutet allerdings nicht, daß ein Asylbewerber, der zwar unter Umständen ein Konventionsflüchtling ist, schon vor seiner innerstaatlichen Anerkennung als solcher zu behandeln ist. Vielmehr ist zu fragen, woran die gemäß der GFK gewährte Rechtsstellung anknüpft.[389] Da es Sache der Vertragsstaaten ist, verbindlich zu bestimmen, ab welchem Zeitpunkt sie von dem Bestehen der Flüchtlingseigenschaft i.S.d. GFK ausgehen, knüpft die in der GFK geregelte Rechtsstellung an das Bestehen der innerstaatlichen Anerkennung[390] als Flüchtling an und nicht an das - unter Umständen nur - tatsächliche Bestehen der Flüchtlingseigenschaft.[391] Eine Anknüpfung an das tatsächliche Bestehen der Flüchtlingseigenschaft würde die Vertragsstaaten verpflichten, jeder Person, die behauptet Flüchtling im Sinne der GFK zu sein, die dort normierten Rechte so lange zu gewähren, bis das Gegenteil bewiesen ist. Somit ist festzuhalten, daß erst durch die innerstaatliche Anerkennung der Flüchtlingseigenschaft dem Ausländer die privilegierte Rechtsstellung nach der GFK eingeräumt wird.

---

384 Art. 20-24 GFK.

385 Art. 12, 15, 16, 25-28, 34 GFK.

386 Statt vieler, HYNDMAN, IJRL 1994, S. 245 ff.

387 Die GFK überläßt es den Vertragsstaaten „das Verfahren, das sie aufgrund ihrer besonderen konstitutionellen und administrativen Struktur für angemessen halten, einzuführen und anzuwenden", UNHCR Handbuch, Abs. 189. Zudem vgl. Art. 9 GFK: „... bis dieser Staat eine Entscheidung darüber getroffen hat, ob diese Person tatsächlich ein Flüchtling ist...".

388 GOODWIN-GILL, The Refugee, S. 73; GRAHL MADSEN, The Status of Regugees, S. 340; m.w.N., MARX, Kommentar, Art. § 2 AsylVfG Rn. 3.

389 Siehe auch MAAßEN, Rechtsstellung, S. 47.

390 Deutschland gewährt ausschließlich „Asylberechtigten", d.h. Personen, die im Verfahren nach Art. 12 ff. AsylVfG aufgrund einer Entscheidung des Bundesamtes für die Anerkennung ausländischer Flüchtlinge förmlich und unanfechtbar anerkannt wurden, die Rechtsstellung eines Konventionsflüchtlings.

391 MAAßEN, Rechtsstellung, S. 47; RENNER, Ausländerrecht, § 2 AsylVfG Rn. 6.

Eine Ausnahme zu dem Gesagten bildet lediglich Art. 33 Abs. 1 GFK, der auf Asylbewerber Anwendung findet. Art. 33 Abs. 1 GFK bietet Schutz vor Refoulement, das heißt vor Zurück- oder Ausweisung in das Verfolgerland, wenn der Flüchtling dort einer politischen Verfolgung ausgesetzt ist, die sein Leben oder seine Freiheit bedroht.[392] Würde man eine Anwendung des Refoulement-Verbots auch auf Asylbewerber nicht zulassen, dann würde der Schutz vor Verfolgung leerlaufen, da dadurch umgangen werden könnte, daß der Asylbewerber abgeschoben wird, bevor eine Entscheidung getroffen wurde.[393]

b. Ergebnis

Damit ist als Ergebnis festzuhalten, daß die GFK bis auf Art. 33 GFK auf Asylbewerber keine Anwendung findet.[394]

Allerdings ist aufgrund der Tatsache, daß die GFK im Hinblick auf den Flüchtlingsschutz als das wichtigste Instrument gilt und daß ein Asylbewerber möglicherweise den Status eines Konventionsflüchtlings erhält, die GFK im Hinblick auf die Festlegung von Aufnahmebedingungen nicht gänzlich unbeachtlich. So sollten bei langwierigen Anerkennungsverfahren, die nicht auf ein negatives Verhalten des Asylbewerbers zurückzuführen sind, die Aufnahmebedingungen schrittweise verbessert werden, so daß einem Konventionsflüchtling nicht auf zu lange Dauer die Behandlung nach der GFK versagt wird.

Somit ist die GFK für den hier behandelten Zusammenhang nur am Rande von Bedeutung. Art. 33 GFK, der unumstritten auch auf Asylbewerber Anwendung findet, ist im Rahmen der zu gewährenden Aufnahmebedingungen nicht rele-

---

392 Zum Refoulementverbot siehe GOODWIN-GILL, The Refugee S. 117 ff., KÄLIN, Non-refoulement. Das Refoulementverbot ist zudem über die GFK hinaus zum Völkergewohnheitsrecht erstarkt.

393 Siehe MAAßEN, Rechtsstellung, S. 47 ff.

394 A.A. AMANN, in HUBER (Hrsg.), Handbuch, Band II, Vorb. 510 B, Rn. 31, DIES., AWR-Bulletin 1992, S. 24 ff. Sie geht davon aus, daß die Rechte, die nach den verschieden Vorschriften der GFK gewährt werden, unterschiedliche Flüchtlingskreise begünstigen und neben Art. 33 GFK weitere Rechte bestehen, die eine Anerkennung als Konventionsflüchtling nicht bereits voraussetzen. Die Konsequenz dieser Ansicht ist, daß ein Staat jedem Flüchtling, der behauptet Konventionsflüchtling zu sein, den in den entsprechenden Vorschriften vorgesehenen Rechtsstatus zu gewähren hat, solange nicht durch ein staatliches Verfahren das Nichtbestehen der Eigenschaft als Konventionsflüchtling festgestellt ist. Auch UNHCR spricht sich dafür aus, daß einige der in der GFK normierten Rechts auch auf Asylbewerber Anwendung findet. Es wird - sehr vorsichtig formuliert - davon ausgegangen, daß Asylbewerber möglicherweise von den Rechten, die in den Art. 3, 4, 5, 7, 8, 12, 16, 20, 22, 31, 33 GFK normiert sind, Gebrauch machen können („An asylum seeker can possibly avail himself or herself of the rights contained in Art [...]), vgl. UNHCR, Part I, S. 5. Zu der Frage, ob Art. 31 Abs. 1, Abs. 2 sowie Art. 32 Abs.1, Abs. 3 GFK auf Asylbewerber Anwendung finden, insbesondere, ob sich aus diesen Vorschriften ein Einreiserecht bzw. ein vorläufiges Bleiberecht ergibt, siehe MAAßEN, Rechtsstellung, S. 80 ff.; KÄLIN, Non-refoulement, S. 101, (144).

vant. Insofern muß im Folgenden auch nicht auf die Frage eingegangen werden, welche Bedeutung der primärrechtlich verankerte Verweis auf die GFK (Art. 63 Nr. 1 GFK) im Hinblick auf die Bindungswirkung zukommt.[395]

3. *Weitere völkerrechtliche Abkommen*

Wie bereits festgestellt, bezieht sich Art. 63 Nr. 1 EGV nicht ausschließlich auf die GFK, sondern auch auf „sonstige relevante Verträge". Im Völkerrecht gibt es keine verbindliche Kodifizierung, die die Rechtsstellung des Asylbewerbers im einzelnen regelt. Damit stellt sich die Frage, welche völkerrechtlichen Rechtsgrundlagen im Hinblick auf die Festlegung von Mindestnormen für die Aufnahme von Asylbewerbern zu beachten sind.

Es ist davon auszugehen, daß es sich bei den „sonstigen relevanten Verträgen" nach Art. 63 Nr. 1 EGV um solche völkerrechtlichen Abkommen handelt, denen alle Mitgliedstaaten beigetreten sind. Es ist nicht anzunehmen, daß die Mitgliedstaaten die Gemeinschaft zur Beachtung bestimmter internationaler Verträge verpflichten wollten, die für sie selbst nicht verbindlich sind.[396] Insofern werden nur völkerrechtliche Abkommen behandelt, die in allen Mitgliedstaaten der EU Anwendung finden und bei der Schaffung von Mindestnormen für gemeinsame Aufnahmebedingungen von Asylbewerber relevant sein könnten.

Wie bereits erwähnt, wird im Folgenden auf den Internationalen Pakt über bürgerliche und politische Rechte[397], den Internationalen Pakt über wirtschaftliche, soziale und kulturelle Rechte[398] und das Übereinkommen über die Rechte des Kindes[399] eingegangen.

Inwiefern sie schließlich im Falle ihrer Anwendbarkeit für die Festlegung der Mindestnormen für die Aufnahmebedingungen von Asylbewerbern relevante Vorschriften enthalten, soll im zweiten Teil dieser Arbeit untersucht werden, indem die einzelnen Vorschriften der Richtlinie hinsichtlich ihrer Völkerrechtskonformität untersucht werden.

a. Der Internationale Pakt über bürgerliche und politische Rechte

Der Internationale Pakt über bürgerliche und politische Rechte wurde im Rahmen der Vereinten Nationen[400] erarbeitet.[401] Alle Mitgliedstaaten der Europäi-

---

395 Zur Bindungswirkung, HAILBRONNER, Immigration and Asylum Law, S. 38 ff.

396 HAILBRONNER, Immigration and Asylum Law, S. 46.

397 BGBl. 1973 II, 1553.

398 BGBl. 1973 II, 1569.

399 BGBl. 1992 II, 122.

400 Im foglenden VN.

401 Internationaler Pakt über bürgerliche und politische Rechte, angenommen am 16.12.1996, 999 U.N.T.S. 171 (in Kraft getreten am 23.03.1976), G.V.-Res. 2200/A (XXI), Im Fol-

schen Union sind Signatarstaaten des IPBPR.[402] Er verpflichtet jeden Vertragsstaat, die darin erhaltenen Rechte zu achten und sie allen in seinem Gebiet befindlichen und seinem Herrschaftsbereich unterstehenden Personen diskriminierungsfrei zu gewährleisten (Art. 2 Abs. 1, Art. 26). Asylbewerber fallen damit in den persönlichen Anwendungsbereich des Paktes, sobald sie sich auf dem Hoheitsgebiet eines Vertragsstaates befinden. Nach Art. 2 Abs.2 IPBPR sind die Vertragsstaaten grundsätzlich verpflichtet, bereits mit der Ratifizierung des Paktes die Gewährleistung der Rechte zu sichern.[403] Das bedeutet allerdings nicht, daß der IPBPR nicht auch Rechte enthält, die nur eine progressive Verwirklichungspflicht vorsehen.[404]
Der Pakt enthält im wesentlichen die klassischen Freiheits- bzw. Abwehrrechte sowie Verfahrensgarantien. Im Zusammenhang mit der Festsetzung von Mindestnormen für die Aufnahme von Asylbewerbern kommt einigen Rechten eine besondere Relevanz zu. So erlangen Art. 12 Abs. 1, der das Recht auf Freizügigkeit normiert, Art. 17, der die Achtung des Privatlebens normiert sowie Art. 23, 24 und 18 Abs. 4, die spezielle Fragen des Schutzes von Ehe, Familie und Kind betreffen, im Rahmen der von der Richtlinie festgelegten Aufnahmebedingungen besondere Bedeutung. Zudem ist das in Art. 2 Abs.1 und Art. 26 normierte Diskriminierungsverbot zu beachten.
Der IPBPR kennt eine je nach bestimmter Garantie unterschiedliche Ausgestaltung von Einschränkungsvoraussetzungen. So gibt es zum einen die sogenannten notstandsfesten Rechte, die auch in Zeiten staatlichen Notstandes ohne Einschränkungsmöglichkeit zu gewähren sind[405], während andere Garantien in Notstandssituationen zwar nach Art. 4 Abs. 2 IPBPR auch nicht außer Kraft gesetzt werden dürfen, aber andere Schranken vorsehen.[406]
In anderen Fällen dienen bewußt eingefügte unbestimmte Gesetzesbegriffe oder klar definierte Schranken dazu, Einschränkungen zu ermöglichen. Die Mehrzahl der Einschränkungen wird allerdings durch ausdrückliche Gesetzesvorbehalte für zulässig erklärt.[407] Zur Sicherung der Rechtsbeachtung verpflichtet der

---

genden IPBPR. Zu einer umfassenden Kommentierung des Vertrages siehe NOWAK, CCPR. Teil- oder Kurzkommentierungen finden sich in ACHERMANN/CARONI/KÄLIN in: KÄLIN/MALINVERNI/NOWAK (Hrsg.), Die UNO-Menschenrechtspakete S. 155 ff. HARRIS/JOSEPH (Hrsg.), The International Covenant on Civil and Political Rights.

402 Vgl. Fundstellennachweis B, abgeschlossen am 31.12. eines jeden Jahres.

403 NOWAK, CCPR, Art. 2, Rn. 53 ff. Dies war lange Zeit sehr umstritten und wurde in der Wissenschaft viel diskutiert, vgl. m.w.N. DERS. Art. 2, Rn. 55, Fn. 150.

404 Siehe NOWAK, in: KÄLIN/MALINVERNI/NOWAK (Hrsg.), Die UNO-Menschenrechtspakete, S. 10 f.

405 Zu diesen notstandsfesten Rechten gehören nach Art. 4 Abs. 2 IPBPR Art. 7 (Folterverbot), Art. 8 Abs. 1 und 2 (Verbot der Sklaverei und Leibeigenschaft), Art. 11 (Verbot der Schuldhaft) und Art. 16 (Recht auf Rechtsfähigkeit).

406 Siehe NOWAK, in: KÄLIN/MALINVERNI/NOWAK (Hrsg.), Die UNO-Menschenrechtspakete, S. 12 f.

407 Siehe dazu Siehe NOWAK, in: KÄLIN/MALINVERNI/NOWAK (Hrsg.), Die UNO-Menschenrechtspakete, S. 13 f.

IPBPR die Vertragsstaaten zwingend, periodische Berichte über die Maßnahmen, die sie zur Verwirklichung der in dem Pakt anerkannten Rechte getroffen haben, vorzulegen (Art. 40 Abs. 1 IPBPR).[408]
Schließlich ist noch auf das in Art. 5 Abs. 1 IPBPR normierte Mißbrauchsverbot hinzuweisen. Es stellt für die Vertragsstaaten eine absolute Schranke von Eingriffen im Sinne des Schutzes des Wesensgehaltes dieser Rechte dar.[409]

b. Der Internationale Pakt über wirtschaftliche, soziale und kulturelle Rechte

Der Internationale Pakt über wirtschaftliche, soziale und kulturelle Rechte vom 16.12.1966 enthält grundlegende wirtschaftliche und soziale Rechte.[410] Der Grund dafür, daß neben dem IPBPR noch ein weiterer Pakt beschlossen wurde, bestand darin, daß sich damals die Ansicht durchsetzte, daß zur Durchsetzung der Rechte unterschiedliche Mechanismen notwendig sein würden. Dies wurde mit dem unterschiedlichen Charakter von Anspruch- und Abwehrrechten begründet. Eine Vereinbarung in einem Vertragswerk erschien nicht möglich.[411]
Lange Zeit wurden die Sozialrechte im Unterschied zu den Abwehransprüchen der Freiheitsrechte als andersartig angesehen. Konsequenterweise ging man davon aus, daß die Rechtsnatur der Sozialrechte lediglich aktive staatliche Leistungen und Schutzmaßnahmen in den paktrelevanten Bereichen erfordere. Als Begründung wurde auf Art. 2 Abs. 1 verwiesen, wonach die Vertragsstaaten

---

408 Die Berichte gehen zur Prüfung an den nach Art. 28 ff. IPBPR errichteten Ausschuß für Menschenrechte. Der IPBPR- Menschenrechtsausschuß kann zu den Berichten Allgemeine Bemerkungen machen, die sich für die Auslegung der im Pakt normierten Garantien als von großer praktischer Bedeutung erwiesen haben, siehe dazu EMPELL, Die Kompetenzen; NOWAK, CCPR, S. 545 ff. Zudem prüft der Ausschuß Staatenbeschwerden, vorausgesetzt der Vertragsstaat hat eine entsprechende Unterwerfungserklärung abgegeben. Weiterhin kennt das Fakultativprotokoll zum IPBPR vom 19.12.1966 ein Individualbeschwerdeverfahren. Siehe zu diesem Verfahren HEFFERNAN, HRQ 1997, S. 78 ff.; MCGOLDRICK, Human Rights Committee, S. 120 ff.; PAPPA, Das Individualbeschwerdeverfahren.

409 Siehe NOWAK, in: KÄLIN/MALINVERNI/NOWAK (Hrsg.), Die UNO-Menschenrechtspakete, S. 14.

410 Im Folgenden IPWSKR. Der IPWSKR trat am 03.01.1976 in Kraft (Vgl. zum Stand der Ratifizierungen Fundstellennachweis B, abgeschlossen am 31.12. eines jeden Jahres). Siehe zu einer (Teil-) Kommentierung des IPWSKR CRAVEN, ICESCR sowie die Beiträge in EIDE/KRAUSE/ROSAS (Hrsg.), ESCR 1995 und 2001; KÜNZLI/KÄLIN in: KÄLIN/MALINVERNI/NOWAK (Hrsg.), Die UNO-Menschenrechtspakete, S. 117 ff. Siehe weiter zum Pakt und seiner Implementierung, ALSTON, HRQ 1987, S. 332 ff.; ALSTON/QUINN; HRQ 1987, S. 156 ff.; SIMMA, in: MATSCHER (Hrsg.), Die Durchsetzung, S. 75 ff.

411 Siehe dazu ALSTON/QUINN, in: NEWMAN/WEISSBRODT, International Human Rights, S. 51, (52); EIDE, in: EIDE/KRAUSE/ROSAS 1995, (Hrsg.); S. 22; KLEE, Progressive Verwirklichung, S. 65 ff.

„unter Ausschöpfung aller (ihrer) Möglichkeiten Maßnahmen treffen, um nach und nach mit allen geeigneten Mitteln“ die Verwirklichung dieser Menschenrechte zu erreichen.[412]

Zunehmend setzte sich allerdings die Erkenntnis durch, daß soziale und wirtschaftliche Rechte nicht nur durch staatliche Leistungen, sondern auch durch staatliches Unterlassen geschützt werden können.[413]

Inzwischen wird sowohl in der Praxis als auch in der Lehre der Gegensatz zwischen Freiheits- und Sozialrechten immer weiter relativiert, da sich die Ansicht durchgesetzt hat, daß der Unterschied zwischen den beiden Kategorien nicht immer prinzipieller Natur ist.[414]

Der IPWSKR ist in fünf Teile untergliedert. Im ersten Teil wird das Selbstbestimmungsrecht der Völker normiert. Der zweite Teil (Art. 2 - 5) ist der allgemeine Teil des Paktes und formuliert Regelungen über Natur, Inhalt und Beschränkungen der kodifizierten Rechte. Der dritte Teil (Art. 6 - 15) kodifiziert die einzelnen Menschenrechte. Dabei enthalten die kodifizierten Rechte sowohl Leistungs- als auch Unterlassungspflichten.

Im Rahmen dieser Arbeit sind insbesondere das Recht auf Arbeit (Art. 6), das Recht auf soziale Sicherheit (Art. 9), das Recht auf Schutz der Familie als natürliche Kernzelle der Gesellschaft (Art. 10, Art. 23), das Recht auf einen angemessenen Lebensstandard, der ausreichend Ernährung, Bekleidung und eine Unterkunft umfaßt (Art. 11), das Recht auf Gesundheit (Art. 12) sowie das Recht auf Bildung (Art. 13) von Bedeutung. Im vierten Teil des Paktes (Art. 16 - 25) wird ein Staatenberichtsverfahren eingeführt, das als Durchsetzungsmechanismus der im Pakt kodifizierten Rechte dient.[415]

Der IPWSKR sieht - anderes als der IPBPR - kein eigenes Kontrollorgan vor. Art. 16 IPWSKR überträgt die Prüfung der Staatenberichte dem Wirtschafts- und Sozialausschuß der VN.[416] Dies erwies sich jedoch als wenig sachdienlich, so daß im Jahr 1987 ein unabhängiger 18- köpfiger Expertenausschuß für wirtschaftliche, soziale und kulturelle Rechte eingesetzt wurde.[417] Dieser ist vor al-

---

412 ALSTON/QUINN, in: NEWMAN/WEISSBRODT, International Human Rights, S. 51, (52); KLEE, Progressive Verwirklichung; S. 56; KÜNZLI/KÄLIN, in: KÄLIN/MALINVERNI/NOWAK, (Hrsg.) Die UNO-Menschenrechtspakete, S. 105.

413 KÜNZLI/KÄLIN, in: KÄLIN/MALINVERNI/NOWAK, (Hrsg.) Die UNO-Menschenrechtspakete, S. 106.

414 KÜNZLI/KÄLIN, in: KÄLIN/MALINVERNI/NOWAK, (Hrsg.) Die UNO-Menschenrechtspakete, S. 105 ff. Ausführlich zu dieser Entwicklung und m. w. N. DIES., S. 105 ff.

415 Ausführlich dazu ALSTON, in: ALSTON (Hrsg.), UN and Human Rights, S. 473, (491 ff.); CRAVEN, ICESCR S. 57 ff., SIMMA, VRÜ 1992, S. 382, (390). Siehe zur Einführung eines Individualbeschwerdeverfahrens DOHMES-OCKENFELS, Arbeit und Bildung, S.72 ff. m.w.N.

416 Auch den UNO-Sonderorganisationen sowie der UNO-Menschenrechtskommission werden gewisse Befugnisse im Berichtsprüfungsverfahren eingeräumt.

417 Im Folgenden „der Ausschuß“. Siehe dazu ALSTON, in: HRQ 1987, S. 332 ff.; SIMMA, in: VASSILOUNI, Aspects of the protection, S. 75, (81 ff.).

lem für die Prüfung der Staatenberichte zuständig. Eine weitere wichtige Aufgabe des Ausschusses besteht darin, die im Pakt kodifizierten Rechte auszulegen. Die Auslegung erfolgt in Form von „Allgemeinen Bemerkungen". Diese veröffentlicht der Ausschuß regelmäßig im Zusammenhang mit seinen jährlichen Berichten.[418]

Der fünfte Teil (Art. 26 - 31) enthält schließlich die Schlußbestimmung.

Der IPWSKR bildet zusammen mit der Allgemeinen Erklärung der Menschenrechte[419], dem IPBPR und zahlreichen anderen Konventionen die Internationale Menschenrechtscharta.

Der Pakt enthält verschiedene Schrankenbestimmungen. Allerdings läßt nur die Formulierung von Art. 4 IPWKSR die Vorschrift als Schrankenbestimmung erkennen, da dieser von „Einschränkungen" spricht und die Voraussetzungen nennt. Danach können Rechte beschränkt werden, wenn sie auf gesetzlicher Grundlage erfolgen, mit der Natur der Rechte vereinbar sind und dazu dienen, das allgemeine Wohl einer demokratischen Gesellschaft zu fördern. Neben Art. 4 IPWKSR normiert auch Art. 5 IPWKSR eine Schrankenbestimmung.[420] Diese Bestimmung enthält eine Wesensgehaltsgarantie und schützt davor, daß die Ausübung der Rechte nicht gänzlich unmöglich gemacht wird.

Eine weitere Schrankenbestimmung ist Art. 2 IPWSKR. Auch diese Norm eröffnet den Vertragsstaaten die Möglichkeit, die unvollständige Verwirklichung der Rechte zu rechtfertigen. Nach Art. 2 Abs. 1 IPWSKR sind die Staaten nicht verpflichtet, die im Pakt normierten Recht unmittelbar zu verwirklichen, sondern nur progressiv.[421] Damit stellt sich die entscheidende Frage, welche Konsequen-

---

418 Siehe dazu ALSTON, in: ALSTON (Hrsg.), UN and Human Rights, S. 473, S. 494 ff.

419 Im Folgenden AEMR. Die AEMR vom 10.12.1948 legt die wichtigsten Menschenrechte fest. Viele dieser Rechte sind grundsätzlich auch für die Gestaltung von Aufnahmebedingungen für Asylbewerber zu beachten. Allerdings stellt die AMER kein verbindliches allgemeines Völkerrecht dar, denn sie ist als Deklaration der VN-Generalversammlung eine für die Mitgliedstaaten unverbindliche Empfehlung nach Art. 13 Abs. 1 lit. b VN-Charta (Charta der Vereinten Nationen vom 25. 6. 1945, Text: BGBl 1973 II, S. 431). Dennoch hat sie dazu beigetragen, daß heute zahlreiche in der AEMR normierten Menschenrechte in nachfolgenden, rechtlich verbindlichen Pakten aufgenommen wurden, BAUSBACK, BayVBl. 1999, S. 705, (705 ff.); KIMMINICH/HOBE, Einführung, S. 243; SHAW, Int. Law, S. 207.
Zudem zählen heute zahlreiche in der AEMR festgelegten Menschenrechte zum Völkergewohnheitsrecht. KIMMINICH/HOBE, Int. Law, S. 343; VERDROSS/SIMMA, Völkerrecht § 1234; unentschieden HAILBRONNER, in: VITZTHUM (Hrsg.), Völkerrecht, S. 236, Rn. 246.

420 Danach darf „keine Bestimmung dieses Paktes dahingehend ausgelegt werden, daß sie für einen Staat, eine Gruppe oder eine Person das Recht begründet, eine Tätigkeit auszuüben oder einen Handlung zu begehen, die auf die Abschaffung der in diesem Pakt anerkannten Rechte und Freiheiten oder auf weitergehende Beschränkungen dieser Rechte und Freiheiten, als in diesem Pakt hinzielt".

421 Art. 2 Abs. 1 IPWSKR lautet: „Jeder Vertragsstaat verpflichtet sich, einzeln und durch internationale Hilfe und Zusammenarbeit, insbesondere wirtschaftlicher und technischer Art, unter Ausschöpfung aller seiner Möglichkeiten, Maßnahmen zu treffen, um nach und

zen sich aus dieser nur progressiven Erfüllungspflicht der Vertragsstaaten ergeben.

Sinn und Zweck des Paktes ist es, durchsetzbare Verpflichtungen zu begründen und nicht bloß politische Programmsätze.[422] Auch der Ausschuß vertritt diese Ansicht. Die Möglichkeit der progressiven Verwirklichung der Rechte soll den Staaten nur dort den nötigen Ermessensspielraum geben, wo die Besonderheit einzelner Rechte dies erforderlich macht.[423] Die Verpflichtungen aus dem Pakt sind von den Vertragsstaaten so zügig und effektiv wie möglich zu erfüllen, wobei die ersten Schritte zur Verwirklichung der Rechte unmittelbar nach der Ratifizierung des Paktes zu unternehmen sind.[424]

In der Allgemeinen Bemerkung Nr. 3 stellt der Ausschuß fest, daß nicht alle Verpflichtungen, die sich aus dem Pakt ergeben, der progressiven Verwirklichung unterliegen.[425] Vielmehr soll für die Gruppe der wirtschaftlichen, sozialen und kulturellen Rechte die Pflicht zur progressiven Verwirklichung nur dann bestehen, wenn diese Rechte staatliche Leistungen erfordern, deren Verwirklichung in besonderem Maße von den bestehenden finanziellen Ressourcen der Staaten abhängen und diese dem betreffenden Staat nicht zur Verfügung stehen.[426] In diesem Zusammenhang spielt dann die Unterscheidung zwischen Leistungs- und Unterlassungspflichten auf Seiten des Staates eine entscheidende Rolle.

Um die Reichweite der Verpflichtungen der Staaten hinsichtlich der Realisierung der Rechte zu bestimmen, wurde eine Kategorisierung der Verpflichtungen

---

nach mit allen geeigneten Mitteln, vor allem durch gesetzgeberische Maßnahmen, die volle Verwirklichung der in diesem Pakt anerkannten Rechte zu erreichen."

422 CRAVEN, ICESCR, S. 106 ff.; NOWAK, in: KÄLIN/MALINVERNI/NOWAK, Die UNO-Menschenrechtspakete, S. 9 ff.; SCHEININ, in: EIDE/KRAUSE/ROSAS, ESCR 1995, S. 41 ff.; a.A. VIERDAG, in: NYIL 1978, S. 103.

423 Allgemeines Bemerkung des Ausschusses für wirtschaftliche, soziale und kulturelle Recht (im Folgenden „Ausschuß") Nr. 3, UN-Doc. E/C.12/1990/8, Annex III, § 9. Zu den Aufgaben des Ausschusses siehe CRAVEN, ICESCR, S. 42 ff. m.w.N.

424 Limburg Principles, HRQ 1987, S. 122, (125). Die Limburg Principles wurden von der International Commission of Jurists, dem Maastricht Centre for Human Rights of the University of Limburg (Niederlande) und dem Urban Morgan Insitute for Human Rights, College of Law, University of Cincinnati 1986 verabschiedet, Un Doc. E/CN.4/1987/17 Annex. Sie haben die Auslegung des allgemeinen Teils des Paktes maßgeblich beeinflußt. Auf der Grundlage der Limburg Principles hat der Ausschuß in seiner Dritten Bemerkung Art. 2 Abs. 1 IPWSK analysiert und Begriffsdefinitionen vorgenommen. 1997 wurden die Maastricht Guidelines verabschiedet, die das Ziel verfolgen, basierend auf den Limburg Prinziples die Natur und die Reichweite von Verletzungen von wirtschaftliche, sozialen und kulturellen Rechten sowie angemessene Antworten und remedies zu erarbeiten, abgedruckt in HRQ 1998, S. 691 ff., zu den Maastricht Guidelines siehe DANKWA/FLINTERMAN/LECKIE, HRQ 1998, S. 703 ff.

425 Allgemeines Bemerkung Nr. 3, Ziff. 1, UN-Doc. E/C.12/1990/8. Siehe auch Limburg Principles, HRQ 1987, S. 122, (124).

426 CRAVEN, ICESCR, S. 132; EIDE, in: EIDE/KRAUSE/ROSAS (Hrsg.), ESCR 1995, S. 36.

entwickelt.[427] Danach haben alle Menschenrechte drei Formen der staatlichen Verpflichtung zur Folge: Die Verpflichtung, sie zu respektieren, sie zu schützen und sie zu erfüllen.[428] Die Verpflichtung, die Rechte zu respektieren, erfordert in der Hauptsache das Unterlassen staatlicher Eingriffe, die in die Freiheit des einzelnen eingreifen. Die Verpflichtung die Rechte zu schützen, erfordert in der Regel den Erlaß von Schutzgesetzen, die zwischen Privatpersonen Anwendung finden. Schließlich erfordert die Verpflichtung, die Rechte zu erfüllen, daß der Staat die erforderlichen Maßnahmen unternimmt, um die Erfüllung der Bedürfnisse des einzelnen sicherzustellen, die dieser nicht durch seinen persönlichen Einsatz sicherstellen kann. Hierbei handelt es sich um Leistungspflichten des Staates.[429]

Im Rahmen dieser Kategorisierung wird deutlich, daß eine progressive Realisierung auf der Ebene des Respekts der Rechte nicht existiert, denn der Respekt der Rechte erfordert keine finanziellen Aufwendungen. Im Hinblick auf den Schutz der Rechte ist wohl auch davon auszugehen, daß diese keiner progressiven Verwirklichung unterliegen.[430] Lediglich die Erfüllung der Rechte unterliegt der progressiven Verwirklichung, denn hier geht es um die Verteilung staatlicher Ressourcen, bei denen den Staaten ein Ermessensspielraum zugestanden werden muß.[431] Eine Verpflichtung zur progressiven Erfüllung bedeutet allerdings nicht, daß den Vertragsstaaten ein uneingeschränktes Ermessen hinsichtlich der Verwirklichung der Rechte zukommt.[432] Kommt ein Vertragsstaat seiner Verpflichtung, Maßnahmen zur progressiven Realisierung der Rechte zu ergreifen nicht nach, so kann er sich allerdings grundsätzlich mit dem Hinweis auf mangelnde Ressourcen verteidigen.[433]

---

427 Einen wesentlichen Beitrag dazu leistete *Asbjörn Eide*, siehe dazu EIDE, in: EIDE/KRAUSE/ROSAS, (Hrsg.), ESCR 1995, S. 21 ff., DERS., HRLJ 1989, S. 35 ff.; vgl. auch KOCH, NQHR 2002, S. 29, (32 f.).

428 CRAVEN, ICESCR, S. 109; EIDE, in: EIDE/KRAUSE/ROSAS (Hrsg.), ESCR 1995, S. 37 f.; KÜNZLI/KÄLIN, in: KÄLIN/MALINVERNI/NOWAK, (Hrsg.) Die UNO-Menschenrechtspakete, S. 106 f.

429 Siehe dazu CRAVEN, ICESCR, S. 109, DOHMES-OCKENFELS, Arbeit und Bildung, S. 157 f.

430 Mit dem Argument der progressiven Verwirklichung sind nur temporäre Verzögerungen zu rechfertigen, die in einer Übergangsphase nach der Ratifikation des Paktes bei der Abschaffung bestehender Eingriffe in die Rechte auftreten, DOHMES-OCKENFELS, Arbeit und Bildung, S. 158.

431 CRAVEN, ICESCR; S. 113 ff.; KÜNZLI/KÄLIN, in: KÄLIN/MALINVERNI/NOWAK, (Hrsg.) Die UNO-Menschenrechtspakete, S. 106 f. Eng damit verbunden ist der Hinweis auf die internationale Hilfe und Zusammenarbeit, der allerdings rein deklaratorischer Natur ist, CRAVEN, ICESR, S. 149.

432 Siehe dazu Allgemeine Bemerkung Nr. 3, UN-Doc. E/C.12/1990/8, Annex III, § 9; ALSTON/QUINN, HRQ 1987, S. 156, (165 f.).

433 Die Berufung auf mangelnde Ressourcen wirft - auch in der Praxis - zahlreiche Fragen auf, siehe dazu ALSTON/QUINN, HRQ 1987, S. 156 ff.; CRAVEN, ICESCR, S. 136 ff.; DOHMES-OCKENFELS, Arbeit und Bildung, S. 160 ff.; Limburg Priciples, HRQ 1987, S.

Bei der Untersuchung der Richtlinienbestimmungen ist insofern zunächst festzustellen, welche Ebene betroffen ist. Nur für den Fall, daß die Ebene der Erfüllung betroffen ist, existiert die progressive Verpflichtung der Realisierung der Rechte und damit die Möglichkeit der Staaten, sich auf mangelnde Ressourcen zu berufen. Dies gilt jedoch dann nicht, wenn den Staatsangehörigen der Gemeinschaft die in Frage stehende Leistungen geboten werden. Werden erst einmal Leistungen gewährt, so würde eine Nichtgewährung an eine bestimmte Personengruppe - vorliegend an Asylbewerber - in ihre Rechte eingreifen. Dieser Eingriff berührt die Frage des in Art. 2 Abs. 2 IPWSKR normierten Diskriminierungsverbotes, so daß sich die Frage der progressiven Verwirklichung der Rechte nicht stellt.
Das Diskriminierungsverbot, normiert in Art. 2 Abs. 2 IPWSKR, ist akzessorisch und bezieht sich somit auf die im Pakt anerkannten Rechte.[434] Eine Diskriminierung liegt vor, wenn eine Ungleichbehandlung festgestellt wird, für die keine objektiven und vernünftigen Gründe bestehen. Eine Ungleichbehandlung ist dann gerechtfertigt, wenn sie ein legitimes Ziel verfolgt und die getroffenen Maßnahmen in einem angemessenen Verhältnis zum Ziel stehen. Bei der Frage, ob eine Maßnahme angemessen ist, kommt der Wesensgehaltsgarantie, normiert in Art. 5 IPWSKR, eine besondere Bedeutung zu, da sie davor schützt, daß die Ausübung des Rechts schlicht unmöglich gemacht wird.
Art. 4 IPWSKR und das Diskriminierungsverbot finden nebeneinander Anwendung. Dabei kann ein Prüfungsvorrang des Diskriminierungsverbotes darin gesehen werden, daß es Bestandteil einer Regelung über die Verwirklichung der Rechte ist, während durch Art. 4 die Verwirklichung der Recht dauerhaft verhindert werden kann.[435]

c. Das Übereinkommen über die Rechte des Kindes

Das Übereinkommen über die Rechte des Kindes wurde am 20.11.1989 von der Generalversammlung der Vereinten Nationen verabschiedet.[436] Die KRK ge-

---

122 ff.; KLEE, Progressive Verwirklichung, S. 122 m.w.N. In seiner 3. Allgemeinen Bemerkung hat der Ausschuß festgestellt, daß die Staaten verpflichtet sind, unabhängig von dem Stand ihrer wirtschaftlichen Entwicklung zumindest ein Minimum an wirtschaftlichen, sozialen und kulturellen Rechten sicherzustellen. Dieser sogenannte „Minimum Core Content" auf der Ebene der Erfüllung der Rechte kann allerdings auch die Problematik der Berufung auf mangelnde Ressourcen nicht lösen. Zudem ist die Bestimmung eines für alle Vertragsstaaten geltenden Mindestgehaltes sehr schwierig. Siehe dazu ausführlich KLEE, Progressive Verwirklichung, S. 182 ff. m.w.N.

434 CRAVEN, ICESCR, S. 177 ff.

435 DOHMES-OCKENFELS, Arbeit und Bildung, S. 249.

436 UN Doc. A/RES/44/25, in Kraft getreten am 02.09.1990. Die KRK ist das Übereinkommen mit dem meisten Vertragsstaaten. Alle Mitgliedstaaten der EU haben die KRK unterzeichnet. Vgl. Fundstellennachweis B, abgeschlossen am 31.12 eines jeden Jahres. Zur Entstehungsgeschichte der KRK siehe DORSCH, Rechte des Kindes, 1992; DETRICK, Con-

währt Kindern zahlreiche bürgerliche, politische, soziale, wirtschaftliche und kulturelle Rechte, die ihnen zum Teil bereits aufgrund bestehender Menschenrechtsinstrumente zustehen.[437] Daneben trägt das Abkommen dem besonderen Schutzbedürfnis von Kindern Rechnung. In Art. 3 Abs. 1 KRK wird das Wohl des Kindes umfassend zu einem vorrangig zu berücksichtigenden Gesichtspunkt bei allen Maßnahmen und Entscheidungen staatlicher oder privater Institutionen erhoben. Es ist vorrangig sowohl im Rahmen der Auslegung und Gewährleistung der in der KRK garantierten Rechte und Freiheiten zu beachten als auch bei der Abwägung kollidierender Rechtsgüter.[438] Das Übereinkommen definiert den Begriff „Kindeswohl" nicht. Dies erscheint allerdings vernünftig, denn die Faktoren, die das Kindeswohl ausmachen, sind abhängig von der jeweiligen Situation und den Umständen. Daher bedarf es einer gewissen Flexibilität und eines Ermessensspielraumes, um im Einzelfall das Kindeswohl gerecht bestimmen zu können.[439]

Das Übereinkommen findet nach Art. 2 Abs. 1 Anwendung auf alle Kinder, die der Hoheitsgewalt eines Vertragsstaates unterstehen. Ein Kind ist gemäß Art. 1 ein Mensch, der das achtzehnte Lebensjahr noch nicht vollendet hat, soweit die Volljährigkeit nach dem auf das Kind anzuwendenden Recht nicht früher eintritt. Damit unterfallen auch Asylbewerberkinder in den Anwendungsbereich der Konvention.

Im Hinblick auf die Aufnahmebedingungen für Asylbewerberkinder kommt zahlreichen Bestimmungen Relevanz zu. So sind insbesondere Art. 2 (Diskriminierungsverbot), Art. 9 und 18 Abs. 1 KRK (Familieneinheit des Kindes mit seinen Eltern), Art. 16 KRK (Schutz der Privatsphäre und der Familie), Art. 19 KRK (Schutz vor Gewaltanwendung), Art. 20 (staatliche Fürsorgepflicht), Art. 22 KRK (das Kind als Flüchtling), Art. 24 KRK (das Recht auf Gesundheit), Art. 26 KRK (das Recht auf soziale Sicherheit), Art. 27 KRK (das Recht auf einen angemessenen Lebensstandard), Art. 28 KRK (das Recht auf Bildung) und Art. 39 KRK (das Kind, das Opfer von Mißhandlung wurde) von Bedeutung.

Nach Art. 4 KRK sind die Vertragsstaaten verpflichtet, alle geeigneten Maßnahmen zur Verwirklichung der in der KRK normierten Rechte zu unternehmen.[440] Hinsichtlich der Verwirklichung der wirtschaftlichen, sozialen und kulturellen Rechte treffen die Vertragsstaaten geeignete Maßnahmen unter Ausschöpfung ihrer verfügbaren Mittel. Damit kann im Hinblick auf die Verwirkli-

---

vention 1994.

437 VAN BUREN, Rights of the Child, S. 16.

438 Siehe hierzu ALSTON, in: ALSTON (Hrsg.), The best interest of the Child S. 1 ff., 15 f., VAN BUREN, Rights of the Child, S. 46 ff.

439 CARONI, Privat- und Familienrecht, S. 74; VAN BUREN, Rights of the Child, S. 47 ff.

440 Die Frage, inwiefern die KRK neben der reinen Staatenverpflichtung auch unmittelbar anwendbare Rechte enthält, die direkt anwendbar sind, ist sehr umstritten innerhalb der einzelnen Vertragsstaaten, siehe dazu m.w.N. CARONI, Privat- und Familienrecht, S. 73 ff. Für Deutschland, siehe PETER, ZAR 2002, S. 144 ff., siehe insbesondere Fn. 15 m.w.N.

chung der wirtschaftlichen, sozialen und kulturellen Rechte auf die im Rahmen des IPWSKR gemachten Ausführungen verwiesen werden.

4. Völkergewohnheitsrecht und allgemeine Rechtsgrundsätze

Völkergewohnheitsrecht entsteht durch die von einer Rechtsüberzeugung getragene internationale Übung der Rechtssubjekte, in erster Linie Staaten.[441] Damit weist der Begriff des Gewohnheitsrechts zum einen das Merkmal der allgemeinen Übung und zum anderen das Merkmal der Anerkennung der Übung als Recht auf.[442]
Das Bestehen universellen Völkergewohnheitsrechts setzt voraus, daß grundsätzlich kein Staat gegen einen bestimmten Rechtssatz vor dessen Verfestigung protestiert hat oder diesen Rechtssatz in ständiger Praxis nicht verfolgte.[443] Fraglich ist, ob Elemente der Rechtsstellung des Asylbewerbers, die hinsichtlich der Regelung der Aufnahmebedingungen zu beachten sind, im universellen Völkergewohnheitsrecht enthalten sind.
Die Rechtsstellung der Ausländer, die sich auf seinem Hoheitsgebiet aufhalten, regelt jeder Staat in seiner eigenen Rechtsordnung. Eine von jedem Staat geregelte Kategorie des Ausländerrechts betrifft die Rechte und Pflichten der Ausländer auf dem eigenen Hoheitsgebiet.[444] Dabei sind die Staaten verpflichtet, das völkerrechtliche Fremdenrecht zu beachten. Dieses ergibt sich zum einen aus den soeben dargestellten multilateralen Verträgen mit universalen Geltungskreis oder regionalen Geltungskreisen. Zum anderen besteht aber auch ein völkergewohnheitsrechtlicher, internationaler Mindeststandard des Fremdenrechts, den alle Staaten unbeschadet von ihren vertraglichen Verpflichtungen völkergewohnheitsrechtlich zu beachten haben.[445]

---

441 IPSEN, Völkerrecht, S. 183, Rn. 2; KIMMINICH/HOBE, Einführung, S. 178. Für eine ausführliche Darstellung der Elemente und der Entstehung von Völkergewohnheitsrecht, IPSEN, Völkerrecht, S. 183 ff.

442 IPSEN, Völkerrecht, S. 183, Rn. 2. Die Übung muß von einer gewissen Dauer, Einheitlichkeit und Verbreitung sein. Die Anerkennung der Übung als Recht kann auf unterschiedliche Weisen erfolgen, IPSEN, Völkerrecht, S. 185 ff.

443 BLECKMANN, Völkerrecht, S. 75, Rn. 199. Der Widerspruch eines Staates („persistant objector") führt dazu, daß dieser Staat nicht an den jeweiligen Rechtssatz des Völkergewohnheitsrechts gebunden ist. Allerdings wird dadurch nicht die Bildung eine Völkerrechtssatzes des Völkergewohnheitsrechts, an den alle Staaten gebunden sind, ausgeschlossen, BLECKMANN, Völkerrecht, S. 75, Rn. 199.

444 IPSEN, Völkerrecht, S. 704 f. Daneben regeln die Staaten grundsätzlich die Einreise von Ausländern in das eigene Hoheitsgebiet sowie ihre Ausweisung aus dem eigenen Hoheitsgebiet. Besonderheiten gelten grundsätzlich für Diplomaten, Angehörige von Streitkräften sowie für Staatsoberhäupter, IPSEN, Völkerrecht, S. 705.

445 IPSEN, Völkerrecht, S. 707.

Betrachtet man die Staatenpraxis und die multilateralen Menschenrechtsverträge der Menschenrechtsdeklaration, welche die Rechtsüberzeugung der Staaten widerspiegeln, dann ist folgende Feststellung möglich:
Zum Mindeststandard gehört zum einen, daß ein Ausländer Träger von Rechten und Pflichten sein kann. Weiterhin zählt das Recht auf Leben, körperliche Unversehrtheit und Sicherheit der Person dazu. Zudem sind die Staaten verpflichtet, dem Ausländer Gleichheit vor dem Gesetz und Gericht einschließlich eines geordneten Verfahrens und rechtlichen Gehörs zu garantieren. Die Staaten sind gewohnheitsrechtlich verpflichtet, Ausländern, die sich auf ihrem Territorium befinden, diese grundlegenden Rechte zu gewährleisten.[446] Dies gilt damit auch grundsätzlich für Asylbewerber. Daß es sich bei diesem Mindeststandard nur um sehr elementare Rechte handelt, ist bezeichnend für das universelle Völkergewohnheitsrecht, da nur hinsichtlich des kleinsten gemeinsamen Nenners ein universaler Konsens besteht.
Aufgrund der Entwicklung des internationalen Menschenrechtsschutzes seit dem Ende des zweiten Weltkriegs ist das Fremdenrecht heute in den meisten Bereichen überflüssig geworden ist. Es entfaltet nur noch für die Staaten eine Bedeutung, die nicht Vertragsparteien der internationalen Menschenrechtsverträge sind.[447] Insofern ist das völkergewohnheitsrechtliche Fremdenrecht in der Praxis für die Europäische Gemeinschaft kaum relevant, da alle Mitgliedstaaten den hier bedeutsamen Menschenrechtspaketen beigetreten sind.

Die allgemeine Rechtsgrundsätze stellen nach Art. 38 Abs. I lit. c des Statuts des Internationalen Gerichtshofs (IGH) neben dem Völkervertragsrecht und dem Völkergewohnheitsrecht die dritte Rechtsquelle des Völkerrechts dar.[448] Bei den allgemeinen Rechtsgrundsätzen handelt es sich um anerkannte Rechtsprinzipien, die in den meisten nationalen Rechtsordnungen von grundlegender Bedeutung sind und die nicht in einem völkerrechtlichen Rechtserzeugungsverfahren entstanden sind.[449]

---

[446] IPSEN, Völkerrecht S. 706 f., VERDROSS/SIMMA, Völkerrecht, S. 801 ff.

[447] BLECKMANN, Völkerrecht, S. 281, Rn. 873.

[448] Ausführlich zu den allgemeinen Rechtsgrundsätzen sowie m.w.N., IPSEN, Völkerrecht, S. 198 ff.

[449] IPSEN, Völkerrecht, S. 198 f. Die allgemeinen Rechtsgrundsätze nach Art. 38 Abs. I, lit. c IGH-Statut sind nicht mit den allgemeinen Grundsätzen des Völkerrechts zu verwechseln, die der Rechtsquelle des Völkergewohnheitsrechts zuzuordnen sind. Zu den allgemeinen Rechtsgrundsätzen zählen z.B. einige Prinzipien der völkerrechtlichen Haftung und der ungerechtfertigten Bereicherung. Die Anwendung allgemeiner Rechtsgrundsätze ist gegenüber der Anwendung der anderen beiden Quellen des Völkerrechts subsidiär. Heute kommt den allgemeinen Rechtsgrundsätzen nur noch eine geringe Bedeutung zu. Hauptgrund hierfür ist, daß viele Prinzipien die ehemals als allgemeine Rechtsgrundsätze Anwendung fanden, inzwischen als Vertrags- oder Gewohnheitsrecht gelten, IPSEN, Völkerrecht S. 199 ff.

Es liegt kein zu beachtender, allgemeiner Rechtsgrundsatz hinsichtlich der Regelung der Aufnahmebedingungen von Asylbewerbern vor.

5. *Akte internationaler Organisationen*

Internationale Organisationen können verbindliche Rechtsnormen durch Beschlüsse erzeugen, vorausgesetzt, daß ihnen die Kompetenz dazu übertragen wurde. Deklarationen und Resolutionen, Empfehlungen, Erklärungen oder Stellungnahmen von internationalen Organisationen, wie beispielsweise vom UNHCR-EXCOM[450] oder Allgemeine Bemerkungen des Ausschusses zählen nicht dazu, da ihnen kein völkervertraglicher Charakter zukommt.[451] Sie stellen vielmehr sogenanntes soft-law dar, das heißt Normen, auf die sich nicht vor internationalen Gerichten berufen werden kann.[452] Soft-law wird als ein Instrument der internationalen Zusammenarbeit betrachtet. Es verfolgt das Ziel einer Anbindung des Adressaten an eine Norm, um so dem endgültigen Ziel einer umfassenden Rechtsverpflichtung näher zu kommen.[453]
Damit werden Entschließungen, Empfehlungen, Allgemeine Bemerkungen etc., welche Kriterien für Aufnahmebedingungen von Asylbewerbern betreffen, als Auslegungshilfen und als Orientierung für Verbesserungsvorschläge im Rahmen der Bewertung der einzelnen Bestimmungen der Richtlinien - ihrer rechtlichen Bedeutung entsprechend - herangezogen.

II. Die Bindung der Gemeinschaft an das Völkerrecht

1. *Die Bindung an die völkerrechtlichen Abkommen*

Die soeben aufgezählten Abkommen sind völkerrechtliche Abkommen, denen ausschließlich die Mitgliedstaaten beigetreten sind.[454] Fraglich ist, ob und gegebenenfalls inwieweit sie eine Bindungswirkung für die Gemeinschaft entfalten.
Wie bereits an anderer Stelle erwähnt, ist der Verweis auf die „anderen einschlägigen Verträge" in Art. 63 Abs. 1 EGV ein Bekenntnis der Mitgliedstaaten,

---

450 EXCOM steht für Executive Committee. Es agiert als Führungsgremium des UNHCR. Siehe zum UNHCR-EXCOM, TÜRK, Flüchtlingshochkommissariat, S. 98 ff.

451 MAAßEN, Rechtsstellung, S. 29.

452 KIMMINICH/HOBE, Einführung, S. 192. Zur der Problematik der Charakterisierung des soft-laws siehe, KIMMINICH/HOBE, Einführung, S. 192 ff., m.w.N.

453 KIMMINICH/HOBE, Einführung, S. 194. Wiederholtes Handeln im Sinne des soft-law kann dazu führen, daß sich eine Rechtsüberzeugung bildet, so handeln zu müssen und sich damit das soft-law zum Gewohnheitsrecht entwickelt, SEIDL-HOHENVELDERN, Völkerrecht, S. 106.

454 Das Verhältnis vorgemeinschaftlicher Abkommen der Mitgliedstaaten zum EGV regelt Art. 307 EGV.

ihren aus den internationalen Abkommen resultierenden Verpflichtungen nachzukommen. Diese Bestätigung wäre allerdings überflüssig, wenn sich nicht eine Verpflichtung für die Gemeinschaft daraus ergeben würde. Zunächst ist nochmals festzuhalten, daß eine unmittelbare Bindung der Gemeinschaft an die völkerrechtlichen Abkommen nicht aus einer Verpflichtung, welche die Gemeinschaft im Rahmen des Völkerrechts eingegangen ist, herrührt. Insofern muß die Verpflichtung mit Hilfe der im primären Gemeinschaftsrecht enthaltenen Verpflichtungen ausgelegt werden.
Wie bereits erörtert, achtet die Union nach Art. 6 Abs. 2 EUV die Grundrechte, wie sie in der EMRK gewährleistet werden und wie sie sich aus der gemeinsamen Verfassungsüberlieferung der Mitgliedstaaten als allgemeine Grundsätze des Gemeinschaftsrechts ergeben. Der EuGH fügt die Grundrechte über die allgemeinen Rechtsgrundsätze ins Gemeinschaftsrecht ein und nutzt dafür als Erkenntnisquelle die Verfassungen der Mitgliedstaaten und die EMRK.
Im Hinblick auf den IPBPR, den IPWSKR und die KRK verweist die relevante Bezugnahme in Art. 63 Abs. 1 EGV nicht gleichzeitig auf die Rechtsordnungen der Mitgliedstaaten. Demzufolge sind die einschlägigen Bestimmungen dieser Abkommen auf Fälle des Gemeinschaftsrechts anwendbar, unabhängig davon, ob die Bestimmungen Prinzipien verkörpern, die in allen Rechtsordnungen der Mitgliedstaaten verankert sind.[455]
Wie auch die Bezugnahme auf die EMRK in Art. 6. Abs. 2 EUV impliziert der Verweis in Art. 63 Abs. 1 EGV auf „andere einschlägigen Verträge", daß die in diesen Verträgen enthaltenden Individualrechte den hierarchischen Rang von primärem Gemeinschaftsrecht teilen.[456] Konsequenterweise können sie damit auch nur zur richterlichen Überprüfung von Gemeinschaftsmaßnahmen herangezogen werden. Im Hinblick auf die EMRK hat der EuGH festgestellt, daß es nicht seine Aufgabe ist, zu überprüfen, ob die Mitgliedstaaten die EMRK innerstaatlich beachten. Dieses Ergebnis ist auch auf andere völkerrechtliche Abkommen übertragbar.
Hinsichtlich der EMRK wurde festgestellt, daß sie nur mittelbar Anwendung findet als Bestandteil der allgemeinen Rechtsgrundsätze des Gemeinschaftsrechts. Die allgemein Rechtsgrundsätze dienen unter anderem auch der Herleitung von konkludenten Schranken.[457]
Nichts anderes gilt für die völkerrechtlichen Verträge. Der Hinweis auf die einschlägigen anderen Verträge schreibt einen bestimmten Standard für die Gemeinschaftsmaßnahmen auf der Grundlage von Art. 63 Abs. 1 EGV vor.[458] Die Gemeinschaft bekennt sich damit verbindlich zu den völkerrechtlichen Asyl-

---

455 HAILBRONNER, Immigration and Asylum Law, S. 40, 46.
456 HAILBRONNER, Immigration and Asylum Law, S. 40, 46.
457 HAILBRONNER, Immigration and Asylum Law, S. 43.
458 HAILBRONNER, Immigration and Asylum Law, S. 43, 46; WIEDMANN, in: SCHWARZE (Hrsg.), EU-Kommentar, Art. 63, Rn. 5.

grundsätzen, die integraler Bestandteil der Harmonisierungsbestrebungen sind.[459]

Art. 63 Abs. 1 ist als eine selbstauferlegte Beschränkung der gemeinschaftlichen Kompetenz im Hinblick auf Asylmaßnahmen zu verstehen.[460] Diese Selbstbeschränkung verfolgt im Zweifel auch den Zweck, einen potentiellen Konflikt zu verhindern, der entstehen kann, wenn eine Gemeinschaftsmaßnahme gegen ein oder mehrere Normen eines völkerrechtlichen Abkommens verstößt und die Mitgliedstaaten dadurch in die mißliche Lage geraten, völkerrechtswidrig zu handeln, wenn sie das Gemeinschaftsrecht anwenden, aber auch wenn sie es unangewendet lassen.

Somit beschränkt sich die Zuständigkeit des EuGH darauf zu entscheiden, ob die Gemeinschaftsorgane die von den Menschenrechtsverträgen festgelegten Grenzen im Hinblick auf die Behandlung von Flüchtlingen bzw. Asylbewerbern überschritten haben. Der Gerichtshof ist in keinem Fall berechtigt, darüber zu befinden, ob die Mitgliedstaaten in Übereinstimmung mit ihren völkerrechtlichen Pflichten agieren oder nicht.[461]

Die Verpflichtung der Gemeinschaft wird nochmals durch die Formulierung des Art. 63 Abs. 3 und 4 EGV verdeutlicht. Art. 63 Abs. 1 nimmt ausdrücklich Bezug auf „einschlägige andere Verträge". Im Unterschied dazu enthält Art. 63, Abs. 3 und 4 EGV, betreffend einwanderungspolitische Maßnahmen, solch einen Hinweis nicht. Vielmehr heißt es dort, daß „Maßnahmen, die vom Rat nach Nummer 3 und 4 beschlossen worden sind, die Mitgliedstaaten nicht daran hindern, in den betreffenden Bereichen innerstaatliche Bestimmungen beizubehalten oder einzuführen, die mit diesem Vertrag und mit internationalen Übereinkünften vereinbar sind". Danach können die Mitgliedstaaten innerstaatliche Vorschriften beibehalten, wenn diese mit den internationalen Verpflichtungen, die der betreffende Mitgliedstaat eingegangen ist, konform sind. Diese unterschiedliche Formulierung hat zur Folge, daß die Gemeinschaft an die betreffenden völkerrechtlichen Abkommen nicht gebunden ist. Es besteht nur eine Bindung der Mitgliedstaaten an die von ihnen ratifizierten völkerrechtlichen Verträge unter Beachtung nationaler Vorbehaltserklärungen, sofern diese völkerrechtskonform sind.[462]

Damit ist allerdings noch nicht die Frage beantwortet, in welchem Maß die völkerrechtlichen Verträge die Gemeinschaft binden. Der EuGH ist - wie oben ausgeführt - bei der Interpretation der EMRK autonom. Dies gilt auch im Hinblick auf die völkerrechtlichen Abkommen. Wenn der EuGH einzelne völkerrechtliche Normen auszulegen hat, dann sollte er ebenfalls die jeweiligen nationalen Auslegungen berücksichtigen. Dabei wird dann zu beachten sein, daß die völkerrechtlichen Normen den Vertragsstaaten in der Regel einen großen Ermessens-

---

459 KLOS, Europäische Migrationspolitik, ZAR 2000, S. 202, (208).

460 HAILBRONNER, Immigration and Asylum Law, S. 43, 46.

461 HAILBRONNER, Immigration and Asylum Law, S. 40, 43, 46.

462 Siehe ausführlich dazu HAILBRONNER, Immigration and Asylum Law, S. 46 f.

spielraum hinsichtlich der Auslegung belassen. Es bleibt zu wünschen, daß sich der EuGH nicht nur an den restriktivsten Auslegungen orientiert, sondern vielmehr auch liberalere Auslegungen in seine Entscheidungsfindung miteinfließen läßt.
Bei der Untersuchung der einzelnen Bestimmung der Richtlinie im Hinblick auf die Völkerrechtskonformität werden die Verpflichtungen der Vertragsstaaten unabhängig von nationalen Vorbehaltserklärungen untersucht. Die gefunden Ergebnisse sind dann auf die Gemeinschaft übertragbar.
Es besteht somit eine Bindung der Europäischen Gemeinschaft, die in den völkerrechtlichen Verträgen enthaltenen Standards zu achten. Diese Bindung resultiert alleine aus dem Gemeinschaftsrecht.[463] Dabei erfolgt eine Beschränkung auf die völkerrechtlichen Verträge, die alle Mitgliedstaaten ratifiziert haben. Die Richtlinie muß demnach auch in Übereinstimmung mit den auf Asylbewerber anwendbaren, in völkerrechtlichen Abkommen normierten Vorschriften stehen.

2. *Die Bindung der Gemeinschaft an das Völkergewohnheitsrecht*

Schließlich ist noch auf die Bindungswirkung, die das Völkergewohnheitsrechts für die Europäische Gemeinschaft erzeugt, einzugehen.[464] Die Europäische Gemeinschaft ist ein Völkerrechtssubjekt, das durch einen völkerrechtlichen Vertrag gegründet wurde (Art. 281 EGV). Sie ist völkerrechtsfähig. Das heißt also, sie hat die Fähigkeit, Trägerin von völkerrechtlichen Rechten und Pflichten zu sein.[465] Daraus folgt die Bindung an die Regeln des allgemeinen Völkerrechts, insbesondere des Völkergewohnheitsrechts, soweit diese nach ihrem Wesen auf die Gemeinschaft anwendbar sind.[466] Der EuGH hat in ständiger Rechtssprechung festgestellt, daß die für die Gemeinschaft verbindlichen Regeln des allgemeinen Völkerrechts - und damit insbesondere des Völkergewohnheitsrechts - Bestandteil der Rechtsordnung der Gemeinschaft sind, ohne daß es eines gemeinschaftsrechtlichen Transformationsaktes oder Anwendungsbefehls bedürfte.[467] Damit gelten die völkerrechtlichen Regeln in der EU als solche, sprich als Völkerrecht. Sie sind allerdings auch insoweit Bestandteil des Gemeinschaftsrechts, als daß sie als Völkerrecht in der Gemeinschaft gelten und für die Organe

---

463 SCHMALENBACH, in: CALLIESS/RUFFERT (Hrsg.), EUV/EGV, Art. 307, Rn. 20.
464 Siehe ausführlich zu der Frage, welche Rolle dem Völkerrecht im System des europäischen Gemeinschaftsrechts zukommt, EPINEY, EuZW 1999, S. 5 ff.
465 Statt vieler SIMMA/VEDDER, in: Grabitz/Hilf, Das Recht der EU, Band II, Art. 281, Rn. 12.
466 EPINEY, EuZW 1999, S. 5, (5); KOENIG/HARATSCH, Europarecht, S. 84.
467 EuGH Urteil v. 16.06.1998, RS. C-162/96, (*A. Racke GmbH & Co./Hauptzollamt Mainz*), Slg. I-3655, S. 3704; EuZW 1998, S. 649 Rn. 45 f.; EuGH Urteil vom 10.09.1996, RS. C-61/94 (*Internationale Übereinkunft über Milcherzeugnisse*), Slg. 1996, I-4006, S. 4015 f., Rn. 30 ff.

und die Mitgliedstaaten in gleicher Weise verbindlich sind wie sonstige Normen des Gemeinschaftsrechts.[468]

Damit muß die EG, die hinsichtlich der Regelung der Aufnahmebedingungen für Asylbewerber nun die Kompetenz besitzt, beim Erlaß von Sekundärrecht auch das völkergewohnheitsrechtliche Fremdenrecht beachten. Eine künftige Richtlinie zur Regelung der Aufnahmebedingungen muß somit in Einklang mit dem völkergewohnheitsrechtlichen Fremdenrecht stehen.

[468] EPINEY, EuZW 1999, S. 5, (6).

Zweiter Teil: Die Untersuchung der Richtlinie und der bestehenden Aufnahmebedingungen in den Mitgliedstaaten sowie die Auswirkungen auf diese durch die Richtlinie.

A. Grundlagen

Ziel und Herausforderung der europäischen Politik hinsichtlich der Aufnahme von Asylbewerbern wird nicht nur die Harmonisierung der verschiedenen Regelungen und Aufnahmepraktiken sein. Daneben muß auch die Sicherung der humanitären Werte gegenüber einer zunehmenden Tendenz in den Mitgliedstaaten, sich auch im Bereich der Aufnahmepolitik nur auf den kleinsten gemeinsamen Nenner zu einigen und die Kostenersparnis sowie den Ausschluß von Asylbewerbern aus der Gastgesellschaft in den Vordergrund der Bemühungen zu stellen, stehen.
Der zweite Teil der Arbeit soll - wie bereits in der Einführung erwähnt - zu zweierlei Erkenntnissen führen: Zum einen, ob die Richtlinie mit dem Völkerrecht konform ist und zum anderen, wie sie sich auf die bestehenden Aufnahmebedingungen in Deutschland, Österreich und Spanien auswirkt. Am Ende steht eine kritische Bewertung der Richtlinie. Soweit aus rechtlichen Gründen sowie aus Zweckmäßigkeitserwägungen Änderungen für erforderlich gehalten werden, werden Verbesserungsvorschläge vorgenommen.

Zunächst werden einige grundsätzliche Ausführungen zur Rechtsnatur und der Wirkungsweise einer Richtlinie gemacht. Dabei wird insbesondere auf die Kompetenzausübungsschranke des Art. 5 EGV eingegangen.
Nach einem Überblick über den Aufbau, die Bestimmungen und den Anwendungsbereich der Richtlinie folgt die Darstellung der wichtigsten nationalen Gesetzes, welche die Aufnahmebedingungen für Asylbewerber in den einzelnen Mitgliedstaaten regeln sowie die Grundzüge der jeweiligen nationalen Asylverfahren. So wird deutlich, welche Asylbewerber in das reguläre Asylverfahren aufgenommen werden, da im folgenden Rechtsvergleich nur die Aufnahmebedingungen im Rahmen dieses Verfahrens verglichen werden.
Die Informationen über die Asylverfahren und die Aufnahmebedingungen wurden in erster Linie den nationalen Gesetzen entnommen, sofern diese in deutsch, englisch, französisch oder spanisch zugänglich waren. Ansonsten stammen die Informationen hauptsächlich - unter Berücksichtigung zwischenzeitlicher Änderungen - aus vier verschiedenen, die nationalen Aufnahmebedingungen der Mitgliedstaaten vergleichenden Studien.[469]

---

[469] Ein internationaler Vergleich der Aufnahmebedingungen der Mitgliedstaaten ist durch die starke Reformtätigkeit in diesem im Bereich grundsätzlich nur für kurze Zeit auf dem neusten Stand. Zudem differiert die Umsetzungspraxis oft erheblich von den gesetzlichen Vorgaben. Hinzu kommt, daß die nationalen Sozialsysteme sehr unterschiedlich ausge-

Eine Studie wurde vom UNHCR durchgeführt und im Juli 2000 unter dem Titel „Reception standards for asylum seekers in the European Union“ veröffentlicht. Im Zweiten Teil dieser Studie werden die Aufnahmebedingungen für Asylbewerber in den fünfzehn europäischen Mitgliedstaaten miteinander verglichen. Die Informationen stammen von Untersuchungen, die von nichtstaatlichen Organisationen durchgeführt wurden sowie aus Berichten der verschiedenen Regierungen, die von den regionalen UNHCR Büros in den Mitgliedstaaten ergänzt wurden.[470]
Eine weitere Studie wurde vom Danish Refugee Council[471] durchgeführt. Im Mai 2000 wurde sein Bericht „Legal and Social Conditions for Asylum Seekers and Refugees in Western European Countries“ veröffentlicht. Unter anderem werden die asylrechtlichen Bestimmungen und die sozialen Bedingungen für Asylbewerber in den Mitgliedstaaten der Union verglichen.[472] Die Informationen für diesen Bericht stammen hauptsächlich von nationalen Flüchtlingsorganisationen.[473]
Bei der dritten Studie handelt es sich um eine Studie von PLS Ramboll Management aus dem Jahr 2000. PLS Ramboll, eine dänische Unternehmensberatung, wurde von der Europäischen Kommission beauftragt, eine Studie zu erstellen, die den rechtlichen Rahmen und die administrative Praxis der Mitgliedstaaten im Hinblick auf die Aufnahme von Personen, die um internationalen Schutz ersuchen, untersucht.[474] Diese Studie wurde von der Kommission bei der Ausarbeitung ihres Vorschlags herangezogen. Sie wurde unabhängig erstellt.[475] Die Hauptinformationsquellen für diese Untersuchung waren zum einen von PLS Ramboll entwickelte Fragebögen, die an Asylbehörden in den Mitgliedstaaten geschickt wurden, persönliche Interviews mit Experten auf dem Gebiet der Asylpolitik, Wissenschaftlern und Mitarbeitern von Nichtregierungsorganisatio-

---

staltet sind

470 UNHCR, Teil 1, S. 2.

471 Im Folgenden DRC.

472 Der Bericht vergleicht zudem auch die sozialen Bedingungen für anerkannte Flüchtlinge sowie Personen, die aus humanitären Gründen temporär Aufnahme finden. Weiterhin untersucht der Bericht auch die Situation in Norwegen, in der Schweiz, in Island und auf Malta.

473 DRC, Preface to the fourth report on legal and social conditions for Asylum seekerss and Refugees, S. 1 f.

474 Die Studie trägt den Titel: DG (Directorate General) for Justice and Home Affairs - Study on the legal framework and administrative practices in the Member States of the European Communities regarding reception conditions for persons seeking international protection. Sie ist in zwei Teile unterteilt: Final Report A: Comparative analysis of reception conditons for persons seeking protection in the Member States of the European Union und Final Report B: Reception conditions for persons seeking protection in the Member States of the European Union - 15 country profiles.

475 Damit spiegeln die Ergebnisse dieser Studie nicht unbedingt die Position der Kommission wider, Final Report A, S. 2.

nen[476] und Informationen, die bei Besuchen in den Mitgliedstaaten gesammelt wurden.[477] Auch den Mitgliedstaaten wurde die Möglichkeit einer Stellungnahme gegeben.[478]

Die vierte Studie stammt vom Schweizerischen Forum für Migrationsstudien von EFIONAYI-MÄDER. Dabei handelt es sich um den Forschungsbericht Nr. 14 aus dem Jahr 1999 mit dem Titel „Sozialhilfe für Asylsuchende im europäischen Vergleich, Dänemark, Deutschland, Frankreich, Großbritannien, Niederlande, Italien, Österreich, Schweiz, Spanien." In dieser Studie wird, basierend auf Interviews mit verantwortlichen Beamten, leitenden Vertreter von Flüchtlingsorganisationen etc. sowie unter Heranziehung der nationalen Gesetze, Verwaltungsnormen und ähnlicher Dokumente, der Umfang der Unterstützung, welche die zuvor genannten Staaten Asylbewerbern gewähren, verglichen.

Wie bereits in der Einführung erwähnt, haben inzwischen alle Mitgliedstaaten besondere öffentliche Strukturen für die Aufnahme und die Betreuung Asylsuchender während des Anerkennungsverfahrens entwickelt. Allerdings sind diese in den einzelnen Ländern hinsichtlich ihrer rechtlichen Grundlagen, ihrer Ausgestaltung mit finanziellen Mitteln und ihrer Infrastruktur teilweise sehr unterschiedlich ausgestaltet.[479]

Am deutlichsten lassen sich zwei Aufnahmesysteme differenzieren. Zum einen die Aufnahmesysteme, die sich durch eine flächendeckende staatliche Fürsorge während der gesamten Dauer des regulären Verfahrens auszeichnen. Zum anderen die, wo eine staatliche Fürsorge teilweise zwar besteht, die Asylbewerber aber entscheidend auf die Unterstützung durch NRO, Kirchen und andere karitative Einrichtungen angewiesen sind. Neben diesen beiden Aufnahmesystemen gibt es auch Mitgliedstaaten, in denen eine staatliche Fürsorge besteht, der Staat aber nicht umfassend tätig wird, sondern mit NRO zusammenarbeitet, um etwaige Versorgungslücken zu schließen. Diese drei bestehenden Aufnahmesysteme haben auch die Auswahl der Länder, die schwerpunktmäßig behandelt werden, bestimmt.

Aus der Kategorie der flächendeckenden staatlichen Fürsorge wurde Deutschland ausgewählt. Das Aufnahmesystem, welches sich durch eine Kooperation des Staates mit NRO[480] auszeichnet, wird am Beispiel von Spanien dargestellt.

---

476 Im Folgenden NRO.

477 Final Report A, S. 8.

478 Alle Länder bis auf Frankreich und Großbritannien äußerten sich zu den Entwürfen von PLS RAMBOLL, Final Report A, S. 6.

479 EFIONAYI-MÄDER, ASYL 1999, S. 16, (17).

480 Bei diesen nichtstaatlichen internationalen Organisationen (oft findet man auch nur den englischen Begriff „non-governmental organizations") handelt es sich in der Regel um auf privatrechtlicher Grundlage autonom organisierte, international zusammengesetzte, oft weltweit agierende Vereinigungen privaten Charakters. Gemäß Art. 71 UN-Charta kann der UN- Wirtschafts- und Sozialrat (ECOSOC) mit nichtstaatlichen Internationalen Organisationen zwecks Konsultation Abmachungen treffen. Insofern besitzen sie partielle

Österreich dient als Schwerpunktland für die Darstellung des Aufnahmesystems, in dem der Staat keine umfassend Unterstützung bietet und die Asylbewerber auf die Hilfe von NRO, Kirchen und anderen karitativen Einrichtungen angewiesen sind.
In Deutschland werden im Vergleich zu den anderen Mitgliedstaaten noch immer mit die meisten Asylanträge gestellt.[481] Zudem hat in Deutschland, wie in vielen nordeuropäischen Staaten, der Staat eine dominante Rolle im Bereich der öffentlichen Fürsorge und bildet ein typisches Beispiel für die Kategorie der flächendeckenden staatlichen Fürsorge.[482] In Deutschland wird die Aufnahme durch Bundesgesetze[483] - und damit landeseinheitlich - geregelt. Allerdings besteht ein Handlungsspielraum der Länder, so daß die Leistungs- und Unterkunftsformen beziehungsweise -standards von den Ländern oder direkt von den Kommunen bestimmt werden. Zudem fällt das Schulwesen in die Kompetenz der Länder. Falls länderrechtliche Normen eine Rolle spielen, beschränkt sich die Untersuchung auf die Situation im Bundesland Bayern. Grundsätzlich wird nur auf die Situation derjenigen Asylbewerbern eingegangen, die bereits in Gemeinschaftsunterkünften oder in privaten Wohnungen leben. Außer acht bleibt des weiteren die sozial-rechtliche Stellung derjenigen Asylbewerber, die Leistungen nach dem Bundessozialhilfegesetz beziehen.[484]

Spanien hat sich seit dem Tod des Diktators Francisco Franco im Jahr 1975 von einem typischen Auswanderungsland zu einem Land gewandelt, das für Asylbewerber attraktiv geworden ist. Dies liegt vor allem an seiner geographischen Lage sowie an der engen historischen und wirtschaftlichen Bindung an Südamerika.[485] Spanien bildet ein gutes Beispiel dafür, wie die südeuropäischen Mitgliedstaaten einer für sie relativ neuen Herausforderung begegnen. Es kann da-

---

Völkerrechtsfähigkeit, GRAF VITZTHUM, in: GRAF VITZTHUM (Hrsg.), S. 17 f., Rn. 21, insbes. auch Fn. 40.

481 Dies ist richtig in bezug auf die absoluten Zahlen. Bezieht man hingegen die Zahl der Asylbewerber auf die Wohnbevölkerung, ergibt sich ein anderes Bild. In diesem Fall rangiert Deutschland hinter den kleineren Mitgliedstaaten Belgien, Niederlande, Österreich, Irland, Schweden, Dänemark und Vereinigtes Königreich auf Platz acht, siehe DECKERS, F.A.Z. vom 01.12.2000, S. 3.

482 Diese wurde allerdings - wie in anderen Ländern auch - während der neunziger Jahre stark eingeschränkt.

483 In erster Linie finden sich die relevanten Regelungen im Asylverfahrensgesetz und im Asylbewerberleistungsgesetz.

484 Nach § 2 Abs. 1 Asylbewerberleistungsgesetz (im Folgenden AsylbLG) ist auf Leistungsberechtigte nach § 1 AsylbLG abweichend von den §§ 3 bis 7 AsylbLG das Bundessozialhilfegesetz entspechend anzuwenden, wenn diese über eine Dauer von insgesamt 36 Monaten, frühestens beginnend am 01.06.1997 Leistungen nach dem § 3 AsylbLG erhalten haben. Weiterhin wird vorausgesetz, daß die Ausreise nicht erfolgen kann und aufenthaltsbeendende Maßnahmen nicht vollzogen werden können, weil humaitäre, rechtliche oder persönliche Gründe oder das öffentliche Interesse entgegenstehen.

485 Siehe auch JUBANY-BAUCELLS, CSP 2002, S. 417 f.

bei als „Musterland“ gelten, wie sich im Verlauf der Untersuchung noch zeigen wird.
Österreich war bis Ende der achtziger Jahre ein Transitland für Flüchtlinge aus dem Süden und Osteuropa und verstand sich auch als solches. Mit der Wende 1989 stieg allerdings die Zahl der Personen, die in Österreich um Asyl nachsuchten so stark an, daß ein neues Asyl- und Ausländergesetz verabschiedet wurde. In Österreich fällt nur ein Teil der Asylsuchenden unter die Bundesbetreuung. Diejenigen, die nicht darunter fallen, müssen je nach Aufenthaltsort in dem jeweiligen Bundesland um Unterstützung nachsuchen, da das Sozialhilferecht in den Kompetenzbereich der Länder fällt. Da nicht die Aufnahmebedingungen in allen österreichischen Bundesländern dargestellt werden können, erfolgt eine Beschränkung auf die Hauptstadt Wien, in der sich der größte Anteil der Asylbewerber aufhält.[486]
Neben der Prüfung, ob die Bestimmungen der Richtlinie mit dem Völkerrecht in Einklang stehen, werden die derzeitigen Aufnahmebedingungen aller Mitgliedstaaten miteinander verglichen. Deutschland, Österreich und Spanien stehen dabei im Vordergrund. Damit wird zum einen herausgearbeitet, inwiefern diese drei Mitgliedstaaten gegebenenfalls ihre nationalen Bestimmmungen ändern müssen, um den Vorgaben der Richtlinie zu entsprechen. Zudem wird auch deutlich, wo die Unterschiede in den Aufnahmesystemen in den einzelnen Mitgliedstaaten liegen, aber auch die Gemeinsamkeiten.
Weiterhin wird anhand des Rechtsvergleichs geprüft, ob mit der Richtlinie bereits eine zufriedenstellende (erste) Regelung für die Schaffung gemeinsamer Aufnahmestandards erreicht wurde. Es wird untersucht, ob mit Hilfe dieser Richtlinie die Lösung des Konfliktes zwischen der Schaffung menschenwürdiger Aufnahmebedingungen für Asylbewerber und der Vermeidung zu großer Anreize wirtschaftlicher, rechtlicher und sozialer Art erreicht werden kann. Gegebenenfalls wird der Versuch unternommen, konsensfähige und erstrebenswerte Verbesserungsvorschläge zu machen. Dies gilt insbesondere für die Bereiche, in denen die Richtlinie den Mitgliedstaaten einen großzügigen Spielraum bei der Umsetzung läßt.

Hinsichtlich der Untersuchungsmethode ist folgendes zu sagen: Mit Hilfe des Rechtsvergleiches wird ein Bereich herausgearbeitet, in dem die verschiedenen Rechtsordnungen übereinstimmen. Es ergibt sich eine Schnittmenge, deren Inhalt der kleinste gemeinsame Nenner ist. Es wäre nun möglich, ausschließlich diesen übereinstimmenden Inhalt als konsensfähige Lösung anzusehen.
Problematisch ist hierbei jedoch, daß bei der Schaffung von europäischem Primär- oder Sekundärrecht eine Orientierung ausschließlich am kleinsten gemeinsamen Nenner selten zu einer zufriedenstellenden Lösung oder gar zu der „optimalen Lösung“ führt.[487] Im Bereich des Asylrechts kommt noch hinzu, daß es

---

486 EFIONAYI-MÄDER, Österreich, S. 96.

487 Zu der Methode des „gemeinsamen Minimums“, siehe BLECKMANN DVBl. 1978, S. 457,

sich dabei um einen besonders sensiblen Bereich handelt und Lösungen im Verhältnis zu den Menschenrechten, zu denen sich die Union bekennt, kohärent sein müssen, aber auch die Interessen der Mitgliedstaaten zu berücksichtigen sind.
Um „die optimale Lösung" zu erreichen, wendet der EuGH sowie auch die anderen Organe der Europäischen Gemeinschaft die Rechtsvergleichung in einer bestimmten Art und Weise an. Insbesondere bei der Entwicklung der Grundrechte im Gemeinschaftsrecht wird diese Methode erkennbar. So entnimmt der EuGH, in Anlehnung an die Entwicklung allgemeiner Rechtsgrundsätze im Völkerrecht, den gemeinsamen Verfassungsüberlieferungen der Mitgliedstaaten im Wege der wertenden Rechtsvergleichung die allgemeinen Rechtsgrundsätze, um die Lükken des Europarechts zu füllen.[488] In bezug auf die Entwicklung europäischer Grundrechte verfährt der EuGH ebenso. Neben der gemeinsamen Verfassungstradition der Mitgliedstaaten kommt dabei den von ihnen abgeschlossenen völkerrechtlichen Verträgen eine besondere Bedeutung zu. Dies gilt insbesondere für die EMRK.
Im Fall einer Divergenz zwischen den nationalen Rechtsätzen übernimmt der EuGH nicht das gemeinsame Minimum, sondern „die beste Lösung", das heißt die Lösung, zu der sich die verglichenen Rechtsordnungen tendenziell orientieren und die sich am besten in die Ziele und Strukturen des Gemeinschaftsrechts einfügen.[489] Damit muß die „beste Lösung" nicht von allen Rechtsordnungen anerkannt sein.
Auch bei den Beratungen in den Organen der Europäischen Gemeinschaft wird, wenn auch nicht methodisch jedoch durch argumentativen Austausch, intuitiv Rechtsvergleichung betrieben.[490] Die Gemeinschaftsorgane können nur dann zu kohärenten und überzeugenden rechtlichen Lösungen finden, wenn bereits auf der Arbeitsebene ein Abgleich der nationalen Regelungen und Lösungsmuster stattfindet. Werden Richtlinien ausgearbeitet, wird auch auf vorhandene materiell-rechtliche, verfahrenstechnische und institutionelle Lösungsvarianten der nationalen Rechtsordnungen zurückgegriffen.[491]
Vorliegend wird zwar keine neue Richtlinie ausgearbeitet, die Rechtsvergleichung ist aber auch bedeutsam und sinnvoll, wenn es um die Fortentwicklung von Sekundärrecht mit dem Ziel geht, eine bestehende Richtlinie zu verbessern und dafür in nationalem Recht vorhandene Lösungen herangezogen werden.
Hinsichtlich der Gesichtspunkte, nach welchen zu bestimmen ist, welche Rege-

---

(459 f.).

488 BLECKMANN, in: Festschrift Börner, 29 f; BLECKMANN, Europarecht, Rn. 604 ff.; SCHWARZE, in: SCHWARZE (Hrsg.), EU-Kommentar, Art. 220 EGV, Rn. 16 f.

489 Vgl. BLECKMANN, in: Festschrift Börner, S. 29, (30); BLECKMANN, Europarecht, Rn. 604 ff.; RESS, in: ZaöRV 1976, S. 227, (226); SOMMERMANN, DÖV 1999, S. 1017, (1027).

490 SOMMERMANN, DÖV 1999, S. 1017, (1027). Diese wird durch die Dynamik einer gemeinsamen Rechtsordnung, die nicht nur durch Vertragsänderungen, sondern auch durch die Schaffung von Sekundärrecht weiterentwickelt wird, gesteigert, SOMMERMANN, DÖV 1999, S. 1017, (1027).

491 SOMMERMANN, DÖV 1999, S. 1017, (1027).

lung sich am besten in die Gemeinschaftsordnung einfügt, bietet *Bleckmann* eine gute Orientierungshilfe. Er nennt drei zu beachtende Kriterien.[492] Zum einen müsse das europäische Gemeinschaftsrecht in den nationalen Rechtsordnungen effektiv durchsetzbar sein.[493] Zum anderen sei zu berücksichtigen, daß aufgrund der liberalen Tradition in allen Mitgliedstaaten, die Freiheiten so weit zu maximieren seien, als ihnen zwingende öffentliche Interessen nicht entgegenstehen. Drittens sei der gesamte EWG-Vertrag (heute EGV) auf eine Maximierung seiner Ziele ausgerichtet, zu denen insbesondere auch die Freiheit des Individuums gehöre.[494]

Diese Kriterien erscheinen - mit Einschränkungen - auch für die vorliegende Untersuchung geeignet.

Zum zweiten Punkt ist anzumerken, daß es vorliegend zwar nicht um die Maximierung der Freiheiten der EU-Bürger geht, sondern vielmehr um die Rechte von Drittstaatsangehörigen. Allerdings bekennt sich die Gemeinschaft in Art. 63 Nr. 1 EGV ausdrücklich zu den völkerrechtlichen Asylgrundsätzen. Folglich tritt bei der Suche nach einer Lösung im Rahmen eines wertenden Rechtsvergleiches im Bereich des Asylrechts an die Stelle des zweiten Kriteriums die Vereinbarkeit der Aufnahmebedingungen mit dem Völkerrecht und dabei insbesondere mit den Menschenrechten.[495]

Weiterhin ist zu berücksichtigen, daß von bestehenden Rechtsnormen nicht allein auf die Rechtswirklichkeit geschlossen werden darf, die jeweiligen Normen hingegen immer vor dem historischen, sozialen, kulturellen, wirtschaftlichen Hintergrund eines Landes zu begreifen sind und bei den untersuchten Rechtsnormen und Institutionen danach zu fragen ist, welche Funktionen ihnen innerhalb des jeweiligen Rechts- und Gesellschaftssystems zukommen.[496]

---

492 BLECKMANN, in Festschrift Börner, S. 29, (30 ff.).

493 Danach „gebietet wegen des immer noch möglichen Widerstands der nationalen Verfassungsgerichte der europäische Grundsatz der Effektivität und der Einheit des Europäischen Gemeinschaftsrechts, daß der Europäische Gerichtshof bei der Entwicklung der europäischen Grundrechte auf die Rechtsordnung zurückgreift, welche die betreffenden Grundrechte maximal ausformuliert; nur dann ist nämlich gewährleistet, daß die europäischen Grundrechte sich mit den Grundrechten der Verfassungen aller Mitgliedstaaten decken, so daß ein Widerstand der Verfassungsgerichte gegen die europäischen Rechtsakte nicht mehr zu erwarten ist.“ Vgl. BLECKMANN, in: Festschrift Börner, S. 29, (31 f.). Allerdings ist nicht davon auszugehen, daß die Mitgliedstaaten die Richtlinie für unvereinbar mit ihren jeweiligen Verfassungen halten, da sie grundsätzlich eine möglichst restriktive, die verfassungsrechtlichen Grenzen voll ausschöpfende, Lösung befürworten.

494 Die Ziele der Gemeinschaft sind insbesondere in der Präambel des EGV und in Art. 2 EGV genannt.

495 So auch WOLTER, Asylrecht in der EU, S. 80 ff.

496 Siehe dazu ausführlich SOMMERMANN, in: DÖV 1999, S. 1017, (1021 ff.), der die Methoden der Rechtsvergleichung im öffentlichen Recht untersucht und dabei unter anderem diese beiden Aspekte erörtert.

B. Vorüberlegungen zur Richtlinie

Entsprechend Art. 67 Abs. 1 EGV hat die Kommission von ihrem Initiativrecht Gebrauch gemacht und dem Rat am 03.04.2001 einen Richtlinienvorschlag[497] zur Festlegung von Mindestnormen für die Aufnahme von Asylbewerbern in den Mitgliedstaaten vorgelegt.[498]
Am 18.05.2001 nahm der Ausschuß der Regionen Stellung zu dem Richtlinienvorschlag.[499] Der Wirtschafts- und Sozialausschuß verfaßte am 28.11.2001 seine Stellungnahme.[500] Das Europäische Parlament billigte den Vorschlag mit Änderungen am 25.04.2002.[501] Nach zahlreichen folgenden Diskussionen im Rat und zahlreichen Änderungen erfolgte die formelle Annahme der Richtlinie durch den Rat am 27.01.2003.[502] Die Richtlinie wurde am 06.02.2003 im Amtsblatt veröffentlicht und ist damit an diesem Tag in Kraft getreten.[503] Sie muß gemäß Art. 26 Abs. 1[504] bis zum 06.02.2005 von den Mitgliedstaaten umgesetzt werden.

I. Die Richtlinie als Handlungsform

Die Kommission hat dem Rat vorgeschlagen, in Form einer Richtlinie die Mindestnormen für die Aufnahmebedingungen von Asylbewerbern zu regeln. Gemäß Art. 249 Abs. 3 EGV ist eine Richtlinie ein Rechtsakt der Gemeinschaft, der für jeden Mitgliedstaat, an den er gerichtet ist, hinsichtlich des zu erreichenden Zieles verbindlich ist, jedoch den innerstaatlichen Stellen die Wahl der Form und Mittel überläßt.
Die Richtlinie ist in erster Linie ein Instrument der Rechtsangleichung, da sie Ausdruck des Kompromisses ist, auf der einen Seite einheitliches Recht zu setzten und auf der anderen Seite nationale Besonderheiten zu berücksichtigen.[505] Auch vorliegend geht es nicht darum, bestehende nationale Asylvorschriften, welche die Aufnahmebedingungen festlegen, zu vereinheitlichen. Vielmehr geht es darum, die nationalen Normen einander insoweit anzugleichen, daß ein europäischer Mindeststandard im Bereich der Aufnahmebedingungen geschaffen wird.

---

497 KOM/2001/181/endg.; ABl. C 213/286 vom 31.07.2001.

498 Vgl. zu dem Vorschlag der Kommission, ROGERS, EJML 2002, S. 215 ff.

499 ABl. C 107/85 vom 03.05.2002.

500 ABl. C 48/63 vom 21.02.2002.

501 Bericht über den Vorschlag einer Richtlinie des Rates zur Festlegung von Mindestnormen für die Aufnahme von Asylbewerbern in den Mitgliedstaaten, Ausschuß für die Freiheit und Rechte der Bürger, Justiz und innere Angelegenheiten, Dokument A5-0112/2002. Im Folgenden Bericht des Europäischen Parlamentes.

502 Die Etappen des institutionellen Verfahrens können unter http://www.europa.eu.int/prelex (Stand Februar 2003) abgerufen werden.

503 ABl. L 31/18 vom 06.02.2003.

504 Im Folgenden werden Bestimmungen der Richtlinie ohne Zusatz zitiert.

505 STREINZ, Europarecht, S. 135.

Die Richtlinie ist grundsätzlich als ein zweistufiger Rechtsakt gestaltet, welcher die Mitgliedstaaten als Adressaten der Richtlinie zunächst direkt bindet, aber erst nach einem nationalen Umsetzungsakt „indirekte" gemeinschaftsrechtliche Wirkung innerhalb des nationalen Rechts erzeugt.[506] Die Mitgliedstaaten trifft eine vollständige Umsetzungspflicht hinsichtlich des Richtlinieninhaltes innerhalb der in der Richtlinie genannten Frist.[507] Sie müssen bei der Wahl der Form und der Mittel diejenigen ergreifen, die für die Gewährleistung der praktischen Wirksamkeit („effet utile") der Richtlinie am besten geeignet sind. Die Umsetzung muß den Erfordernissen der Rechtssicherheit und der Rechtsklarheit genügen. Insofern besteht die Pflicht, die Richtlinie durch zwingende innerstaatliche Vorschriften umzusetzen, die klar und bestimmt sind. Sie müssen den Betroffenen ermöglichen, von ihren Rechten und Pflichten Kenntnis zu erlangen, um sie vor nationalen Gerichten geltend zu machen.[508]
Dies setzt allerdings nicht voraus, daß die Bestimmungen der Richtlinie förmlich und wörtlich in einer Gesetzesvorschrift wiedergegeben werden.[509] Auch die richtlinienkonforme Auslegung durch die Rechtsprechung einer im Wortlaut unverändert bleibenden, ausfüllungsbedürftigen nationalen Norm kann für eine ordnungsgemäße Umsetzung ausreichen, denn Adressat des Umsetzungsgebotes sind alle Träger der öffentlichen Gewalt in den Mitgliedstaaten und damit im Bereich ihrer Zuständigkeit auch die Gerichte. Sie haben damit die Aufgabe, nationales Recht im Lichte des Wortlautes und Zwecks der Richtlinie auszulegen.[510] Keiner Umsetzung der Richtlinie bedarf es selbstverständlich, wenn das innerstaatliche Recht bereits den in der Richtlinie gestellten Anforderungen entspricht.
Die bloße Übereinstimmung der innerstaatlichen Verwaltungspraxis mit dem durch die Richtlinie geforderten Zustand ist nicht ausreichend.[511]
In der Gemeinschaftspraxis ist es inzwischen üblich, daß auch Richtlinien oder zumindest einzelne Richtlinienbestimmungen einen erheblichen Grad an Detailliertheit erreichen. Auch beim vorliegenden Richtlinienvorschlag formen einzel-

---

506 OPPERMANN, S. 212, Rn. 555. Zu der gegebenenfalls unmittelbaren Wirkung von Richtlinien siehe DERS., S. 212 f.; STREINZ, S. 141 f, sowie EuGH, Slg. 1970, S. 825, (838 f.), (*Leberpfennig*); EuGH Slg. 1995, S. I-2189, (2220 f., 2224) (*Großkrotzenburg*).

507 Zu den Rechtswirkungen einer Richtlinie vor dem Ablauf der Frist siehe m.w.N. LEIBLE/SOSNITZA, NJW 1998, S. 2507 ff.

508 EuGH, Slg. 1987, S. 3483, (3498).

509 EuGH, 1987, S. 1733, (1742) (*Futtermittel*). Siehe auch RENGELING, DVBl. 1995, S. 945, (952).

510 EuGH, Slg. 1984, S. 1891, (1909) = NJW 1984, S. 2021 (2022); EuZW 1998, S. 167, (170); EuZW 1998, S. 474, (476); HIMMELMANN, DÖV 1995, S. 145, (145); LEIBLE/SOSNITZA, NJW 1998, S. 2507, (2507).

511 EuGH, Slg. 1991, S. I-2567, (2606f.) - TA Luft. Gegen eine Umsetzung durch Verwaltungspraxis spricht, daß diese jederzeit abänderbar ist und das Publizitätsgebot in der Regel nicht erfüllt wird, vgl. HIMMELMANN, DÖV 1995, S. 145, (146).

ne Bestimmungen die Ziele sehr konkret aus, was nach dem oben Gesagten jedoch der europäischen Praxis entspricht.

II. Art. 5 EGV

Eine Richtlinie darf nicht gegen Art. 5 EGV verstoßen, der das Prinzip der begrenzten Einzelermächtigung, das Subsidiaritätsprinzip sowie das Prinzip der Verhältnismäßigkeit verankert. Die Voraussetzungen dieser drei Kompetenzausübungsschranken müssen kumulativ erfüllt sein. Dabei verfügen die handelnden Organe allerdings über einen relativ weiten Beurteilungsspielraum.

1. Das Prinzip der begrenzten Einzelermächtigung

Die Gemeinschaft verfügt nicht über eine allgemeine Rechtssetzungsgewalt. Sie ist kein souveräner Staat, sondern in ihrer Daseinsberechtigung abhängig von dem anhaltenden Willen der Mitgliedstaaten. Sie begründen und bestimmen durch den EGV die Rechtssetzungsbefugnisse der Gemeinschaft.
Beim Erlaß von sekundärem Gemeinschaftsrecht findet das sogenannte „Prinzip der begrenzten Einzelermächtigung" Anwendung (Art. 5 Abs. 5 EGV). Es besagt, daß die Rechtssetzungsorgane der Gemeinschaften für jeden Rechtsakt, den sie erlassen wollen, einer ausdrücklichen oder zumindest auslegungsmäßig nachweisbaren Kompetenzzuweisung in den Gründungsverträgen bedürfen.[512]
Die Wahl der einschlägigen Rechtsgrundlage wird nach objektiven und rechtlich überprüfbaren Kriterien ausgewählt.[513] Vorliegend besteht mit Art. 63 Abs. 1 Nr. 1 b EGV eine ausdrückliche Kompetenzzuweisung. Das Prinzip der begrenzten Einzelermächtigung wurde damit beachtet. Zudem muß die Gemeinschaft die jeweils vom Vertrag bestimmte Form des Rechtsaktes verwenden, es sei denn, der Vertrag macht insoweit keine Vorgaben.[514] Art. 63 Abs. 1 Nr. 1 b EGV sieht keine bestimmte Handlungsart vor. Der Vorschlag der Kommission, daß der Rat in Form einer Richtlinie tätig wird (Art. 249), ist somit zulässig.

---

[512] Dies verdeutlicht auch schon Art. 249 Abs. 1 EGV, der besagt, daß Rechtssetzungsorgane Rat, Kommission und Europäisches Parlament gemeinsam „nach Maßgabe dieses Vertrages" tätig werden, STREINZ, Europarecht, S. 162, Rn. 436. Problematisch ist jedoch, daß Art 5 Abs. 1 EGV neben Kompetenznormen mit konkreten Befugnissen auch solche mit reinen Zielvorgaben erfaßt. Damit wird der Gemeinschaft bei Kompetenznormen, die eine Zielverwirklichung festlegen, ein großes und schwer abzugrenzendes Betätigungsfeld gegeben, siehe zu der Problematik und m.w.N. LIENBACHER, in: SCHWARZE (Hrsg.), EU-Kommentar, Art. 5, Rn. 8 ff.

[513] OPPERMANN, Europarecht, S. 197, Rn. 513.

[514] STREINZ, Europarecht, S. 162, Rn. 436.

2. *Das Subsidiaritätsprinzip*

Besteht eine konkurrierende oder gemischte Gemeinschaftskompetenz, darf die Gemeinschaft diese nur ausnutzen, wenn sie das Subsidiaritätsprinzip beachtet hat.[515] Titel IV des EGV fällt unter die konkurrierende Zuständigkeit der Gemeinschaft. Folglich ist auch bei der Festlegung gemeinsamer Aufnahmebedingungen für Asylbewerber das Subsidiaritätsprinzip zu beachten.

Das Subsidiaritätsprinzip ist in Art. 5 Abs. 2 EGV verankert.[516] Es richtet sich an alle Gemeinschaftsorgane, die zur Rechtssetzung befugt sind, wobei der Rat, das Parlament und die Kommission im Vordergrund stehen.[517]

Art. 5 Abs. 2 EGV bestimmt, daß die Gemeinschaft in den Bereichen, die nicht ihrer ausschließlichen Kompetenz unterfallen, nur insoweit tätig werden darf, sofern und soweit die Ziele der in Betracht gezogenen Maßnahmen auf der Ebene der Mitgliedstaaten nicht ausreichend erreicht werden können und deshalb wegen ihres Umfangs oder ihrer Wirkung besser auf Gemeinschaftsebene verwirklicht werden können. Folglich muß das Handeln der Gemeinschaft sowohl einem Erforderlichkeitskriterium als auch einem Effizienzkriterium gerecht werden.[518] Die Prüfung dieser beiden, das Subsidiaritätsprinzip ausfüllenden Kriterien, birgt zahlreiche Schwierigkeiten. Sie sollen im Folgenden nur kurz angedeutet werden.[519]

---

515 GEIGER, Kommentar, Art. 5 Rn. 7. Da der Vertrag nicht ausdrücklich regelt, in welchen Sachbereichen der Gemeinschaft eine ausdrückliche Kompetenz zusteht, ist dies durch Auslegung zu ermitteln. Nach der herrschenden Ansicht werden die Sachbereiche gemeinsamer Binnenmarkt, gemeinsame Handelspolitik einschließlich des gemeinsamen Zolltarifs, die Währungspolitik, die Erhaltung der Fischbestände sowie das interne Organisations- und Verfahrensrecht zu dem ausschließlichen Kompetenzbereich der Gemeinschaft gerechnet, siehe dazu LIENBACHER, in: SCHWARZE (Hrsg.), EU-Kommentar, Art. 5 Rn. 13 f.; v. BOGDANDY/NETTESHEIM, in: GRABITZ/HILF, (Hrsg.), EWG-Vertrag, Art. 3 b, Rn. 30.

516 Nach mehreren Versuchen hat die Gemeinschaft erst mit dem Amsterdamer Protokoll 1997 zum EGV über die Anwendung der Grundsätze der Subsidiarität und der Verhältnismäßigkeit das Subsidiaritätsprinzip genauer verbindlich definiert und praktisch anwendbar gemacht (ABl. C/340/105 vom 10.11.1997), siehe OPPERMANN, Europarecht, S. 199, Rn. 519. Hinter dem Subsidiaritätsprinzip steht der Gedanke, daß kulturelle, traditionelle und historische Unterschiede erhalten werden sollen und die nationale Identität geschützt werden soll, KOENIG/HARATSCH, Europarecht, S. 27, Rn. 64.

517 LIENBACHER, in: SCHWARZE, (Hrsg.), EU-Kommentar, Art. 5, Rn. 15.

518 Siehe ausführlich dazu, LIENBACHER, in: SCHWARZE, (Hrsg.), EU-Kommentar, Art. 5 Rn. 18. Die erste Voraussetzung, die Erforderlichkeit gemeinschaftlichen Handelns, wird in der Literatur z.T. auch als „fehlende Effizienz mitgliedstaatlichen Handelns" bezeichnet, KOENIG/HARATSCH, Europarecht, S. 27, Rn. 68; LANGGUTH, in: LENZ (Hrsg.), EG-Vertrag Kommentar, Art. 5, Rn. 24.

519 Aus der zahlreichen Literatur zum Subsidiaritätsprinzip, siehe: LIENBACHER, in: SCHWARZE (Hrsg.), EU-Kommentar, Art. 5, m.w.N.; MERTEN, (Hrsg.), Die Subsidiarität, PIEPER, Subsidiarität; v. BOGDANDY/NETTESHEIM, in: GRABITZ/HILF (Hrsg.), EWG-Vertrag, Art. 3 b m. w. N.

Zum einen liegt die Bestimmung des Ziels, das mit einer Maßnahme erreicht werden soll, bei den Gemeinschaftsorganen, was dazu führt, daß diese einen erheblichen Einfluß auf die Steuerung der Erforderlichkeitsprüfung haben.[520] Zum anderen kann ein mehrstufiges Abwägungsmodell zwischen den Interessen der Gemeinschaft auf der einen Seite und den Interessen der Mitgliedstaaten auf der anderen Seite aus Art. 5 Abs. 2 EGV nicht entnommen werden. Damit kann eine an genauen Kriterien orientierte Erforderlichkeitsprüfung nicht stattfinden, sondern nur eine Erforderlichkeitsprüfung unter Offensichtlichkeits- und Plausibilitätsaspekten.[521]

Durch die Effizienzprüfung soll festgestellt werden, ob die Gemeinschaft in der Lage ist, das angestrebte Ziel besser zu erreichen als die jeweiligen Mitgliedstaaten alleine. Auch für dieses Kriterium fehlt ein verbindlicher Maßstab, was ebenfalls zu Unsicherheiten bei der Prüfung führt.[522]

Folglich ist bei der Anwendung der beiden Kriterien bei der Erforderlichkeitsprüfung eine Entscheidung zu treffen, ob die Mitgliedstaaten in der Lage sind, aufeinander abgestimmte Vorschriften zu erlassen, die zur Verwirklichung des Zieles führen. Bei der Effizienzprüfung ist danach zu fragen, ob die Gemeinschaft oder die Mitgliedstaaten besser in der Lage sind, das angestrebte Ziel zu verwirklichen. Mangels konkreter Abgrenzungskriterien kann allerdings nur eine Prognoseentscheidung getroffen werden, die in der Regel für die Gemeinschaft ausfällt.[523]

Aufgrund der rechtlich nicht genau zu bestimmenden Kriterien stellt sich zudem die Frage, inwieweit der EuGH die Einhaltung des Subsidiaritätsprinzips überprüfen kann. Die Antwort auf diese Frage ist umstritten, wobei die Literatur wohl mehrheitlich eine Justitiabilität bejaht. Dabei wird dem EuGH bei der Anwendung von Art. 5 Abs. 2 EGV ein weiter Konkretisierungsspielraum zugestanden, so daß dieser letztendlich die genauen rechtlichen Determinanten von Art. 5 Abs. 2 EGV bestimmt.[524] Unabhängig von dem Fehlen klarer Abgren-

---

520 LIENBACHER, in: SCHWARZE, (Hrsg.), EU-Kommentar, Art. 5, Rn. 18.

521 LIENBACHER, in: SCHWARZE, (Hrsg.), EU-Kommentar, Art. 5, Rn. 19, 22, in diesem Sinne wohl auch GEIGER, Kommentar, Art. 5, Rn. 6, a.A. V. BOGDANDY/NETTESHEIM, in: GRABITZ/HILF (Hrsg.), EWG-Vertrag, Art. 3 b, Rn. 34 ff.

522 LANGGUTH, in: LENZ (Hrsg.), EG-Vertrag Kommentar, Art. 5, Rn. 29. Zum Teil wird in der Literatur die Effizienzvoraussetzung auch als „Mehrwerttest" bezeichnet.

523 LIENBACHER, in: Schwarze, (Hrsg.), EU-Kommentar, Art. 5, Rn. 24.

524 LIENBACHER, in: Schwarze (Hrsg.), EU-Kommentar, Art. 5, Rn. 25 ff., der sich allerdings gegen eine Justitiabilität ausspricht. Danach ist an der Auffassung, die sich für die Justitiabilität ausspricht problematisch, daß weder ausdrücklich noch konkludent aus Art. 5 Abs. 2 EGV zu entnehmen ist, daß der EuGH in eigener Rechtsschöpfung judizieren darf. Zudem spricht die Entstehungsgeschichte dagegen. Für die Justitiabilität sprechen sich aus: GEIGER, Kommenatr, Art. 5, Rn. 15 ff.; JARASS, EuGRZ, 1994, S. 209, (211). KOENIG/HARATSCH, Europarecht, S. 28, Rn. 71, eingeschränkt, LANGGUTH, in: LENZ (Hrsg.), EG-Vertrag Kommentar, Art. 5, Rn. 32 ff.

zungskriterien sowie der problematischen Frage der Justitiabilität, kommt dem Subsidiaritätsprinzip eine wichtige - auch praktische - Bedeutung zu:
Zum einen ist es wohl allgemein anerkannt, daß dem EuGH zumindest bei offensichtlichem Rechtsmißbrauch die Kompetenz zusteht, die Nichtigkeit des Rechtsaktes aufgrund von Art. 5 Abs. 2 EGV festzustellen.[525] Zum anderen wurde mit dem „Protokoll über die Anwendung der Grundsätze der Subsidiarität und der Verhältnismäßigkeit" auf primärrechtlicher Ebene Leitlinien für die Subsidiaritätsprüfung nach den oben genannten Kriterien aufgestellt.[526] Darüber hinaus bestimmt das Protokoll, daß die Kommission ihre Vorschläge hinsichtlich der Vereinbarkeit mit dem Subsidiaritätsprinzips begründen muß (Nr. 9 des Protokolls). Der Rat und das Parlament überprüfen den Kommissionsvorschlag diesbezüglich. Sollten Änderungen vorgeschlagen werden, sind auch diese Änderungen zu überprüfen (Nr. 11 des Protokolls). Das Protokoll stellt allerdings nur eine Richtschnur dar. Es legt keine rechtlich verbindlichen Kriterien fest, sondern weist an, wie eine Subsidiaritätsprüfung praktisch erfolgen sollte.[527]
Die Kommission hat ihren Richtlinienvorschlag, wie im Protokoll gefordert, begründet.[528] Sie führte aus, daß für die Schaffung eines Raumes der Freiheit, der Sicherheit und des Rechts auch der Erlaß von asylpolitischen Maßnahmen erforderlich ist. Im Hinblick auf eine künftige gemeinschaftliche Asylpolitik ist die Festlegung von Mindestnormen für die Aufnahmebedingungen von Asylbewerber durch die Gemeinschaft unverzichtbar. Nur durch gemeinsame Mindestaufnahmebedingungen ist es möglich, das Problem der Sekundärmigration einzudämmen und bereits bestehende asylpolitische Instrumente effizienter zu nutzen. Es war nicht davon auszugehen, daß die Mitgliedstaaten selbständig ihre Vorschriften über die Aufnahmebedingungen von Asylbewerbern angleichen würden. Schon aus praktischen Erwägungen wäre dies ein schwer zu realisierendes Vorhaben. Insofern ist davon auszugehen, daß das Ziel auf Gemeinschaftsebene besser erreicht werden kann als auf der Ebene der Mitgliedstaaten. Dennoch gab es erhebliche Diskussionen über den Inhalt der Richtlinie. Insbesondere Art. 11, welcher den Zugang von Asylbewerbern zum Arbeitsmarkt regelt, stand im Kreuzfeuer der Argumentation. Vor allem Deutschland ging davon aus, daß der Gemeinschaft keine Kompetenz zukommt, Fragen des Arbeitsmarktzugangs in den Mitgliedstaaten zu regeln, und stemmte sich daher gegen die Bestimmung.[529]

---

525 LIENBACHER, in: SCHWARZE, (Hrsg.), EU-Kommentar, Art. 5, Rn. 31.

526 Abgedruckt, in: Satorius, Internationale Verträge und Europarecht, Nr. 151, Protokoll, Nr. 30. Kritisch zu dem Protokoll, KENNTNER, NJW, 1998, S, 2871 ff.

527 LIENBACHER, in: SCHWARZE (Hrsg.), EU-Kommentar, Art. 5, Rn. 32; a.A. LANGGUTH, in: LENZ (Hrsg.), EG-Vertrag, Kommentar, Art. 5, Rn. 5.

528 KOM (2001) 181 endg., S. 6.

529 Die deutsche Delgation gab eine Erklärung für das Ratsprotokoll ab, in der sie um ein Gutachten des Juristischen Dienstes des Rates ersuchte, um die Frage zu klären, ob die Gemeinschaft die Befugnisse hat, den Zugang zum Arbeitsmarkt für Asylbewerber zu regeln. Das Gutachten des Juristischen Dienstes des Rates ist in dem Dokument 9077/02

3. *Das Verhältnismäßigkeitsprinzip*

Art. 5 Abs. 3 EGV verankert das Prinzip der Verhältnismäßigkeit, das bereits vor dem Inkrafttreten des Amsterdamer Vertrages als allgemeiner Rechtsgrundsatz anerkannt war.[530] Demnach müssen die Maßnahmen der Gemeinschaft die Unterkriterien der Geeignetheit, der Erforderlichkeit und der Verhältnismäßigkeit im eigentlichen Sinne erfüllen.[531] Damit besagt diese Kompetenzausübungsschranke, daß die EG-Organe nur solche Maßnahmen vornehmen dürfen, die nicht über das für die Vertragszielerreichung Erforderliche hinausgehen.[532]
Das angewendete Mittel muß in bezug auf das zu verwirklichende Ziel geeignet und erforderlich sein, und die zu treffenden Maßnahmen müssen hinsichtlich ihrer Bindungswirkung und ihrer Regelungsdichte dem Grundsatz nach verhältnismäßig sein.[533]
Indem die Kommission eine Richtlinie als Handlungsform vorschlug, wählte sie ein geeignetes und auch erforderliches Mittel. Eine Richtlinie ist für die Mitgliedstaaten im Gegensatz zu einer Empfehlung oder Stellungnahme bindend. Sie läßt den Adressaten jedoch grundsätzlich im Rahmen der Umsetzung genügend eigenen Spielraum bezüglich der Wahl der Mittel und Formen. Sie ist damit nicht so belastend wie eine Verordnung.
Weiterhin muß der Richtlinienvorschlag in angemessenem Verhältnis zu den beabsichtigten Zielen stehen und damit verhältnismäßig im eigentlichen Sinne sein. Die Vorschriften des Richtlinienvorschlags lassen den Mitgliedstaaten ausreichend Gestaltungsfreiräume hinsichtlich der Erreichung des Ziels, so daß nationale Besonderheiten Berücksichtigung finden können.[534] Demzufolge entscheiden die Mitgliedstaaten weiterhin über die geeigneten Mittel und die Form der Umsetzung. Ihnen verbleibt die Möglichkeit, ihre innerstaatlichen Systeme der sozialen Sicherung sowie sonstige besondere Umstände zu berücksichtigen.
Die Richtlinie geht damit nicht über das zur Erreichung des Richtlinienziels Erforderliche hinaus. Die Vorgaben des Art. 5 EGV werden ausreichend berücksichtigt.[535]

JUR 175 ASILE 26 SOC 260 enthalten.

530 OPPERMANN, Europarecht, S. 200, Rn. 521. Anders als bei Art. 5 Abs. 2 EGV steht die Justitiabilität bei Art. 5 Abs. 3 EGV nicht in Frage, LIENBACHER, in: SCHWARZE (Hrsg.), EU-Kommentar, Art. 5, Rn. 36.

531 OPPERMANN, Europarecht, S. 200, Rn. 521.

532 OPPERMANN, Europarecht, S. 200, Rn. 521, STREINZ, Europarecht, S. 59 f.

533 GEIGER, Kommentar, Art. 5 EGV, Rn. 14.

534 Problematisch ist dabei, daß wenn der Ermessensspielraum zu groß ist und dadurch die Mitgliedstaaten im Prinzip ihre bisherige Praxis weiter ausführen können, gemeinsame Mindestnormen ad absurdum geführt werden.

535 Es ist zu beachten, daß trotz der in Art. 5 EGV gesetzten Grenzen die Gemeinschaft handlungsfähig bleiben muß, so daß Art. 5 EGV nicht zu eng ausgelegt werden darf. Art. 5 EGV wirft insofern Probleme auf, als daß die Regelungen sehr unbestimmt sind. So ist es beim Subsidiaritätsprinzip fraglich, ob es sich dabei nur um unverbindliche Vorgaben für die Kompetenzausübung der Gemeinschaft handelt oder ob durch den EuGH über-

III. Überblick über die Richtlinienbestimmungen

1. Anwendungsbereich der Richtlinien

Gemäß Art. 3 Abs. 1 findet die Richtlinie auf alle Drittstaatsangehörige und Staatenlose Anwendung, die an den Grenzen oder im Hoheitsgebiet eines der Mitgliedstaaten Asyl beantragen, solange sie als Asylbewerber im Hoheitsgebiet verbleiben dürfen, sowie für ihre Familienangehörigen, wenn sie nach nationalem Recht von diesem Asylantrag erfaßt sind. Nach Art. 2 a) ist ein Asylantrag der von einem Drittstaatsangehörigen oder Staatenlosen gestellte Antrag, der als Ersuchen um internationalen Schutz eines Mitgliedstaates in Sinne der GFK betrachtet werden kann. Jedes Ersuchen um internationalen Schutz wird als Asylantrag betrachtet, es sei denn, ein Drittstaatsangehöriger oder Staatenloser ersucht ausdrücklich um eine andere Form des Schutzes, die gesondert beantragt werden kann.[536]

Die Richtlinie findet gemäß Art. 3 Abs. 2 keine Anwendung, wenn in den Vertretungen der Mitgliedstaaten territoriales oder diplomatisches Asyl beantragt wird. Zudem findet die Richtlinie nach Art. 3 Abs. 3 keine Anwendung, wenn die Bestimmungen der Richtlinie des Rates über Mindestnormen für die Gewährung vorübergehenden Schutzes im Falles eines Massenzustroms von Vertriebenen (...) angewendet wird. Die Mitgliedstaaten können beschließen, die Richtlinie auf Verfahren zur Bearbeitung von Ersuchen um andere Formen der Schutzgewährung anzuwenden, die sich nicht aus der GFK ergeben und die Drittstaatsangehörigen oder Staatenlossen zugute kommen, die nicht als Flüchtlinge gelten.

2. Bestimmungen über die Aufnahme

Nachdem in Art. 2 zahlreiche Begriffsdefinitionen vorgenommen werden und Art. 4 feststellt, daß es den Mitgliedstaaten grundsätzlich freisteht, günstigere Aufnahmebedingungen für Asylbewerber zu erlassen, werden in den Art. 5 bis 15 die Aufnahmebedingungen festgelegt. Sie betreffen die Informationserteilung, das Ausstellen von Dokumenten, die Wohnsitz- und Bewegungsfreiheit, die Einheit der Familie, die Durchführung einer medizinischen Untersuchung,

---

prüfbare Kriterien geschaffen wurde, die vom EuGH herangezogen werden, um die Rechtmäßigkeit der Inanspruchnahme einer Rechtssetzungskompetenz durch die Gemeinschaft zu überprüfen, LIENBACHER, in: SCHWARZE (Hrsg.), EU-Kommentar, Art. 5 EGV m. w. N.

536 Dieser Bestimmung wird Deutschand gerecht, welches als einziger Mitgliedstaat die GFK nicht eindeutig als Grundlage der Asylgewährung heranzieht. Vielmehr besteht in Deutschland ein in der Verfassung normiertes Individualgrundrecht auf Asyl (Art. 16 GG). Der davon begünstigte Personenkreis, der Kreis der „politisch Verfolgten“, wird in der deutschen Rechtsprechung teilweise abweichend vom Verständnis des Flüchtlingsbegriffs der GFK definiert.

die Grundschulerziehung und weiterführende Bildung Minderjähriger, den Zugang zum Arbeitsmarkt, die berufliche Bildung, die Gewährleistung des Lebensunterhaltes, die Unterbringung und die medizinische Versorgung. Art. 16 erlaubt den Mitlgiedstaaten in bestimmten Fällen, die im Rahmen der Aufnahmebedingungen gewährten Vorteile einzuschränken beziehungsweise zu entziehen. Die Art. 17 bis 20 enthalten Bestimmungen für die Behandlung besonders bedürftiger Personen.[537]
Art. 21 bestimmt, daß die Mitgliedstaaten sicherstellen müssen, daß gegen negative Entscheidungen im Zusammenhang mit der Gewährung von Zuwendungen gemäß der Richtlinie oder gegen Entscheidungen nach Art. 7[538], die Asylbewerber individuell betreffen, Rechtsmittel eingelegt werden können. Schließlich normieren die Art. 22 bis 28 Maßnahmen zur Verbesserung der Effizienz der Aufnahmesysteme. Gegenstand der vorliegenden Untersuchung sind ausschließlich die Art. 5 bis 20.

C. Überblick über die Rechtsgrundlagen der Aufnahmebedingungen und der Asylverfahren in den Mitgliedstaaten

Im Folgenden wird ein Überblick über die wichtigsten nationalen Rechtsgrundlagen der einzelnen Mitgliedstaaten im Hinblick auf die in der Richtlinie geregelten Aspekte der Aufnahmebedingungen und im Hinblick auf das Asylverfahren gegeben.[539]
Damit wird deutlich, welche Voraussetzungen erfüllt sein müssen, damit Asylbewerber zum regulären Verfahren zugelassen werden, und für welchen Personenkreis die Aufnahmebedingungen im Folgenden untersucht werden. Zudem ist die Kenntnis der Grundstrukturen des Verfahrens, das eng mit der Aufnahme verknüpft ist, als Hintergrundinformation nützlich, um die Aufnahmebedingungen und die Organisation der Aufnahme in den einzelnen Ländern besser nachvollziehen zu können. Auf das DÜ und GFK wird nicht mehr gesondert eingegangen.

---

537 Asylbewerber mit besonderen Bedürfnissen sind z.B. Minderjährige, unbegleitete Minderjährige oder Opfer von Gewalt und Folter.

538 Art. 7 betrifft die Wohnsitz- und Bewegungsfreiheit.

539 Es wird im Folgenden nicht auf besondere Vorgehensweisen im Rahmen des Verfahrens eingegangen, die aufgrund von Asylfolgeanträgen oder Zweitanträgen Anwendung finden.
Siehe ausführlich zu den Asylverfahren in Europa ANGENENDT (Hrsg.), Migration S. 65 ff, LAMBERT, Asylum, S. 81-125; HAILBRONNER, Vergleich, S. 11-73; CHRISTENSEN, IJRL 1995, S. 102-118; GÖBEL-ZIMMERMANN, in: HUBER (Hrsg.), Handbuch, Band I, IV. SystDarst., Rn. 267-333; DRC; PLS RAMBOLL; UNHCR.

I. Deutschland

In Deutschland[540] ist die Durchführung des Asylverfahrens im Asylverfahrensgesetz[541] geregelt. Das AsylbewerbLG[542] bestimmt den Umfang und die Form der Sozialleistungen, die Asylbewerbern gewährt werden. Zudem ist bezüglich eines Aspektes die Durchführungsverordnung zum Ausländergesetz[543] relevant. Alle Ausländer, die entweder bei einer Grenzbehörde, bei der Polizei oder bei einer Ausländerbehörde um Asyl nachsuchen, werden unverzüglich an die zuständige oder, falls dies nicht möglich ist, an die nächstgelegenen Aufnahmeeinrichtung zur Meldung weitergeleitet, vorausgesetzt, die Einreise wird nicht verweigert oder eine sofortige Zurückschiebung durchgeführt.[544] Der Asylbewerber wird nach einem festgelegten Verfahren einer zuständigen Aufnahmeeinrichtung in einem bestimmten Bundesland zugeteilt.[545] Befindet er sich nicht bereits in der zuständigen Aufnahmeeinrichtung, ist er verpflichtet, sich unverzüglich dort zu melden.[546] Der Asylbewerber ist grundsätzlich verpflichtet, in der zugewiese-

---

540 Siehe zum deutschen Asylrecht und -verfahren: BOSSWICK, JRS 2000, S. 43 ff; HUBER, in: BARWIG u.a. (Hrsg.). Asyl nach der Änderung des GG, S. 213 ff; GÖBEL-ZIMMERMANN, in: HUBER (Hrsg.), Handbuch I, IV. SystDar., Rn. 110 ff; HAILBRONNER, (Hrsg.), Ausländerrecht m.w.N.; MAAßEN/DE WYL, ZAR 1996, S. 158 ff.; MARX, Asylverfahrensgesetz m.w.N.; REILAND, BayVBl. 1998, S. 321 ff.; RENNER, Ausländerrecht m.w.N.; SCHENK, NVwZ 2002, S. 801 ff.; TOMUSCHAT, EuGRZ, S. 381 ff.

541 Asylverfahrensgesetz in der Fassung der Bekanntmachung vom 27.07.1993 (BGBl I, S. 1316), zuletzt geändert durch das Gesetz vom 29.10.1997 (BGBl I, S. 2584). Im Folgenden AsylVfG.

542 AsylbLG vom 30.06.1993 (BGBl I, S. 1074), zuletzt geändert durch das Gesetz vom 25.08.1998 (BGBl. I, S. 2505).

543 In der Fassung und Bekanntmachung vom 18.12.1990 (BGBl. I, S. 2983), zuletzt geändert durch Änderungsverordnung am 21.05.1999 (BGBl. I, S. 1038). Im Folgenden DVAuslG.

544 §§ 13 i.V.m. 18, 19, 20 AsylVfG. Dem Ausländer kann die Einreise verweigert werden, wenn er nach § 18 Abs. 2 AsylVfG aus einem sicheren Drittstaat einreist (§§ 18 Abs. 2, Nr. 1 i.V.m. 26 a AsylVfG), offensichtlich anderweitig Sicherheit vor Verfolgung besteht (§§ 18 Abs. 2, Nr. 2 i.V.m. 27 Abs. 1, 2 AsylVfG) oder er eine Gefahr für die Allgemeinheit bedeutet (§ 18 Abs. 2, Nr. 3 AsylVfG). Nach § 18 Abs. 3 AsylVfG ist der Ausländer zudem zurückzuschieben, wenn er im grenznahen Raum in unmittelbaren zeitlichen Zusammenhang mit einer unerlaubten Einreise angetroffen wird und die Voraussetzungen des Abs. 2 vorliegen. Aufgrund dieser Regelungen überqueren die meisten Asylbewerber die Grenze illegal und stellen erst im Land einen Asylantrag, DRC, Germany, S. 5. Zu der sofortigen Zurückschiebung durch die Ausländerbehörde, vgl. § 19 Abs. 3 AsylVfG.

545 Das Verteilungsverfahren basiert auf Aufnahmequoten, wonach jedes Bundesland über Unterbringungsplätze im Rahmen der Quote verfügen muß, §§ 45, 46 AsylVfG. Die zuständige Aufnahmeeinrichtung wird mit Hilfe des bundesweiten Verteilungssystems EASY (Erstverteilung von Asylbewerbern) ermittelt.

546 Kommt der Ausländer seinen Verpflichtungen grob fahrlässig oder vorsätzlich nicht nach, wird er mit Sanktionen belegt. Das ZuwanderungsG, welches an sich zum 01.01.2003 in Kraft treten sollte, wurde am 18.12.2002 vom Bundesverfassungsgericht wegen eines Formfehlers im Bundesratsverfahren für formell nichtig erklärt. Daher muß der Gesetzesentwurf erneut in das Gesetzgebungsverfahren eingebracht werden. Die Bundesregierung

nen Aufnahmeeinrichtung zu leben. Diese Verpflichtung besteht allerdings maximal drei Monate.[547] Im Anschluß an die Zuweisung ist er verpflichtet, einen förmlichen Asylantrag zu stellen. Grundsätzlich ist dieser bei einer Außenstelle des Bundesamtes zu stellen, die sich jeweils in der Nähe einer Aufnahmeeinrichtung befinden.[548]
Mit der Stellung des Asylantrags erhält der Asylbewerber eine Aufenthaltsgestattung, § 55 Abs. 1 AsylVfG. Der Stellung des Asylantrags folgt kurze Zeit später die Anhörung des Asylbewerbers durch einen Einzelentscheider des Bundesamtes.[549] Von einer Anhörung kann abgesehen werden, wenn der Asylbewerber aus einem sicheren Drittstaat eingereist ist.[550] Der Asylbewerber ist unter anderem verpflichtet, seine Verfolgungsgründe darzulegen, Tatsachen dazu zu benennen sowie Angaben über seine Reiseroute und Aufenthalte in anderen Staaten zu machen.[551] Bei Hinweisen auf die Zuständigkeit eines anderen EU-Mitgliedstaates wird der Vorgang zur Prüfung der Zuständigkeit nach dem DÜ an die zuständige Organisationseinheit im Bundesamt abgegeben.[552]
Der Einzelentscheider entscheidet über den Asylantrag und damit, welche Form der Schutzgewährung eingreift, bzw. ob überhaupt Schutz gewährt wird.[553] Kann nicht kurzfristig entschieden werden, ob der Asylantrag unbeachtlich, offensichtlich unbegründet ist, ob Abschiebungshindernisse bestehen, oder hat das Verwaltungsgericht die aufschiebende Wirkung der Klage des Asylbewerbers angeordnet, dann wird der Asylbewerber regelmäßig in einer Gemeinschaftsunterkunft untergebracht.[554]
Der Asylbewerber kann gegen eine Entscheidung, welche auf eine Vorschrift des AsylVfG gestützt ist, beim örtlich zuständigen Verwaltungsgericht Klage erheben, § 74 Ab.1 AsylVfG[555]. Die Klage ist gemäß § 74 Abs. 1 1. HS. AsylVfG grundsätzlich innerhalb von zwei Wochen nach Zustellung der Ent-

---

wird den Gesetzesentwurf unverändert wieder einbringen. Der jeweils letzte Stand der Dinge kann über die Internetseite des Bundesinnenministeriums unter http://www.bmi.bund.de (Stand Februar 2003) abgerufen werden. Zu den Auswirkungen des Vorschlags zum ZuwanderungsG auf das Asylverfahren, DUCHROW, ZAR 2002, S. 269, (273 ff.).

547 § 47 Abs. 1 AsylVfG.

548 § 23 Abs. 1 AsylVfG. Zu den Ausnahmen, vgl. § 14 Abs. 2 AsylVfG.

549 Vgl. dazu §§ 5, 24 AsylVfG. Durch ZuwanderungsG soll die Weisungsunabhängigkeit der Einzelentscheider aufgehoben werden. Kritisch dazu, DUCHROW, in: ZAR 2002, S. 269, (274 f.); MARX, Stellungnahme, S. 50.

550 § 24 Abs. 1 AsylVfG.

551 Vgl. § 25 AsylVfG.

552 Information des Bundesamtes für Migration und Flüchtlinge, abrufbar unter: http://www.bafl.de (Stand Februar 2003).

553 Information des Bundesamtes für Migration und Flüchtlinge, abrufbar unter: http://www.bafl.de (Stand Februar 2003).

554 § 50 Abs.1, 2 AsylVfG.

555 MARX, Asylverfahrensgesetz, § 74, Rn. 5.

scheidung zu erheben.[556] Zu beachten ist, daß nach § 74 Abs. 1, 2. HS die Klagefrist unter bestimmten Vorsaussetzungen auf nur eine Woche verkürzt ist.[557] Einer Klage kommt nur in Ausnahmefällen eine aufschiebende Wirkung zu.[558] Rechtsmittel gegen die Entscheidung des Verwaltungsgerichts sind ausgeschlossen, wenn es die Klage für offensichtlich unzulässig oder unbegründet hält, § 78 Abs. 1 S. 1 ASylVfG. Ansonsten ist die Berufung nur möglich, wenn das Berufungsgericht auf entsprechenden Antrag das Rechtsmittel der Berufung zugelassen hat, § 78, Abs. 2 AsylVfG.
Im Jahr 2001 betrug die Verfahrensdauer nur bei rund 22% aller Fälle länger als ein halbes Jahr.[559]

II. Spanien

In Spanien[560] sind die nationalen Aufnahmebedingungen im spanischen Ausländergesetz[561], im königlichen Erlaß Nr. 862 zum span. AusländerG[562] sowie im königlichen Erlaß Nr. 203 zum spanischen Asylgesetz[563] geregelt. Im Zusam-

[556] Gemäß § 11 AsylVfG ist gegen alle Maßnahmen und Entscheidungen nach dem AsylVfG der Widerspruch ausgeschlossen. Die zweiwöchige Klagefrist gilt für alle Rechtsstreitigkeiten nach dem AsylVfG.

[557] Diese verkürzte Klagefrist gilt für die Verfahren, in denen auch Aussetzungsanträge nach § 80 Abs. 5 VwGO innerhalb einer Woche erhoben werden müssen (vgl. § 74, Abs. 1, 2. HS mit Verweis auf § 36 Abs. 3, S. 1). Damit greift die kurze Frist ein, wenn das Bundesamt einen Asylantrag für unbeachtlich oder offensichtlich unbegründet ablehnt.

[558] Gemäß § 75 AsylVfG besteht ein Suspensiveffekt nur in den Fällen der §§ 38 Abs.1, 73 AsylVfG, siehe dazu SCHENK, in: HAILBRONNER, Ausländerrecht, Ordner 3, § 75 AsylVfG.

[559] Information des Bundesamtes für Migration und Flüchtlinge, abrufbar unter: http://www.bafl.de (Stand Februar 2003).

[560] Zum spanischen Asylrecht ACTIS/DE PRADA/ PEREDA, in: ANGENENDT (Hrsg.), Migration, S. 291 ff.; BALDWIN-EDWARDS, JCMS 1997, S. 513 ff.; CARAZO ORTIS, in: GIEGERICH/WOLFRUM (Hrsg.), Einwanderungsrecht, S. 281 (291 ff.); DRC, Spain; EFIONAYI-MÄDER, Espagne, S. 45 ff.; GIL BAZO, IJRL 1998, S. 214 ff.; NIEMEYER, ZAR 1995, S. 187 ff.; PÉREZ SOLA, La Regulación, S. 35 ff.; PLS RAMBOLL, Spain, S. 7 ff.; UNHCR, Spain, S. 139 ff.

[561] Ley Orgánica 8/2000, de 22 diciembre, de reforma de la Ley Orgánica 4/2000, de 7 enero, sobre derechos y libertades de los extranjeros en Espana y su integración social, Boletín Oficial Nr. 307, 23.12.2000. Im Folgenden span. AusländerG.

[562] Real decreto 864/2001, de 20 de julio, por el que se aprueba el reglamento de ejecución de la Ley Orgánica 4/2000, de 11 de enero, sobre derechos y libertades de los extranjeros en Espana y su intergración social, reformada por la Ley Orgánica 8/2000, de 22 de diciembre, Boletín Oficial Nr. 174 vom 21.07.2001. Im Folgenden Erlaß Nr. 864 zum span. AusländerG.

[563] Real Decreto 203/1995, de 10 febrero, por el que se aprueba el Reglamento de Aplicación de la Ley 5/1984, de 26 marzo, reguladora del Derecho de Asilo y de la Condición de Refugiado, modificada por la Ley 9/1994, de 19 de mayo, Boletín Oficial Nr. 52 vom 02.03.1995. Im Folgenden Erlaß Nr. 203 zum span. AsylG.

menhang mit der Errichtung von Aufnahmezentren kommt der Resolution über Aufnahmezentren für Flüchtlinge vom 06.07.1998[564] Relevanz zu. Das Institut für Migration und soziale Dienstleistungen (Instituto de Migraciones y Servicios Sociales[565]), dem Ministerium für Arbeit und Soziales zugeteilt, ist für die Fürsorge von Asylbewerbern zuständig.

Das spanische AsylG[566] regelt zusammen mit dem Erlaß Nr. 203 das Asylverfahren. Das Asylverfahren besteht aus zwei Phasen: Einem Zulässigkeitsverfahren und einem regulären Verfahren. Ein Asylantrag ist an der Grenze bei der Grenzpolizei schriftlich zu stellen. Befindet sich der Asylbewerber bereits auf spanischem Territorium ist der Antrag innerhalb eines Monats bei der Asyl- und Flüchtlingsbehörde in Madrid (Oficina de Asilo y Refugio)[567] oder bei bestimmten Polizeidienststellen oder Ausländerbehörden zu stellen.[568] Es folgt eine Befragung des Asylbewerbers, und das OAR unterbreitet dem Innenministerium einen Entscheidungsvorschlag bezüglich der Zulässigkeit des Antrages.[569] Der Innenminister folgt in der Regel dem Vorschlag des OAR.[570]

---

564 Resolución de 6 de julio de 1998, de la Dirección General del Instituto de Migraciones y Servicios Sociales (IMSERSO), por la que se aprueba el Estatuto Básico de los Centros de Acogida a Refugiados del IMSERSO y se desarrolla la Orden de 13 enero de 1989, sobre Centros de Acogida a Refugiados, Boletín Oficial Nr. 188 vom 07.08.1998. Im Folgenden Resolution vom 06.07.1998.

565 Im Folgenden IMSERSO. Informationen können über http://www.seg-social.es/imserso (Stand Februar 2003) abgerufen werden.

566 Ley 9/1994, de 19 marzo, de modificación de la Ley 5/1984, de 26 de marzo, reguladora del derecho de asilo y de la condición de refugiado, Boletín Oficial Nr. 74 vom 27.03.1984. Im Folgenden span. AsylG.

567 Im Folgenden OAR. Die Behörde untersteht dem Justizministerium, DRC, Spain, S. 4. Siehe auch Art. 3 Erlaß Nr. 203 zum span. AsylG.

568 Art. 4 f. span. AsylG, Art. 4 ff. Erlaß Nr. 203 zum span. AsylG.

569 Art. 17 des Erlasses Nr. 203 zum span. AsylG.

570 UNHCR, Spain, S. 142 ff.. Bei Asylanträgen, die an einer Grenze gestellt wurden, verbleiben die Asylbewerber in der Regel bis zu einer Entscheidung in speziellen Unterkünften an der Grenze. Die Zulässigkeitsentscheidung ist innerhalb von 72 Stunden zu treffen. Gegen eine negative Entscheidung kann innerhalb eines Tages beim Innenministerium eine Überprüfung der Entscheidung beantragt werden. Darüber muß dann innerhalb von zwei Tagen befunden werden. Werden die Fristen nicht eingehalten, gilt der Antrag als zulässig, und der Asylbewerber darf einreisen. Zudem muß UNHCR von den Entscheidung informiert werden. Widerspricht UNHCR der Entscheidung des Ministers, erhält der Asylbewerber, obwohl die UNHCR Entscheidung nicht bindend ist, die Erlaubnis einzureisen und die Möglichkeit, Rechtsmittel beim nationalen Gerichtshof (Audiencia National) einzulegen, denen in der Regel aufschiebende Wirkung zukommt, siehe Art. 7 span. AsylG, Art. 19 Erlaß Nr. 203 zum span. AsylG.
Für Asylanträge, die im Land gestellt werden, gilt grundsätzlich das gleiche, nur daß die Fristen länger sind, Rechtsmittel direkt beim Audiencia National eingelegt werden und UNHCR keine Möglichkeit hat, eine aufschiebende Wirkung herbeizuführen, siehe dazu DCR, Spain, S. 5; UNHCR, Spain, S. 142 ff.

Die Gründe, die zur Unzulässigkeit des Antrags führen, nennt Art. 5 Abs. 6 span. AsylG. Unzulässig ist ein Asylantrag unter anderem dann, wenn Art. 1 F oder Art. 33 Abs. 2 der GFK eingreift, der Antrag offensichtlich unbegründet oder mißbräuchlich ist, Spanien gemäß dem DÜ nicht zuständig ist oder der Bewerber als Flüchtling bereits in einem anderen Staat anerkannt wurde.[571] Wird der Asylantrag als zulässig erachtet, findet das reguläre Verfahren Anwendung, in dem über den Status des Asylbewerbers entschieden wird. Das OAR überprüft, ob die geltend gemachten Gründe eine Asylgewährung rechtfertigen. In der Regel wird eine zweite Befragung durchgeführt. Das OAR leitet dann die Akte an die interministerielle Kommission für Asyl und Flüchtlinge (CIAR)[572] weiter, die einen erstinstanzlichen Vorschlag erarbeitet. Dieser wird dann an den Innenminister weitergeleitet, der den Fall, in der Regel dem Vorschlag des CIAR folgend, entscheidet.[573] Gegen eine negative Entscheidung kann bei der Verwaltungskammer des „Audiencia National“ innerhalb von zwei Monaten Berufung eingelegt werden.[574] Das Gericht entscheidet, ob eine aufschiebende Wirkung gewährt wird. Gegen die Entscheidung des „Audiencia National“ können weitere Rechtsmittel beim „Tribunal Supremo“ eingelegt werden.[575]
Bis ein Asylverfahren abgeschlossen ist, vergeht in Spanien circa ein Jahr.[576] Zum regulären Verfahren werden circa 30% aller Asylbewerber zugelassen.[577]

III. Österreich

In Österreich[578] regelt das Fremdengesetz aus dem Jahr 1997 unter anderem die Einreise und den Aufenthalt von Ausländern.[579] Das Asylgesetz aus dem Jahr

[571] Im Prinzip ist das Zulässigkeitsverfahren eine Art beschleunigtes Verfahren, auch wenn das Gesetz diesen Begriff nicht verwendet, da nicht nur Verfahrensfragen geklärt werden, sondern auch die materiell-rechtlichen Voraussetzungen überprüft werden, UNHCR, Spain, S. 141. Das Prinzip der sicheren Dritt- bzw. Herkunftsstaaten findet in Spanien grundsätzlich keine Anwendung, wobei sich aus dem Gesetz allerdings doch die Möglichkeit ergibt, aus diesem Prinzip die Zulässigkeit zu verneinen, DRC, Spain S. 7.

[572] Comisión Interministerial de Asilo y Refugio – CIAR. Die Kommission besteht aus Vertretern des Innen-, des Außen-, des Justiz- und des Sozial- und Arbeitsministeriums, siehe Art. 6 span. AsylG.

[573] Art. 24 ff. des Erlasses Nr. 203 zum span. AsylG. Siehe zum Ablauf des regulären Verfahrens, PLS RAMBOLL, Spain, S. 14 f.; DCR, Spain, S. 8 f.

[574] Siehe Art. 21 span. AsylG, Art. 39 des Erlasses Nr. 203 zum span AsylG. Zudem besteht die Möglichkeit gemäß Art. 9 span. AsylG einer Verwaltungsüberprüfung, wenn der Bewerber neue Beweise hat. Das Verfahren ist das gleiche, wie das reguläre Verfahren. Zu weiteren, selten angewendeten Möglichkeiten der Entscheidungsüberprüfung, siehe DRC, Spain, S. 9 f.

[575] DRC, Spain, S. 9, UNHCR, Spain, S. 146.

[576] Auskunft von Frau CHARO SANTOS von IMSERSO, Abteilung „Asilo y Refugios" in Madrid am 08.01.2003.

[577] ECRE Country Report 2001, Spain, S. 219, 224; abrufbar unter: http://www.ecre.org (Stand Februar 2003), JUBANY-BAUCELLS, CSP 2002, S. 415, (420).

1997 regelt die Gewährung von Asyl.[580] 1997 wurde der unabhängige Bundesasylsenat (UABS) gegründet.[581] Die zentralstaatlich organisierte Sozialhilfe für Asylbewerber ist im Bundesbetreuungsgesetz[582] geregelt. Ferner finden die Sozialhilfegesetze der einzelnen Bundesländer Anwendung.[583] Vorliegend relevant ist damit das Wiener Sozialhilfegesetz.[584] Zu erwähnen bleibt noch das Ausländerbeschäftigungsgesetz.[585]

Asylanträge, die an der österreichischen Landesgrenze bei der Grenzpolizei gestellt werden, leitet diese grundsätzlich an die Bundesasylbehörde weiter, es sei denn, die Grenzpolizei gestattet sofort die Einreise. Dies ist dann der Fall, wenn anzunehmen ist, daß der Asylantrag nicht unzulässig oder offensichtlich unbegründet ist. Bis zu einer Entscheidung darf der Asylbewerber nicht einreisen und muß eine Entscheidung außerhalb Österreichs abwarten.[586] In der Praxis kommt eine legale Einreise über eine Landesgrenze sehr selten vor, da Österreich von sicheren Drittstaaten umgeben ist.[587] Personen, die über den Luftweg einreisen und Asyl beantragen, werden in Sondertransitzonen untergebracht, bis die Bundesasylbehörde eine Entscheidung getroffen hat. In diesen Fällen findet ein beschleunigtes Verfahren Anwendung.[588] Die meisten Asylbewerber reisen illegal über den Landweg ein und stellen dann einen Asylantrag bei der Bundesasylbehörde oder bei den Unterabteilungen in den einzelnen Bundesländern. Diese registrieren und befragen den Asylbewerber und überprüfen den Antrag.[589] Es

---

578 Zum österreichischen Asylrecht und -verfahren: ANTALOVSKY, AWR-Bulletin 1997, S. 85 ff.; BRANDL, ASYL 1999, S. 9 ff.; DRC, Austria.; EFIONAYI-MÄDER, Österreich, S. 91 ff.; DAVY, Asyl; FASSMANN, in: ANGENENDT (Hrsg.), Migration, S. 65; KIRCHHOF, in: GIEGERICH/WOLFRUM (HRSG.), Einwanderungsrecht, S. 193, (206); HULLMANN, in: CARLIER/VANHEULE/HULLMANN/PEÑA GALIANO (Hrsg.), Refugee, S. 11 ff. KUSSBACH, IJRL, 1994, S. 22 ff.; MUZAK, Aufenthaltsberechtigung, S. 256 ff.; ROSENMAYR, in: MACHACEK u.a. (Hrsg.), Grund- und Menschenrechte, S. 535 ff.; PLS RAMBOLL, Austria, UNHCR, Austria, S. 34 ff.

579 BGBl. I, Nr. 75/1997, zuletzt geändert in der Fassung BGBl. I, Nr. 142/2001. Im Folgenden öst. FremdenG.

580 Bundesgesetz über die Gewährung von Asyl (Asylgesetz 1997) BGBl. I, Nr. 76/1997, zuletzt geändert idF. BGBl. I, Nr. 82/2001. Im Folgenden öst. AsylG.

581 BGBl. I, Nr. 77/1997, zuletzt geändert i.d.F. BGBl. I, Nr. 128/1999. Der UABS ist die zweite Instanz und ersetzt den Innenminister als frühere zweite Instanz.

582 BGBl. I, Nr. 405/1991, zuletzt geändert i.d.F. BGBl. I, Nr. 98/2001.

583 EFIONAYI-MÄDER, Österreich, S. 91.

584 Wiener Sozialhilfegesetz i.d.F. vom 30.05.2000, LGBl. Nr. 27/2000. Im Folgenden WSHG.

585 BGBl. I, Nr. 218/1975, zuletzt geändert i.d.F. BGBl. I, Nr. 136/2001. Im Folgenden öst. BundesbetreuungsG.

586 § 17 Abs. 2, 4 öst. AsylG; DCR, Austria, S. 3.

587 DRC, Austria S. 3. Gegen eine negative Entscheidung kann beim UABS Berufung eingelegt werden.

588 §§ 17 Abs. 1, 39 Abs. 3 öst. AsylG.

589 Siehe zum dem Verfahren, DRC, Austria, S. 4 ff.; PLS RAMBOLL, Austria Schaubild 1.2 und 1.3.

wird geprüft, ob der Antrag unzulässig ist. Dies ist der Fall, wenn der Bewerber aus einem sicheren Drittstaat kommt oder Österreich nach dem DÜ nicht zuständig ist. Zudem wird überprüft, ob der Antrag offensichtlich unbegründet ist.[590]

Ist dies nicht der Fall, kommt das reguläre Verfahren zur Anwendung, indem geprüft wird, ob die vorgebrachten Gründe eine Asylgewährung rechtfertigen. Gegen eine negative Entscheidung kann beim UABS Berufung, der aufschiebende Wirkung zukommt, eingelegt werden.[591] Gegen diese Entscheidung kann letztinstanzlich noch beim Verwaltungsgericht Berufung eingelegt werden.[592]

IV. Weitere Länder

1. Belgien

In Belgien[593] regelt das Ausländergesetz[594] sowie der königliche Erlaß zum Ausländergesetz[595] den Zugang von Ausländern zum Staatsgebiet, ihren Aufenthalt, ihre Niederlassung und Ausweisung im regulären Verfahren sowie teilweise die Aufnahmebedingungen. Wichtig für die sozialen Rechte der Asylbewerber ist vor allem das Gesetz über die öffentlichen Sozialhilfezentren.[596]

---

590 Vgl. zu den einzelnen Unzulässigkeitsgründen bzw. zu den Unbegründetheitsgründen, §§ 4 bis 7 öst. AsylG. Die Zulässigkeitsprüfung sollte innerhalb einer kurzen Frist abgeschlossen sein. Dies ist in der Praxis nicht der Fall. Eine Entscheidung wird oft erst nach Monaten gefällt, DRC, Austria S. 6. Gegen eine negative Entscheidung kann nach § 32 öst. AsylG Berufung beim UBAS eingelegt werden. Aufschiebende Wirkung ist nur unter bestimmten Voraussetzungen gegeben.

591 Die Entscheidung wird bei einfach gelagerten Fällen grundsätzlich von einem Mitglied des UABS getroffen. Weiterführend DRC, Ausria, S. 8 f. Siehe auch PLS RAMBOLL, Austria, Schaubild 1.4.

592 DRC, Austria, S. 9.

593 Zum belgischen Asylrecht und -verfahren siehe ANDERSEN/DEBROUX, REDP/ERPL, 1995, S. 685 ff.; CRUZ, in ANGENENDT (Hrsg.), Migration, S. 87 ff.; DRC, Belgium; JADOUL/MIGNON, Droits des Etrangers, S. 75 ff.; LAMBERT, S. 11, 48 ff., 92, 104, 116 ff.; PLS RAMBOLL, Belgium; ROOS/VANDENBERGHE, in: GIEGERICH,/WOLFRUM, (Hrsg.) Einwanderungsrecht, S. 75, (90); UNHCR, Belgium, S. 45 ff.; VANDERCAM, Tijdschrift voor Vreemdelingenrecht, 2000, S. 3 f; VANHEULE, in: CARLIER/VANHEULE/HULLMANN/PEÑA GALIANO (Hrsg.), Refugee, S. 57 ff.

594 Loi du 15 décembre 1980 sur l'accès au territoire, le séjour, l'établissement et l'éloignement des étrangers, Moniteur Belge vom 31.12.1980, S. 14584. Letzte Änderung: Gesetz vom 02.04.2002. Monituer Belge vom 29.08.2002. Im Folgenden belg. AusländerG.

595 Arreté royal sur l'accès au territoire, le séjour, l'établissement et l'éloignement des étrangers vom 08.10.1981, Moniteur Belge vom 27.10.1981. Fassung vom 09.08.2002. Im Folgenden Erlaß zum belg. AusländerG.

596 Loi organique des centres publics d'aide sociale vom 08.07.1976. Moniteur Belge vom 05.08.1976. Fassung vom 12.06.2002.

Um in das reguläre Verfahren zu gelangen, muß ein Asylbewerber zunächst erfolgreich ein Zulässigkeitsverfahren[597] durchlaufen. Belgien kennt kein spezielles Grenz- oder Flughafenverfahren, so daß für diese Personen das Zulässigkeitsverfahren Anwendung findet, das auch für Ausländer gilt, die in Belgien einen Asylantrag stellen. Allerdings ist es nach Art. 74/5 belg. AusländerG möglich, Asylbewerber an der Grenze bis zu zwei Monaten in Aufnahmezentren (sogenannte centre fermé).[598] in Gewahrsam zu nehmen. Über die Zulässigkeit entscheidet die Ausländerbehörde, die ebenfalls zuständig ist, wenn der Asylantrag in Belgien beantragt wird.[599] Die Ausländerbehörde führt eine Befragung durch, überprüft die Zuständigkeit nach dem DÜ (Art. 51/5, 51/7 belg. AusländerG) und die Zulässigkeit des Gesuchs. Gemäß Art. 52 belg. AusländerG ist ein Antrag unter anderem unzulässig, wenn er offensichtlich mißbräuchlich ist oder nicht in Bezug zu den Kriterien der GFK steht. Für Personen, die im Land eine Asylantrag gestellt haben, finden nach Art. 52 § 2 belg. AusländerG noch zusätzliche Unzulässigkeitskriterien Anwendung. Die Entscheidung ist innerhalb von acht Tagen zu treffen.[600] Wird die Zulässigkeit bejaht, darf der Asylbewerber nach Belgien einreisen, bzw. in Belgien bleiben und das reguläre Verfahren findet Anwendung. Das reguläre Verfahren wird vom Commissariat Général aux Réfugiés et aux Apatrides[601] durchgeführt, das prüft, ob Asyl gewährt wird (Art. 57/6 belg. AusländerG).

2. *Finnland*

In Finnland[602] bilden das finn. AusländerG vom 22 Februar 1991[603], das finn. Ausländerdekret[604] vom 19.02.1994 sowie das finn. Gesetz über die Integration

[597] Art. 52 belg. AusländerG. Das Zulässigkeitsverfahren ist im Prinzip ein beschleunigtes Verfahren, nur daß es nicht so genannt wird.

[598] Die Verwahrung ist auf zwei Monate begrenzt. Ist bis dahin kein Entscheidung über die Zulässigkeit gefallen, wird der Asylbewerber freigelassen und die Einreise nach Belgien erlaubt.

[599] PLS RAMBOLL, Belgium, S. 12.

[600] Art. 52 § 5 belg. AusländerG. Gegen eine negative Entscheidung kann der Asylbewerber Rechtsmittel mit aufschiebender Wirkung einlegen.

[601] Im Folgenden CGRA. Vgl. dazu Art 57/2 ff. belg. AusländerG. Gegen eine negative Entscheidung kann der Asylbewerber in zwei Instanzen Rechtsmittel einlegen. Gegen eine negative Entscheidung des CGRA können Rechtsmittel mit aufschiebender Wirkung bei der "Commission permanente de recours de réfugiés", einem Verwaltungsgericht, eingelegt werden.

[602] Zum finnischen Asylrecht und -verfahren siehe: DRC, Finland, KOIVUKANGAS, in: ANGENEDT (Hrsg.), Migration, S. 127 ff.; KUOSMA, Parkolaisen, 1993; MODEEN, Rev. fr. Droit ad. 1993, S. 565 f.; PLS RAMBOLL, Finland; SALMIMIES, AWR-Bulletin, 1993, S. 219 ff.; UNHCR, Finland, S. 65 ff.

[603] Ulkomaalaislaki, Nr. 378 vom 22.02.1991, zuletzt geändert durch das Gesetz Nr. 179/2001 vom 10.07.1998. Im Folgenden finn. AusländerG.

[604] Ulkomaalaisasetus, Nr. 142/1994 vom 18.02.1994, zuletzt geändert durch Gesetz Nr.

von Einwanderern und die Aufnahme von Asylbewerbern vom 9 April 1999[605] und das dazu gehörige Dekret vom 22.04.1999[606] den rechtlichen Rahmen. Ein Asylantrag kann direkt an der Grenze (Flughäfen miteingeschlossen) entweder bei der Polizei oder im Zuge der Paßkontrolle bei einem Grenzbeamten gestellt werden.[607] In solch einem Fall wird eine vorbereitende, knappe Befragung bezüglich der Reiseroute des Ausländers sowie seiner Identität durch die Polizei oder die Grenzbeamten durchgeführt.[608] Im Anschluß daran wird nach § 32 a finn. AusländerG entweder durch die Polizei oder die Einwanderungsbehörde eine weitere intensive Befragung hinsichtlich der Asylgründe, die der Asylbewerber angibt, durchgeführt.[609] Die Einwanderungsbehörde, welche dem Innenministerium unterstellt ist, entscheidet nach § 33 finn. AusländerG über den Asylantrag.[610] Unter Umständen kann zu der Entscheidung noch der Ombudsmann für Ausländer gehört werden.[611] Das Einwanderungsdirektorat entscheidet zudem, ob ein beschleunigtes oder das reguläre Verfahren Anwendung findet und ob nach dem DÜ ein anderer Mitgliedstaat für die Prüfung des Asylantrages zuständig ist.[612] In Finnland wird ein beschleunigtes Verfahren dann durchgeführt, wenn der Asylbewerber aus einem sicheren Herkunftsland kommt bzw. der Asylantrag offensichtlich unbegründet ist.[613] In solchen Fällen soll gemäß § 33 c finn. AusländerG innerhalb von sieben Tagen über den Antrag entschieden werden. Findet ein beschleunigtes Verfahren keine Anwendung, so entscheidet die Einwanderungsbehörde, ob Asyl zu gewähren ist oder der Antrag abgelehnt wird.[614] Werden Rechtsmittel eingelegt, kann sich das Verfahren bis zu drei Jahre hinziehen.[615]

115/2000 vom 04.02.2000. Im Folgenden finn. Ausländerdekret.

605 Laki maahanmuuttajien kotouttamisesta ja turvapaikanhakijoiden vastaanotosta, Nr. 493/1999 vom 09.04.1999. Im Folgenden finn. IntegrationsG.

606 Asetus maahanmuuttajien kotouttamisesta ja turvapaikanhakijoiden maahantulosta, N° 511/1999 vom 22.04.1999. Dieses Dekret war bis zum Abschluß der Recherche nur auf finnisch erhältlich, so daß es im weiteren Verlauf dieser Arbeit als Primärquelle keine Anwendung finden konnte.

607 § 32 finn. AusländerG. Der Asylantrag kann auch unmittelbar beim Einwanderungsdirektorat im Land gestellt werden, DRC, Finland, S. 4.

608 § 32 a finn. AusländerG. Eine direkte Zurückweisung an der Grenze erfolgt grundsätzlich nicht, vgl. DRC, Finland, S. 3.

609 In Zukunft sollen diese Interviews nur noch von der Einwanderungsbehörde durchgeführt werden, ECRE Country Report, 2001, Finland, S. 57.

610 In dieser Zeit sind die Asylbewerber in Aufnahmeeinrichtungen untergebracht, vgl. DRC, Finland, S. 3.

611 § 33 Abs. 2 finn. AusländerG. Der Ombudsmann für Ausländer ist dem Sozial- und Gesundheitsministerium angeschlossen, siehe § 69 finn. AusländerG.

612 Siehe §§ 33a ff. finn. AusländerG. Zudem wird geprüft, ob ein anderes Mitglied der Nordischen Paßunion verpflichtet ist, den Asylbewerber aufzunehmen, § 34 b Abs. 2 finn. AusländerG.

613 §§ 33a ff. finn AusländerG.

614 Gegen eine Entscheidung des Einwanderungsdirektorats kann gemäß § 57 finn. Auslän-

3. *Frankreich*

In Frankreich[616] finden sich Rechtsgrundlagen zur Durchführung des Asylverfahrens, bzw. die Regelungen über den Aufenthalt von Ausländern in dem mehrfach geänderten Gesetz vom 02.11.1945.[617] Durch das Gesetz vom 11.05.1998 (genannt „Loi Chevènement") wurden alle Vorschriften, die sich auf die Einreise und den Aufenthalt von Ausländern in Frankreich beziehen, aus dem Gesetz von 1945 herausgenommen und in das Gesetz vom 25.07.1952, das die Gründung von OFPRA[618] regelt, integriert.[619] Dieses wurde in „Asylgesetz" (Loi realtive au droit d'asile) umbenannt und enthalten nun alle speziellen Vorschriften im Bereich des Asyls. Im Hinblick auf die Aufnahme von Asylbewerbern sind vor allem das Sozialhilfegesetz, Mitteilungen der „Direction de la Population et des Migrations"[620] sowie diverse weitere Mitteilungen[621] von Bedeutung. Wird an der Grenze ein Asylantrag gestellt, wird zunächst überprüft, ob der Antrag nach den Kriterien der Londoner Beschlüsse offensichtlich unbegründet ist.[622] Zu diesem Zweck werden die Asylbewerber maximal zwanzig Tage in

---

derG Berufung beim Verwaltungsgericht eingelegt werden. Die Möglichkeit, Rechtsmittel gegen die Entscheidung des Verwaltungsgerichts beim Obersten Verwaltungsgericht einzulegen, liegt im Ermessen des Obersten Verwaltungsgerichtes. Wird ein Rechtsmittel eingelegt, kommt diesem kein Suspensiveffekt zu.

615 DRC, Finland, S. 6.

616 Siehe zum französischen Asylrecht und -verfahren: ANGENENDT/PFAFFENROTH, in: ANGENENDT (Hrsg.), Migration, S. 143 ff.; DRC, France, EFIONAYI-MÄDER, France, S. 53 ff.; FROMONT, REDP/ERPL 1995, S. 739 ff.; FULCHIRON, Journal Droit Publique 1999, S. 339 ff.; GEGENWART, Sozialrechtliche Stellung, S. 11 ff.; GREWE/WEBER, EuGRZ 1993, S. 496 ff.; GUIMEZANES, Juriclasseur périodique 1989, S. 2047 ff.; JULIEN-LAFFERRIERE, Regards sur l'actualité, 1998, S. 17 ff.; LAMBERT, Asylum, S. 12, 56 ff., 93 f., 112; PLS RAMBOLL, France, SCHANK/PEÑA GALIANO in: CARLIER/VANHEULE/HULLMANN/PEÑA GALIANO (Hrsg.), Refugee, S. 373 ff.; UNHCR, France, S. 72 ff., WALTER, in: GIEGERICH/WOLFRUM (Hrsg.); Einwanderungsrecht, S. 113 ff.

617 Ordonnance sur l'entrée et le séjour des étrangers, geändert durch Gesetze 1981, 1984, 1986, 1989, 1992, 1993, 1994 und am 11. Mai 1998.

618 Office français de protection des réfugiés et des apatrides. Das OFPRA untersteht dem Außenministerium, EFIONAYI-MÄDER, France, S. 53.

619 Siehe dazu FULCHIRON, Journal Droit Publique, Nr. 1, 1999 S. 333 ff.; TURPIN, Rev. critique de droit internat. priveé Vol. 1, 1998, S. 521 ff.

620 Circulaire DPM/CI 3 n° 99-399 du 8 juillet 1999 relative aux procédures d'admission dans le dispositif national d'accueil (DNA) des réfugiés et des demandeurs d'asile, Bulletin Officiel Nr. 99/31, im Folgenden Circulaire DPM/CI 3 n° 99-399, Circulaire MES/DPM n°2000-170 du 29.03.2001 relative aux missions des centres d'accueil des demandeurs d'asile (CADA), Bulletin Officiel n°2000-15, im Folgenden circulaire MES/DPM n°2000-170.

621 So z.B. Circulaire du 26.09.1991 relative à la situation des demandeur d'asile au regard du marché du travail, Jornal Officiel vom 27.09.1991. Im Folgenden circulaire du 26.09.1991.

622 Die Kriterien sind nicht Bestandteil französischen Rechts; sie werden aber quasi inoffiziell angewendet, DRC, France, S. 5.

Gewahrsam genommen und in Transitzonen an Flug- oder Seehäfen bzw. Bahnhöfen untergebracht. Die Entscheidung, ob Zugang auf französisches Territorium gewährt wird, trifft das Innenministerium in Zusammenarbeit mit dem Außenministerium.[623] Die zuständigen Stellen für Asylanträge, die erst im Land gestellt werden sowie für die Asylbewerber, die einreisen durften, sind die lokalen Polizeidienststellen, die das Innenministerium in jedem Departement vertreten. Sie überprüfen die Identität, führen Befragungen und eine erneute Zulässigkeitsprüfung durch. Ihnen obliegt auch die Anordnung ein beschleunigtes Verfahren durchzuführen, wenn eine der in Art. 10 des franz. AsylG genannten Voraussetzungen vorliegt (z.B. keine Zuständigkeit gemäß dem DÜ, Herkunft aus einem Land, das unter die Ausschlußklausel fällt, mißbräuchlicher Asylantrag).[624] Wird die Zulässigkeit bejaht, beginnt das reguläre Verfahren. Der Asylbewerber muß einen Asylantrag ausfüllen und diesen innerhalb eines Monats nachweislich an das OFPRA senden. Das OFPRA prüft den Asylantrag - in der Regel ohne Befragung des Asylbewerbers - und entscheidet, ob Asyl gewährt wird oder nicht.[625] Gegen die Entscheidung kann erstinstanzlich bei der Rechtsmittelkommission für Flüchtlinge[626] vorgegangen werden. Der Einlegung des Rechtsmittels kommt aufschiebende Wirkung zu.[627]

4. *Griechenland*

In Griechenland[628] bildet den rechtlichen Rahmen das Ausländergesetz Nr. 1975 aus dem Jahr 1991[629] sowie verschiedene präsidiale Erlasse. Der präsidiale Erlaß

[623] Siehe ausführlich DRC, France, S. 4 f. Gegen eine negative Entscheidung kann beim Verwaltungsgericht Berufung eingelegt werden. Eine aufschiebende Wirkung besteht nicht, PLS RAMBOLL, France, S. 10.

[624] Siehe zu dem Aufgabenbereich der lokalen Präfekturen PLS RAMBOLL, S. 10.

[625] DCR, France, S. 7f., PLS RAMBOLL, S. 11. Entweder es wird „asile territoriale" gewährt oder der Flüchtlingsstatus, siehe dazu DELOUVIN, JRS 2000, S. 61, (64 ff.); GUIMEZANES, Juriclasseur périodique 1989, S. 2047 ff. WALTER, in: GIEGERICH/WOLFRUM (Hrsg.); Einwanderungsrecht, S. 113, (125 ff.).

[626] Commission de recours des réfugiés (CRR). Die Kommission ist ein Gericht mit drei Mitgliedern. Den Vorsitz hat ein Richter, die andern Mitglieder sind vom OFPRA und dem UNHCR, DCR, France S. 8.

[627] Gegen eine negative erstinstanzliche Entscheidung können nochmals Rechtsmittel - ohne Suspensiveffekt - beim Obersten Verwaltungsgerichtshof (Conseil d'Etat) eingelegt werden. Dieser überprüft keine Tatsachen mehr, DRC, France, S. 8.

[628] Siehe zum griech. Asylrecht und -verfahren: SKORDAS, in: DE BRUYCKER (Hrsg.), Les Régularisation des étrangers illégaux, S. 343; DERS. IJRL 1999, S. 678; DRC, Greece; NASKOU-PERRAKI, in: CARLIER/VANHEULE/HULLMANN/PEÑA GALIANO (Hrsg.), Refugee S. 441 ff.; PAPADOPOULOU, REDP/ERPL 1995, S. 844 ff.; PAPASSIOPI-PASSIA, Revue Hellénique de Droit int. 1994, S. 6 ff.; PLS RAMBOLL, Greece; STRAVROPOOULOU, IJRL 1994, S. 53 ff.; SITAROPOULOS, Imm. & Nat. Law & Prac. 1994, S. 57 ff.; UNHCR, Greece, S. 97 ff.

[629] OJHR A, 184/04.12.1991, geändert durch Gesetz 2452/1996, OJHR A, 283/31.12.1996

Nr. 61/1999[630] regelt das Anerkennungsverfahren sowie die Abschiebung. Die Frage der Arbeitserlaubnis für Asylbewerber regelt der präsidiale Erlaß Nr. 189/1998.[631] Die sozialrechtliche Stellung von Flüchtlingen ist Regelungsgegenstand des präsidialen Erlasses Nr. 266/1999.[632]
Eine Zurückweisung an der griechischen Grenze erfolgt seit Inkrafttreten des Gesetzes 2452/1999 nicht.[633] Alle Asylanträge, die an einem See- oder Flughafen gestellt werden, werden gemäß Art. 25 Abs. 3 griech. AusländerG in einem beschleunigten Verfahren behandelt. Bis zu einer Entscheidung werden die Asylbewerber in speziellen Transitzonen für maximal 15 Tage in Gewahrsam genommen.[634] Personen, die über den Landweg einreisen, können bei jeder griechischen staatlichen Behörde einen Asylantrag stellen.[635] Die Polizei hat die Kompetenz, Asylanträge zu überprüfen; an sie werden alle Anträge weitergeleitet.[636] Sie führt bis spätestens drei Monate nach der Antragsstellung eine Befragung des Asylbewerbers durch, um seine Identität, die Reiseroute sowie die Fluchtgründe zu klären.[637] Zudem wird geprüft, ob eine Zuständigkeit nach dem DÜ besteht. Danach nimmt die Polizei eine Einschätzung vor und leitet die Akte weiter an die regionale Polizeidienststelle, die nach einer Stellungnahme den Fall an das Ministerium für öffentliche Sicherheit weiterleitet. Die regionale Polizeidienststelle kann die Durchführung eines beschleunigten Verfahrens vorschlagen.[638] Dieses wird durchgeführt, wenn der Asylantrag offensichtlich unbegründet ist oder der Asylbewerber aus einem sicheren Herkunftsland kommt.[639] Findet das reguläre Verfahren Anwendung, entscheidet grundsätzlich das Generalsekretariat des Ministeriums für die öffentliche Sicherheit auf Vorschlag der Abteilung Staatssicherheit über den Antrag.[640]

---

sowie durch Gesetz 2646/1998, OJHR. Im Folgenden griech. AusländerG.

630 OJHR, A 63/06.04.1999. Im Folgenden präsidialer Erlaß 61/1999.

631 OJHR, A 140/25.06.1998. Im Folgenden präsidialer Erlaß 189/1998.

632 OJHR, A 217/20.10.1999. Im Folgenden präsidialer Erlaß 266/1999.

633 Jeder, der um Asyl bittet und sich auf einen Verfolgungsgrund nach der GFK beruft, darf gemäß Art. 1 und 2 des Gesetzes 2452/1996 nicht zurückgewiesen werden. Mit dem Gesetz wurde die vormals bestehende Voraussetzung der Zulässigkeit aufgehoben, SKORDAS, IJRL 1999, S. 678, (681).

634 SKORDAS, IJRL 1999, 678, (684)

635 Art. 1 Abs. 1 präsidialer Erlaß 61/1999.

636 Art. 2 Abs. 1 präsidialer Erlaß 61/1999.

637 Vgl. Art. 2 Abs. 2, 3 präsidialer Erlaß 61/1999. Befindet sich der Asylbewerber auf Flug- oder Seehafengelände wird die Befragung am Tag der Stellung des Antrags durchgeführt, kritisch dazu SKORDAS, IJRL 1999, S. 678, (685 ff.)

638 Vgl. Art. 2 Abs. 3 ff. des präsidialen Erlasses 61/1999.

639 Kein griechisches Gesetz und kein präsidialer Erlaß bestimmt, welche Länder als sichere Herkunftsstaaten zu betrachten sind. Dies führt zu zahlreichen rechtlichen Unsicherheiten, siehe SKORDAS, IJRL 1999, S. 678, (690).

640 Art. 3 Abs. 1 präsidialer Erlaß 61/1999. In der Praxis wird in den größeren Städten die Entscheidung von der Ausländerbehörde gefällt, DRC, Greece, S. 6. Gegen negative Entscheidungen können beim Minister für öffentliche Sicherheit Rechtsmittel mit Suspensi-

5. *Italien*

In Italien[641] wurde am 30.07.2002 ein Gesetz zur Änderung des Einwanderungs- und Asylrechts erlassen, das Regelungen für ein beschleunigtes Asylverfahren enthält.[642] Das Einwanderungs- und Ausländergesetz Nr. 286 vom 25.07.1998[643] sowie der dazugehörige präsidiale Erlaß vom 31.08.1999[644] enthalten für Asylbewerber hinsichtlich ihrer Aufnahme relevante Regelungen. Ein eigenes Asylgesetz gibt es derzeit noch nicht.[645]

Grundsätzlich findet die erste Station des Asylverfahrens an der Grenze statt, wo die Grenzpolizei so zügig wie möglich darüber entscheidet, ob dem Asylbewerber die Einreise gewährt wird.[646]

Der Asylantrag wird entweder sofort an der Grenze bei der Grenzpolizei gestellt oder, wenn der Asylbewerber sich bereits auf italienischem Territorium befindet, bei Polizeibehörde in der Provinz (Questura), in der sie sich aufhält.[647] Dort sind die Personalien anzugeben und detaillierte Angaben über den Asylgrund zu machen. Die Polizeibehörde sendet dann einen Bericht an die zentrale Kommission

---

veffekt eingelegt werden. Der Minister wird von einem sechsköpfigen Gremium bezüglich seiner Entscheidung beraten, Art. 3 Abs. 3 ff. präsidialer Erlaß 61/1999. Das Gremium besteht unter anderem aus einem rechtlichen Berater des Ministeriums für öffentliche Sicherheit, einem hoher Polizeibeamter und einem Vertreter vom UNHCR Griechenland. Zu der Arbeit des Gremiums, siehe STRAVROPOULOU, IJRL 1999, S. 90 ff. Die Entscheidung ist nur in eng begrenzten Ausnahmefällen nochmals überprüfbar, DRC, Greece S. 7.

641 Siehe zum ital. Asylrecht und -verfahren: CONTEL/DE BIASE, in: ANGENENDT, Migration, S. 228 ff., DRC, Italy; DELLA CANTANEA, ERPL/REDP, 1995, S. 809 ff.; EFIONAYI-MÄDER, Italien, S. 75 ff.; HEIN, AWR-Bulletin 1992, S. 379 ff.; NASCIMBENE/PEÑA GALIANO in: CARLIER/VANHEULE/HULLMANN/PEÑA GALIANO (Hrsg.), Refugee, S. 457 ff.; OELLERS-FRAHM, in: GIEGERICH/WOLFRUM (Hrsg.); Einwanderungsrecht, S. 135 (149 ff.); PLS RAMBOLL, Italy; UNHCR, Italy, S. 111 ff.; VINCENZI, JRS 2000, S. 91 ff.

642 Legge 20 luglio 2002, n. 189 Modifica alla normativa in materia di immigrazione e di asilo.

643 Decreto legislativo 25 julio 1998, n. 286, "Testo unico delle disposizioni concernenti la disciplina dell'immigrazione e norme sulla condizione dello straniero" coordinato con le successive modifiche.

644 Decreto del Presidente della Repubblica 31 agosto 1999, n. 394, "Regolarmento recante norme di attuazione del testo unico delle disposizioni concernenti la disciplina dell'immigrazione e norme sulla condizione dello straniero, a norma dell'articolo 1, comma 6, del decreto legislativo 25 luglio 1998, n. 286".

645 Derzeit befindet sich vieles im Umbruch. Daher sind augenblicklich nur begrenzt Aussagen über das Asylverfahren und das Aufnahmesystem möglich. Problematisch ist zudem, daß es noch kein eigenes Gesetz gibt, daß diese Materie regelt. Ein gewisser Leitfaden ist unter http://www.stranieri.it (Stand Februar 2003) abrufbar.

646 Art. 1 Abs. 4 Gesetz Nr. 39/1990.

647 Informationsblatt des „Programa Nazionale Asilo". Das Programm wurde im Juli 2001 eingeführt und wird durch den Europäischen Flüchtlingsfond sowie einen nationalen Fond finanziert. Es wird vom Innenministerium, dem UNHCR und der Vereinigung italienischer Kommunen (Associazione Nazionale dei Comuni italiani) in Zusammenarbeit mit verschieden NRO durchgeführt.

für die Flüchtlingsanerkennung (Commissione Centrale per il ricononscimento dello status di rifugiato), ein interministerielle Verwaltungseinheit, die eine erstinzstanzliche Entscheidung trifft.[648] Der Asylbewerber wird dazu zu einer Anhörung geladen.[649] Gegen eine negative Entscheidung können innerhalb von fünf Tagen beim Zivilgericht, in der Provinz in der der Asylbewerber gemeldet ist, Rechtsmittel eingelegt werden.[650] Eine aufschiebende Wirkung ist grundsätzlich nicht gegeben. Gegen die Entscheidung des Gerichts können in einer zweiten Instanz beim Berufungsgericht und dann beim Verfassungsgericht Rechtsmittel eingelegt werden.[651] Künftig soll in dem beschleunigten Verfahren innerhalb von 30 Tagen über den Asylantrag erstinstanzlich entschieden werden.[652]

6. *Luxemburg*

In Luxemburg[653] regelt das Asylgesetz[654] das Asylverfahren und das Ausländergesetz die Einreise und den Aufenthalt von Ausländern.[655] Zudem ist vor allem das Gesetz betreffend die Integration von Ausländern in das Großherzogtum Luxemburg[656] sowie die Verordnung zur Gewährung von Sozialhilfe an Asylbewerber[657] von Interesse.

---

648 Informationsblatt des „Programma Nazionale Asilo", abrufbar unter: http://www.programmnazionaleasilo.i/guidaita1.pdf (Stand Februar 2003).

649 DRC, Italy, S. 5.

650 DRC, Italy, S. 5.

651 DRC, Italy, S. 5 f.

652 Auskunft von MARILISA FANTACCI, Programma Nazionale Asilo, am 10.02.2003.

653 Siehe zum lux. Asylrecht und-verfahren: CRUZ, in: ANGENENDT (Hrsg.), Migration, S. 243 ff.; DRC, Luxembourg; GOERENS/DELAPORTE, Annales du droit luxembourgouis, 1997, S. 93, (101 f.); PLS RAMBOLL, Luxembourg, UNHCR, Luxembourg, S. 118 ff.; PEÑA GALIANO, in: CARLIER/VANHEULE/HULLMANN/PEÑA GALIANO (HRSG.), Refugee, S. 471 ff.

654 Loi du 3 avril 1996 portant création 1. d'une procédure relative à l'examen d'une demande d'asile, zuletzt durch das Asylgesetz vom 18.03.2000 geändert, Journal Officiel du Grand-Duché de Luxembourg, A-N°25, 27.03.2000. Im Folgenden lux. AsylVfG.

655 Loi du 28 mars 1972 concernant l'entrée et séjour des étrangers, ergänzt durch texte coordonné du 1er février 1996 de la loi du 28 mars 1972 concernant l'entrée et le séjour des étrangers (...), Journal Officiel du Grand-Duché de Luxembourg, N° 6, 01.02.1996. Im folgen lux. AusländerG.

656 Loi du 27 juillet 1993 concernant l'integration des étrangers au Grand-Duché de Luxembourg ainsi que l'action sociale en faveur des étrangers, Journal Officiel de Grand-Duché de Luxembourg, A-N°552, 08.07.1993. Im folgen lux. IntegrationsG.

657 Règlement grand-ducal du 4 juillet 2002 fixant les conditions et les modalités d'octroi d'une aide sociale aux demandeur d'asile, Journal O ff.iciel du Grand-Duché de Luxembourg, N°84, 06.08 2002. Im Folgenden lux. Verordnung zu Gewährung von Sozialhilfe an Asylbewerber.

Ausländer können nach Art. 4 des lux. AsylVfG entweder direkt an der Grenze[658] oder im Land um Asyl nachsuchen. Ist dies der Fall, werden die Asylbewerber in das Büro der Flüchtlingsaufnahme des Justizministeriums nach Luxemburg-Stadt gebracht.[659] Dort wird ein förmlicher Asylantrag gestellt und ein vorbereitendes Interview von einem Beamten der „police judicaries" durchgeführt. Dabei soll unter anderem die Identität, die Reiseroute und die Glaubhaftigkeit der Angaben geklärt werden sowie die Frage, ob Luxemburg im Rahmen des DÜ zuständig ist.[660] Im Anschluß daran erfolgt eine detaillierte Befragung des Asylbewerbers insbesondere hinsichtlich der Asylgründe und der Reiseroute, so daß festgestellt werden kann, ob ein offensichtlich unbegründeter Asylantrag[661] oder ein unzulässiger Antrag[662] vorliegt oder ob das normale Verfahren eingeleitet wird.[663] Findet das reguläre Verfahren Anwendung, trifft der Justizminister die erstinstanzliche Entscheidung (Art. 10 Abs. 2 lux. AsylVfG).

7. *Niederlande*

In den Niederlanden[664] trat am 01.04.2001 ein neues Ausländergesetz in Kraft,[665] welches zusammen mit der Ausländerdurchführungsverordnung das Asylverfah-

---

658 Praktisch kommen nur Flughäfen in Frage, da grundsätzlich keine Grenzkontrollen durchgeführt werden.

659 PLS RAMBOLL, Luxemburg, S. 8.

660 Siehe Art. 4 Abs. 2, Art. 5, Art. 6 lux. AsylVfG.

661 Geregelt in Art. 9 lux. AsylVfG. Offensichtlich unbegründet ist ein Antrag z.B. wenn offensichtlich kein Kriterium der GFK einschlägig ist. In solch einem Fall kann das Justizministerium die „Beratende Kommission für Flüchtlinge" (Commission Consultative pour les réfugiés) konsultieren, siehe. Art. 3 Abs. 3 lux. AsylvfG.

662 Art. 8 lux. AsylVfG. Unzulässig ist ein Antrag bei Einreise aus einem sicheren Drittstaat.

663 Bei einer negativen Entscheidung kann der Asylbewerber beim Verwaltungsgericht (Tribunal administrative) Rechtsmittel mit aufschiebender Wirkung einlegen, Art. 12 Abs. 1 lux. AsylVfG. Gegen die Entscheidung des Verwaltungsgerichts können als letzte Instanz beim Oberverwaltungsgericht (Cour administrative) Rechtsmittel mit Suspensiveffekt eingelegt werden, Art. 12 Abs. 2 lux. AsylVfG.

664 Zum niederländischen Asylrecht und -verfahren siehe DOOMERNIK, in: ANGENENDT, (Hrsg.), Migration, S. 260 ff.; DRC, The Netherlands; EFIONAYI-MÄDER, Niederlande, S. 83 ff.; KÖBELE, in: GIEGERICH/WOLFRUM (Hrsg.); Einwanderungsrecht, S. 165, (177 ff.), KUJER/STEENBERGEN, Vreemdelingenrecht; PLS RAMBOLL, Netherlands; UNHCR, Netherlands, S. 124 ff.; VANHEULE, in: CARLIER/VANHEULE/HULLMANN/PENA GALIANO (Hrsg.), Refugee, S. 479 ff.; VAN SELM, JRS 2000, S. 74 ff.

665 Vreemdelingenwet 2000, Staatsblad 495, 07.12.2000. Im Folgenden niederl. AusländerG. Siehe zu dem neuen Gesetz ECRE Country Report, Netherlands, S. 159 ff.

ren im wesentlichen regelt.[666] Die Aufnahme von Asylbewerbern ist weitestgehend auf der Verordnungsebene geregelt.[667]
Alle Asylbewerber durchlaufen in den Niederlanden zunächst ein Zulässigkeitsverfahren. Sie werden in einem der vier Anmeldezentren[668] untergebracht, und nach Feststellung der Identität und Nationalität sowie ausführlichen Befragungen durch den Immigrationsdienst[669] entscheidet dieser innerhalb von 24 Stunden, ob der Antrag zulässig ist. Unzulässige ist ein Asylantrag unter anderem dann, wenn gemäß dem DÜ eine anderer Mitgliedstaat zuständig ist, er mißbräuchlich ist oder der Asylbewerebr aus einem sicheren Herkunftsland kommt beziehungsweise über einen sicheren Drittstaat einreiste.[670] Asylbewerber, deren Antrag nicht im beschleunigten Verfahren scheitert, durchlaufen im Anschluß das reguläre Verfahren.[671] Während des regulären Verfahrens sind sie zunächst in sogenannten Untersuchungseinrichtungen untergebracht.[672] Der IND überprüft dann im Rahmen von detaillierten Befragungen, ob die vorgebrachten Gründe es rechtfertigen, Asyl zu gewähren.[673] Die Entscheidung soll innerhalb

666 Vreemdelingenbesluit, 2000, Staatsblad 497, 07.12.2000. Im Folgenden niederl. AusländerduchführungsVO. Diese ist nur auf niederländisch zugänglich, so daß es in den weiteren Ausführungen als Primärquelle nicht berücksichtigt werden konnte.

667 PLS, RAMBOLL, Netherlands, S. 10. Es war nicht möglich, die verschiedenen Rechtsgrundlagen für die Aufnahme von Asylbewerbern ausfindig zu machen, zudem sie auch nur auf niederländisch zugänglich sind. Insofern wird bei der Darstellung der Aufnahmebedingungen in den meisten Fällen auf die Nennung der gesetzlichen Grundlage verzichtet werden und statt dessen auf die verschiedenen Studien sowie auf Informationen des Justizministeriums zurückgegriffen.

668 Es gibt vier Anmeldezentren (Aanmeldecentrum), wovon sich zwei an der deutschen Grenze, eines an der belgischen Grenze und eines am Flughafen Schiphol in der Nähe von Amsterdam befindet, siehe DCR, Netherlands, S. 3.

669 Immigratie- en Naturalisatiedienst. Im Folgenden IND. Der IND untersteht dem Justizministerium und ist zuständig für die Durchführung des Asylverfahrens, PLS RAMBOLL, Netherlands, S. 8.

670 Vgl. Art. 28, 29 niederl. AusländerG. Gegen die Unzulässigkeitsentscheidung kann der Asylbewerber bei Gericht klagen, siehe Art. 77 ff. niederl. AusländerG; ECRE County Report 2001, Netherlands, S. 160.

671 PLS RAMBOLL, Netherlands, S. 12.

672 Onerzoecks- en Opvangcentrum. Die Zentren stehen unter der Leitung der zentralen Stelle für die Aufnahme von Asylbewerbern (Centraal Orgaan opvang asielzoeckers). Im folgenden COA. Der COA ist dem Justizministerium unterstellt und organisiert die Aufnahme der Asylbewerber im regulären Verfahren, PLS RAMBOLL, Netherlands, S. 8. Zur Definition des Auftrags des COA, EFIONAYI-MÄDER, Niederlande, S. 84 f. Später werden die Asylbewerber dann in Aufnahmezentren untergebracht (Asilezoeckerscentrum, AZC).

673 PLS RAMBOLL, Netherlands, S. 12. Durch das neue niederl. AusländerG wurde eingeführt, daß IND dem Asylbewerber vor der Entscheidung, ihre Entscheidungsabsicht mitteilen. Der Asylbewerber hat dann die Möglichkeit, Stellung dazu zu nehmen. Dies wurde als Ersatz für das nun abgeschaffte Widerspruchsverfahren innerhalb der Verwaltung geschaffen, ECRE Country Report 2001, Netherlands, S. 160. Siehe auch Informationen des niederl. Justizministeriums auf englisch unter http://www.ministerievanjusticie.nl (Stand Februar 2003).

von sechs Monaten getroffen werden.[674] Gegen eine negative Entscheidung kann Berufung beim Bezirksgericht eingelegt werden.[675]

8. *Portugal*

In Portugal[676] regelt das Gesetz Nr. 15/1998 vom 26.03.1998[677] das Asylverfahren und die Aufnahmebedingungen für Asylbewerber. Mit diesem Gesetz wurde ein neuer rechtlicher Rahmen festlegt und das alte Asylgesetz Nr. 70/1993 ersetzt.

Durch das neue Gesetz wurde ein zweiphasiges Asylverfahren eingeführt, welches aus einem Zulässigkeitsverfahren und einem Bewilligungsverfahren besteht. Ausländer, die im Land einen Asylantrag stellen, müssen diesen gemäß Art. 11 Abs. 1 port. AsylG innerhalb von acht Tagen bei einer beliebigen Polizeidienststelle stellen.[678] Im Anschluß daran wird der Asylbewerber von dem Ausländer und Grenzdienst befragt. Innerhalb von 20 Tagen muß der Ausländer- und Grenzdienst (Serviço de Estrangeiros e Fronteiras), der dem Innenministerium untergeordnet ist, überprüfen, ob Portugal nach dem DÜ zuständig ist (Art. 28 bis 32 port. AsylG) sowie über die Zulässigkeit entscheiden. Der portugiesische Flüchtlingsrat, UNHCR und der Asylbewerber werden über diese Entscheidung informiert.[679] Art. 13 port. AsylG erklärt einen Antrag unter anderem dann für unzulässig, wenn der Ausländer aus einem sicheren Dritt- oder Herkunftsland kommt, der Antrag offensichtlich mißbräuchlich ist oder offensichtlich kein Kriterium der GFK zutrifft.[680] Wird die Zulässigkeit bejaht, findet das

---

674 DRC, Netherlands, S. 14.

675 Art. 77 ff. niederl. AusländerG; ECRE, Country Report 2001, Netherlands, S. 160.

676 Siehe zum portugiesischen Asylrecht und -verfahren: BALDWIN-EDWARDS, JCMS 1997, S. 497, (506 ff.); DRC, Portugal; LEITAÕ/NUNES DE ALMEIDA, Annuaire int. de justice const. 1998, S. 297 ff.; PEÑA GALIANO, in: CARLIER/VANHEULE/HULLMANN/PEÑA GALIANO (Hrsg.), Refugee, S. 527 ff.; PLS RAMBOLL, Portugal, ROCHA-TRINDAD/OLIVEIRA, in: ANGENENDT (Hrsg.), Migration, S. 275 ff.; SOUSA PINHEIRO, ERPL/REDP, 1995, S. 867 ff., UNHCR, Portugal, S. 134 ff.

677 Gesetz N° 15/1998 vom 26.03.1998, veröffentlich im Diário da República, I Série-A, N° 72 vom 27.03.1998. Die sozialrechtliche Stellung von Asylbewerbern wird zwar in dem Gesetz zum Teil geregelt, es fehlt allerdings an Ausführungsbestimmungen, so daß die öffentlichen Institutionen, die mit der Aufnahme von Asylbewerbern betraut sind, das Gesetz so anwenden, wie sie es am besten und gerechtesten erachten. Seit das Asylgesetz in Kraft ist, wird über Ausführungsbestimmungen diskutiert, PLS RAMBOLL, Portugal, S. 12.

678 Auf die Einhaltung dieser Frist wird streng geachtet, PLS Ramboll, Portugal, S. 13. Für Ausländer, welche an der Grenze (in der Regel am Flughafen) beim port. Ausländer- und Grenzdienst um Asyl nachsuchen, gilt ein gesondertes Zulässigkeitsverfahren: sie müssen bis zum Abschluß der Zulässigkeitsprüfung in der Grenzzone (Flughafen) bleiben. Siehe zum Zulässigkeitsverfahren Art. 17 bis 20 port. AsylG sowie DRC, Portugal, S. 3, 8; UNHCR, Portugal, S. 134 f.

679 Art 14 f. port. AsylG.

680 Gegen eine negative Entscheidung kann der Asylbewerber ab Kenntnis innerhalb von fünf

reguläre Verfahren Anwendung.[681] In diesem wird dann überprüft, ob Asyl gewährt wird. Diese materielle Prüfung wird zusammen vom Ausländer- und Grenzdienst, dem nationalen Kommissar für Flüchtlinge, dem Flüchtlingsrat und dem Innenminister durchgeführt.[682]

9. *Schweden*

Die rechtlichen Grundlagen in Schweden[683] bezüglich des Asylverfahrens und der Aufnahme von Asylbewerbern bilden das Ausländergesetz und die Ausländerverordnung[684], sowie das Gesetz zur Aufnahme von Asylsuchenden und die dazugehörige Verordnung.[685]
Alle Asylanträge, unabhängig ob an der Grenze oder im Land gestellt, müssen an die nationale Migrationsbehörde[686] weitergeleitet werden.[687] Das SMV führt eine Befragung des Asylbewerbers durch und entscheidet, ob ein beschleunigtes Verfahren Anwendung findet, was der Fall ist, wenn der Antrag als offensichtlich unbegründet gilt. Dies ist unter anderem dann zu bejahen, wenn der Asylbewerber aus einem sicheren Herkunftsland kommt, über einen sicheren Drittstaat einreiste oder aufgrund des DÜ Schweden unzuständig ist.[688] Ist der

---

Tagen beim nationalen Kommissar für Flüchtlinge Rechtsmittel mit Suspensivwirkung einlegen. Gegen diese Entscheidung können Rechtsmittel beim Verwaltungsgericht eingelegt werden, denen keine Suspensivwirkung zukommt, Art.16 Abs. 1 und 2 port. AsylG.

681 Art. 14 Abs. 1 port. AsylG.

682 Vgl. Art. 23 port. AsylG. Der Asylbewerber kann nach Art. 24 port. AsylG im Fall der Nichtanerkennung beim Obersten Verwaltungsgericht innerhalb von 20 Tagen Rechtsmittel, denen Suspensivwirkung zukommt, einlegen.

683 Siehe zum schwedischen Asylrecht und -verfahren: DCR, Sweden, EHRENKRONA, Svensk juristtidning, 1999, S. 1 ff.; FOLKELIUS/NOLL, IJRL 1998, S. 607 ff., LAMBERT, S. 15 f., 60 ff., 95 ff., 112 f.; PLS RAMBOLL, Sweden, ORNBRANT, in: ANGENENDT (Hrsg.), Migration, S. 310 ff.; RADERMACHER, in: GIEGERICH/WOLFRUM (Hrsg.), Einwanderungsrecht, S. 219, (231); UNHCR, Sweden, S. 156; WIRKRÉN/SANDESJÖ, Utlänningslagen. Zur Entwicklung der schwedischen Flüchtlingspolitik siehe ABIRI, in: JRS 2000, S. 11 ff.

684 Utlänningslagen Nr. 1989:529, zuletzt geändert 2002 durch Gesetz Nr. 1111. Im Folgenden schwed. AusländerG. Utlänningsförordningen Svenska Förtfattningssamling (SFS) Nr. 1989:547, zuletzt geändert 2001 durch Gesetz Nr. 534. Im Folgenden schwed. AusländerVO.

685 Lagen om mottagande av asylsökande m. fl. Nr. 1994:137, zuletzt geändert 2001 durch Gesetz Nr. 471. Im Folgenden schwed. AsylbewerberaufnahmeG. Förodning om mottagande av asylsökande m. fl. Nr. 1994:361, zuletzt geändert 2000 durch Gesetz Nr. 407. Im Folgenden schwed. AsylbewerberaufnahmeVO.

686 Statens Migrationsverket. Im Folgenden SMV.

687 Die nationale Migrationsbehörde ist eine Verwaltungsbehörde mit mehreren, über ganz Schweden verteilten Standorten. Beamter der Behörde sind zudem an allen wichtigen Grenzposten präsent. Die Behörde trägt die ausschließliche Verantwortung für die Durchführung des Asylverfahrens, DRC, Sweden, S 4.

688 Liegt ein offensichtlich unbegründeter Asylantrag vor, kann der Asylbewerber grundsätz-

Antrag nicht offensichtlich unbegründet, findet das reguläre Verfahren statt, welches ebenfalls vom SMV durchgeführt wird. Dazu wird der Asylbewerber befragt, und das SMW fällt durchschnittlich innerhalb von sechs Monaten eine Entscheidung, gegen die der Asylbewerber beim Ausländerberufungskomitee[689] Rechtsmittel einlegen kann.[690]

10. Vereinigtes Königreich

Im Vereinigten Königreich[691] trat 1999 ein neues Einwanderungs- und Asylrecht in Kraft,[692] welches grundlegende Änderungen im Hinblick auf das Asylverfahren und die Sozialhilfe für Asylbewerber mit sich brachte.[693] Daneben bestehen zahlreiche Ausführungsbestimmungen.
Insbesondere wurde die Sozialhilfe für Asylbewerber abgeschafft. Statt dessen ist nun der im Jahr 2000 eingerichtete National Asylum Support Service

---

lich sofort abgeschoben werden. Gegen eine negative Entscheidung der nationalen Migrationsbehörde kann beim Ausländerberufungskomitee innerhalb von drei Wochen Berufung eingelegt werden. Suspensiveffekt tritt nicht ein, es sei denn, die aufschiebende Wirkung wird gesondert beantragt und ausnahmsweise genehmigt, siehe DCR, Sweden, S. 6.

689 Das Ausländerberufungskomitee (Utlänningsnämnden) besteht aus einem Vorsitzenden und einem Stellvertreter sowie vier Laien, die vom Parlament ernannt werden. Bei dem Vorsitzenden und seinen Stellvertreter handelt es sich um Richter. In der Regel entscheidet der Vorsitzende oder der Stellvertreter zusammen mit Laien, DRC, Sweden, S. 6.

690 Berufung kann innerhalb von drei Wochen beim Ausländerberufungskomitee eingelegt werden, wobei allerdings dem nationalen Migrationskomitee zugestanden wird, seine Entscheidung nochmals zu überprüfen. Im regulären Verfahren kommt der Berufungseinlegung faktisch aufschiebende Wirkung zu, DCR, Sweden, S.6.

691 Zum Asylrecht und -verfahren im Vereinigten Königreich: BANK/GROTE, in: GIEGERICH/WOLFRUM (Hrsg.), Einwanderungsrecht, S. 303, (318 ff.); BLAKE, in: SCHAH/DOEBBLER, (Hrsg.), U.K. Asylum Law, S. 130 ff; BLOCH, JRS 2000, S. 29 ff.; DRC, United Kingdom; HARVEY, IJRL 1997, S. 60 ff.; INSTON, AWR-Bulletin, 2000, S. 131 ff.; MORISON, ERPL/REDP, 1995, S. 879 ff.; PLS. RAMBOLL, United Kingdom.

692 Immigration and Asylum Act 1999. Dieses Gesetz ersetzt den Immigration and Asylum Act von 1996. Eine weitere wichtige Änderung, die nicht unerwähnt bleiben soll, ist der Human Rights Act 1998, der am 02.10.2000 in Kraft trat. Dieses Gesetz überführt die Bestimmungen der EMRK in britisches Recht. Demzufolge können sich nun auch Asylbewerber im Berufungsverfahren direkt auf die Konvention berufen, siehe dazu INSTON, AWR-Bulletin, 2000, S. 131, (133); STOREY, E.H.R.L.R. 1998, S. 452 ff.

693 Zu der Situation vor der Asylrechtsreform, die man nur als unorganisiert, ungerecht und kostspielig bezeichnen kann, siehe EFIONAYI-MÄDER, Großbritannien, S. 65 ff. sowie GEDDES, in: BOMMES/GEDDES (Hrsg.), Immigration and Welfare, S. 135 ff. Die Reform wurde 1998 in dem Strategieplan „White Paper „unter dem Titel „Fairer, Faster and Firmer – A modern approach to immigration and asylum“ veröffentlicht. Allerdings scheint die Reform von 1999 auch nur eingeschränkt zu greifen bezüglich des Ziels, die Asylbewerberzahlen zu senken und ein geregeltes und schnelles Verfahren durchzuführen, siehe F.A.Z. vom 31.10.2001, S. 7.

(NASS)[694] für die Versorgung von hilfsbedürftigen Asylsuchenden zuständig. Das Asylverfahren und das Unterstützungssystem sind praktisch und administrativ unabhängig voneinander organisiert. Asylbewerber, die einen Asylantrag am (Flug-)hafen gestellt haben, werden zunächst von einem Beamten des Einwanderungsdienstes befragt, um Reiseroute sowie Identität und Nationalität des Asylbewerbers zu klären. Der Beamte leitet den Fall dann weiter an das Innenministerium, das bei einer Einreise über einen sicheren Drittstaat oder bei einem offensichtlich unbegründeten Antrag (sogenannte „certified" applications) ein beschleunigtes Verfahren anordnen kann.[695] Ist dies der Fall, wird der Asylbewerber in der Regel bis zu seiner Ausweisung in Gewahrsam genommen. Ansonsten erhält er eine zeitlich begrenzte Aufenthaltserlaubnis, und es wird eine weitere detaillierte Befragung durchgeführt.
Diejenigen, die sich bereits im Land befinden, müssen ihren Asylantrag an das Immigration and Nationality Directorate (IND) richten.[696] Liegt weder eine Einreise über einen sicheren Drittstaat vor, noch eine unbegründeter Antrag, muß der Asylbewerber oft schriftlich seinen Antrag begründen. Später erfolgt dann nochmals eine detaillierte Befragung. Aufgrund der hohen Rückstände bei der Bearbeitung von Anträgen,[697] wurde 1995 ein Kurzverfahren eingeführt. Dieses zeichnet sich durch kurze Fristen sowohl für die Behörden als auch für den Bewerber aus und findet nur für Asylbewerber bestimmter Nationalität Anwendung, unabhängig davon, ob sie ihren Asylantrag im Land gestellt haben oder nicht. Gegen eine negative Entscheidung kann Berufung bei der „Immigration Appellate Authority" eingelegt werden,[698] es sei denn, der Asylbewerber reiste über einen sicheren Drittstaat ein, dann ist eine Berufung ausgeschlossen.

D. Die diversen Aufnahmesysteme und ihre Zuordnung zu den Mitgliedstaaten

Wie bereits erwähnt können grundsätzlich drei Kategorien von Aufnahmesystemen, in welche sich die Systeme der Mitgliedstaaten einordnen lassen, unterschieden werden. Dabei handelt es sich einmal um Aufnahmesysteme, die durch eine umfassende, flächendeckende staatliche Fürsorge geprägt sind, dann um solche, die nur eine begrenzte staatliche Fürsorge kennen und schließlich solche,

694 Der NASS ist eine Abteilung des Innenministeriums und wird in seiner Arbeit unterstützt von Wohltätigkeitsorganisationen wie z.B. dem „Refugee Council" oder der „Migrant Help line", PLS RAMBOLL, United Kingdom, S. 9.

695 Die Entscheidung wird in der Regel innerhalb von 24 Stunden getroffen. In dieser Zeit wird der Asylbewerber grundsätzlich in Gewahrsam genommen.

696 Sowohl der Immigration Service als auch das Immigration and Nationality Directorate gehören zum Inneministerium. Das IND hat Büros in Croydon, Leeds und Liverpool.

697 Ende März 2000 waren die Behörden mit der Entscheidung von 98.365 Erstanträgen im Rückstand, PLS RAMBOLL, United Kingdom, S. 15.

698 PLS RAMBOLL, United Kingdom, S. 16.

die sich durch staatliche Fürsoge in Kooperation mit nichtstaatlichen Organisationen auszeichnen.
Bei der Zuordnung handelt es sich um eine Zuordnung grundsätzlicher Art, das heißt, daß nicht immer jeder Mitgliedstaat alle Charakteristika erfüllen muß, die für ein Aufnahmesystem typisch sind. Zudem korrespondiert eine flächendeckende staatliche Fürsorge, die in den nord- und zentraleuropäischen Staaten vorherrscht, nicht automatisch auch mit besseren Lebensbedingungen für die Asylbewerber.

I. Umfassende, flächendeckende staatliche Fürsorge

In diese erste Kategorie lassen sich Deutschland, Belgien, Luxemburg, Finnland, die Niederlande, Schweden und das Vereinigte Königreich einordnen.[699]
Das Charakteristikum einer flächendeckenden staatlichen Fürsorge ist, daß die gesamte Unterstützung von Asylbewerbern vom Staat geregelt und finanziert wird. Der Staat unterstützt hilfsbedürftige Asylbewerber, die sich zwecks Durchführung eines Asylverfahrens rechtmäßig im Gastland aufhalten bis zum endgültigen Abschluß des Verfahrens. Dabei sind die Unterstützungsleistungen in der Regel klar bestimmt, und es gelten landesweit bzw. innerhalb von Bundesländern verbindliche Leistungsnormen.[700] Dies hat zur Folge, daß Asylbewerber einen Anspruch auf die Mittel zur Existenzsicherung geltend machen können.
Die Grundunterstützung in diesen Ländern umfaßt die Bereitstellung einer Unterkunft, Geld- bzw. Sachleistungen für Verpflegung, Kleidung, Hygieneartikel und den Zugang zur medizinischen Versorgung.[701] Hinsichtlich der medizinischen Versorgung ist festzuhalten, daß diese in den genannten Staaten grundsätzlich umfassend und unentgeltlich ist.[702] Lediglich in Deutschland, Finnland und Schweden ist sie auf die Notversorgung beschränkt. Dies gilt in den beiden letztgenannten Mitlgiedstaaten jedoch nicht für Kinder von Asylbewerbern.[703]
Alle genannten Mitgliedstaaten haben bestimmte Systeme und Strukturen für die Aufnahme und Unterbringung von Asylbewerbern entwickelt. Sie werden in der Regel anfänglich in Gemeinschaftsunterkünften untergebracht. Erfolgt eine Zulassung zum regulären Verfahren, werden sie in der Regel entweder weiterhin dort oder in Pensionen und Hotels untergebracht. Teilweise wird Asylbewerbern auch eine Wohnung zur Verfügung gestellt.[704] Zu dem Gesagten bildet derzeit das Vereinigte Königreich, das zur Zeit sein Asylsystem reformiert, noch eine

---

699 EFIONAYI-MÄDER, S. 10; PLS RAMBOLL, Final Report A, S. 40.
700 EFIONAYI-MÄDER, S. 10.
701 Siehe dazu ausführlich sogleich unten ab S. 250 ff. PLS RAMBOLL, Final Report A, S. 43 ff., 68 ff., 79 ff.
702 Dies gilt zumindest für das reguläre Verfahren.
703 PLS RAMBOLL, Final Report A, S. 70 f.
704 Siehe dazu unten, S. 267 ff.

Ausnahme. Allerdings sollen auch dort in Zukunft alle Asylbewerber staatlich organisiert untergebracht werden.[705]
Die Höhe und die Art und Weise der staatlichen Unterstützung, welche Asylbewerbern zuteil wird, wurde inzwischen in all den genannten Mitgliedstaaten weitestgehend gesondert geregelt und aus den nationalen Sozialhilferegimen herausgelöst. Gemeinsam ist diesen Mitgliedstaaten zudem, daß mit steigenden Asylbewerberzahlen die Integrations- und Beschäftigungsmaßnahmen[706] reduziert wurden. Die minderjährigen Kinder von Asylbewerbern haben in all den genannten Ländern die Möglichkeit des Schulbesuchs. Der Zugang zum Arbeitsmarkt ist für Asylbewerber restriktiv geregelt, bzw. es besteht ein Arbeitsverbot.

II. Begrenzte staatliche Fürsorge

Die Mitgliedstaaten Spanien, Frankreich und Portugal verfügen über Aufnahmesysteme, die Asylbewerbern nur eine begrenzte staatliche Unterstützung gewähren. Nur einem geringen Teil von Asylbewerbern wird in diesen Ländern eine umfassende Unterstützung in staatlich finanzierten Aufnahmeeinrichtungen zuteil.[707]
In Spanien können - je nach Anzahl der Asylbewerber - nicht alle Asylbewerber in Aufnahmeeinrichtungen untergebracht werden.[708] In Frankreich werden nur etwa 10 bis 15% der Asylbewerber in staatlichen Aufnahmezentren untergebracht.[709] In Portugal gibt es nur ein Aufnahmezentrum mit wenig Plätzen. Dort werden in der Regel Asylbewerber während des Zulässigkeitsverfahrens untergebracht.[710] In allen drei Ländern wird besonders schutzbedürftigen Gruppen, wie Kranken, Schwangeren, Alleinstehenden mit Kindern und Alten der Vorzug gegeben. Die übrigen Asylbewerber müssen sich in der Regel um eine private Unterkunft kümmern, bzw. können, sofern Kapazitäten vorhanden sind, in von nichtstaatlichen internationalen Organisationen geführten Aufnahmezentren unterkommen. In Frankreich werden oft diejenigen, die keinen Platz in einem Aufnahmezentrum bekommen, in Notunterkünften untergebracht.[711] In allen drei Mitgliedstaaten erhalten die Asylbewerber finanzielle Zuwendungen, um ihren

---

705 Siehe dazu British Refugee Council, Information vom 25.09.2002, abrufbar unter http://www.refugeecouncil.org.uk (Stand Februar 2003).

706 Darunter fallen z.B. Bildungs- und Weiterbildungsmöglichkeiten für Erwachsene und Sprachkurse sowie sonstige sozio-kulturellen Aktivitäten.

707 EFIONAYI-MÄDER, S. 12, die Portugal allerdings nicht in diese Kategorie einordnet.

708 Zur Zeit ist eine Unterbringung aufgrund der rückläufigen Zahlen möglich, Auskunft von Frau CHARO SANTOS von IMSERSO, Abteilung „Asilo y Refugios" in Madrid am 08.01.2003. Die vier Studien gehen noch davon aus, daß die Mehrheit der Aslybewerber nicht in Aufnahmeeinrichtungen untergebracht werden kann.

709 EFIONAYI-MÄDER, S. 54; Gegenwart, Sozialrechtliche Stellung, S. 65.

710 UNHCR; Portugal, S. 136.

711 PLS RAMBOLL, France, S. 18.

Lebensunterhalt zu decken, wobei diejenigen, die in Aufnahmezentren leben grundsätzlich, nur ein Taschengeld erhalten. Mit Ausnahme Portugals zahlen Spanien und Frankreich nur für einen begrenzten Zeitraum einen (unzureichenden) Unterstützungsbeitrag aus, unabhängig davon, ob das Verfahren endgültig beendet ist oder nicht. In beiden Ländern beträgt dieser Zeitraum maximal zwölf Monate.[712] Danach sind die Asylbewerber auf die Hilfe von humanitären Einrichtungen angewiesen.
In allen drei Ländern haben Asylbewerber Zugang zur medizinischen Grundversorgung, wobei in Spanien die medizinische Versorgung derjenigen von Staatsangehörigen entspricht. Für minderjährige Asylbewerber besteht in allen drei Ländern die Schulpflicht. In Portugal haben Asylbewerber im regulären Verfahren Zugang zum Arbeitsmarkt, in Spanien unter bestimmten Voraussetzungen, und in Frankreich besteht ein faktisches Arbeitsverbot.[713]

III. Staatliche Fürsorge und Fürsorge durch nichtstaatliche Organisationen

In den Mitgliedstaaten Österreich, Griechenland und Italien wird Asylsuchenden nur eine eingeschränkte, auf diskretionärer Basis beruhende Unterstützung hinsichtlich der Unterkunft und sozialen Leistungen zuteil.[714] In all diesen Ländern sorgt der Staat nicht für die gesamte Dauer des Anerkennungsverfahrens bzw. für alle Asylbewerber in gleichem Umfang für eine existentielle Grundsicherung. Daher kommt bei der Gewährung von Leistungen zur Sicherung des Lebensunterhaltes NRO, karitativen Einrichtungen und den Kirchen eine entscheidende Rolle zu.
In Österreich wird nur ein Teil aller Asylbewerber vom Staat unterstützt. Etwa ein Drittel aller Asylbewerber wird, beruhend auf einer Ermessensentscheidung des Innenministeriums, in die sogenannte Bundesbetreuung aufgenommen und erhalten damit eine zentralstaatlich organisierte, umfassende Unterstützung.[715] Das entscheidende Kriterium, ob eine Aufnahme erfolgt, ist die Hilfebedürftigkeit des Asylbewerbers.[716] Daneben spielen asylverfahrensrechtliche, fremdenpolizeichliche und politische Überlegungen eine Rolle.[717] Diejenigen, die nicht in die Bundesbetreuung aufgenommen wurden, sind, um ihre Existenz zu sichern, auf die Hilfe von NRO, Kirchen, karitativen Einrichtungen und den regionalen Sozialämtern in den Bundesländern angewiesen.[718] In der Hauptstadt

---

712 Siehe dazu ausführlich unten, S. 252 f., 256 f.
713 Zu der medizinischen Versorgung, zum Zugang zu Bildungseinrichtungen und zum Arbeitsmarkt, siehe ausführlich unten, S. 197 ff.; 209 ff.; 233 ff.
714 EFIONAYI-MÄDER, Österreich, S. 138 ff.
715 PLS RAMBOLL, Austria, S. 17; UNHCR, Austria, S. 38 ff.
716 § 1 Abs. 1 BundesbetreuungsG.
717 EFIONAYI-MÄDER, Österreich, S. 138 ff.
718 EFIONAYI-MÄDER, Österreich, S. 139; DRC, Austria, S. 13f.; UNHCR, Austria, S. 39.

Wien, in der sich 70 Prozent aller Asylbewerber aufhalten, erhalten Asylbewerber, die sich außerhalb der Bundesbetreuung befinden, keinerlei Zuwendungen.[719]
Asylbewerber in Griechenland erhalten keine staatlichen Zuwendungen.[720] Ein Teil findet Unterkunft in dem einzigen vom Staat finanzierten Aufnahmezentrum. Alle anderen sind bezüglich einer Unterkunft auf humanitäre Organisationen angewiesen, die teilweise staatliche Zuwendungen erhalten.[721] Asylbewerber haben freien Zugang zum griechischen Gesundheitswesen.[722]
Von staatlicher Seite blieben Asylbewerber in Italien bis zum Jahr 2001 quasi unversorgt. Es wurde ein sogenannter Erstunterstützungsbeitrag ausgezahlt, sofern die Asylbewerber nicht in einem Aufnahmezentrum untergebracht waren. Dieser Betrag, beschränkt auf 45 Tage, sollte zur Abdeckung des gesamten Lebensunterhaltes, inklusive Unterkunft dienen.[723] Danach waren die Asylbewerber ausschließlich auf die Hilfe von NRO, karitativen Einrichtungen und Kirchen angewiesen.[724] Im Jahr 2001 wurde das „Programma Nazionale Asilo" eingeführt[725], um die Situation zu entschärfen. Dies führte dazu, daß 60 Aufnahmezentren errichtet wurden, in denen die Asylbewerber Kost und Logis erhalten, aber keine weiteren finanziellen Mittel. Nach verfügbaren Informationen erhalten bedürftige Asylbewerber auch weiterhin nur den sogenannten Erstunterstützungsbeitrag. Da auch in Italien die Leistungen von Region zu Region sehr unterschiedlich ausfallen[726], beschränkt sich die spätere Untersuchung auf die Hauptstadt Rom, in der sich die Mehrzahl der Asylsuchenden aufhält.[727]
In allen drei Ländern haben Minderjährige Zugang zu Bildungseinrichtungen. Eine medizinische Grundversorgung wird gewährt. In Österreich besteht ein faktisches Arbeitsverbot, in Griechenland wird Asylbewerbern im regulären Verfahren grundsätzlich eine befristete Arbeitserlaubnis ausgestellt, und in Italien besteht ein Arbeitsverbot.

---

719 Vgl. § 7a Abs. IV WSHG. Entsprechendes gilt für das Bundesland Kärnten. Hingegen wird in der Steiermark Asylbewerbern eine Grundversorgung in Form von Sachleistungen gestattet. Siehe dazu EFIONAYI-MÄDER, Österreich, S. 97 ff.

720 DRC, Greece, S. 12; UNHCR, Greece, S. 101.

721 DRC, Greece, S. 11.

722 PLS RAMBOLL, Greece, S. 27 ff.

723 EFIONAYI-MÄDER, Italien, S. 78.

724 PLS RAMBOLL, S. 16, 18.

725 Siehe oben, Zweiter Teil, C, IV, 5.

726 Die Gebietskörperschaften sind grundsätzlich gesetzlich verpflichtet, mittellose Personen zu unterstützen. Darunter fallen in der Regel auch Asylbewerber. Die lokalen Behörden in den verschiedenen Regionen nehmen diese Aufgabe, falls überhaupt, sehr unterschiedlich wahr. Die Situation im Norden und dort in den größeren Städten, ist besser als im Süden. Der Norden Italiens verfügt in einem höheren Maße über eine Infrastruktur der öffentlichen Fürsorge, die auch Asylbewerbern zugute kommt, EFIONAYI-MÄDER, S. 77.

727 Nach unterschiedlichen Schätzungen halten sich in Rom 45% bis 70% aller Flüchtlinge auf, EFIONAYI-MÄDER, Italien, S. 77.

E. Völkerrechtskonformität der Richtlinie sowie rechtsvergleichende Untersuchung zu den Aufnahmebedingungen in den Mitgliedstaaten der EU

I. Information der Asylbewerber durch die Mitgliedsstaaten

1. Art. 5 der Richtlinie

Gemäß Art. 5 Abs. 1 unterrichten die Mitgliedstaaten die Asylbewerber innerhalb einer angemessenen Frist von höchstens fünfzehn Tagen nach der Antragstellung bei der zuständigen Behörde zumindest über die vorgesehenen Leistungen und die mit den Aufnahmebedingungen verbundenen Verpflichtungen. Sie tragen dafür Sorge, daß die Asylbewerber Informationen darüber erhalten, welche Organisationen oder Personengruppen spezifischen Rechtsbeistand gewähren und welche Organisationen ihnen im Zusammenhang mit den Aufnahmebedingungen, einschließlich medizinischer Versorgung, behilflich sein oder sie informieren können.
Desweiteren tragen die Mitgliedstaaten gemäß Abs. 2 dafür Sorge, daß die in Absatz 1 genannten Informationen schriftlich und nach Möglichkeit in einer Sprache erteilt werden, bei der davon ausgegangen werden kann, daß der Asylbewerber sie versteht. Gegebenenfalls können diese Informationen auch mündlich erteilt werden.

2. Völkerrechtskonformität

Im Völkerrecht besteht keine Vorschrift, die besagt, daß Asylbewerber über ihre Rechte und Pflichten zu informieren sind. Es ist zudem nicht ersichtlich, daß die Vorschrift gegen eine andere bestehende völkerrechtliche Norm verstößt.

3. Die nationalen Bestimmungen und die Praxis in den Mitgliedstaaten

Aufgrund der Tatsache, daß eine Information des Asylbewerbers bis spätestens zum fünfzehnten Tag nach der Antragsstellung stattfinden muß und fast alle Mitgliedstaaten dem regulären Verfahren entweder ein gesondertes Zulässigkeitsverfahren oder ein beschleunigtes Verfahren vorgeschaltet haben, bezieht sich in diesem Fall die Untersuchung nicht ausschließlich auf die Situation während des regulären Verfahrens.

a. Deutschland

Bei der Ankunft in den Aufnahmeeinrichtungen werden Asylbewerber mit Merkblättern und Formblättern, die in den jeweiligen Landessprachen verfaßt sind, darüber informiert, welche Anträge sie stellen müssen (vor allem Asylantrag) und welche Angaben dazu jeweils nötig sind, wie zum Beispiel die Angabe von familiären Beziehungen, damit diese bei der Verteilung berücksichtigt werden können. In den Aufnahmeeinrichtungen befinden sich zudem Betreuungsstellen, die Asylbewerbern während des gesamten Aufenthaltes für zusätzliche Fragen und Beratungsbedarf zur Verfügung stehen. Bei der Asylantragsstellung werden die Asylbewerber ebenfalls mit Hilfe von Merkblättern, die in der jeweiligen Landessprache verfaßt sind, über ihre Rechte und Pflichten in Deutschland informiert.[728]

b. Spanien

In Spanien bestimmt Art. 5 Abs. 1, Abs. 2 Erlaß Nr. 203 zum span. AsylG, daß die Verwaltung in Zusammenarbeit mit dem Flüchtlingskommissariat der VN[729] und NRO Faltblätter in verschiedenen Sprachen erstellen. Diese in neun Sprachen verfügbaren Faltblätter enthalten die für die Asylbewerber wichtigen Informationen und sind überall dort erhältlich, wo ein Asylantrag gestellt werden kann.[730] Die Faltblätter sind in dem Augenblick auszuhändigen, indem der Asylbewerber seinen Antrag stellt, damit er direkt mit den verschieden NRO in Kontakt treten kann. Das Faltblatt erwähnt das Recht, UNHCR zu kontaktieren und Rechtsbeistand zu erhalten.[731] Diejenigen Asylbewerber, die sich bereits im Land befinden, werden von den Behörden informiert, vor denen sie erscheinen, um die für ihren Asylantrag rechtfertigenden Tatsachen vorzubringen.[732]

c. Österreich

In Österreich bestimmt § 26 Abs. 1, 2 öst. AsylG, daß der Bundesinnenminister ein Merkblatt für Asylbewerber, das ihre Rechte und Pflichten in einer ihnen verständlichen Sprache nennt, erstellen muß und dieses dem Asylbewerber zum frühstmöglichen Zeitpunkt auszuhändigen ist. Diese wird in der Praxis durch ein Merkblatt umgesetzt, das unter anderem Informationen zum Asylverfahren, zur Vernehmung, zur Inanspruchnahme von Übersetzern sowie Informationen über

---

728 Information des Bayerischen Staatsministeriums über Arbeit und Sozialordnung, Familie und Frauen am 05.02.2003.

729 Alto Comisionado de los Naciones Unidas para los refugiados (ACNUR).

730 Gemäß Art. 4 Erlaß Nr. 203 zum span. AsylG ist dies unter anderem beim OAR und an den Grenzposten möglich; UNHCR, Spain, S. 147.

731 UNHCR, Spain, S. 147.

732 Vgl. Art. 5 Abs. 2 Erlaß Nr. 203 zum span. AsylG.

Wohnmöglichkeiten enthält. Zudem informiert das Merkblatt über die Möglichkeit, gemäß § 39 Abs. 1 öst. AsylG zu jeder Zeit das UNHCR Büro in Wien zu kontaktieren und nennt Adresse und Telefonnummer.[733]

d. Weitere Länder

aa. Belgien, Finnland, Luxemburg, Niederlande, Schweden, Vereinigtes Königreich

In *Belgien* erhalten Asylbewerber eine Informationsbroschüre, die über das Asylverfahren und ihre Rechte als Aylbewerber aufklärt. Zudem informieren die Mitarbeiter in den Aufnahmezentren die Asylbewerber über ihre Rechte. Mitarbeiter von UNHCR besuchen regelmäßig die Aufnahmezentren, so daß für Asylbewerber Kontaktmöglichkeiten bestehen.[734]
In *Finnland* sieht Art. 2 des finn. AusländerG nur vor, daß Ausländern und damit auch Asylbewerber zu jedem Zeitpunkt des Verfahrens die Hilfe von Dolmetschern in Anspruch nehmen können. Allerdings verteilt sowohl die finnische Einwanderungsbehörde[735] als auch das finnische Flüchtlingsberatungszentrum[736] umfangreiche Broschüren mit zahlreichen Informationen, unter anderem auch über die in Art. 5 der Richtlinie genannten Aspekte, an Asylbewerber bei deren Ankunft.[737] Es wird daran gearbeitet, die Broschüren in zahlreiche Sprachen zu übersetzen.[738]
In *Luxemburg* wird der Asylbewerber über seine Rechte informiert, welche die kostenlose Inanspruchnahme eines Dolmetschers betreffen sowie die Möglichkeit, sich rechtlich beraten zu lassen.[739] Alle weiteren Informationen erhalten sie von den Beamten, die im Auftrag des Justizministeriums den Antrag überprüfen. Asylbewerber haben das Recht, UNHCR zu kontaktieren.[740]
In den *Niederlanden* werden Asylbewerber während der ersten Befragung über das Verfahren informiert.[741] Ist das reguläre Verfahren eröffnet (etwas nach zwei

---

733 UNHCR, Austria, S. 37.
734 UNHCR, Belgium, S. 48.
735 Die finnische Einwanderungsbehörde untersteht dem finnischen Innenministerium. Informationen in englisch sind über http://www.uvi.fi/englanti/index/html (Stand Februar 2003) abrufbar.
736 Das finnische Flüchtlingsberatungszentrum ist eine der wichtigsten NRO in Finnland. Die Hauptaufgabe ist die rechtliche Beratung von Asylsuchenden und anderen Ausländern, siehe dazu UNHCR, Finland, S. 67.
737 UNHCR, Finland, S. 67.
738 UNHCR, Finland, S. 67. Bisher war die Information nur in englisch und finnisch erhältlich.
739 Art. 5 lux. AsylVfG.
740 UNHCR, Luxembourg, S. 120.
741 UNHCR, The Netherlands, S. 128.

bis drei Arbeitstagen) werden weitere detaillierte Informationen erteilt. Zudem informiert der niederländische Flüchtlingsrat, der in allen Aufnahmezentren präsent ist, die Asylbewerber in einer Sprache, die diese verstehen, über ihre Rechte und erteilt rechtliche Beratung.[742] Asylbewerber erhalten einen umfangreiche Broschüre, die sämtliche Informationen zusammenfaßt.[743]

In *Schweden* erhalten Asylbewerber eine Broschüre, die von der schwedischen Migrationsbehörde herausgegeben wird und in all die Sprachen, die Asylbewerber am häufigsten sprechen, verfügbar ist. Darin sind alle relevanten Informationen zum Asylverfahren und zu den Aufnahmebedingungen enthalten. Es wird auf verschiedene NRO, welche Asylbewerber unterstützen, hingewiesen.[744]

Im *Vereinigten Königreich* sollen in Zukunft alle Asylbewerber zunächst in Erstaufnahmezentren untergebracht werden, wo über die Zulässigkeit des Antrags entschieden wird. Dort sollen sie umfassend über ihre Rechte und Pflichten informiert werden. Zudem sollen sie schriftlich über die Möglichkeit, rechtlichen Beistand in Anspruch zu nehmen, informiert werden.[745] Zur Zeit werden die Asylbewerber, die einen Asylantrag im Land stellen, durch IND informiert. IND gibt ein Faltblatt heraus und leitet die Asylbewerber an diverse Wohltätigkeitsorganisationen weiter. Dort erhalten sie dann umfassende Informationen und Beratung. Diejenigen, die an einem See- oder Flughafen den Asylantrag stellen, werden dort von Beamten der Einwanderungsbehörde informiert sowie von Wohltätigkeitsorganisationen.[746]

bb. Frankreich, Portugal

In *Frankreich* wird beim Verfahren in den Transitzonen an die Asylbewerber ein Informationsblatt über ihre Rechte und Pflichten verteilt. Das Informationsblatt

---

742 UNHCR, The Netherlands, S. 127f.; PLS RAMBOLL, The Netherlands, S. 12. Erging im Zulässigkeitsverfahren eine negative Entscheidung, so kann der Asylbewerber kostenlosen rechtlichen Beistand in Anspruch nehmen, UNHCR, The Netherlands, S. 128.

743 Information von Herrn THOMAS HESSELS, niederländ. Justizministerium am 07.10.2002.

744 UNHCR, Sweden, S. 158. Die Internetseite der schwedischen Migrationsbehörde ist sehr informativ und ist über http://www.migrationsverket.se (Stand Februar 2003) abrufbar.

745 Government White Paper "Secure borders, safe havens: Integration with diversity in modern Britain", February 2002.

746 Im Vereinigten Königreich spielen die Wohlfahrtsorganisationen eine sehr wichtige Rolle im Bereich der rechtlichen Beratung in Verfahrensfragen, aber auch bei der Betreuung von Jugendlichen und der Vermittlung von Informationen, wie welche sozialen Leistungen zu erhalten sind. Auch NASS arbeitet eng mit vielen Wohlfahrtsverbänden zusammen und finanziert diese mit. Diejenigen Organisationen, die von NASS mitfinanziert werden, haben sich zusammengeschlossen und helfen Asylbewerbern durch sogenannte "One stop services". Die wohl wichtigste Wohlfahrtsorganisation ist der Refugee Council, siehe dazu die Internetseiten des Refugee Councils mit vielen Informationen, abrufbar unter: http://www.refugeecouncil.org.uk (Stand Februar 2003) Siehe auch EFIONAYI-MÄDER, Großbritannien, S. 71 f.

ist in die vornehmlich in Europa gesprochenen Sprachen übersetzt, nicht jedoch in die Sprachen der Länder, aus denen die meisten Asylbewerber stammen. Die Adresse und Telefonnummer von UNHCR wird auf dem Informationsblatt genannt.[747] Diejenigen, die sich bereits im Land befinden, werden durch Mitarbeiter verschiedener NRO über ihre Rechte und Pflichten informiert. Dennoch bestehen erhebliche Defizite im Hinblick auf die Informationsversorgung.[748]
Im regulären Verfahren in *Portugal* wird der Asylbewerber zu Beginn des Verfahrens über seine Rechte und Pflichten informiert sowie über den Verlauf des Verfahrens.[749] Dies geschieht in einer Sprache, die der Asylbewerber versteht.[750] Während des gesamten regulären Verfahrens steht dem Asylbewerber ein Dolmetscher zur Verfügung. Gemäß Art. 52 Abs. 2 des AsylG kann der portugiesische Flüchtlingsrat in jedem Verfahrensabschnitt Asylbewerber rechtlich beraten.

cc. Griechenland, Italien

In *Griechenland* ist eine ausführliche Information des Asylbewerbers in Art. 1 Abs. 6 des präsidialen Erlasses 61/1999 vorgeschrieben. Danach wird der Asylbewerber nach der Registrierung seines Antrags über all seine Rechte und Pflichten aufgeklärt. Zudem werden die internationalen Organisationen genannt, die behilflich sein können. Die Information wird in Form eines in verschieden Sprachen erhältlichen Faltblattes kommuniziert beziehungsweise unter Umständen auch mündlich.[751]
In *Italien* sollen Informationsdienststellen an den Grenzen eingerichtet werden.[752] Es existiert bisher allerdings nur am Flughafen in Rom eine Informationsdienststelle. Damit werden Asylbewerber in Italien grundsätzlich nicht über das Verfahren und ihre Rechte und Pflichten seitens der Behörden unterrichtet. NRO versuchen, diese bestehende Lücke im Rahmen ihrer Möglichkeiten auszufüllen.[753]

---

747 UNHCR, France, S. 77.
748 UNHCR, France, S. 77.
749 Art. 51 des port. AsylG.
750 UNHCR, Portugal, S. 136.
751 Dies ist z.B. dann der Fall, wenn der Asylbewerber Analphabet ist, siehe Art. 1 Abs. 6 des präsidialen Erlasses 61/1999.
752 UNHCR, Italy, S. 113.
753 UNHCR, Italy, S. 113; ECRE Country Report 2001, Italy, S. 134.

4. Richtlinienkonformität der nationalen Bestimmungen

a. Deutschland

In Deutschland gibt es keine gesetzliche Norm, die eine umfassende Pflicht normiert, Asylbewerber in einer ihnen verständlichen Sprache über ihre Rechten und Pflichten aufzuklären. Zwar geschieht dies in der Verwaltungspraxis, dies ist jedoch für eine richtlinienkonforme Umsetzung nicht ausreichend. Folglich ist Deutschland verpflichtet, eine Art 5 entsprechende Bestimmung in die bestehenden Gesetze aufzunehmen.

b. Spanien

Spanien erfüllt mit Art. 5 Erlaß Nr. 203 zum span. AsylG bereits die Anforderungen des Art. 5, denn die richtlinienkonforme Auslegung der spanischen Norm ist möglich, ohne daß der Wortlaut der Norm verändert werden muß.[754] Die Formulierung "folleto con toda la información útil"[755] kann richtlinienkonform so ausgelegt werden, daß in dem Faltblatt auch alle Informationen über die vorgesehenen Leistungen und die mit den Aufnahmebedingungen verbundenen Verpflichtungen enthalten sein müssen. Hinsichtlich der Richtlinienanforderung, daß die Informationsübermittelung in einer Sprache zu erfolgen hat, von welcher angenommen werden kann, daß der Asylbewerber sie versteht, ist eine richtlinienkonforme Auslegung der Formulierung "folleto (...) en varios idiomas"[756] möglich. Die weiteren von Art. 5 vorgegebenen Kriterien wie die fristgerechte Informationserteilung und das Erfordernis der Schriftlichkeit sind in Art. 5 Abs. 1, Abs. 2 Erlaß Nr. 203 zum span AsylG ausdrücklich normiert.

c. Österreich

Art. 26 Abs. 1, 2 öst. AsylG verlangt die schriftliche Information des Asylbewerbers in einer Sprache, von der anzunehmen ist, daß dieser sie versteht. Insofern erfüllt Österreich die Anforderungen von Art. 5 der Richtlinie. Die Information über die Rechte und Pflichten des Asylbewerbers ist nach Art. 26 Abs. 1, 2 öst. AsylG vorgeschrieben und erfolgt in Form eines Faltblattes. Dieses ist gemäß Abs. 2 öst. AsylG dem Asylbewerber frühstmöglich auszuhändigen. Der Begriff „frühstmöglich" ist einer richtlinienkonforme Auslegung zugänglich. Auch die Anforderung, über die in der Richtlinie vorgesehenen Leistungen und

---

754 Eine bloße Übereinstimmung der innerstaatlichen Praxis mit dem Zustand, welcher von der Richtlinien gefordert wird, reicht hingegen nicht aus, vgl. BGH EuZW 1998, S. 474, (476 f.).

755 „Faltblatt mit allen nötigen Informationen" (Übersetzung B.G.)

756 „Faltblatt (....) in mehreren Sprachen" (Übersetzung B.G.)

den damit verbundenen Verpflichtungen zu informieren, kann von Österreich bei der entsprechender richtlinienkonformer Auslegung von Art. 26 Abs. 1 öst. AsylG erfüllt werden. Damit erfüllt Österreich bereits die Anforderungen von Art. 5 der Richtlinie.

5. *Bewertung*

Es ist positiv zu bewerten, daß Asylbewerber umfassend über die vorgesehenen Leistungen und über die mit den Aufnahmebedingungen verbundenen Verpflichtungen informiert werden. Zudem ist es sinnvoll Asylbewerber darüber zu informieren, welche Organisationen ihnen Rechtsbeistand und Informationen gewähren oder sie unterstützen können. Beides wirkt sich positiv auf die Verfahrensgerechtigkeit aus.

Die Anforderung, Asylbewerber grundsätzlich schriftlich und nach Möglichkeit in einer Sprache zu informieren, von der ausgegangen werden kann, daß sie verstanden wird, ist ebenfalls positiv zu bewerten. Allerdings sollte der Begriff „nach Möglichkeit" eng ausgelegt werden. Die Mitgliedstaaten müssen die erforderlichen Vorkehrungen treffen, so daß die sprachliche Verständlichkeit der Informationen für Asylbewerber aus den Hauptherkunftsländern gewährleistet ist.[757]

Die Möglichkeit der Höchstfrist von fünfzehn Tagen erscheint zu lang in Anbetracht der Tatsache, daß einige Informationen schon ab dem Zeitpunkt des Antrages für den Asylbewerber wichtig sind, wie etwa der Zugang zu medizinischer Versorgung und die Erstversorgung. Zudem ist es wichtig, so schnell wie möglich über die Pflichten im Zusammenhang mit den Aufnahmebedingungen aufzuklären. Insofern wird der Vorschlag gemacht, daß nach der Antragstellung eine unmittelbare Informationsvermittlung nach Art. 5 stattfindet, es sei denn es bestehen maßgebliche Gründe, die Informationen dem Asylbewerber bis zum Ablauf der Höchstfrist vorzuenthalten.

Aufgrund dieser Vorschrift besteht nun künftig eine Pflicht der Mitgliedstaaten, den Erfordernissen von Art. 5 zu entsprechen. Bislang wurde ein Großteil der Informationsübermittlung von NRO übernommen. Sinnvollerweise ist dies auch künftig möglich, denn NRO spielen bei der Aufnahme von Asylbewerbern in sehr vielen Mitgliedstaaten eine entscheidende Rolle. Der Unterschied wird allerdings darin bestehen, daß nun alle Träger öffentlicher Gewalt in den Mitgliedstaaten gemeinschaftsrechtlich verpflichtet sind, dafür zu sorgen, daß die Anforderungen des Art. 5 auch praktisch wirksam werden.

Die zur Zeit in den meisten Ländern noch bestehenden Informationsdefizite bei Asylbewerbern, insbesondere bei denjenigen, die sich außerhalb der Großstädte

---

[757] Aufgrund der steigenden Vielfältigkeit der Herkunftsländer (siehe ECRE Country Report 2001, France; S. 65 ff.) kann wohl nicht gefordert werden, daß immer in einer Sprache informiert werden muß, welche der Asylbewerber versteht.

aufhalten, können bei wirksamer Umsetzung der Bestimmung abgebaut werden. Durch Art. 5 wird folglich der bestehende Standard in den meisten Mitgliedstaaten erhöht.

II. Dokumente für Asylbewerber

1. Art. 6 der Richtlinie

Art. 6 Abs. 1 bestimmt, daß die Mitgliedstaaten dafür Sorge tragen, daß den Asylbewerbern innerhalb von drei Tagen nach der Antragstellung bei der zuständigen Behörde eine Bescheinigung ausgehändigt wird, die auf ihren Namen ausgestellt ist und ihren Rechtsstatus als Asylbewerber bestätigt oder bescheinigt, daß sich die betreffende Person im Hoheitsgebiet des Mitgliedstaats aufhalten darf, solange ihr Antrag zur Entscheidung anhängig ist bzw. geprüft wird. Ist es dem Inhaber der Bescheinigung nicht gestattet, sich innerhalb des gesamten Hoheitsgebiets des Mitgliedstaats oder eines Teils davon frei zu bewegen, so ist dies in der Bescheinigung ebenfalls zu vermerken.
Art. 6 Abs. 2 sieht vor, daß im Falle einer Ingewahrsamnahme der Asylbewerber und während der Prüfung eines an der Grenze oder im Rahmen eines Verfahrens gestellten Asylantrags, in dem darüber entschieden wird, ob der Asylbewerber das Recht hat, rechtmäßig in das Hoheitsgebiet eines Mitgliedstaats einzureisen, die Mitgliedstaaten von der Anwendung dieses Artikels absehen können. In Sonderfällen können die Mitgliedstaaten Asylbewerbern während der Prüfung eines Asylantrags andere gleichwertige Nachweise für das in Absatz 1 genannte Dokument ausstellen.
Nach Abs. 3 wird mit dem in Absatz 1 genannten Dokument nicht notwendigerweise die Identität des Asylbewerbers bescheinigt.
Gemäß Abs. 4 treffen die Mitgliedstaaten die Maßnahmen, die erforderlich sind, um den Asylbewerbern das in Absatz 1 genannte Dokument auszustellen, das so lange gültig sein muß, wie ihnen der Aufenthalt im Hoheitsgebiet oder an der Grenze des betreffenden Mitgliedstaates gestattet ist.
Nach Abs. 5 können die Mitgliedstaaten einem Asylbewerber ein Reisedokument aushändigen, wenn schwerwiegende humanitäre Gründe seine Anwesenheit in einem anderen Staat erfordern.

2. Völkerrechtskonformität

Im Völkerrecht besteht keine Norm, nach der Asylbewerber das Recht auf die Aushändigung einer Bescheinigung über ihren Status und ihre Identität haben.[758] Dieser Norm steht auch keine andere Vorschrift des Völkerrechtes entgegen.

---

[758] Der ExCom-Beschluß Nr. 35 (XXXV) von 1984 schlägt vor, daß Asylbewerber, über

3. *Die nationalen Bestimmungen und die Praxis in den Mitgliedstaaten*

a. Deutschland

In Deutschland ist einem asylsuchenden Ausländer nach § 55 Abs. 1, S. 1 AsylVfG zur Durchführung des Asylverfahrens der Aufenthalt im Bundesgebiet gestattet.[759] Damit begründet § 55 Abs. 1 S. 1 AsylVfG ein asylspezifisches verfahrensabhängiges Aufenthaltsrecht eigener Natur.[760] Dieses besteht so lange, bis es nach den in § 67 AsylVfG genannten Gründen, die eine Ausreisepflicht begründen, erlöscht.[761] Der Ausländer hat nach § 55 Abs. 1 S. 2 AsylVfG keinen Anspruch, sich in einem bestimmten Land oder an einem bestimmten Ort aufzuhalten.[762]
Gemäß § 63 Abs. 1 AsylVfG wird dem Ausländer nach der Antragstellung[763] eine Bescheinigung über die Aufenthaltsgestattung ausgestellt.[764] Diese enthält Angaben zur Person und ein Lichtbild. Sie dient als Identitätsdokument an Stelle des vom Bundesamt einbehaltenen Passes oder Paßersatzes. Der Status als Asylbewerber wird damit erkennbar. Bis auf die Voraussetzung, daß die Bescheinigung Angaben zur Person und ein Lichtbild enthalten muß, erhält das Gesetz keine weiteren Vorgaben bezüglich des Inhaltes der Bescheinigung.[765] Da die Bescheinigung jedoch als subsidiärer Identitätsnachweis gilt, sollte sie mindestens Angaben zu Name und Vorname des Asylbewerber, zur Staatsangehörig-

---

deren Antrag nicht sofort entschieden werden kann, mit provisorischen Dokumenten ausgestattet werden, die bestätigen, daß sie solange unter nationalem Schutz stehen, bis eine endgültige Entscheidung über ihr Gesuch von den zuständigen Behörden getroffen wurde.

759 Der Aufenthaltsschutz greift damit schon ein, wenn um Asyl nachgesucht wurde, d.h. der Ausländer ein Schutzbegehren geltend gemacht hat. Eine wirksamer Asylantrag muß noch nicht gestellt worden sein, MARX, Asylverfahrensgesetz, § 55, Rn 4 f., § 13, Rn. 7 f.

760 MARX, Asylverfahrensgesetz, § 55, Rn. 8.

761 Im Falle einer unanfechtbaren Anerkennung als Asylberechtigter wird dem Ausländern nach § 68 Abs. 1 AsylVfG eine unbefristete Aufenthaltserlaubnis erteilt.

762 Nur in den Fällen des § 50 Abs. IV, S. 5 und § 51 Abs. 1 besteht ein Anspruch des Asylsuchenden auf Zuweisung an einen bestimmten Ort.

763 Somit wird dem Asylbewerber die Bescheinigung ausgestellt, wenn er gemäß § 14 AsylVfG einen Antrag gestellt hat, GRÜN, in: GK-AsylVfG 1992, § 63, Rn. 12, a.A. HAILBRONNER, in: HAILBRONNER, (Hrsg.), Ausländerrecht, Ordner 3, § 63, Rn. 5.

764 Die Rechtsnatur dieser Bescheinigung ist umstritten, siehe GRÜN, in: GK-AsylVfG, § 63, Rn. 12; HAILBRONNER, Ausländerrecht, Ordner 3, § 63 AsylVfG, Rn. 3; MARX, Asylverfahrensgesetz, § 63, Rn. 2 ff.; Ein Aufenthaltstitel i.S.d. Aufenthaltsgesetzes kann nur in Ausnahmefällen erteilt werden, vgl. § 10 AufenthaltsG.

765 Bisher wurden noch keine allgemeinen Verwaltungsvorschriften zum AsylVfG erlassen, so daß Vorgaben bezüglich des Inhaltes der Bescheinigung mit bundesweiter Geltung auch anderweitig nicht existieren, HAILBRONNER, Ausländerrecht, Ordner 3, § 63 AsylVfG, Rn. 9.

keit und zum Geburtsort und -datum sowie dem Wohnsitz enthalten.[766] Räumliche Beschränkungen (§ 56 AsylVfG) sowie weitere Auflagen (§ 60 AsylVfG) sind in der Bescheinigung zu vermerken.[767] Die Bescheinigung über die Aufenthaltsgestattung ist zu befristen (§ 63 Abs. 2 AsylVfG). Die Frist ist so oft zu verlängern, bis das Asylverfahren unanfechtbar abgeschlossen ist.[768]
Gemäß § 15 Abs. 6 der Durchführungsverordnung zum AusländerG[769] kann Asylbewerbern ein Reisdokument ausgestellt werden, wenn ein dringendes privates oder öffentliches Interesse besteht und die Durchführung des Verfahrens nicht gefährdet ist.

b. Spanien

Bis über die Zulässigkeit des Antrags entschieden ist, erhält ein Asylbewerber in Spanien gemäß Art. 13 Abs. 1 Erlaß Nr. 203 zum span. AsylG eine vorläufige Aufenthaltsberechtigung, die sechzig Tage gültig ist. Wird der Asylantrag für zulässig befunden, erhält ein Asylbewerber gemäß Abs. 2 eine auf ihn ausgestellte Aufenthaltsberechtigung, die bis zum Abschluß des Verfahrens gültig ist. Zugleich ist der Asylbewerber nach Abs. 3 verpflichtet, seine persönlichen Dokumente und seine Reisedokumente abzugeben. Diese werden bis zu einer Entscheidung über den Asylantrag verwahrt. Eine Zuweisung zu einem Aufenthaltsort erfolgt nicht.[770] Inwiefern Asylbewerbern ein Reisdokument ausgestellt werden kann, konnte nicht in Erfahrung gebracht werden.

c. Österreich

In Österreich wird Asylbewerbern unabhängig davon, ob sie in die Bundesbetreuung aufgenommen werden oder nicht gemäß § 19 Abs. öst. AsylG eine vorläufige Aufenthaltsberechtigung ausgestellt. Asylbewerber, die über einen Flugplatz oder direkt eingereist sind, sind zum vorläufigen Aufenthalt berechtigt, es sei denn, der Antrag ist wegen entschiedener Sache zurückzuweisen.[771] Diejenigen, die unter Umgehung der Grenzkontrolle oder entgegen der Bestimmungen des zweiten Hauptstückes des Fremdengesetzes eingereist sind, haben die vorläufige Aufenthaltsberechtigung erst, wenn sie von den Behörden zuerkannt

---

766 HAILBRONNER, Ausländerrecht, Ordner 3, § 63 AsylVfG, Rn. 9.

767 MARX, Asylverfahrensgesetz, § 63, Rn. 6.

768 Die Befristung hat lediglich Kontrollfunktion. Es soll verhindert werden, daß der Asylbewerber untertaucht. Sie hat keinerlei Auswirkungen auf die Aufenthaltsgestattung, MARX, Asylverfahrensgesetz, § 63, Rn. 7.

769 Durchführungsverordnung zum AusländerG vom 18.12.1990, BGBl. I, S. 2983.

770 Vielmehr werden Asylbewerber über freie Plätze in Aufenthaltszentren informiert, die sie dann entweder in Anspruch nehmen können oder auch nicht, siehe Art. 21 der Resolution vom 06.07.1998.

771 § 19 Abs. 1 i.V.m. § 17 öst. AsylG.

wird. Die vorläufige Aufenthaltsberechtigung ist von der Behörde unverzüglich zuzuerkennen, wenn der Antrag nicht offensichtlich unbegründet ist.[772] Sie besteht solange, bis das Verfahren eingestellt oder rechtskräftig abgeschlossen ist.[773] Gemäß § 3 Abs. 2 der AsylG-Durchführungsverordnung[774] ist das Bundesasylamt ermächtigt, auf der Bescheinigung über die vorläufige Aufenthaltsberechtigung Vor- und Familienname des Asylbewerbers kenntlich zu machen. Das Dokument bestätigt zudem den Status als Asylbewerber.
Ob Asylbewerbern in Ausnahmefällen ein Reisedokument ausgestellt werden kann, konnte nicht in Erfahrung gebracht werden.

d. Weitere Länder

aa. Belgien, Finnland, Luxemburg, Niederlande, Schweden, Vereinigtes Königreich

In *Belgien* erhalten Asylbewerber nach Art. 72bis Erlaß zum belg. AusländerG ein Dokument, welches sie berechtigt, sich bis zum Abschluß des Verfahrens in Belgien aufzuhalten.
In *Finnland* wird der Paß des Asylbewerbers bzw. andere Identifikationspapiere, die gegebenenfalls als Paßersatz dienen, im Rahmen der Stellung eines Asylantrages von der zuständigen Behörde gemäß § 6 finn. Ausländerdekret eingezogen. Der Asylbewerber erhält über diesen Vorgang nach § 6 finn. Ausländerdekret eine Bestätigung.[775]
In *Luxemburg* werden alle Dokumente, welche die Identität des Asylbewerbers bestätigen sowie alle anderen Dokumente, die aufschlußreich für die Prüfung des Asylantrages sein könnten, vom Justizminister bis zum endgültigen Abschluß des Verfahrens verwahrt.[776] Der Asylbewerber erhält im Gegenzug ein Dokument, welches bestätigt, daß ein Asylantrag gestellt wurde und als Identitätsnachweis gilt. Mit diesem Dokument ist er berechtigt, Sozialhilfe in Anspruch zu nehmen. Es ist bis zum Ende des Verfahrens gültig.[777]
In den *Niederlanden* wird dem Asylbewerber von der Ausländerregistrierungsbehörde (Vreemdelingendienst) für die gesamte Dauer das Asylverfahrens ein sogenanntes W-Dokument, welches zum vorläufigen Aufenthalt berechtigt, aus-

[772] § 19 Abs. 2 i.V.m. § 17 öst AsylG.
[773] § 19 Abs. 4 öst AsylG.
[774] Asylgesetz-Durchführungsverordnung, BGBL. II Nr. 428/1997. Im Folgenden öst. AsylG-DV.
[775] Welche Art von Dokument einem Asylbewerber während des Verfahrens ausgestellt wird, bzw. ob überhaupt eine vorläufige Aufenthaltsgenehmigung ausgestellt wird, konnte nicht in Erfahrung gebracht werden.
[776] Art. 11-1 Abs. 2 lux. AsylVfG.
[777] Vgl. Art. 11 Abs. 3 ff. lux. AsylVfG.

gestellt.[778] Das W-Dokument ist ein elektronisches Identitätsdokument für Asylbewerber.[779]
In *Schweden* erhalten Asylbewerber eine Bestätigung darüber, daß sie einen Asylantrag gestellt haben. Diese Bestätigung dient als Nachweis dafür, daß der Asylbewerber um eine Aufenthaltsgenehmigung ersucht. Zwar bestimmt das schwed. AsylbewerberaufnahmeG nicht ausdrücklich, daß Asylbewerber während des Verfahrens ein Recht haben, sich in Schweden aufzuhalten, aber es impliziert es.[780] Zudem erhalten Asylbewerber eine Karte, die bestätigt, daß sie bei der schwedischen Migrationsrat registriert sind und Anspruch auf finanzielle Unterstützung haben. Die Karte bescheinigt nicht die Identität des Asylbewerbers.[781]
Im *Vereinigten Königreich* stellt der Immigrationsdienst Asylbewerbern ein sogenanntes SAL-Dokument aus (Standard Acknowledgement Letter), welches als Identitätsausweis gegenüber den Behörden gilt sowie als Bescheinigung für eine spätere Arbeitsbewilligung.[782] Allerdings wird in Zukunft im ganzem Land die sogenannte ARC-Karte (Application Registration Card) eingeführt. Die ARC-Karte enthält den Fingerabdruck des Asylbewerbers, seinen Namen, das Geburtsdatum und die Nationalität.[783]

bb. Frankreich, Portugal

In *Frankreich* wird einem Asylbewerber, sobald er zum regulären Verfahren zugelassen ist, eine vorläufige Aufenthaltsberechtigung ausgestellt.[784] Diese ist acht Tage lang gültig und berechtigt den Asylbewerber, innerhalb dieser Frist einen Asylantrag bei einer Polizeidienststelle zu stellen, welche eine neue, einmonatige, vorläufig gültige Aufenthaltsberechtigung ausstellt. Zudem erhält der Asylbewerber die Unterlagen, um einen schriftlichen Asylantrag vor dem OFPRA stellen.[785] Der Asylantrag muß innerhalb dieses Monats der OFPRA zugehen, wo der Asylbewerber registriert wird. Ist dies der Fall, erhält der Asylbewerber daraufhin von der Polizeidienststelle eine dreimonatige vorläufige Auf-

---

778 EFIONAYI-MÄDER, Niederlande, S. 83.
779 Information von Herrn THOMAS HESSELS, niederl. Justizministerium am 07.10.2002.
780 Information von Frau LISA JOHANSSON, schwed. Migrationsbehörde am 19.09.2002.
781 Information von Frau LISA JOHANSSON, schwed. Migrationsbehörde am 19.09.2002.
782 EFIONAYI-MÄDER, Großbritannien, S. 63.
783 Bislang wird all diejenigen, die ihren Asylantrag im Land in Croydon stellen, eine ACR-Karte ausgestellt. Bis zum Herbst 2002 sollen alle Asylbewerber, unabhängig ob sie ihren Antrag im Land oder an einem See- oder Flughafen stellen, diesen Ausweis erhalten. Auf der Karte können Informationen abgespeichert werden so daß die Identität eines Asylbewerbers schnell zu klären ist. Zudem gilt sie als unfälschbar. Siehe dazu Information des IND, abrufbar unter http://www.ind.homeoffice.gov.uk (Stand Februar 2003).
784 Art. 11, franz. AsylG, siehe auch EFIONAYI-MÄDER, France, S. 53.
785 Siehe dazu DRC, France, S. 7.

enthaltsberechtigung („autorisation provisoire de séjour“), die bis zum endgültigen Abschluß des Asylverfahrens verlängerbar ist.[786]
In *Portugal* erhält der Asylbewerber eine vorläufige Aufenthaltserlaubnis, wenn die Zulässigkeit seines Antrags bejaht wurde und das reguläre Verfahren beginnt.[787] Diese Aufenthaltserlaubnis ist für einen Zeitraum von 60 Tagen ab dem Tag der Ausstellung gültig und muß alle 30 Tage erneuert werden, bis eine endgültige Entscheidung über den Antrag gefallen ist.[788]

cc. *Griechenland, Italien*

In *Griechenland* erhält der Asylbewerber gemäß Art. 2 Abs. 7 des präsidialen Erlasses 61/1999 von der zuständigen Behörde[789] ein Dokument, welches den Status als Asylbewerber deklariert.[790] Es ist sechs Monate gültig und für weitere sechs Monate verlängerbar.[791] Bis ein Asylbewerber diesen Asylbewerberausweis erhält, vergehen zwischen sechs Monaten und zwei Jahren. Während der Wartezeit hat der Asylbewerber keinerlei Ansprüche auf staatlichen Leistungen.[792]
Wurde der Asylantrag von der Grenzpolizei als zulässig erachtet, erhält der Asylbewerber in *Italien* eine Aufenthaltsbewilligung, die bis zum Abschluß des Verfahrens gültig ist.[793]

4. *Richtlinienkonformität der nationalen Regelungen*

a. Deutschland

Deutschland erfüllt die in Art. 6 genannte Bestimmung, daß Asylbewerbern ein Dokument auszustellen ist. Weiterhin erfüllen die deutschen Gesetze auch die inhaltlichen Voraussetzungen der Richtlinienbestimmung. Die Dreitagesfrist bis zur Ausstellung der Bescheinigung nennt die deutsche Vorschrift nicht; es heißt dort lediglich „nach der Asylantragstellung wird eine Bescheinigung über die Aufenthaltsgestattung ausgestellt“. Fraglich ist, ob der deutsche Wortlaut richt-

---

786 Art. 11, 12 franz. AsylG. Siehe auch DRC, France, S. 7.

787 Art. 21 Abs. 1 der port. AsylG.

788 Art. 21 Abs. 1 der port. AsylG.

789 Diese sind in Art. 2 Abs. 1 des präsidialen Erlasses 61/1999 aufgeführt.

790 Dies ist in jeden Fall im regulären Verfahren der Fall. Ob auch im beschleunigten Verfahren ein solches Dokument ausgehändigt wird, ist nicht klar, vgl. SKORDAS, IJRL 1999, S. 678. (687).

791 Der Gesetzestext läßt darauf schließen, daß das Dokument so lange verlängert werden kann, bis das Verfahren zum Abschluß gekommen ist.

792 SITAROPOULOS, CSP 2002, S. 436, (444 f.). Nicht einmal der Schulbesuch ist ohne dieses Dokument möglich.

793 Art. 31 des ital. Gesetzes Nr. 189 vom 30.07.2002.

linienkonform hinsichtlich der Fristbestimmung ausgelegt werden kann. Eine ordnungsgemäße Umsetzung verlangt, daß die Betroffenen von ihren Rechten und Pflichten Kenntnis erlangen können. Der Wortlaut der deutschen Norm läßt nicht erkennen, daß ein Dokument innerhalb von drei Tagen auszustellen ist. Eine richtlinienkonforme Auslegung ist nicht offensichtlich möglich, so daß der deutsche Gesetzgeber die Dreitagesfrist normieren muß, um den europäischen Vorgaben zu entsprechen.

b. Spanien

Spanien erfüllt grundsätzlich ebenfalls die in Art. 6 genannten Voraussetzungen durch Art. 13 Abs. 2 Erlaß Nr. 203 zum span. AsylG. Allerdings nennt auch die spanische Vorschrift keine Frist und ermöglicht damit keine richtlinienkonforme Auslegung. Vielmehr wird nach der Erklärung der Zulässigkeit des Asylantrages das Dokument von den Behörden ausgegeben. Damit gelten im Fall von Spanien die obigen Ausführungen zu Deutschland entsprechend. Somit muß auch der spanische Gesetzgeber die Fristbestimmung in seine nationale Vorschrift zur richtlinienkonformen Umsetzung einfügen.
Da Asylbewerber sich im regulären Verfahren gemäß Art. 13 Abs. 4 Erlaß Nr. 203 zum span. AsylG frei auf dem gesamten spanischen Territorium bewegen dürfen, bedarf es keines Vermerkes der räumlichen Aufenthaltsbegrenzung.[794]

c. Österreich

Österreich erfüllt ebenfalls die von der Richtlinienbestimmungen aufgestellten Kriterien. Gemäß § 19 Abs. 2 öst. Asylgesetz muß die Bescheinigung über die vorläufige Aufenthaltsgestattung dem Asylbewerber unverzüglich ausgestellt werden. Der Begriff „unverzüglich" kann im Sinne der Richtlinie ausgelegt werden. § 3 Abs. 2 der AsylG-DV ist ebenfalls einer richtlinienkonformen Auslegung zugänglich. In Österreich bestehen grundsätzlich keine Aufenthaltsbeschränkungen, so daß solche auch nicht auf der Bescheinigung vermerkt werden müssen. Die Bescheinigung gilt nach § 19 Abs. 4 öst. Asylgesetz in Einklang mit der Richtlinienbestimmung bis zum Abschluß des Verfahrens.

5. Bewertung

Die Regelungen des Art. 6 sind zu begrüßen. Es ist zum einen eine Voraussetzung für den rechtlichen und physischen Schutz des Asylbewerbers, und zum anderen trägt es dem Sicherheitsbedürfnis der Staaten Rechnung. Oft ist die Ge-

[794] Dazu sogleich unten, S. 162.

währung von Leistungen an eine zur Durchführung des Asylverfahrens bestehende Aufenthaltsgestattung gekoppelt.
Poisitv zu bewerten ist die Möglichkeit der Staaten, bei Vorliegen schwerwiegender humanitärer Gründe, welche die Präsenz des Asylbewerbers in einem anderen Staat erfordert, diesem ein Reisedokument auszuhändigen. Es wäre allerdings wünschenswert gewesen, statt des Ermessens eine Soll-Vorschrift zu normieren. Befürchtete negative Auswirkungen können, so wie in Deutschland, dadurch vermieden werden, daß ein solches Reisedokument nur begrenzt gültig ist und nur ausgestellt werden darf, wenn dadurch das Verfahren nicht behindert wird.
Ein Blick auf die anderen Mitgliedstaaten zeigt, daß in allen[795] anderen Mitgliedstaaten ebenfalls Dokumente an Asylbewerber ausgegeben werden, die bis zum endgültigen Abschluß des Verfahrens gültig sind. Insofern wird diesbezüglich bereits übereinstimmend verfahren. Durch die Dreitagesfrist wird nun auch sichergestellt, daß Asylbewerber, unabhängig davon, in welchem Mitgliedstaat sie sich befinden, unverzüglich ein Dokument ausgestellt wird. Dies wird vor allem in Griechenland zu einer Verbesserung der bestehenden Situation führen.[796]
Zu Art. 6 Abs. 2 ist anzumerken, daß die Mitgliedstaaten vor der Einreise in den betreffenden Mitgliedstaat nicht verpflichtet werden können, dem Asylbewerber bereits ein Dokument auszustellen, welches die in Art. 6 Abs. 1 genannten Kriterien aufweist. Folglich erscheint Abs. 2 gerechtfertigt.

III. Wohnsitz und Bewegungsfreiheit

1. Art. 7 der Richtlinie

Gemäß Abs. 1 dürfen Asylbewerber sich im Hoheitsgebiet des Aufnahmemitgliedstaats oder in einem ihnen von diesem Mitgliedstaat zugewiesenem Gebiet frei bewegen. Das zugewiesene Gebiet darf die unveräußerliche Privatsphäre nicht beeinträchtigen und muß hinreichenden Spielraum dafür bieten, daß Gewähr für eine Inanspruchnahme der Vorteile aus dieser Richtlinie gegeben ist.
Allerdings haben die Mitgliedstaaten nach Abs. 2 die Möglichkeit, aus Gründen des öffentlichen Interesses, der öffentlichen Ordnung oder wenn es für eine reibungslose Bearbeitung und wirksame Überwachung des betreffenden Asylantrags erforderlich ist, einen Beschluß über den Wohnsitz des Asylbewerbers zu fassen.

[795] Für Finnland konnte dies nicht festgestellt werden, siehe oben S. 153.
[796] Rein rechtlich muß es zu einer Änderung der bestehenden Situation führen. Es bleibt zu hoffen, daß sich auch die Praxis nach dem geltenden Recht richten wird.

Zudem können sie nach Abs. 3 in Fällen, in denen dies zum Beispiel aus rechtlichen Gründen oder aus Gründen der öffentlichen Ordnung erforderlich ist, dem Asylbewerber nach einzelstaatlichem Recht einen bestimmten Ort zuweisen.
Gemäß Abs. 4 dürfen die Mitgliedstaaten die Gewährung der materiellen Aufnahmebedingungen an die Bedingung knüpfen, daß Asylbewerber ihren ordentlichen Wohnsitz an einem bestimmten Ort haben, der von den Mitgliedstaaten festgelegt wird. Ein derartiger Beschluß, der von allgemeiner Natur sein kann, sollte jeweils für den Einzelfall und auf der Grundlage der einzelstaatlichen Rechtsvorschriften getroffen werden.
Weiterhin sehen die Mitgliedstaaten in Abs. 5 vor, daß Asylbewerbern eine befristete Genehmigung zum Verlassen des in den Absätzen 2 und 4 genannten Wohnsitzes bzw. des in Absatz 1 genannten zugewiesenen Gebiets erteilt werden kann. Die Entscheidung ist Fall für Fall, objektiv und unparteiisch zu treffen und im Falle einer Ablehnung zu begründen. Der Asylbewerber muß keine Genehmigung einholen, wenn er bei Behörden und Gerichten erscheinen muß.
Nach Abs. 6 schreiben die Mitgliedstaaten Asylbewerbern vor, den zuständigen Behörden ihre aktuelle Adresse und schnellstmöglich etwaige Adressenänderungen mitzuteilen.

2. *Völkerrechtskonformität*

Art. 7 betrifft die Aspekte Bewegungsfreiheit und der Wohnsitzfreiheit. Fraglich ist, ob die durch Art. 7 eingeräumte Möglichkeit, das Recht von Asylbewerbern auf Bewegungsfreiheit und auf Wohnsitzfreiheit einzuschränken, völkerrechtskonform ist. Das Recht auf Freizügigkeit ist in Art. 2 Abs. 1 des 4. ZP EMRK sowie in Art. 12 Abs. 1 IPBPR verankert.[797]

a. Art. 2 Abs. 1, 4. ZP EMRK

Art. 2 Abs. 1 des 4. ZP EMRK räumt jedermann das Recht auf Freizügigkeit und Wohnsitzfreiheit ein, der sich „rechtmäßig im Hoheitsgebiet eines Staates“ aufhält. Freizügigkeit bedeutet das Recht, sich auf dem gesamten Territorium des Vertragsstaates frei zu bewegen. Wohnsitzfreiheit bedeutet das Recht, auf dem gesamten Territorium des Vertragsstaates frei seinen Wohnsitz zu wählen.[798] Die Bestimmung setzt voraus, daß sich eine Person rechtmäßig im Hoheitsgebiet ei-

---

[797] Im Folgenden wird nicht auf die völkerrechtlichen Normen eingegangen, die das Recht auf persönliche Freiheit schützen. Das Recht auf Freiheit wird vor allem relevant bei der Frage der Ingewahrsamsnahme von Asylbewerbern zwecks Durchführung eines beschleunigten Verfahrens. Zu Abgrenzung des Rechts auf Freiheit und des Rechts auf Freizügigkeit, siehe HARRIS/O'BOYLE/WARBRICK, ECHR, S. 98 ff.

[798] SEIDEL, Handbuch, S. 208.

nes Staates aufhält. Art. 2 Abs. 3 des 4. ZP EMRK verdeutlicht, daß bei eigenen Staatsangehörigen immer der rechtmäßige Aufenthalt angenommen wird.[799]
Ob die Anwesenheit von Ausländern rechtmäßig ist, bleibt dem innerstaatlichen Recht vorbehalten. Das einschlägige innerstaatliche Recht bestimmt die Voraussetzungen für die Rechtmäßikeit des Aufenthaltes im Sinne von Art. 2 Abs. 1, 4. ZP EMRK.[800] Die Konvention enthält weder ein ausdrückliches Recht eines Ausländers auf Einreise in ein bestimmtes Land, noch das Recht, in diesem Land zu wohnen oder sich darin aufzuhalten.[801]
Wird Asylbewerbern der Aufenthalt zwecks Durchführung eines Asylverfahrens gestattet, so haben die Staaten das Recht, den Aufenthalt nur insoweit als rechtmäßig anzuerkennen, als die Bedingungen erfüllt werden, an die der Aufenthalt geknüpft ist.[802] Eine mögliche Auflage stellen räumliche Aufenthaltsbeschränkungen dar.[803] Damit kann die Freizügigkeit auf ein bestimmten Teilbereich des Hoheitsgebietes beschränkt werden.
Im übrigen bestimmt Art. 2 Abs. 3, 4. ZP EMRK, daß die Ausübung der in Abs. 1 genannten Rechte Einschränkungen unterworfen werden dürfen, „die gesetzlich vorgesehen sind und in einer demokratischen Gesellschaft im Interesse der nationalen Sicherheit, der Aufrechterhaltung der öffentlichen Ordnung, der Verhütung von Straftaten, des Schutzes der Gesundheit oder der Moral oder des Schutzes der Rechte und Freiheiten anderer notwendig sind“. Darüberhinaus können die Rechte des Abs. 1 ferner für „bestimmte Gebiete Einschränkungen unterworfen werden, die gesetzlich vorgesehen und in einer demokratischen Gesellschaft durch das öffentliche Interesse gerechtfertigt sind“ (Art. 2 Abs. 4, 4. ZPEMRK).
Die räumliche Aufenthaltsbeschränkung dient in erster Linie dazu, sicherzustellen, daß der Asylbewerber jederzeit erreichbar ist. Dies wiederum ist für die zügige Durchführung des Asylverfahrens von Bedeutung. Insofern ist eine gesetzlich bestimmte räumliche Beschränkung des Aufenthaltes von Asylbewerbern zulässig, denn ihr Sinn und Zweck ist in einer demokratischen Gesellschaft zum Schutz der öffentlichen Ordnung gerechtfertigt.[804]
Fraglich ist allerdings, ob auch die Zuweisung eines bestimmten Wohnsitzes noch von der Rechtmäßigkeit des Aufenthalts gedeckt ist. Im Gegensatz zur Zuweisung zu einem bestimmten Gebiet läßt die Zuweisung zu einem bestimmten Wohnsitz keinerlei persönlichen Entscheidungsspielraum mehr.[805] Aus diesem Grund könnte Art. 2 Abs. 1, 4. ZP EMRK verletzt sein. Da allerdings die Staaten grundsätzlich souverän über den Aufenthalt entscheiden und der Ermes-

---

799 FROWEIN/PEUKERT, EMRK, S. 845, Rn. 2; VILLINGER, S. 449, Rn. 683.
800 KOM-E vom 01.12.1986, B 11825/85, EuGRZ 1987, S. 335, (336).
801 KOM-E vom 01.12.1986, B 11825/85, EuGRZ 1987, S. 335, (336).
802 KOM-E vom 01.12.1986, B 11825/85, EuGRZ 1987, S. 335, (336).
803 KOM-E vom 01.12.1986, B 11825/85, EuGRZ 1987, S. 335, (336), FROWEIN/PEUKERT, EMRK, S. 845, Rn. 2; VILLIGER, Handbuch EMRK, S. 449 f., Rn. 683.
804 So auch MAAßEN, Rechtsstellung, S. 237.
805 So auch BANK, NJIL 2002, S. 257, (273).

sensspielraum im Hinblick auf die Ausgestaltung des Aufenthaltes von Asylbewerbern relativ weit ist, ist die Wohnsitzzuweisung von der Bestimmung der Rechtmäßigkeit des Aufenthaltes umfaßt.
Zudem kann die Bestimmung des Wohnsitzes auch mit der Beschleunigung des Asylverfahresn gerechtfertigt werden. Dies liegt im öffentlichen Interesses beziehungsweise dem Schutz der Rechte und Freiheiten anderer nach Art. 2 Abs. 3, 4. ZP EMRK.
Die Auflage, die Gewährung von materiellen Aufnahmebedingungen daran zu knüpfen, daß der Asylbewerber seinen Wohnsitz an dem von den Mitgliedstaaten festgelegten Ort nimmt, erscheint damit ebenfalls zulässig.
Dennoch darf das Verhältnismäßigkeitsprinzip, welches auch im Rahmen von Abs. 3, 4, 4. ZP EMRK Anwendung findet, nicht außer acht gelassen werden. So kann die Verpflichtung, in einer bestimmten Unterkunft zu leben, in bestimmten Fällen unverhältnismäßig sein. Dies gilt insbesondere dann, wenn sich das Verfahren über einen längeren Zeitraum hinzieht, ohne daß dies dem Asylbewerber anzulasten ist. Das gleiche gilt für die Aufenthaltsbeschränkung auf ein bestimmtes Gebiet innerhalb des Aufnahmestaates.

b. Art. 12 Abs. 1 IPBPR

Art. 12 Abs.1 IPBPR bestimmt, daß jedermann, der sich rechtmäßig im Hoheitsgebiet eines Staates aufhält, das Recht hat, sich frei zu bewegen und seinen Wohnsitz frei zu wählen. Auch hier gilt, daß Ausländer sich im Gegensatz zu Staatsangehörigen nicht de facto rechtmäßig in einem Staat aufhalten.[806] Vielmehr obliegt es auch im Rahmen des IPBPR den Staaten, souverän zu bestimmen, welchen Ausländern sie die Einreise gestatten und welchen nicht.[807] Somit kann der rechtmäßige Aufenthalt von Ausländern auf ein Teilgebiet des Staatsgebietes gesetzlich beschränkt werden, so daß sowohl die Bewegungsfreiheit als auch die Wohnsitzfreiheit örtlich beschränkt wird.[808] Im Rahmen des IPBPR ist die Beschränkung der Freizügigkeit und die Bestimmung eines Wohnsitzes nach Art. 12 Abs. 3 IPBPR, der inhaltlich Art. 2 Abs. 3, 4, 4. ZP EMRK entspricht, mit den gleichen Argumenten als zulässig zu betrachten wie im Rahmen der EMRK.
Insofern steht Art. 7 - vorausgesetzt das Verhältnismäßigkeitsprinzip wird berücksichtigt - in Einklang mit Art. 2, 4. ZP EMRK und Art. 12 IPBPR.

---

806 NOWAK, CCPR, Art. 12, Rn. 8.
807 Allgemeine Bemerkung 15/27, Rn. 5, UN-Doc. HR I/GEN/1/Rev.1, S.19.
808 NOWAK, CCPR, Art. 12, Rn. 9.

3. *Die nationalen Bestimmungen und die Praxis in den Mitgliedstaaten*

a. Deutschland

Im Anschluß an den Pflichtaufenthalt in einer Aufnahmeeinrichtung (§ 47 AsylVfG) sollen die Asylbewerber grundsätzlich nach § 53 Abs.1 AsylVfG in Gemeinschaftsunterkünften untergebracht werden. Die dortige Wohnverpflichtung, welche den Regelfall darstellt, wird mit der Auflagenanordnung nach § 60 Abs. 2 AsylVfG durchgesetzt. Gemäß § 56 Abs. 1, 2 AsylVfG ist die Aufenthaltsgestattung räumlich auf den Bezirk der Ausländerbehörde beschränkt, in dem die für den Ausländer zuständige Aufnahmeeinrichtung liegt. Mit der Zuweisung in eine Gemeinschaftsunterkunft wird zugleich der Bezirk der Ausländerbehörde festgelegt.[809] Gemäß § 58 Abs. 1 AsylVfG kann die Ausländerbehörde dem Asylbewerber erlauben, den Geltungsbereich der Aufnahmeeinrichtung vorübergehend zu verlassen oder sich allgemein in dem angrenzenden Bezirk einer Ausländerbehörde aufzuhalten. Die Erlaubnis ist zu erteilen, wenn daran ein öffentliches Interesse besteht, zwingende Gründe es erforderlich machen oder die Versagung eine unbillige Härte darstellen würde. Nach § 58 Abs. 3 AsylVfG können Asylbewerber Termine bei Behörden und Gerichten, bei denen ein persönliches Erscheinen erforderlich ist, ohne Erlaubnis wahrnehmen.[810] Ablehnende Entscheidungen müssen begründet werden (§ 39 Abs. 1 VwVfG). In Deutschland ist nach § 54 AsylVfG die Ausländerbehörde, in deren Bzirk sich der Asylbewerber aufhalten muß, verpflichtet, dem Bundesamt unverzüglich die ladungsfähige Anschrift des Ausländers mitzuteilen. Die Vorschrift entbindet allerdings den Asylbewerber nicht von seiner allgemeinen Mitwirkungspflicht nach § 10 Abs. 1 AsylVfG, den Wechsel seiner Anschrift den Behörden mitzuteilen.
Hält sich ein Asylbewerber unberechtigterweise außerhalb des zugewiesenen Aufenthaltsortes auf, so erhält er grundsätzlich keine sozialen Leistungen bis auf die unabweisbar gebotene Hilfe (vgl. § 11 Abs. 2, 3 AsylbLG).

b. Spanien

Im regulären Verfahren dürfen Asylbewerber sich gemäß Art. 13 Abs. 4 Erlaß Nr. 203 zum span. AsylG frei auf dem gesamten spanischen Territorium bewe-

---

809 Zu der Frage der Verfassungsmäßigkeit der Vorschrift, siehe BVerfG vom 10.04.1997, NVwZ 1997, S. 1109 ff., DVBl. 1997, S. 895 ff.; kritisch TIEMANN, NVwZ 1987, S. 10 ff.

810 Siehe zu § 58 AsylVfG HAILBRONNER, in: HAILBRONNER, Ausländerecht, Ordner 3, § 58; MARX, Asylverfahrensgesetz, § 58, RENNER, Ausländerrecht, § 58. Zu den Voraussetzungen zum Verlassen des zugewiesenen Aufenthaltsbereiches, wenn noch die Verpflichtung besteht, in einer Aufnahmeeinrichtung zu wohnen, siehe DERS., § 57 AsylVfG, welcher teilweise mit § 58 AsylVfG identisch ist und teilweise einschränkender.

gen. Sie sind allerdings verpflichtet, unverzüglich über die zuständige Stelle an ihrem Aufenthaltsort das OAR über eine Adressenänderung zu informieren. Gemäß Art. 14 Erlaß Nr. 203 zum span. AsylG ist der Innenminister berechtigt, einen verbindlichen Aufenthaltsort zu bestimmen, wenn der Asylbewerber nicht im Besitz der Aufenthaltsberechtigung ist (Art. 13 Abs. 2 Erlaß Nr. 203 zum span. AsylG). Zudem kann er einen obligatorischen Aufenthaltsort bestimmen, wenn die öffentliche Sicherheit bedroht ist.[811] Asylbewerber, welche die Kriterein für eine Unterbringung in Aufnahmezentren erfüllen, werden über freie Kapazitäten informiert und haben dann die Möglichkeit, das Angebot anzunehmen.[812] Asylbewerber, die in Aufnahmezentren untergebracht sind, können für mehrere Tage das Aufnahmezentrum verlassen, ohne sich abzumelden oder Gründe anzugeben.[813]

c. Österreich

In Österreich dürfen Asylbewerber sich grundsätzlich frei innerhalb des Landes bewegen.[814] Allerdings besteht die Verpflichtung, den Behörden den jeweiligen Aufenthaltsort mitzuteilen, so daß eine Kontaktierung möglich ist.[815] Diejenigen, die unter die Bundesbetreuung fallen, werden verschiedenen, über das ganze Land verteilten Unterkünften zugewiesen.[816] Während der Zeit, in der die Asylbewerber vom Bund Leistungen erhalten, sind sie verpflichtet, in der ihnen zugewiesenen Unterkunft zu wohnen. Unentschuldigte Abwesenheit von länger als zwei Tagen führt zur Entlassung aus der Bundesbetreuung.[817] Asylbewerber, die nicht unter die Bundesbetreuung fallen, können sich ihren Aufenthaltsort frei aussuchen.[818]

d. Weitere Länder

aa. Belgien, Finnland, Luxemburg, Niederlande, Schweden, Vereinigtes Königreich

In *Belgien* ist die Bewegungsfreiheit innerhalb des Landes im regulären Verfahren grundsätzlich nicht eingeschränkt, es sei denn, es liegen nationale Sicher-

---

811 Art. 14 Erlaß Nr. 203 zum span. AsylG.
812 Art. 21 Abs.1 der Resolution vom 06.07.1998.
813 PLS RAMBOLL, Spain, S. 19.
814 BANK, NJIL 2000, S. 257, (268); UNHCR, Austria, S. 43.
815 UNHCR, Austria, S. 43.
816 § 2 Abs. 3 BbetrG.
817 Auskunft von Frau SABINE RACKETSEDER, UNHCR Wien am 27.09.2002.
818 UNHCR, Austria, S. 44.

heitsgründe vor.[819] Allerdings werden Aslybewerber nach einem Verteilungsplan den Kommunen zugewiesen, indenen sie sich registrieren lassen müssen.[820] Da Asylbewerber nur in der Gemeinde, in welcher sie registriert sind, Sozialhilfe erhalten, ist die Bewegungsfreiheit in der Praxis zu einem gewissen Grad eingeschränkt.[821] Ein Adressenwechsel muß den Behörden mitgeteilt werden.[822]
In *Finnland* unterliegen Asylbewerber keiner räumlichen Beschränkung. Sie dürfen sich nach § 9 finn. AusländerG in Finnland frei bewegen. Die Asylbewerber, die in Gemeinschaftsunterkünften leben, werden diesen zugewiesen.[823]
Asylbewerber dürfen sich grundsätzlich in *Luxemburg* frei innerhalb des Staatsgebietes bewegen, das Land aber nicht verlassen.[824] Allerdings müssen sie die zuständigen Behörden informieren, wenn sie den ihnen zugewiesenen Wohnort verlassen möchten.[825]
In den *Niederlanden* sind Asylbewerber grundsätzlich frei, sich innerhalb des Landes aufzuhalten. Allerdings bestehen zahlreiche Auflagen.[826] Zum einen sind sie im regulären Verfahren verpflichtet, sich regelmäßig bei der ihnen zugewiesenen Gemeinschaftsunterkunft zu melden. Asylbewerber, die nicht in einer Gemeinschaftsunterkunft leben, können verpflichtet werden, sich täglich bei der Ausländerpolizei zu melden.[827] Im Interesse der öffentlichen Sicherheit kann der Justizminister die Bewegungsfreiheit einschränken.[828] Die Asylbewerber dürfen die Gemeinschaftsunterkunft nicht frei auswählen. Sie können die Gemeinschaftsunterkunft und auch den Ort verlassen, in dem sich die Unterkunft befindet, solange sie ihre Meldeverpflichtungen einhalten. Wollen sie weiter wegreisen, bedürfen sie einer Sondererlaubnis.[829]
In *Schweden* dürfen Asylbewerber sich frei innerhalb der Landesgrenzen bewegen.[830] Allerdings können sie verpflichtet werden, sich regelmäßig bei der Polizei zu melden.[831] Eine Zuweisung des Wohnsitzes erfolgt nicht.[832]

---

819 BANK, NJIL S. 257, (271). Im Zulässigkeitverfahren wird grundsätzlich gemäß Art. 54 § 1 belg. AusländerG von der Regierung ein Ort festgelegt, an dem sich Ausländer registrieren lassen müssen. Sie sind verpflichtet, dort in Aufnahmezentren zu leben.

820 BANK, NJIL 2000, S. 257, (271).

821 Art. 57ter Gesetz über die öffentlichen Sozialhilfezentren. Siehe DRC, Belgium, S. 12; UNHCR, Belgium, S. 52.

822 ECRE Country Report 2001, Belgium, S. 13.

823 PLS RAMBOLL, Finland, S. 23.

824 PLS RAMBOLL Luxembourg, S. 17; Auskunft von Herrn JEAN-PAUL REITER, lux. Justizministerium am 24.09.2002.

825 Art. 4 c) lux. Verordnung zur Gewährung von Sozialhilfe an Asylbewerber.

826 UNHCR, The Netherlands, S. 132. Allerdings hat der niederländische Einwanderungsminister angekündigt, die Asylpolitik weiter zu verschärfen. Danach sollen Asylbewerber in geschlossen Internierungslagern untergebracht werden, solange ihre Anträge überprüft werden, siehe F.A.Z. vom 17.08.2002, S. 1.

827 Siehe Art. 52 niederl. AusländerG.

828 Art. 54 niederl. AusländerG.

829 UNHCR, The Netherlands, S. 132; DRC, The Netherlands, S. 18.

830 Vgl. Kap. 5 § 1 schwed. AusländerVO.

Im *Vereinigten Königreich* ist es bisher so, daß Asylbewerber sich grundsätzlich frei innerhalb des Landes bewegen können, wobei allerdings die Behörden zahlreiche Einschränkungen anordnen dürfen.[833] Im Zuge der Reform des Asylrechts werden Asylbewerber nun über das ganze Land verteilt untergebracht.[834] NASS ist zuständig für die Unterbringung der Asylbewerber. Diejenigen, die über NASS einer Unterkunft zugewiesen wurden, dürfen nicht länger als sieben Tage unentschuldigt abwesend sein und unterliegen unter Umständen weiteren Bestimmungen, die ihre Bewegungsfreiheit einengen.[835] Da keine finanzielle Unterstützung mehr gezahlt wird, wenn die Asylbewerber privat unterkommen möchten, sind die meisten auf eine Unterbringung durch NASS angewiesen.[836] Die Regierung plant noch strengere Meldepflichten, die dann auch in den noch zu errichtenden Aufnahmezentren gelten sollen.[837]

bb. Frankreich, Portugal

In *Frankreich* dürfen sich Asylbewerber, sobald sie im Besitz der vorläufigen drei Monate gültigen Aufenthaltsberechtigung sind, grundsätzlich uneingeschränkt innerhalb des Landes bewegen.[838] Diejenigen Asylbewerber, die in einem Aufnahmezentrum untergebracht sind, sind verpflichtet, eine Abwesenheit über einen Tag mitzuteilen. Bei Abwesenheit von mehr als fünf Tagen bedarf es einer Genehmigung.[839]

Asylbewerber in *Portugal* dürfen sich im regulären Verfahren frei im gesamten Hoheitsgebiet bewegen.[840] Es bestehen keine geographischen Begrenzungen in bezug auf die Gewährung wirtschaftlicher und sozialer Leistungen.[841] Allerdings

---

831 UNHCR, Sweden, S. 162.

832 PLS RAMBOLL, Sweden, S. 14.

833 UNHCR, United Kingdom, S. 171; BRITISH REFUGEE COUNCIL, Comments, Nr. 7. Dies gilt für Asylbewerber, die ihren Asylantrag im Land gestellt haben. Diejenigen, die einen Asylantrag an einem Flug- oder Seehafen gestellt haben, werden in der Regel in Gewahrsam genommen und in speziellen Aufnahmezentren untergebracht. Dies gilt zum Teil auch für Asylbewerber im regulären Verfahren, DRC, United Kingdom, S. 10, PLS RAMBOLL, United Kingdom, S. 27.

834 Siehe ausführlicher zu dem neuen System der Unterbringung im Vereinigten Königrich, E, XI, 3, d, aa.

835 DRC, United Kingdom, S. 23f. Siehe auch Art. 97 Abs. 2 a Immigration and Asylum Act 1999, wonach Asylbewerber kein Mitspracherecht bei der Zuweisung zu einer Unterkunft haben.

836 SALES, CSP 2002, S. 456, (464).

837 Government White Paper "Secure Borders, Safe Havens: Integration with diversity in modern Britain", February 2002.

838 BANK, in BOMMES/GEDDES (Hrsg.), Immigration and Welfare S. 148, (154). Auf dieses Prinzip wird in Frankreich sehr viel Wert gelegt, PLS RAMBOLL, France, S. 25.

839 Art. 8 circulaire DPM/CI 3 Nr. 99-399.

840 Rückschluß aus Art. 59 Abs. 3 port. AsylG.

841 PLS RAMBOLL, Portugal, S. 26.

sind Asylbewerber verpflichtet, den Behörden mitzuteilen, wo sie sich aufhalten und zu erscheinen, wenn diese ein Erscheinen anordnen.[842]

cc. Griechenland, Italien

In *Griechenland* dürfen Asylbewerber, die sich im regulären Verfahren befinden, uneingeschränkt im gesamten griechischen Hoheitsgebiet aufhalten.[843] Sie sind allerdings verpflichtet, dem Ausländerdezernat der Polizei ihren Aufenthaltsort mitzuteilen, ansonsten kann das Verfahren unterbrochen werden.[844]
In *Italien* unterliegen Asylbewerber keinerlei Aufenthaltsbeschränkung. Sie können ihren Aufenthaltsort frei im ganzen Land wählen[845], wobei sich allerdings ein Großteil der Asylbewerber Schätzungen zufolge in Rom aufhält.[846] Allerdings besteht die Verpflichtung, jeden Wohnortwechsel innerhalb von zwei Tagen den zuständigen Behörden mitzuteilen.[847]

4. Richtlinienkonformität der nationalen Bestimmungen

a. Deutschland

Art. 7 erlaubt den Mitgliedstaaten in vielfältiger Hinsicht, Asylbewerbern räumliche Beschränkungen aufzuerlegen. All die darauf basierenden Maßnahmen sind in Deutschland gesetzlich normiert und werden in der Praxis vollzogen. In Anbetracht des räumlichen Umfangs des Zuständigkeitsbereichs der Ausländerbehörde, innerhalb dessen der Asylbewerber sich frei bewegen darf (eine größere Stadt oder ein Landkreis), wird die unveräußerliche Privatsphäre des Asylbewerbers nicht beeinträchtigt.[848] Zudem kann der zugewiesene Aufenthaltsbereich

---

842 UNHCR, Portugal, S. 138; DRC, Portugal, S. 14; Rückschluß aus Art. 59 des port. AsylG, wonach die soziale Unterstützung verweigert werden kann, wenn ein Wohnsitzwechsel nicht gemeldet wird.

843 Zwar sieht Art. 2 Abs. 8 des präsidialen Erlasses 61/1999 vor, daß Asylbewerber sich an dem Wohnort aufhalten müssen, den sie von den Behörden zugewiesen bekommen. In der Praxis wird dies jedoch nicht beachtet, so daß Freizügigkeit besteht, Auskunft von Herrn Prof. ACHILLES SKORDAS, Universität Athen am 01.10.2001.

844 UNHCR, Greece, S. 104. In dem Fall, daß dem Asylbewerber ein Platz im Lavrio Aufnahmezentrum zugewiesen wurde, muß vor dem Verlassen des Aufnahmezentrums eine Genehmigung eingeholt werden, UNHCR, Greece, S. 104.

845 UNHCR, Italy, S. 116.

846 EFIONAYI-MÄDER, Italien, S. 77. Danach halten sich etwas 45 % bis 70 % aller Flüchtlingen in der italienischen Hauptstadt auf, da dort das Fehlen von Aufnahmestrukturen durch den Einsatz von Hilfsorganisationen teilweise aufgefangen wird.

847 Information des „Programma Nazionale Asilo".

848 BVerfG, Beschluß des Zweiten Senats vom 10.04.1997 -2 BvL 49/92-, DVBl 1997, S. 895 f.

unter bestimmten Voraussetzungen auch verlassen werden. Die Bestimmung eines Wohnsitzes steht in Einklang mit Art. 7. Somit sind die deutschen Bestimmungen mit der Richtlinienbestimmung konform, so daß Deutschland seine derzeitigen Regelungen unverändert beibehalten kann.

b. Spanien

In Spanien besteht grundsätzlich Freizügigkeit für Asylbewerber auf dem gesamten Territorium. Die Einschränkungen, die nach Art. 14 Erlaß Nr. 203 zum span AsylG bestehen, stehen in Einklang mit der Richtlinienbestimmung.

c. Österreich

Die wenigen Einschränkungen, die es in Österreich im Hinblick auf die Freizügigkeit gibt, stehen ebenfalls in Einklang mit der Art. 7. Die Zuweisung zu einem Ort, an welchem die Bundesbetreuung gewährt wird, steht in Einklang mit der Richtlinienbestimmung.

5. *Bewertung*

Obwohl es völkerrechtskonform ist, präventiv den Aufenthalt auf einen Teilbereich, welcher die in Art. 7 genannten Voraussetzungen erfüllen muß, zu beschränken, erscheint es zweifelhaft, ob dieser Art der Einschränkung der Bewegungsfreiheit von Asylbewerbern zuzustimmen ist.[849]

Es scheint, als habe sich Deutschland bei der inhaltlichen Ausgestaltung von Art. 7 durchgesetzt. In keinem anderen Mitgliedsstaat sind die Beschränkungen der Freizügigkeit derzeit so streng und mit der Wohnsitzbestimmung gekoppelt wie in Deutschland. Lediglich das Vereinigte Königreich scheint ähnliche restriktive Regelungen auf den Weg zu bringen.

Fast alle Mitgliedstaaten kennen die Zuweisung zu einem Wohnsitz sowie die Pflicht, Adressenänderungen mitzuteilen beziehungsweise sich im Falle einer Unterbringung in einem Aufnahmezentrum dort an- und abzumelden. In einigen Mitgliedstaaten ist die Erfüllung dieser Meldepflichten auch von der Gewährung sozialer Leistungen abhängig. Auf diese Art und Weise wird erreicht, daß die Behörden Kenntnis vom Aufenthaltsort des Asylbewerbers haben. Den Asylbewerbern wird durch die Koppelung an die sozialen Leistungen ein Anreiz gegeben, diese Regelungen zu befolgen.

---

[849] Daran ändert auch die Tatsache nichts, daß die Aufenthaltsbeschränkung auf einen Teilbereich des Hoheitsgebietes nicht ausnahmslos sein darf, um nicht gegen die Menschenwürde zu verstoßen. Vielmehr muß es Ausnahmen geben, welche den persönlichen Belangen des Asylbewerbers ausreichend Rechnung tragen.

Insofern werden in allen Mitgliedstaaten - bis auf Deutschland und künftig auch das Vereinigte Königreich - mildere Mittel eingesetzt, um die Interessen der Aufnahmestaaten an einer Beschleunigung des Verfahrens und schnelleren Kontaktaufnahme zu wahren. Es erscheint unverhältnismäßig, aus generalpräventiven Überlegungen heraus die Bewegungsfreiheit auf ein Teilgebiet zu beschränken, denn dies hat - selbst wenn zahlreiche Ausnahmen existieren - Auswirkungen auf die persönliche Lebensgestaltung.
Eine uneingeschränkte Bewegungsfreiheit sollte allerdings nur im Rahmen des regulären Verfahrens gelten. Dies ist damit zu begründen, daß bei Asylbewerbern im regulären Verfahren die Wahrscheinlichkeit einer Asylgewährung höher ist und das Verfahren länger dauert als ein Zulässigkeitsverfahren.[850] Zudem muß den Mitgliedstaaten die Möglichkeit verbleiben, die Bewegungsfreiheit von Asylbewerbern auf einen bestimmten Bereich ihres Hoheitsgebietes zu beschränken, wenn dies zur Bearbeitung der Asylanträge oder aus Gründen der öffentlichen Sicherheit unerläßlich erscheint.[851]

IV. Familieneinheit

1. Art. 8 der Richtlinie

Nach Art. 8 der Richtlinie treffen die Mitgliedstaaten die erforderlichen Maßnahmen, um die Einheit der sich im Hoheitsgebiet aufhaltenden Familien so weit wie möglich zu wahren, wenn den Asylbewerbern von dem betreffenden Mitgliedstaat Unterkunft gewährt wird. Diese Maßnahmen kommen mit der Zustimmung der Asylbewerber zur Anwendung.

2. Völkerrechtskonformität

Der Begriff der Familie umfaßt nach Art. 2 d) Familienangehörige, die sich im Zusammenhang mit dem Asylantrag in demselben Mitgliedstaat aufhalten, sofern die Familie bereits im Herkunftsland bestanden hat. Als Familienangehörige zählt gemäß Art. 2 d i) der Ehegatte des Asylbewerbers oder dessen nicht verheirateter Partner, der mit dem Asylbewerber eine dauerhafte Beziehung führt. Letztgenannte gelten allerdings nur insoweit als Familienangehörige, als daß in den Rechtsvorschriften oder nach der Praxis des betreffenden Mitgliedstaates

---

[850] ECRE hingegen plädiert für eine generelle Freizügigkeit im Aufnahmeland, ECRE, Comments, S. 5.

[851] UNHCR schlägt dies in ähnlicher Form vor, verlangt allerdings strengere Auswahlkriterien, welche die Mitgliedstaaten bei der Auswahl des Ortes zu beachten haben, UNHCR, Stellungsnahme, S. 5.
Auch das Europäische Parlament lehnt eine generalpräventive Einschränkung der Bewegungsfreiheit ab, Europäisches Parlament, Bericht, S. 25.

nicht verheiratete Paare ausländerrechtlich wie verheiratete Paare behandelt werden. Weitere Familienangehörige i.S.d. Art. Art. 2 d ii) sind minderjährigen Kinder des unter Ziff. i) genannten Paares oder des Asylbewerbers, soweit diese ledig und unterhaltspflichtig sind. Irrelevant ist es, ob es sich bei den Kindern um eheliche oder außerehelich geborene oder um im Sinne des nationalen Rechts adoptierte Kinder handelt.[852]
Die Einheit der Familie wird in zahlreichen völkerrechtlichen Abkommen geschützt. An erster Stelle ist Art. 8 Abs. 1 EMRK zu nennen. Art. 17 Abs. 1 IPBPR verbietet zudem willkürliche oder rechtswidrige Eingriffe in die Familie. Zudem schützen Art. 23 Abs. 1 IPBPR und Art. 10 Abs. 1 IPWSKR die Familie als natürliche Kernzelle der Gesellschaft. Ferner sind Art. 9 und 18 KRK von Relevanz.

a. Art. 8 EMRK

Nach Art. 8 Abs. 1 EMRK hat jede Person das Recht auf die Achtung ihres Familienlebens. Der Begriff des Familienlebens wird in der Konvention nicht definiert. Vielmehr wird der Kreis der geschützten Personen bzw. der Umfang der in den Schutzbereich fallenden familiären Beziehungen durch die Konventionsorgane autonom ausgelegt.[853] Die Konventionsorgane haben den Begriff des Familienlebens sehr umfassend bestimmt.[854] Es wird nicht nur die Beziehung minderjähriger Kinder und Eltern sowie die Beziehung im Rahmen der Ehe, die sogenannte Kernfamilie, erfaßt. Familienleben umfaßt das erweiterte Familienleben, soweit eine genügend nahe, echte und tatsächlich gelebte Beziehung, das erweiterte Familienleben, wie zum Beispiel die Beziehung zwischen Großeltern und ihren Enkeln.[855] Der Schutz von Art. 8 Abs. 1 EMRK beschränkt sich nicht auf "legitime" Familien, sondern erfaßt auch die Beziehung der Eltern zu nichtehelichen Kindern.[856]

---

[852] Nach dem Kommissionsvorschlag waren auch „sonstige Mitglieder der Familie, sofern sie gegenüber dem Asylbewerber unterhaltsberechtigt sind, besonders schwere Traumata erlebt haben oder eine spezielle medizinische Behandlung benötigen", erfaßt, vgl. Art. 2 d), iii), Kommissionsvorschlag vom 31.07.2001, C 213 E/286.

[853] VAN DIJK/VAN HOOF, European Convention, S. 504; VELU/ERGEC, La Convention, S. 549. Autonome Auslegung bedeutet, daß die im Wortlaut der EMRK und ihren Protokollen enthaltenen unbestimmten Rechtsbegriffe von den Konventionsorganen unabhängig von der Bedeutung, welche ihnen im innerstaatlichen Recht zukommt, ausgelegt werden. Dies führt zu einer Schaffung eines europäischen Mindeststandards der Grundrechte, was Ziel der Konvention ist.

[854] CARONI, Privat- und Familienrecht, S. 23, PALM-RISSE, Schutz, S. 210.

[855] EGMR, *Marckx gegen Belgien*, Serie A, Nr. 32, Ziff. 45, WILDHABER/BREITENMOSER, in: IntKomm EMRK, Art. 8, Rn. 343.

[856] FROWEIN/PEUKERT, EMRK, S. 347; WILDHABER/BREITENMOSER, in: IntKomm EMRK, Art. 8, Rn. 341.

Zudem wird nicht das de jure bestehende, sondern das de facto gelebte Familienleben geschützt.[857] Folglich fallen familiäre Beziehungen nur dann in den Schutzbereich, wenn eine genügend nahe, echte und tatsächliche Beziehung zwischen den Familienmitgliedern besteht.[858] Die Anforderungen an den Nachweis daran hängen allerdings von der Natur der in Frage stehenden familiären Beziehung ab. So wird bei der Kernfamilie das Bestehen einer genügend nahen, echten und tatsächlichen Beziehung in der Regel vermutet.[859] Bei Beziehungen des erweiterten Familienlebens ist grundsätzlich der Nachweis zu führen, daß eine Beziehung besteht, die über die normalen, gefühlsmäßigen familiären Banden hinausgeht.[860]

Auf der inhaltlichen Ebene schützt Art. 8 Abs. 1 EMRK als wichtigsten Aspekt der familiären Beziehungen das Zusammenleben der Familienangehörigen. Die normale Entwicklung des Familienlebens und der familiären Beziehungen darf nicht gestört werden.[861] Fraglich ist damit, wie es zu bewerten ist, daß die Gemeinschaft von einem wesentlich engeren Familienbegriff ausgeht und folglich auch nur Familien im Sinne der Richtlinie das Zusammenleben ermöglicht, soweit eine Verpflichtung in einem Aufnahemzentrum zu leben besteht.

Grundsätzlich sind die Staaten positiv verpflichtet, das Familienleben zu achten, indem sie angemessene Maßnahmen zur Sicherung des Zusammenlebens von Familienangehörigen treffen. Gemäß Art. 8 besteht diese Verpflichtung nur hinsichtlich der Familien, welche unter die Definition der Richtlinie fallen. Fraglich ist, ob nicht eine positive Verpflichtung besteht, den Familienbegriff zu erweitern.

Die Prüfung einer positiven Verpflichtung umfaßt lediglich eine Phase.[862] Auch im Rahmen dieser einphasigen Prüfung werden Elemente der Rechtfertigungsprüfung übernommen.[863] Bei der Abwägung der sich gegenüberstehenden Interessen kommt den Staaten ein gewisser Beurteilungsspielraum zu. Er wird bei ausländerrechtlichen Maßnahmen großzügiger bemessen, um dem Umstand

---

857 B 5302/71, *X. und Y. gegen Vereinigtes Königreich*, CD 44, 47; HARRIS/O'BOYLE/WARBRICK, ECHR, S. 313, VAN DIJK/VAN HOOF, European Convention, S. 504; VELU/ERGEC, La Convention, S. 550 f.

858 VAN DIJK/VAN HOOF, European Convention, S. 506; VELU/ERGEC, La Convention, S. 549 f.; WILDHABER/BREITENMOSER, in: IntKomm EMRK, Art. 8, Rn. 343.

859 HARRIS/O'BOYLE/WARBRICK, ECHR, S. 313 ff., VAN DIJK/VAN HOOF, European Convention, S. 506 f.

860 FROWEIN/PEUKERT, EMRK, S. 348;VAN DIJK/VAN HOOF, European Convention, S. 507.

861 CARONI, Privat- und Familienrecht, S. 36; PALM-RISSE, Schutz, S. 263; WILDHABER/BREITENMOSER, in: IntKomm EMRK, Art. 8 Rn. 145.

862 Siehe CARONI, Privat- und Familienrecht, S. 52. Im Unterschied dazu wird bei der Prüfung der Rechtfertigung eines aktiven Eingriffs zunächst das Vorliegen des Schutzbereiches überprüft, um dann in einem zweiten Schritt die Rechtfertigung des Eingriffs zu untersuchen.

863 VILLIGER, Handbuch EMRK, Vorb. Art. 8-11, Rn. 544.

Rechnung zu tragen, daß die Staaten über die Einreise, den Aufenthalt und den Verbleib auf nationalem Territorium grundsätzlich souverän entscheiden.[864]
Im Rahmen der Verhältnismäßigkeitprüfung, das heißt bei der Prüfung, ob eine Maßnahme geeignet, erforderlich und in einem angemessenem Verhältnis zum angestrebten Ziel steht, kommt den in Art. 8 Abs. 2 EMRK[865] genannten zulässigen Eingriffszwecken eine gewisse Bedeutung zu. Die Konventionsorgange präzisieren allerdings oft nicht, welches der in Art. 8 Abs. EMRK genannten Ziele gemeint ist und sprechen ganz generell von einem „öffentlichen Interesse".[866]
Mit der Beschränkung auf die Kernfamilie, der Einschränkungen, daß die Familie schon im Herkunftsland bestanden haben muß und sich im selben Mitgliedstaat aufhalten muß, verfolgt die Gemeinschaft das Ziel, Asylverfahren ohne einen zusätzlichen Verwaltungs- und Organisationsaufwand durchzuführen. Die zügige Durchführung des Verfahrens steht im Vordergrund. Die genannten Beschränkungen sind geeignet und auch erforderlich, dieses Ziel zu erreichen. Die Frage, ob nun eine positive Verpflichtung besteht, die Wahrung beziehungsweise Herbeiführung der Familieneinheit auf weitere Familienmitglieder auszudehnen, bestimmt sich aufgrund einer Verhältnismäßigkeitsprüfung im eigentlichen Sinne.[867] Damit ist zu prüfen, ob die durch das staatliche „Unterlassen" bewirkte Beeinträchtigung des Familienlebens in einem angemessenem Verhältnis zu den staatlichen Interessen und den dahinterstehenden Zwecken steht.[868] Der Aufenthalt und die Unterbringung sind primär durch den Zweck geprägt, das Asylverfahren schnell abzuschließen. Dieser Zweck liegt im öffentlichen Interesse der Mitgliedstaaten. Die Beachtung oder Herstellung der Familieneinheit sind dagegen aus Sicht der Aufnahmestaaten nur subsidiär relevant.
Einer Erweiterung des Familienbegriffs steht zudem der Schutz des wirtschaftlichen Wohles entgegen, da die Herstellung der Familieneinheit über die Kernfamilie hinaus beziehungsweise eine Familienzusammenführung zusätzliche Kosten verursacht. Das Recht auf Familieneinheit des Asylbewerbers muß aufgrund

---

864 CARONI, Privat- und Familienrecht; S. 48, 57; siehe auch EGMR, *Abdulaziz, Cabales und Balkandali gegen Vereinigtes Königreich,* Serie A, Nr. 94, Ziff. 67; KÄLIN, Bedeutung der EMRK, S. 53; VILLIGER, Handbuch EMRK, Rn. 580

865 Danach sind Eingriffe in das Familienleben gestattet, soweit sie gesetzlich vorgesehen sind und Maßnahmen, „die in einer demokratischen Gesellschaft für die nationale Sicherheit, die öffentliche Ruhe und Ordnung, das wirtschaftliche Wohl des Landes, die Verteidigung der Ordnung und zur Verhinderung von strafbaren Handlungen, zum Schutz der Gesundheit und der Moral oder zum Schutz der Rechte und Freiheiten der anderen notwendig" sind.

866 Siehe CARONI, Privat- und Familienrecht, S. 53, insbesonder Fn. 216 mit Rechtssprechungsnachweisen.

867 Dabei geht es nicht wie bei Art. 8 Abs. 2 um eine Interessenabwägung, sondern vielmehr um die Bestimmung des Inhaltes des Rechts auf Achtung des Familienlebens, siehe CARONI, Privat- und Familienrecht, S. 53, Rn. 213.

868 SUDRE, RTDH 1995, S. 379.

seines in der Regel nur kurzen Aufenthaltes sowie den Interessen der Vertragsstaaten an einem zügigen Asylverfahren in gewissem Umfang zurücktreten. Da es zudem das souveräne Recht der Mitgliedsstaaten ist, über die Einreise und auch den Aufenthalt von Asylbewerbern zu entscheiden, erscheint die Beschränkung auf die Kernfamilie als angemessen.
Etwas anderes kann allerdings gelten, wenn sich das Asylverfahren, ohne daß dies dem Asylbewerber zuzurechnen ist, in die Länge zieht und dieser weiterhin verpflichtet ist, in einem Aufnahezentrum zu leben. In einem solchen Fall bietet die zügige Durchführung des Asylverfahrens keine geeignete Argumentationsgrundlage mehr und die gemeinsame Unterbringung ist auf weitere Familienmitglieder auszudehnen.

b. Art. 17, 23 IPBPR, Art. 10 IPWSKR, Art. 9, 18, 16 KRK

Art. 17 Abs. 1 IPBPR verbietet willkürliche oder rechtswidrige Eingriffe in das Privatleben und in die Familie. Auch im Rahmen des IPBPR wird der Familienbegriff weit bestimmt.[869] Als Schrankenbestimmung bestimmt Abs. 2 im Unterschied zu Art. 8 Abs. 2 EMRK lediglich, daß „jedermann Anspruch auf Schutz gegen solche Eingriffe oder Beeinträchtigungen hat." Die Schranke der Rechtswidrigkeit bedeutet, daß Eingriffe nur aufgrund eines Gesetzes erfolgen dürfen, das mit den Bestimmungen, Zwecken und Zielen des Paktes vereinbar ist.[870] Willkür ist dann zu bejahen, wenn ein vom Gesetz vorgesehener Eingriff mit den Bestimmungen, Zwecken und Zielen des Paktes nicht übereinstimmt oder als Ganzes unverhältnismäßig ist.[871] Vorliegend ist schon kein Eingriff zu bejahen, denn Art. 8 definiert lediglich, bei welchen Familienkonstellationen die Einheit der Familie gewahrt oder hergestellt werden soll.[872] Eine positive Verpflichtung aus Art. 17 Abs. 1 IPBPR, den Familienbegriff zu erweitern, ist aus den gleichen Gründen abzulehnen wie im Rahmen der EMRK.
Art. 23 Abs. 1 IPBPR bestimmt, daß „die Familie die natürliche Kernzelle der Gesellschaft ist und Anspruch auf Schutz durch Gesellschaft und Staat hat". Die Vorschrift legt den Vertragsstaaten die Pflicht auf, die Insitiute der Ehe und Familie zu schützen.[873] Auch diese Bestimmung geht von einem weiten Familien-

---

869 Der Familienbegriff bestimmt sich vor dem Hintergrund der gesellschaftlichen, kulturellen, rechtlichen und religiösen Gegebenheiten des jeweiligen Staates, NOWAK, CCPR, S. 405.

870 Allgemeine Bemerkung des Menschenrechtsausschusses Nr. 16 [32], zitiert nach KÄLIN/MALINVERNI/NOWAK, Die UNO-Menschenrechtspakete, S. 378.

871 ACHERMANN/CARONI/KÄLIN, in: KÄLIN/MALINVERNI/NOWAK (Hrsg.), Die UNO-Menschenrechtspakete, S. 139; NOWAK, CCPR, S. 201

872 Selbst wenn man einen Eingriff annehmen würde, dann ist Art. 8 eine ausreichende gesetzliche Grundlage und der Eingriff aufgrund des Gesetzes nicht willkürlich.

873 ACHERMANN/CARONI/KÄLIN, in: KÄLIN/MALINVERNI/NOWAK (Hrsg.), Die UNO-Menschenrechtspakete, S. 202.

begriff aus.[874] Nach Art. 10 Abs. 1 IPWSKR erkennen die Vertragsstaaten ebenfalls an, daß die Familie als natürliche Kernzelle der Gesellschaft größtmöglichen Schutz und Beistand genießen soll, insbesondere im Hinblick auf ihre Gründung. Beiden Bestimmungen kann allerdings nicht die Forderung entnommen werden, die Wahrung und Herstellung der Familieneinheit im Rahmen eines Asylverfahrens über die Kernfamilie hinaus zu realisieren.
Weiterhin ist noch auf Art. 9 Abs. 1 KRK einzugehen, der bestimmt, daß ein Kind nicht gegen seinen Willen von seinen Eltern getrennt werden darf, es sei denn, die zuständigen Behörden bestimmen in einem gerichtlich nachprüfbaren Verfahren, daß die Trennung zum Wohl des Kindes erforderlich ist. Zudem wird die Einheit der Familie durch Art. 18 Abs. 1 KRK geschützt, der die Vertragsstaaten verpflichtet, sich zu bemühen, den Grundsatz der Verantwortlichkeit beider Elternteile für die Erziehung und Entwicklung des Kindes sicherzustellen. Art. 8 steht in Einklang mit beiden Vorschriften, da Kinder, unabhängig davon, ob sie ehelich, unehelich oder adoptiert sind, immer mit ihren Eltern untergebracht werden sollen.
Schließlich ist noch Art. 16 Abs. 1 KRK zu erwähnen, wonach Kinder keinen willkürlichen oder rechtswidrigen Eingriff unter anderem in ihr Privatleben und ihre Familie ausgesetzt werden dürfen. Die Bestimmung ist eng an Art. 17 Abs. 1 IPBPR angelehnt. Die Begriffe „rechtswidrig" und „willkürlich" können entsprechend ausgelegt werden.[875] Art. 8 trägt Art. 16 KRK ausreichend Rechnung, indem er bestimmt, daß Kinder grundsätzlich mit ihren Eltern gemeinsam unterzubringen sind.
Damit ist als Ergebnis festzuhalten, daß Art. 8 völkerrechtskonform ist.

3. *Die nationalen Bestimmungen und die Praxis in den Mitgliedstaaten*

a. Deutschland

Endet die Verpflichtung des Aufenthaltes in einer Aufnahmeeinrichtung zu wohnen, bestimmt § 53 Abs. 1, S. 1 AsylVfG als Sollanordnung, Asylbewerber in Gemeinschaftsunterkünften unterzubringen. § 50 Abs. 4, S. 5 AsylVfG schreibt bei der landesinternen Verteilung in die Gemeinschaftsunterkünfte die Berücksichtigung der Kernfamilie vor.[876] So ist bei der Zuweisung, die Haushaltsgemeinschaft von Ehegatten und ihren Kindern unter 18 Jahren zwingend

874 KÜNZLI/KÄLIN, in: KÄLIN/MALINVERNI/NOWAK (Hrsg.), Die UNO-Menschenrechtspakete, S. 139.
875 CARONI, Privat- und Familienrecht, S. 78.
876 Vgl. zu der Berücksichtigung der Familieneinheit während des Aufenthaltes in einer Aufnahmeeinrichtung, MARX, Asylverfahrensgesetz, § 47, Rn. 8; KANEIN/RENNER, Ausländerrecht § 47, Rn. 4; KOHL, in: GK-AsylVfG 1992, § 47, Rn. 5.

zu berücksichtigen.[877] Soweit dies dem Willen der Familienangehörigen enspricht, wird die Kernfamilie und ähnlichen Gemeinschaften berücksichtigt.[878] Familienangehörigen, die selbst keine Asylbewerber sind und sich in Deutschland aufhalten, wird in der Regel zugemutet, dem Teil der Familie zu folgen, der an einen bestimmten Ort zugewiesen wird.[879]

§ 51 Abs. 1 AsylVfG regelt die landesübergreifende Verteilung. Grundsätzlich sollten Asylbewerber landesintern verteilt werden.[880] Sprechen allerdings familiäre oder besondere humanitäre Belange für eine länderübergreifende Verteilung, so ist einer solchen auf Antrag des Asylbewerbers stattzugeben (Abs. 2). Danach ist der Familieneinheit der Haushaltsgemeinschaft von Ehegatten, Eltern und ihren minderjährigen Kindern (Kinder unter 18 Jahren[881]) durch länderübergreifende Verteilung Rechnung zu tragen.[882]

b. Spanien

In Spanien wird nur ein Teil der Asylbewerber in Aufnahmezentren untergebracht.[883] Bei einer Unterbringung in einem Aufnahmezentrum wird darauf geachtet, daß Familien gemeinsam untergebracht werden.[884] Das spanische AsylG sowie der dazugehörige Erlaß Nr. 203 erwähnen die Familieneinheit nicht. Allerdings wird ihre Beachtung in Art. 16 Abs. 1 des span. AusländerG ausdrücklich normiert.[885] Problematisch ist allerdings, daß in der Vorschrift nur auf Ausländer Bezug genommen wird, die in Spanien ansässig sind.[886] Das Recht auf

---

877 MARX, Asylverfahrensgesetz, § 50, Rn. 38,: RENNER, Ausländerrecht § 50, Rn. 23; Allerdings besteht kein Anspruch des Asylbewerbers auf das Zusammenleben. Dem Wunsch ist allerdings stattzugeben, wenn nicht öffentliche Interessen diesem entgegenstehen, DERS. Rn. 24; HAILBRONNER geht davon aus, daß eine im Rahmen der Fluchtsituation entstandene Aufhebung der Familiengemeinschaft nicht durch die landesinterne Verteilung wieder korrigiert werden muß, vgl. HAILBRONNER, Ausländerrecht, Ordner 3, § 50 AsylVfG, Rn. 22.

878 MARX, Asylverfahrensgesetz, § 50, Rn. 38.

879 Dabei wird es allerdings auf den Einzelfall ankommen, denn wenn die Familienangehörigen bereits über einen gesicherten Aufenthaltsstatus verfügen, dann ist dies unter Umständen bei der Zuweisung zu berücksichtigen, vgl. MARX, Asylverfahrensgesetz, § 50, Rn. 40 f. mit Rechtsprechungsnachweisen.

880 RENNER, Ausländerecht, § 51, Rn. 2.

881 HAILBRONNER, in: HAILBRONNER (Hrsg.), Ausländerrecht, Ordner 3, § 51, Rn. 8.

882 Siehe im einzelnen zu der Vorschrift HAILBRONNER, Ausländerrecht, Ordner 3, § 51 AsylVfG, Rn. 7 ff.; RENNER, Ausländerrecht, § 51, Rn. 4; THÜRMER, in: GK-AsylVfG 1992, § 51, Rn. 4.

883 Siehe dazu unten, Zweiter Teil, E, XI, 3 b.

884 EFIONAYI-MÄDER, Espange, S. 48.

885 Art. 16 Abs.1 lautet: „Los extranjeros residentes tienen derecho a la vida en familia y a la intimidad familiares en la forma prevista en esta Ley Orgánica y de acuerdo con lo dispuesto en los Tratados internatcionales suscritos por Espana.“

886 Diese Ausländer haben eine umfangreichere Aufenthaltsgenehmigung als Asylbewerber,

Familieneinheit ist jedoch ein fundamentales Recht eines jeden Menschen. Diese Einschränkung scheint ein Irrtum des Gesetzgebers gewesen zu sein.[887]

c. Österreich

In Österreich wird bei Asylbewerbern, die unter die Bundesbetreuung fallen, nach Möglichkeit gemäß § 2 Abs. 3 des BbetrG sowie § 5 Abs. 1 der BbetrVO bei der Unterbringung auf Familienbindungen Rücksicht genommen. Auch UNHCR berichtet, daß Familien grundsätzlich zusammen untergebracht werden.[888]

d. Weitere Länder

aa. Belgien, Finnland, Luxemburg, Niederlande, Schweden, Vereinigtes Königreich

Da in *Belgien* Asylbewerber im regulären Verfahren nicht in Aufnahmezentren untergebracht sind, sondern mit Hilfe von CPAS eine Unterkunft suchen, stellt sich die Frage der gemeinsamen Unterbringung in Belgien im regulären Verfahren nicht.[889]

In *Finnland* wird die Mehrzahl der Asylbewerber in Unterbringungszentren untergebracht. Familien wohnen grundsätzlich zusammen in einem Raum.[890] Zwar haben Asylbewerber keine Einflußmöglichkeit darauf, in welchen Zentrum sie untergebracht werden, doch wird bei der Zuweisung auf familiäre Bindungen geachtet.[891]

Grundsätzlich werden in *Luxemburg* Familien zusammen untergebracht, es kann allerdings auch vorkommen, daß Männer getrennt von ihren Familien untergebracht werden.[892] Ganz allgemein wird die Familienzusammenführung gesetzlich als Ziel definiert.[893]

In den *Niederlanden* werden Familienmitglieder, die in verschiedenen Gemeinschaftsunterkünften wohnen, auf Wunsch zusammen untergebracht.[894]

In *Schweden* wohnen nur circa 40 % der Asylbewerber in Gemeinschaftsunterkünften. Der Rest lebt entweder bei Freunden oder Verwandten oder mietet pri-

---

siehe Art. 40 ff. span AusländerG.

887 GORTÁZAR, EJML 2002, S. 1, (11, Fn. 37).

888 UNHCR, Austria, S. 43.

889 UNHCR, Belgium , S. 49. Zur Unterbringung siehe unten, Zweiter Teil, E, XI, 3 d.

890 PLS RAMBOLL, Finland, S. 22.

891 PLS RAMBOLL, Finland, S. 23.

892 DRC, Luxembourg, S. 12, PLS RAMBOLL, Luxembourg, S. 13.

893 Art. 1, 2 b lux. IntergrationsG.

894 UNHCR, The Netherlands, S. 132.

vat eine Unterkunft an.[895] Diejenigen Familien, welche in Gemeinschaftsunterkünften untergebracht werden, wohnen in der Regel zusammen.[896]
Im *Vereinigten Königreich* wird im Rahmen der Unterbringung die Einheit der Familie nicht in jedem Fall beachtet.[897]

bb. Frankreich, Portugal

In *Frankreich* wird nur eine relativ geringe Anzahl von Asylbewerbern in Aufnahmezentren untergebracht. Die Aufnahme hängt von sozialen Kriterien ab. Familien mit kleinen Kindern werden bevorzugt aufgenommen und grundsätzlich zusammen untergebracht.[898]
Aufgrund der Tatsache, daß in *Portugal* im regulären Verfahren die Mehrheit der Asylbewerber sich selbst um eine private Unterkunft kümmern muß, wird die Einheit der Familie in der Regel gewahrt werden können.

cc. Griechenland, Italien

In *Griechenland* besteht keine Norm, welche die Wahrung der Familieneinheit im Rahmen der Unterbringung festlegt.[899]
In *Italien* bestimmt Art. 28 Abs. 3 des Gesetzes Nr. 286, daß bei allen administrativen Verfahren die Einheit der Familie zu achten ist.

4. Richtlinienkonformität der nationalen Bestimmungen

a. Deutschland

In Deutschland werden bei der Zuweisung einer Unterkunft durch die landesinterne Verteilung die familiären Bindungen des Asylbewerbers berücksichtigt. Insbesondere kann auch eine länderübergreifende Verteilung stattfinden, wenn familiäre Bindungen dies erforderlich erscheinen lassen. Gemäß dem deutschen Recht besteht aufgrund von Art. 6 Abs. 1, 2 GG die Pflicht, die Haushaltgemeinschaft der Kernfamilie (Ehegatten und Kinder unter achtzehn Jahren) zu berücksichtigen.[900] Dies umfaßt auch nichteheliche Kinder und Adoptivkinder.[901] Die

---

895 PLS RAMBOLL, Sweden, S. 14.

896 DRC, Sweden. 11.

897 BRITISH REFUGEE COUNCIL, Comment, Nr. 16.

898 EFIONAYI-MÄDER, France, S. 56, PLS RAMBOLL, France, S. 21; sowie Rückschluß aus I, A des circulaire MES/DPM n°2000-170.

899 Es ist davon auszugehen, daß Familien in der Regel zusammen untergebracht werden, sofern sie überhaupt von staatlicher Seite eine Unterkunftsmöglichkeit erhalten, Information von Prof. SKORDAS auf dem AWR Kongreß 2002 am 01.10.2002.

900 MARX, Asylverfahrensgesetz, § 50, Rn. 38; RENNER, Ausländerrecht, § 50; Rn. 23.; ein-

Bestimmung der Richtlinie des bei der Unterbringung zu berücksichtigenden Personenkreises entspricht dem deutschen Recht im Hinblick auf Ehegatten und ihre minderjährigen Kinder. Allerdings kennt das deutsche Recht die Voraussetzung, daß diese unterhaltspflichtig sein müssen, nicht. Zudem müssen die Kinder nicht ledig sein, um im Rahmen der landesinternen Verteilung gemeinsam mit den Eltern untergebracht zu werden. Die Vorschrift wird analog auf alleinstehende Eltern mit ihren Kindern angewendet, so daß auch diesbezüglich den Vorgaben der Richtlinie entsprochen wird.[902] Ob auch eheähnliche Partnerschaften im deutschen Recht berücksichtigt werden, ist nicht ganz eindeutig. Dieser Frage ist allerdings nicht weiter nachzugehen, da die Richtlinie die gemeinsame Unterbringung dieses Personenkreises unter einen Vorbehalt stellt. Die Praxis, daß Familienangehörigen, die selbst keine Asylbewerber sind, grundsätzlich zugemutet wird, dem Asylbewerber an den zugewiesenen Ort zu folgen[903], steht mit Art. 8 in Einklang, da diese Praxis nicht die Verwirklichung der Familieneinheit verhindert.

Die Richtlinienbestimmung läßt den Mitgliedstaaten genügend Spielraum, gegebenenfalls die Familieneinheit auch unberücksichtigt zu lassen, wenn zum Beispiel gewichtige Interessen der öffentlichen Sicherheit entgegenstehen.[904] Damit ist festzustellen, daß das deutsche Recht der Richtlinienbestimmung entspricht.

b. Spanien

In Spanien fallen Asylbewerber nicht ohne Zweifel unter Art. 16 span. AusländerG, welches die Wahrung der Familieneinheit normiert. Um Art. 8 wirksam in spanisches Recht umzusetzten, erscheint es daher erforderlich, entweder eine entsprechende Vorschrift in das span. AsylG bzw. in den dazugehörige Erlaß Nr. 203/1995 zu integrieren oder aber die Beschränkung „residente“ (= ansässig) in Art. 16 Abs. des span. AusländerG aufzuheben.

---

schränkend HAILBRONNER, in: HAILBRONNER, Ausländerrecht, Ordner 3, § 50 AsylVfG; Rn. 22.

901 JARASS/PIEROTH, GG, Art. 6 GG, Rn. 4. Zur erst kürzlichen Anpassung an europäische Standards, HUBER, NVwZ 1998, S. 713 ff.

902 HAILBRONNER, in: HAILBRONNER, Ausländerrecht, § 50 AsylVfG; Rn. 21; MARX, Asylverfahrensgesetz, § 50, Rn. 38; RENNER, Ausländerrecht, § 50; Rn. 23.

903 Dies ist jedoch sehr vom Einzelfall abhängig. Verfügen die Familienmitglieder über einen gesicherten oder schon länger bestehenden Aufenthaltsstatus, wird ein Nachzug eher unzumutbar sein, vgl. dazu mit Nennung von Beispielen, MARX, Asylverfahrensgesetz, § 50, Rn. 40 f.; vgl. auch THÜRMER, in GK-AsylVfG, § 50, Rn. 23 ff.

904 Vgl. auch THÜRMER, in GK-AsylVfG, § 50, Rn. 23 ff.

c. Österreich

Bei der Zuweisung einer Unterkunft im Rahmen der Bundesbetreuung ist gemäß § 2 Abs. III BbetrG i.V.m. § 5 Abs. I BbetrVO auf familiäre Bindungen zu achten. Das Gesetz definiert nicht, was unter familiären Beziehungen zu verstehen ist. Allerdings ist eine richtlinienkonforme Auslegung des Begriffs möglich, so daß Art. 8 der Richtlinie keiner Umsetzung mehr in das nationale Recht bedarf. Die österreichischen Bestimmungen entsprechen damit bereits der europäischen Vorgabe.

5. *Bewertung*

Art. 8 ist positiv zu bewerten. Es ist insbesondere in Fluchtsituationen von großer Bedeutung, daß den familiären Bindungen Rechnung getragen wird. Die Mitgliedstaaten sind nur verpflichtet, die sogenannte Kernfamilie zu berücksichtigen und auch dies nur insoweit, als daß diese bereits im Herkunftsland bestanden hat und sie sich in demselben Mitgliedstaat aufhält. Damit ist der Kreis derer, die in den Genuß des Rechts auf Familieneinheit kommen müssen, sehr restriktiv bestimmt worden.[905] Das vordringliche Ziel der Staaten ist die zügige Durchführung des Asylverfahrens. Um dies zu erreichen, sollen zusätzliche bürokratische Verfahren vermieden werden und der organisatorische Aufwand gering gehalten werden. Beides wäre nicht der Fall, wenn die Familieneinheit auch bei weiteren Familienkonstellationen herzustellen wäre, beziehungsweise auch dann, wenn erst im Aufnahmeland eine Familie gegründet wird. Folglich erscheint eine Konzentrierung auf die Kernfamilie als angemessen. Dies gilt zumindest für alle Formen des beschleunigten Verfahrens. Im regulären Verfahren hingegen erscheint Art. 8 als zu eng gefaßt. Dabei ist darauf hinzuweisen, daß nur Asylbewerber in Ländern, in denen eine Wohnverpflichtung bis zum Ende des Verfahrens besteht, von Art. 8 betroffen sind; diejenigen, die grundsätzlich frei über ihre Unterbringung entscheiden können, haben die Möglichkeit, die Familieneinheit selbst herbeizuführen.
An dieser Stelle muß nun insofern vorgegriffen werden, als daß im Rahmen von Art. 14, der die Unterbringung von Asylbewerbern regelt, dafür plädiert wird, die Wohnverpflichtung im regulären Verfahren nach einem gewissen Zeitablauf aufzuheben, wie es im übrigen in den meisten Mitgliedstaaten der Fall ist. Damit würde der bei langer Dauer des regulären Verfahrens unverhältnismäßig erscheinende Art. 8 gegenstandslos, denn eine Herstellung der Familieneinheit in beliebiger Form ist dann grundsätzlich möglich. Bei entsprechender Änderung des Art. 14 kann Art. 8 somit unverändert bleiben.

---

905 Kritisch dazu, UNHCR, Stellungnahme, S. 5.

V. Medizinische Untersuchung

1. Art. 9 der Richtlinie

Nach Art. 9 können die Mitgliedstaaten die medizinische Untersuchung von Asylbewerbern aus Gründen der öffentlichen Gesundheit anordnen.

2. Völkerrechtskonformität

Keine der überprüften völkerrechtlichen Verträge kennt eine Norm, die sich explizit zu der Frage der Zulässigkeit verpflichtender medizinischer Untersuchung äußert.

a. Art. 8, 14 EMRK

Die Anordnung einer solchen Pflichtuntersuchung könnte allerdings den Schutz der Privatsphäre verletzen. Das Recht auf Achtung der Privatsphäre ist in Art. 8 Abs. 1 EMRK verankert.[906] Die Achtung des Privatlebens legt den Staaten nicht nur die Verpflichtung auf, Eingriffe in die Privatsphäre zu unterlassen, sondern überantwortet ihnen darüber hinaus auch bestimmte positive Verpflichtungen.[907] In erster Linie ist Art. 8 EMRK allerdings ein Abwehrrecht im Sinne des klassischen, defensiven Grundrechtsverständnisses.[908]
Um festzustellen, ob die medizinische Pflichtuntersuchung eine Verletzung des Art. 8 EMRK darstellt, ist zunächst zu klären, ob der Schutzbereich von Art. 8 Abs. 1 EMRK betroffen ist.
Der Schutzbereich der Norm wird durch die Menschenrechtskommission und den EGMR in kasuistischer Weise bestimmt.[909] Als in den Schutzbereich des Privatlebens fallender Lebenssachverhalt wurde vom EGMR die freie Verfügung über den eigenen Körper, welche die körperliche und psychische Integrität erfaßt, anerkannt.[910] Eine obligatorische medizinische Untersuchung fällt damit

---

906 Art. 8 EMRK lautet: 1. „Jedermann hat Anspruch auf Achtung seines Privat- und Familienlebens, seiner Wohnung und seines Briefverkehrs". 2. „Der Eingriff einer öffentlichen Behörde in die Ausübung dieses Rechts ist nur statthaft, insoweit dieser Eingriff gesetzlich vorgesehen ist und eine Maßnahme darstellt, die in einer demokratischen Gesellschaft für die nationale Sicherheit, die öffentliche Ruhe und Ordnung, das wirtschaftliche Wohl des Landes, die Verteidigung der Ordnung zur Verhinderung von strafbaren Handlungen, zum Schutz der Gesundheit und der Moral oder zum Schutz der Rechte und Freiheiten anderer notwendig ist".

907 FROHWEIN/PEUKERT, EMRK, Art. 8, Rn. 9.

908 HARRIS/O'BOYLE/WARBRICK, ECHR, S. 302.

909 WILDHABER/BREITENMOSER, in: IntKomm EMRK, Art. 8, Rn. 96 ff.

910 EGMR, *X und Y gegen die Niederlande*, Serie A, Nr. 91, Ziff. 22.

regelmäßig in den Schutzbereich der Norm.[911] Eine verpflichtende medizinische Behandlung, mag sie auch noch so leicht sein, stellt zudem immer einen Eingriff in das Privatleben dar.[912]
Allerdings wird das Recht auf Achtung des Privatlebens nicht absolut geschützt. Vielmehr ist eine Einschränkung hinsichtlich der Ausübung des Rechts auf Achtung des Privatlebens unter den in Art. 8 Abs. 2 EMRK genannten Voraussetzungen zulässig. Dafür muß der Eingriff zunächst gesetzlich vorgesehen sein. Art. 9 als Norm des Europarechts, erfüllt diese Voraussetzung.[913]
Art. 9 bestimmt, daß medizinische Untersuchungen nur zulässig sind, wenn Gründe der öffentlichen Gesundheit sie erforderlich machen. Gemäß Art. 8 Abs. 2 EMRK kann ein Eingriff gerechtfertigt sein, wenn er dem Schutz der Gesundheit und der Moral dient.
Die Zwangsuntersuchung könnte als eine Maßnahme zum Schutz der Gesundheit gerechtfertigt sein. Dabei dient der Schutz der Gesundheit nicht nur zur Rechtfertigung von Eingriffen zum Schutz und der Verbesserung der Gesundheit der Gesellschaft. Vielmehr zielt der Schutz der Gesundheit auch auf den Schutz und die Verbesserung der Gesundheit des Einzelnen ab.[914] Die medizinischen Untersuchung dient der Feststellung, ob eine infektiöse, ansteckende Krankheit vorliegt. Aus diesem Grund ist davon auszugehen, daß die Vorschrift, die nicht bestimmt, auf welche Krankheiten sich die Untersuchung erstrecken darf, auf die Untersuchung übertragbarer, gefährlicher Krankheiten abstellt.[915] Dies entspricht auch der Praxis der meisten Mitgliedstaaten.[916] Zu diesen Krankheiten zählt neben Hepatitis B vor allem Tuberkulose. Tuberkulose ist eine der weltweit akutesten Krankheiten und epidemisch in vielen der Länder verbreitet, aus denen ein großer Teil der Asylbewerber kommt. Somit ist die Wahrscheinlichkeit einer Erkrankung hoch. Asylbewerber gehören zur sogenannten „Risikogruppe".[917] Um die Gastgesellschaft vor der Ansteckung mit übertragbaren Krankheiten zu

---

911 VILLIGER, Handbuch EMRK, Art. 8, Rn. 556.

912 EKMR, E 10.12.1984, 10435/83, DR 18, 251 (Acmanne gegen Belgien); B 22398/93, (*R et al. gegen die Schweiz)*, unpublizierte KE (Zulässigkeitsentscheid der Kommission für Menschenrechte) vom 5.4.1995 betrifft obligatorische Schulzahnpflege. Hingegen wurden nicht verpflichtende Röntgenuntersuchungen oder Schutzimpfungen nicht als Eingriff gewertet.

913 HARRIS/O'BOYLE/WARBRICK, ECHR, S. 286, VILLIGER, Handbuch EMRK, Vorb. Art. 8 Rn. 545. A.A. VAN DIJK/VAN HOOF, European Convention, S. 767.

914 VELU/ERGEC, La Convention, S. 566 f.

915 So auch die amtliche Begründung der Kommission:"(...) Wie einige konsultierte NRO vertritt die Kommission auch die Meinung, daß zumindest Tuberkulose-Tests erforderlich sind, da dies eine ansteckende Krankheit ist, die am häufigsten bei in die Europäische Union einreisenden Drittstaatsangehörigen festgestellt wird", siehe KOM 2001/0091 (CNS).

916 Siehe dazu unten, S. 183 ff.

917 JOBBINS, in: NICHOLSON/TWOMEY (Hrsg.), Current Issues, S. 263, (264). Laut WHO sterben weltweit jährlich 2 Mio. Menschen an Tuberkulose, WHO Fact Sheet Nr. 104, April 2000.

schützen, erscheint eine obligatorische Untersuchung im Interesse der öffentlichen Gesundheit gerechtfertigt.[918] Zudem wird die Pflichtuntersuchung dadurch gerechtfertigt, daß andere in denselben Unterkünften wohnende Ausländer vor einer Ansteckung geschützt werden können. Im übrigen ist eine medizinische Weiterbehandlung der erkrankten Menschen nur dann möglich, wenn eine vorherige Untersuchung staatgefunden hat.
Für die Rechtfertigung des Eingriffs muß dieser das Kriterium der Notwendigkeit in einer demokratischen Gesellschaft als Ausdruck des Übermaßverbotes erfüllen.[919]
Ein Eingriff ist dann notwendig, wenn er einem dringenden sozialen Bedürfnis entspricht und im Hinblick auf den angestrebten Zweck verhältnismäßig ist.[920] Das Erfordernis des dringenden sozialen Bedürfnisses bedeutet, daß die Maßnahme zur Erreichung des Zwecks geeignet, erforderlich und verhältnismäßig sein muß.[921] Die Pflichtuntersuchung ist geeignet, den Gesundheitszustand des Asylbewerbers festzustellen. Sie ist auch erforderlich, denn eine Untersuchung - es wird sich in der Regel um eine Blutentnahme und Röntgenaufnahme handeln - stellt das mildeste Mittel dar, um den Gesundheitszustand festzustellen. Weiterhin muß die Untersuchung in einem angemessen Verhältnis zum verfolgten Ziel stehen.[922] Dies erfordert eine Abwägung der sich gegenüberstehenden privaten und öffentlichen Interessen. Bei dieser Abwägung kommt den Staaten ein gewisser Beurteilungsspielraum zu, der bei ausländerrechtlichen Maßnahmen, die in das Privatleben eingreifen, großzügiger bemessen wird.[923] In jedem Fall müssen aber bei der Untersuchung sichere Methoden angewendet werden.
Bei dem Verweis auf eine demokratische Gesellschaft handelt es sich vornehmlich um einen im Rahmen der Güterabwägung bedeutsamen Wertmaßstab.[924] Dieser Aspekt hat jedoch keinen Einfluß auf das gefundene Ergebnis.
Fraglich ist, ob eine verpflichtende Untersuchung gegen das in Art. 14 EMRK verankerte Diskriminierungsverbot verstößt, denn die eigenen Staatsangehörigen sowie Ausländer mit einem „sichereren Status" werden grundsätzlich nicht verpflichtet, sich bei Einreise in einen Mitgliedstaat der Union einer medizinischen

918 Siehe auch Urteil des Schweizerisches Bundesgericht Lausanne vom 26.11.1992, abgedruckt in EuGRZ 1994, S. 62, (65).

919 FROWEIN/PREUKERT, Kommentar EMRK, S. 336.

920 CARONI, Privat- und Familienrecht, S. 46 ff.; FROWEIN/PREUKERT, Kommentar EMRK, S. 334 ff.; HARRIS/O'BOYLE/WARBRICK, ECHR, S. 344 ff.

921 CARONI, Privat- und Familienrecht, S. 46 ff.; WILDHABER/BREITENMOSER, in: IntKomm EMRK, Art. 8, Rn. 715 f., 722.

922 Zum Erfordernis der Verhältnismäßigkeit, CARONI, Privat- und Familienrecht, S. 48 f. m.w.N.

923 CARONI, Privat- und Familienrecht; S. 48, 57.

924 WILDHABER/BREITENMOSER, in: IntKomm EMRK, Art. 8, Rn. 723 f. Der Begriff der demokratischen Gesellschaft verweist auf das Bestehen bestimmter inhaltlicher Grundwerte einer Gesellschaft. Solch eine Gesellschaft zeichnet sich zum Beispiel durch den Minderheitenschutz aus, CARONI, Privat- und Familienrecht, S. 50.

Untersuchung zu unterziehen. Zwar liegt insofern eine Ungleichbehandlung vor, indem die Maßnahme zwischen Personengruppen, die vergleichbar sind, unterscheidet. Dennoch beruht die Unterscheidung, wie bereits erläutert, auf objektiven und angemessenen Rechtfertigungsgründen und steht daher in einem angemessenem Verhältnis zum Ziel.
Fraglich ist schließlich noch, ob ein verpflichtender HIV-Test auch mit dem Schutz der Gesundheit der Gesellschaft bzw. des Einzelnen zu rechtfertigen ist. Problematisch ist, daß im Falle einer Erkrankung das Risiko einer indirekten Verletzung der Menschenrechte aufgrund diskriminierender Konsequenzen für den Infizierten sehr hoch ist. Selbst wenn ein Pflichttest unter Hinweis auf den Schutz der Gesundheit bejaht werden könnte, stellt sich die Frage, ob hier nicht eine Diskriminierung nach Art. 14 EMRK vorliegt. Da Asylbewerber keine sogenannte „Risikogruppe" für die Ansteckung mit AIDS Viren sind, besteht kein objektiver und angemessener Rechtfertigungsgrund für die Durchführung eines zwingenden HIV-Tests.[925] Zudem ist die Ansteckungsgefahr nicht vergleichbar mir konventionellen Infektionskrankheiten wie zum Beispiel Tuberkulose. Somit ist die Durchführung eines HIV-Tests ohne die Zustimmung des Asylbewerbers eine diskriminierende Maßnahme.[926]

b. Art. 17 IPBPR

Im Rahmen des IPBPR statuiert Art. 17 Abs. 1, daß niemand willkürlichen oder rechtswidrigen Eingriffen in sein Privatleben ausgesetzt werden darf.[927] Anders als Art. 8 Abs. 2 EMRK, der genau beschreibt, wann in die in Abs. 1 genannten Rechte eingegriffen werden darf, beschränkt sich Art. 17 Abs. 2 IPBPR darauf festzuhalten, daß „jedermann Anspruch auf rechtlichen Schutz gegen solche Eingriffe oder Beeinträchtigungen hat". Die Achtung des Privatlebens umfaßt den Schutz der körperliche Integrität.[928] Eine medizinische Untersuchung gegen den Willen des Betroffenen stellt einen Eingriff in das Privatleben dar.[929] Ein Eingriff kann nur durch ein Gesetz gerechtfertigt werden, das in Einklang mit den Bestimmungen und Zielen der Konvention steht und verhältnismäßig ist.[930]

---

925 UNHCR, Stellungnahme, S. 6.

926 So auch UNHCR, Stellungnahme, S. 6. Abrufbar unter: http://www.unhcr.ch (Stand Februar 2003). Jegliche Zwangsuntersuchung ablehnend ECRE, Comments, S. 6, abrufbar unter: http://www.ecre.org (Stand Februar 2003). Im Ergebnis auch WATT, EHRLR, S. 54, (64); MARX, AsylVfG, § 62, Rn. 6 f., a.A., HAILBRONNER, Ausländerrecht, Ordner 3, § 62, Rn. 5.

927 Art. 17 Abs. 1 IPBPR lautet: „Niemand darf willkürlichen oder rechtswidrigen Eingriffen in sein Privatleben, seine Familie, seine Wohnung und seinen Schriftverkehr oder rechtswidrigen Beeinträchtigungen seine Ehre und seines Rufes ausgesetzt werden".

928 ACHERMANN/CARONI/KÄLIN, in: KÄLIN, MALINVERNI/NOWAK (Hrsg.), Die UNO-Menschenrechtspakete, S. 201.

929 NOWAK, CCPR Art. 17, Rn. 18.

930 *Toonen gegen Australien*, UN-Doc. A/49/40, Teil I, S. 80, Teil II, S. 226, Nr. 488/1992.

Diese beiden Voraussetzungen erfüllt Art. 9.[931] Das Verbot der Diskriminierung, normiert in Art. 2 Abs. 1 IPBPR, ist ebenfalls nicht verletzt.
Damit befindet sich Art. 9 sowohl in Einklang mit Art. 8 EMRK als auch mit Art. 17 Abs.1 IPBPR. Die Durchführung eines HIV-Tests bei einem Asylbewerber ohne dessen Einwilligung ist von Art. 9 bei völkerrechtskonformer Auslegung nicht mehr gedeckt.

3. *Die nationalen Bestimmungen und die Praxis in den Mitgliedstaaten*

a. Deutschland

In Deutschland sind Asylbewerber gemäß § 62 Abs. 1 AsylVfG verpflichtet, eine ärztliche Untersuchung auf übertragbare Krankheiten einschließlich einer Röntgenaufnahme der Atmungsorgane zu dulden.[932] Hinter dieser Vorschrift steht der Zweck, die öffentliche Gesundheitsvorsorge sicherzustellen.[933] Die Duldungspflicht bezieht sich auf jede übertragbare Krankheit, nicht nur solche, die nach den öffentlichen Gesundheitsvorschriften zu bekämpfen sind. Demzufolge kommt auch eine Untersuchung auf eine HIV-Infektion in Betracht.[934] Gemäß § 62 Abs. 1, S. 2 AsylVfG werden der Umfang der Untersuchung und die Person des Arztes von der obersten Landesgesundheitsbehörde oder einer von ihr beauftragten Stelle bestimmt.

b. Spanien

Auch in Spanien sind Asylbewerber verpflichtet, eine medizinische Untersuchung zu dulden, wenn sie im regulären Verfahren in einem Aufnahmezentrum untergebracht werden wollen. Diese Pflichtuntersuchung beinhaltet unter anderem eine Röntgenuntersuchung der Atmungsorgane, einen HIV-Test sowie eine

---

[931] Siehe dazu die Ausführungen zu Art. 8 Abs. 2 EMRK oben.

[932] Diese Verpflichtung betrifft nur die Asylbewerber, die in einer Aufnahmeeinrichtung oder Gemeinschaftsunterkunft wohnen müssen (§ 62, Abs. 1 i.V.m. § 47 Abs. 1, S. 1 AsylVfG). Da dies fast alle Asylbewerber betrifft, müssen grundsätzlich alle Asylbewerber die Untersuchung dulden. Ausgenommen von der Verpflichtung in Aufnahmeeinrichtungen oder Gemeinschaftsunterkünften zu wohnen, sind Antragssteller nach § 14 Abs. II AsylVfG. Diese sind jedoch in der absoluten Minderheit, GRÜNEWALD, in: GK-AsylVfG 1992, § 62, Rn. 1.

[933] BT-Drs. 12/2062, S. 38.

[934] HAILBRONNER, Ausländerrecht, Ordner 3, § 62 AsylVfG, Rn. 5.; RENNER, Ausländerrecht, § 62, Rn. 2. Einschränkend MARX, Asylverfahrensgesetz, § 62, Rn. 6, wonach die Untersuchung grundsätzlich nicht auf eine mögliche HIV-Infektion oder AIDS-Erkrankung ohne Zustimmung des Asylbewerbers ausgeweitet werden darf.

Untersuchung auf Hepatitis.[935] Art. 5 Abs. 1 span. AsylG erlaubt den Behörden im Hinblick auf den Gesundheitsschutz, vorbeugende Maßnahmen anzuwenden. Die Untersuchung wird durch das Spanische Rote Kreuz durchgeführt, welches für jeden Asylbewerber eine Krankenakte anlegt.[936]

c. Österreich

In Österreich ist eine verpflichtende medizinische Untersuchung bei neu angekommenen Asylbewerbern gesetzlich nicht vorgeschrieben.[937] In der Praxis sind Asylbewerber, die sich um eine Aufnahme in die Bundesbetreuung bemühen, verpflichtet, eine Röntgenaufnahme der Atmungsorgane zu dulden, um überhaupt die Möglichkeit in die Bundesbetreuung aufgenommen zu werden, zu erhalten.[938]

d. Weitere Länder

aa. Belgien, Finnland, Luxemburg, Niederlande, Schweden, Vereinigtes Königreich

In *Belgien* sind Asylbewerber verpflichtet, sich in der Zeit, in der sie in einem Aufnahmezentrum untergebracht werden, einer medizinischen Untersuchung zu unterziehen.[939] Ein HIV Test wird empfohlen, ist aber nicht verpflichtend.[940]
In *Finnland* haben Asylbewerber die Möglichkeit, sich nach ihrer Ankunft in einem Aufnahmezentrum medizinisch untersuchen zu lassen. Dabei wird vor allem untersucht, ob eine Erkrankung an Tuberkulose vorliegt. Die meisten Asylbewerb machen von der Möglichkeit der Gesundheitsuntersuchung Gebrauch.[941]

---

935 PLS Ramboll, Spain, S. 23; UNHCR, Spain, S. 151.

936 Efionayi-Mäder, Espagne, S. 49.

937 UNHCR, Austria, S. 40.

938 UNHCR, Austria, S. 40.

939 Jobbins, in: Nicholson/Twomey (Hrsg.), Current Issues, S. 263, (270). Die medizinische Untersuchung für Asylbewerber in Belgien wird nicht systematisch durchgeführt. Im Fall der Feststellung einer Erkrankung scheitert eine Weiterbehandlung, nachdem der Asylbewerber das Aufnahmezentrum verlassen hat, oft an praktischen und administrativen Hindernissen, vgl. Jobbins, in: Nicholson/Twomey (Hrsg.), Current Issues, S. 263, (270).

940 UNHCR, Belgium, S. 49.

941 Information der finnischen Einwanderungsbehörde vom 26.10.2002. Sowohl im UNHCR Bericht als auch in der Studie von PLS Ramboll, wird die medizinische Untersuchung als verpflichtend beschrieben, UNHCR, Finland, S. 69; PLS Ramboll, Final Report A, S. 69, Tabelle 5.19.

In *Luxemburg* sollten sich alle Ausländer, die nicht Staatsangehörige eines Mitgliedstaates der EU sind und sich länger als drei Monate in Luxemburg aufhalten möchten, innerhalb der ersten drei Tage nach der Einreise einer medizinischen Untersuchung unterziehen.[942] Diese Regelung erfaßt folglich auch Asylbewerber. Ein HIV Test wird von den Behörden nicht empfohlen.[943]

In den *Niederlanden* ist eine Röntgenaufnahme der Brust auf Tuberkulose verpflichtend.[944]

In *Schweden* wird Asylbewerbern eine kostenlose medizinische Untersuchung angeboten.[945] Willigt der Asylbewerber in eine solche ein, findet ein Einzelgespräch mit einer Krankenschwester über den gesundheitlichen Zustand und eventuelle Probleme statt. Zudem werden - falls erforderlich - auch verpflichtende Gesundheitstests durchgeführt.[946]

Im *Vereinigten Königreich* wird grundsätzlich eine erste medizinische Untersuchung von Asylbewerbern durchgeführt. Nach der Einreise über einen (Flug-) Hafen werden die Asylbewerber von der Einwanderungsbehörde an die Port Health Control Unit verwiesen, wo eine Untersuchung in der Regel durchgeführt wird.[947] Eine systematische Untersuchung aller Asylbewerber findet nicht statt.[948]

bb. Frankreich, Portugal

Viele Asylbewerber erreichen *Frankreich* in einem schlechten gesundheitlichen Zustand, so daß die Behörden sowie das Personal der „centre d'acceuil pour demandeurs d'asile" großen Wert auf die Durchführung einer anfänglichen Gesundheitsuntersuchung legen.[949] Diese Pflichtuntersuchung wird systematisch

---

942 Art. 2 des Règlement grand-ducal du 22 juin 1998 portant des modification 1. du règlement grand-ducal modifié du 28 juin 1972 relatif aux conditions d'entrée et de séjour de certaines d'étrangers faisant l'objet de conventions internationales; 2. du règlement grand-ducal du 17 octobre 1995 sur le contrôle médical des étrangers, Mémorial A, Journal O fficiel du Grand-Duché de Luxembourg, n° 52, 3 juillet 1998.

943 UNHCR, Luxembourg, S. 121.

944 PLS RAMBOLL, Netherlands, S. 22. Die Rechtsgrundlage ist Art. 52 niederl. AusländerG.

945 Informationsblatt der schwedischen Migrationsbehörde „Facts about costs and allowances during the asylum process", abrufbar über http://www.migrationsverket.se (Stand Februar 2003).

946 Dies ist dann der Fall, wenn die Vermutung besteht, daß der Asylbewerber an einer ansteckenden Infektionskrankheit leidet. Schriftliche Information der schwedischen Migrationsbehörde vom 19.09.2002.

947 JOBBINS, in. NICHOLSON/TWOMEY (Hrsg.), Current Issues, S. 263, (263). Ausführlich zu der Problematik, daß eine anfänglich Untersuchung nicht systematisch durchgeführt wird bzw. die Informationspolitik hinsichtlich des Zugangs zu medizinischer Versorgung verbesserungswürdig ist sowie eine Erläuterung eines Projektes des britischen Flüchtlingsrates, vgl. JOBBINS, in. NICHOLSON/TWOMEY (Hrsg.), Current Issues, S. 263 ff.

948 PLS RAMBOLL, United Kingdom, S. 26, Tabelle 15.7.

949 PLS RAMBOLL, France, S. 24.

durchgeführt, sobald der Asylbewerber in eine Aufnahmeeinrichtung kommt. Für Kinder sind zudem einige Impfungen obligatorisch.[950] Ein HIV Test ist nicht verpflichtend.[951] All diejenigen, die nicht in einer Aufnahmeeinrichtung untergebracht sind, haben die Möglichkeit, sich freiwillig einer Untersuchung zu unterziehen. Davon macht jedoch die Mehrheit der Asylbewerber keinen Gebrauch.[952]

In *Portugal* werden Asylbewerber nach ihrer Ankunft medizinisch untersucht. Diese Untersuchung ist verpflichtend.[953] Eine gesetzliche Grundlage besteht nicht. Eine HIV-Test wird nicht durchgeführt.[954]

cc. *Griechenland, Italien*

Nur im Falle einer Massenankunft von Flüchtlingen kooperieren in *Griechenland* das Gesundheitsministerium und das Ministerium für die öffentliche Sicherheit, um eine medizinischen Untersuchung anzuordnen. Ein Asylbewerber, der nicht auf diese Weise in Griechenland ankommt, muß sich damit keinerlei Pflichtuntersuchung unterziehen.[955]

In *Italien* wird keine anfängliche Gesundheitsuntersuchung durchgeführt.[956]

4. *Richtlinienkonformität der nationalen Bestimmungen*

a. Deutschland

Die einschränkende Bestimmung des Art. 9, daß eine Untersuchung nur aus Gründen der öffentlichen Gesundheit erfolgen darf, ist in § 62 AsylVfG nicht ausdrücklich bestimmt. Allerdings ist die Vorschrift dahingehend auszulegen, daß die Untersuchung nur aus Gründen der öffentlichen Gesundheit durchzuführen ist.[957] Das Vorliegen von Gründen der öffentlichen Gesundheit wird immer

---

950 Art. 9, circulaire DPM/CI 3 n° 99-399.

951 UNHCR, France, S. 77.

952 PLS RAMBOLL, France, S. 24.

953 PLS RAMBOLL, Portugal, S. 24. Zunächst werden alle Asylbewerber in dem Aufnahmezentrum Bobadela untergebracht, wo auch die medizinische Untersuchung durchgeführt wird. Der portugiesische Flüchtlingsrat, der die Einrichtung betreibt, hat mit dem „Instituto da Higiene e Medicina Tropical“ eine Vereinbarung, wonach er die Untersuchungen durchführen darf.

954 Schriftliche Information von Frau CONSTANZA URBANO DE SOUSA, Universität Autónoma de Lisboa, vom 25.10.2002.

955 Auskunft von Prof. ACHILLES SKORDAS, Universität Athen am 01.10.2002.

956 PLS RAMBOLL, Italy, S 20, Tabelle 9.7.

957 BT-Drs. 12/2062, S. 38. Siehe auch HAILBRONNER, in: HAILBRONNER, Ausländerrecht, Ordner 3, § 62 AsylVfG Rn. 4; MARX, Asylverfahrensgesetz, § 62, Rn. 1; RENNER, Ausländerrecht, § 62, Rn. 2.

bejaht, so daß eine Untersuchung grundsätzlich durchgeführt wird. Dies steht Art. 9 der Richtlinie nicht entgegen, so daß § 62 AsylVfG mit der Richtlinienbestimmung in Einklang steht. Folglich bedarf es keines nationalen Umsetzungsaktes mehr bezüglich dieser Vorschrift.

b. Spanien

Art. 5 Abs. span. AsylG sieht vor, daß die zuständigen Behörden Vorsorgemaßnahmen aus Gründen des Gesundheitsschutzes oder der öffentlichen Sicherheit anordnen können. Eine medizinische Untersuchung stellt eine solche Vorsorgemaßnahme dar. Die Richtlinienkonformität ist gegeben.

c. Österreich

In Österreich bestimmt Art. 8 Abs. 6 öst. FremdenG, daß es zur Vermeidung der Gefährdung der Volkgesundheit der Vorlage eines Gesundheitszeugnisses bedarf, wenn ein Erstaufenthaltstitel beantragt wird. Das Gesundheitszeugnis muß nach Abs. 7 anzeigepflichtige Krankheiten, wie zum Beispiel Tuberkulose, festhalten. Daraus läßt sich schließen, daß für die Einreise der Nachweis erforderlich ist, daß keine Krankheit, die geeignet ist, eine größere Anzahl von Menschen ernsthaft zu gefährden, besteht. Fraglich ist, ob diese Vorschrift so ausgelegt werden kann, daß Asylbewerber sich einer Pflichtuntersuchung unterziehen müssen, wenn sie nicht im Besitz eines Gesundheitszeugnisses sind. Eine so weitgehende Auslegung läß der Wortlaut der Norm nicht zu, so daß eine derartige Auslegung sich nur aus dem Sinn und Zweck der Norm ergeben kann. Dem steht allerdings das Kriterium der Publizität entgegen, das bei der Umsetzung von Richtlinien erfüllt sein muß. Die Betroffenen müssen von ihren Rechten und Pflichten Kenntnis nehmen können.
Folglich ist Österreich verpflichtet, Art. 9 in nationales Recht umzusetzen, denn Österreich macht von der Möglichkeit Gebrauch, bei Asylbewerbern obligatorische, medizinische Untersuchungen durchzuführen.

5. Bewertung

In den meisten Mitgliedstaaten ist der Asylbewerber verpflichtet, sich einer anfänglichen Gesundheitsuntersuchung zu unterziehen. Dabei wird immer untersucht, ob eine Erkrankung an Tuberkulose vorliegt. Die Regelung aus Gründen der öffentlichen Gesundheit eine medizinische Untersuchung durchzuführen, ist positiv zu bewerten. Auch die diesbezügliche Verpflichtung erscheint unter Berücksichtigung des Schutzes der Gesundheit der Öffentlichkeit sowie des Asylbewerbers angemessen.

Ein verpflichtender HIV-Test ist hingegen nicht völkerrechtskonform. Aus diesem Grund erscheint es sinnvoll, Art. 9 dahingehend zu ergänzen, daß verpflichtende HIV-Tests ausgeschlossen sind. Nur auf ausdrückliches Ersuchen eines Asylbewerbers dürfte ein solcher Test durchgeführt werden. Dies entspricht auch der Praxis der Mehrzahl der Mitgliedstaaten.

VI. Grundschulerziehung und weiterführende Bildung Minderjähriger

1. Art. 10 der Richtlinie

Gemäß Abs. 1 gestatten die Mitgliedstaaten minderjährigen Kindern von Asylbewerbern und minderjährigen Asylbewerbern in ähnlicher Weise wie den Staatsangehörigen des Aufnahmemitgliedstaates den Zugang zum Bildungssystem, solange keine Rückführungsmaßnahme gegen sie selbst oder ihre Eltern vollstreckt wird. Der Unterricht kann in Unterbringungszentren erfolgen. Die betreffenden Mitgliedstaaten können vorsehen, daß der Zugang auf das öffentliche Bildungssystem beschränkt bleiben muß. Als Minderjährige gelten Personen, die nach den Bestimmungen des Mitgliedstaats, in dem der Asylantrag gestellt worden ist oder geprüft wird, noch nicht volljährig sind. Die Mitgliedstaaten dürfen eine weiterführende Bildung nicht mit der alleinigen Begründung verweigern, daß die Volljährigkeit erreicht wurde.
Abs. 2 bestimmt, daß der Zugang zum Bildungssystem nicht um mehr als drei Monate, nachdem der Minderjährige oder seine Eltern einen Asylantrag gestellt haben, verzögert werden darf. Dieser Zeitraum kann auf ein Jahr ausgedehnt werden, wenn eine spezifische Ausbildung gewährleistet wird, die den Zugang zum Bildungssystem erleichtern soll.
Nach Abs. 3 kann der Mitgliedstaat andere Unterrichtsformen anbieten, wenn der Zugang zum Bildungssystem nach Absatz 1 aufgrund der spezifischen Situation des Minderjährigen nicht möglich ist.

2. Völkerrechtskonformität

Das Recht auf Bildung, ein kulturelles Menschenrecht mit engen Verbindungen zu den Gruppen der wirtschaftlichen und sozialen Rechte, wird auf der völkerrechtlichen Ebene in Art. 2 1. ZP EMRK, in At. 13 IPWSKR sowie in Art. 28, 29 der KRK normiert.[958]

---

[958] EIDE, in: EIDE/Krause/Rosas (Hrsg.), ESCR 1995, S. 21, (32). Zum Recht auf Bildung als Menschenrecht, DELBRÜCK, in: GYIL 1992, S. 92 ff.

a. Art. 2, 1. ZP EMRK

Art. 2 S. 1. ZP EMRK lautet:
„Das Recht auf Bildung darf niemanden verwehrt werden. Der Staat hat bei der Ausübung der von ihm auf dem Gebiet der Erziehung und des Unterrichts übernommenen Aufgaben das Recht der Eltern zu achten, die Erziehung und den Unterricht entsprechend ihren eigenen religiösen und weltanschaulichen Überzeugungen sicherzustellen".

Art. 2 1. ZP EMRK muß als einheitliches Ganzes betrachtet werden, das vom ersten Satz beherrscht wird.[959] Der EGMR hat Bildung nach Art. 2 1. ZP EMRK definiert als „den gesamten Prozeß, durch den in jeder Gesellschaft Erwachsene versuchen, ihren Glauben, ihre Kultur und andere Werte an Jüngere weiterzugeben, wohingegen der Unterricht insbesondere die Übermittlung von Wissen und die intellektuelle Entwicklung betrifft".[960] Art. 2 S.1 1. ZP EMRK formuliert das Recht auf Bildung ausschließlich als Abwehrrecht, wobei das Recht auf Bildung vor allem das Recht auf Ausbildung meint.[961] Der Inhalt des Rechts auf Ausbildung wurde von der Kommission und dem EGMR dahingehend bestimmt, daß das Recht gewährt wird, von den staatlich eingerichteten Ausbildungsgängen, sofern die Zugangsvoraussetzungen vorliegen, ohne willkürliche oder diskriminatorische Einschränkungen Gebrauch zu machen.[962] Kein Recht besteht hingegen auf die Schaffung nicht vorhandener Ausbildungsgänge.[963]

Das Recht auf Ausbildung umfaßt neben der Elementarbildung auch die höhere Ausbildung. Alle Stufen und Ausprägungen der Ausbildung werden erfaßt.[964] Art. 2 1. ZP EMRK setzt das Bestehen eines Schulwesens voraus.[965] Dies entspricht auch den tatsächlichen Gegebenheiten in allen EU-Mitgliedstaaten.

Es besteht keine Pflicht, auf der Primar- und der Sekundarstufe den Schulunterricht für obligatorisch zu erklären, die Norm verbietet es alllerdings auch

---

959 WILDHABER, in: IntKomm EMRK, Art. 2 1. ZP, Rn. 13.

960 *Campell und Cosans* gegen Vereinigtes Königreich, Urteil vom 22.03.1983, Series A, Vol. 48, siehe auch EuGRZ 1985, S. 575

961 FROWEIN/PEUKERT, EMRK, S. 829, Rn. 1; WILDHABER, in: KARL u.a. (Hrsg.), in: IntKommEMRK, Art. 2 1. ZP, Rn. 26.

962 FROWEIN/PEUKERT, EMRK S. 829, Rn. 2; VAN DIJK/VAN HOOF, European Convention, S. 644; VELU/ERGEC, La Convention, S. 632, Rn. 773; VILLLIGER, Handbuch EMRK, S. 446, Rn. 676.; WILDHABER, in: IntKomm EMRK, Art. 2 1. ZP, Rn. 29.

963 FROWEIN/PREUKERT, EMRK, S. 829; WILDHABER, in: IntKomm EMRK, Art. 2 1. ZP, Rn. 3.

964 FROWEIN/PEUKERT, EMRK, S. 829; VAN DIJK/VAN HOOF, European Convention, S. 644; WILDHABER, in: IntKomm EMRK, Art. 2 1. ZP, Rn. 22 f.; a. A. SEIDEL, Handbuch, S. 200. Diese Auffassung vertrat die Kommission auch noch im belgischen Sprachenfall (EGMR, Urteil vom 23.07.1968, A/6 S. 22, Verweis auf die Stellungnahme der EKMR). Später änderte die Kommission diese Ansicht und vertrat die zweifelhafte Auffassung, daß Art. 2 1. ZP EMRK sich vor allem auf die Elementarbildung beziehe, EKMR, E 16.07.1982, 9824/82; E 19.05.1977, 7671/6, DR 9, S. 185 (187).

965 FROWEIN/PREUKERT, EMRK, S. 829.

nicht.[966] Art. 2 1. ZP EMRK billigt den Staaten einen großen Ermessenspielraum bei den Regelungen betreffend die Organisation, die Einrichtung und die Ausgestaltung des Schulwesens zu.[967] Damit können sie zum Beispiel festlegen, ab welchem Alter die Schulpflicht beginnt und bis zu welchem Alter sie dauert. Allerdings darf der Kern des Rechts auf Ausbildung nicht ausgehöhlt werden. Die Vertragsstaaten sind somit verpflichtet, für das Vorhandensein von öffentlichen Schulen und einer Minimalausbildung aller Kinder zu sorgen.[968] Zulassungsbeschränkungen aufgrund ungenügender Leistungen sowie aus Kapazitätsgründen sind grundsätzlich zulässig.[969]

Es besteht kein Recht des einzelnen auf Unterrichtung in der eigene Muttersprache.[970] Zudem existiert auch keine Verpflichtung, Einrichtungen innerhalb der bereits bestehenden zu schaffen. Folglich entfällt eine Pflicht der Vertragsstaaten, neue zusätzliche Einrichtungen zu schaffen, in denen Ausländerkinder, die voraussichtlich länger im Land bleiben werden, die Landessprache vermittelt wird, damit sie dem Unterricht nach kurzer Zeit folgen können.[971]

Demzufolge befinden sich die Vorgaben von Art. 11 der Richtlinie insofern in Übereinstimmung mit Art. 2 1. ZP EMRK, als daß Minderjährigen der Schulbesuch zu gestatten ist. Auch die Normierung, daß die Verweigerung des Schulbesuchs aus Gründen der Volljährigkeit unzulässig ist, steht in Einklang mit Art. 2 1. ZP EMRK. Gleiches gilt für die Beschränkung des Zugangs zum öffentliche Bildungswesen, sowie für die Möglichkeit der Mitgliedstaaten, andere Unterrichtsformen anzubieten, wenn aufgrund der spezifischen Situation des Minderjährigen der Zugang zu dem Bildungssystem nicht möglich ist.

Da die Vertragsstaaten das Erziehungswesen frei nach ihren Vorstellungen organisieren können,[972] liegt wohl auch die Möglichkeit, Asylbewerberkinder in Unterbringungszentren zu unterrichten im Ermessen des Staates.

Die Richtlinienbestimmungen sieht allerdings auch zwei näher zu betrachtende Einschränkungen vor. Zum einen gestatten die Mitgliedstaaten minderjährigen Asylbewerberkindern den Zugang zum Bildungssystem nur, solange keine Rückführungsmaßnahmen gegen die Kinder oder ihre Eltern vollzogen werden. Zum anderen stellt die Möglichkeit, den Zugang zu Bildungseinrichtungen bis

966 WILDHABER, in: IntKomm EMRK, Art. 2 1. ZP, Rn. 24; VAN DIJK/VAN HOOF, European Convention, S. 646.

967 WILDHABER, in: IntKomm EMRK, Art. 2 1. ZP, Rn. 33.

968 VAN DIJK/VAN HOOF, European Convention, S. 644 f., 647; VILLIGER, Handbuch EMRK, S. 446, Rn. 676; WILDHABER, in: IntKomm EMRK, Art. 2 1. ZP, Rn. 31.

969 WILDHABER, in: IntKomm EMRK, Art. 2 1. ZP, Rn. 53 ff. Ob solche Zulassungsbeschränkungen auch im Rahmen der Elementarausbildung gelten, erscheint allerdings zweifelhaft, vgl. VAN DIJK/VAN HOOF, European Convention, S. 645.

970 VAN DIJK/VAN HOOF, European Convention, S. 654.

971 Vgl. dazu VAN DIJK/VAN HOOF, European Convention, S. 654, der zumindest im Hinblick auf die Elementarausbildung die Verpflichtung zur Schaffung solcher Einrichtungen bejaht.

972 WILDHABER, in: IntKomm EMRK, Art. 2 1. ZP, Rn. 3.

zu drei Monate bzw. unter bestimmten Umständen bis zu einem Jahr zu verzögern, eine weitere Einschränkung des Rechts auf Bildung dar.
Der EMRG bestätigte, daß das Recht auf Bildung „schon seiner Natur nach eine Regelung durch den Staat verlangt, eine Regelung die nach Zeit und Ort wechseln kann, abhängig von den Bedürfnissen und den Mitteln der Gemeinschaft und der Einzelperson".[973] Weiter führte es aus, daß diese staatliche Regelung „niemals den Wesensgehalt dieses Rechtes antasten und auch nicht gegen andere, in der Konvention verankerte Rechte verstoßen darf".[974] Grundsätzlich reicht diese richtige Aussage zwar nicht, um alle Beschränkungen des Rechts auf Bildung zu erfassen.[975] Vorliegend kommt jedoch nur ein Verstoß gegen das Diskriminierungsverbot, normiert in Art. 14 der EMRK, in Betracht, so daß die Frage, welchen weiteren Beschränkungen Art. 2 1. ZP EMRK unterliegt, hier nicht erörtert werden muß.[976]
Gemäß Art. 14 EMRK ist der Genuß der in ihr festgelegten Rechte und Freiheiten ohne Unterschied, insbesondere im Hinblick auf die nationale Herkunft, zu gewährleisten. Art. 14 ist integraler Bestandteil der Konventionsrechte und findet Anwendung, wenn die Ausübung der in der Konvention und in den Zusatzprotokollen gewährleisteten Rechte in Frage steht. Das Diskriminierungsverbot ist folglich akzessorisch.[977] Die Anwendbarkeit das Diskriminierungsverbotes hängt nicht von der Feststellung der Verletzung einer Konventionsnorm ab, so daß ihm autonome Bedeutung zukommt.[978] Die aufgezählten Diskriminierungsmerkmale sind nicht abschließend aufgezählt, wie das Unterscheidungskriterium „sonstiger Status" verdeutlicht.[979]
Art. 14 EMRK verbietet indes nicht jede unterschiedliche Behandlung hinsichtlich der Ausübung der Konventionsrechte.[980] Danach ist eine Maßnahme oder Regelung erst dann diskriminierender Natur, wenn aufgrund bestimmter Kriterien eine Differenzierung vergleichbarer Situationen vorgenommen wird und dafür keine objektive und sachliche Rechtfertigung besteht, das heißt der mit der

---

973 EGMR, *Belgischer Sprachenfall*, Urteil 23.07.1968, A/6 S. 32 = EuGRZ 1975, S. 298 (300).

974 EGMR, *Belgischer Sprachenfall*, Urteil 23.07.1968, A/6 S. 32 = EuGRZ 1975, S. 298 (300).

975 Vgl. WILDHABER, in: IntKomm EMRK, Art. 2 1. ZP, Rn. 109 ff.

976 Vgl. dazu WILDHABER, in: IntKomm EMRK, Art. 2 1. ZP, Rn. 109 ff.

977 FROWEIN/PEUKERT, EMRK, S. 438; HARRIS/O'BOYLE/WARBRICK; ECHR, S. 463; VILLIGER, Handbuch EMRK, S. 431 ff., Rn. 658-661.

978 FROWEIN/PEUKERT, EMRK, S. 437; HARRIS/O'BOYLE/WARBRICK, ECHR, S. 465 f.; VAN DIJK/VAN HOOF, European Convention, S. 712 ff.; VELU/ERGEC, La Convention, S. 114 ff.

979 FROWEIN/PEUKERT, EMRK, S. 454; JACOBS/WHITE, ECHR, S. 288; VAN DIJK/VAN HOOF, European Convention; S. 730.

980 FROWEIN/PEUKERT, EMRK, S. 447; JACOBS/WHITE, ECHR, S. 286; HARRIS/O'BOYLE/WARBRICK, ECHR, S. 463.

Ungleichbehandlung verfolgte Zweck unzulässig ist oder die ergriffenen Mittel zur Erreichung des Zwecks nicht verhältnismäßig sind.[981]
Fraglich ist nun, ob die Beschränkungen des Zugangs, die im Hinblick auf den Zugang zu staatlichen Bildungseinrichtungen für Asylbewerberkinder gelten, gegen das Diskriminierungsverbot verstoßen. Der unterschiedliche Zugang zum Bildungssystem von Asylbewerberkindern und eigenen Staatsangehörigen stellt eine vergleichbare Situation dar. Weiterhin müßte eine objektive und sachliche Rechtfertigung für die unterschiedliche Behandlung vorliegen. Zunächst ist festzuhalten, daß eine Ungleichbehandlung zwischen eigenen Staatsangehörigen und fremden Staatsangehörigen nicht per se eine verbotene Diskriminierung bedeutet.[982] Als Grund der unterschiedlichen Behandlung von Asylbewerberkindern im Hinblick auf den Zugang zum Bildungssystem ist zum einen die Ausländereigenschaft zu nennen. Diese stellt als solche schon einen objektiven und sachliche Grund für eine Ungleichbehandlung dar.[983] Zum anderen ist die Tatsache, daß die Asylbewerberkinder bis zu einer Entscheidung über den Asylantrag nur vorläufig im Land sind, von Bedeutung. Die Vorläufigkeit des Aufenthaltes soll eine möglichst kurze Zeitspanne umfassen. Deshalb ist es das Ziel, die Entscheidung über den Asylantrag zügig zu treffen, so daß anerkannte Asylbewerber ein dauerhaftes Bleiberecht erhalten und abgelehnte Asylbewerber das Land verlassen. Die Tatsache, daß die Staaten kraft ihrer Souveränität über die Einreise, den Aufenthalt und grundsätzlich auch die Ausreise von Fremden entscheiden dürfen[984], steht unter Umständen in einem gewissen Spannungsverhältnis zum Recht von Asylbewerbern auf Bildung nach Art. 2 1. ZP EMRK. Diesem Spannungsverhältnis wird dadurch Rechnung getragen, als daß den Vertragsstaaten bei der Beurteilung der Notwendigkeit einer ein Konventionsrecht beeinträchtigenden, ausländerrechtlichen Maßnahme ein relativ weiter Beurteilungsspielraum zukommt. Sollen nun Rückführungsmaßnahmen vollstreckt werden, so erscheint es sachlich und objektiv gerechtfertigt, den Schulbesuch nicht zu gestatten, denn ein kontinuierlicher Besuch ist von vorneherein ausgeschlossen.
Im Hinblick auf die Einschränkung des Schulbesuchs von Asylbewerberkindern in den ersten drei Monaten ihres Aufenthalts ist insbesondere zu bedenken, daß sich oft in den ersten Wochen entscheidet, ob ein reguläres Verfahren durchgeführt wird oder nicht, so daß zu diesem Zeitpunkt der Aufenthalt wirklich nur

---

981 FROWEIN/PEUKERT, EMRK, S. 447, 452 ff.; JACOBS/WHITE, ECHR, S. 287, VAN DIJK/VAN HOOF, European Convention, S. 722; VELU/ERGEC, La Convention, S. 120 ff. Vgl. aus der Rechtsprechung z.B. EGMR, *Belgischer Sprachenfall*, Urteil 23.07.1968, A/6 S. 32 = EuGRZ 1975, S. 298 (300).

982 EKMR, *Moustaquim gegen Belgien*, Serie A, Nr. 194, KB Ziff. 68.

983 B 267111/95, *Verde gegen Frankreich*, unpublizierte KE vom 28.02.1996.

984 Siehe statt vieler VERDROSS/SIMMER, Völkerrecht, S. 799. Im Hinblick auf die Ausweisung sind den Staaten allerdings völkerrechtliche Grenzen gezogen, vgl. VERDROSS/SIMMA, Völkerrecht, S. 800; HAILBRONNER, in VITZTHUM (Hrsg.), Völkerrecht, S. 250 ff.

vorläufig ist. Regelmäßig werden die Kinder auch eine Weile brauchen, um sich an ihr neues Umfeld zu gewöhnen. Zudem muß in der ersten Zeit auch noch verstärkt mit Wohnortwechseln gerechnet werden. Überdies beherrschen die Kinder in der Regel die Sprache des Aufnahmelandes nicht und brauchen einige Zeit - die Staaten sind nicht verpflichtet, Sprachunterricht zu erteilen -, um zumindest die Grundzüge zu erlernen. Da in der ersten Zeit der Aufenthalt sehr unsicher ist und viele in dieser Zeit das Land wieder verlassen müssen, könnte auch die Kontinuität des Unterrichts in der Schulen der Aufnahmestaaten gestört werden und damit die anderen Kinder beeinträchtigen. Trotz der immensen Bedeutung des Rechts auf Bildung ist wohl nicht damit zu rechnen, daß die Kinder in ihrer Entwicklung maßgeblich negativ beeinträchtigt werden, wenn sie drei Monate keine Schule besuchen. Folglich kann die Möglichkeit einer Einführung einer dreimonatigen Wartefrist als objektiv und sachlich gerechtfertigt betrachtet werden. Die Ausdehnung der Frist auf ein Jahr ist ebenfalls gerechtfertigt, da in dieser Zeit eine spezifische Ausbildung erfolgt, die die Asylbewerberkinder darauf vorbereiten soll, am regulären Unterricht im jeweiligen Aufnahmeland teilzunehmen.
Damit verstoßen die Einschränkungen nicht gegen das Diskriminierungsverbot. Art. 11 der Richtlinienbestimmung steht in Einklang mit Art. 2 1. ZP EMRK.

b. Art. 13 IPWSKR

Vorliegend ist Art. 13 IPWSKR Abs. 2 lit. a und b relevant. Dieser enthält das Anerkenntnis der Vertragsstaaten, daß im Hinblick auf die volle Verwirklichung des Rechts auf Bildung der Grundschulunterrricht[985] für jedermann Pflicht und allen unentgeltlich zugänglich sein muß. Zudem müssen die verschiedenen Formen des höheren Schulwesens, einschließlich des höheren Fach- und Berufsschulwesens, auf jede geeignete Weise, insbesondere durch die allmähliche Einführung der Unentgeltlichkeit, allgemein verfügbar und jedermann zugänglich gemacht werden.
Aus Art. 13 Abs. 2 geht das Recht auf ungehinderten Zugang zu den Bildungseinrichtungen mittelbar hervor.
Zunächst einmal ergibt sich aus der Pflicht, das Recht auf Bildung zu respektieren, gleichzeitig ein Abwehrrecht. Somit bedeutet das Recht auf Bildung zunächst einmal freien Zugang zu den Bildungseinrichtungen. Damit geht die Verpflichtung der Staaten, niemanden den Zugang zu bestehenden Bildungseinrichtungen zu verweigern, einher. Dies ergibt sich auch aus dem in Art. 2 Abs. 2

[985] Im englischen Vertragstext ist von „primary education" die Rede. Diese umfaßt die Grundschule und weiterführende Schulen bis zu dem Zeitpunkt, in dem ein Abschluß erlangt wurde, der zum Beginn einer Berufsausbildung berechtigt. Insofern ist die Übersetzung „Grundschulunterricht" zu eng, siehe DOHMES-OCKENFELS, Arbeit und Bildung, S. 122, die die Verwendung des Begriffs „Elementarbildung" statt „Grundschulunterricht" vorschlägt. Diese Vorschlag wird im Folgenden übernommen.

IPWSKR normierten Diskriminierungsverbot.[986] Das Recht auf Unterrichtung in der eigenen Muttersprache kann aus Art. 13 Art. 2 IPWSKR ebenfalls nicht hergeleitet werden.[987]
Bezüglich der Vereinbarkeit des Rechts auf Zugang zu den Bildungseinrichtungen und den Beschränkungen des Art. 10 kann auf die im Rahmen des Art. 2, S. 1, 1 ZP EMRK gemachten Ausführungen verwiesen werden. Art. 13 Abs. 2 IPWSKR bewirkt keine Änderungen des im Rahmen der EMRK gefundenen Ergebnisses.
Im Rahmen des Rechts auf Bildung als Leistungsrecht sind die Vertragsstaaten verpflichtet, ausreichend Kapazitäten für die Teilnahme aller Schüler zumindest am Elementarunterricht zu schaffen. Diese Pflicht wird durch die Pflicht zur Verwirklichung der allgemeinen Schulpflicht ergänzt, die nur realisiert werden kann, wenn es auch ausreichend Kapazitäten gibt.[988] Die Vertragsstaaten sind verpflichtet, Gesetze zu erlassen, welche die Schulpflicht anordnen. Wie lange diese bestehen soll, bleibt den Staaten überlassen.[989]
Auf die Verpflichtung zur Schaffung ausreichender Kapazitäten muß vorliegend nicht eingegangen werden, denn die Richtlinienbestimmung sieht vor, daß Kinder und Jugendliche Zugang zu den Bildungseinrichtungen haben. Dies läßt darauf schließen, daß Kapazitäten vorhanden sind. Auch Art. 2 S.1, 1. ZP EMRK geht davon aus.

Fraglich ist, ob in Art. 10 nicht die Schulpflicht für Asylbewerberkinder zu normieren ist. Die Nichteinführung der Schulpflicht betrifft die Ebene des Respekts, so daß die progressive Erfüllung als Rechtfertigung nicht herangezogen werden kann.
Das Nichtbestehen der Schulpflicht für Asylbewerberkinder könnte das Diskriminierungsverbot verletzen. Die Definition der Diskriminierung im Rahmen der EMRK gilt auch im Rahmen des IPWSKR. So ist eine Diskriminierung dann zu bejahen, wenn eine Ungleichbehandlung nicht auf objektiven und vernünftigen Gründen beruht und die angewendeten Maßnahmen nicht in einem angemessenem Verhältnis zum Ziel stehen.[990]
Da in allen Mitgliedstaaten die Schulpflicht besteht, für Asylbewerberkinder eine solche jedoch nicht in der Richtlinie normiert ist, liegt eine Ungleichbehandlung vor. Als objektive Gründe kommen zum einen die Begrenzung des Zuzugs von Ausländern in Betracht. Die Mitgliedstaaten haben ein Interesse daran, möglichst wenig attraktiv auf potentielle Asylbewerber zu wirken, damit die Zahl der Asylbewerber nicht weiter ansteigt und das Asylverfahren zügig durch-

986 NOWAK, in: EIDE/KRAUSE/ROSAS, (Hrsg.), ESCR, 2001, S. 245, (258 ff.).
987 Dabei kann auf die im Rahmen der EMRK gefundene Begründung verwiesen werden.
988 KÜNZLI/KÄLIN, in: KÄLIN/MALINVERNI/NOWAK (Hrsg.), Die UNO-Menschenrechtspakete, S. 145.
989 VAN BUEREN, Rights of the Child, S. 238 f.
990 NOWAK, CCPR, S. 47

geführt werden kann.[991] Des weiteren wollen die Mitgliedstaaten eine Integration der Asylbewerber im Aufnahmeland vermeiden, solange der Status noch ungeklärt ist. Im Falle einer Ablehnung des Asylgesuchs ist eine freiwillig Ausreise dann wahrscheinlicher. Da die Mitgliedstaaten souverän über die Einreise und den Aufenthalt von Drittstaatsangehörigen entscheiden, sind diese Ziele als legitim zu bewerten. Zudem liegt es im Interesse der Mitgliedstaaten, Haushaltsmittel einzusparen. Dieses Ziel ist zwar legitim, bedarf aber im Rahmen der Prüfung der Angemessenheit einer genauen Betrachtung, da es hier um die Verteilung von vorhandenen Ressourcen geht.

Fraglich ist, ob die Nichtnormierung der Schulpflicht geeignet und erforderlich ist, die genannten Ziele zu erreichen. Die Geeignetheit und die Erforderlichkeit staatlicher Maßnahmen ist grundsätzlich zu bejahen.[992] Dies ist damit zu begründen, daß mit den Einschränkungen von Rechten die Staaten in der Regel politische Ziele verfolgen, die es auf unterschiedliche Arten zu erreichen gilt. Ob diese Art und Weise nun geeignet ist, ist überwiegend eine politische Frage. Im Hinblick auf die Erforderlichkeit, in deren Rahmen zu überprüfen ist, ob mit einem milderen Mittel die gleichen Ziele erreicht werden können, gilt entsprechendes. Wenn schon die Geeignetheit nicht beurteilt werden kann, dann kann auch nicht beurteilt werden, ob ein milderes Mittel zur Verfügung steht.

Es ist zwar nicht poitiv feststellbar, ob die Nichteinführung der Schulpflicht den Zuzug von Asylbewerbern verringert; allerdings kann auch nicht das Gegenteil von vorneherein ausgeschlossen werden. Was die Einsparung von Haushaltsmitteln betrifft ist allerdings eine Aussage möglich, denn die Einführung der Schulpflicht ist kostenneutral. Folglich ist die Geeignetheit der Maßnahme hinsichtlich des Ziels der sparsamen Haushaltführung abzulehnen.

Die Maßnahme ist auch nicht angemessen. Wenn die Staaten ihrer Verpflichtung nachkommen und Asylbewerbern Zugang zu den Bildungseinrichtunge gewähren, dann ist kein Grund ersichtlich, nicht auch die Schulpflicht einzuführen. Dies bedeutet für Staaten keinen Nachteil. Durch die Einführung der Schulpflicht wird auch keine unerwünschte Verfestigung des Aufenthaltes herbeigeführt und damit eine potentielle Ausreise erschwert. Die Schulpflicht kann auch nicht als Anziehungsfaktor für künftige Asylbewerber angesehen werden.

Folglich verstößt Art. 10 der Richtlinie gegen das Diskriminierungsverbot. Die Richtlineinbestimmung müßte, um mit Art. 13 Abs. 2 IPWSKR in Einklang zu stehen, die Schulpflicht für den Elementarunterricht anordnen.

---

991 Vgl. zu den inidivduellen und strukturellen Determinanten der Asylmigration, EFIONAYI-MÄDER, in: ASYL 2001, S. 17 ff. sowie BLOCH/SCHUSTER, CSP 2002, S. 393, (399 ff.).

992 Siehe dazu ausführlich DOHMES-OCKENFELS, Arbeit und Bildung, S. 178 f; 189 f.

c. Art. 28 KRK

Die KRK normiert das Recht auf Bildung in Art. 28.[993] Gemäß Art. 28 Abs. 1 lit. a KRK sind die Vertragsstaaten verpflichtet, den Besuch der Grundschule für alle Kinder zur Pflicht und unentgeltlich zu machen. Weiterhin besteht nach lit. b die Verpflichtung, die „Entwicklung verschiedener Formen der weiterführenden Schulen allgemeinbildender und berufbildender Art zu fördern, sie allen Kindern verfügbar und zugänglich zu machen (...)". Art. 29 KRK beschreibt sehr detailliert die Bildungsziele, die es zu erreichen gilt. Die KRK benennt keine zusätzlichen Kriterien, die im Hinblick auf die Völkerrechtskonformität von Art. 11 der Richtlinie noch zu untersuchen wären. Zu betonen ist allerdings nochmals die Verpflichtung, das Wohl des Kindes als Maßstab anzuerkennen, so wie es auch Art. 18 der Richtlinie vorsieht.

3. *Die nationalen Bestimmungen und die Praxis in den Mitgliedstaaten*

a. Deutschland

In Deutschland fällt die Bildungspolitik in den Kompetenzbereich der Länder. Folglich wird im Folgenden nur auf die Rechtslage in Bayern eingegangen. Gemäß Art. 36 Abs. 1 Bayerisches Gesetz über das Erziehungs- und Unterrichtswesen[994] werden Kinder im Alter von sechs Jahren schulpflichtig. Gemäß Art. 36 Abs. 3 BayEUG endet die Schulpflicht, die in neun Jahre Vollzeitschulpflicht und drei Jahre Berufsschulpflicht aufgegliedert ist, nach zwölf Jahren. Nach Art. 35 Abs. 1 Nr. 1 BayEUG unterliegen auch Asylbewerberkinder der Schulpflicht, wenn sie die Voraussetzungen (Alter, bisherige Schullaufbahn) erfüllen.[995] Allerdings beginnt die Schulpflicht nach Art. 35 Abs. 1 BayEUG für Asylbewerberkinder erst drei Monate nach dem Zuzug aus dem Ausland. Dies bedeutet in der Praxis, daß die Schulpflicht erst nach dem Auszug aus der zentralen Aufnahmeeinrichtung eintritt, in der Asylbewerber gemäß den §§ 47, 48 AsylVfG für die Dauer von höchsten drei Monaten zunächst leben müssen. Unterricht in der Muttersprache der Kinder wird in Deutschland nicht erteilt.[996]

---

993 Siehe dazu ausführlich, VAN BUEREN, Rights of the Child, S. 232 ff.

994 In der Fassung vom 31.05.2000 (GVBl S. 414, ber. S. 632), zuletzt geändert durch Gesetz vom 25.07.2002 (GVBl S. 326f.); im Folgenden BayEUG.

995 Dabei ist es unerheblich, ob das Kind eine Aufenthaltsgestattung besitzt oder nur einer seiner Erziehungsberechtigten, vgl. Abs. 1 BayEUG.

996 PLS RAMBOLL, Germany, S. 34.

b. Spanien

In Spanien haben gemäß Art. 9 Abs. 1 span. AusländerG[997] alle Ausländer unter achtzehn Jahren das Recht und die Pflicht zum Schulbesuch unter den gleichen Bedingungen wie spanische Staatsangehörige. Das Recht beinhaltet zum einen den Zugang zu einer kostenlosen Schulbildung im schulpflichtigen Alter zwischen sechs und sechzehn Jahren. Zum anderen besteht das Recht, einen akademischen Abschluß zu erwerben. Art. 9 Abs. 3 span. AusländerG behält das Recht auf Zugang zu höherer Schulbildung, die nicht mehr von der Schulpflicht umfaßt ist, ansässigen Ausländern vor.[998] Allerdings wird der Zugang nicht grundsätzlich verwehrt.[999]
Alle Ausländer haben nach Art. 9 Abs. 1 span. AusländerG die Möglichkeit, von staatlichen Förderprogrammen, wie z.B. Stipendien, zu profitieren.
Unterricht in der jeweiligen Muttersprache wird nicht erteilt. Für Kinder, die kein Spanisch sprechen, werden vor einer Integration in eine öffentliche Schule in einigen Aufnahmezentren Sprachkurse angeboten.[1000]

c. Österreich

In Österreich besteht gemäß § 1 Abs. 1 i.V.m. §§ 2, 3 öst. Schulpflichtgesetz[1001] für alle Kinder, die sich in Österreich dauerhaft aufhalten, eine allgemeine, neun Schuljahre dauernde und mit dem sechsten Lebensjahr beginnende Schulpflicht. Ein dauernder Aufenthalt liegt vor, wenn die Kinder sich eine Beurteilungsperiode, die einem Schulhalbjahr entspricht, in Österreich aufhalten.[1002] Insofern besteht eine Schulpflicht für Asylbewerberkinder nur dann, wenn das Verfahren länger als ein halbes Jahr dauert. Kinder, die sich einen kürzeren Zeitraum in Österreich aufhalten, sind jedoch gemäß § 17 öst. Schulpflichtgesetz berechtigt, eine Schule zu besuchen.[1003] Die Kinder werden in das öffentliche Schulsystem als ordentliche bzw. außerordentliche Schüler integriert.[1004] Teilweise werden Förderklassen eingerichtet für Kinder, die die deutsche Sprache nicht (gut) beherrschen.[1005] Unterricht in der Muttersprache wird nur selten angeboten.[1006]

---

997 Auch die spanische Verfassung normiert in Art. 27 Abs. 1 ein Recht für jedermann auf Bildung. Siehe ausführlich zum span. AusländerG, GORTÁZAR, EJML, 2002, S. 1 ff.

998 So auch GORTÁZAR, EJML 2002, S. 1, (14).

999 PLS RAMBOLL, Spain, S. 22, Tabelle 13.9.

1000 EFIONAYI-MÄDER, Espagne, S. 49; PLS RAMBOLL, Spain, S. 22, Tabelle 13.9 ;UNHCR, Spain, S.152.

1001 Schulpflichtgesetz von 1962, BGBl. Nr. 76/1985, in der geänderten Fassung von 2001, BGBl. I, Nr. 75/2001.

1002 Ministerielles Verordnungsblatt Nr. 104/1968.

1003 Information des Bundesministeriums für Bildung, Wissenschaft und Kultur, abrufbar unter: www.bmbwk.gv.at (Stand Februar 2003) über den link „Schulpflichtgesetz".

1004 EFIONAYI-MÄDER, Österreich, S. 95.

1005 DRC, Austria, S. 15.

d. Weitere Länder

aa. *Belgien, Finnland, Luxemburg, Niederlande, Schweden, Vereinigtes Königreich*

In *Belgien* besteht nach Art. 1 belg. SchulG für Kinder von sechs bis achtzehn Jahren eine zwölfjährige Schulpflicht.[1007] Nach Art.1 Abs. 7 belg. SchulG beginnt die Schulpflicht für Kinder von Ausländern erst mit dem sechzigsten Tag nach der Registrierung der Eltern am Wohnort in Belgien. Unklar ist, ob die Kinder schon vorher ein Recht haben oder für sie wenigstens die Möglichkeit besteht, eine Schule zu besuchen.[1008] Kinder, die kein Französisch bzw. Niederländisch sprechen, erhalten Sprachunterricht.[1009] Teilweise wird auch Unterricht in der Muttersprache angeboten.[1010]

In *Finnland* besteht gemäß § 32 finn. GrundschulG für alle finnischen Staatsangehörigen zwischen dem siebten und dem fünfzehnten Lebensjahr Schulpflicht.[1011] Asylbewerberkinder unterliegen demnach zwar nicht der Schulpflicht, aber sie haben dennoch das Recht, eine Schule zu besuchen.[1012] Asylbewerberkinder erhalten zunächst zusammen mit Kindern von Immigranten für circa zwölf Monaten Unterricht in Förderklassen, um zumindest Grundkenntnisse der finnischen und schwedischen Sprache zu erlernen.[1013] Neben dem Sprachunterricht erfolgt auch Unterricht in sonstigen Schulfächern, der teilweise, um die Integration zu beschleunigen, mit finnischen Schülern zusammen besucht wird.[1014] Zum Teil wird auch Sprachunterricht in der Muttersprache angeboten, um die Kinder zweisprachig zu erziehen.[1015]

In *Luxemburg* sind alle Kinder verpflichtet, unabhängig von ihrem aufenthaltsrechtlichen Status, ab dem sechsten Lebensjahr für neun Schuljahre eine Schule zu besuchen.[1016] Damit sind auch Asylbewerberkinder von der Schulpflicht erfaßt. Für sie besteht ebenfalls Zugang zu weiterführenden Schulen.[1017] In Grund-

---

1006 PLS RAMBOLL, Austria, S. 22.

1007 Loi concernant l'obligation scolaire, 29.06.1983, Moniteur Belge, 06.07.1983.

1008 DOHMES-OCKENFELS, Arbeit und Bildung, S. 54.

1009 PLS RAMBOLL, Belgium, S. 21. Sprachkurse werden von den Aufnahmezentren sowie von CPAS und NRO's zur Verfügung gestellt.

1010 PLS RAMBOLL, Final Report A, S. 61, Tabelle 5.14.

1011 Grundskolelag Nr. 476/19983 vom 27.01.1983, zuletzt geändert durch Gesetz Nr. 1010/1991 vom 28.06.1991.

1012 DOHMES-OCKENFELS, Arbeit und Bildung, S. 58.

1013 Mitteilung der finnischen Einwanderungsbehörde vom 26.10.2002.

1014 Mitteilung der finnischen Einwanderungsbehörde vom 26.10.2002.

1015 PLS RAMBOLL, Finland, S. 26, Tabelle 4.7.

1016 Art. 1 Enseignement primaire, Loi modifiée du 10 août 1912 concernant l'organisation de l'enseignement primaire, Mémorial 61, 11 août 1912, modifiée par Loi du 10 juillet 1998, Mémorial A, n°67, 21 août 1998.

1017 PLS RAMBOLL, Luxembourg, S. 15, Tabelle 10.7.

schulen besteht die Möglichkeit, an speziellen Aufnahmeklassen teilzunehmen; in weiterführenden Schulen wurden Klassen mit spezieller Sprachförderung eingerichtet.[1018]

In den *Niederlanden* unterliegen Kinder ab dem fünften Lebensjahr der allgemeinen Schulpflicht.[1019] Sie endet nach mindestens zwölf Schuljahren. Die Schulpflicht gilt auch für alle Asylbewerberkinder, die eine vorläufige Aufenthaltserlaubnis erhalten haben. In den Aufnahmezentren selbst und auch in öffentlichen Schulen wird zum Teil Förderunterricht für Kinder, die nicht niederländisch sprechen, angeboten.[1020] Zudem wird Unterricht in der Muttersprache angeboten.[1021]

In *Schweden* unterliegen nach Kap. 6, § 30, Kap. 7, § 43 schwedisches Schulgesetz Kinder im Alter zwischen sieben und sechzehn Jahren der allgemeinen Schulpflicht.[1022] Dennoch sind Asylbewerberkinder nicht verpflichtet, eine Schule zu besuchen, sie können jedoch.[1023] Die jeweilige Gemeinde, in der die Asylbewerberkinder leben, sind verpflichtet, ihnen einen Schulbesuch zu ermöglichen.[1024] Asylbewerberkinder in Schweden besuchen entweder die örtlichen Schulen oder werden in speziellen Vorbereitungsklassen unterrichtet.[1025] Teilweise wird auch Unterricht in der Muttersprache angeboten.[1026]

Im *Vereinigten Königreich* besteht gemäß Art. 277 des Bildungsgesetzes Schulpflicht im Alter von fünf bis sechzehn Jahren.[1027] Es wird durch das Recht aller Kinder abgesichert, eine Schule auf Kosten des Staates zu besuchen. Die Schulpflicht ist unabhängig vom aufenthaltsrechtlichen Status und erfaßt damit auch Asylbewerberkinder. Die lokalen Erziehungsbehörden sind, nachdem sie von NASS über den Zuzug von schulpflichtigen Asylbewerberkindern informiert wurden, verpflichtet, allen Kinder im schulpflichtigen Alter in ihrem Bezirk Zugang zu den staatlichen Schulen zu gewähren.[1028] Förderunterricht, insbesondere

---

1018 DRC, Luxembourg, S. 15. Zu dem Einsatz von sogenannten médiateurs interculturels zur Kommunikationsverbesserung, vgl. ebd.

1019 Art. 3 des niederländischen Schulgesetzes, Leerpflichtwet vom 30.05.1968 in der Fassung und Bekanntmachung vom 10.03.1994, Staatsblad Nr. 530/1994 zuletzt geändert durch Gesetz vom 31.10.1995, Staatsblad Nr. 501/1995.

1020 DOHMES-OCKENFELS, Arbeit und Bildung, S. 56

1021 PLS RAMBOLL, The Netherlands, S. 20, Tabelle 11.7.

1022 Skollagen, SFS nr.: 1962:319.

1023 Förordning om utbildning, förskolaverksamthet och skolbarnsomsorg för asylsökande barn m.fl, SFS nr: 2001:976 (Verordnung betreffend den Schulbesuch und die Vorschule für Asylbewerberkinder und andere, Übersetzung B.S.)

1024 Informationsblatt des schwed. Migrationsausschusses „Facts about the reception of asylum seekers".

1025 DOHMES-OCKENFELS, Arbeit und Bildung, S. 57.

1026 PLS RAMBOLL, Sweden, S. 19.

1027 Eduactional Act 1993.

1028 Siehe dazu Mitteilung des Immigration and Nationality Directorate (IND) als eine Abteilung des britischen Innenministerium, abrufbar unter: http://www.ind.homeoffice.gov.uk (Stand Februar 2003). Die Regierung plant im Zuge der Errichtung von Aufnahmezenbezüglich des Erlernens der englischen Sprache, wird in der Regel angeboten.[1029] Grundsätzlich sind auch Asylbewerber über sechzehn Jahren berechtigt, weiterführende Schulen zu besuchen.[1030] Bis zum Alter von achtzehn Jahren ist der Schulbesuch kostenlos.[1031]

bb. Frankreich, Portugal

In *Frankreich* unterliegen alle Kinder bis zum Alter von sechzehn Jahren der Schulpflicht, soweit sie auf französischem Gebiet wohnen.[1032] Damit sind auch alle Asylbewerberkinder erfaßt.[1033] Sie besuchen die öffentliche Schule in der Stadt, in der sie untergebracht sind. Diejenigen, die im CADA leben, profitieren von einem vorbereitenden (Sprach)unterricht in den Aufnahmenzentren, bevor sie in die lokalen Schulen eingegliedert werden. Für die anderen Kinder werden seitens des Bildungsministeriums zum Teil vorbereitende Kurse - insbesondere in größeren Städten - angeboten.[1034] Unterricht in der Muttersprache findet nicht statt.[1035]

In *Portugal* haben Asylbewerber, die sich im schulpflichtigen Alter befinden, sobald sie sich im regulären Verfahren befinden und im Besitz einer vorübergehenden Aufenthaltserlaubnis sind, das Recht, öffentliche Schulen zu besuchen.[1036] Dabei gelten für sie die gleichen Bestimmungen und Voraussetzungen

---

tren, in Zukunft Kinder direkt in den Aufnahmezentren zu unterrichten und nicht in das öffentliche Schulsystem zu integrieren, Government White Paper, „Secure Borders, Safe Havens, Integration with diversity in modern Britain", Februar 2002. Gegen dieses Vorhaben spricht sich der British Refugee Council entschieden aus, Informationen des British Refugee Councils vom 25.09.2002, abrufbar unter:http://www.refugeecouncil.org.uk (Stand 2003). Dieser berichtet zudem, daß im Vereinigten Königreich hunderte von Asylbewerberkindern die Schule aufgrund organisatorischer Schwierigkeiten nicht besuchen, British Refugee Council, Comments, Ziff. 12. Zu den praktischen Schwierigkeiten, siehe auch CANDAPPA, in: IJCR 2000, S. 261, (266 ff.).

1029 Siehe dazu Mitteilung des IND, abrufbar unter: http://www.ind.homeoffice.gov.uk (Stand 2003). Mit Hilfe des "Ethnic Minority Achievement Grants" werden insbesondere Schulen finanziell unterstützt, damit sie die Möglichkeit haben, Asylbewerberkindern und Flüchtlingskindern gezielt Englischunterricht zu geben und sie besser zu integrieren. Danach ist für das Jahr 2001/02 eine Summe von brit. Pfund 154 Millionen verfügbar. Zudem wurden brit. Pfund 1,5 Millionen für Schulen bereitgestellt, an denen der Anteil von Asylbewerberkindern besonders hoch war.

1030 Siehe dazu Mitteilung des IND, abrufbar unter: http://www.ind.homeoffice.gov.uk (Stand 2003).

1031 PLS RAMBOLL, United Kingdom, S. 23.

1032 Ordenonce n° 59-45 vom 06.01.1959, Journal Officiel vom 07.01.1959.

1033 GEGENWART, Sozialrechtliche Stellung, S. 118.

1034 DRC, France, S. 18; EFIONAYI-MÄDER, France, S. 57, PLS RAMBOLL, France, S. 23.

1035 PLS RAMBOLL, France, S. 23, Tabelle 5.6.

1036 Art. 57 port. AsylgG.

wie für portugiesische Staatsangehörige.[1037] Damit besteht eine allgemeine Schulpflicht im Alter zwischen sechs und fünfzehn Jahren.[1038] Da die Asylbewerber in der Regel nicht portugiesisch sprechen, plant das Bildungsministerium Sprachunterricht für Asylbewerber innerhalb des nationalen Schulsystems.[1039] Unterricht in der Muttersprache wird nicht erteilt.[1040]

cc. Griechenland, Italien

Der Besuch der sechsjährigen Grundschule bzw. drei Jahre auf einer weiterführenden Schule ist in *Griechenland* für Asylbewerberkinder verpflichtend.[1041] Voraussetzung ist das Vorhandensein des Asylbewerberausweises.[1042] Spezielle Klassen für Asylbewerberkinder gibt es grundsätzlich nicht.[1043] Mehrere, von Hilfsorganisationen geleitete interkulturelle Zentren und Bildungszentren in Athen bieten Sprachkurse für Asylbewerberkinder an.[1044] Im Aufnahmezentrum Lavarion in der Nähe von Athen wird Kindern Unterricht in Griechisch, Englisch und teilweise in ihrer Muttersprache angeboten.[1045]
In *Italien* besteht die allgemeine Schulpflicht für alle Kinder in gleichem Maße im Alter von sechs bis vierzehn Jahren, so daß auch Asylbewerberkinder der Schulpflicht unterliegen.[1046] Bezüglich weiterführender Schulen, die auch italienische Kinder nicht besuchen müssen, haben Asylbewerberkinder ein Recht, diese Schulen zu besuchen nicht aber die Pflicht.[1047] Unterricht in der Muttersprache soll offiziell angeboten werden, in der Praxis ist dies jedoch nicht der Fall.[1048]

1037 Art. 57 port. AsylG.
1038 Art. 6 port. SchulbildungsG, Lei de Bases do Sistema Educativo, Gesetz N° 46/86 vom 14.10.1986.
1039 PLS RAMBOLL, Portugal, S. 23.
1040 PLS RAMBOLL, Portugal, S. 23, Tabelle 12.7.
1041 Art. 40 des Gesetzes Nr. 2910 (Einwanderungsgesetz), OJHR A, 91/02.05.2001; das Gesetz trat am 03.06.2001 in Kraft. Kinder von Asylbewerbern sind zudem nach Art. 40 Abs. 3 c davon befreit, all die Dokumente bei der Anmeldung vorzuzeigen, die griechische Kinder vorweisen müssen. Zu dem Gesetz, daß grundsätzlich auf Asylbewerber keine Anwendung findet, SKORDAS, EJML, 2002, S. 23 ff.
1042 SITAROPOULOS, CSP 2002, S.436, (447).
1043 Dies führt dazu, daß die meisten Kinder aufgrund von Sprachschwierigkeiten dem Unterreicht nicht folgen können, PLS RAMBOLL, Greece, S. 25.
1044 SITAROPOULOS, CSP 2002, S.436, (447).
1045 PLS RAMBOLL, Greece, S. 22.
1046 Art. 38 Abs. 1 it. Einwanderungsgesetz. Siehe DI PASCALE, EJML, 2002, S. 71, (76).
1047 DOHMES-OCKENFELS, Arbeit und Bildung, S. 56.
1048 DRC, Italy, S. 10.

4. Richtlinienkonformität der nationalen Bestimmungen

a. Deutschland (Bayern)

Bayern erfüllt die von der Richtlinienbestimmungen gestellten Anforderungen an den Schulbesuch Minderjähriger. Die Einschränkung, daß der Schulbesuch erst drei Monate nach der Antragsstellung gestattet wird, ist richtlinienkonform.

b. Spanien

Spanien erfüllt die durch die Richtlinie gestellten Anforderungen hinsichtlich des Zugangs zur schulischen Bildung Minderjähriger, indem es den Schulbesuch zwischen dem sechsten und dem sechzehnten Lebensjahr für alle als verpflichtend erklärt. Eine höhere Schulbildung ist grundsätzlch ebenfalls möglich.

c. Österreich

Die öst. Bestimmungen erfüllen ebenfalls die in Art. 10 der Richtlinie gestellten Anforderung an den Grundschulbesuch und die weiterführende Bildung Minderjähriger, denn der Besuch einer öffentlichen Schule wird ab dem sechsten Lebensjahr mit Beginn des Aufenthaltes für neun Jahre gestattet, bzw. er wird nach sechs Monaten sogar verpflichtend.

5. Bewertung

Die Bestimmung ist im Prinzip zu begrüßen. Der Besuch einer Schule ist auch für Asylbewerberkinder von großer Bedeutung. Bildung ist der Schlüssel für Integration sowohl im Aufnahmeland als auch gegebenfalls im Herkunftsland im Falle einer Rückkehr.[1049] Zudem ist Bildung für Kinder essentiell, da sie der vollen Verwirklichung ihrer Potentiale dient sowie der Entwicklung ihrer Persönlichkeit. Durch das Verlassen ihrer Heimat wurde ihre Schulausbildung zwangsweise unterbrochen, und es gilt, diese so rasch wie möglich im Aufnahmeland fortzusetzen.
In allen Mitgliedstaaten haben Kinder Zugang zu den öffentlichen Schulen. Bis auf wenige Ausnahmen (Finnland und Schweden) sind auch Asylbewerberkinder von der Schulpflicht erfaßt. Art. 12 verpflichtet die Mitgliedstaaten nur, Asylbewerberkindern den Zugang zum Bildungssystem zu gestatten. Entsprechend den internationalen Übereinkommen sind die Mitgliedstaaten jedoch dazu verpflichtet, die Schulpflicht auch für Asylbewerberkinder einzuführen. Folglich

[1049] Siehe auch ECRE (Hrsg.) „The Good Practice Guild on Education", abrufbar unter: http://www.ecre.org. (Stand Februar 2003).

sollte Art. 10 die Schulpflicht für Asylbewerberkinder normieren. Sie sollte entsprechend bis zu dem Alter gelten, wie sie auch für Staatsangehörige gilt.
Abzulehnen ist die Möglichkeit der Mitgliedstaaten, Asylbewerberkinder auch in Unterbringungszentren zu unterrichten. Zwar wollen die Mitgliedstaaten eine Integration der Asylbewerber vermeiden, solange noch nicht endgültig über den Asylantrag entschieden ist, doch diese Maßnahme isoliert Asylbewerberkinder vollständig im Aufnahmeland und nimmt ihnen jegliches Gefühl von Normalität. Im übrigen sieht nur das Vereinigte Königreich diese Maßnahme im Zuge der Reform des Asylrechts vor. Alle übrigen Mitlgliedstaaten gewähren Zugang zu den öffentlichen Bildungseinrichtungen.

VII. Beschäftigung

1. Art. 11 der Richtlinie

Art. 11 bestimmt in Abs. 1, daß die Mitgliedstaaten einen mit der Einreichung des Asylantrags beginnenden Zeitraum festlegen, in dem der Asylbewerber keinen Zugang zum Arbeitsmarkt hat.
Ist ein Jahr nach Einreichung des Asylantrags keine Entscheidung in erster Instanz ergangen und ist diese Verzögerung nicht durch Verschulden des Antragstellers bedingt, so beschließen die Mitgliedstaaten, unter welchen Voraussetzungen dem Asylbewerber Zugang zum Arbeitsmarkt gewährt wird (Abs. 2).
Nach Abs. 3 darf das Recht auf Zugang zum Arbeitsmarkt während eines Rechtsbehelfsverfahrens, bei dem Rechtsmittel gegen eine ablehnende Entscheidung in einem Standardverfahren aufschiebende Wirkung haben, bis zum Zeitpunkt, zu dem die ablehnende Entscheidung zugestellt wird, nicht entzogen werden.
Gemäß Abs. 4 können die Mitgliedstaaten aus Gründen der Arbeitsmarktpolitik Unionsbürgern und Angehörigen von Staaten, die Vertragsparteien des Übereinkommens über den Europäischen Wirtschaftsraum sind sowie Drittstaatsangehörigen mit rechtmäßigem Aufenthalt, Vorrang einräumen.

2. Völkerrechtskonformität

Das Recht auf Arbeit ist in Art. 6 IPWSKR normiert. Der im folgenden relevante erste Absatz lautet:
„Die Vertragsstaaten erkennen das Recht auf Arbeit an, welches das Recht jedes einzelnen auf die Möglichkeit, seinen Lebensunterhalt durch frei gewählte oder angenommene Arbeit zu verdienen, umfaßt und unternehmen geeignete Schritte zum Schutz dieses Rechts".

Das Recht auf Arbeit ist eines der zentralen wirtschaftlichen Menschenrechte.[1050] Gemäß dem Wortlaut der Norm hat jeder ein Recht auf Arbeit.[1051] Damit ist der persönliche Geltungsbereich auch bei Art. 6 IPWSKR unbeschränkt und Asylbewerber, die das Hoheitsgebiet eines Vertragsstaates betreten haben, sind vom Schutzbereich umfaßt.
Arbeit ist sowohl selbständige als auch unselbständige Erwerbstätigkeit, die auf der einen Seite zur Sicherung des eigenen Lebensunterhaltes und auf der anderen Seite der Entwicklung der eigenen Persönlichkeit dient.[1052]
Art. 6 Abs. 1 IPWSKR umfaßt das Recht auf Zugang zum Arbeitsmarkt. Jeder hat grundsätzlich das Recht, seinen Lebensunterhalt durch Arbeit zu verdienen. Die Staaten sind verpflichtet, alles zu unterlassen, was den Zugang des Einzelnen zum Arbeitsmarkt behindern könnte. Damit sind echte Berufs- und Arbeitsverbote sowie Zulassungsbeschränkungen und berufsregelnde Maßnahmen zu unterlassen.[1053]
Folglich wird in den Geltungsbereich des Art. 6 Abs. 1 IPWSKR eingegriffen, wenn für bestimmte Personen oder Personengruppen der Zugang zum Arbeitsmarkt behindert wird. Dies impliziert allerdings noch nicht eine Verletzung des Rechts auf Arbeit. Vielmehr ist ein Eingriff in den sachlichen Geltungsbereich gerechtfertigt, wenn er mit den im IPWSKR normierten Schranken in Einklang steht.
Art. 11 betrifft ausschließlich den Zugang zum Arbeitsmarkt und damit nur das in Art. 6 Abs. 1 IPWSKR festgeschriebene Abwehrrecht. Bei den in Art. 11 angesprochenen Beschäftigungen handelt es sich um Arbeit, da sie dazu dienen, den eigenen Lebensunterhalt zu bestreiten.
Art. 11 Abs. 1 überläßt es den Mitgliedstaaten ab Antragstellung einen Zeitraum festzulegen, in dem der Asylbewerber keinen Zugang zum Arbeitsmarkt hat. Damit erlaubt die Bestimmung, die Festlegung eines befristeten Arbeitsverbotes durch die Mitgliedstaaten. Durch Art. 11 Abs. 2 wird das Emessen der Mitgliedstaaten allerdings hinsichtlich des Zeitraumes, für den das Arbeitsverbot gelten soll, eingeschränkt. Die Bedingungen des Zugangs hingegen dürfen die Mitgliedstaaten selbst bestimmen. Dabei kann aus Gründen der Arbeitsmarktpolitik eigenen Staatsangehörigen und bevorrechtigten Ausländern beim Zugang zum Arbeitsmarkt nach Art. 11 Abs. 4 Vorrang eingeräumt werden.
Damit ist festzuhalten, daß Art. 11 Abs. 1 einen Eingriff in das Recht auf Arbeit legitimiert, indem die Mitgliedstaaten verpflichtet werden, einen Zeitraum festzulegen, in dem ein Arbeitsverbot für Asylbewerber besteht. Dieses darf aller-

---

1050 DRZEWICKI, in: EIDE/KRAUSE/ROSAS (Hrsg.), ESCR 2001, S. 169.

1051 Allerdings war es sehr umstritten, ob auch Ausländern das Recht auf Arbeit in gleichem Maße zustehen sollte, wie den eigenen Staatsangehörigen; siehe dazu ausführlich, DOHMES-OCKENFELS, Arbeit und Bildung, S. 80 ff.

1052 DRZEWICKI, in: EIDE/KRUASE/ROSAS (Hrsg.), ESCR 2001, S. 169.

1053 DOHMES-OCKENFELS, Arbeit und Bildung, S. 96.

dings höchstens ein Jahr gelten, vorausgesetzt bis dahin ist noch keine erstinstanzliche Entscheidung ergangen.
Im Folgenden ist nun zu prüfen, ob die Schranken des IPWSKR die Eingriffe, welche Art. 11 festschreibt bzw. erlaubt, zulassen. Art. 11 betrifft den Zugang zum Arbeitsmarkt. Insofern ist vorliegend die Ebene des Respekts betroffen. Folglich findet die Schrankenbestimmung des Art. 2 Abs. 1 IPWSKR keine Anwendung, denn eine progressive Verwirklichung ist auf dieser Ebene grundsätzlich ausgeschlossen. Das gleiche gilt für die Berufung der Mitgliedstaaten auf einen Mangel an Ressourcen (Art. 2 Abs. 1 IPWSKR). Der begrenzte Zugang zum Arbeitsmarkt kann also nicht mit Hilfe von Art. 2 Abs. 1 IPWSKR gerechtfertigt werden.
Vielmehr ist es so, daß Staatsangehörige sowie bevorrechtigte Ausländer freien Zugang zum Arbeitsmarkt haben Asylbewerber aber nicht. Es besteht somit eine Ungleichbehandlung, die allerdings gerechtfertigt sein könnte. Damit ist vorliegend das in Art. 2 Abs. 2 IPWSKR normierte Diskriminierungsverbot relevant.
Eine Diskriminierung ist dann zu bejahen, wenn eine Ungleichbehandlung nicht auf vernünftigen und objektiven Gründen beruht. Eine Ungleichbehandlung ist somit gerechtfertigt, wenn sie ein legitimes Ziel verfolgt und die getroffenen Maßnahmen in einem angemessenen Verhältnis zum Ziel stehen.[1054] Die Verhältnismäßigkeit einer Maßnahme ist wiederum dann zu bejahen, wenn sie zur Erreichung des angestrebten Ziels geeignet, erforderlich und angemessen ist.[1055]
Bei der Prüfung des Diskriminierungsverbotes ist zu beachten, daß an die Rechtfertigung von Eingriffen in das Recht auf Arbeit von Asylbewerbern geringere Anforderungen zu stellen sind als an die Rechtfertigung von Eingriffen in das Recht von Staatsangehörigen. Der IPWSKR verfolgt nicht das Ziel, allen Menschen, die sich auf dem Territorium eines Staates aufhalten, den gleichen sozialen Schutz zu gewähren. Dies ist damit zu begründen, daß diese nur vorläufig im Land sind und dem Schutz der Menschenrechte nicht in gleichem Maße unterliegen wie die Bevölkerung, die sich dauerhaft im Land aufhält.
Zunächst müssen vernünftige und objektive Gründe für die Ungleichbehandlung bestehen. Ein solcher Grund ist zum einen die Entlastung der heimischen Arbeitsmärkte. Dies verdeutlicht insbesondere Art. 11 Abs. 4. Insbesondere Mitgliedstaaten mit einer hohen Arbeitslosigkeit haben ein Interesse daran, erst die eigenen Staatsangehörigen zu beschäftigen. Ein weiterer Grund besteht darin, die Attraktivität des eigenen Landes für Asylbewerber zu schmälern und dadurch den Zuzug zu beschränken. Im Zusammenhang damit steht die Annahme, daß Asylbewerber bei Erzielung eigener Einkünfte diese oft an Schleuser weitergegeben. Insofern soll mit dem eingeschränkten Zugang zum Arbeitsmarkt auch die Schleuserkriminalität eingedämmt werden. Schließlich verfolgen die Mitgliedstaaten das Ziel, das Asylverfahren zu beschleunigen und im Falle einer

[1054] Siehe dazu ausführlich DOHMES-OCKENFELS, Arbeit und Bildung, S. 170 ff. m.w.N.
[1055] Siehe zum Prinzip der Verhältnismäßigkeit im Völkerrecht FROWEIN/PEUKERT, EMRK, Vorbem. Art. 8-11, Rn. 17, NOWAK, CCPR, Art. 12, Rn. 33.

negativen Entscheidung, die Ausreise schnell durchzusetzen. Eine Integration der Asylbewerber soll verhindert werden, solange nicht über den Antrag endgültig entschieden wurde. Sind die Asylbewerber erst einmal in den Arbeitsmarkt integriert, so wird eine Ausreise schwieriger durchzusetzen sein. Hinsichtlich der Begrenzung des Zuzugs von Asylbewerbern und der Sicherung der Ausreise von Asylbewerbern ist die Legitimität dieser Ziele zu bejahen[1056], denn über die Einreise und die Bestimmung des Aufenthaltsrechtes von Asylbewerbern entscheiden die Staaten souverän. Auch die Entlastung der nationalen Arbeitsmärkte kann als legitimes Ziel der Politik betrachtet werden.[1057]

Die Geeignetheit und die Erforderlichkeit der Maßnahmen kann, wie bereits erörtert, nur ausnahmsweise abgelehnt werden.[1058] Zwar ist es nicht erwiesen, daß die Beschränkung des Zugangs zum Arbeitsmarkt wirklich dazu dient, die Ziele zu erreichen, allerdings kann auch nicht pauschal davon ausgegangen werden, daß dies nicht der Fall ist.

In einem letzten Schritt ist zu prüfen, ob die Beschränkungen des Art. 11 angemessen sind. Sie müssen in einem angemessenen Verhältnis zum angestrebten Ziel stehen. Die in Art. 5 IPWSKR normierte Wesensgehaltsgarantie darf nicht ausgehöhlt wird.

Ein entscheidender Aspekt bei der Prüfung der Angemessenheit ist, daß Asylbewerbern der Aufenthalt nur zwecks Durchführung des Asylverfahrens gestattet wird und kein gefestigter Aufenthalt im Aufnahmeland besteht. Grundsätzlich bedarf es zu einer sinnvollen Ausübung einer Beschäftigung eines Aufenthaltes von einer gewissen Dauer. Zudem kann, falls der Asylbewerber einer Beschäftigung nachgeht, dies negativen Einfluß auf die zügige Durchführung des Asylverfahrens haben. Dies steht jedoch dem Interesse der Mitgliedstaaten entscheidend entgegen. Diese wollen schnell entscheiden, wer schutzbedürftig ist und wer nicht. In den ersten Monaten des Verfahrens wird in fast allen Mitgliedstaaten über die Zulässigkeit entschieden. Ein Großteil der Asylanträge scheitert schon in diesem ersten Verfahren.

Zudem erscheint es auch fast unmöglich für Asylbewerber, in den ersten sechs Monaten eine legale Anstellung zu finden, was zum einen an ihrem ungesicherten Aufenthalt und zum anderen an in der Regel unzureichenden Sprachkenntnissen liegt. Insofern erscheint es angemessen, daß in einem bestimmten Zeitraum Asylbewerber keinen Zugang zum Arbeitsmarkt erhalten. Insofern steht Art. 11 mit Art. 6 IPWSKR in Einklang.

Art. 11 schreibt den Mitgliedstaaten nicht vor, wie lange der Zugang zum Arbeitsmarkt verweigert werden darf. Lediglich Abs. 2 bestimmt, daß, wenn nach

---

[1056] Dies bedeutet nicht, daß diese Ziele auch als politisch wünschenswert betrachtet werden müssen.

[1057] Siehe dazu DOHMES-OCKENFELS, Arbeit und Bildung, S. 189 f. Danach herrscht in den Ländern, in denen Asylbewerber Zugang zum Arbeitsmarkt haben, eine sehr hohe Arbeitslosigkeit.

[1058] Vgl. bereits oben, Zweiter Teil E, VI, 2, b.

einem Jahr noch keine erstinstanzliche Entscheidung über den Asylantrag vorliegt, der Zugang zum Arbeitsmarkt zu gewähren ist. Diese Vorschrift erscheint unangemessen. Zum einen ist der Zeitraum zu lang, und zum anderen ist die Voraussetzung, daß in erster Instanz noch keine Entscheidung getroffen wurde, unangemessen, da dies selten der Fall sein wird. Zumindest eine Zulässigkeitsentscheidung wird in fast allen Ländern vor Ablauf eines Jahres getroffen.
Danach erscheint eine Begrenzung auf sechs Monate als angemessen. Bei einem Arbeitsverbot von sechs Monaten werden die Interessen beider Seiten angemessen berücksichtigt. Diese Auffassung vertreten auch die Kommission und das Europäische Parlament.[1059]

Gegen Art. 11 Abs. 3 bestehen keine Bedenken völkerrechtlicher Art.
Schließlich stellt sich noch die Frage, wie Art. 11 Abs. 4 zu bewerten ist. Diese Vorschrift stellt im Prinzip ein faktisches Arbeitsverbot dar, denn Abs. 4 benennt selbst keine Ausnahmeregelung oder fordert die Mitgliedstaaten auf, eine solche zu schaffen. Es schließt sich an das gesetzliche Arbeitsverbot des Abs. 1 an. Ein faktisches Arbeitsverbot kann einem gesetzlichen Arbeitsverbot hinsichtlich der Wirkung gleichgestellt werden. Insofern ist es grundsätzlich nach der Richtlinienbestimmung zulässig, ein Arbeitsverbot während der Dauer des gesamten Asylverfahrens aufrechtzuerhalten. Dies ist allerdings nicht mehr zu rechtfertigen, wenn sich ein Verfahren über Jahre hinzieht, ohne daß dies auf ein Verschulden des Asylbewerbers zurückzuführen ist. In solch einem Fall ist der Aufenthalt auch nicht mehr als vorläufig anzusehen, und das Argument, eine Integration zu vermeiden, kann nicht mehr angeführt werden sowie die Beschleunigung des Verfahrens. Insofern ist es mit dem Diskriminierungsverbot nicht vereinbar, wenn aufgrund der Anwendung von Art. 11 Abs. 4 Asylbewerbern der Zugang zum Arbeitsmarkt während des gesamten Verfahrens verweigert wird, es sei denn, das Verfahren dauert nicht länger als sechs Monate. Art. 11 Abs. 4, der einem faktischem Arbeitsverbot gleichkommt, ist dann mit dem Diskriminierungsverbot vereinbar, wenn nach einem Jahr Ausnahmeregelungen eingreifen, beziehungsweise die Prioritäten regelung aufgehoben wird.[1060]

[1059] Der ursprüngliche Komissionsentwurf sah in Art. 13 vor, daß „Die Mitgliedstaaten Asylbewerebrn und ihren Familienangehörigen den Zugang zum Arbeitsmarkt nicht länger als sechs Monate nach Antragstellung verweigern. Die Mitgliedstaaten legen die Bedingungen für den Zugang zum Arbeitsmarkt nach diesem Zeitraum fest“. Das Europäische Parlament stimmte in seinem Bericht zum Richtlinienvorschlag der Befristung auf sechs Monate zu, wobei es allerdings insofern präzisierte, als daß der Zugang zum Arbeitsmarkt nur dann gewährt werden sollte, wenn nach sechs Monaten noch keine Entscheidung über den Asylantrag getroffen worden ist; siehe Europäisches Parlament, Bericht, S. 31.
Auch UNHCR und ECRE vertreten diese Ansicht, siehe UNHCR, Stellungnahme, S. 6; ECHR, Comments, S. 10.

[1060] Etwas anderes gilt dann, wenn vorher ein sechsmonatiges gesetzliches Arbeitsverbot galt. Dann verkürzt sich die Frist der Aufrechterhaltung eines faktischen Arbeitsverbotes auf ebenfalls sechs Monate.

Art. 4 IPWSKR führt als Schrankenbestimmung zu keinem anderen Ergebnis.

3. *Die nationalen Bestimmungen und die Praxis in den Mitgliedstaaten*

a. Deutschland

Gemäß § 61 Abs. 1 AsylVfG unterliegen Asylbewerber einem Arbeitsverbot, solange sie verpflichtet sind, in einer Aufnahmeeinrichtung zu wohnen (§ 47 Abs. 1 AsylVfG).
Im Anschluß daran richtet sich die Erteilung einer Arbeitsgenehmigung nach den §§ 284 bis 288 des Dritten Sozialgesetzbuches[1061] - Arbeitsförderung - sowie der Arbeitsgenehmigungsverordnung.[1062] Ausländer dürfen gemäß § 284 Abs. 1 SGB III eine Beschäftigung nur mit Genehmigung des Arbeitsamtes ausüben und von Arbeitsgebern nur beschäftigt werden, wenn sie eine solche Genehmigung besitzen. Zudem darf eine solche Genehmigung nach § 284 Abs. 5 SGB III nur dann erteilt werden, wenn der Ausländer eine Aufenthaltsgenehmigung nach § 5 AuslG besitzt, es sei denn, es ist durch Rechtsverordnung etwas anderes bestimmt. Für den Personenkreis der Asylbewerber bestimmt die Arbeitsgenehmigungsverordnung in § 5 Abs. 2, daß die Arbeitsgenehmigung auch an Ausländer erteilt werden kann, die nach § 55 AsylVfG eine Aufenthaltsgestattung besitzen und nicht mehr verpflichtet sind, in einer Aufnahmeeinrichtung zu wohnen.
Die Arbeitsgenehmigung wird im Fall eines Asylbewerbers grundsätzlich in Form einer Arbeitserlaubnis erteilt (vgl. §§ 284 Abs. 4 i.V.m. 286 i.V.m. 285 SGB III i.V.m. § 1 ArGV). Gemäß § 3 ArGV gilt eine Wartefrist von einem Jahr, bis eine Arbeitserlaubnis an einen Asylbewerber erteilt werden kann. Die Erteilung einer Arbeitsbefugnis hängt gemäß § 285 Abs. 1, Nr. 1 bis 3 SGB III von dem Vorliegen der dort genannten Tatbestände ab. So ist die Lage auf dem Arbeitsmarkt und der Vorrang deutscher und bevorrechtigter ausländischer Arbeitnehmer zu berücksichtigen.
Abweichend davon kann allerdings nach § 1 Abs. 2 ArGV eine Arbeitserlaubnis erteilt werden, wenn die Versagung eine unbillige Härte darstellen würde.[1063]
Durch Weisung vom 30.05.1997 hat das Bundesministerium für Arbeit und Sozialordnung angeordnet, daß für alle nach dem 15. Mai 1997 eingereisten Asylbewerber für die erstmalige Beschäftigungsaufnahme grundsätzlich keine Ar-

---

[1061] Sozialgesetzbuch, Drittes Buch vom 24.03.1997 (BGBl I, S. 594, 658), zuletzt geändert durch Gesetz vom 16.12.1997 (BGBl. I S. 2970). Im Folgenden SGB III.

[1062] Im Folgenden ArGV. ArGV vom 17. 09.1998, BGBl. I, S. 2899.

[1063] Eine unbillige Härte wird regelmäßig nicht angenommen, wenn der Asylbewerber abhängig von Leistungen nach dem AsylbLG ist; vgl. dazu und mit zahlreichen Beispielen CLASSEN, Menschenwürde, S. 250 ff.

beitserlaubnis erteilt werden darf. Die Weisung wurde auch nach dem Regierungswechsel im Jahr 1998 aufrechterhalten.[1064] Sie reduziert das Ermessen der Behörden grundsätzlich auf Null, so daß für diese Gruppe von Asylbewerbern quasi ein Arbeitsverbot besteht.[1065]
Gemäß § 5 Abs. 1 AsylbLG sollen, soweit wie möglich, Arbeitsgelegenheiten bei staatlichen, kommunalen und gemeinnützigen Trägern zur Verfügung gestellt werden, sofern die zu leistende Arbeit sonst nicht, nicht in diesem Umfang oder nicht zu diesem Zeitpunkt verrichtet würde.[1066] Diese Tätigkeiten können zum Beispiel Kinderbetreuung, Gartenarbeiten oder Sozialbetreuungstätigkeiten in einem Wohnheim umfassen, sofern es einen staatlichen oder gemeinnützigen Träger hat.[1067] Gemäß Abs. 4 sind arbeitsfähige, nicht erwerbstätige Leistungsberechtigte, die nicht mehr der Schulpflicht unterliegen, verpflichtet, eine zur Verfügung stehende Arbeitsgelegenheit wahrzunehmen.[1068] Für die Tätigkeit wird gemäß § 5 Abs. 2 AsylbLG eine Aufwandsentschädigung in Höhe von 1€ pro Stunde ausgezahlt.

b. Spanien

In Spanien besteht nach Art. 15 Abs. 2 des Erlasses Nr. 203 zum span. AsylG für Asylbewerber die Möglichkeit, eine Arbeitserlaubnis zu erhalten. Die Erteilung richtet sich nach den Bestimmungen des span. AusländerG. Die Arbeitserlaubnis wird von den regionalen Behörden (Direciones provinciales de trabajo y asuntos sociales) ausgegeben.[1069] Gemäß einer Vereinbarung zwischen dem Ministerium für Arbeit und Soziales und dem OAR wird nur denjenigen Asylbewerbern eine Arbeitserlaubnis gewährt, die ihren Asylantrag vor mehr als sechs Monaten gestellt haben und die noch in keiner Form bezüglich der Asylgewährung negativ beschieden wurden.[1070] Da gemäß Art. 36 Abs. 1 i.V.m. 39, 40 des

---

1064 CLASSEN, Menschenwürde, S. 254.

1065 MARX, Asylverfahrensgesetz, § 62, Rn. 8; HAILBRONNER, Ausländerrecht, Ordner 3, § 61 AsylVfG, Rn. 12 f., der insbesondere auf eine mögliche Rechtswidrigkeit der Weisung eingeht. Siehe auch CLASSEN, Menschenwürde, mit Nachweisen zur Rechtsprechung, S. 253 f.

1066 Auch in Aufnahmeeinrichtungen (§ 44 AsylVfG) und in vergleichbaren Einrichtungen sollen Arbeitsgelegenheiten, insbesondere zur Aufrechterhaltung und Betreibung der Einrichtung, zur Verfügung gestellt werden (§ 4 Abs. 1 AsylbLG). „Vergleichbare Einrichtungen" sind keine Gemeinschaftsunterkünfte, so daß hier nicht näher auf diesen Aspekt eingegangen wird.

1067 Nach § 5 Abs. 2 AsylbLG wird für die zu leistende Arbeit nach § 5 Abs. 1 AsylbLG eine Aufwandsentschädigung von 1,05 € pro Stunde gezahlt.

1068 Die Heranziehung zu einer Arbeitsgelegenheit erfolgt mit schriftlichem Bescheid, CLASSEN, Menschenwürde, S. 150 f.

1069 UNHCR, Spain, S. 152; EFIONAYI-MÄDER, Espangne, S. 49.

1070 EFIONAYI-MÄDER, Espagne, S. 49; DRC, Spain, S. 18; wohl auch PLS RAMBOLL, Spain, S. 23.

span. AusländerG sowie Art. 64, 65, 66, 70 des Erlasses Nr. 203 zum span. AsylG im Rahmen einer Erteilung einer Arbeitserlaubnis grundsätzlich die Lage auf dem Arbeitsmarkt zu berücksichtigen ist, spanische Staatsangehörige, EU-Bürger sowie anerkannte Ausländer bevorzugt zu behandeln sind und zudem eine Quotenregelung[1071] besteht, ist es für Asylbewerber fast unmöglich, eine Arbeitserlaubnis zu erhalten.[1072] Aus diesem Grund arbeiten neben der großen Anzahl sich illegal im Land aufhaltender Ausländer, auch Asylbewerber, denen keine Arbeitserlaubnis bewilligt wurde, illegal.[1073]

c. Österreich

In Österreich besteht zwar für Asylbewerber kein formelles Arbeitsverbot, aber die Möglichkeit, eine Arbeitsbewilligung zu erhalten, ist quasi aussichtslos, da auch Asylbewerber unter das Ausländerbeschäftigungsgesetz[1074] fallen.[1075] Danach dürfen Ausländer nur beschäftigt werden, wenn ihr Arbeitgeber eine Beschäftigungsbewilligung hat oder sie selbst eine Arbeitserlaubnis vorweisen können (§ 3 Abs. 1, 2 AuslBG).[1076] Die Erteilung der Arbeitserlaubnis richtet sich nach § 14 a AuslBG. Voraussetzung ist, daß der Ausländer in den letzten vierzehn Monaten insgesamt 52 Wochen im Bundesgebiet erlaubt beschäftigt war. Diese Voraussetzung können Asylbewerber in der Regel nicht erfüllen.
Die Erteilung einer Beschäftigungsbewilligung an einen Arbeitgeber ist in den §§ 4 und 4b AuslBG geregelt. Gemäß § 4 Abs. 1 AuslBG ist die Lage und Entwicklung am Arbeitsmarkt zu berücksichtigen. Nach § 4b AuslBG erfolgt die Prüfung der Lage und Entwicklung am Arbeitsmarkt, indem bei der Besetzung der betreffenden Arbeitsstelle unter den verfügbaren Arbeitskräften eine festgelegte Reihenfolge eingehalten wird. Die vorläufig aufenthaltsberechtigten Asylbewerber stehen dabei an letzter Stelle.[1077] Als weitere Hürde findet zudem § 12 a AuslBG Anwendung. Danach darf die Gesamtzahl der unselbständig beschäftigten und arbeitslosen Ausländer den Anteil von 8 % am österreichischen Arbeitskräftepotential nicht überschreiten. Insbesondere aufgrund dieser Quotenregelung und dem Vorrang aller anderen sich im Land rechtmäßig aufhaltenden

[1071] EFIONAYI-MÄDER, Espagne, S. 50.
[1072] So auch EFIONAYI-MÄDER, Espagne, S. 50; DOHMES-OCKENFELS, Arbeit und Bildung, S. 52.
[1073] PLS RAMBOLL, Spain, S. 23.
[1074] Bundesgesetz, mit dem die Beschäftigung von Ausländern geregelt wird, BGBl. Nr. 218/1975, zuletzt geändert durch BGBl. I, Nr. 68/2002. Im Folgenden AuslBG.
[1075] Vgl. § 4 b Abs. 1 Ziff. 9 AuslBG.
[1076] Zur Ausländerbeschäftigung in Österreich siehe SCHRAMMEL, Ausländerbeschäftigung, S. 75 f.
[1077] Vgl. § 4 b Abs. 1 Ziff. 9 AuslBG.

Ausländer, ist es in der Praxis für Asylbewerber unmöglich, eine Arbeitsbewilligung zu erhalten.[1078]

d. Weitere Länder

aa. Belgien, Finnland, Luxemburg, Niederlande, Schweden, Vereinigtes Königreich

In *Belgien* haben Asylbewerber, deren Antrag als zulässig erklärt wurde, einen Anspruch auf die Erteilung einer Arbeitserlaubnis.[1079] Findet ein Asylbewerber eine Arbeitsstelle, so kann er eine vorläufige Arbeitserlaubnis erhalten, falls er vor dem 30.09.1993 einen wirksamen Antrag auf Asyl gestellt hat und keine Ausweisungsverfügung gegen ihn erlassen wurde.[1080] Der Arbeitgeber ist verpflichtet, den Antrag auf Erteilung einer Arbeitserlaubnis zu stellen.[1081] Die Erteilung der Arbeitserlaubnis ist unabhängig von der konkreten Lage auf dem Arbeitsmarkt.[1082]

In *Finnland* dürfen Asylbewerber, die sich seit drei Monaten im Land aufhalten und deren Asylverfahren noch nicht abgeschlossen ist, gemäß § 25 des finn. AusländerG. i.V.m. § 18 des finn. Ausländerdekrets ohne Arbeitserlaubnis arbeiten.[1083] Aufgrund der hohen Arbeitslosigkeit in Finnland bedarf es allerdings einer Genehmigung des Arbeitsamtes. Diese muß vom zukünftigen Arbeitgeber eingeholt werden.[1084] In der Praxis sind nur wenige Asylbewerber in der Lage, Arbeit zu finden.[1085] Falls ein Arbeitsverhältnis begründet wird, entfällt die staatliche finanzielle Unterstützung.[1086]

1078 DOHMES-OCKENFELS, Arbeit und Bildung, S. 51; EFIONAYI-MÄDER, Österreich, S. 103f; PLS RAMBOLL, Austria, S. 24.

1079 BANK, NJIL, 2000, S. 257, (273); DOHMES-OCKENFELS, Arbeit und Bildung,, S. 40; siehe auch VERDUSSEN/DE BRUYN, Administration Publique, 1998, S. 302, (305).

1080 Art. 1 M. 1., Nr. 1 des Circulaire concernant les autorisations provisoires d'occupation pour candidates réfugiés (demandeur d'asile) vom 26. 04.1994, Moniteur Belge, 30.04.1994. Im Folgenden Circulaire concernant les autorisations provisoires d'occupation.

1081 Art. 1 M. 1 des Circulaire concernant les autorisations provisoires d'occupation.

1082 Art. 1 M. 1 Nr. 2 des Circulaire concernant les autorisations provisoires d'occupation.Grundsätzlich haben Asylbewerber auf dem Arbeitsmarkt nur schlechte Chancen, DOHMES-OCKENFELS, Arbeit und Bildung, S. 40 f.

1083 Da Asylbewerber in der jeweiligen Gemeinschaftsunterkunft registriert sind, kann leicht überprüft werden, wer sich bereits mindestens drei Monate in Finnland aufhält, vgl. § 34 ff. finn. IntegrationsG.

1084 Vgl. dazu § 19 finn. Ausländerdekret, § 26 finn. AusländerG.

1085 DRC Finland, S. 12.

1086 PLS RAMBOLL, Finland, S. 27.

Asylbewerber in *Luxemburg* haben grundsätzlich keinen Zugang zum Arbeitsmarkt.[1087] Alle Ausländer benötigen zur legalen Erwerbstätigkeit eine Arbeitserlaubnis, deren Erteilung unter anderem von der Arbeitsmarktsituation abhängig ist.[1088] Grundsätzlich wird Asylbewerbern während des Verfahrens keine Arbeitserlaubnis erteilt.[1089]
In den *Niederlanden* besteht grundsätzlich ein Arbeitsverbot für Asylbewerber. Bis 1998 durften Asylbewerber nur freiwillige, unbezahlte Arbeit verrichten, die der Gesellschaft zugute kam.[1090] Seit 1998 besteht die Möglichkeit, sechs Monate nach Beginn des Verfahrens für maximal zwölf Wochen während eines Jahres, bezahlter, saisonbedingter Arbeit nachzugehen.[1091] Im Jahr 2002 wurde die Beschränkung, nur saisonbedingte Arbeit zu verrichten, aufgehoben.[1092] Der Asylbewerber muß zwischen 18 und 65 Jahren alt sein und bedarf einer Genehmigung des COA und des IND.
In *Schweden* können Asylbewerber grundsätzlich keine Arbeitserlaubnis bekommen, da diese an eine Aufenthaltserlaubnis gekoppelt ist und Asylbewerber lediglich eine Duldung erhalten (Kap. 2, § 5 schwed.AusländerG i.V.m. Kap. 1, § 5 schwed. AusländerG). Allerdings bestimmt Kap. 4 § 3a schwed. Ausländer-VO, daß Asylbewerber von dem Erfordernis der Arbeitserlaubnis befreit werden, wenn das Asylverfahren voraussichtlich länger als vier Monate dauern wird. Asylbewerbern wird dann ein Ausweis ausgestellt, welcher sowohl das Aufenthaltsrecht als auch die Arbeitserlaubnisbefreiung enthält. Die Befreiung ist nicht abhängig von einem konkreten Arbeitsangebot.[1093] Hat der Asylbewerber Arbeit gefunden, darf er solange arbeiten, bis eine endgültige Entscheidung über sein Gesuch vorliegt.[1094]

[1087] Der Arbeitsminister kann Personen, die aus einer Kriegsregion stammen, eine befristete Arbeitserlaubnis erteilen, die höchsten sechs Monate gültig ist, vgl. Art. 1 du règlement grand-ducal du 29 avril 1999 portant modification du règlement grand-ducal du 12 mai 1972 déterminant les mesures applicables pour l'emploi des travailleurs étrangers sur le territoire du Grand-Duché de Luxembourg, Mémorial A, Journal Officiel du Grand-Duché de Luxembourg, N° 48, 3 mai 1999. Von dieser Regelung profitieren hauptsächlich Personen aus Ex-Yugoslawien.

[1088] Art. 26 f. lux. AusländerG.

[1089] DOHMES-OCKENFELS, Arbeit und Bildung, S. 49.

[1090] PLS RAMBOLL, The Netherlands, S. 21

[1091] Wet arbeid vreemdelingen vom 21.12.1994, Staatsblad Nr. 959/19994, geändert durch Gesetz vom 06.11.1997, Staatsblad Nr. 510/1997. Diese Regelung führte zu heftigen Debatten, insbesondere als im Jahr 2000 vorgeschlagen wurde, die Begrenzung von zwölf Wochen auf 39 Wochen zu erhöhen, PLS RAMBOLL, The Netherlands, S. 21.

[1092] Information des niederländischen Ministeriums für soziale Sicherheit und Arbeit, abrufbar unter http://home.szw.nl. (Stand Februar 2003).

[1093] SANDERSJÖ/BJÖRK, Utlänningsärenden, S. 37 ff.

[1094] Informationsblatt der schwedischen Migrationsbehörde zu den Aufnahmebedingungen für Asylbewerber, abrufbar unter: http://www .migrationsverket.se (Stand Februar 2003); PLS RAMBOLL, Sweden, S. 20 f.

Im *Vereinigten Königreich* besteht während der ersten sechs Aufenthaltsmonate ein Arbeitsverbot.[1095] Ist während dieser Zeit noch keine Entscheidung über den Asylantrag gefallen, haben Asylbewerber die Möglichkeit, eine Arbeitsbewilligung zu beantragen.[1096] Das Innenministerium muß die Arbeitsbewilligung genehmigen. Ist dies der Fall, wird die Erteilung einer Arbeitsbewilligung auf der „Application Registration Card" bzw. dem „Standard Acknowlegement Letter" vermerkt. Die Arbeitsbewilligung gilt, bis eine letztinstanzliche Entscheidung gefällt ist.[1097] Grundsätzlich wird nur dem Hauptantragsteller eine Arbeitsbewilligung ausgestellt nicht aber der Partnerin oder erwachsenen Kindern derselben Familie.[1098]

bb. Frankreich, Portugal

In *Frankreich* enthielt die vorläufige Aufenthaltsgenehmigung für Asylbewerber bis 1991 nach einem Erlaß des Premierministers vom 17.05.1985[1099] automatisch eine bis auf drei Monate befristete Arbeitserlaubnis, die bis zum Abschluß des Verfahrens verlängerbar war.[1100] Der Erlaß des Premierministers vom 26.09.1991[1101] änderte diese Regelung. Danach unterliegen Asylbewerber nun dem allgemeinen Ausländerrecht.[1102] Sie können eine Arbeitserlaubnis nach Art. R.341-1 fr. Arbeitsgesetzbuch beantragen, die ihnen auch bei vorläufiger Aufenthaltsgenehmigung erteilt werden kann.[1103] Allerdings wird gemäß Art. R.341-1 fr. Arbeitsgesetzbuch die Situation am Arbeitsmarkt berücksichtigt. Hinzu kommt, daß der Erlaß vom 26.09.1991 feststellt, daß die Erteilung einer Arbeitserlaubnis an Asylbewerber immer der Situation am Arbeitsmarkt entgegen-

---

1095 BANK/GROTE, in: GIEGERICH/WOLFRUM (HRSG.), Einwanderungsrecht, S. 305, (324).

1096 EFIONAYI-MÄDER, Großbritannien, S. 71; Information des British Refugee Councils vom 25.09.02, abrufbar unter: http://www.refugeecouncil.org.uk (Stand Februar 2003). Der Antrag ist beim IND oder bei einer regionalen Immigrationsbehörde zu stellen. Nach PLS RAMBOLL, United Kingdom, S. 25, hofft die Regierung, daß in Zukunft eine Entscheidung über einen Asylantrag innerhalb von sechs Monaten gefällt wird.

1097 Information des British Refugee Councils vom 25.09.02, abrufbar unter: http://www.refugeecouncil.org.uk (Stand Februar 2003).

1098 Information des British Refugee Councils vom 25.09.02, abrufbar unter: http://www.refugeecouncil.org.uk (Stand Februar 2003); IND, abrufbar unter: http://www.ind.homeo ff.ice.gov.uk (Stand Februar 2003).

1099 Circulaire du 17.05.1985 relative aux demandeurs d'asile, Journal Officiel vom 23.05.1985, S. 5776.

1100 DOHMES-OCKENFELS, Arbeit und Bildung, S. 48.

1101 Circulaire du 26. 09.1991.

1102 Siehe DOHMES-OCKENFELS, Arbeit und Bildung, S. 48.

1103 Code du travail.

steht.[1104] Damit besteht ein faktisches Arbeitsverbot für Asylbewerber in Frankreich.[1105]
In *Portugal* erhalten Asylbewerber im regulären Verfahren eine Arbeitserlaubnis.[1106] Diese verleiht dem Asylbewerber das gleiche Recht in Portugal zu arbeiten wie einem Ausländer mit Aufenthaltsgenehmigung.

cc. *Griechenland, Italien*

Der Zugang zum Arbeitsmarkt für Asylbewerber im regulären Verfahren ist in *Griechenland* in Art. 4 des präsidialen Erlasses 189/1998 geregelt. Danach dürfen Asylbewerber, die ein Dokument erhalten haben, welches ihren Status erklärt, temporär arbeiten, um ihren Lebensunterhalt zu bestreiten.[1107] Ein Arbeitsverbot gilt für diejenigen Asylbewerber, die in dem Aufnahmezentrum Lavrio untergebracht sind.[1108] Griechischen Staatsangehörigen, EU-Bürgern und anerkannten Flüchtlingen wird im Hinblick auf den Zugang zum Arbeitsmarkt Vorrang eingeräumt.[1109]
In *Italien* besteht für Asylsuchende ein Arbeitsverbot.[1110] Allerdings gehen fast alle Asylbewerber einer illegalen Beschäftigung nach, was von den Behörden auch geduldet wird, da bekannt ist, daß die finanzielle Unterstützung nur für eine kurze Zeit gewährt wird.[1111]

4. *Richtlinienkonformität der nationalen Bestimmungen*

a. Deutschland

Das für Asylbeweber geltende Arbeitsverbot während des Aufenthaltes in einer Aufnahmeeinrichtung ist richtlinienkonform. Nach Ablauf dieser Wartefrist be-

---

1104 EFIONAYI-MÄDER, France, S. 59.
1105 EFIONAYI-MÄDER, France, S. 59; UNHCR, France, S. 81. Asylbewerber haben nur dann Aussicht auf die Erteilung einer Arbeitserlaubnis für eine bestimmte Stelle, wenn in dieser Sparte ein Überangebot an Stellen besteht, DOHMES-OCKENFELS, Arbeit und Bildung, S. 48. In Frankreich arbeiten viele Asylbewerber illegal, da nach einem Jahr keine staatliche Unterstützung gezahlt wird, PLS RAMBOLL, France, S. 23 f.
1106 Art. 55 port. AsylG.
1107 Insbesondere auf dem Land sowie im Sommer haben Asylbewerber Chancen, Arbeit in der Landwirtschaft oder der Tourismusbranche zu finden, PLS RAMBOLL, Greece, S. 26.
1108 Siehe kritisch zu dieser Bestimmung, SITAROPOULOS, CSP 2002, S. 436, (444).
1109 Art. 4 des präsidialen Erlasses 189/1999.
1110 Informationsblatt des „Programma Nazionale Asilo", abrufbar unter: http://www.programmnazioaleasilo.it/guidaita1.pdf (Stand Februar 2003).
1111 PLS RAMBOLL, Italy, S. 19; EFIONAYI-MÄDER, S. 78f. Danach sind insbesondere in Süditalien viele Asylsuchende in der Landwirtschaft und im Dienstleistungssektor beschäftigt.

steht in Deutschland eine einjährige Wartefrist, bis Zugang zum Arbeitsmarkt gewährt wird. Diese Bestimmung ist richtlinienkonform, denn die Ausgestaltung der Zugangsregelungen liegt im Ermessen der Mitgliedstaaten. Somit kann Deutschland dann auch festlegen, daß die Lage auf dem nationalen Arbeitsmarkt zu berücksichtigen ist. Die Weisung, grundsätzlich keine Arbeitserlaubnis mehr an Asylbewerber zu erteilen, steht der Richtlinienbestimmung nicht entgegen. § 285 Abs. 1, Nr. 1 bis 3 SGB III steht mit Art. 11 Abs. 4 in Einklang. Folglich ist die Richtlinienkonformität der deutschen Bestimmungen insgesamt zu bejahen.

b. Spanien

Die spanischen Bestimmungen, welche den Zugang zum Arbeitsmarkt regeln, sind richtlinienkonform.

c. Österreich

In Österreich besteht für Asylbewerber kein befristetes Arbeitsverbot. Da diese eine günstigere Regelung gegenüber Art. 11 Abs. 1 ist, ist diesbezüglich die Richtlinienkonformität zu bejahen. Gemäß der Richtlinienbestimmung legen die Mitgliedstaaten den Zugang zum Arbeitsmarkt fest, wenn nach einem Jahr noch keine erstinstanzliche Entscheidung getroffen wurde und der Asylbewerber dies nicht zu verantworten hat. Die Ausgestaltung der Zugangsregelungen liegt im Ermessen der Mitgliedstaaten. Diese unterliegen nicht der Voraussetzung, daß ein Zugang für den Asylbewerber auch tatsächlich möglich sein muß. Das heißt, daß durchaus der Zugang an Voraussetzungen genknüpft werden kann, die der Asylbewerber aus rechtlichen oder tatsächlichen Gründen gar nicht erfüllen kann. Folglich ist § 14 a AuslBG, der bestimmt,, daß der Ausländer in den letzten vierzehn Monaten insgesamt 52 Wochen im Bundesgebiet erlaubt beschäftigt war bevor eine Arbeitserlaubnis erteilt werden kann, richtlinienkonform. Die östereichische Vorrangregelung steht in Einklang mit Art. 11 Abs. 4.

5. Bewertung

Der Vorschlag der Kommission sah vor, daß die Mitgliedstaaten Asylbewerbern und den sie begleitenden Familienangehörigen den Zugang zum Arbeitsmarkt nicht länger als sechs Monate nach Antragstellung verweigern dürfen. Danach legen sie die Bedingungen für den Zugang zum Arbeitsmarkt fest.[1112] Das Europäische Parlament billigte diesen Vorschlag.[1113]

[1112] ABl. C 213 E/19 vom 31.07.2001, S. 286 ff., Art. 13, Abs. 1.

[1113] Europäisches Parlament, Bericht, S. 29 f.

Dieser Vorschlag führte im Rat zu Kontroversen. Insbesondere Deutschland vertrat die Ansicht, daß mit der Regelung die Kompetenzen überschritten würden. Schließlich wurde der nun in Art. 11 normierte Kompromiß gefunden. Die Mitgliedstaaten haben nun bezüglich der Regelung des Zugangs zum Arbeitsmarkt einen sehr weiten Ermessensspielraum. Die einzige Verpflichtung, die sie eingegangen sind, besteht für den Fall, daß ein Jahr nach der Antragsstellung in der ersten Instanz noch keine Entscheidung getroffen wurde, darin, den Zugang zum Arbeitsmarkt zu gewähren. Der Asylbewerber darf die Verzögerung nicht verschuldet haben. In der überwiegendenen Mehrheit der Fälle wird eine erstinstanzliche Entscheidung vor Ablauf eines Jahres gefällt.
Der gefundene Kompromiß ist unter Berücksichtigung des Ergebnisses der völkerrechtlichen Prüfung abzulehnen. Weiter ist zu berücksichtigen, daß das Nachgehen einer geregelten Erwerbstätigkeit - und sei es auch nur Saisonarbeit - für Menschen eine wichtige Quelle der Selbstverwirklichung und Unabhängigkeit ist und einer Kriminalisierung vorbeugt.[1114] Hinzu kommt, daß für den Fall, daß der Asylbewerber in einem Beschäftigungsverhältnis steht, nur eine geringere bzw. gar keine finanzielle Unterstützung mehr benötigt. Schließlich ist noch anzuführen, daß es inzwischen mehr und mehr anerkannt wird, daß der Zugang zum Arbeitsmarkt nicht die Möglichkeit einer freiwilligen Rückkehr verringert. Der temporäre Zugang zum Arbeitsmarkt führt sogar dazu, daß eine Reintegration in das Herkunftsland vereinfacht wird, da der Asylbewerber über kleinere Ersparnisse verfügt und sich gegebenenfalls auch weitergebildet hat.[1115]
Insofern erscheint der Vorschlag der Kommission angemessen gewesen zu sein, einen Ausgleich zwischen den staatlichen Interessen und den Rechten der Asylbewerber zu schaffen.[1116] Art. 11 Abs. 4 ist als Maßnahme einer gerechten Arbeitsmarktpolitik vertretbar.[1117] Für die Mitgliedstaaten bedeutet es keinen erheblichen Nachteil, Asylbewerbern bereits nach sechs Monaten den Zugang zum Arbeitsmarkt zu gewähren. Zum einen folgt daraus keine Verpflichtung, Asylbewerbern auch einen Arbeitsplatz zu verschaffen, und zum anderen besteht für die Mitgliedstaaten die Möglichkeit, ihren nationalen Arbeitsmarkt zu schützen, indem sie eigenen Staatsangehörigen und anderen bevorrechtigten Ausländern den Vorrang einräumen. Die Regelungen, wie sie in Spanien, Belgien, Finnland, den Niederlanden, Schweden, dem Vereinigten Königreich und Portugal bestehen, erscheinen erstrebenswert und kommen dem Vorschlag der Kommission sehr nahe. Teilweise sind sie sogar großzügiger bemessen. Zwar wird die Lage auf dem nationalen Arbeitsmarkt in der Regel berücksichtigt, der Zugang zum

1114 Vgl. auch DÜVELL/JORDAN, CSP 2002, S. 498 ff. die diskutieren, inwieweit Einwanderung und Asyl aus arbeitsmarktpolitischen Gründen zusammengebracht werden können.
1115 UNHCR, Global Consultation on International Protection, 3rd meeting, Reception of Asylum Seekers, including Standards of Treatment, in the Context of individual Asylum Systems, EC/GC/01/17, S. 3.
1116 So auch UNHCR, Stellungnahme, S. 6.
1117 So auch KÄLIN, GYIL 2001, S. 202, (224).

Arbeitsmarkt wird aber nicht gleichzeitig von Voraussetzungen abhängig gemacht, die ein Asylbewerber nie erfüllen kann oder die nicht in seiner Einflußsphäre liegen, wie dies zum Beispiel in Österreich oder in Griechenland der Fall ist.

VIII. Berufliche Bildung

1. Art. 12 der Richtlinie

Nach Art. 12 können die Mitgliedstaaten Asylbewerbern ungeachtet der Möglichkeit des Zugangs zum Arbeitsmarkt den Zugang zur beruflichen Bildung gestatten.
Der Zugang zur beruflichen Bildung im Zusammenhang mit einem Arbeitsvertrag wird davon abhängig gemacht, inwieweit der betreffende Asylbewerber Zugang zum Arbeitsmarkt gemäß Art. 11 hat.

2. Völkerrechtskonformität

Die Bestimmung regelt den Zugang zur beruflichen Bildung von Asylbewerbern nicht, sondern überläßt dies voll und ganz den Mitgliedstaaten. Infolgedessen erübrigt sich eine Prüfung der Völkerrechtskonformität von Art. 12.
In diesem Zusammenhang ist noch anzumerken, daß die Kommission in ihrem Richtlinienentwurf eine Regelung vorschlug, die vorsah, daß die Mitgliedstaaten den Asylbewerbern und den sie begleitenden Familienangehörigen den Zugang zur beruflichen Bildung nicht länger als sechs Monate nach Antragstellung verweigern. Nach Ablauf dieser Frist sollten die Mitgliedstaaten den Zugang zur beruflichen Bildung festlegen.[1118] Das Europäische Parlament sah in seinem Bericht ebenfalls vor, den Zugang zu beruflicher Bildung nach sechs Monaten zu gewähren.[1119]
Die Mitgliedstaaten haben sich durchgesetzt, so daß der Zugang von Aslybewerebrn zur beruflichen Bildung auf europäischer Ebene nicht geregelt wird.

[1118] ABl. vom 31.07.2001, C 213 E/290.

[1119] Europäisches Parlament, Bericht, S. 31.

3. *Die nationalen Bestimmungen und die Praxis in den Mitgliedstaaten*

a. Deutschland

Weder das AuslG noch das AsylVfG normieren ein ausländerrechtliches Verbot einer beruflichen Ausbildung oder eines Studiums. Die Beschäftigung als Arbeitnehmer zur Berufsausbildung ist erlaubnispflichtig, das heißt, sie setzt eine Arbeitserlaubnis voraus (§§ 285 SGB III).[1120] Dabei wird immer der Aspekt zu berücksichtigen sein, daß eine Ausbildung in der Regel drei Jahre dauert, das Verfahren aber oft schon früher abgeschlossen ist. Zudem kann das Absolvieren einer beruflichen Ausbildung zu einer nicht erwünschten Verfestigung des Aufenthaltes in Deutschland führen.[1121] In der Praxis hängt der Zugang zur beruflichen Bildung von den Sprachkenntnissen des Asylbewerbers und der Situation auf dem Lehrstellenmarkt ab. Berufsausbildungsbeihilfen, Beihilfen nach dem Bundesausbildungs-förderungsgesetz oder ähnliche Förderungen werden an Asylbewerber grundsätzlich nicht gewährt.

Grundsätzlich besteht für Asylbewerber die Möglichkeit, ein Studium aufzunehmen. Die Universitäten entscheiden, ob sie den Asylbewerber aufnehmen oder nicht. Vorausgesetzt werden ausreichende Sprachkenntnisse und ein Abschluß, der ihn zum Besuch einer Hochschule berechtigt.[1122]

Sprachkurse gelten als Integrationsmaßnahme und werden Asylbewerbern seitens des Staates nicht angeboten. Betreuungsorganisationen bieten dennoch in einigen Fällen auf eigene Kosten Sprachkurse in den Gemeinschaftsunterkünften an, damit sich die Asylbewerber in Deutschland besser zurechtfinden.[1123]

b. Spanien

In Spanien haben Asylbewerber Zugang zu beruflicher Bildung. Neben Sprachkursen und Einführungskursen über das politische und kulturelle Leben in Spanien werden seitens der Aufnahmezentren auch berufliche (Weiter-) Bildungsmöglichkeiten organisiert. Damit wird das Ziel verfolgt, Asylbewerber in der Zukunft gegebenenfalls einfacher in den Arbeitsmarkt zu integrieren.[1124] So gibt es ein Programm namens INTEGRA, welches durch die EU mitfinanziert wird. INTEGRA verfogt unter anderem das Ziel, Asylbewerbern den Zugang zum Arbeitsmarkt zu erleichtern, indem Ausbildungen angeboten werden, die auf die

---

[1120] KARST in: JAHN, SGB III, § 285, Rn. 4.

[1121] So auch GEGENWART, Sozialrechtliche Stellung, S. 240.

[1122] CLASSEN, Menschenwürde, S. 287.

[1123] Information des bayerischen Staatsministeriums für Arbeit und Sozialordnung, Familie und Frauen vom 05.02.2003.

[1124] Information publiziert von IMSERSO, siehe http://www.segsocial.es/imserso (Stand Februar 2003), PLS RAMBOLL, Spain, S. 22 f.; Vgl. auch Art. 3 c) Orden de 13 de enero de 1989, sobre Centros de Acogida a Refugiados, Boletín Oficial Nr. 28 vom 02.02.1989.

Bedürfnisse des lokalen Arbeitsmarktes angepaßt sind.[1125] Allerdings besteht keine Verpflichtung des Staates, eine Ausbildung in irgendeiner Form zu fördern, wie es nach Art. 9 Abs. 4 span. AusländerG bei ansässigen Ausländern der Fall ist.
Asylbewerber, die nicht in einem Aufnahmezentrum untergebracht sind, haben teilweise auch Zugang zu den Aktivitäten beziehungsweise den genannten Programmen.[1126]
Asylbewerber haben grundsätzlich zu den gleichen Bedingungen Zugang zu den Universitäten wie spanische Staatsangehörige.[1127]

c. Österreich

In Österreich werden für Erwachsene grundsätzlich keine Bildungsangebote von staatlicher Seite gemacht.[1128] Dies betrifft damit auch die Asylbewerber, die in die Bundesbetreuung aufgenommen werden.[1129] Einige Hilfsorganisationen vermitteln Sprachkurse.[1130]
Grundsätzlich besteht für Asylbewerber die Möglichkeit, eine Universität zu besuchen. Allerdings sind die Zulassungsbedingungen von Universität zu Universität verschieden.[1131] Staatliche finanzielle Unterstützung wird nicht gewährt.[1132]

[1125] EFIONYI-MÄDER, Espagne, S. 49; Information publiziert von IMSERSO, vgl. http://www.seg-social.es/imserso (Stand Februar 2003).
[1126] EFIONAYI-MÄDER, Espagne, S. 49.
[1127] Allerdings schreiben sich nur sehr wenige Asylbewerber ein, PLS RAMBOLL, Spain, S. 22.
[1128] EFIONAYI-MÄDER, Austria, S. 94. PLS RAMBOLL, Austria, S. 23. Der Grund, daß keine Bildungsangebote gemacht werden, ist darin zu sehen, daß nur circa 10% der Asylbewerber auch als Flüchtlinge anerkannt werden, so daß ein Bildungsangebot an erwachsene Asylbewerber als Verschwendung ö ff.entlicher Ressourcen betrachtet wird, PLS RAMBOLL, Austria, S. 23.
[1129] § 4 Abs. 2, 3 BundesbetreuungsG sieht allerdings vor, daß der Bund sich bei der Bundesbetreuung privater, humanitärer und kirchlicher Einrichtungen etc. bedienen kann, mit denen zu diesem Zweck privatrechtliche Verträge abzuschließen sind. In diesen Verträgen können auch Sprachkurse als über den Rahmen der unmittelbaren Betreuung hinausgehende Leistungen vorgesehen werden.
[1130] Information der Caritas Österreich, abrufbar unter: www.caritas.or.at (Stand Februar 2003).
[1131] UNHCR, Austria, S. 40.
[1132] UNHCR, Austria, S. 40.

d. Weitere Länder

aa. Belgien, Finnland, Luxemburg, Niederlande, Schweden, Vereinigtes Königreich

In *Belgien* werden für erwachsene Asylbewerber seitens der Aufnahmezentren und diverser NRO je nach Möglichkeiten und Kapazitäten Sprachkurse sowie Computerkurse und technische (Weiter-) Bildungsmöglichkeiten angeboten.[1133] Der Zugang zu beruflicher Ausbildung hängt von bereits erworbenen Qualifikationen ab.[1134]

Asylbewerber haben Zugang zu den Universitäten. Für die Studiengebühren müssen sie grundsätzlich selbst aufkommen.[1135]

In *Finnland* ist die Teilnahme am Sprachunterricht, der in den Gemeinschaftsunterkünften angeboten wird, für erwachsene Asylbewerber verpflichtend.[1136] Unterrichtet werden die beiden offiziellen Sprachen schwedisch und finnisch. Zudem wird auch Wissenswertes über Finnland, die Gesellschaft und das politische System vermittelt. Berufliche Weiterbildung wird in den Gemeinschaftsunterkünften nicht angeboten.[1137] Allerdings haben Asylbewerber die Möglichkeit, weiterführende Schulen aller Art und Universitäten zu besuchen. Für anfallende Gebühren müssen sie selbst aufkommen.[1138]

In *Luxemburg* wird Asylbewerbern grundsätzlich keine berufliche (Aus-) Bildung angeboten. Allerdings muß Asylbewerbern über 16 Jahren im regulären Verfahren kostenloser Sprachunterricht angeboten werden.[1139] Unter gewissen Bedingungen besteht die Möglichkeit eines Universitätsbesuches.[1140]

In den *Niederlanden* haben Asylbewerber in gewissem Rahmen Zugang zu beruflicher Ausbildung. In den Aufnahmezentren werden Sprachkurse (englisch und holländisch), Kurse zur Integration in die holländische Gesellschaft (z.B. Umgang mit Behörden, öffentlicher Verkehr) angeboten.[1141] Das Programm wurde von Fachleuten in Zusammenarbeit mit dem holländischen Flüchtlings-

---

1133 PLS RAMBOLL, Final Report A, S. 65, Tabelle 5.17.

1134 PLS RAMBOLL, Belgium, S. 21, Tabelle 2.6.

1135 PLS RAMBOLL, Belgium, S. 20.

1136 PLS RAMBOLL, Finland, S. 24; PLS RAMBOLL, Final Report A, S. 62, Tabelle 5.15.

1137 Zu den Bildungsmöglichkeiten für Erwachsene, siehe PLS RAMBOLL, Final Report A, S. 64 ff., Tabellen 5.16, 5.17.

1138 UNHCR, Finland, S. 69. So auch die Information der finnische Einwanderungsbehörde vom 26.10.2002.

1139 PLS RAMBOLL, Luxemburg, S. 15. Da die Kapazitäten nicht ausreichen, haben nicht alle Asylbewerber die Möglichkeit solche Sprachkurse zu besuchen. Allerdings organisieren auch einige NRO Sprachkurse, DRC, Luxembourg, S. 15.

1140 Siehe näher dazu UNHCR, Luxembourg, S. 121.

1141 Je nach Situation des Asylbewerbers werden auch Kurse angeboten, die eine mögliche Rückkehr in das Heimatland vorbereiten, EFIONAYI-MÄDER, Niederlande S. 86.

werk entworfen.[1142] Teilweise besteht auch die Möglichkeit, Weiterbildungskurse außerhalb der Aufnahmezentren zu besuchen.[1143] Asylbewerber haben Zugang zu den Universitäten allerdings ohne staatliche Unterstützung.[1144]

In *Schweden* erstellt die schwedische Migrationsbehörde in Zusammenarbeit mit dem Asylbewerber einen individuellen Plan im Hinblick auf die Teilnahme an verschiedenen Aktivitäten. Dabei wird darauf geachtet, welche Kurse speziellen Nutzen für den jeweiligen Asylbewerber haben.[1145] Für erwachsene Asylbewerber werden z.B. Sprachkurse in Englisch, Computerkurse, Lese- und Schreibkurse sowie Betreuung von neuangekommen Asylbewerbern aus dem gleichen Herkunftsland angeboten.[1146] Die Teilnahme am schwedischen Sprachunterricht ist für die Asylbewerber verpflichtend.[1147] Zugang zur Absolvierung einer Berufsausbildung oder Zugang zu weiterführender Bildung wird Asylbewerbern nur im Rahmen der von der Schwedischen Migrationsbehörde angebotenen Kurse ermöglicht.[1148]

Im *Vereinigten Königreich* besteht die für Asylbewerber Möglichkeit, Englischkurse kostenlos oder zu gegen eine geringe Gebühr zu besuchen. Dieses Angebot wird in der Regel von Wohlfahrtsverbänden oder den lokalen Behörden organisiert. Teilweise werden auch andere Weiterbildungskurse angeboten.[1149] Diejenigen, die eine Arbeitserlaubnis haben, arbeitslos sind und nicht durch NASS unterstützt werden, können an staatlichen Berufsförderungs- und Weiterbildungskursen teilnehmen.[1150] Asylbewerber haben Zugang zu weiterführender Bildung und zu den Universitäten, vorausgesetzt, sie erfüllen die Aufnahmebe-

---

1142 EFIONAYI-MÄDER, S. 86; PLS RAMBOLL, The Netherlands, S. 20. Der Unterricht wird von ehrenamtlich arbeitenden Bürgern abgehalten.

1143 EFIONAYI-MÄDER, Niederlande, S. 86 f.

1144 PLS Ramboll, The Netherlands, S. 20, Tabelle 11.7.

1145 PLS RAMBOLL, Sweden, S. 19.

1146 Siehe Informationsblatt der schwedischen Migrationsbehörde „Facts about costs and allowances during the asylum process"; abrufbar über http://www.migrationsverket.se (Stand Februar 2003);PLS RAMBOLL, Sweden, S. 19.

1147 Allerdings ist auch die Teilnahme an den anderen Kursen quasi verpflichtend, da ein unentschuldigtes Fernbleiben mit der Kürzung der finanziellen Unterstützung einhergehen kann. Es wird erwartet, daß Asylbewerber wöchentlich 20 Stunden am Unterricht teilnehmen, Informationsblatt der schwedischen Migrationsbehörde, „Facts about costs and allowances during the asylum process" PLS RAMBOLL, Sweden, S. 19 f.; UNHCR, Sweden, S. 161.

1148 PLS RAMBOLL, Sweden, S. 20.

1149 Art. 14 The Asylum Support Regulations 2000, Statutory Instrument 2000, No. 704; Information des British Refugee Councils abrufbar unter http://www.refugeecouncil.org.uk (Stand Februar 2003); EFIONAYI-MÄDER, Großbritannien, S. 69; PLS RAMBOLL, United Kingdom, S. 23.

1150 Information des British Refugee Councils vom 25.09.2002, abrufbar unter http://www.refugeecouncil.org.uk (Stand Februar 2003).

dingungen und können die Gebühren zahlen. Grundsätzlich haben sie keinen Zugang zu Stipendien oder sonstigen staatlichen Unterstützungsleistungen.[1151]

bb. Frankreich, Portugal

In *Frankreich* haben Asylbewerber keinen Zugang zu beruflicher Ausbildung oder sonstigen Bildungsangeboten.[1152] Zum Teil werden in den Aufnahmezentren Sprachunterricht und Kurse zum Erlernen technischer Fertigkeiten angeboten. Diese Kurse werden von Hilfsorganisationen initiiert und teilweise finanziell vom Staat unterstützt.[1153]

In *Portugal* existiert die Möglichkeit der beruflichen Bildung oder des Sprachunterrichts für Erwachsene grundsätzlich nicht. Es besteht nur die Möglichkeit, auf privat Angebote zurückzugreifen, die kostenpflichtig sind.[1154] Es besteht Zugang zu den Universitäten.[1155]

cc. Griechenland, Italien

In *Griechenland* wird Erwachsenen von verschiedener NRO Sprachunterricht angeboten.[1156] Die Möglichkeit eine berufliche (Aus-) Bildung zu absolvieren, ist gesetzlich nicht vorgesehen.[1157] Asylbewerber haben, einen entsprechenden Schulabschluß vorausgesetzt, Zugang zu den Universitäten.[1158]

In *Italien* sind Asylbewerber berechtigt, weiterführende Schulen zu besuchen. Zugangzu den Universitäten besteht in der Regel nicht.[1159] Teilweise werden Sprachkurse für Erwachsene auf freiwilliger Basis von NRO angeboten. Berufliche Bildungsmöglichkeiten existieren nicht.[1160]

1151 Information des British Refugee Councils vom 25.09.2002, abrufbar unter http://www.refugeecouncil.org.uk (Stand Februar 2003); UNHCR, United Kingdom, S. 169.

1152 DRC, France, S. 18; PLS RAMBOLL, France, S. 23.

1153 EFIONAYI-MÄDER, France, S. 57; PLS Ramboll, France, S. 23, UNHCR, France, S. 81.

1154 PLS RAMBOLL, Portugal, S. 23, Tabelle 12.7. So auch die Auskunft von Frau Prof. CONSTANCA URBANO DE SOUSA, Universität Autónoma de Lisboa am 01.10.2002.

1155 Art. 57 des port. Schulgesetz.

1156 PLS RAMBOLL, Final Report A, S. 62 f., Tabelle 5.15, S. 65, Tabelle 5.17. Im Lavario Zentrum wird zudem Englischunterricht angeboten, PLS RAMBOLL, Greece, S. 22.

1157 SITAROPOULOS, CSP 2002, S. 436, (445).

1158 Für die Studiengebühren müssen die Asylbewerber selbst aufkommen, PLS RAMBOLL, Report A, S. 66.

1159 Auskunft von MARILISA FANTACCHI, Programma Nazionale Asilo, am 10.02.2003. Anders PLS RAMBOLL, Final Report A, S. 68, Tabelle 5.18; UNHCR, Italy, S. 115.

1160 PLS RAMBOLL, Final Report A, S. 62 ff., Tabellen 5.3.2. und 5.16.

4. Richtlinienkonformität der nationalen Bestimmungen

a. Deutschland

Art. 12 normiert keine Verpflichtung. Insofern steht die Praxis Deutschlands, grundsätzlich keine berufliche Ausbildung zu gewähren, in Einklang mit der europäischen Vorgabe.

b. Spanien

Da es im Ermessen der Mitgliedstaaten steht, Asylbewerbern eine Berufsausbildung zu gewähren, erübrigt sich hier die Prüfung der Richtlinienkonformität der spanischen Bestimmungen.

c. Österreich

Die Entscheidung Österreichs, Asylbewerbern keine berufliche Ausbildung zu gewähren, steht in Einklang mit Art. 12.

5. Bewertung

Es ist zu bedauern, daß die Mitgliedstaaten sich nicht auf eine gemeinsame Bestimmung einigen konnten, die den Zugang zur beruflichen Bildung regelt. Dies ist dem Ziel, gemeinsame Aufnahmbedingungen zu schaffen und dadurch die nationalen Systeme aneinander anzugleichen, abträglich. Der Vorschlag der Kommission erscheint vernünftig, denn er gibt den Mitgliedstaaten ausreichend Raum und verpflichtet sie nicht zur Gewährung des Rechts auf Zugang zu beruflicher Bildung. Stattdessen haben die Mitgliedstaaten ein unbegrenztes Ermessen, was die Regelungen der Modalitäten für einen Zugang zur beruflichen Bildung betrifft (z.B. Vorrang eigener Staatsangehörige auf dem Lehrstellenmarkt, bestimmte Vorqualifikationen für den Besuch einer Universität etc.).
Der Zugang zu beruflicher Bildung wird in den Art. 6 Abs. 2 und 13 Abs. 2 lit. b und c IPWSKR sowie in Art. 2, 1. ZP EMRK normiert, die bei einer europäischen Regelung hätten Beachtung finden müssen.

IX. Medizinische Versorgung

1. Art. 15 der Richtlinie

Art. 15 Abs. 1 bestimmt, daß die Mitgliedstaaten dafür Sorge zu tragen haben, daß Asylbewerber die erforderliche medizinische Versorgung erhalten. Diese umfaßt zumindest die Notversorgung und die unbedingt erforderliche Behandlung von Krankheiten umfaßt. Weiterhin wird Asylbewerbern mit besonderen Bedürfnissen die erforderliche medizinische oder sonstige Hilfe gewährt (Abs. 2).[1161]

2. *Völkerrechtskonformität*

Das Recht auf Gesundheit wird in Art. 12 IPWSKR und in Art. 24 KRK normiert.[1162]

a. Art. 12 IPWSKR

Gemäß Art. 12 Abs. 1 IPWSKR „erkennen die Vertragsstaaten das Recht eines jeden auf das für ihn erreichbare Höchstmaß an körperlicher und geistiger Gesundheit an". Als Maßnahme zur Erreichung des in Art. 12 Abs. 1 IPWSKR normierten Ziels nennt Abs. 2 in einer nicht abschließenden[1163] Liste folgende Aspekte: Maßnahmen zur Senkung der Totgeburten und der Kindersterblichkeit, zur Verbesserung der Umwelt- und Arbeitshygiene, zur Vorbeugung, Behandlung und Bekämpfung epidemischer, Berufs- und sonstiger Krankheiten sowie die Schaffung der Voraussetzungen, die für jedermann im Krankheitsfall den Genuß medizinischer Einrichtungen und ärztlicher Betreuung sicherstellen.
Diese Auflistung läßt bereits erkennen, daß die Garantie umfassende Maßnahmen erfordert, da das Bestehen eines Höchstmaßes an Gesundheit von einer Vielzahl von Faktoren beeinflußt wird. Zudem ist es auch nur unter Beachtung und Förderung anderer Menschenrechte, wie zum Beispiel das Recht auf einen angemessenen Lebensstandard (Art. 11 IPWSKR), zu verwirklichen.[1164]

aa. Der Kernbereich des Rechts auf Gesundheit

Gesundheit wird von der Weltgesundheitsorganisation als „state of complete physical, mental and social well-being and not merely the absence of disease and

---

[1161] Bedürftige Personen sind nach Art. 17 Abs. 1 Minderjährige, unbegleitete Minderjährige, Behinderte, ältere Menschen, Schwangere, Alleinerziehende mit minderjährigen Kindern und Personen, die Folter, Vergewaltigung und sonstige schwere Formen psychischer, physischer oder sexueller Gewalt erlitten haben.

[1162] Das Recht auf Gesundheit wird zudem in Art. 11 der Europäischen Sozialcharta und in Art. 25 der Allgemeinen Menschenrechtserklärung festgeschrieben.

[1163] KÜNZLI/KÄLIN, in: KÄLIN/MALINVERNIE/NOWAK (Hrsg.), Die UNO-Menschenrechtspakete, S. 141.

[1164] KÜNZLI/KÄLIN, in: KÄLIN/MALINVERNIE/NOWAK (Hrsg.), Die UNO-Menschenrechtspakete, S. 141f.; TOEBES, in: EIDE/KRAUSE/ROSAS (Hrsg.), ESCR 2001, S. 169, (174 f.). Siehe dazu auch HARVARD LAW SCHOOL HUMAN RIGHTS PROGRAM, Economic and social rights and the rigth to health, S. 17 ff.

infirmity" definiert.[1165] Dabei ist es offensichtlich, daß Staaten die individuelle Gesundheit des Einzelnen nicht garantieren können. Vielmehr sind die grundlegenden Bedingungen zu schaffen, mit Hilfe derer die Gesundheit des Einzelnen geschützt oder sogar verbessert wird.[1166]

Der Inhalt des Rechts auf Gesundheit ist schwierig abzugrenzen, da Gesundheit ein sehr weiter und subjektiver Begriff ist. Deshalb soll es zunächst das Ziel sein, die verschiedenen Elemente zu bestimmen, welche dieses Recht ausmachen. Die Bestandteile können grundsätzlich in zwei Kategorien unterteilt werden.[1167] Die erste Kategorie enthält die Elemente, die sich auf die Gesundheitsfürsorge beziehen. Dabei umfaßt Gesundheitsfürsorge sowohl heilende als auch präventive Maßnahmen.[1168] Die zweite Kategorie umfaßt die Elemente, die sich auf eine Anzahl von Vorbedingungen für eine adäquate Gesundheit beziehen. Dazu gehört zum Beispiel die Versorgung der Bevölkerung mit sauberem Trinkwasser.[1169] Vorliegend ist nur die erste Kategorie von Interesse. Dabei erscheint die Bestimmung der inhaltlichen Reichweite der Gesundheitsfürsorge problematisch.

Die Problematik der Bestimmung der Reichweite tritt bei zahlreichen Rechten des Paktes auf. Aus diesem Grund entwickelten der Ausschuß und die Literatur sogenannte, sich aus dem Pakt ergebende, staatliche Minimalverpflichtungen. Dies wiederum verlangte nach der Bestimmung des Minimumgehaltes des jeweiligen Rechts. Ein Teil der Literatur bezeichnet den Minimumgehalt als den Kernbereich („core content") eines Rechts.[1170] Der Kernbereich eines Rechts wird definiert als das wesentliche Element eines jeden Rechts, ohne daß ein Recht seine Bedeutung als Menschenrecht verliert.[1171] Wie dieser Kernbereich letztendlich zu bestimmen ist, soll die Aufgabe des Ausschusses sein. Dieser hat sich in seiner Allgemeinen Bemerkung Nr. 3 dieses Konzept zu eigen gemacht.[1172]

Auf Seiten der Literatur wurde der maßgebliche Definitionsvorschlag des Kernbereichs des Rechts auf Gesundheit von *Toebes* gemacht.[1173] Kurze Zeit später

---

[1165] Preamble of the Constitution of the World Health Organisation (im Folgenden WHO) as adopted by the International Health Conference, New York 19-22 June 1946, signed on 22 July 1946 by the representatives of 61 States (Official Records of the WHO, no. 2, page 100) and entered into force on 7 April 1948.

[1166] TOEBES, in: EIDE/KRAUSE/ROSAS (Hrsg.), ESCR 2001, S. 169, (169).

[1167] TOEBES, in: EIDE/KRAUSE/ROSAS (Hrsg.), ESCR 2001, S. 169, (174 f.).

[1168] TOEBES, in: EIDE/KRAUSE/ROSAS (Hrsg.), ESCR 2001, S. 169, (174).

[1169] TOEBES, in: EIDE/KRAUSE/ROSAS (Hrsg.), ESCR 2001, S. 169, (174 f.). Allgemeine Bemerkung Nr. 14, Ziff. 9, 11, UN doc. E/C.12/2000/4.

[1170] So COMMANS, in: COMMANS/VAN HOOF (Hrsg.), The Right to complain, S. 11 ff.; TOEBES, in: EIDE/KRAUSE/ROSAS (Hrsg.), ESCR, S. 169, (175 f.). Siehe dazu auch ausführlich KLEE, Progressive Verwirklichung, S. 185 f.

[1171] KLEE, progressive Verwirklichung, S. 186.

[1172] Allgemeine Bemerkung Nr. 3 Ziff. 10, UN doc. E/1991/23, Ziff. 10.

[1173] TOEBES, in: EIDE/KRAUSE/ROSAS (Hrsg), ESCR 2001, S. 169, (175 ff.). Dabei werden als Orientierungshilfe die Berichte der WHO herangezogen.

verfaßte der Ausschuß in seiner Allgemeinen Bemerkungen Nr. 14 eine Interpretation dieses Rechts.[1174] Die Allgemeine Bemerkungen des Ausschusses sind verbindliche Auslegungen, die als Kommentierung zu den einzelnen Paktrechten verstanden werden können.[1175] Nach Ansicht des Ausschusses gehören zum Kernbereich des Rechts auf Gesundheit die Sicherstellung des Rechts auf diskriminierungsfreien Zugang zu bestehenden Gesundheitseinrichtungen, insbesondere für Randgruppen der Bevölkerung, die Inanspruchnahme von ärztlicher Betreuung, die Bereitsstellung der wichtigsten Medikamente sowie die gerechte Verteilung von Gesundheitsleistungen.[1176] Daneben nennt der Ausschuß noch weitere Kriterien, die hier jedoch nicht von Bedeutung sind. Zudem hat nach Ansicht des Ausschusses die medizinische Versorgung von Kindern und Schwangeren vor und nach der Geburt und das Zurverfügungstellen von Impfstoffen gegen die Hauptinfektionskrankheiten ähnliche Priorität wie die zuvor genannten Aspekte.[1177]

Nach Ansicht des Ausschusses und der Literatur begründet die Nichterfüllung des Kernbereichs eines Rechts eine nur schwer zu widerlegende Vermutung der Verletzung der völkerrechtlichen Pflichten.[1178] Dies gilt insbesondere dann, wenn es sich um Industrienationen handelt.[1179] Damit ist zunächst einmal festzuhalten, daß auch im Hinblick auf Asylbewerber zumindest dieser Kernbereich erfüllt sein muß. In allen Mitgliedstaaten gibt es Gesundheitseinrichtungen wie Krankhäuser und private Arztpraxen mit entsprechend ausgebildetem Personal und einer guten Grundversorgung. Die Versorgung mit Medikamenten ist ebenfalls gesichert. Folglich erübrigt sich die Frage, inwieweit die Mitgliedstaaten den Kernbereich des Rechts auf Gesundheit progressiv erfüllen müssen.[1180] Die Schrankenbestimmung des Art. 2 Abs. 1 IPWSKR findet somit keine Anwendung.

Von Bedeutung ist vorliegend, in welchem Umfang die medizinische Versorgung zu gewähren ist. Dabei kann der Kernbereich des Rechts auf Gesundheit herangezogen werden, um die Minimalverpflichtung zu bestimmen.

[1174] UN doc. E/C.12/2000/4.

[1175] RIEDEL, in: Festschrift Rauschning. S. 441, (443). Eine rechtliche Verbindlichkeit der Auslegung wird allerdings abgelehnt, siehe S. 443.

[1176] Allgemeine Bemerkung Nr. 14, Zi ff.. 12 a), d), e) i.V.m. 43 a), UN doc. E/C.12/2000/4. Der englische Text lautet: „to ensure the right of access to health facilities, goods and services on a non-diskriminatory basis, especially for vulnerable or marginalized groups". Die entscheidende Passage bei Ziff. 12 a) lautet „The precise nature of the facilities, goods and services will vary depending on numerous factors, including the state parties development".

[1177] Allgemeine Bemerkung Nr. 14, Zi ff. 44, UN doc. E/C.12/2000/4. *Toebes* kommt zu einer sehr ähnlichen Aufstellung, siehe TOEBES, in: EIDE/KRAUSE/ROSAS (Hrsg.), ESCR 2001, S. 169, (176 f.).

[1178] EIDE, in: EIDE/KRAUSE/ROSAS (Hrsg.), ESCR 2001, S. 9, (27).

[1179] EIDE, in: EIDE/KRAUSE/ROSAS (Hrsg.), ESCR 2001, S. 9, (27).

[1180] Zur progressiven Verwirklichungspflicht des Kernbereichs, siehe ausführlich KLEE, Progressive Verwirklichung, S. 182 ff. m.w.N.

Die Richtlinienbestimmung billigt Asylbewerbern nur die medizinische Versorgung zu, die zumindest die Notversorgung und die unbedingt erforderliche Behandlung von Krankheiten umfaßt. Asylbewerbern mit besonderen Bedürfnissen wird nach Abs. 2 die erforderliche medizinische oder sonstige Hilfe gewährt. Fraglich ist, ob die Bestimmung damit hinter dem Kernbeich, den es zu gewährleisten gilt, zurückbleibt. Der Ausschuß nimmt im Rahmen der Festlegung des Kernbereichs des Rechts auf Gesundheit Bezug auf seine Allgemeine Bemerkung Nr. 3. Darin spricht er von der „unbedingt erforderlichen gesundheitlichen Erstversorgung", die es zu gewährleisten gilt.[1181] In seiner Allgemeinen Bemerkung Nr. 14 spricht er bei der Definition des Kernbereichs - wie bereits erwähnt - nur davon, daß für jedermann die Inanspruchnahme von ärztlicher Betreuung möglich sein muß. Was genau ärztliche Betreuung umfaßt, bleibt hingegen offen. *Toebes* spricht von einer „angemessenen Behandlung der häufigsten Krankheiten und Verletzungen".[1182] Sie geht davon aus, daß der Kernbereich des Rechts auf Gesundheit über die Gewährung einer Notversorgung hinausgehen muß.[1183]

Die Frage, ob Art. 15 hinter dem Kernbereich des Rechts auf Gesundheit zurückbleibt, läßt sich folglich nicht eindeutig beantworten, so daß die Frage, was die Staaten zu leisten verpflichtet sind, über das Diskriminierungsverbot zu erarbeiten ist.

bb. Das Diskriminierungsverbot des Art. 2 Abs. 2 IPWSKR

Inzwischen besteht in allen Mitgliedstaaten der Gemeinschaft ein für alle Staatsangehörige und bevorrechtigte Ausländer zugängliches, öffentliches Gesundheitssystem, das eine adäquate medizinische Grundversorgung bietet, die mehr als die medizinische Notversorgung und die unbedingt erforderliche Behandlung von Krankheiten umfaßt.[1184] Alle Mitgliedstaaten verstehen sich heute als Sozial- und Wohlfahrtsstaaten.[1185] Die Richtlinienbestimmung begrenzt im Hinblick auf Asylbewerber die medizinische Versorgung auf eine Notversorgung und die unbedingt erforderliche Behandlung. Sie betrifft damit den Zugang der Asylbewerber zu einer kostenfreien, umfangreicheren Versorgung, wie sie bedürftigen eigenen Staatsangehörigen gewährt wird. Der Zugang zu den bestehenden Gesundheitseinrichtungen, insbesondere auch für Randgruppen, wird auf der Ebene des Respekts relevant.[1186] Damit ist vorliegend die Ebene des Respekts im Zusammenspiel mit dem Diskriminierungsverbot (Art. 2 Abs. 2 IPWSKR) betroffen.

[1181] Allgemeine Bemerkung, Nr. 3. Ziff. 10, UN doc. E/1991/23.

[1182] TOEBES, in: EIDE/KRAUSE/ROSAS (Hrsg.), ESCR 2001, S. 169, (177 f.).

[1183] TOEBES, in: EIDE/KRAUSE/ROSAS (Hrsg.), ESCR 2001, S. 169, (188 f.).

[1184] Als Indikator dafür kann auch Art. 152 EGV dienen.

[1185] ZACHER, EuR 2002, S. 147, (147).

[1186] Allgemeine Bemerkung Nr. 14, Ziff 34, UN.doc. E/C.12/2000/4.

Wie bereits oben festgestellt, ist die Dauerhaftigkeit des Aufenthaltes als Kriterium für den Umfang des Schutzes der wirtschaftlichen, sozialen und kulturellen Rechte nicht von vornherein willkürlich.

Art. 15 legt fest, daß Asylbewerber im Vergleich zu bedürftigen EU-Staatsangehörigen oder bevorrechtigten Ausländern nur eine sehr eingeschränkte medizinische Versorgung erhalten, obwohl in allen Mitgliedstaaten der Union eine qualitativ höhere Behandlung die Norm ist. Insofern liegt eine Ungleichbehandlung vor. Diese ist nur dann gerechtfertigt, wenn mit ihr ein legitimes Ziel verfolgt wird und die getroffenen Maßnahmen in einem angemessenen Verhältnis zum Ziel stehen. Das ist dann zu bejahen, wenn die Maßnahme erforderlich, geeignet und angemessen ist.[1187]

Als objektiver Grund für die Ungleichbehandlung kommt zum einen die Einsparung von Haushaltsmitteln in Betracht. In fast allen Mitgliedstaaten sind die Kosten im Gesundheitswesen stark angestiegen. Zum anderen könnte eine umfassende Gesundheitsversorgung auch eine Anziehungskraft auf potentielle Asylbewerber ausüben und damit den Bestrebungen der Mitgliedstaaten, den Zuzug zu beschränken, entgegenstehen.

Beide Gründe sind legitime Rechtfertigungsgründe, Asylbewerber im Vergleich zu eigenen bedürftigen Staatsangehörigen oder bevorrechtigten Ausländern hinsichtlich der medizinischen Versorgung schlechter zu stellen.

Die Maßnahme erscheint zudem geeignet und auch erforderlich, um diese Ziele zu erreichen.

Schließlich ist noch die Verhältnismäßigkeit im Sinne der Angemessenheit zu beurteilen. Dabei ist insbesondere die Wesensgehaltsgarantie des Art. 5 IPWSKR zu beachten. Die Bestimmung des Art. 15 ist dann angemessen, wenn die Reduzierung der medizinische Versorgung auf die Notfallversorgung und die unbedingt erforderliche Behandlung von Krankheiten nicht außer Verhältnis zu den angestrebten Zielen stehen.

Es erscheint grundsätzlich angemessen, die medizinische Versorgung von Asylbewerbern zu beschränken, solange ihr Aufenthalt noch als vorläufig gelten kann. Dies gilt insbesondere im Hinblick auf Behandlungen durch Spezialisten, langfristige, kostenintensive Behandlungen, die überwiegend präventiven Charakter haben, kosmetische Behandlungen sowie Zahnersatz. Bei dem Umfang der Leistungsabsenkungen gegenüber bedürftigen eigenen Staatsangehörigen oder anderen bevorrechtigten Ausländern muß allerdings die Verpflichtung von Ärzten berücksichtigt werden, alle Menschen gleich und ausschließlich nach medizinischen Gesichtspunkten zu behandeln. Zudem ist zu beachten, daß die Vertragsstaaten in Art. 12 Abs. 1 IPWSKR zur Anerkennung des Rechts eines jeden auf das für ihn erreichbare Höchstmaß an körperlicher und geistiger Gesundheit verpflichtet werden.

Art. 15 Abs. 1 beschränkt die medizinische Behandlung sehr stark. Eine Notfallversorgung reduziert sich auf die Versorgung, die es zu leisten gilt, um das

[1187] Vgl. dazu bereits oben, Zweiter Teil, E, VI, 2, b und VII, 2.

Überleben zu sichern.[1188] Eine „unbedingt erforderliche Behandlung“ reduziert die medizinische Behandlung auf akute Erkrankungen, das heißt, auf Erkrankungen, die unvermittelt auftreten, schnell und heftig verlaufen und deren Behandlung unaufschiebar ist. Eine Behandlung, die nötig wäre, um bestehende Leiden zu lindern oder um Schmerzen auf Dauer zu vermeiden, wird wohl von einer unbedingt erforderlichen Behandlung nicht miteingeschlossen.[1189] Zudem erscheinen Behandlungen präventiver Art ausgeschlossen zu sein. Folglich geht die Behandlung kaum über eine Notfallbehandlung hinaus. Damit werden Asylbewerber kaum besser behandelt als sich illegal im Land aufhaltende Drittstaatsangehörige, denen in der Regel eine Notfallbehandlung gewährt wird. Dies ist jedoch mit einer Begrenzung des Zuzugs und mit der Einsparung von Haushaltmitteln nicht mehr zu rechtfertigen.
Bei einer Abwägung und unter Berücksichtigung des Zieles von Art. 12 IPWSKR erscheint die Beschränkung des Art. 15 Abs. 1 auf die Notfallversorgung und die unbedingt erforderliche Behandlung nicht mehr als angemessen. Die Ziele der Mitgliedstaaten rechtfertigen eine so starke Beschränkung der Inanspruchnahme von medizinischer Versorgung nicht. Auch wenn mit Art. 15 nur Mindestbedingungen formuliert werden, so unterschreitet doch Art. 15 das, was noch als minimale Versorgung in der Gemeinschaft angesehen werden kann. Sogar eine Unterschreitung des Kernbereich von Art. 12 IPWSKR ist denkbar.
Im Hinblick auf die Behandlung von besonders bedürftigen Personen äußert sich Art. 15 etwas positiver. In Abs. 2 wird die Behandlung zumindest nur auf die „erforderliche Behandlung“ begrenzt, so daß hier eine umfassendere Behandlung erfolgen kann. Dies ist auch erforderlich, da besonders bedürftige Personen einen umfassenderen Bedarf an medizinischer Behandlung haben. So sind zum Beispiel Schutzimpfungen bei Abs. 2 als rein präventive Maßnahme mitumfaßt.
Zudem wird Asylbewerbern mit besondern Bedürfnissen gemäß Art. 15 Abs. 2 neben der medizinischen auch sonstige Hilfe geleistet. Unter sonstiger Hilfe könnten Hilfsmittel wie zum Beispiel die Gewährung einer Brille oder von Krücken verstanden werden.[1190] Art. 15 Abs. 2 ist verhältnismäßig im eigentlichen Sinne.
Somit ist festzuhalten, daß Art. 15 Abs. 1 nicht mit dem Diskriminierungsverbot vereinbar ist. Lediglich Abs. 2 ist verhältnismäßig und kann im Hinblick auf das Diskriminierungsverbot gerechtfertigt werden.

[1188] Fraglich ist in diesem Zusammenhang zum Beispiel, ob ein Gehirntumor behandelt werden sollte, siehe dazu TOEBES, in: EIDE/KRAUSE/ROSAS (Hrsg.), ESRC 2001, S. 169, (189).

[1189] So auch KÄLIN, GYIL 2001, S. 202, (225).

[1190] Allerdings obliegt es den Mitgliedstaaten zu bestimmen, wen sie als besonders hilfsbedürftig anerkennen (vgl. Art. 17 Abs. 2), was die Bedeutung von Satz 2 wiederum relativiert.

Die Schrankenbestimmungen des Art. 4 IPWSKR führen vorliegend auch zu keinem anderem Ergebnis. Zum einen ergeben sich bezüglich der Verhältnismäßigkeitsprüfung keine Unterschiede, zum anderen erfolgt die Beschränkung auf der Grundlage eines Gesetzes.

b. Art. 24 KRK

Im Hinblick auf die medizinische Versorgung von Kindern ist für die Gemeinschaft Art. 24 der KRK von Bedeutung. Gemäß Art. 24 Abs. 1 KRK erkennen die Vertragsstaaten das Recht des Kindes auf das erreichbare Höchstmaß an Gesundheit sowie die Inanspruchnahme von Einrichtungen zur Behandlung von Krankheiten und zur Wiederherstellung der Gesundheit an. Sie bemühen sich sicherzustellen, daß keinem Kind das Recht auf Zugang zu derartigen Gesundheitsdiensten vorenthalten wird. In Art. 24 Abs. 2 KRK werden dann die Maßnahmen aufgezählt, die zur Erreichung der in Art. 24 Abs. 1 KRK beschrieben Ziele zu unternehmen sind. Der Katalog orientiert sich an dem des IPWSKR, erweitert diesen jedoch nach Maßgabe der besonderen Bedürfnisse des Kindes.
Die in Art. 24 KRK normierten Verpflichtungen sind vorliegend ebenfalls im Rahmen des Respekts im Zusammenspiel mit dem Diskriminierungsverbot von Bedeutung. Im Zusammenhang mit dem Recht von Asylbewerberkindern auf Gesundheit ist vor allem Art. 24 Abs. 2 lit. b und lit. f von Bedeutung. Danach müssen die Vertragsstaaten sicherstellen, daß alle Kinder die notwendige ärztliche Hilfe und Gesundheitsfürsorge erhalten und Gesundheitsvorsorge praktiziert wird. Art. 2 KRK normiert das Diskriminierungsverbot. Hinsichtlich der Gründe für eine Ungleichbehandlung sowie deren Rechtfertigung kann auf die Erläuterungen im im Rahmen des IPWSKR verwiesen werden. Damit bleibt noch der Prüfungspukt offen, ob die Richtlinienbestimmung im Hinblick auf die medizinische Versorgung Minderjähriger verhältnismäßig im Sinne von angemessen ist. Wie bereits erwähnt, bestimmt Art. 15 Abs. 2 der Richtlinie, daß Asylbewerbern mit besondern Bedürfnissen - dazu zählen nach Art. 17 der Richtlinie auch Minderjährige - die erforderliche medizinische Versorgung oder sonstige Hilfen gewährt werden. In diesem Zusammenhang kommt auch Art. 18 Abs.1 eine besondere Bedeutung zu. Dieser bestimmt, daß bei der Anwendung von Bestimmungen, die Minderjährige betrefffen, die Mitgliedstaaten vorrangig das Wohl des Kindes berücksichtigen, so wie es auch Art. 3 KRK verlangt. Soweit der Begriff „erforderliche Behandlung“ auch Vorsorgemaßnahmen sowie die notwendige ärztliche Hilfe und die Gesundheitsfürsorge umfaßt, stehen die Bestimmungen im Einklang mit der KRK.
Zudem sei noch angemerkt, daß Art. 24 Abs. 2 lit. d KRK vorschreibt, die angemessene Gesundheitsfürsorge für Mütter vor und nach der Entbindung sicherzustellen. Bezüglich dieser Personengruppe kommt den Mitgliedstaaten damit kein Ermessen zu, ob diese Gruppe als bedürftig gilt. Vielmehr sind sie verpflichtet, im Rahmen von Art. 15 Abs. 2 der Richtlinie dieser Personengruppe

die erforderliche medizinische Behandlung im Sinne von Art. 24 Abs. 2 lit. d KRK zu gewähren.
Zum Schluß ist noch darauf hinzuweisen, daß der Umfang der medizinischen Leistungen zu erhöhen ist, je länger der Aufenthalt des Aslybewerbers dauert. Dies gilt allerding nur für den Fall, daß die Verlängerung des Aufenthaltes nicht auf ein Fehlverhalten des Aslybewerbers zurückzuführen ist. Dies entspricht auch dem Sinn und Zweck der GFK.[1191]

3. *Die nationalen Bestimmungen und die Praxis in den Mitgliedstaaten*

a. Deutschland

Die medizinische Versorgung von Asylbewerber ist in erster Linie in § 4 AsylbLG geregelt.[1192] § 4 Abs. 1 AsylbLG regelt einen Anspruch auf ärztliche Behandlung aller akuten oder schmerzhaften Erkrankungen einschließlich sonstiger Leistungen zur Versorgung dieser Krankheiten (z.B. Arznei- und Verbandsmittel) sowie sonstiger zur Genesung, Besserung oder zur Linderung von Krankheiten oder Krankheitsfolgen erforderlicher Leistungen.[1193] Die ärztliche Behandlung umfaßt auch eine Krankenhausbehandlung.[1194] Zahnersatz wird nur in engen Ausnahmefällen gewährt.[1195]
Nach Abs. 2 besteht für werdende Mütter und Wöchnerinnen ein Anspruch auf ärztliche Behandlung und pflegerische Hilfe und Betreuung.[1196] Zudem normiert § 4 Abs. 3 AsylbLG einen Rechtsanspruch auf die Teilnahme an medizinisch gebotenen Vorsorgeuntersuchungen und Schutzimpfungen.[1197] Im Rahmen von § 4 Abs.1, S. 1 AsylbLG besteht ein Anspruch auf die Gewährung von Heil- und Hilfsmitteln nur in Fällen der Akutversorgung.[1198]

[1191] Vgl. dazu bereits unter, Erster Teil, C, 2, b.
[1192] Siehe zu § 4 AsylbLG CLASSEN, Menschenwürde, § 4 AsylbLG, S. 136 ff.; DEIBEL, in: ZAR 1998, S. 28, (31); GK-AsylbLG, § 4; HAILBRONNER, Ausländerrecht, Ordner 3, B 12, Rn. 114 ff.; RÖSELER, in: HUBER (Hrsg.), Handbuch, Band II, 166 B, § 4 AsylbLG.
[1193] Eine akute Erkrankung wird als ein unvermittelt auftretender, schnell und heftig verlaufender regelwidriger Körper- und Geisteszustand, der aus medizinischen Gründen der ärztlichen oder zahnärztlichen Behandlung bedarf, definiert, GK-AsylbLG, § 4, Rn. 19. Hiervon ist die chronische Erkrankung, auf deren Behandlung kein Anspruch besteht, abzugrenzen, siehe dazu DERS., Rn. 20 ff.; VG Frankfurt am Main, Beschluß vom 09.04.1997 -8 G 638/97 (1)-, kritisch dazu RÖSELER, in: HUBER (Hrsg.), Handbuch des Ausländerrechts Band II, B 166, § 4, Rn. 4 ff.
[1194] HAILBRONNER, Ausländerrecht, Ordner 3, B 12, Rn. 116.
[1195] Zur Versorgung mit Zahnersatz siehe GK-AsylbLG § 47 ff.
[1196] Die Behandlung und Betreuung dieses Personenkreises entspricht bis auf wenige Ausnahmen der Hilfe nach § 38 BSHG, GK-AsylbLG, § 4, Rn. 102 ff.
[1197] Siehe dazu ausführlich CLASSEN, Menschenwürde, § 4 AsylbLG, S. 141 f.
[1198] Damit werden Brillen und Hörgeräte grundsätzlich nicht gemäß § 4 AsylbLG gewährt,

Neben § 4 AsylbLG gewährt zudem § 6 AsylbLG sonstige Leistungen, wenn sie zur Sicherung der Gesundheit unerläßlich sind. Damit sind grundsätzlich all die Leistungen gemeint, die nicht zur Behandlung akuter Erkrankungen und Schmerzzustände erforderlich sind.[1199] So können zum Beispiel Seh- oder Hörhilfen gewährt werden.[1200] Weiterhin können beispielsweise die Kosten einer Psychotherapie zu übernehmen sein sowie die Behandlungen chronischer, nicht schmerzhafter Erkrankungen.[1201]
In Deutschland sind Asylbewerber nicht in eine Krankenversicherung eingebunden. Vielmehr erhält der Asylbewerber bei Bedarf beim zuständigen Sozialamt einen Krankenbehandlungsschein, welcher die Kostenübernahme durch das Sozialamt bestätigt.[1202] Damit kann er sich dann grundsätzlich zu einem Arzt seiner Wahl begeben.[1203]

b. Spanien

In Spanien können Asylbewerber gemäß Art. 15 Abs. 1, Art. 30 Erlaß Nr. 203 zum span. AsylG das Gesundheitssystem in Anspruch nehmen, sofern die zuständige öffentliche Verwaltung die Mittel und die Möglichkeiten hat, dafür aufzukommen. In Art. 12 Abs. 1 span. AusländerG heißt es allerdings, daß Ausländer, die sich in der Gemeinde, in der sie sich aufhalten und in das Gemeinderegister eingetragen haben, mit der Eintragung ein Recht auf Krankenhilfe im gleichen Umfang wie spanische Staatsangehörige haben.[1204] Damit haben auch Asylbewerer, sofern sie registriert sind, Zugang zum öffentlichen Gesundheitssystem (Instituto Nacional de Gestión Sanitaria).[1205]
Die Behandlung sowie die Medikamente sind für bedürftige Asylbewerber kostenlos.[1206] Die Gesundheitsfürsorge umfaßt auch psychologische und psychiatrische Betreuung.[1207] Schwangere Ausländerinnen haben gemäß Art. 12 Abs. 4

GK-AsylbLG § 4, Rn. 80. Siehe auch OVG NW, Beschluß vom 28.07.1994 - 24 B 1290/94 -.

1199 GK-AsylbLG, § 6, Rn. 128.

1200 HAILBRONNER, Ausländerrecht, Ordner 3, B 12, Rn. 120.

1201 CLASSEN, Menschenwürde, § 6 AsylbLG, S. 156; GK-AsylbLG, § 6,Rn. 141 ff., 165 ff.

1202 Zu den teilweise auftretenden Problemen bezüglich der Erlangung eines Krankenscheins, CLASSEN, Menschenwürde, § 4 AsylbLG, S. 138.

1203 In Bayern besteht freie Arztwahl. Dies ist nicht in allen Bundesländern der Fall, CLASSEN, Menschenwürde, § 4 AsylbLG, S. 143; 211 ff.; Zur Problematik der freien Arztwahl siehe DEIBEL, ZAR 1995, S. 57. (62); GK-AsylbLG, § 4, Rn. 162; RÖSELER, in: HUBER (Hrsg.), Handbuch, Band II, 166 B, § 4, Rn. 15 ff.

1204 Dies bestätigte auch Frau CHARO SANTOS, IMSERSO Madrid, Abteilung „Asilo y Refugio" am 08.01.2003.

1205 Alle übrigen Ausländern haben nur das Recht auf eine medizinische Notfallversorgung, siehe Art. 12 Abs. 2 span. AusländerG.

1206 PLS RAMBOLL, Spain, S. 23.

1207 PLS RAMBOLL, Spain, S. 24.

span. AusländerG das Recht auf Gesundheitsfürsorge während der Schwangerschaft, der Geburt und danach.

Das Ministerium für Arbeit und Soziales stellt dem Roten Kreuz Geldmittel zur Verfügung, so daß die medizinische Versorgung durch das Rote Kreuz gesichert ist, bis eine Aufnahme in das öffentliche Gesundheitssystem erfolgt ist.[1208] Grundsätzlich steht in den Aufnahmezentren kein medizinisches Personal zur Verfügung.[1209] Die Asylbewerber werden dort allerdings über die Möglichkeiten der medizinischen und psychologischen Behandlung informiert und die Inanspruchnahme wird organisiert.[1210] Seit 1999 erhalten alle Kinder und Jugendliche unter achtzehn Jahren unabhängig von ihrem aufenthaltsrechtlichen Status eine Gesundheitskarte, die sie zur Inanspruchnahme von medizinischer Behandlung berechtigt.[1211]

c. Österreich

In Österreich erhalten diejenigen Asylbewerber, die in die Bundesbetreuung aufgenommen wurden gemäß § 1 des öst. BundesbetreuungsG, Krankenhilfe. Das bedeutet, daß die medizinische und psychologische Versorgung dieser Gruppe durch eine vertragliche Vereinbarung, die sie an die Krankenversicherung anschließt, gesichert ist. Bundesbetreute Asylbewerber genießen die gleiche Versorgung wie österreichische Staatsangehörige. Der Bund übernimmt die Versicherungskosten.[1212]

Diejenigen, die nicht in die Bundesbetreuung aufgenommen werden und sich in der Hauptstadt Wien aufhalten, unterfallen hinsichtlich der Inanspruchnahme von Sozialhilfe dem Bundesland Wien. Nach dem WSHG haben grundsätzlich nur österreichische Staatsangehörige sowie Ausländer, die bestimmte Aufenthalts- oder Erwerbsbedingungen erfüllen, Anspruch auf Sozialleistungen. Nach § 7 a WSHG haben „Fremde, die nach den Bestimmungen des Bundesgeseztes über die Gewährung von Asyl einen Asylantrag gestellt haben, bis zum rechtskräftigen Abschluß des Verfahrens keinen Anspruch auf Sozialhilfe." Die Sozialhilfe umfaßt nach § 1 Abs. 2 WSHG unter anderem die Hilfe zur Sicherung des Lebensbedarfs. Gemäß § 11 WSHG gehört zum Lebensbedarf auch die Krankenhilfe. Folglich erhalten Asylbewerber, die sich außerhalb der Bundesbetreuung befinden, keine medizinische Versorgung. Lediglich bei einem akuten

---

[1208] UNHCR, Spain, S. 151. Einige Provinzen verfügen allerdings auch über ein eigenes Gesundheitssystem, durch das die Asylbewerber medizinisch versorgt sind.

[1209] DRC, Spain, S. 19.

[1210] Art. 19 lit.d der Resolution vom 06.07.1998.

[1211] Art. 12 Abs. 3 span. AusländerG. Diese Regelung wurde infolge eines Skandals eingeführt, nachdem mehreren, sich illegal in Spanien aufhaltenden Kindern, die medizinische Behandlung verweigert wurde, EFIONAYI-MÄDER, Espagne, S. 49.

[1212] Siehe EFIONAYI-MÄDER, Österreich, S. 94 mit weitergehenden Ausführungen.

medizinischen Notfall wird Hilfe gewährt.[1213] Auch die Praxis im Bereich der Fürsorge geht dahin, daß Asylbewerber keine Unterstützungsleistungen von staatlicher Seite erhalten.[1214] Insofern sind sie auf Hilfsorganisationen angewiesen, wobei die Caritas als wichtigste Anlaufstelle dient. Diese bietet - neben anderen Hilfsorganisationen[1215] - auch medizinische Versorgung beziehungsweise Krankenversicherungen an.[1216] Kostenlose psychologische Betreuung können Asylbewerber nur insofern nutzen, als es Angebote von Hilfsorganisationen gibt.[1217]

d. Weitere Länder

aa. Belgien, Finnland Luxemburg, Niederlande, Schweden, Vereinigtes Königreich

In *Belgien* haben Asylbewerber im regulären Verfahren die Möglichkeit, eine Krankenversicherung abzuschließen. Diese kommt dann im gleichen Rahmen für die Kosten wie bei belgischen Staatsangehörigen auf. Verfügt der Asylbewerber über keine eigenen finanziellen Mittel beziehungsweise arbeitet er nicht, so zahlen die Centres publiques d'assistance social[1218] die Kosten für die medizinische und psychologische Behandlung.[1219] Insofern besteht grundsätzlich eine umfassende Versorgung. Allerdings wird der Zugang zu medizinischer Versorgung in der Praxis durch viele Hindernisse bürokratischer und praktischer Art erschwert.[1220]

In *Finnland* haben Asylbewerber grundsätzlich nur Zugang zur kommunalen medizinischen Notfallversorgung. Sie erhalten nur die Medikamente, welche zur

---

1213 EFIONAYI-MÄDER, Österreich, S. 96, Fn. 54.

1214 EFIONAYI-MÄDER, Österreich, S. 96.

1215 So kümmert sich z.B. in Wien auch die evangelische Diakonie um die medizinische Versorgung von Asylbewerbern, indem durch Kontakt zu Ärzten versucht wird, eine kostenlose Behandlung für Asylbewerber zu organisieren und Arzttermine vereinbart werden. Zudem werden Medikamente vom Roten Kreuz organisiert; für weitere Informationen siehe http://www.diakonie.at (Stand Februar 2003).

1216 EFIONAYI-MÄDER, Österreich, S. 96. Einen guter Überblick über die Arbeit der Caritas mit Ausländern bietet die Internetseite http://www.caritas.at (Stand Februar 2003).

1217 Zwar bieten einige Hilfsorganisationen psychologische Betreuung an, das Angebot ist jedoch nicht ausreichend, UNHCR, Austria, S. 40.

1218 Im Folgenden CPAS.

1219 Chapitre IV, Section 1ère, Art. 57 § 1 Loi organique des centres publics d'aide sociale. Beachte die Ausnahme, die gemäß Art. 57 § 2 für Ausländer gilt, die sich illegal in Belgien aufhalten. Siehe auch BANK, NJIL 2000, S. 257, (283); sehr instruktiv auch VERDUSSEN/DE BRUYN, Administration Publique, 1998, S. 302, (302 f., 306 ff.)

1220 BANK, in: BOMMES/GEDDES; Immigration and Welfare, S. 148, (163); PLS RAMBOLL, Belgium, S. 22.

Behandlung akuter Erkrankungen erforderlich sind.[1221] Chronische Krankheiten sowie Zahnprobleme werden behandelt, wenn es als erforderlich angesehen wird.[1222] Allerdings erhalten Kinder und schwangere Frauen fast die identische Gesundheitsfürsorge wie finnische Staatsangehörige.[1223] Die Gemeinschaftsunterkünfte sind für die Bereitstellung der medizinischen Versorgung verantwortlich.[1224] Psychologische Hilfe wird gewährt, falls sie erforderlich erscheint.[1225]
In *Luxemburg* haben Asylbewerber freien Zugang zur medizinischen Versorgung. Während der ersten vier Monate nach der Antragstellung haben sie Zugang zur medizinischen Versorgung im Rahmen eines Gutscheinsystems.[1226] Die Gutscheine werden vom Commissariat du Gouvernement aux Etrangers[1227] ausgegeben. Nach Ablauf dieser Periode sind alle Asylbewerber krankenversichert. Die Beiträge zahlt das CGE. Die Krankenversicherung deckt alle Kosten[1228], die üblicherweise vom luxemburgischen Krankenversicherungssystem übernommen werden. Auch psychologische Unterstützung ist umfaßt.[1229]
In den *Niederlanden* haben Asylbewerber im regulären Verfahren die Möglichkeit, sich einer allgemeinen medizinischen Untersuchung zu unterziehen. Zudem können sie einen Fragebogen ausfüllen, der Fragen zu vergangenen sowie bestehenden körperlichen und mentalen Problemen enthäl. Außerdem kann angegeben werden, ob der Betreffende Opfer von Folter und Gewalt war. Eine umfangreiche Untersuchung wird schwangeren Frauen, Kindern sowie Personen, die Gesundheitsprobleme haben, angeboten.[1230] Die medizinische Versorgung wird mit Hilfe einer allgemeinen Krankenversicherung gewährleistet, die mit einigen Ausnahmen für alle Kosten aufkommt.[1231] Alle Aufnahmeeinrichtungen sind an ambulante Praxen mit einem Arzt/Ärztin und Pflegepersonal angeschlossen. Unkomplizierte Behandlungen werden dort durchgeführt.[1232] Seit Januar 2000

[1221] Mitteilung der finnischen Einwanderungsbehörde am 26.10.2002. Geregelt ist dies im nationalen Gesundheitsgesetz, welches allerdings auf englisch nicht zugänglich ist. So auch DRC, Finland, S. 13.

[1222] PLS RAMBOLL, Finland, S. 27 f.

[1223] Mitteilung der finnischen Einwanderungsbehörde am 26.10.2002.

[1224] UNHCR, Finland, S. 69.

[1225] PLS RAMBOLL, Finland, S. 28, Tabelle 4.8.

[1226] PLS RAMBOLL Luxemburg, S. 16.

[1227] Im Folgenden CGE.

[1228] Art. 1 lux. Verordnung zur Gewährung von Sozialhilfe an Asylbewerber. Eine Ausnahme bilden Zahnarztkosten, die nur in Höhe von 70 % übernommen werden, PLS RAMBOLL, Luxemburg, S. 16.

[1229] PLS RAMBOLL Luxemburg, S. 16; UNHCR, Luxembourg, S. 121.

[1230] PLS RAMBOLL, , S. 22.

[1231] EFIONAYI-MÄDER, Niederlande, S. 87. Von der Deckung ausgenommen sind z.B. medizinisch unterstütze Fortpflanzung, langwierige Behandlungen für nicht lebensbedrohliche Erkrankungen sowie einige zahnärztliche Behandlungen, PLS RAMBOLL, The Netherlands, S. 22.

[1232] EFIONAYI-MÄDER, S. 87. Dieses medizinische Team klärt über Krankheiten und ihre Prävention auf und berät die Asylbewerber in Einzelgesprächen, EFIONAYI-MÄDER, S. 87.

wird in sieben Regionen die allgemeine Gesundheitsfürsorge durch eine spezielle Kooperation der COA mit den Gesundheitsdiensten der Gemeinden und Städte gewährleistet.[1233]
In *Schweden* bestimmt § 4 des Gesetzes zur Gesundheit und medizinischer Versorgung, daß Asylbewerber Zugang zu medizinischer Versorgung haben.[1234] Die Landkreise sind seit dem 01.01.1997 für die medizinische Versorgung der Asylbewerber zuständig. Gemäß einer Vereinbarung zwischen dem Staat und den Landkreisen sind diese verpflichtet, medizinische und zahnärztliche Notversorgung sowie die dringende medizinische Versorgung für erwachsene Asylbewerber bereitzustellen.[1235] Die Behandlung chronischer Erkrankungen ist mitumfaßt.[1236]Für die entstandenen Kosten werden sie vierteljährlich von der schwedischen Migrationsbehörde nach einem Standardsatz entschädigt.[1237] Psychiatrische und psychologische Behandlung sind Bestandteil der medizinischen Versorgung für Asylbewerber.[1238] In Schweden muß sich jeder erwachsene Asylbewerber an den Kosten beteiligen. So sind für einen Arztbesuch sechs Euro zu zahlen. Für Medikamente wird ebenfalls eine Zuzahlung von sechs Euro verlangt.[1239] Kinder und schwangere Frauen unterliegen hinsichtlich der medizinischen Behandlung keinerlei Einschränkungen.[1240]
Im *Vereinigten Königreich* wurde im Zuge der Asylrechtsreform das System der medizinischen Versorgung für Asylbewerber beibehalten. Asylbewerber haben freien Zugang zu Allgemeinmedizinern und Krankenhäusern des nationalen Gesundheitsdienstes (National Health Service).[1241] Asylbewerbern wird empfohlen, sich so schnell wie möglich bei einem Allgemeinmediziner (NHS general practioner) kostenlos registrieren zu lassen.[1242] Unter bestimmten Bedingungen be-

---

1233 PLS RAMBOLL, The Netherlands, S. 23.

1234 Hälso- och sjukvardslagen SFS nr.: 1982:763.

1235 PLS RAMBOLL, Sweden, S. 21.

1236 PLS RAMBOLL, Sweden, S. 22.

1237 Siehe Informationsblatt der schwed. Migrationsbehörde „Fact about costs and allowances during the asylum process". Die Kompensationssumme für einen erwachsenen Asylbewerber zwischen 19 und 60 Jahren beträgt z.B. 2480 schwed. Kronen. Darin enthalten sind auch Kosten für Übersetzungsdienste und Patiententransporte. Die schwed. Migrationsbehörde erhält jährlich eine Summe vom Parlament zugesprochen, um unter anderem die Aufnahme von Asylbewerbern zu organisieren. Allerdings bestehen in der Praxis Schwierigkeiten bei der Zusammenarbeit zwischen der Migrationsbehörde und den Landkreisen, PLS RAMBOLL, Sweden, S. 21.

1238 PLS RAMBOLL, Sweden, S. 21.

1239 PLS RAMBOLL, Sweden, S. 21; Informationsblatt der schwed. Migrationsbehörde „Facts about costs and allowances during the asylum process."; DRC, Sweden, S. 13.

1240 PLS RAMBOLL, Sweden, S. 21.

1241 BANK/GROTE, in: GIEGERICH/WOLFRUM, (Hrsg.), Einwanderungsrecht, S. 305, (325); DRC, United Kingdom, S. 18; EFIONAYI-MÄDER, Großbritannien, S. 69, PLS RAMBOLL, United Kingdom, S. 26.

1242 Information des British Refugee Councils vom 25.09.2002, abrufbar unter: http://www.refugeecouncil.org.uk (Stand Februar 2003). Teilweise kann es bei der Registeht zudem ein Recht auf kostenlose zahnärztliche Behandlung, kostenlose Medikamente und Brillengläser.[1243] Diejenigen die von NASS unterstützt werden, erhalten sämtliche Kosten erstattet.[1244]

bb. *Frankreich, Portugal*

In *Frankreich* stellen einige große Aufnahmezentren Ärzte und Psychiater zeitweise oder auch fest an, die sich um die Versorgung der Asylbewerber kümmern und sie beraten, wenn sie medizinische Betreuung in Anspruch nehmen müssen., die in einem Aufnahmezentrum nicht geleistet werden kann. Andere Aufnahmezentren haben Vereinbarungen mit lokalen Ärzten., die sich um die medizinische Betreuung kümmern.[1245]

Obwohl das Gesetz denjenigen, die nicht in CADA's aufgenommen wurden, Zugang zu kostenloser medizinischer Versorgung garantiert[1246], ist es in der Praxis oft schwierig für die Asylbewerber, eine kostenlose medizinische Versorgung zu erhalten. Um von der Sozialhilfe und der kostenlosen medizinischen Hilfe zu profitieren, müssen viele bürokratische Hürden überwunden werden, die eine Behandlung verzögern oder unmöglich machen.[1247] Aus diesem Grund wenden sich viele Asylbewerber direkt an eine karitative Organisation, wo sie eine medizinische Behandlung erhalten.[1248]

In *Portugal* haben Asylbewerber im regulären Verfahren Zugang zum nationalen Gesundheitssystem.[1249] Sie erhalten damit eine Behandlung von akuten und chronischen Erkrankungen. Zur Behandlung muß sich der Asylbewerber entweder in ein öffentliches Krankenhaus oder zu einem vor Ort ansässigen Arzt be-

---

strierung Schwierigkeiten geben, da beide Seiten nicht umfassend informiert werden. Siehe dazu auch die Internetseite des Departments of Health unter: http://www.doh.gov.uk (Stand Februar 2003).

1243 Um diese Leistungen kostenlos zu erhalten, muß der Asylbewerber ein niedriges bzw. kein Einkommen vorweisen und ein sogenanntes exemtion certificate ausfüllen, vgl. DRC, United Kingdom, S. 18; Information des British Refugee Councils vom 25.09.2002, abrufbar unter: http://www.refugeecouncil.org.uk (Stand Februar 2003).

1244 Information des British Refugee Councils vom 25.09.2002, abrufbar unter: http://www.refugeecouncil.org.uk (Stand Februar 2003).

1245 PLS RAMBOLL, France, S.24. Die medizinische Versorgung in den CADA's wird von der "Association pour l'access aux soins et l'insertion des réfugiés et des exlus".

1246 Loi n°99-641 du 27 juillet 1999, Loi portant crátion d'une couverture maladie universelle, Décret n 99-1005 du 1er décembre 1999 relatif à la condition de résidence applicable à la couverture maladie universelle.

1247 Siehe dazu im einzelnen EFIONAYI-MÄDER, France, S. 58.

1248 EFIONAYI-MÄDER, France, S. 58; GEGENWART, Sozialrechtliche Stellung, S. 98. Zu nennen sind die „Association pour les victimes de la répression en exile (AVRE)", das „Comité médico-social pour les éxiles (COMEDE) " und die „Primo Levi Vereinigung".

1248 UNHCR; France, S. 81.

1249 Art. 53 port. AsylG.

geben.[1250] Medikamente werden zur Hälfte vom Staat bezahlt. Für die andere Hälfte kommt der portugiesische Flüchtlingsrat auf.[1251]

cc. Griechenland, Italien

Im Juli 2000 wurde in *Griechenland* eine ministerielle Entscheidung getroffen, die bezüglich des Zugangs zum Gesundheitssystem zwischen den verschiedenen Ausländergruppen differenziert.[1252] Asylbewerber haben gemäß dem präsidialen Erlaß 266/1999 freien Zugang zu medizinischer Behandlung. Sie müssen allerdings durch das Dokument, welches ihren Status als Asylbewerber beweist, ihre Berechtigung nachweisen. Geistig kranke Personen und körperbehinderte Personen haben die Möglichkeit in besonderen Einrichtungen behandelt zu werden.[1253] Dennoch ist es für Asylbewerber unter Umständen schwierig, in der Praxis tatsächlich behandelt zu werden.[1254] In der Zeit, in der die Asylbewerber auf ihre Dokumente warten - was bis zu zwei Jahren dauern kann[1255] -, haben sie nur Zugang zur medizinischen Notfallversorgung.[1256]
In *Italien* bestimmt Art. 34 des ital. EinwanderungsG, daß Personen mit Aufenthaltsbewilligung, und damit auch Asylbewerber, Zugang zur staatlichen Gesundheitsfürsorge haben. Sie können sich für die Dauer des Verfahrens in den nationalen Gesundheitsdienst (Servizio Sanitario Nazionale) bei der Kommune, in der sie sich aufhalten, einschreiben. Ab der Einschreibung werden die Kosten für eine medizinische Behandlung durch einen Allgemeinmediziner übernommen, für einen Aufenthalt im Krankenhaus und für benötigte erste Hilfe. Im Fall von Schwangerschaft und Geburt wird eine umfassende medizinsche Behandlung gewährt.[1257] Bedürftige Asylbewerber erhalten die notwendigen Medikamente kostenlos bzw. gegen ein geringes Engelt.[1258] In der Praxis ist der Zugang

---

[1250] PLS RAMBOLL, Portugal, S. 24. Sollte der Asylbewerber in dem Aufnahmezentrum untergebracht sein, so erhält er die medizinische Versorgung direkt dort, DRC, Portugal, S. 14.

[1251] DRC, Portugal, S. 14.

[1252] Bis Mitte des Jahres 2000 hatte noch jedermann, der sich in Griechenland aufhielt, unabhängig davon, ob er Ausländer oder Grieche war, Zugang zum nationalen Gesundheitssystem. Aufgrund einer Kostenexplosion im Gesundheitswesen und zahlreichen Mißbrauchsfällen wurde die Neuregelung eingeführt, PLS RAMBOLL, Greece, S. 28.

[1253] PLS RAMBOLL Greece, S. 23.

[1254] Aus diesem Grund ist es üblich, daß Asylbewerber, wenn sie medizinischer Behandlung bedürfen, von Vertretern von NRO begleitet werden, die ihnen behilflich sind. Diese Praxis ist durchaus üblich und die NRO werden dafür vom Staat finanziell unterstützt, PLS RAMBOLL, Greece, S. 29 f.

[1255] Siehe dazu bereits oben, S.

[1256] SITAROPOULOS, CSP 2002, S. 436, (447 f.)

[1257] Siehe ausführlich dazu das Informationblatt des „Programma Nazionale Asilo“, abrufbar unter: http//:www.programmanazionalasilo.it/guidaita1.pdf (Stand Februar 2003).

[1258] UNHCR, Italy, S. 115.

zur medizinischen Versorgung mangels Information und Hilfestellungen eingeschränkt.[1259]

4. *Richtlinienkonformität der nationalen Bestimmungen*

a. Deutschland

Durch die nationalen Bestimmungen in Deutschland (§§ 4, 6 AsylbLG) wird die von der Richtlinienbestimmung geforderte, den Mitgliedstaaten einen weiten Ermessensspielraum eröffnende, „erforderliche medizinische Versorgung" gewährleistet. Die in Deutschland gewährte medizinische Versorgung geht über eine Notversorgung und die unbedingt erforderliche Behandlung hinaus. Besonders bedürftige Personengruppen, wie zum Beispiel Schwangere, werden der Richtlinienbestimmung entsprechend besonders berücksichtigt. Durch die Auffangnorm des § 6 AsylbLG können spezielle Bedürfnisse von Asylbewerbern gedeckt werden.

b. Spanien

Das spanische Ausländerrecht ermöglicht registierten Asylbewerbern und denen, die in Aufnahmezentren untergebracht sind, von der gleichen Gesundheitsversorgung zu profitieren wie spanische Staatsangehörige. Dadurch werden auch die Bedürfnisse von besonders hilfebedürftigen Personen gedeckt. Art. 12 span. AusländerG geht damit über das von Art. 15 geforderte Maß an medizinischer Versorgung hinaus. Die Richtlinienkonformität der spanischen Bestimmung ist damit zu bejahen.

c. Österreich

Im Rahmen von Art. 15 wird die unterschiedliche Behandlung von bundesbetreuten Asylbewerbern und solchen, die sich außerhalb der Bundesbetreuung befinden, erstmals relevant. Im Hinblick auf die medizinische Versorgung von bundesbetreuten Asylbewerbern, erfüllt Österreich mit § 1 öst. BundesbetreuungsG die Anforderungen von Art. 15.

Art. 15 bestimmt, daß die Mitgliedstaaten dafür zu sorgen haben, daß Asylbewerber eine medizinische Versorgung, die zumindest die Notversorgung und die dringend erforderliche Versorgung umfaßt, erhalten müssen. Die Bestimmung sieht nicht vor, daß dem Staat ein Ermessen zukommt, nur für einen Teil der Asylbewerber die medizinische Versorgung sicherzustellen. Dies geschieht je-

[1259] PLS RAMBOLL, Italy, S. 19.

doch in Österreich, da die Aufnahme in die Bundesbetreuung im Ermessen der Behörden steht und nur ein Drittel aller Asylbewerber aufgenommen wird (§ 1, Abs. 1, 3 BundesbetreuungsG).
Insofern ist die ausschließliche Gewährung einer Notversorgung für Asylbewerber, die nicht in die Bundesbetreuung aufgenommen wurden, nicht richtlinienkonform. Die Träger öffentlicher Gewalt sind verpflichtet, allen Asylbewerbern eine darüberhinausgehende Versorgung zu gewährleisten, insbesondere Asylbewerbern mit besonderen Bedürfnissen. Eine andere Bewertung ergibt sich auch nicht aus der Tatsache, daß zahlreiche Hilfsorganisationen und die Kirchen bemüht sind, Asylbewerbern eine kostenlose medizinische Behandlung zu verschaffen, denn die Verpflichteten der Richtlinie sind die Träger der öffentlichen Gewalt. Diese haben die Versorgung sicherzustellen. Wie dies letztendlich im einzelnen organisiert ist, bleibt Österreich überlassen.[1260] Bisher ist es jedoch so, daß zumindest im Bundesland Wien, eine medizinische Versorgung nicht besteht. Eine finanzielle Unterstützung von Hilfsorganisationen durch das Bundesland genügt nicht, um die europarechtlichen Vorgaben zu erfüllen.
Es könnte sich jedoch aus Art. 17 etwas anders ergeben. Dieser legt den allgemeinen Grundsatz fest, wonach die Mitgliedstaaten in den nationalen Rechtsvorschriften zur Durchführung der Art. 5 bis 15 betreffend die materiellen Aufnahmebedingungen und die medizinische Versorgung, die spezielle Situation von besonders schutzbedürftigen Personen berücksichtigen. Nach Abs. 2 gilt dies ausschließlich für Personen, die nach einer Einzelprüfung ihrer Situation als besonders hilfebedürftig anerkannt werden. Aus Art. 17 Abs. 1 und 2 ergibt sich jedoch lediglich, daß dem Mitgliedstaat ein Ermessen zukommt hinsichtlich der Beurteilung, wer als besonders schutzbedürftig gilt. Bei der Gewährungen der Leistungen ist auf diese Menschen dann besonders Rücksicht zu nehmen. Die Vorschrift ist nicht so zu verstehen, daß ausschließlich besonders schutzbedürftigen Asylbewerbern Aufnahmebedingungen gewährt werden. Damit bleibt festzuhalten, daß Österreich bisher die Anforderungen des Art. 15 in bezug auf Asylbewerber, die nicht in die Bundesbetreuung aufgenommmen werden, nicht erfüllt.

5. *Bewertung*

Das Ergebnis, daß Art. 15 der Angemessenheitsprüfung im Rahmen des Diskriminierungsverbotes nicht standhält, führt dementsprechend zu einer kritischen Bewertung der Vorschrift. Eine für Asylbewerber reduzierte medizinische Versorgung besteht derzeit nur in Deutschland, Finnland, Schweden und Österreich, soweit es sich um Asylbewerber außerhalb der Bundesbetreuung handelt. Dabei

[1260] Denkbar wäre eine vertraglich geregelte Zusammenarbeit mit den Hilfsorganisationen oder Kirchen, wobei dem Staat die angemessene Überwachung der sachgerechten Erbringung der Leistungen obliegt.

ist allerdings zu berücksichtigen, daß in Finnland und Schweden Kinder und Schwangere wie eigene Staatsangehörige behandelt werden. Auch in Deutschland erhält diese Personengruppe eine bevorzugte Behandlung. Den übrigen Personen wird, trotz eines reduzierten Versorgungsumfangs, dennoch mehr gewährt als eine reine Notversorgung und eine unbedingt erforderliche Behandlung. Lediglich für Österreich gilt diese Aussage im Hinblick auf nicht bundesbetreute Asylbewerber nicht.
In allen übrigen Staaten erhalten Asylbewerber eine umfassende Grundversorgung, wenn auch der Zugang zu einer solchen in einigen Staaten (Belgien, Griechenland, Frankreich) in der Praxis Probleme aufwirft.
Infolge der Nichtvereinbarkeit der Vorschrift mit dem Diskriminierungsverbot und der Tatasache, daß die überwiegende Mehrheit von Mitgliedstaaten Asylbewerbern eine über die Anforderungen von Art. 15 Abs. 1 hinausgehende medizinische Versorgung gewährt, ist Art. 15 Abs. 1 abzulehnen. Statt dessen sollte Asylbewerbern eine umfangreichere medizinische Versorgung gewährt werden. Dabei ist darauf zu achten, daß den Mitgliedstaaten ein Ermessen verbleiben muß. Es darf nur nicht so weit bemessen sein, daß lediglich die Notversorgung und die Behandlung akuter Erkrankungen zu gewähren ist. Auch die Kommission ging in ihrem Vorschlag davon aus, daß zumindest im regulären Verfahren Asylbewerbern Zugang zur medizinischen Grundversorgung durch eine Arzt für Allgemeinmedizin haben sollten. Zudem wurden die Mitgliedstaaten verpflichtet, die Bedingungen festzulegen, unter denen Asylbewerber Zugang zu einer medizinischen Versorgung haben sollten, die das Fortschreiten einer bestehenden Krankheit verhindert.[1261] Dieser Vorschlag fand auch die Zustimmung des Europäischen Parlamentes, das nur kleinere Änderungen diesbezüglich als nötig erachtete.[1262] Auch UNHCR stimmte diesem Vorschlag in bezug auf das reguläre Verfahren zu.[1263]
Art. 15 Abs. 1 sollte dahingehend geändert werden, daß Asylbewerber zumindest wie in Deutschland, Schweden und Finnland Zugang zur erfoderlichen Behandlung haben. Dabei wird für die Festsetzung von Mindestnormen eine Orientierung an der deutschen Vorschrift (§ 4 Abs. 1 AsylbLG) für gut befunden. Danach sollte Art. 15 Abs. 1 zumindest normieren, daß die Mitgliedstaaten zur Behandlung akuter Erkrankungen und Schmerzzuständen die erforderliche ärztliche und zahnärztliche Behandlung einschließlich der Versorgung mit Arznei- und Verbandsmitteln gewähren müssen.
Weiterhin erscheint es sinnvoll zu bestimmen, daß die Entscheidung, inwieweit Behandlungsbedarf vorliegt, medizinische Fachpersonal überlassen wird.[1264]

[1261] ABl. C/213 E/292 vom 31.07.2001, Art. 20 Abs. 1, 3.
[1262] Europäisches Parlament, Bericht, S. 42
[1263] UNHCR, Stellungnahme, S. 8.
[1264] So auch ECRE, Comments, S. 16.

X. Allgemeine Bestimmungen zu materiellen Aufnahmebedingungen und zur Gesundheitsversorgung

1. Art. 13 der Richtlinie

Nach Art. 13 tragen die Mitgliedstaaten dafür Sorge, daß Asylbewerbern ab Antragstellung materielle Aufnahmebedingungen gewährt werden.
Sie sorgen nach Abs. 2 dafür, daß die gewährten materiellen Aufnahmebedingungen einem Lebensstandard entsprechen, der die Gesundheit und den Lebensunterhalt der Asylbewerber gewährleistet. Die Mitgliedstaaten tragen dafür Sorge, daß dieser Lebensstandard gewährleistet ist, wenn es sich um besonders bedürftige Personen im Sinne von Artikel 17 und um in Gewahrsam befindliche Personen handelt.
Nach Abs. 3 können die Mitgliedstaaten die Gewährung aller oder bestimmter materieller Aufnahmebedingungen und der Gesundheitsversorgung davon abhängig machen, daß die Asylbewerber nicht über ausreichende Mittel für einen Lebensstandard verfügen, der ihnen Gesundheit und den Lebensunterhalt gewährleistet.
Zudem können die Mitgliedstaaten nach Abs. 4 von den Asylbewerbern verlangen, daß sie für die Kosten der in dieser Richtlinie vorgesehenen materiellen Aufnahmebedingungen und der Gesundheitsversorgung gemäß Absatz 3 ganz oder teilweise aufkommen, sofern sie über ausreichende Mittel verfügen, beispielsweise, wenn sie über einen angemessenen Zeitraum gearbeitet haben. Stellt sich heraus, daß ein Asylbewerber zum Zeitpunkt der Gewährung der materiellen Aufnahmebedingungen sowie der Gesundheitsversorgung über ausreichende Mittel verfügt hat, um diese Grundbedürfnisse zu decken, können die Mitgliedstaaten eine Erstattung verlangen.
Die materiellen Aufnahmebedingungen können gemäß Abs. 5 in Form von Sachleistungen, Geldleistungen oder Gutscheinen oder einer Kombination dieser Leistungen gewährt werden. Wenn die Mitgliedstaaten materielle Aufnahmebedingungen durch Geldleistungen oder Gutscheine gewähren, bemißt sich deren Wert nach den in diesem Artikel festgelegten Grundsätzen.
Gemäß Art. 2 j) sind „materielle Aufnahmebedingungen" die Aufnahmebedingungen, die Unterkunft, Verpflegung und Kleidung in Form von Sach- und Geldleistungen oder Gutscheinen sowie Geldleistungen zur Deckung des täglichen Bedarfs umfassen.

2. Völkerrechtskonformität

Im Mittelpunkt der sogenannten Subsistenzrechte, das heißt, derjenigen Garantien, die zu einem menschenwürdigen Überleben unumgängliche Voraussetzungen sichern, steht das Recht auf einen angemessenen Lebensstandard. Es wird in Art. 11 Abs. 1 IPWSKR normiert. Daneben ist noch Art 9 IPWSKR zu erwäh-

nen, welcher das Recht auf soziale Sicherheit festschreibt. Minimalleistungen aus dieser Garantie gehören zum Kernbereich des Rechts. Ein Unterlassen dieser Leistungen begründet - wie bereits im Rahmen von Art 15 erörtert - zumindest für wohlhabendere Staaten eine kaum zu widerlegende Verletzung des IPWSKR.
Neben den Art. 11 Abs. 1 und Art. 9 IPWSKR sollen im Rahmen von Art. 13 auch Art. 27 der KRK näher untersucht werden.

a. Komponenten des Rechts auf einen angemessenen Lebensstandard

Art. 11 Abs. 1 IPWSKR verwendet den sehr allgemeinen Begriff „angemessener Lebensstandard". Der Ausschuß hat bisher noch keine Definition erarbeitet, was darunter zu verstehen ist. Fraglich ist zunächst, ob das Recht auf einen angemessenen Lebensstandard nur eine Bündelung anderer sozialer, ökonomischer und kultureller Rechte ist, oder ob diesem Recht eine eigenständige, weitergehende Bedeutung zukommt. In jedem Fall sind aber das Recht auf ausreichende Nahrung, Kleidung und Unterbringung[1265] Komponenten des Rechts auf einen angemessenen Lebensstandard. Was darüber hinaus zu einem angemessenen Lebensstandard zählt, hängt von den ökonomischen, kulturellen und soziologischen Bedingungen in jedem einzelnen Land ab. Festgehalten werden kann aber, daß jeder Mensch in der Lage sein sollte, seine Grundbedürfnisse unter menschenwürdigen Bedingungen zu decken.
Unter einem rein materialistischen Gesichtspunkt bedeutet ein angemessener Lebensstandard ein Leben oberhalb der Armutsgrenze in der betreffenden Gesellschaft. Nach Ansicht der Weltbank umfaßt dies zwei Komponenten: Zum einen die Verfügbarkeit über finanzielle Mittel, die nötig sind, um einen minimalen Bestand an Lebensmitteln und anderen Dingen zur Befriedigung von Grundbedürfnissen. Zum anderen einen weiteren Betrag, welcher von Land zu Land variiert und die Kosten abdeckt, die durch die Teilnahme am täglichen Leben in der betreffenden Gesellschaft entstehen.[1266]
Im Folgenden wird auf die wichtigsten Komponenten des Rechts auf einen angemessenen Lebensstandard eingegangen.

aa. Ausreichend Nahrung

Mit dem Recht auf Nahrung hat sich der Ausschuß ausführlich beschäftigt.[1267] Der Ausschuß hat in seiner Allgemeinen Bemerkung Nr. 12 eine Interpretation

---

[1265] Das Recht auf Unterbringung, mit dem sich der Ausschuß detailliert befaßt hat, wird im Rahmen von Art. 14 der Richtlinien ausführlich behandelt.
[1266] EIDE, in: EIDE/KRAUSE/ROSAS (Hrsg.), ESCR 2001, S. 133, (135 f.).
[1267] Siehe dazu bis 1995 ausführlich, CRAVEN, ICESCR, S. 306 ff.

des Rechts auf Nahrung gegeben. Danach ist „das Recht auf Nahrung verwirklicht, wenn jeder Mann, jede Frau und jedes Kind, allein oder in Gemeinschaft mit anderen, zu jeder Zeit körperlichen und wirtschaftlichen Zugang zu ausreichend Nahrung haben oder die Mittel, um Nahrung zu beschaffen".[1268] Die Bedeutung des Begriffs „ausreichend" ist dabei größtenteils abhängig von vorherrschenden sozialen, wirtschaftlichen, kulturellen, klimatischen und ökologischen Gegebenheiten.[1269] Das Recht auf ausreichend Nahrung beinhaltet die quantitative und qualitative Verfügbarkeit einer Menge von Nahrung. Diese muß ausreichen, um die individuelle Bedürfnisse einer Person an Nahrung, die für ihre körperliche und geistige Leistungsfähigkeit beziehungsweise für ihre Entwicklung notwendig sind, zu befriedigen.[1270]

bb. Angemessene Fürsorge

Ein angemessener Lebensstandard beinhaltet zudem angemessene Fürsorge.[1271] Dies ist insbesondere wichtig für besonders schutzbedürftige Personen, wie Kinder, Schwangere und ältere Menschen. Angemessene Fürsorge beinhaltet auch die Versorgung besonders schutzbedürftigen Personen mit Nahrung, die sie für ihre körperliche und geistige Entwicklung benötigen und sie vor Krankheiten schützt. Dies gilt vor allem für Kinder. Für ältere und behinderte Menschen muß zudem sichergestellt werden, daß sie Zugang zu Lebensmitteln haben.[1272] Von einer angemessenen Fürsorge ist auch die Gesundheitsfürsorge, insbesondere die präventive, mitumfaßt.[1273] Diese ist wiederum eng verbunden mit der Gewährung des Angebots von ausreichend Nahrung. Eine präventive Gesundheitsfürsorge umfaßt beispielsweise die Impfungen von Kindern sowie die Betreuung von werdenden Müttern vor und nach der Geburt. Diese Aspekte sind ausführlich in Art. 24 Abs. 2 KRK normiert, der bereits Gegenstand von Erörterungen war.[1274] Zu betonen ist nochmals, daß Art. 24 KRK den Schwerpunkt auf die Gründung, den Zugang und die Unterstützung einer Bandbreite von Programmen für die Gesundheitsfürsorge von Kindern legt.[1275]
Speziell auf Kinder abgestimmt, bestimmt zudem Art. 27 Abs. 1 KRK das Recht eines jeden Kindes auf einen angemessenen Lebensstandard, welcher der körperlichen, geistigen, seelischen und sozialen Entwicklung entsprechen muß.

[1268] Allgemeine Bemerkung Nr. 12 zum Recht auf ausreichend Nahrung, Ziff. 6, UN doc. E/2000/22.
[1269] Allgemeine Bemerkung Nr. 12 zum Recht auf ausreichend Nahrung, Ziff. 7, UN doc. E/2000/22.
[1270] EIDE, in: EIDE/KRAUSE/ROSAS (Hrsg.), ESCR 2001, S. 133, (134).
[1271] EIDE, in: EIDE/KRAUSE/ROSAS (Hrsg.), ESCR, 2001, S. 133, (135).
[1272] EIDE, in: EIDE/KRAUSE/ROSAS (Hrsg.), ESCR, 2001, S. 133, (135).
[1273] Zweifellos gehört auch die kurative medizinische Versorgung dazu.
[1274] Vgl. Zweiter Teil, E, IX, 2, b.
[1275] HAMMARBERG, in: EIDE/KRAUSE/ROSAS (Hrsg.), ESCR, 2001, S. 353, (359).

Damit geht die Norm über die Sicherung des Überlebens hinaus. Gemäß Art. 27 Abs. 2 KRK haben zwar die Eltern dafür zu sorgen, daß dem Kind ein angemessener Lebensstandard ermöglicht wird, aber der Staat unterliegt nach Art. 2 Abs. 3 einer nachrangigen Verpflichtung. Er muß die geeigneten Maßnahmen treffen, um den Eltern beziehungsweise anderen, für das Kind verantwortlichen Personen zu helfen, ihre Aufgaben zu erfüllen.[1276] Im Hinblick auf Asylbewerberkinder ist dies von besonderer Bedeutung, da den Eltern oft eigene Mittel fehlen werden, um einen angemessenen Lebensstandard zu gewähren.

cc. Ausreichend Kleidung

Dem Recht auf Kleidung wurde bisher vom Ausschuß und der Literatur kaum Aufmerksamkeit geschenkt.[1277] Es scheint, daß es sich bezüglich des Rechts auf Kleidung um einen Bereich handelt, den der Staat kaum kontrollieren kann.[1278] Dem ist grundsätzlich zuzustimmen. Allerdings ist zu berücksichtigen, daß Asylbewerber nicht die gleichen Möglichkeiten haben, einen angemessenen Lebensstandard zu erreichen, wie eigene Staatsangehörige oder auch anerkannte Flüchtlinge. Für sie bedarf es daher zu einem größeren Ausmaß der Fürsorge des Staates als für die allgemeine Öffentlichkeit. Dies gilt zumindest so lange, wie sie sich im Land aufhalten und keine Möglichkeit haben, ihren eigenen Lebensunterhalt zu erwirtschaften, was in der Regel der Fall ist. Insofern beinhaltet das Recht auf Kleidung, daß die Aufnahmestaaten bedürftigen Asylbewerbern Kleidung zur Verfügung stellen[1279] oder die finanziellen Leistungen an Asylbewerber so bemessen sind, daß diese in der Lage sind, die nötigsten Bekleidungsstücke zu erwerben.
Art. 13 i.V.m. Art 2 j) ist folglich völkerrechtskonform.

b. Recht auf soziale Sicherheit

Schließlich ist noch auf Art. 9 IPWSKR einzugehen. Dieser formuliert knapp: „Die Vertragsstaaten erkennen das Recht eines jeden auf soziale Sicherheit an; diese schließt die Sozialversicherung ein". Die Bestimmung geht von einem weiten Begriff der sozialen Sicherheit aus.[1280] Bisher hat sich der Ausschuß kaum zu Art. 9 IPWSKR geäußert. Dies und die knappe Formulierung verdeutlichen, daß Art. 9 IPWSKR zwar zur Errichtung eines Sozialversicherungssy-

---

[1276] HAMMARBERG, in: EIDE/KRAUSE/ROSAS (Hrsg.), ESCR, 2001, S. 353, (359 f.).
[1277] CRAVEN, ICESCR, S. 349.
[1278] CRAVEN, ICESCR, S. 349.
[1279] Das ist insbesondere in den nördlicheren Aufnahmestaaten erforderlich, wo im Winter warme Kleidung essentiell ist.
[1280] KÜNZLI/KÄLIN, in: KÄLIN/MALINVERNI/NOWAK, (Hrsg.), Die UNO-Menschenrechtspakete, S. 129.

stems verpflichtet, aber die Ausgestaltung dem Ermessen der Staaten überläßt.[1281] Dennoch enthält gemäß der Auffassung des Ausschusses die Norm ein Recht auf Leistungen im Rahmen von bestehenden Sozialversicherungen.[1282] Inzwischen besteht in allen Mitgliedstaaten der Gemeinschaft ein Sozialversicherungssystem. Das bedeutet, daß der Staat bedürftigen Staatsangehörigen sowie Ausländern mit einem gefestigteren Status grundsätzlich Sozialleistungen gewährt. Art. 13 der Richtlinie gestattet den Staaten, Asylbewerbern weitaus weniger Leistungen zur sozialen Sicherheit zu gewähren als Staatsangehörigen und bevorrechtigten Ausländern. Die Mitgliedstaaten haben die Option, Asylbewerbern materielle Aufnahmebedingungen nur in dem Umfang zu gewähren, daß ein Lebensstandard erreicht wird, der die Gesundheit und den Lebensunterhalt der Asylbewerber gewährleistet. Die Grenze bildet der Kerngehalt von Art. 11 Abs. 1 IPWSKR.

c. Diskriminierungsverbot (Art. 2 Abs. 2 IPWSKR)

Vorliegend ist wiederum das Verbot der Diskriminierung (Art. 2 Abs. 2 IPWSKR) von Bedeutung. Wie bereits festgestellt, ermöglicht Art. 13 die Schlechterstellung von Asylbewerbern. Diese Ungleichbehandlung könnte zunächst gerechtfertigt sein, wenn sie ein legitimes Ziel verfolgt. Die Ziele - und diesbezüglich kann auf die obigen Erläuterungen verwiesen werden - sind zum einen möglichst wenig Anreize zu bieten, aus wirtschaftlichen Gründen Asyl zu beantragen, Kosten zu sparen und eine Integration in die Gastgesellschaft so lange zu verhindern, bis über den Status endgültig entschieden worden ist. Wie bereits festgestellt, sind alle drei Ziele legitim.

Damit die Ungleichbehandlung gerechtfertigt ist, muß darüber hinaus die Einschränkung, Asylbewerber nicht in das Sozialversicherungssystem einbinden zu müssen, verhältnismäßig im eigentliche Sinne sein. Das ist dann der Fall, wenn die Einschränkung zur Erreichung des angestrebten Zieles geeignet, erforderlich und angemessen ist. Von der Geeignetheit und der Erforderlichkeit der Möglichkeit, Asylbewerber aus den nationalen Sozialversicherungs-systemen auszuschließen und ihnen geringere Leistungen zu gewähren, ist auszugehen. Die Angemessenheit dieser Maßnahme ist dann zu bejahen, wenn sie nicht außer Verhältnis zu den angestrebten Zielen steht.

Im Rahmen der Angemessenheitsprüfung kommt wieder der Vorläufigkeit des Aufenthaltes eine große Bedeutung zu, da der Umfang des Schutzes mit der Aufenthaltsdauer korreliert. Insofern erscheint es angemessen, daß Asylbewerber, deren Status noch ungewiß ist, nicht in gleichem Umfang in das jeweilige

[1281] KÜNZLI/KÄLIN, in: KÄLIN/MALINVERNI/NOWAK, (Hrsg.), Die UNO-Menschenrechtspakete, S. 129.

[1282] KÜNZLI/KÄLIN, in: KÄLIN/MALINVERNI/NOWAK, (Hrsg.), Die UNO-Menschenrechtspakete, S. 129.

nationale Sozialversicherungssystem eingegliedert sind, wie Staatsangehörige oder Ausländer mit einem sichereren Aufenthaltsstatus.
Das Ziel der wirtschaftlichen Sozialhilfe, die für mittellose Asylbewerber zunächst einmal von allen Sozialleistungen im Mittelpunkt steht, ist eine über die reine Existenzsicherung hinausgehende materielle und persönliche Hilfeleistung in einer Notlage. Die Sozialhilfe soll dem Empfänger die Führung eines menschenwürdigen Lebens während dieser Notlage ermöglichen, die durch eigene Kräfte und Mittel nicht zu beheben ist. Auch mittellose Asylbewerber befinden sich in einer Notlage, wenn sie in einem fremden Land ankommen. Hinzu kommt, daß sie an ihrer Situation kaum etwas hinsichtlich der Erlangung finanzieller Unabhängigkeit verändern können, da sie praktisch keinen Zugang zum legalen Arbeitsmarkt haben. Folglich sind sie auf staatliche Leistungen angewiesen. Da Art. 13 der Richtlinie die Gewährung materieller Aufnahmebedingungen seitens der Mitgliedstaaten vorschreibt, verpflichtet sie die Staaten, für mittellose Asylbewerber zu sorgen. Dies muß in einer Form geschehen, die einen Lebensstandard gewährleistet, der die Gesundheit und den Lebensunterhalt sichert. Diese staatliche Form der Unterstützung bietet eine - wenn auch äußerst reduzierte - Form der sozialen Sicherheit. Die Unterstützungsleistung an Asylbewerber wird zudem gerade nicht ausgezahlt, um eine künftige Selbständigkeit wieder zu fördern. Insofern ist die Möglichkeit, Asylbewerber hinsichtlich der Gewährung von Sozialleistungen ungleich zu behandelen, gerechtfertigt.
Zum Schluß ist noch auf zwei weitere Aspekte einzugehen. Art. 13 der Richtlinie bestimmt, daß die Mitgliedstaaten festlegen können, daß ein Asylbewerber staatliche Leistungen nur dann erhält, wenn er bedürftig ist bzw. unter Umständen einen Teilbetrag zu leisten hat. Diese Bestimmung ist angemessen.
Zudem erlaubt Art. 13, daß anstatt von finanziellen Leistungen auch Sachleistungen gewährt werden können. Fraglich ist, ob das Sachleistungsprinzip gegen das Diskriminierungsverbot verstößt, denn Sozialleistungen werden an Staatsangehörige und bevorrechtigte Ausländer grundsätzlich in bar ausgezahlt. Auch diese Ungleichbehandlung muß wohl als angemessen angesehen werden, denn es liegt im Ermessen des Staates, die Form der Leistungen zu bestimmen. Die Schrankenbestimmung des Art. 4 IPWSKR führt auch vorliegend zu keinem anderen Ergebnis.

3. Die nationalen Bestimmungen und die Praxis in den Mitgliedstaaten

Auf die Gesundheitsfürsorge wird im Folgenden nicht nochmals gesondert eingegangen, da diese Thematik bereits ausführlich behandelt wurde bzw. im Hinblick auf besonders bedürftige Personen noch behandelt wird. Insofern beschränkt sich die folgende Darstellung darauf, welche finanziellen Leistungen bzw. Sachleistungen Asylbewerber seitens des Aufnahmelandes erhalten.

a. Deutschland

In Deutschland bestimmt grundsätzlich § 3 AsylbLG[1283] den Umfang der materiellen Aufnahmebedingungen für Asylbewerber.[1284] Danach wird der notwendige Bedarf der Leistungsberechtigten durch Sachleistungen sichergestellt. Das Gesetz gewährt einen Anspruch auf Ernährung, Unterkunft, Heizung, Kleidung, Gesundheits- und Körperpflege sowie Gebrauchs- und Verbrauchsgüter (§ 3 Abs. 1).[1285] Bei der Unterbringung außerhalb von Aufnahmeeinrichtungen gilt ein Sachleistungsvorrang, so daß im Einzelfall die Leistungsgewährung auch durch Gutscheine und andere unbare Abrechnungen sowie Geldleistungen möglich sind.[1286] Nach Möglichkeit sollen allerdings immer Sachleistungen gewährt werden.[1287] Der Umfang der Geld- und geldwerten Leistungen ergibt sich aus § 3 Abs. 2 Nr. 2, 3. Danach erhält ein Hausvorstand monatlich Leistungen im Wert von 184,07 €. Dieser Betrag umfaßt die Bedarfspositionen Ernährung, Kleidung, Gesundheits- und Körperpflege und Verbrauchsgüter des Haushalts.[1288] Die Grundleistungsbeträge nach § 3 Abs. 2 können bei Unterbringung in Gemeinschaftsunterkünften um pauschale Kostenanteile für zur Verfügung gestellte Verbrauchsgüter gekürzt werden. Zusätzlich erhalten Asylbewerber nach § 3 Abs. 1 Nr. 1, 2 AsylbLG bis zur Vollendung des vierzehnten Lebensjahres einen monatlichen Betrag von 20 € ausgezahlt. Danach erhalten sie einen Betrag in Höhe von 40 €. Die Leistungen für Unterkunft, Heizung und Hausrat, die grundsätzlich ebenfalls als Sachleistung gewährt werden, werden zusätzlich zu den Grundleistungen gewährt (§ 3 Abs. 2, Nr. 3 AsylbLG).

1283 Bei § 3 AsylbLG handelt es sich um die Kernvorschrift des Gesetzes, die einen bundesweit einheitlichen Leitungsanspruch normiert, Röseler, in: Huber (Hrsg.), Handbuch, Band II, 166 B, § 3 AsylblG, Rn. 1. Siehe auch § 13 Bayerische Asyldurchführungsverordnung (DVAsyl) zu § 3 AsylbLG.

1284 Gemäß § 1 Nr. 1 AsylbLG sind nach diesem Gesetz Ausländer, die eine Aufenthaltsgestattung nach dem Asylverfahrensgesetz haben, leistungsberechtigt.

1285 Siehe dazu im einzelnen, GK-AsylbLG, § 3, Rn. 59 ff.; VG Karlsruhe, Beschluß vom 18.04.2000 -8 K 3518/99 -.

1286 Deibel, ZAR 1998, S. 28, (30); Röseler, in: Huber (Hrsg.), Handbuch, Band II, 166 B, § 3 AsylblG, Rn. 3, 16. Anders ist dies bei der Unterbringung in Aufnahmeeinrichtungen. Dort gilt ein Sachleistungszwang, GK-AsylbLG, § 3 Rn. 13 ff. Zu der Leistungserbringung durch Wertgutscheine, zu unbaren Abrechnungssystemen und Sonderläden, siehe Classen, Menschenwürde, S. 126 ff.

1287 GK-AsylbLG, § 3, Rn. 3, 62. Hailbronner, Ausländerrecht, Ordner 3, B 12, Rn. 110.

1288 Classen, Menschenwürde, S. 110. Zu den Verbrauchsgütern des Haushaltes zählen im wesentlichen die Haushaltsenergie sowie Putz- und Reinigungsmittel, Classen, Menschenwürde, S. 116. Kostenträger der Leistungen nach dem AsylbLG ist in Bayern nach § 11 Abs. 1 Asyldurchführungsverordnung (DVAsyl) der Freistaat Bayern. Nach Abs. 2 sind die zuständigen Behörden zur Durchführung des AsylbLG die Regierungen, der Landkreis, die kreisfreie Gemeinde im übertragenen Wirkungskreis und das Landratsamt als Staatsbehörde.

Die Entscheidung über die Form der nach § 3 AsylbLG zu gewährenden Leistungen liegt im pflichtgemäßen Ermessen der zuständigen Behörde.[1289] Dabei sind die örtlichen Gegebenheiten, aber auch die persönliche Situation des Leistungsberechtigten zu berücksichtigen.[1290]
Gemäß § 6 AsylbLG können zudem sonstige Leistungen gewährt werden. Dies ist dann der Fall, wenn sie im Einzelfall zur Sicherung des Lebensunterhalts unerläßlich sind, zur Deckung besonderer Bedürfnisse von Kindern geboten oder zur Erfüllung einer verwaltungsrechtlichen Mitwirkungspflicht erforderlich sind.[1291] Sonstige Leistungen stellen beispielsweise zusätzliche Nahrung, Erstlingsausstattung, Schulbedarf sowie Fahrt- und Reisekosten dar.[1292]
In Bayern werden Leistungen fast ausschließlich in Form von Sachleistungen erbracht.[1293] Gutscheine sind nicht üblich.[1294] Gemäß § 7 Abs. 1, 2 AsylbLG sind verfügbares Einkommen und Vermögen aufzubrauchen, bevor Leistungen nach dem AsylbLG in Anspruch genommen werden können. Erhaltene Sachleistungen sowie Kosten für Unterkunft und Heizung sind im Fall von verfügbarem Einkommen und Vermögen zurückzuerstatten. Um zu gewährleisten, daß vorhandenes Vermögen aufgebraucht wird und um Erstattungsansprüche zu sichern, kann nach § 7a ASylbLG eine Sicherheitsleistung verlangt werden.[1295]

b. Spanien

In Spanien bestimmen die Art. 15 Abs. 1, 3, Art. 30 Erlaß Nr. 203 zum span. AsylG, daß bedürftige Asylbewerber im regulären Verfahren Zugang zu sozialer Unterstützung haben. Voraussetzung ist, daß die zuständigen Behörden über ausreichende Mittel verfügen. Allerdings hat IMSERSO mit diversen NRO Vereinbarungen dahingehend getrofffen, daß, während eine Entscheidung über den Asylantrag aussteht, eine finanzielle Unterstützung geleistet wird.[1296]
Gemäß Art. 15 Abs. 3 Erlaß Nr. 203 zum span. AsylG haben besonders bedürftige Asylbewerber, wie beispielsweise alleinstehende Eltern oder ältere Men-

[1289] GK-AsylbLG, § 3, Rn. 65.
[1290] CLASSEN, Menschenwürde, S. 124, HAILBRONNER, Ausländerrecht, Ordner 3, B 12 Rn. 107.
[1291] Die Vorschrift dient zum einen als leistungsrechtliche Auffangklausel und zum anderen als Öffnungsklausel um Einzelfallgerechtigkeit herzustellen, GK-AsylblG, § 6, Rn. 13.
[1292] Siehe dazu ausführlich GK-ASylbLG, § 6, Rn. 24-127, 176, 215, 216-244, unter Nennung zahlreicher Einzelfälle.
[1293] CLASSEN, Menschenwürde, S. 222 f. Danach sind die Essenspakete in Bayern von geringer Menge und schlechter Qualität, die Hygienepakete kaum bedarfsdeckend und das Kleidungsangebot unzureichend.
[1294] CLASSEN, Menschenwürde, S. 222 f. Anders ist dies z.B. in Mecklenburg-Vorpommern, siehe DERS. S. 222.
[1295] Diese Vorschrift ist unsinnig, denn wer Vermögen hat, erhält ohnehin keine Leistung nach dem AsylbLG. Siehe auch STREIT/HÜSCHMANN, ZAR 1998, S. 266, (272).
[1296] JUBANY-BAUCELLS, CSP 2002, S. 415, (422).

schen, unmittebar ab dem Zeitpunkt der Antragstellung Anspruch auf soziale Unterstützung.
Der finanzielle Betrag, welcher an die Asylbewerber ausgezahlt wird, wird von IMSERSO festgelegt. Dies gilt unabhängig davon, ob der Asylbewerber in einem Aufnahmezentrum lebt oder individuell untergebracht ist. So erhält ein erwachsener, bedürftiger Asylbewerber (vgl. Art. 13 der Resolution vom 06.07.1998) monatlich circa 286 €, wenn er sich selbst verpflegen muß. Ist dies nicht der Fall, dann reduziert sich die finanzielle Unterstützung auf ein Taschengeld in Höhe von 41 € monatlich. Für schulpflichtige Kinder wird einmal pro Jahr eine Summe von circa 87 € ausgezahlt, um Material für die Schule kaufen zu können. Für Neugeborene ist eine einmalige Hilfe in Höhe von 150 € vorgesehen.[1297] Ein erwachsener Asylbewerber, der nicht in einem Aufnahmezentrum untergebracht ist und keine eigenen finanziellen Mittel hat, erhält durch das Rote Kreuz oder andere NRO eine monatliche Zuwendung. Unter dem Programm des Roten Kreuzes beläuft sich die Zuwendung auf 224 €.[1298]
Zudem erhalten Asylbewerber eine Monatskarte zur freien Benutzung der öffentlichen Verkehrsmittel.[1299] Die finanzielle Unterstützung wird grundsätzlich nur für sechs Monate ausgezahlt. Sie kann zweimal für jeweils drei Monate verlängert werden.[1300]

c. Österreich

In Österreich erhalten Asylbewerber, die vom Bund betreut werden, nur ein Taschengeld, da für Unterkunft und Verpflegung gesorgt wird. Ein erwachsener Asylbewerber erhält 40 € im Monat.[1301] Zusätzlich erhalten Asylbewerber Sachleistungen, wie Schuhe, Kleidung und Schulbedarf. Notwendig Transporte übernimmt der Bund.[1302] Asylbewerber, die über eigenes Vermögen, eigene Einkünfte oder Zuwendungen von dritter Seite verfügen, erhalten kein Taschengeld und müssen sich an den Kosten für Unterkunft und Verpflegung beteiligen.[1303] Zudem sind sie verpflichtet, die Kosten von Leistungen aus der Bundes-

1297 Siehe zu den finanziellen Leistungen, EFIONAYI-MÄDER, Espagne, S. 48.
1298 Siehe dazu ausführlich EFIONAYI-MÄDER, Espagne, S. 48. Zur Zeit ist es allerdings so, daß alle Asylbewerber in Aufnahmezentren untergebracht werden können, da die Zahlen rückläufig sind, Auskunft von Frau CHARO SANTOS, IMSERSO Madrid, Abteilung „Asilo y Refugio" am 08.01.2003.
1299 PLS RAMBOLL, Spain, S. 21, Tabelle 13.8.
1300 UNHCR, Spain, S. 151.
1301 § 7 Abs. 1 BundesbetreuungsVO. Gemäß § 6 erhalten Betreute eine sogenannte Betreuungskarte, die bei den zuständigen Behörden vorzulegen ist.
1302 § 3 Abs. 1 BundesbetreuungsVO; PLS RAMBOLL, Austria, S. 22, EFIONAYI-MÄDER, Österreich, S. 94.
1303 §§ 7 Abs. 3, 10 Abs. 2 BundesbetreuungsVO.

betreuung zurückzuerstatten, wenn sie unwahre Angaben zu ihren Vermögensverhältnissen gemacht haben oder ihre Mitteilungspflicht verletzt haben.[1304] Diejenigen Asylbewerber, die nicht in die Bundesbetreuung aufgenommen wurden, sind auch im Hinblick auf finanzielle Unterstützung auf Hilfsorganisationen angewiesen. Deren Kapazitäten sind allerdings beschränkt, so daß in vielen Fällen nur vorübergehend Hilfe geleistet werden kann. Die Caritas in Wien stellt beispielsweise Mittel für Hygieneartikel und Verpflegung bereit und zahlt ein Taschengeld aus. Dieses wird individuell angepaßt und im Verlauf des Verfahrens nach und nach gekürzt.[1305] Die Tätigkeiten des Ausländerressorts der Caritas Wien werden ihrerseits wiederum zu etwa einem Drittel von der Stadt Wien finanziert und zu zwei Dritteln aus anderen Mitteln, wie z.B. Spenden, bestritten.[1306] In ihrem Bericht stellt *Efionayi-Mäder* fest, daß sich „in Wien ein fragiles Gleichgewicht der staatlich-privaten Kosten- und Aufgabenteilung herausgebildet hat. Die Stadt unterstützt finanziell Hilfsorganisationen wie Caritas, ohne deren Hilfeleistungen und Einsatz die materielle Not der Flüchtlinge unter Umständen bedenkliche Ausmaße annehmen könnte. Gleichzeitig machen die Behörden gewisse Auflagen bezüglich der zu betreuenden Personenkategorie, während die Hilfsorganisationen bemüht sind, eine größtmögliche Unabhängigkeit gegenüber staatlichen Institutionen zu bewahren“.[1307]

d. Weitere Länder

aa. Belgien, Finnland, Luxemburg, Niederlande, Schweden, Vereinigtes Königreich

In *Belgien* erhalten bedürftige Asylbewerber im regulären Verfahren Sozialhilfe. Durch das CPAS wird Asylbewerbern nach vorheriger Antragsstellung ein Geldbetrag ausgezahlt, der dem Betrag entspricht, der belgischen Sozialhilfeempfängern zur Verfügung steht, der sogenannte „Minimex“.[1308] Im Unterschied zu belgischen Staatsangehörigen haben Asylbewerber allerdings keinen rechtlichen Anspruch auf diese Unterstützung, sondern nur auf eine Unterstützung, die ein menschenwürdiges Leben ermöglicht. Dies hat zur Konsequenz, daß der auszuzahlende Betrag von CPAS bestimmt werden kann.[1309] Von der Unter-

---

1304 § 11 BundesbetreuungsVO.

1305 Efionayi-Mäder, Österreich, S. 96, Fn. 55.

1306 Efionayi-Mäder, Österreich, S. 97.

1307 Efionayi-Mäder, Österreich, S. 97.

1308 Chapitre IV, Section 1ère, Art. 57ter, Loi organique des centres publics d'aide sociale; Bank, NJIL,S. 257, (277); PLS Ramboll, Belgium, S. 19f; Verdussen/de Bruyn, Administration Publique, 1998, S. 302, (303 f.).

1309 PLS Ramboll, Belgium, S. 19f. Ein erwachsener Asylbewerber erhält im regulären Verfahren monatlich einen Betrag in Höhe von 500 €, PLS Ramboll, Belgium, S. 20, Tabelle 2.5. In der Praxis ist es vorgekommen, daß CPAS die Weigerung der Kommunen, Asyl-

stützung sind sämtliche Ausgaben zu bestreiten. Zudem besteht ein Programm (sogenannte „initiative d'acceuil"), das von der CPAS organisiert wird und finanzielle Unterstützung mit der Gewährung von Sachleistungen kombiniert.[1310]
In *Finnland* erhalten alle Asylbewerber gemäß § 22 finn. IntegrationsG soziale Unterstützung in Form von Geld und kostenloser Unterkunft. Die ausgezahlte Summe, die erwachsenen Asylbewerbern zusteht, ist um 15 % niedriger als die, welche bedürftige finnische Staatsangehörige erhalten. Davon sind Lebensmittel, Kleidung und persönliche Ausgaben zu bezahlen. Allerdings fallen für Asylbewerber grundsätzlich keine Kosten für die Unterkunft an. In Finnland wird ein relativ hoher Betrag an Asylbewerber ausgezahlt, da die Ansicht vertreten wird, Asylbewerbern ein möglichst unabhängiges Dasein zu ermöglichen.[1311]
Nach Antragsstellung erhalten bedürftige Asylbewerber in *Luxemburg* monatlich eine finanzielle Unterstützung von der CGE ausgezahlt, um Lebensmittel und kleinere Ausgaben bestreiten zu können. Zudem können sie die öffentlichen Verkehrsmittel kostenlos benutzen.[1312] Die Höhe der Summe ist festgeschrieben und hängt davon ab, ob die Asylbewerber Mahlzeiten erhalten oder sich selbst versorgen.[1313] In besonderen Fällen wird auch eine punktuelle finanzielle Sonderhilfe gewährt.[1314]
In den *Niederlanden* wird Asylbewerbern eine Grundunterstützung ausgezahlt. Der Betrag ist abhängig davon, inwieweit in der Unterkunft für Verpflegung gesorgt ist.[1315] Im regulären Verfahren wohnen die Asylbewerber grundsätzlich in Residenzzentren (Asielzoekercentrum – AZC), wo sie in der Regel ihre eigenen Mahlzeiten zubereiten können, so daß ein erwachsener Asylbewerber einen Betrag von 39,02 € wöchentlich ausgezahlt bekommt. Zudem wird eine einmalige Zahlung in Höhe von 36,30 € für Kleidung gewährt.[1316] Lebt der Asylbewerber nicht in einem AZC, erhält er zuzätzliches Geld für Miete.[1317]

---

bewerber zu registrieren, als Entschuldigung mißbraucht, diesen keine Sozialhilfe auszuzahlen oder versuchte, möglichst wenig auszuzahlen, um Asylbewerber aus ihrem Zuständigkeitsbereich zu vertreiben, BANK, NJIL 2000, S. 257, (278). Vgl. auch MINDERHOUD, in: BOCH/LEVY, (Hrsg.), Refugees, S. 132, (144).

1310 PLS RAMBOLL, Belgium, S. 17.

1311 PLS RAMBOLL, Finland, S. 23. Ein erwachsener Asylbewerber erhält monatlich einen Betrag in Höhe von circa 296 € ausgezahlt. Die Aufnahmezentren zahlen den Betrag aus. Je nachdem, in welcher Gemeinde der Asylbewerber sich befindet, kann der Betrag leicht variieren, DCR, Finland, S. 11.

1312 Art. 1 ff. lux. Verordnung zur Gewährung von Sozialhilfe an Asylbewerber.

1313 Ein erwachsener Asylbewerber erhält monatlich 100 €, wenn er volle Verpflegung erhält. Ist dies nicht der Fall, steht ihm ein Betrag von monatlich 273 € zu.

1314 Art. 15 lux. Verordnung zur Gewährung von Sozialhilfe an Asylbewerber.

1315 PLS Ramboll, The Netherlands, S. 18 f., Tabellen: 11.4; 11.5; 11.6; DRC, The Netherlands, S. 16 f. Zwischen Kindern und Erwachsenen wird hinsichtlich der Höhe des Betrages unterschieden.

1316 PLS RAMBOLL, The Netherlands, S. 16, 18.

1317 PLS RAMBOLL, The Netherlands, S. 19.

In *Schweden* erhalten bedürftige Asylbewerber von der schwedischen Migrationsbehörde einen Geldbetrag ausgezahlt.[1318] Unter Umständen wird einmalig ein zusätzlicher Betrag ausgezahlt, wenn besondere Bedürfnisse gedeckt werden müssen (zum Beispiel Winterkleidung).[1319] In Schweden werden keine Sachleistungen verteilt, so daß Asylbewerber von dem ihnen zur Verfügung stehenden Geldbetrag auch Kleidung, Schuhe, Hygieneartikel finanzieren müssen. Je nachdem, ob der Asylbewerber in einer Gemeinschaftsunterkunft wohnt oder zur Miete beziehungsweise ob Mahlzeiten bereitgestellt werden oder nicht, wird der finanzielle Beitrag berechnet.[1320] Arbeitet ein Asylbewerber, so ist er verpflichtet, den Migrationsausschuß für Lebensmittel und Miete zu entschädigen.[1321]

Im *Vereinigten Königreich* wurden im Zuge der Asylreform Asylbewerber aus dem nationalen Sozialhilfesystem ausgeklammert und statt dessen ein Gutscheinsystem eingeführt. Asylbewerber erhielten Gutscheine, um Nahrungsmittel und andere Notwendigkeiten zu kaufen. Die Gutscheine konnten nur in Geschäften, die NASS unter Vertrag hatte, eingelöst werden. Sie konnten nur zu einer sehr niedrigen Summe in Bargeld eingelöst werden, und Restbeträge konnten nicht in Geld erstattet werden.[1322] Aufgrund heftiger Kritik gegen dieses System hat die Regierung das Gutscheinsystem seit dem 08.04.2002 teilweise rückgängig gemacht.[1323] Zwar werden noch immer Gutscheine ausgeteilt, aber Asylbewerber können diese gegen Bargeld eintauschen.[1324] Eine einmalige Zahlung in Höhe von □ 300 wird Eltern von Neugeborenen in Form eines Gutscheins, welcher innerhalb von vier Wochen eingelöst werden muß, ausgezahlt.[1325]

1318 §§ 8 ff. schwed. AsylbewerberaufnhameG; §§ 5, 6, 8, 9, 10. schwed. AsylbewerberaufnahmeVO.

1319 § 7 schwed. AsylbewerberaufnahmeVO.

1320 §§ 4 ff. schwed. AsylbewerberaufnahmeVO. Siehe auch Informationsblatt der schwedischen Migrationsbehörde „Facts about costs and allowances during the asylum process", wo die Beträge aufgelistet sind.

1321 PLS RAMBOLL, Sweden, S. 19.

1322 Information des British Refugee Councils, abrufbar unter: http://www.refugeecouncil.org.uk (Stand Februar 2003); PLS RAMBOLL, United Kingdom, S. 22, UNHCR, United Kingdom, S. 169. Siehe auch Art. 10 Abs. 2 Asylum Support Regulation 2000, Statutory Instrument 2000, No. 704. Zu dem System vor der Asylreform, EFIONAYI-MÄDER, Großbritannien, S. 66 ff.; zur Kritik an diesem System, welches durch eine Reform 1996 die Unterstützungsleistungen bereits stark kürzte, CHOLEWINSKI, IJRL 1998, S. 462 ff.

1323 The Asylum Support (Amendement) Regulation 2002, Statutory Instrument 2002, No. 472, Nr. 4.; F.A.Z. vom 31.10.2001, S. 7. Zur Kritik an dem bisherigen System, GEDDES, in: BOMMES/GEDDES (Hrsg.), Immigration and Welfare, S. 134 (143 f.).

1324 The Asylum Support (Amendement) Regulation 2002, Statutory Instrument 2002, No. 472, Nr. 4. Ein Asylbewerber, der 25 Jahre und älter ist erhält wöchentlich □ 37,77. Der Wert der Gutscheine beträgt 70% der Sozialhilfe. Kinder unter 16 Jahren erhalten □ 33,50.

1325 Information des British Refugee Councils, abrufbar unter: http://www.refugeecouncil.org.uk (Stand Februar 2003).

bb. Frankreich, Portugal

In Frankreich erhalten alle Asylbewerber zunächst eine finanzielle Unterstützung in Höhe von circa 300 € beziehungsweise Kinder in Höhe von circa 105 € vom „Service social d'aide aux émigrants", welcher für die Erstaufnahme verantwortlich ist.[1326] Damit müssen sie ihren Lebensunterhalt bestreiten, bis sie eine vorläufige Aufenthaltsberechtigung haben und entschieden wurde, ob sie in einem CADA wohnen können.

Diejenigen Asylbewerber, die nicht in einem CADA leben, erhalten eine finanzielle Zuwendung in Höhe von 249 € monatlich, die sogenannte „allocation d'insertion". Kinder erhalten nichts. Diese Zuwendung wird maximal zwölf Monate ausgezahlt.[1327] Von dieser Summe muß der ganze Lebensunterhalt finanziert werden. Nach Ablauf der zwölf Monate erhalten Asylbewerber keine Unterstützung mehr, unabhängig davon, ob das Verfahren beendet ist oder nicht. Sie sind dann auf die Hilfe von karikativen Einrichtungen angewiesen.

Die Asylbewerber, die in einem CADA leben, erhalten monatlich einen Geldbetrag. Die Höhe ist abhängig davon, inwieweit Vollverpflegung geleistet wird.[1328] Zudem werden eventuelle Transportkosten übernommen und einmalig Geld für den Kauf von Kleidung, Kochutensilien etc. zur Verfügung gestellt.[1329]

In *Portugal* erhalten Asylbewerber im regulären Verfahren monatlich einen Geldbetrag ausgezahlt, um Nahrung und Kleidung zu bezahlen.[1330] Dieser Betrag ist gesetzlich nicht festgelegt und richtet sich nach dem Sozialhilfesatz für portugiesische Staatsangehörige.[1331] Unterstützung wird nach Art. 49 des port. AsylG bis zum Ende des Verfahrens gewährt.[1332] Hat der Asylbewerber eigene finanzielle Mittel wird die finanzielle Zuwendung entsprechend reduziert.[1333]

1326 Bei dieser finanziellen Unterstützung handelt es sich um die sogenannte „allocation d'attente", EFIONAYI-MÄDER, France, S. 54 f; für weitere Informationen siehe GEGENWART, Sozialrechtliche Stellung, S. 50f. Zur Organisation „Service d'aide aux émigrants" siehe EFIONAYI-MÄDER, France, S. 60.

1327 Um die „allocation d'insertion" zu erhalten, muß der Asylbewerber sich mit der vorläufigen Aufenthaltsberechtigung bei der „Agence National pour l'emploi" melden und dort einschreiben. Er erhält dann ein Antragsformular für die „allocation d'insertion" von der „Association pour l'emploi dans l'industrie et le commerce" ausgezahlt. Oft sind viele bürokratische Hürden zu überwinden, bevor das Geld tatsächlich ausgezahlt wird. Zu diesem System und seinem Ursprung siehe EFIONAYI-MÄDER, France, S 55 sowie ausführlich GEGEGNWART, Sozialrechtliche Stellung, S. 58 ff.

1328 Sogenannte „allocation sociale globale". Siehe Circulaire MES/DPM n° 2000-170. Danach erhält ein Asylbewerber bei Vollverpflegung 90 € monatlich und bei eigener Versorgung circa 213 €.

1329 Circulaire MES/DPM n° 2000-170.

1330 Art. 54 des port. AsylG.

1331 Aussage von Prof. CONSTANCA URBANO DE SOUSA, Universität Autónoma de Lisboa, am 01.10.2002. Danach erhält ein erwachsener Asylbewerber € 150 monatlich. Anzumerken ist, daß in Portugal erst im Jahr 1998 die Sozialhilfe eingeführt wurde.

1332 So auch Prof. CONSTANCA URBANO DE SOUSA, Universität Autónoma de Lisboa, am

cc. *Griechenland, Italien*

In *Griechenland* besteht keine gesetzliche Norm, nach der Asylbewerber einen Anspruch auf finanzielle staatliche Unterstützung haben.[1334] Der Staat zahlt in Griechenland keine Unterstützung und entzieht sich damit seiner Verantwortung.[1335] Dies wird vielmehr NRO überlassen. So unterstützt zum Beispiel der Griechische Flüchtlingsrat, UNHCR und das Griechische Rote Kreuz nach jeweils eigenen Kriterien bedürftige Asylbewerber mit monatlichen Geldbeträgen und Sachleistungen.[1336]

In *Italien* erhalten bedürftige Asylbewerber, die im Besitz einer vorläufigen Aufenthaltsbewilligung sind, für einen Zeitraum von 45 Tagen eine finanzielle Unterstützung von täglich 18,00 €. Alternativ werden sie während zwei bis maximal vier Monate in einer Gemeinschaftsunterkunft untergebracht, wo sie zwei Mahlzeiten am Tag erhalten.[1337] Die Geldleistung muß beantragt werden und wird nur einmalig ausgezahlt. Das Geld wird vom Innenministerium bereitgestellt und durch die lokale Verwaltungsbehörde dort, wo der Asylbewerber registriert ist, ausbezahlt. Für Kinder wird die gleiche Summe wie für erwachsene Asylbewerber ausbezahlt.[1338] Wohnen die Asylbewerber bei Freunden oder Verwandten oder in einem Aufnahmezentrum, erhalten sie keine finanzielle Unterstützung.[1339] Im übrigen sind Asylbewerber insbesondere in Rom auf die

---

01.10.2002. Zudem garantiert Art. 15 der port. Verfassung allen Ausländern die gleichen sozialen und wirtschaftlichen Rechte wie den Staatsangehörigen. Anders PLS RAMBOLL, Portugal, S. 20.

1333 Art. 54 des port. AsylG.

1334 DRC, Greece, S. 12. Der Grund, daß keine finanzielle Unterstützung gewährt wird, liegt darin, daß auch griechische Staatsangehörige keine Sozialhilfe erhalten, es sei denn, sie sind behindert oder alt. Das nationale Sozialsystem basiert vielmehr darauf, daß die Familie für Bedürftige mitaufkommt. Grundsätzlich wird davon ausgegangen, daß Asylbewerber arbeiten und so für ihren Lebensunterhalt sorgen, PLS RAMBOLL, Greece, S. 24, 34. Siehe dazu auch ausführlich SITAROPOULOS, CSP 2002, S. 436, (437 ff.), der darauf aufmerksam macht, daß Art.1 des Gesetzes 2646/1998 bestimmt, daß der griechische Staat jedem, der sich rechtmäßig auf griechischem Territorium befindet und bedürftig ist, soziale Sicherheit zu gewährleisten hat, diese Norm aber im Hinblick auf Asylbewerber nicht angewendet wird.

1335 Teilweise werden die NRO vom griechischen Staat finanziell unterstützt, PLS RAMBOLL, Greece, S. 24.

1336 DRC, Greece, S. 12; PLS RAMBOLL, Greece, S. 24f, Tabelle 7.4; PLS RAMBOLL, Final Report A, S. 84, Tabelle 5.28. Dennoch bleiben viele Asylbewerber laut UNHCR ohne Unterstützung und leben unter unmenschlichen Bedingungen abhängig von Hilfsorganisationen, UNHCR, Greece, S. 102.

1337 EFIONAYI-MÄDER, S. 78; PLS RAMBOLL, Italy, S. 18. Die administrativen Schritte zur Antragsstellung sind kompliziert, so daß die Praxis hinsichtlich der Gewährung von Unterstützung häufig vielfältiger ist, als die Bestimmung vermuten läßt, siehe dazu EFIONAYI-MÄDER, S. 78.

1338 DRC, Italy, S. 10; EFIONAYI-MÄDER, S. 78; PLS RAMBOLL, S. 18.

1339 EFIONAYI-MÄDER, S. 78. Aus diesem Grund raten viele Flüchtlingsorganisationen den

Hilfe von NRO und karitativen Einrichtungen angewiesen.[1340] Dies entspricht der Situation bis zum Jahr 2001. Im Rahmen des „Programma Nazionale Asilo" ist es derzeit noch so, daß weiterhin nur 45 Tage eine finanzielle Unterstützung ausgezahlt wird, da davon ausgegangen wird, daß zukünftig eine Entscheidung über den Asylantrag innerhalb von 30 Tagen vorliegt.
Asylbewerber, die im Rahmen des „Programma Naziomale Asilo" in Aufnahmezentren untergebracht sind, werden dort auch verpflegt. Sie erhalten zudem ein Taschengeld.[1341]

4. *Richtlinienkonformität der nationalen Bestimmungen*

a. Deutschland

Die Leistungen, die Asylbewerbern in *Deutschland* nach dem AslybLG zustehen, ermöglichen einen Lebensstandard, durch den die Gesundheit und der Lebensunterhalt gewährleistet sind.[1342] Nach § 6 AsylbLG dürfen Leistungen gewährt werden, wenn sie im Einzelfall zur Sicherung des Lebensunterhalts oder der Gesundheit unerläßlich sind. Damit wird in Deutschland auch der Lebensstandard besonders bedürftiger Personen gewährleistet. Die in Deutschland vorgesehene Form der Leistungsgewährung steht in Einklang mit der Richtlinienbestimmung. Die Möglichkeit der Beteiligung von Asylbewerbern an den Kosten, sofern diese über eigene Mittel verfügen bzw. die Möglichkeit der Kostenerstattung, ist ebenfalls richtlinienkonform.

b. Spanien

Art. 15 Abs. 1, 3 Erlaß Nr. 203 zum span. AsylG sieht soziale Hilfeleistungen vor. Die Norm wird so ausgelegt und umgesetzt, daß sie mit Art. 13 konform ist. Derzeit ist davon auszugehen, daß durch die Auszahlung des Geldbetrages ein Lebensstandard ermöglicht wird, durch den die Gesundheit sowie der angemessene Lebensunterhalt gewährleistet sind. Die Voraussetzung der Hilfsbedürftigkeit des Aslybewerbers (Art. 13 der Resolution vom 06.07.1998) zur Erlangung

---

Asylsuchenden erst nach Erhalt der finanziellen Unterstützung, Unterkunft in einem Zentrum zu beziehen, EFIONAYI-MÄDER, S. 78, Fn. 6.

1340 EFIONAYI-MÄDER, S. 76 ff.

1341 Auskunft von MARILISA FANTACCI, Programma Nazionale Asilo, am 10.02.2003.

1342 Verfassungsrechtlich ist ein Existenzminimum dergestalt garantiert, daß es Aufgabe des Staates ist, die Mindestvoraussetzungen für ein menschenwürdiges Dasein zu schaffen, BVerfGE 82, S. 60, (80), NJW 1990, S. 2869. Das BVerwG hat festgestellt, daß die §§ 1, 3, 6, 9 AsylbLG mit dem GG vereinbar sind, Beschluß vom 29.09.1998, NVwZ 1999, S. 669. Vgl. zu der Diskussion, SIEVERKING, in: BARWIG/SIEVERKING u.a. (Hrsg.), Sozialer Schutz, S. 295 ff.

von finanzieller Unterstüzung, ist richtlinienkonform. Auf besonders hilfebedürftige Personen wird bei der Auszahlung von Unterstützungsleistungen im Hinblick auf die Höhe und den Zeitpunkt Rücksicht genommen. Damit erfüllt Spanien die von Art. 13 genannten Anforderungen.

c. Österreich

Die österreichischen Bestimmungen, welche den Umfang der materiellen Leistungen an vermögenslose Asylbewerber regeln, orientieren sich an den Grundsätzen der menschenwürdigen Behandlung und entsprechen den Anforderungen von Art. 13.[1343]

Fraglich ist, wie es im Hinblick auf die Richtlinienkonformität zu bewerten ist, daß diejenigen Asylbewerber, die nicht in die Bundesbetreuung aufgenommen wurden, von jeglichen sozialen Leistungen im Sinne von Art. 13 ausgeschlossen werden. Art. 13 Abs. 1 bestimmt, daß die Mitgliedstaaten dafür Sorge tragen, daß Asylbewerbern ab Antragstellung materielle Aufnahmebedingungen gewährt werden. Diese müssen nach Abs. 2 einem Lebensstandard entsprechen, der die Gesundheit und den Lebensunterhalt der Asylbewerber gewährleistet. Im gleichen Absatz heißt es allerdings weiter, daß die Mitgliedstaaten dafür Sorge tragen, daß dieser Lebensstandard gewährleistet ist, wenn es sich um besonders bedürftige Personen i.S.v. Art. 17 Abs. 1 handelt. Daran schließt sich die Frage an, ob die Mitgliedstaaten nur im Hinblick auf diese Personengruppe zur Gewährung materieller Aufnahmebedingungen verpflichtet sind. Dies ist zu verneinen, denn es widerspricht dem Sinn und Zweck der Richtlinie. Diese verfolgt das Ziel, die Mitgliedstaaten zu verpflichten, allen Asylbewerbern zumindest eine Minimalversorgung zu gewähren und nicht nur besonders hilfsbedürftigen Personen, hinsichtlich deren Auswahl die Mitgliedstaaten über ein Ermessen verfügen. Eine andere Auslegung würde dazu führen, daß zum Beispiel alleinstehenden jungen, gesunden Männern keine materiellen Aufnahmbedingungen - bis auf eine Unterkunft - zu gewähren wären.[1344]

Diese Auslegung wird durch die Präambel unterstützt. Darin heißt es unter Nr. 7, daß Mindestnormen für die Aufnahme von Asylbewerbern festgelegt werden, die den Asylbewerbern im Normalfall ein menschenwürdiges Leben ermöglichen und vergleichbare Lebensbedingungen in allen Mitgliedstaaten gewährleisten.

Insofern müssen allen Asylbewerbern materielle Aufnahmebedingungen gewährt werden. Lediglich hinsichtlich des Umfangs haben die Mitgliedstaaten ein Ermessen, bei dessen Ausübung sie auf hilfsbedürftige Personen Rücksicht nehmen müssen. Wer als hilfsbedürftig einzustufen ist, bestimmen die Mitgliedstaaten nach Art. 17 Abs. 2 souverän.

1343 § 6 BundesbetreuungsG.

1344 Art. 14 enthält keine entsprechende Ausführung.

Die Beschränkung der Gewährung materieller Aufnahmebedingungen auf nur einen Teil der Asylbewerber ist folglich nicht richtlinienkonform. Die Aufnahme nur hilfsbedürftiger Asylbewerber in die Bundesbetreuung (§ 1 BundesbetreuungsG) verstößt als solches nicht gegen Art. 13. Vielmehr verstößt es gegen Art. 13, daß für diejenigen Asylbewerber, die nicht aufgenommen wurden, sowohl der Bund als auch das Bundesland Wien die Zuständigkeit hinsichtlich der Gewährung von materiellen Aufnahmebedingungen ablehnen.
Daran ändert auch die Tatsache nichts, daß im Bundesland Wien nicht bundesbetreute Asylbewerber von karitativen Einrichtungen und Kirchen materielle Leistungen erhalten, denn die Richtlinie verpflichtet die Träger der öffentlichen Gewalt. Insofern obliegt entweder dem Bund oder aber dem Land Wien bzw. den Städten und Kommunen als Adressaten der Richtlinie die richtlinienkonforme Umsetzung.[1345]

5. Bewertung

Zunächst ist positiv anzumerken, daß die Mitgliedstaaten dafür verantwortlich sind materielle Aufnahmebedingungen zu leisten, durch welche die Gesundheit und der Lebensunterhalt des Asylbewerbers gesichert wird. Wie bereits erörtert, ist dies bislang noch nicht in allen Mitgliedstaaten der Fall.
Der Umfang der Gewährung von materiellen Aufnahmebedingungen kann von der finanziellen Situation des Asylbewerbers abhängig gemacht werden. Dies erscheint gerechtfertigt, denn auch Staatsangehörige oder andere bevorrechtigte Ausländer erhalten eine wirtschaftliche Sozialhilfe nur bei Bedürftigkeit.
Zu kritisieren ist allerdings die Möglichkeit, der Staaten die materiellen Aufnahmebedingungen in Form von Gutscheinen zu gewähren. Diese Form der Leistungserbringung könnte diskriminierend sein, da Asylbewerber in der Regel nur in bestimmten Geschäften einkaufen können, die Gutscheine akkzeptieren.[1346] Zudem erweist es sich in der Praxis als schwierig, Restbeträge in bar auszuzahlen. Nachdem das Vereinigte Königreich die Einführung des Gutscheinsystems teilweise wieder rückgängig gemacht hat und diese nun in vollem Umfang gegen Bargeld eingetauscht werden können, ist Deutschland das einzige Land, in dem Leistungen noch in Form von Gutscheinen gewährt werden.[1347] In allen anderen Mitgliedstaaten erhalten Asylbewerber einen Geldbetrag oder Sachleistungen in Kombination mit Bargeld. Insofern ist die Möglichkeit, die Leistungen in Gutscheinen zu gewähren keine optimale Form der Leistungsgewährung und daher

---

[1345] Eine Möglichkeit wäre der Abschluß eines privatrechtlichen Vertrages zwischen einem Träger der öffentlichen Gewalt und einer humanitären oder kirchlichen Einrichtung.

[1346] Siehe dazu CLASSEN, Menschenwürde, S. 126f. Siehe auch die Entscheidung des VG Berlin zu überhöhten Preisen in Sonderläden, NVwZ Beilage 1998, S. 7.

[1347] Anzumerken ist, daß nicht alle Bundesländer ein Gutscheinsystem eingeführt haben. In Bayern werden - wie bereits an anderer Stelle angemerkt - keine Gutscheine ausgegeben.

abzulehnen.[1348] Die Praxis der großen Mehrheit der Mitgliedstaaten unterstützt diese Aussage.
Der Gesamtwert der materiellen Aufnahmebedingungen wird in Art. 13 nicht festgelegt. Dies ist im Hinblick auf die vielfältigen ökonomischen und sozialen Verhältnisse in den einzelnen Mitgliedstaaten auch verständlich. Dennoch wäre die Festlegung eines objektiven Wertmaßstabes für die Höhe der materiellen Unterstützung zu fordern. Ziel der Richtlinie ist schließlich, die Aufnahmebedingungen anzugleichen, wenn auch nur Mindestnormen verabschiedet wurden. Die bestehende Bestimmung, daß Asylbewerbern materielle Leistungen zu gewähren sind, die sicherstellen, daß ihre Gesundheit und ihr Lebensunterhalt gewährleistet sind, läßt den Mitgliedstaaten einen zu großen Ermessensspielraum. Als ein objektiver Maßstab für die Bestimmung der Höhe der materiellen Aufnahmebedingungen könnte das Niveau der Fürsorgesysteme in den einzelnen Mitgliedstaaten herangezogen werden. An diesem objektiven Wert sollte sich der Wert der Aufnahmebedingungen für Asylbewerber orientieren.[1349]
Dies würde auch dazu führen, daß bei einer Anpassung der Fürsorgeleistungen an gestiegene Lebenshaltungskosten auch Asylbewerber von der Erhöhung profitieren würden.[1350]

XI. Unterbringung

1. Art. 14 der Richtlinie

Art. 14 regelt die Unterbringung von Asylbewerbern. Nach Abs. 1 sollte, sofern die Unterbringung als Sachleistung erfolgt, sie in einer der folgenden Formen gewährt werden, die auch miteinander kombiniert werden können:
a) Räumlichkeiten zur Unterbringung von Asylbewerbern für die Dauer der Prüfung eines an der Grenze gestellten Asylantrags;
b) Unterbringungszentren, die einen angemessenen Standard gewährleisten;
c) Privathäuser, Wohnungen, Hotels oder andere für die Unterbringung von Asylbewerbern geeignete Räumlichkeiten.
Dabei sind die Mitgliedstaaten nach Abs. 2 verpflichtet, die gemäß Absatz 1, Buchstaben a, b und c untergebrachten Asylbewerber den Schutz ihres Familienlebens zu gewähren und die Möglichkeit, mit Verwandten, Rechtsbeiständen, Vertretern des Amtes des Hohen Flüchtlingskommissars der Vereinten Nationen

---

[1348] So auch CLASSEN, Menschenwürde, S. 127; Europäisches Parlament, Bericht S. 34 f; UNHCR, Stellungnahme, S. 7.
[1349] So auch UNHCR, Stellungnahme, S. 8. Anders ECRE, Comments, S. 14. Danach sollen Asylbewerber die gleichen Leistungen erhalten wie bedürftige Staatsangehörige. Vgl. auch KJÆRUM, HRQ 2002, S. 513 (521).
[1350] So auch UNHCR, Stellungnahme, S. 8; British Refugee Council, Comments, Ziff. 17.

(UNHCR) und von den Mitgliedstaaten anerkannten Nichtregierungsorganisationen (NRO) in Verbindung zu treten.
Sie sorgen besonders dafür, daß Gewalt in den in Absatz 1 Buchstaben a und b genannten Räumlichkeiten und Unterbringungszentren verhütet wird.
Weiterhin tragen nach Abs. 3 die Mitgliedstaaten gegebenenfalls dafür Sorge, daß minderjährige Kinder von Asylbewerbern oder minderjährige Asylbewerber zusammen mit ihren Eltern oder dem erwachsenen Familienmitglied, das nach dem Gesetz oder dem Gewohnheitsrecht sorgeberechtigt ist, untergebracht werden.
Gemäß Abs. 4 sorgen sie dafür, daß Asylbewerber nur dann in eine andere Einrichtung verlegt werden, wenn dies notwendig ist. Die Mitgliedstaaten ermöglichen den Asylbewerbern, ihren Rechtsbeistand über die Verlegung und die neue Adresse zu informieren.
Abs. 5 bestimmt, daß das in den Unterbringungszentren eingesetzte Personal angemessen geschult sein muß und in bezug auf die Informationen, die es durch seine Arbeit erhält, der Schweigepflicht unterliegt, wie sie im nationalen Recht definiert ist.
Nach Abs. 6 besteht für die Mitgliedstaaten die Möglichkeit, die Asylbewerber über einen Beirat oder eine Abordnung der untergebrachten Personen an der Verwaltung der materiellen und der nicht materiellen Aspekte des Lebens in dem Zentrum zu beteiligen.
Rechtsbeistände oder -berater von Asylbewerbern sowie Vertreter des Amtes des Hohen Flüchtlingskommissars der Vereinten Nationen oder von diesem gegebenenfalls beauftragte und von dem betreffenden Mitgliedstaat anerkannte Nichtregierungsorganisationen erhalten gemäß Abs. 7 Zugang zu den Aufnahmezentren und sonstigen Unterbringungseinrichtungen, um den Asylbewerbern zu helfen. Der Zugang darf nur aus Gründen der Sicherheit der Zentren und Einrichtungen oder der Asylbewerber eingeschränkt werden.
Die Mitgliedstaaten können nach Abs. 8 in Ausnahmefällen für einen angemessenen Zeitraum, der so kurz wie möglich sein sollte, andere Modalitäten der materiellen Aufnahmebedingungen festlegen als in diesem Artikel vorgesehen, wenn
-- zunächst eine Evaluierung der spezifischen Bedürfnisse des Asylbewerbers erforderlich ist;
-- materielle Aufnahmebedingungen, wie sie in diesem Artikel vorgesehen sind, in einer bestimmten Region nicht zur Verfügung stehen;
-- die üblicherweise verfügbaren Unterbringungskapazitäten vorübergehend erschöpft sind;
-- sich der Asylbewerber in Gewahrsam oder in Grenzgebäuden befindet, die er nicht verlassen darf.
Bei diesen anderen Aufnahmemodalitäten werden in jedem Fall die Grundbedürfnisse gedeckt.

2. *Völkerrechtskonformität*

Auf die Frage der Gewährleistung der Familieneinheit bei der Unterbringung wird im Folgenden nicht mehr eingegangen, da dieser Aspekt schon oben unter Art. 8 ausführlich erörtert wurde.

Art. 11 Abs. 1 IPWSKR gilt als eine der wichtigsten völkerrechtlichen Quellen, welche das Recht auf eine angemessene Unterbringung normiert.[1351] Danach erkennen die Vertragsstaaten das Recht eines jeden auf einen angemessenen Lebensstandard für sich und seine Familie an, einschließlich ausreichender Unterbringung. Das Recht auf eine angemessene Unterbringung ist damit eine Komponente des Rechts auf einen angemessenen[1352] Lebensstandard; es gehört zu den sogenannten Subsistenzrechten.

Die Formulierung „ausreichende Unterbringung“ in Art. 11 Abs. 1 IPWSKR deutet an, daß eine über den Minimalstandard hinausgehende Verpflichtung formuliert wird.

Da die Vorschrift nicht definiert, was unter „ausreichender Unterbringung“ zu verstehen ist, sind die vom Ausschuß vorgenommenen Konkretisierungen von besonderer Bedeutung. Dieser hat sich mit dem Recht auf angemessene Unterbringung detailliert befaßt. Zahlreiche Interpretationsinitiativen haben die Reichweite der staatlichen Verpflichtung und den Inhalt des Rechts verdeutlicht.[1353] So hat der Ausschuß ausgeführt, daß „das Recht auf Unterkunft nicht in einem engen oder beschränkten Sinn, beispielsweise lediglich als Anspruch auf ein Dach über dem Kopf oder ausschließlich als Ware, verstanden werden darf. Es ist vielmehr als Recht auf einen Ort auszulegen, wo man in Sicherheit, Frieden und Würde leben kann“.[1354]

Obwohl die exakte Beschaffenheit des angemessenen Wohnens von klimatischen, soziologischen und anderen Faktoren abhängig ist, befand der Ausschuß dennoch, daß bestimmte Elemente immer in Betracht zu ziehen sind.[1355] Zu den hier relevanten Elementen zählen der Zugang zu Dienstleistungen, Einrichtungen und Infrastruktur, die essentiell sind für die Gesundheit, die Ernährung, Schutz und Sicherheit sowie die Bezahlbarkeit des Wohnraumes. Weiterhin

---

[1351] Das Recht auf Unterbringung wird noch in weiteren völkerrechtlichen Abkommen normiert. Für eine Auflistung zahlreicher völkerrechtlichen Quellen, die das Recht auf Unterbringung enthalten, siehe CRAVEN, ICESCR, S. 330, Fn. 332. Auch der EGMR und die EKMR hat schon mehrfach auf das Recht auf Unterbringung Bezug genommen, obwohl ein solches Recht in der EMRK nicht normiert ist, siehe LECKIE, in: EIDE/KRAUSE/ROSAS (Hrsg.), ESCR 2001, S. 149 (158 ff.).

[1352] Die Begriffe „ausreichend“ und „angemessen“ werden im Folgenden synonym verwendet entsprechend der englischen Fassung, die nur den Begri ff. „adequate“ verwendet.

[1353] Siehe allgemein, KOTHARI, in: DANIELI u.a (Hrsg.), The Universal Declaration of Human Rights, S. 201, (205f.); LECKIE, in: EIDE/KRAUSE/ROSA. (Hrsg.), ESCR 2001, S. 149, (153).

[1354] Allgemeine Bemerkung Nr. 4, Ziff. 7, UN Doc. E/1992/23, (1992).

[1355] CRAVEN, ICESCR, S. 335.

zählen die Bewohnbarkeit der Unterkunft, das heißt Schutz vor Kälte, Hitze, Regen und anderen Gefahren für die Gesundheit dazu sowie die Verfügbarkeit von Wohnraum für benachteiligte Gruppen der Gesellschaft. Schließlich ist eine adäquate Lage der Unterkunft, das heißt, in der Nähe von sozialen Einrichtungen, wie zum Beispiel Schulen, zu berücksichtigen.[1356]

Auch der UN-Berichterstatter *Sachar*[1357] hat dazu beigetragen, einige Elemente des Rechts auf angemessene Unterbringung zu entwickeln. Dabei hat er unter anderem das Recht auf die Bereitstellung von angemessenen Notunterkünften für die ärmsten Gruppen der Gesellschaft sowie die Diskriminierungsfreiheit und Gleichheit hinsichtlich des Zugangs zu angemessenem Wohnraum betont.[1358]

Die Richtlinienbestimmung verpflichtet die Mitgliedstaaten, bedürftigen[1359] Asylbewerbern entweder eine Unterbringungsmöglichkeit zur Verfügung zu stellen oder sie aber mit finanziellen Mitteln auszustatten, die sie in die Lage versetzen, eine Unterkunft zu bezahlen. Insoweit steht Art. 14 in Einklang mit Art. 11 Abs. 1 IPWSKR. Erfolgt die Unterbringung als Sachleistung, so schreibt Art. 14 vor, daß die Räumlichkeiten einen angemessenen Standard haben bzw. für die Unterbringung geeignet sein müssen. Die Begriffe „angemessen" und „geeignet" müssen - soll die europarechtliche Bestimmung in Einklang mit Art. 11 Abs.1 IPWKSR sein - unter Berücksichtigung der genannten Elemente interpretiert werden. Besondere Bedeutung erlangen dabei die Bewohnbarkeit und die Nähe zu Dienstleistungen und Infrastruktur.

Auch auf das Recht auf angemessene Unterbringung findet das Diskriminierungsverbot, normiert in Art. 2 Abs. 2 IPWSKR, Anwendung. Fraglich ist, ob die Richtlinienbestimmung nicht Asylbewerber diskriminiert.[1360] Die Räumlichkeiten, die Asylbewerbern als Unterkünfte zur Verfügung gestellt werden - zumindest wenn es sich um Unterbringungszentren handelt - sind im Vergleich dazu, was bedürftigen Staatsangehörigen und anderen Ausländern grundsätzlich zur Verfügung gestellt wird, geringwertig.

Allerdings ist auch hier wieder zu berücksichtigen, daß eine Ungleichbehandlung gerechtfertigt ist, wenn sie ein legitimes Ziel verfolgt und die getroffene Maßnahme geeignet, erforderlich und angemessen ist. Ein Ziel gilt als legitim, wenn es auf vernünftigen und objektiven Gründen basiert. Als legitime Gründe kommen auch hier wieder die Beschränkung des Zuzugs von Ausländern, die

---

[1356] Siehe CRAVEN, ICESCR, S. 335 ff.; KOTHARI, in: DANIELI u.a (Hrsg.), The Universal Declaration of Human Rights, S. 201, (205 f., 211 f.); LECKIE, in: EIDE/KRAUSE/ROSAS (Hrsg.), ESCR 2001, S. 149, (157 f.).

[1357] Der Inder *Rajindar Sachar* war von 1992 bis 1995 UN-Berichterstatter und zuständig für die Förderung der Verwirklichung des Rechts auf angemessene Unterbringung. Er erstellte in seiner Amtszeit vier Berichte, siehe UN doc. E/CN.4/Sub.2/1992/15; E/CN.4/Sub.2/1993/15; E/CN.4/Sub.2/1994/20; E/CN.4/Sub.2/1995/12.

[1358] SACHAR, Working Paper, 1995, Ziff. 95, UN doc. E/CN.4/Sub.2/1995/12.

[1359] Vgl. Art 15 Abs. 3 - 5.

[1360] Siehe dazu KÄLIN GYIL 2001, S. 203, (224 f.).

Verhinderung einer Integration, solange über den Asylantrag noch nicht abschließend entschieden ist, sowie die Einsparung von Haushaltsmitteln in Betracht. Die Geeignetheit und die Erforderlichkeit der Ungleichbehandlung ist zu bejahen.
Im Rahmen der Angemessenheitsprüfung kommt der Vorläufigkeit des Aufenthaltes wieder eine entscheidende Bedeutung zu. In der Regel hält sich ein Asylbewerber nur einige Monate im Aufnahmeland auf, so daß es angemessen erscheint, daß er bescheidener wohnt als bedürftige Staatsangehörige und bevorrechtigte Ausländer, zu denen der Staat ein ganz anderes Näheverhältnis hat. Zudem besteht der Hauptzweck des Aufenthaltes in der Durchführung des Asylverfahrens. Eine Verfestigung des Aufenthaltes soll verhindert werden. Sollte der Asylbewerber nicht als asylberechtigt anerkannt werden, soll eine schnelle Ausreise durchgesetzt werden. Eine Unterbringung in Gemeinschaftsunterkünften dient diesen Zwecken.
Folglich verstößt eine geringwertige Unterbringung, insbesondere in Gemeinschaftsunterkünften, nicht gegen das Diskriminierungsverbot. Die Schrankenbestimmungen des Art. 4 IPWSKR führt auch zu keinem anderen Ergebnis, da Art. 14 eine gesetzliche Grundlage darstellt.
Allerdings sind die Mitgliedstaaten verpflichtet, wenn sich ein längerer Aufenthalt des Asylbewerbers abzeichnet, den Standard der Unterbringung und zu verbessern.
Zu klären bleibt letztlich eine Frage betreffend Art. 14 Abs. 1 lit. a. Diese Bestimmung normiert die Verpflichtung, Räumlichkeiten zur Unterbringung von Asylbewerbern für die Dauer der Prüfung eines an der Grenze gestellten Asylantrags zu gewähren. Auf den Verweis, daß diese angemessen oder geeignet sein müssen, wird verzichtet. Dies entbindet die Staaten jedoch nicht, auch bei der Unterbringung während des Grenzverfahrens, wo der Aufenthalt in der Regel auf einige Tage beschränkt ist, die Grundbedürfnisse zu decken. Diese umfassen auch den Aufenthalt in einer Räumlichkeit, in der man sicher, friedlich und würdevoll leben kann. Abgesehen davon, daß dies eine völkerrechtliche Verpflichtung darstellt, ist auch davon auszugehen, daß dies der Intention der Mitgliedstaaten entspricht, denn in Abs. 8 sind sie auch verpflichtet, die Grundbedürfnisse zu wahren, wenn während eines angemessenen Zeitraums aufgrund bestimmter Situationen andere Unterbringungsmöglichkeiten erforderlich sind.
Schließlich ist noch auf Art. 27 KRK einzugehen. Art. 27 Abs. 1 bestimmt, daß die Vertragsstaaten das Recht eines jeden Kindes auf eine seiner körperlichen, geistigen, seelischen, sittlichen und sozialen Entwicklung angemessenen Lebensstandard anerkennen. Weiter besagt Abs. 3, daß die Staaten im Fall von Bedürftigkeit materielle Hilfe leisten sollen, insbesondere auch im Hinblick auf eine Wohnung. Die Richtlinie anerkennt den besonderen Schutz von Minderjährigen, auch im Hinblick auf die Unterbringung (Art. 17, 18 der Richtlinie).

3. *Die nationalen Bestimmungen und die Praxis in den Mitgliedstaaten*

a. Deutschland

Nach Beendigung der Verpflichtung in einer Aufnahmeeinrichtung zu wohnen (§§ 44 bis 49 AsylVfG)[1361], werden die Asylbewerber gemäß § 50 Abs. 1 AsylbLG innerhalb des Bundeslandes verteilt beziehungsweise unter besonderen Voraussetzungen auch länderübergreifend (§ 51 AsylbLG). In der Regel soll dann eine Unterbringung in Gemeinschaftsunterkünften im Rahmen der vorhandenen Kapazitäten erfolgen (§ 53 AsylVfG).[1362] Die Vorschrift ist eine Sollanordnung und wird mit der Auflagenanordnung nach § 60 Abs. 2 AsylVfG durchgesetzt.[1363] Damit tritt an die zunächst bestehende gesetzliche Wohnverpflichtung eine behördlich angeordnete Wohnverpflichtung. Der Begriff der Gemeinschaftsunterkunft wird im Gesetz nicht geregelt. Gemeint ist die Bereitstellung einer Unterkunft für Asylbewerber zwecks gemeinschaftlichen Wohnens.[1364]

Welche Mindestbedingungen etwa für die Größe und die Beschaffenheit der Unterkunft gelten, ist bundesgesetzlich nicht festgelegt.[1365] Die Rechtsprechung gewährt den Behörden dabei einen großen Ermessenspielraum.[1366] Die zuständige Behörde (§ 60 Abs. III AsylVfG) kann sich der Hilfe Privater bei der Betreibung einer Gemeinschaftsunterkunft bedienen. Dies entbindet sie jedoch nicht von ihrer Fürsorge- und Betreuungspflicht. Allerdings sind bei einer Unterbringung gemäß § 53 Abs. 1, S.2 AsylVfG sowohl öffentliche Interessen als auch die Belange des Asylbewerbers zu berücksichtigen. Die Ausländerbehörde hat vor der Anordnung in jedem Fall Ermessen auszuüben, wobei beide Interessenslagen in einen schonenden Ausgleich gebracht werden müssen.[1367] Dabei ist

---

[1361] Diese Verpflichtung trifft nicht auf Ausländer, die einen Asylantrag nach § 14 Abs. 2 AsylVfG gestellt haben. Als Ausnahme von der Ausnahme besagt § 47 Abs. 1, S. 2 AsylVfG allerdings, daß in den Fällen des § 14 Abs. 2 Nr. 2 AsylVfG, falls die Voraussetzungen der Vorschrift vor einer Entscheidung des Bundesamtes entfallen, eine Wohnverpflichtung besteht.

[1362] Hingegen ist die Errichtung von Aufnahmeeinrichtungen gesetzlich vorgeschrieben. Die benötigten Kapazitäten müssen für neu angekommene Asylbewerber verfügbar sein. Kritisch zu der Unterbringung in Gemeinschaftsunterkünften, RENNER, Ausländerrecht, § 53, Rn. 7f.

[1363] Zum Verhältnis der beiden Vorschriften, MARX, Asylverfahrensgesetz, § 60, Rn. 36 ff.

[1364] MARX, Asylverfahrensgesetz, § 53, Rn. 5.

[1365] Vgl. dazu LIEDTKE, CSP 2002, S. 479, (483 f.).

[1366] MARX, Asylverfahrensgesetz, § 53, Rn. 5. Die Unterbringung muß aber menschenwürdigen Bedingungen entsprechen, vgl. DERS, § 60, Rn. 36.

[1367] MARX, Asylverfahrensgesetz, § 53, Rn. 12 ff. Auf staatlicher Seite könnte einer Unterbringung in einer Mietwohnung z.B. unter Kostengesichtspunkten oder aus Sicherheitsgründen der Vorzug zu geben sein. Auf der Seite des Asylbewerbers sprechen z.B. familiäre Bindungen, der gesundheitliche Zustand oder religiöse oder kulturelle Bedürfnisse

das Verhältnismäßigkeitsprinzip zu beachten. Folglich kommt auch die Unterbringung in Mietwohnungen in Betracht. Ist der Asylbewerber mittellos, so werden die Mietkosten von den zuständigen Behörden übernommen. Es besteht grundsätzlich keine Dispositionsfreiheit der Behörden, Asylbewerber nach freiem Belieben in eine andere Gemeinschaftsunterkunft zu verlegen.
In Bayern regelt die DVAsyl unter anderem die Aufnahme, Verteilung und Unterbringung von Asylbewerbern.[1368] Gemäß § 7 Abs. 5 DVAsyl ist bei der Verteilung und Zuweisung der Asylbewerber zum einen der Haushaltsgemeinschaft von Ehegatten und ihren minderjährigen ledigen Kindern oder sonstigen humanitären Gründen Rechnung zu tragen. Zum anderen sind Belange der öffentlichen Sicherheit und Ordnung zu berücksichtigen.[1369] Die Ausstattung der bayerischen Gemeinschaftsunterkünfte ist einfach, was dem Sinn und Zweck des AsylbLG, nur für einen vorübergehenden Zeitraum den Aufenthalt zu gewähren, entspricht. Küche und sanitäre Einrichtungen werden in der Regel gemeinschaftlich benutzt.[1370]
Gemäß § 9 Abs. 1 AsylVfG hat der Asylbewerber einen Anspruch, UNHCR in Deutschland zu kontaktieren. Die Behörden dürfen die Verbindungsaufnahme nicht verhindern.[1371] Nach § 58 Abs. 2 AsylVfG soll die Erlaubnis zum Verlassen des zugewiesenen Aufenthaltsortes erteilt werden, wenn der Asylbewerber seinen Rechtsanwalt, UNHCR oder Organisationen, die sich mit der Betreuung von Flüchtlingen befassen, kontaktieren möchte.[1372] Eine Sondergenehmigung zum Verlassen des zugewiesenen Aufenthaltsbereiches kann nach § 58 Abs. 1 S. 1 AsylVfG erteilt werden, wenn die Versagung eine unbillige Härte bedeuten würde.

b. Spanien

In Spanien gibt es zwei Möglichkeiten der Unterbringung von Asylbewerbern. Ein Teil der Asylbewerber wird in Aufnahmezentren untergebracht (vgl. Art. 145 Erlaß Nr. 864 zum span. AusländerG Nr. 864 und die Resolution vom 06.07.1998). IMSERSO verwaltet vier Aufnahmezentren. Zudem gibt es noch weitere Aufnahmezentren, welche von verschiedenen NRO unter der Aufsicht von IMSERSO geführt werden.[1373]

---

für eine private Unterbringung, vgl. DERS., § 53, Rn. 14 ff.

1368 DVAsyl vom 04.07.2002, GVBl Nr. 13/2002.

1369 So ist z.B. bei der Unterbringung zu berücksichtigen, daß verfeindete oder rivalisierende Staatsangehörige, wenn ein Sicherheitsrisiko nicht auszuschließen ist, separat untergebracht werden (vgl § 9 Abs. 1 DVAsyl).

1370 Information des bayerischen Staatsministeriums für Arbeit und Sozialordnung, Familie und Frauen, am 05.02.2003.

1371 MARX, Asylverfahrensgesetz, § 9, Rn. 7.

1372 MARX, Asylverfahrensgesetz, § 58, Rn. 20 ff.

1373 So betreiben das Cruz Rojà, das Centro de Ayuda al Refugiado (CEAR) und die Asocia-

Wird ein Asylantrag für zulässig erklärt, findet im Anschluß ein Gespräch beim OAR zwischen dem Asylbewerber und einem Sozialarbeiter von IMSERSO statt. Im Rahmen dieses Gesprächs wird festgestellt, ob eine Unterbringung in einem Aufnahmezentrum erfolgt.[1374] Diejenigen, die besonders bedürftig sind, wie zum Beispiel kranke[1375] Menschen, Familien mit Kindern und ältere Asylbewerber, werden - im Rahmen der Kapazitäten - bevorzugt aufgenommen.[1376] In den Aufnahemzentren wird ein Gremium gewählt, in dem drei Bewohner des Zentrums vertreten sein müsse. Dieses Gremium ist an den Tätigkeiten des Aufnahmezentrums mitbeteiligt.[1377] Gemäß Art. 13 der Resoltuion vom 06.07.1998 müssen die Bewohner die Regeln der Aufnahmezentren beachten und können bei Mißachtung gemäß Art. 17 ausgeschlossen werden. Verfügt der Asylbewerber über ausreichend eigene finanzielle Mittel, ist eine Aufnahme ausgeschlossen.[1378] Die Aufnahmezentren sind in der Regel gut ausgestattet und verfügen über Gemeinschaftsräume.[1379] Über die Praxis der Aufnahmezentren, mehr Personen aufzunehmen und damit die Kapazitäten zu überschreiten, gibt es unterschiedliche Angaben.[1380] Zur Zeit können aufgrund der rückläufigen Asylbewerberzahlen alle Asylbewerber in Aufnahmezentren untergebracht werden.[1381] Grundsätzlich beträgt der Aufenthalt in einem Aufnahmezentrum höchstens

---

ción Comisión Católica Espanola de Migración (ACCEM) mehrere Aufnahmezentren über das ganze Land verteilt. Zwar weist IMSERSO die Asylbewerber den Aufnahmezentren zu, dennoch haben die verschiedenen Zentren einen jeweils eigenen Charakter. So wird in den von ACCEM geführten Zentren darauf Wert gelegt, daß die Bewohner ein möglichst „normales" Leben führen. Sie bereiten ihre eigenen Mahlzeiten zu, und es wird darauf geachtete, daß Kontakt zur einheimischen Bevölkerung entsteht, siehe dazu EFIONAYI-MÄDER, Espagne, S. 47; PLS RAMBOLL, Spain, S. 16f. Siehe zudem ausführlich zu den NRO EFIONAYI-MÄDER, Espagne, S. 50 f., sowie die jeweiligen Internetseiten, die unter http://www.seg.social.es; http://www.accem.es; http://www.cear.es und http://www.cruzroja.es (Stand Februar 2003) abrufbar sind.

1374 Art. 21 der Resolution vom 06.07.1998. So auch UNHCR, Spain, S. 149. Problematisch ist die Situation hinsichtlich der Versorgung und Unterkunft oft für Asylbewerber, die auf die Entscheidung über die Zulässigkeit ihres Antrags warten, was mehrere Monate dauern kann, UNHCR, Spain, S. 149.

1375 Eine ansteckende Infektionskrankheit darf allerdings nicht bestehen, Art. 13 der Resolution vom 06.06.1998.

1376 Art. 13 der Resolution vom 06.07.1998; PLS Ramboll, Spain, S. 16.

1377 Art. 7 bis 12 der Resolution vom 06.07.1998.

1378 Art. 13 der Resolution vom 06.07.1998.

1379 EFIONAYI-MÄDER, Espagne, S. 48; PLS RAMBOLL, Spain, S. 18f. Laut UNHCR bestehen allerdings erhebliche Unterschiede bei den Ausstattungsstandards, UNHCR, Spain, S. 150.

1380 Nach EFIONAYI-MÄDER, Espagne, S. 48 teilen sich die Asylbewerber in der Regel zu zweit oder zu dritt ein Zimmer. Nach JUBANY-BAUCELLS, CSP 2002, S. 415, (423) überschreitet die Anzahl der untergebrachten Asylbewerber oft die Kapazitäten.

1381 Auskunft von Frau CHARO SANTOS von IMSERSO, Abteilung „Asilo y Refugios" am 08.01.2003.

sechs Monate.[1382] Problematisch erscheint es, daß innerhalb der Aufnahmezentren des öfteren Konflikte ausbrechen, da Asylbewerber aus dem gleichen Herkunftsland aber unterschiedlichen ethnischen Gruppen oder politischen Parteien zugehörig, zusammen untergebracht werden.[1383] Inwieweit das Personal, das in den Aufnahemezentren arbeitet, angemessen geschult ist, konnte nicht festgestellt werden. Diejenigen, die nicht aufgenommen werden oder es bevorzugen individuell unterzukommen, erhalten eine finanzielle Unterstützung. Sie werden von NRO betreut.[1384]

c. Österreich

In Österreich betreibt das Innenministerium sechs Aufnahmeeinrichtungen, die über das Land verteilt sind.[1385] Zudem hat es sich nach § 3 Abs. 2 BundesbetreuungsG vorzugsweise privater, humanitärer und kirchlicher Einrichtungen, Institutionen der freien Wohlfahrt oder der Gemeinden zu bedienen, mit denen zu diesem Zweck privatrechtliche Verträge abzuschließen sind. Daher stehen zahlreiche Gasthöfe und Pensionen unter Vertrag mit dem Innenministerium, die Asylbewerber aufnehmen.[1386] Nach § 5 BundesbetreuungsG können Asylbewerber ausnahmsweise auch vorübergehend in Notunterkünften, z.B. in Kasernen des Bundesheeres, untergebracht werden. Gemäß § 5 BundesbetreuungsVO wird bei der Unterkunft nach Möglichkeit auf die individuellen Bedürfnisse des Asylbewerbers Rücksicht genommen. Damit werden Familienbindungen, ethnische und nationale Herkunft sowie die Situation alleinstehender Frauen berücksichtigt.

In allen Aufnahmeeinrichtungen (auch Pensionen und Gasthöfen) erhalten die Bewohner den notwendigen Hausrat und drei Mahlzeiten am Tag.[1387] Asylbewerber, die in einem Betreuungsheim untergebracht sind, können mit ihrem Einverständnis für Hilfstätigkeiten, die unmittelbar Zusammenhang mit ihrer Unterbringung stehen, herangezogen werden.[1388] Die Unterbringung in Pensionen und Gasthöfen gilt als geringwertiger im Vergleich zu den Aufnahmeeinrichtungen,

---

[1382] Art. 15 Abs.1 der Resolution vom 06.07.1998. Ein längerer Aufenthalt ist allerdings ausnahmsweise möglich, vgl. Art. 15 Abs. 1, 22.

[1383] JUBANY-BAUCELLS, CPS 2002, S. 415, (423); UNHCR, Spain, S. 150.

[1384] JUBANY-BAUCELLS, CPS 2002, S. 415, (423), PLS RAMBOLL, Spain S. 21, Tab. 13.8.

[1385] Dabei handelt es sich um die Aufnahmeeinrichtungen in Traiskirchen, Reichenau, Vorderbrühl, Bad Kreuzen, Thalhan und Wien. Über die Verteilung der Asylbewerber in die Aufnahmeeinrichtungen wird im Rahmen eines Quotensystems entschieden, siehe §§ 9, 10 BundesbetreuungsG.

[1386] EFIONAYI-MÄDER, Österreich, S. 93; vgl. auch § 8 BundesbetreuungsVO.

[1387] EFIONAYI-MÄDER, Österreich, S. 93. Es besteht nicht die Möglichkeit für die Bewohner, ihre eigenen Mahlzeiten zuzubereiten, PLS RAMBOLL, Austria, S. 19. Die Summe, die der Bund für die Unterbringung und Verpflegung täglich höchstens aufwendet, ist in § 8 Abs. 3 BundesbetreuungsVO festgelegt.

[1388] § 7 BundesbetreuungsG.

da sie oft in sehr abgelegenen Gebieten liegen, in denen die heimische Bevölkerung es nicht gewohnt ist, mit Ausländern zusammenzuleben. Zudem kümmern sich die Leiter nur um die Unterkunft und die Verpflegung. Beschäftigungsmöglichkeiten werden nicht angeboten.[1389] Asylbewerbern ist es gestattet, bei Verwandten oder Freunden zu wohnen.[1390] Nach § 39 öster. AsylG ist Asylbewerbern jederzeit die Möglichkeit zu geben, sich an UNHCR zu wenden.
Diejenigen Asylbewerber, die nicht in die Bundesbetreuung aufgenommen wurden und nicht bei Verwandten oder Freunden wohnen können, sind auf die Hilfe von karitativen Organisationen und Kirchen angewiesen.[1391] So betreibt die Caritas vier Aufnahmeeinrichtungen in Wien und in der näheren Umgebung.[1392] Diese Notherbergen nehmen hauptsächlich Flüchtlinge und andere Ausländer in Not auf. In den Notherbergen stehen insgesamt 600 Betten zur Verfügung. Aufgrund von Kapazitätsengpässen können Einzelpersonen maximal drei Monate und Familien maximal acht Monate aufgenommen werden. Die Ausländerberatungsstelle der Caritas organisiert die Zulassung zu den Unterkünften.[1393]
Zum ersten Oktober 2002 trat eine neue Richtlinie der Regierung in Kraft, wonach alle Asylbewerber, die aus Staaten stammen, mit denen Beitrittsverhandlungen zur EU stattfinden, von der Bundesbetreuung ausgeschlossen sind. Zudem haben Asylbewerber aus Rußland, der Türkei, Georgien, Armenien, Aserbaidschan, Nigeria, Jugoslawien und der ehemaligen jugoslawischen Republik Mazedonien nur im erstinstanzlichen Verfahren Zugang zu staatlicher Betreuung und müssen bei Berufung gegen einen negativen Bescheid ihre Unterkunft verlassen.[1394]

d. Weitere Länder

aa. Belgien, Finnland, Luxemburg, Niederlande, Schweden, Vereinigtes Königreich

In *Belgien* erhalten die Asylbewerber im regulären Verfahren eine staatliche finanzielle Unterstützung von dem örtlichen CPAS in der Kommune, welche ihnen zwecks Registrierung zugewiesen wurde.[1395] Von diesem Betrag ist auch die

---

1389 Vgl. PLS RAMBOLL, Austria, S. 19.

1390 PLS RAMBOLL, Austria, S. 17.

1391 EFIONAYI-MÄDER, Österreich, S. 96.

1392 EFIONAYI-MÄDER, Österreich, S. 96, 102. Auch in den übrigen Bundesländern ist die Caritas im Bereich der Aufnahme und Betreuung von Flüchtlingen tätig.

1393 EFIONAYI-MÄDER, Österreich, S. 96 102. Viele derjenigen, welche die Notherbergen verlassen haben, verlassen Österreich mit „unbekanntem Ziel“ - wahrscheinlich meist nach Deutschland und in die Niederlande, EFIONAYI-MÄDER, Österreich, S. 96, Fn. 56.

1394 Stellungnahme des UNHCR, Österreich vom 01.10.2001, abrufbar unter: www.unhcr.at (Stand Februar 2003)

1395 Grundsätzlich können Asylbewerber im regulären Verfahren ihren Wohnort frei bestim-

Miete für eine Unterkunft zu bezahlen. CPAS sollte bei der Wohnungssuche behilflich sein.[1396]

In *Finnland* tragen die Kommunen die Verantwortung für die Unterbringung der Asylbewerber.[1397] Die Mehrzahl der Asylbewerber wird in Gemeinschaftsunterkünften, die über das ganze Land verteilt sind, untergebracht. Einige leben auch in Privatwohnungen. Einen verbindlichen Standard, der von allen Unterkünften erfüllt sein muß, besteht nicht. Allerdings wird der Standard als gut beschrieben. Grundsätzlich haben jedoch alle Einrichtungen Küchen und getrennte Bäder für Frauen und Männer.[1398] In Finnland sind Asylbewerber verpflichtet, unbezahlt in den Gemeinschaftsunterkünften mitzuhelfen beziehungsweise an diversen berufsbildenden Aktivitäten teilzunehmen.[1399]

Die Unterbringung von Asylbewerbern ist in *Luxemburg* wie folgt geregelt: Nach der Antragsstellung klärt das CGE für jeden Asylbewerber individuell, welche Unterbringungsform seinen Bedürfnissen entspricht.[1400] Nach einer Übergangsphase in Notunterkünften haben Asylbewerber die keine Familienangehörigen im Land haben, die Möglichkeit, in einem der Aufnahmezentren unterzukommen. Zudem bestehen auch in Pensionen etc. Unterbringungsmöglichkeiten. In seltenen Fällen müssen Asylbewerber sich selbst um eine Unterkunft bemühen.[1401] Für die Finanzierung der Unterkünfte ist das CGE verantwortlich, welches auch die Mehrzahl der Einrichtungen leitet.[1402] Der Standard der Unterkünfte und ihre Ausstattung sind sehr unterschiedlich, zum Teil sind die Unterkünfte überfüllt.[1403]

In den *Niederlanden* werden Asylsuchende im regulären Verfahren entweder in sogenannten Untersuchungseinrichtungen oder in Residenzzentren unterge-

---

men. Es gibt allerdings ein bestimmtes Quotensystem, wonach in einer Gemeinde nur eine bestimmte Anzahl von Asylbewerbern wohnen darf. Ist diese Quote erfüllt, wird der Asylbewerber einer anderen Gemeinde zugewiesen. In solch einem Fall besteht zwar auch nicht die Verpflichtung für den Asylbewerber, in der ihm zugewiesenen Gemeinde zu leben, er erhält allerdings nur dort Sozialhilfe, siehe DRC, Belgium, S. 12 f.

Zu den Schwierigkeiten hinsichtlich der Unterbringung von Asylbewerbern im Zulässigkeitsverfahren, siehe PLS RAMBOLL, Belgium, S. 16; DRC, Belgium, S. 12.

[1396] BANK, NJIL. Law, S. 257, (277, Fn. 102).

[1397] Abschnitt 4 und 19 des finn. IntegrationsG. Die Gemeinschaftsunterkünfte werden von der Regierung, dem Finnischen Roten Kreuz, der NRO Folkhälsan und den Gemeinden betrieben. Finanziert werden sie vom Arbeitsministerium. Zur Zeit gibt es 16 Unterbringungszentren in Finnland, PLS RAMBOLL, Finnland, S. 20 f.

[1398] Ausführlich zum Standard in Gemeinschaftsunterkünften, PLS RAMBOLL, Finland, S. 22 f.

[1399] § 22 finn. IntegrationsG.

[1400] Art. 14 ff. lux. IntegrationsG.

[1401] Vgl. DRC, Luxembourg, S. 12.

[1402] Art. 15 ff. lux. IntegrationsG. Drei Einrichtungen werden vom Roten Kreuz bzw. der Caritas betrieben, vgl. PLS RAMBOLL, Luxemburg, S. 12 f.

[1403] DRC, Luxembourg, S. 12. So dienen auch leerstehende Schulen als Unterkünfte, PLS RAMBOLL, Luxembourg, S. 13.

bracht.[1404] Beide Arten von Zentren stehen unter der Leitung des COA.[1405] Früher wurden diejenigen Asylbewerber, deren Antrag wenig Aussicht auf Erfolg hatte, in den Untersuchungseinrichtungen untergebracht. Heute ist es mehr eine logistische Frage, wo die Unterbringung erfolgt.[1406] Allerdings sind die Residenzzentren im Vergleich zu den Untersuchungseinrichtungen besser ausgestattet. Sie bieten mehr Privatsphäre, und die Bewohner können ihre eigenen Mahlzeiten zubereiten.[1407] Neben dieser Unterkunftsmöglichkeit können Asylsuchende unter bestimmten Bedingungen auch bei Verwandten oder Bekannten wohnen.[1408] Kleine Arbeiten können - gegen eine geringe finanzielle Entschädigung - in den Aufnahmezentren übernommen werden.[1409]
In *Schweden* wird die Unterkunft der Asylbewerber von der schwedischen Migrationsbehörde organisiert.[1410] Asylbewerber haben von Beginn des Verfahrens an die Wahl, entweder bei Freunden oder Verwandten zu wohnen, eine eigene Unterkunft zu suchen oder in Gemeinschaftsunterkünfte[1411] zu ziehen.[1412] In den Gemeinschaftsunterkünften wohnen Asylbewerber maximal zu zweit in eingerichteten Apartments. Asylbewerber haben immer die Möglichkeit, zurück in

---

1404 DRC, The Netherlands, S. 15. Über die ganzen Niederlande verstreut gibt es 17 Untersuchungseinrichtungen (OC – Onderzoeks- en Opvangcentrum), in denen 12.000 Menschen untergebracht werden können und 80 Residenzzentren (AZC – Asielzoekercentrum), die zusammen 43.218 Asylbewerber beherbergen können. Zudem stehen auch Plätze in Pensionen, Hotels und ähnliches zur Verfügung., PLS RAMBOLL, The Netherlands, S. 14, Tabelle 11.3.

1405 EFIONAYI-MÄDER, S. 84.

1406 Grundsätzlich ist es jedoch vorgesehen, daß die Asylbewerber, nachdem ihr Antrag für zulässig erklärt wurde, für zwei bis drei Monate in OC's untergebracht werden und dann, wenn das Verfahren bis dahin nicht abgeschlossen wurde, in AZC's ziehen, EFIONAYI-MÄDER, S. 84 f.

1407 PLS RAMBOLL, The Netherlands, S. 16. Die neuen Residenzzentren werden eher als gruppierte Wohnungen, denn als Gemeinschaftsunterkünfte, konzipiert, EFIONAYI-MÄDER, Niederlande, S. 86.

1408 DRC, The Netherlands, S. 16.

1409 EFIONAYI-MÄDER, S. 87.

1410 § 3 schwed. AufnahmeG.

1411 In Schweden gibt es drei Transitzentren, wo Asylbewerber nach der Ankunft untergebracht werden und 27 Gemeinschaftsunterkünfte, PLS RAMBOLL, Sweden, S. 15 ff.

1412 Entscheidet sich der Asylbewerber dafür, in eine eigene Unterkunft zu ziehen, so kann er in eine von der schwedischen Migrationsbehörde angemietete Wohnung ziehen. Der Migrationsausschuß bemüht sich Wohnungen anzumieten, welche sich in Gemeinden über das ganze Land verstreut befinden, siehe Informationsblatt der schwedischen Migrationsbehörde „Facts about the reception of asylum seekers“. Hinter der Regelung, die Unterkunftsmöglichkeit zu wählen, steht zum einen der Gedanke, daß Asylbewerbern ein hohes Maß ein Eigenverantwortlichkeit zustehen soll. Zum anderen spart die Variante der privaten Unterkunft Geld. Diese Regelung hat sich ausgezahlt. Circa 60 % aller Asylbewerber kümmern sich um ihre eigene Unterkunft, was als positiv bewertet wird. Problematisch ist allerdings die Konzentration vieler Asylbewerber um die großen Städte herum, was teilweise zu sozialen Spannungen führt, PLS Ramboll, Sweden, S. 14, 26.

eine Gemeinschaftsunterkunft zu ziehen, wo sie in der Regel am Anfang des Verfahrens Unterkunft finden.[1413] Wohnen sie außerhalb einer Gemeinschaftsunterkunft, werden sie einem Büro der schwedischen Migrationsbehörde zugewiesen, von wo aus sie betreut werden.[1414]
Im *Vereinigten Königreich* wurde - wie bereits erwähnt - durch den Immigration and Asylum Act 1999 auch das System der Unterbringung von Asylbewerbern geändert.[1415] Seit dem Inkrafttreten des neuen Gesetzes trägt zum einen die alleinige Verantwortung für die Unterbringung von bedürftigen Asylbewerbern NASS.[1416] Das neue System zeichnet sich durch eine Verteilung der Asylbewerber in Unterkünfte aus, die über das ganze Land verteilt sind. Diese können keinen Einfluß auf den Ort ihrer Unterbringung nehmen.[1417] Unterkünfte werden von den örtlichen Behörden durch „housing associations" oder lokale Vermieter und durch Private, die mit dem Innenministerium unter Vertrag stehen, bereitgestellt. Grundsätzlich soll bei der Verteilung der Asylbewerber auf ihre ethnische Herkunft und ihre Sprache Rücksicht genommen werden.[1418] Diejenigen, welche keine Unterkunft durch NASS erhalten, müssen bei Freunden oder Verwandten unterkommen oder sich privat eine Wohnung suchen. Die Regierung plant zudem, Aufnahmezentren verteilt über das ganze Land zu errichten.[1419]

1413 PLS RAMBOLL, Sweden, S. 14.

1414 § 3 schwed. AufnahmeG.

1415 Art. 96, 97, 100, 101 Immigration and Asylum Act 1999; Art. 13 The Asylum Support Rgulations 2000, Statutory Instrument 2000 No. 704. Siehe zu der Wohnsituation von Asylbewerbern vor dem Immigration and Asylum Act 1999, HUNTER, in: NICHOLSON/TWOMEY, Current Issues, S. 355 ff. m.w.N. und Rechtssprechung. Insbesondere durch den Immigration Act 1996 wurde die Möglichkeit für Asylsuchende, die einen Asylantrag im Land gestellt hatten, eine Unterkunft zu erhalten quasi unmöglich.

1416 Nur Asylbewerber, die weder bei Freunden oder Verwandten unterkommen können und mittellos sind, qualifizieren sich für die Unterstützung hinsichtlich der Bereitstellung einer Unterkunft durch NASS, Information vom British Refugee Council vom 25.09.2002, abrufbar unter: http://www.refugeecouncil.org.uk (Stand Februar 2003).

1417 Dahinter steht der Gedanke, daß London und der Südosten des Landes, wo sich die meisten Asylbewerber aufhalten bzw. aufhielten, entlastet werden sollte, kritisch dazu GEDDES, in: BOMMES/GEDDES (Hrsg.), Immigration and Welfare, S. 134, (144); INSTON, AWR-Bulletin, 2000, S. 131, (132); PLS RAMBOLL, United Kingdom, S. 19.

1418 PLS RAMBOLL, United Kingdom, S. 19. Zur Zeit richtet sich die Verteilung allerdings mehr nach der Verfügbarkeit von Kapazitäten, British Refugee Council, Information vom 25.09.20002, abrufbar unter http://www.refugeecouncil.org.uk (Stand Februar 2003).

1419 Zur Zeit gibt es nur ein Aufnahmezentrum im Vereinigten Königreich, Oakington. Dort werden allerdings nur Asylbewerber untergebracht, deren Anträge als eindeutig unzulässig gelten, PLS RAMBOLL, United Kingdom, S. 19f. Daneben gibt es zahlreiche Zentren, wo die Asylbewerber untergebracht werden, die in Gewahrsam genommen wurden.
Die Regierung plant die Errichtung von vier Aufnahmezentren mit jeweils 750 Plätzen, in denen die Asylbewerber voll verpflegt werden, medizinische Betreuung verfügbar ist, Dolmetscher bereitstehen, rechtliche Beratung möglich ist, Aktivitäten für Erwachsene angeboten werden und sogar die Kinder unterrichtet werden. Siehe dazu das Government White Paper "Secure borders, safe havens, Integration with diversity in modern Britain,

bb. *Frankreich, Portugal*

Wird der Asylantrag als zulässig erklärt, kann es mit unter eine Weile dauern, bis der Asylbewerber seine dreimonatige Aufenthaltsberechtigung erhält. Diese wiederum ist Voraussetzung für die Aufnahme in ein Aufnahmezentrum. Steht dem Asylbewerber für diese Zwischenzeit keine Unterkunft zur Verfügung, so erhält er einmalig einen Betrag von 300 €, die sogenannte „allocation d'attente". Dieser Betrag wird vom Staat bereitgestellt und dient dazu, eine Unterkunft zu finanzieren.[1420]

Danach sind in Frankreich zwei Aufnahmemodelle zu unterscheiden: Zum einen gibt es die Möglichkeit, individuell eine Unterkunft zu finden. Diese Option muß von circa 85 % der Asylbewerber gewählt werden, da staatliche Unterbringungsmöglichkeiten nicht in ausreichendem Maße vorhanden sind.[1421] Für einen Zeitraum von zwölf Monaten wird ihnen monatlich ein Betrag von ca. 260 € ausgezahlt, von dem auch die Kosten für Unterkunft zu bestreiten sind.[1422] Wenn der Asylbewerber keine Verwandte oder Freunde hat, dann ist er hinsichtlich des Organisierens einer Unterkunft auf die Hilfe des lokalen Sozialdienstes angewiesen. Dieser ist allerdings nicht rechtlich verpflichtet, eine (Not-) Unterkunft zu beschaffen.[1423] Ansonsten besteht für Asylbewerber nur noch die Möglichkeit, sich an NRO zu wenden, die teilweise bei der Organisation einer Unterkunft behilflich sind.[1424]

Die zweite Möglichkeit für bedürftige Asylbewerber ist die Unterkunft in einem „centre d'accueil de demandeurs d'asile". Zur Zeit existieren 63 CADAs, welche über das ganze Land verteilt sind.[1425] Das staatliche Aufnahmesystem wird von France Terre d'Asile gemäß einem Abkommen mit dem Staat und in Zusam-

---

February 2002 sowie die kritischen Anmerkungen des British Refugee Councils, abrufbar unter: http://www.refugeecouncil.org.uk (Stand 2003). Der jeweils aktuelle Stand bezüglich der Wahl der Standorte für die Aufnahmezentren und Fortgang des Vorhabens kann über die Internetseite des IND unter http://www.ind.homeoffice.gov.uk (Stand 2003) abgerufen werden.

[1420] EFIONAYI-MÄDER, France, S. 54f. Siehe auch GEGENWART, Sozialrechtliche Stellung, S. 50 f.

[1421] EFIONAYI-MÄDER, France, S. 55; GEGENWART, Sozialrechtliche Stellung, S. 65; PLS RAMBOLL, France, S. 17.

[1422] EFIONAYI-MÄDER, France, S. 55; DRC, France, S.16.

[1423] EFIONAYI-MÄDER, France, S. 55. Es ist in der Regel sehr schwierig, eine Unterkunft zu bekommen, insbesondere in der Gegend von Paris. Oft wird diese Gruppe von Asylbewerbern in Notunterkünften zusammen mit Obdachlosen und anderen bedürftigen Franzosen untergebracht. Das Zusammenleben von Asylbewerbern, oft mit Kindern, und Obdachlosen, Alkoholikern und anderen am Rande der Gesellschaft stehenden Menschen, führt zu schwierigen Situationen in den Unterkünften, PLS Ramboll, S. 17.

[1424] Zu nennen ist insbesondere France Terre d'Asile, die bedürftigen Asylbewerbern bei der Wohnungssuche behilflich sind. Siehe dazu im Internet die Seite von France Terre d'Asile unter http://www.france-terre-asile.org (Stand Februar 2003).

[1425] Eine Auflistung erfolgt unter Annexe 1 des Circulaire DPM/CI 3 n° 99-399.

menarbeit mit dem Ministerium für Arbeit und Solidarität koordiniert. Die CADAs werden von verschiedenen Organisationen unter Aufsicht der lokalen und regionalen Behörden betrieben, was wiederum von France Terre d'Asile kontrolliert wird.[1426] Über die Aufnahme in ein CADA entscheidet die „commission nationale d'admission", zusammengesetzt aus Vertretern von France Terre d'Asile und der „Direction de la Population et des Migrations".[1427] Es wird anhand von sozialen Kriterien über eine Aufnahme entschieden.[1428] Oft müssen die Asylbewerber, die einen Platz in einem CADA zugesichert bekommen haben, noch Monate warten, bis sie tatsächlich unterkommen. Zur Überbrückung werden sie dann in Notunterkünften, sogenannten „centre de transit" untergebracht.[1429] Manche CADAs verfügen über Apartments mit Kochgelegenheiten, andere sind wie Heime konzipiert.

In *Portugal* gibt es nur ein Aufnahmezentrum, welches vom portugiesischen Flüchtlingsrat betrieben wird.[1430] Dort werden die Asylbewerber grundsätzlich nur während des Zulässigkeitsverfahrens untergebracht. Während des regulären Verfahrens müssen sich Asylbewerber selbst um eine private Unterkunft bemühen.[1431]

cc. Griechenland, Italien

In *Griechenland* gibt es derzeit nur ein staatlich finanziertes Aufnahmezentrum, welches auch als Unterbringungszentrum dient (Lavrion).[1432] Besonders bedürf-

---

1426 PLS RAMBOLL, France, S. 17.

1427 GEGENWART, Sozialrechtliche Stellung, S. 65.

1428 Danach sind vorrangig Erstasylantragssteller, Familien mit kleinen Kindern, unbegleitete Minderjährige unter zwanzig Jahren, alleinstehende Frauen etc, EFIONAYI-MÄDER, France, S. 56, Fn. 56.

1429 EFIONAYI-MÄDER, France, S. 56.

1430 UNHCR, Portugal, S. 136. Das Zentrum befindet sich in Bobadela in Lissabon und bietet Platz für 21 Menschen. Der Staat finanziert das Zentrum, welches 1999 eröffnet wurde. Es ist einfach, aber in gutem Zustand. Es wird geplant, noch weitere Aufnahmezentren zu errichten, PLS RAMBOLL, Portugal, S. 18, 20. In Notfällen können auch noch andere Unterkunftsmöglichkeiten für Asylbewerber bereitgestellt werden, PLS RAMBOLL, Portugal, S. 18.

1431 Gemäß Art. 54 des port. AsylG wird eine finanzielle Unterstützung gezahlt, um die Mietkosten zu decken. Zudem wird in besonderen Fällen, wie bei besonders schutzbedürftigen Menschen, für eine Unterkunft gesorgt, PLS RAMBOLL, Portugal, S. 18.

1432 Präsidialer Erlaß 266/1999. Das Lavrion Zentrum liegt außerhalb von Athen und bietet Platz für circa 350 Menschen. Es wird vom Ministerium für Gesundheit und Soziales finanziert, PLS RAMBOLL, Greece, S. 21, Tabelle 7.3. Die Situation dort wird als chaotisch beschrieben. Es wurden Konfliktgruppen (ethnische sowie politische) gemeinsam untergebracht, was zu Spannungen führt und die Verwaltung ist inzwischen weitgehend in den Händen der Bewohner, die eigene Regeln aufstellen, Auskunft von Herrn PROF. ACHILLES SKORDAS, Universität Athen, am 01.10.2002. Zudem ist das Aufnahemzentrum überfüllt; im Jahr 2000 lebten dort 3083 Menschen, SITAROPOULOS, CSP 2002, S. 436, (442).

tige Asylbewerber werden bevorzugt aufgenommen. Im Zentrum wird Rechtsberatung angeboten. Daneben gibt es noch fünf weitere über das Land verteilte Unterbringungszentren, die alle von NRO geleitet werden. Vier dieser fünf Zentren werden von der Europäischen Kommission finanziert.[1433] Durch diese zusätzlichen Unterbringungszentren wird die Unterbringungsproblematik etwas entschärft.[1434] Ein großer Teil der Asylbewerber lebt allerdings in den großen Städten und muß sich selbst eine eigene Unterkunft suchen.[1435]

In *Italien* existierte bislang kein staatlich organisiertes oder finanziertes System zur Unterbringung von Asylbewerbern.[1436] Zwar wurde in Art. 40 des ital. EinwanderungsG den italienischen Kommunen die Aufgabe übertragen, mittelose Personen, unabhängig von ihrem Aufenthaltsstatus, zu unterstützen, aber die zur Verfügung gestellten Mittel reichen nicht aus, so daß diese Aufgabe von den lokalen Behörden nur unzureichend bis gar nicht wahrgenommen wurde.[1437] In Rom wird der Mangel an Aufnahmestrukturen etwas durch die Initiative zahlreicher NRO's und anderen karitativen Einrichtungen entschärft. So bietet zum Beispiel das „Ufficio Speziale Immigrazione" der Gemeinde Rom Unterkünfte für Asylsuchende an. Da nur 200 Plätze zur Verfügung stehen, werden die Plätze nach dem Kriterium der Dringlichkeit vergeben.[1438]

Im Rahmen des „Programme Nazionale Asilo" wurden inzwischen circa 60 Aufnahmezentren, verteilt über alle Regionen Italiens, errichtet.[1439] Dort werden die Asylbewerber untergebracht, während sie auf ihre Anhörung warten. Ziel ist, es in Zukunft alle Asylbewerber in Aufnahmezentren unterzubringen.[1440]

Weitere öffentliche Unterbringungsmöglichkeiten bestehen nicht, was damit zusammenhängt, daß es in Griechenland kaum öffentliche Häuser gibt. Circa 80 % aller Häuser haben Privateigentümer, PLS RAMBOLL, Greece, S. 21.

1433 Z.B. betreibt Medecines du Monde ein eigenes Zentrum, PLS RAMBOLL, Greece, S. 22 f.; SITAROPOULOS, CSP 2002, S. 436, (442 f.).

1434 DRC, Greece, S. 11. Dennoch bleiben viele Asylbewerber über einen langen Zeitraum obdachlos, siehe dazu SITAROPOULOS, CSP 2002, S. 436, (442 f.).

1435 DRC, Greece S. 15.

1436 PLS RAMBOLL, Italy, S. 16. Es gibt nur zwei Auffangzentren, die Asylbewerber direkt nach der Ankunft beherbergen. Beide Zentren sind im Süden des Landes und dienen dazu illegale Einwanderer abzufangen und sie nach Möglichkeit abzuschieben. Sie werden vom Innenministerium finanziert und zum Teil unter schwierigen Bedingungen betrieben. Stellt ein Flüchtling einen Asylantrag kann oder muß er nach Prüfung des Antrags das Zentrum verlassen, EFIONAYI-MÄDER, S. 78.

1437 EFIONAYI-MÄDER, S. 76 f. Teilweise haben Asylbewerber in den Außenbezirken großer Städte illegale Camps errichtet, wo die hygienischen Verhältnisse bedenklich sind, PLS RAMBOLL, Italy, S. 17.

1438 Siehe dazu ausführlich, EFIONAYI-MÄDER, S. 76 ff..

1439 Information des Programma Nazionale Asilo, abrufbar unter http://www.programmnazioanleasilo.it (Stand Februar 2003).

1440 Auskunft von MARILISA FANTACCI, Programma Nazionale Asilo, am 10.02.2003.

4. Richtlinienkonformität der nationalen Bestimmungen

a. Deutschland

Die nationalen Bestimmungen, welche die Art und Weise der Unterbringung von Asylbewerber regeln, sind richtlinienkonform.
§ 58 Abs. 2 AsylVfG (Erlaubnis zum Verlassen des zugewiesenen Aufenthaltsbereiches) ist dahingehend auszulegen, daß das Ermessen im Regelfall reduziert ist.[1441] Folglich ist, der Richtlinienbestimmung entsprechend, die Herstellung und Aufrechterhaltung des Kontaktes des Asylbewerbers zu seinem Bevollmächtigten und zu UNHCR beziehungsweise anderen Flüchtlingsorganisationen zu gewährleisten. Die Möglichkeit, Verwandte zu kontaktieren, sehen die nationalen Bestimmungen nicht explizit vor. Allerdings stellt die längerfristige Verweigerung einer Sondergenehmigung zum Besuch von nahen Verwandten eine unbillige Härte im Sinn von § 58 Abs. 1, S. 1 AsylVfG dar[1442]. Folglich wird die deutsche Bestimmung bereits richtlinienkonform ausgelegt. Daß relativ strenge Maßstäbe angelegt werden, um eine Genehmigung zwecks Verwandtenbesuchs zu erhalten, steht mit der Richtlinienbestimmung in Einklang, da diese nur unbestimmt von der Möglichkeit, die Verwandten zu kontaktieren, spricht.

b. Spanien

Mit der Resolution sowie Art. 15 Abs.1 Erlaß Nr. 203 erfüllt Spanien die von Art. 14 gestellten Anforderungen bezüglich der Bereitstellung einer Unterkunft. Die beiden Varianten, entweder die Unterbringung in Aufnahmezentren oder bei Kapazitätenmangel die Auszahlung einer finanziellen Unterstützung als Umsetzung von Art. 15 Abs. 1 Erlaß Nr. 203, sind richtlinienkonform. Die Art. 13 und 17 der Resolution vom 06.07.1998 implizieren, daß Gewaltanwendung in den Aufnahmezentren verhindert werden soll. Da die Bewohner der Aufnahmezentren diese verlassen dürfen und in Art. 19 der Resolution vom 06.07.1998 alle Aktivitäten gestattet werden, die zur Informationsbeschaffung und zur sozialen Integration nötig sind, ist der Anforderung von Art. 14, UNHCR und andere NRO kontaktieren zu können sowie Verwandte zu besuchen, Rechnung getragen, zumal einige der Aufnahmezentren ja von NRO geführt werden. Keine spanische Bestimmung besagt, daß UNHCR und andere NRO Zugang zu den Aufnahmezentren haben. Dies ist zwar in der Praxis so, reicht aber für eine ordnungsgemäße Umsetzung nicht aus, so daß eine entsprechende Vorschrift zu schaffen ist.

[1441] MARX, Asylverfahrensgesetz, § 58, Rn. 20.
[1442] VG Karlsruhe, Beschluß vom 17.08.1989 -A 13 K 426/88-.

c. Österreich

Iim Hinblick auf die Modalitäten der Unterbringung für bundesbetreute Asylbewerber erfüllt Österreich die Voraussetzungen des Art. 14. Insofern sind die entsprechenden Vorschriften des BundesbetreuungsG und der Bundesbetreuungs-VO richtlinienkonform. Im Hinblick auf die Asylbewerber, die außerhalb der Bundesbetreuung stehen, erfüllt Österreich bislang noch nicht seine Verpflichtungen, eine angemessene Unterkunft bereitzustellen.[1443] Auch die Bestimmung von Art. 14, die in besonderen Ausnahmesituationen den Mitgliedstaaten erlaubt, vorübergehend andere Modalitäten der Unterbringung festzulegen, bei denen die Grundbedürfnisse allerdings gedeckt sein müssen, führt nicht dazu, daß Österreich in Einklang mit der Bestimmung agiert. Schließlich offeriert Österreich nicht andere Modalitäten der Unterbringung, sondern für einen Teil der Asylbewerber überhaupt keine.
Die neuen Richtlinien der Regierung bezüglich des Ausschlusses zahlreicher Asylbewerber aus verschiedenen Herkunftsländern, sind auf starke Kritik gestoßen. UNHCR befand, daß die neuen Richtlinien das Weiterwandern von Asylbewerbern in andere Mitgliedstaaten fördert und damit die Harmonisierungsbestrebungen untergraben werden.[1444]

5. *Bewertung*

Es ist positiv zu bewerten, daß die Mitgliedstaaten verpflichtet sind, allen Asylbewerbern während der Dauer des Verfahrens eine Unterkunft bereitzustellen. Zur Zeit verfügen vor allem Österreich, Griechenland, Italien, aber auch Frankreich, Portugal und das Vereinigte Königreich noch nicht über ausreichende Unterbringungskapazitäten. Oft sind die vorhandenen Unterkünfte auch in einem schlechten Zustand und überfüllt.
Art. 14 beläßt den Mitgliedstaaten eine große Wahlmöglichkeit hinsichtlich der Form der Unterbringung. Bei jeglicher Form der Unterbringung muß allerdings Art. 13 Abs. 2 beachtet werden, wonach „die gewährten materiellen Aufnahmebedingungen einem Lebensstandard zu entsprechen haben, der die Gesundheit und den Lebensunterhalt der Asylbewerber gewährleistet".
Die Mitgliedstaaten tragen damit für die Bereitstellung einer adäquaten Unterbringungsmöglichkeit in einer der genannten Formen Sorge. Besteht die Möglichkeit für Asylbewerber in Privatunterkünften zu leben, so sind die Mitgliedstaaten dementsprechend dafür verantwortlich, Wohnraum zur Verfügung zu stellen oder aber den Abschluß eines Mietvertrages zu ermöglichen und die Mietkosten bei Bedürftigkeit zu übernehmen.

[1443] Vgl. zur Argumentation bereits oben, Zweiter Teil, E, IX, 4, c; X, 4, c.
[1444] Stellungnahme von UNHCR Österreich vom 01.10.2002, abrufbar unter: www.unhcr.at (Stand Februar 2003).

Gemäß der Vorschrift können Asylbewerber während des gesamten Verfahrens in Gemeinschaftsunterkünften untergebracht werden. Dies ist vor allem in Deutschland der Fall. Für die ersten drei Monate des Aufenthaltes erscheint diese Lösung sinnvoll. In dieser Zeit haben die Asylbewerber viel Informations- und Beratungsbedarf. Es bedarf einer ersten allgemeinen Orientierung. Danach scheint eine Unterbringung - sofern der Asylbewerber dies wünscht - in Privatunterkünften die erstrebenswertere Lösung zu sein.[1445] Es sollte zum einen die Möglichkeit bestehen, bei Freunden oder Verwandten unterzukommen. Zum anderen sollte es möglich sein, unter Verantwortung und mit Hilfe der zuständigen Behörden, eine private Unterkunft zu suchen. Dabei sollten die Behörden steuernd eingreifen, so wie es in Schweden der Fall ist. So werden dort regelmäßig die Kommunen informiert und in die Entscheidung miteinbezogen. Erst dann organisiert die schwedische Migrationsbehörde den Abschluß von Mietverträgen. Zudem wird darauf geachtet, daß eine Konzentration von Asylbewerbern in bestimmten Kommunen oder Stadtteilen verhindert wird. Jeder der so untergebrachten Asylbewerber wird einer lokalen Dependance der Migrationsbehörde zugeteilt, welche die Betreuung übernimmt.[1446] Dieses Modell erscheint als gute Alternative und in allen Mitgliedstaaten entsprechend den nationalen Strukturen durchsetzbar.

In fast allen Mitgliedstaaten besteht derzeit bereits die Möglichkeit für Asylbewerber, im regulären Verfahren in Privatunterkünften zu leben. Allerdings zeigen sich nur einige wenige Länder (vor allem Belgien, Luxemburg, die Niederlande und Schweden) dafür verantwortlich, daß auch eine private Unterkunft gefunden wird.

Eine private Unterbringung im regulären Verfahren hat zum einen den Vorteil, daß die Gefahr der sozialen Ausgrenzung verringert wird. Zum anderen wird den Asylbewerbern ein selbständigeres und privates Leben ermöglicht.[1447] Dies ist insbesondere für Familien entscheidend. Weiterhin können auf diese Art und Weise auch Familienangehörige, die nicht dem Familienbegriff der Richtlinie unterfallen, zusammenleben. Schließlich gilt diese Variante auch als kostengünstiger im Vergleich zur Errichtung und Betreibung einer Gemeinschaftsunterkunft.[1448]

Insofern erscheint es sinnvoll, die verpflichtende Unterbringung in Gemeinschaftsunterkünften auf einen Zeitraum von sechs Monaten zu begrenzen, es sei denn, es besteht eine begründete Ausnahmesituation. Den Mitgliedstaaten ist hinsichtlich der Organisation der privaten Unterbringung ein großer Ermessensspielraum zu belassen.

1445 So auch ECRE, Comments, S. 11 ff.; UNHCR, Stellungnahme, S. 6 ff.

1446 Siehe Informationsblatt der schwedischen Migrationsbehörde „Facts about the reception of asylum seekers", UNHCR, Sweden, S. 159.

1447 So auch ECRE (Hrsg.), The Good Practice Guide on Housing, S. 24 f. abrufbar, unter: http://www.ecre.org. (Stand Februar 2003).Vgl. KJÆRUM, HRQ 2002, S. 513 (530).

1448 CLASSEN, Menschenwürde, S. 130.

Schließlich sollte Art. 14 noch den Hinweis enthalten, daß die jeweilige Unterkunft so gelegen sein muß, daß soziale Einrichtungen, Schulen und Ärzte schnell erreichbar sind. Zu begrüßen sind Abs. 2 bis 7 der Bestimmung.

XII. Behandlung besonders bedürftiger Personen

Auf die Behandlung von Folteropfern oder Opfern anderer Gewalt, die auch zu den besonders schutzbedürftigen Personen zählen, wird im Rahmen dieses Artikel nicht eingegangen, da für sie mit Art. 20 eine eigene Vorschrift geschaffen wurde und diese gesondert erörtert wird.

1. Art. 17, 18, 19 der Richtlinie

Art. 17 Abs. 1 legt einen allgemeinen Grundsatz fest. Danach berücksichtigen die Mitgliedstaaten in den nationalen Rechtsvorschriften zur Durchführung der Art. 5 bis 15 betreffend die materiellen Aufnahmebedingungen sowie die medizinische Versorgung die spezielle Situation von besonders schutzbedürftigen Personen.[1449] Dies gilt nach Abs. 2 ausschließlich für Personen, die nach einer Einzelprüfung ihrer Situation als besonders hilfebedürftig anerkannt werden.

Gemäß Art. 18 berücksichtigen die Mitgliedstaaten vorrangig das Wohl des Kindes bei der Anwendung von Bestimmungen dieser Richtlinie, die Minderjährige berühren. Sie tragen nach Art. 18 Abs. 2 dafür Sorge, daß Minderjährige, die Opfer irgendeiner Form von Mißbrauch, Vernachlässigung, Ausbeutung, Folter, grausamer, unmenschlicher oder erniedrigender Behandlung gewesen sind oder unter bewaffneten Konflikten gelitten haben, Rehabilitationsmaßnahmen in Anspruch nehmen können und daß im Bedarfsfall eine geeignete psychologische Betreuung und eine qualifizierte Beratung angeboten wird.

Artikel 19 betrifft die Behandlung unbegleiteter Minderjähriger. Danach sorgen die Mitgliedstaaten so bald wie möglich für die erforderliche Vertretung von unbegleiteten Minderjährigen. Die Vertretung übernimmt ein gesetzlicher Vormund oder erforderlichenfalls eine Organisation, die für die Betreuung und das Wohlergehen von Minderjährigen verantwortlich ist oder eine andere geeignete Instanz. Die zuständigen Behörden nehmen regelmäßige Bewertungen vor. Nach Abs. 2 werden Asyl beantragende unbegleitete Minderjährige ab dem Zeitpunkt der Zulassung in das Hoheitsgebiet bis zu dem Zeitpunkt, zu dem sie den Auf-

---

[1449] Als besonders schutzbedürftig gelten Minderjährige, unbegleitete Minderjährige, Behinderte, ältere Menschen, Schwangere, Alleinerziehende mit minderjährigen Kindern und Personen, die Folter, Vergewaltigung oder sonstige schwere Formen psychischer, physischer oder sexueller Gewalt erlitten haben, vgl. Art. 17, Abs. 1 der Richtlinie.

nahmemitgliedstaat, in dem der Antrag gestellt worden ist oder geprüft wird, verlassen müssen, nach folgender Rangordnung aufgenommen:
a) bei erwachsenen Verwandten;
b) in einer Pflegefamilie;
c) in Aufnahmezentren mit speziellen Einrichtungen für Minderjährige;
d) in anderen für Minderjährige geeigneten Unterkünften.
Die Mitgliedstaaten können unbegleitete Minderjährige ab 16 Jahren in Aufnahmezentren für erwachsene Asylbewerber unterbringen. Geschwister sollen möglichst zusammen bleiben, wobei das Wohl des betreffenden Minderjährigen, insbesondere sein Alter und sein Reifegrad, zu berücksichtigen ist. Wechsel des Aufenthaltsorts sind bei unbegleiteten Minderjährigen auf ein Mindestmaß zu beschränken.
Nach Abs. 3 bemühen sich die Mitgliedstaaten, im Interesse des Wohls des unbegleiteten Minderjährigen, dessen Familienangehörige so bald wie möglich ausfindig zu machen. In Fällen, in denen das Leben oder die Unversehrtheit des Minderjährigen oder seiner nahen Verwandten bedroht sein könnte, insbesondere wenn diese im Herkunftsland geblieben sind, ist darauf zu achten, daß die Erfassung, Verarbeitung und Weitergabe von Informationen über diese Personen vertraulich erfolgt, um ihre Sicherheit nicht zu gefährden.
Das Betreuungspersonal für unbegleitete Minderjährige muß im Hinblick auf die Bedürfnisse des Minderjährigen adäquat ausgebildet sein oder werden und unterliegt in bezug auf die Informationen, die es durch seine Arbeit erhält, der Schweigepflicht, wie sie im nationalen Recht definiert ist (Abs. 4).[1450]

2. *Völkerrechtskonformität*

Art. 17 der Richtlinienbestimmung ist völkerrechtskonform. Auf die Norm wurde im Rahmen anderer Bestimmungen, welche die besondere Situation von besonders schutzwürdigen Asylbewerbern thematisierten, eingegangen.
Auch Art. 18 der Richtlinie wirft hinsichtlich der Frage nach der Völkerrechtskonformität keine Probleme auf. Vielmehr wiederholt die Bestimmung Art. 3 Abs. 1 der KRK, daß bei allen Maßnahmen, die Kinder betreffen, das Wohl des Kindes vorrangig zu berücksichtigen ist. Dabei begründet Art. 3 Abs. 1 KRK keine Rechte oder Pflichten, sondern ist vielmehr ein Auslegungsmaßstab, der bei allen Handlungen, bei denen Kinder betroffen sind, zu beachten ist.[1451] Art 3

[1450] In der Erklärung für das Ratsprotokoll erklärte der Rat, daß Fragen in bezug auf die medizinische Untersuchung zur Feststellung des Alters von Minderjährigen während der Ausarbeitung der Richtlinie über das Verfahren zur Zuerkennung oder Aberkennung der Flüchtlingseigenschaft geprüft werden, siehe Interinstitutionelles Dossier: 2001/0091 (CNS), Dokument Nr. 15722/02 vom 18.12.2002.

[1451] VAN BUREN, Rights of the Child, S. 46. Zu der schwierigen Frage, was unter „dem Wohl des Kindes" zu verstehen ist, siehe DIES. S. 45 ff.; zu den verschiedenen Entwürfen von Art. 3 KRK, siehe DETRICK, (Hrsg.), Convention, 131 ff.

Abs. 2 KRK erweitert diesen Gedanken dahin, daß die Vertragsstaaten verpflichtet sind, dem Kind unter Berücksichtigung der Rechte und Pflichten seiner Eltern, seines Vormundes oder anderer gesetzlich für das Kind verantwortlicher Personen den Schutz und die Fürsorge zu gewährleisten, die für sein Wohlergehen notwendig sind.
Art. 18 Abs. 2 nimmt Bezug auf Art. 39 KRK. Dieser bestimmt, daß „die Vertragsstaaten alle geeingten Maßnahmen treffen, um die psysischeund pdychische Gemesung und die soziale Wiedereingliederung eiens Kindes zu fördern, das Opfer irgendeiner Form von Vernachlässigung, Ausbeutung oder Mißhandlung, der Folter oder einer anderen Form grausamer, unmenschlicher oder eniederigender Behandlung oder Strafe oder aber bewaffente Konflikte geworden ist". Zudem bestimmt Art. 19 KRK noch, daß Art. 18 S. 2 steht folglich im Einklang mit Art. 3 Abs. 1, 2 und Art. 39 KRK.[1452]
Im Zusammenhang mit der Behandlung von unbegleiteten Minderjährigen sind insbesondere die Art. 20 und 22 KRK von Bedeutung. Daneben kommt den Art. 19 und 12 KRK Relevanz zu. Zunächst ist festzuhalten, daß unbegleitete Minderjährige, Kinder und Jugendliche unter 18 Jahren, die von beiden Elternteilen getrennt sind und für die kein Erwachsener, der rechtlich oder gewöhnlich verantwortlich ist, sorgt.[1453]
Im Folgenden ist zunächst auf Art. 22 KRK einzugehen, welcher den Schutz und die humanitäre Hilfe für begleitete und unbegleitete Kinderflüchtlinge betrifft. Der persönliche Anwendungsbereich von Art. 22 KRK ist nicht nur auf Kinder, die als Flüchtlinge anerkannt wurden, begrenzt, sondern umfaßt auch Kinder, die einen Asylantrag gestellt haben.[1454] Art. 22 Abs. 1 bestimmt, daß „geeignete Maßnahmen zu treffen sind, um sicherzustellen, daß ein Kind, das die Rechtsstellung eines Flüchtlings begehrt, angemessenen Schutz und humanitäre Hilfe bei der Wahrnehmung der Rechte erhält, die in der KRK (...) festgelegt sind und zwar unabhängig davon, ob es sich in Begleitung seiner Eltern oder einer anderen Person befindet oder nicht". Art. 22 Abs. 2 KRK thematisiert zum einen die Unterstützung der Vertragsstaaten für die Bemühungen der VN und anderer zuständiger zwischenstaatlicher oder nichtstaatlicher Organisationen, die mit den VN zusammenarbeiten. Die Staaten verpflichten sich, in einer ihnen angemessen erscheinenden Weise an Schutz- und Hilfsmaßnahmen und an dem Auffinden der Familienangehörigen des Kindes zu beteiligen. Sollten die Eltern oder andere Familienangehörige nicht ausfindig zu machen sein, ist dem Kind im Einklang mit den in der KRK enthaltenen Grundsätzen derselbe Schutz zu gewähren wie jedem anderem Kind, das aus irgendeinem Grund vorübergehend oder dauerhaft aus seiner familiären Umgebung herausgerissen wurde.

[1452] Art. 19 Abs. 2 KRK sieht die Behandlung und Nachbehandlung von Kindern, die Opfer von Gewalt wurden vor. Art. 24 KRK betrifft das Recht auf Gesundheit.
[1453] Siehe Entschließung 97/C 221/03 des Rates vom 26.06.1997 betreffend unbegleitete minderjährige Staastangehörige dritter Länder.
[1454] VAN BUREN, Rights of the Child, S. 362.

Die Aussage, daß dem Kind bei der Wahrnehmung seiner Rechte angemessene Hilfe zur Verfügung zu stellen ist, ist dahingehend zu verstehen, daß für das unbegleitete Kind ein Vormund bestellt werden muß, um die Interessen das Kindes im Hinblick auf das Verfahren und die Betreuung zu sichern.[1455] Insofern ist Art. 19 der Richtlinie völkerrechtskonform, wenn er sobald wie möglich eine Vertretung für den unbegleiteten Minderjährigen anordnet. Bezüglich der Frage, wer die Vertretung übernimmt, ob eine juristische oder natürliche Person, macht die KRK keine Vorgaben, so daß Art. 19 auch diesbezüglich mit der KRK konform ist.

Art. 12 und 13 KRK normieren das Recht des Kindes auf Mitsprache und rechtliches Gehör sowie auf freie Meinungsäußerung. Dies umfaßt auch das Prinzip, daß in allen juristischen oder administrativen Verfahren, welche das Kind betreffen, dieses direkt oder durch einen Vertreter angehört wird und seine Sichtweise bei den zu treffenden Entscheidungen beachtet wird. Die Gewährleistung dieser Rechte muß auch bei der Ausübung der Vertretung Beachtung finden.

Die Bestimmungen, daß Geschwister möglichst zusammenbleiben sollten, wobei das Wohl des betreffenden Minderjährigen, insbesondere sein Alter und sein Reifegrad, zu berücksichtigen sind sowie die Vermeidung von Aufenthaltswechseln entsprechen dem Wohl des Kindes. Sie sind völkerrechtskonform. Das gleiche gilt für die Bestimmung, wonach die Erfassung, Verarbeitung und Weitergabe von Informationen vertraulich zu erfolgen hat und die Anforderung, daß das Betreuungspersonal adäquat ausgebildet sein muß.

Die Verpflichtung nach Art. 19 Abs. 3 der Richtlinie den Versuch zu unternehmen, die Familienangehörigen ausfindig zu machen, stimmt fast wörtlich mit Art. 22 Abs. 2 KRK überein, so daß auch diesbezüglich die Vereinbarkeit mit der KRK zu bejahen ist.

Schließlich ist noch auf die Unterbringung von unbegleiteten Minderjährigen einzugehen. Art. 20 Abs. 1 KRK bestimmt, daß in dem Fall, in dem eine Betreuung außerhalb der Familie notwendig ist, das Kind Anspruch auf besonderen Schutz und Beistand des Staates hat, wobei die Vorschrift sich nicht dazu äußert, wie dieser besondere Schutz und Beistand ausgestaltet sein muß. Nach Abs. 2 stellen die Staaten nach ihrem innerstaatlichen Recht Formen der Betreuung solcher Kinder sicher. Als Form der Betreuung kommt nach Abs. 3 primär die Aufnahme in eine Pflegefamilie sowie die Unterbringung in einer geeigneten Kinderbetreuungseinrichtung in Betracht. Bei der Wahl der Unterbringungsmöglichkeit sind die Kontinuität der Erziehung des Kindes sowie die ethnische, religiöse, kulturelle und sprachliche Herkunft des Kindes zu berücksichtigen.

Auch Art. 19 der Richtlinie sieht diese beiden Möglichkeiten der Unterbringung vor. Zusätzlich wird allerdings noch die Möglichkeit der Unterbringung „in an-

---

[1455] So auch DORSCH, Rechte des Kindes, S. 208. VAN BUREN leitet die Pflicht, einen Vormund zu bestellen, aus Art. 12 Abs. 2 KRK her, der das Recht auf rechtliches Gehör normiert - entweder durch persönliche Anhörung oder durch einen Vertreter oder eine geeigente Stelle, siehe VAN BUREN, Rights of the Child, S. 371.

deren für Minderjährige geeigneten Unterkünften" normiert. Fraglich ist, was darunter zu verstehen ist. In jedem Fall ist jedoch auch bei diesen Unterkünften vorrangig das Wohl des Minderjährigen nach Art. 3 Abs.1, 2 KRK zu beachten, was allerdings aufgrund der Unbestimmtheit des Begriffs zahlreichen Auslegungen zugänglich ist.
Fraglich ist, wie es zu bewerten ist, daß Art. 19 Abs. 2 der Richtlinie den Mitgliedstaaten die Möglichkeit gibt, minderjährige Aslybewerber ab 16 Jahren in einem Aufnahmezentrum für erwachsene Asylbewerber unterzubringen. Im Sinne der KRK ist jedes menschliche Wesen bis zu seinem 18. Lebensjahr als Kind anzusehen (Art. 1 KRK). Insofern umfaßt Art. 20 KRK die Unterbringung von Kindern bis 18 Jahre in den dort vorgesehenen Unterbringungmöglichkeiten. Allerdings, und dies ist eine Schwäche der KRK, ist die in Art. 1 KRK festgesetzt Altersgrenze nach unten hin flexibel. Insofern steht die Entscheidung, ab welchem Alter eine Unterbringung in einem Aufnahmezentrum für erwachsene erfolgen soll, im Ermessen der Staaten. Folglich widerspricht diese Regelung nicht der KRK.

3. *Die nationalen Bestimmungen und die Praxis in den Mitgliedstaaten*

a. Deutschland

Schwangere Asylbewerberinnen sind in bezug auf die medizinische Betreuung gegenüber anderen Asylbewerber priveligiert. Besondere Bedürfnisse von anderen schutzbedürftigen Personen, insbesondere Minderjährigen, werden im Rahmen von § 6 AsylbLG Rechnung getragen.
In Deutschland gelten Kinder unter sechszehn Jahren als unbegleitete Minderjährige, wenn sie ohne ihre Eltern oder Personensorgeberechtigte in Deutschland um Schutz vor Verfolgung nachsuchen.[1456] Gemäß § 12 AsylVfG sind Jugendliche ab Vollendung des sechszehnten Lebensjahres im Hinblick auf das Asylverfahren handlungsfähig.[1457] Dennoch wird auch ihnen ein Vormund zur Seite gestellt[1458].
Bei unbegleiteten Minderjährigen kommen grundsätzlich zwei Schutzmaßnahmen zur Anwendung: Zum einen die Bestellung eines Vormundes und zum anderen die Einbeziehung in die Kinder- und Jugendhilfe.

[1456] Deutschland erreichten im Jahr 2001 1075 unbegleitete minderjährige Asylbewerber, ECRE Country Report 2001, Germany, S. 82.

[1457] Zu der Problematik der Altersfeststellung siehe JOCKENHÖVEL-SCHIECKE, ZAR 1998, S. 165, (166 f.) m.w.N.

[1458] Kinder- und Jugendprogramm des Bayerischen Staatsministeriums für Arbeit und Sozialordnung, Familie und Frauen, abrufbar unter:http://www.stmas.bayern.de (Stand Februar 2003).

Gibt es niemanden, der die Personalfürsorge des unbegleiteten Minderjährigen berechtigt wahrnehmen kann, so wird zunächst das Ruhen der elterlichen Sorge erklärt (§1674 Abs. 1 BGB). Dann erfolgt die Bestellung eines Vormunds gemäß den §§ 1773ff. BGB durch das Vormundschaftsgericht.[1459] Das Vormundschaftsgericht führt über die Tätigkeit des Vormunds Aufsicht (§ 1837 Abs. 2 BGB). In der Praxis werden in der Regel Amtsvormünder bestellt.[1460] Der Vormund hat das Recht und die Pflicht, den unbegleiteten Minderjährigen zu vertreten sowie für die Person des Mündels und ihr Vermögen zu sorgen (§ 1793 Abs. 1 BGB). Der Vormund ist bei der Vertretung des Minderjährigen dem Kindeswohl verpflichtet.[1461]

Die wichtigste Schutzmaßnahme der Kinder- und Jugendhilfe ist die Unterbringung in einer Einrichtung der Jugendhilfe. Im Achten Sozialgesetzbuch[1462] ist die Kinder und Jugendhilfe im Kinder- und Jugendhilfegesetz geregelt. Dieses findet auf unbegleitete minderjährige Asylbewerber Anwendung.[1463] § 42 SGB VIII normiert die Inobhutnahme von Kindern und Jugendlichen. Danach ist gemäß Abs. 1 die Inobhutnahme die Unterbringung des Kindes oder Jugendlichen bei einer geeigneten Person, in einer Einrichtung oder in einer sonstigen betreuten Wohnform. Während der Inobhutnahme übt das Jugendamt das Recht der Beaufsichtigung, Erziehung und Aufenthaltsbestimmung aus. Es hat den notwendigen Unterhalt des Kindes sowie die Krankenhilfe sicherzustellen (§ 42

1459 JOCKENHÖVEL-SCHIECKE, ZAR 1998, S. 165, (167). Die Behörde, die zuerst mit dem unbegleiteten Minderjährigen in Kontakt tritt, muß das zuständige Jugendamt einschalten, welches für die Bestellung eines besonderen Vertreters durch das Vormundschaftsgericht verantwortlich ist, MARX, Asylverfahrensgesetz, § 12, Rn. 7 ff.

1460 Dies, obwohl mit Vereinsvormündern gute Erfahrungen gemacht wurden. Amtsvormünder können ihre Aufgaben oft kaum wahrnehmen, da sie als nicht weisungsfrei gelten und oft eine große Zahl von Mündeln zu betreuen haben, siehe ausführlich JOCKENHÖVEL-SCHIECKE, in: ZAR 1998, S. 165, (167 ff.).

1461 HEINHOLD, InfoAuslR 1997, S. 287, (290 f.), MARX, Asylverfahrensgesetz § 18 a, Rn. 35. Im Asylverfahren wird vielfach nicht dem Kindeswohl entsprechend gehandelt, siehe JOCKENHÖFER-SCHIECKE, ZAR 1998, S. 165, (168 ff.), MENZEL, ZAR 1996, S. 22 ff. Zu den Schwierigkeiten, mit denen Kinder bei der Befragung zu den Asylgründen konfrontiert werden, vgl. DIES S. 165, (172 ff.). Siehe dazu auch ANDERSON, JRS 2001, S. 187, (196).

1462 Im Folgenden SGB VIII.

1463 Dies ist umstritten, denn die Gewährung von Leistungen nach dem KJHG an Ausländer setzt voraus, daß diese rechtmäßig oder aufgrund einer ausländerrechtlichen Duldung ihren gewöhnlichen Aufenthaltsort im Inland haben, § 6 Abs. 2 SGB VIII. Allerdings wird der Anspruch in der Regel bejaht, CLASSEN, Menschenwürde, S. 271; HUMMEL, AWR-Bulletin, 1995, S. 149, (149). Der Anspruch ergibt sich im übrigen neben Art. 6 Abs. 1, 2 SGB VIII auch aus § 6 Abs. 4 SGB VIII i.V.m. Art. 2, 9 des Haager Minderjährigenschutzabkommen, CLASSEN, Menschenwürde, S. 271; BVerwG 5 C 24.98 vom 24.06.1999, NVWBl 1999, S. 114. Auch in Bayern findet das SGB VIII Anwendung, Information des Bayerischen Staatsministerium für Arbeit und Sozialordnung, Familie und Frauen vom 05.02.2003.

SGB VIII).[1464] Damit richtet sich die medizinische Versorgung dieser Personengruppe nicht nach dem AsylbLG sondern nach dem BSHG (§ 40 SGB VIII).
Da Jugendliche ab sechzehn Jahren asylverfahrensrechtlich als erwachsen gelten, werden sie wie diese auf die Bundesländer verteilt und sind verpflichtet, zunächst in Aufnahmeeinrichtungen und später dann in Gemeinschaftsunterkünften zu wohnen (§§ 44 ff. AsylVfG).[1465]
Das Kinder- und Jugendhilferecht ist Teil der öffentlichen Fürsorge nach Art. 74 Nr. 4 GG und gehört damit zur konkurrierenden Gesetzgebung des Bundes. In Bayern dient das Bayerische Kinder- und Jugendhilfegesetz[1466] als Ausführungsgesetz zum SGB VIII.
In Bayern werden zwei Einrichtungen ausschließlich für unbegleitete minderjährige Asylbewerber betrieben.[1467] Diese beiden sogenannten Clearingstellen leisten eine erste Hilfestellung, klären weitergehenden Hilfebedarf ab und vermitteln die entsprechende Hilfe.[1468] Diese erste Hilfe umfaßt auch die Suche nach dem Verbleib der Eltern und die Nachforschung, ob Verwandte bereits in Deutschland leben.[1469] Die unbegleiteten minderjährigen Asylbewerber werden in diesen beiden Einrichtungen untergebracht, sofern sie unter sechszehn Jahre alt sind.[1470] Grundsätzlich wird in Bayern immer ein jugendhilferelevanter Betreuungsbedarf angenommen.[1471]
Ein Wechsel des Aufenthaltsortes kommt in der Regel nicht vor, da jeweils das Bundesland zuständig ist, in dem die unbegleiteten Minderjährigen in Obhut genommen wurden.[1472]

1464 Siehe dazu ausführlich, MÜNDER u.a. (Hrsg.), Frankfurter LPK- KJHG, § 42, Rn. 7 ff.

1465 Allerdings sind die Jugendämter dennoch gesetzlich verpflichtet, dafür zu sorgen, daß bei dem Betrieb der Aufnahmeeinrichtungen und Gemeinschaftsunterkünfte in besonderem Maße auf die Bedürfnisse von Jugendlichen Rücksicht genommen wird. Daran ändert auch § 44 Abs. 3 AsylVfG nichts, MARX, Asylverfahrensgesetz §§ 44, Rn. 11.

1466 Gesetz vom 18.07.1993 (GVBL. S. 392, BayRS 2162-1-A), zuletzt geändert durch Gesetz vom 23.11.2001 (im Folgenden als BayKJHG abgekürzt).

1467 Dabei handelt es sich um die Rummelberger Anstalten in Nürnberg und das Jugendwerk Birkeneck in Hallbergmoos, Information des Bayerischen Staatsministerium für Arbeit und Sozialordnung, Familie und Frauen vom 05.02.2003.

1468 Kinder- und Jugendprogramm des Bayerischen Staatsministeriums für Arbeit und Sozialordnung, Familie und Frauen, abrufbar unter: http://www.stmas.bayern.de (Stand Februar 2003).

1469 Kapitel III. 1.1.1. des Berichtes der unabhängigen Kommission Zuwanderung, abrufbar über die Internetseite des Bundesinnenministeriums unter http://www.bmi.bund.de (Stand Februar 2003).

1470 Information des Bayerischen Staatsministerium für Arbeit und Sozialordnung, Familie und Frauen vom 05.02.2003.

1471 Kinder- und Jugendprogramm des Bayerischen Staatsministeriums für Arbeit und Sozialordnung, Familie und Frauen, abrufbar unter: http://www.stmas.bayern.de (Stand Februar 2003).

1472 HUMMEL, AWR-Bulletin 1996, S. 149, (154).

b. Spanien

In Spanien werden besonders bedürftige Asylbewerber in der Regel in Aufnahmezentren untergebracht. Zudem haben alle Asylbewerber Zugang zum öffentlichen Gesundheitssystem, so daß die medizinische und psychologische Betreuung gesichert ist, insbesondere wird auch auf minderjährige Asylbewerber und deren Bedürfnisse Rücksicht genommen.[1473] Es kann allerdings auch vorkommen, daß bedürftige Asylbewerber nicht in Aufnahmeeinrichtungen aufgenommen werden und aus diesem Grund die Betreuung nicht optimal koordiniert wird.[1474]

In Spanien wird in Art. 35 span. AusländerG, in Art. 62 f. Erlaß Nr. 864 zum span. AusländerG sowie in Art. 15 Abs. 4 Erlaß Nr. 203 zum span. AsylG das Verfahren im Fall von minderjährigen unbegleiteten Asylbewerbern geregelt. Oberste zuständige Behörden sind nach Art. 63 Erlaß Nr. 864 zum span. AusländerG das Innen- und das Außenministerium. Sobald festgestellt wurde, daß es sich um einen unbegleiteten Asylbewerber unter achtzehn Jahren handelt, ordnet die Staatsanwaltschaft die Vormundschaft und die Fürsorge des Minderjährigen an. Vormundschaft und Fürsorge wird durch das Jugendamt des Sozialdienstes der jeweiligen „Comunidad Autónoma“, in der sich der Minderjährige befindet, übernommen.[1475] Nach Art. 15 Abs. 4 Erlaß Nr. 203 zum span. AsylG begleitet der Vormund den Minderjährigen durch das gesamte Asylverfahren. Dieser wird gemäß den internationalen Konventionen und Empfehlungen behandelt. Minderjährige Asylbewerber werden in der Regel in gesonderten Aufnahmeeinrichtungen untergebracht.[1476] Eine Unterbringung bei Pflegefamilien oder Einzelpersonen ist nach Art. 63 Erlaß Nr. 864 zum span. AusländerG unter bestimmten Bedingungen ebenfalls möglich.

Die zuständigen Behörden versuchen, den Kontakt zu der Familie des Minderjährigen herzustellen, um die Familie wieder zusammenzuführen.[1477]

Laut UNHCR und CEAR ist zum einen die Feststellung des Alters, und zum anderen die Koordination zwischen den beteiligten Behörden und NRO verbesserungswürdig.[1478]

1473 Information des span. Innenministeriums, abrufbar unter: http://www.mir.es (Stand Februar 2003).

1474 UNHCR, Spain, S. 150.

1475 Art. 15 Abs. 4 span. AsylG, Art. 62 Abs. 1, 2, 3 Erlaß Nr. 862 zum span. AusländerG.

1476 UNHCR, Spain, S. 153. Zur Zeit gibt es vier Aufnahmezentren mit insgesamt 24 Plätzen, die speziell auf die Bedürfnisse von unbegleiteten Minderjährigen ausgerichtet sind. Teilweise können Minderjährige aus Kapazitätsgründen nicht in diesen speziellen Einrichtungen untergebracht werden, mit der Konsequenz, daß sie keine professionelle Betreuung erfahren. In Spanien kamen im Jahr 2001 allerdings nur zwei unbegleitete minderjährige Asylbewerber an, ECRE, Country Report 2001, Spain, S. 221.

1477 Art. 35 Abs. 3 span. AusländerG i.V.m. Art. 62 Erlaß Nr. 864 zum span. AusländerG. Konnte nach neun Monaten die Familie nicht ausfindig gemacht werden, so erhält der Minderjährige eine Aufenthaltsgenehmigung, Art. 62 Abs. 5 Erlaß Nr. 864 zum span. AusländerG.

Inwieweit das Betreuungspersonal adäquat ausgebildet ist, kann keine Aussage getroffen werden.

c. Österreich

In Österreich werden gemäß § 1 Abs. 1 BundesbetreuungsG hilfbedürftige Asylbewerber, das heißt schwangere Frauen, Frauen mit kleinen Kindern, ältere Menschen und behinderte Menschen sowie sonstige aus humanitärer Sicht bedürftige Menschen in die Bundesbetreuung aufgenommen. Damit haben sie Zugang zu medizinischer und psychologischer Versorgung, und besonderen Bedürfnissen kann eher entsprochen werden.[1479] Allerdings gibt es auch Fälle, in denen bedürftige Asylbewerber, wie zum Beispiel Kinder, nicht in die Bundesbetreuung aufgenommen werden und somit auf die Hilfe von NRO, privaten karitativen Einrichtungen und Kirchen angewiesen sind.[1480]
Unbegleitete Minderjährige werden in Österreich nicht automatisch in die Bundesbetreuung aufgenommen.[1481] Gemäß § 25 Abs. 2 öster. AsylG wird mit Einleitung des Verfahrens der örtlich zuständige Jungendwohlfahrtsträger gesetzlicher Vertreter des Minderjährigen.[1482] In der Praxis besteht allerdings kein automatisches Verfahren zur Berufung eines gesetzlichen Vertreters, wenn ein Kind oder Jugendlicher als unbegleiteter Minderjähriger identifiziert wurde.[1483] Zwar bestimmen die §§ 187 ff. öst. Allgemeinen Bürgerlichen Gesetzbuch[1484], daß für den Fall, daß ein Minderjähriger keinen gesetzlichen Vertreter hat, einer zu bestellen ist. Weiter wird bestimmt, daß für den Fall, daß keine geeignete Person gefunden werden kann, der gesetzliche Vertreter das Jugendwohlfahrtsamt ist.
Der gesetzliche Vertreter muß durch das Gericht ex officio bestimmt werden, sobald es Kenntnis von der Existenz eines unbegleiteten Minderjährigen hat. Da die Gerichte oft nicht informiert werden, unterlassen sie es, einen gesetzlichen

---

1478 UNHCR, Spain, S. 153f.; Bericht des CEAR „Informe sobre la Determinación de la edad en España, Programa de menores no acompañados solicitantes de asilo", abrufbar unter: http://www.cear.es (Stand 2003).

1479 EFIONAYI-MÄDER, Österreich, S. 92, kritisch dazu UNHCR, Austria, S. 38 f. Zur medizinischen Versorgung, siehe oben.

1480 UNHCR, Austria, S. 41; Stellungnahme von UNHCR Wien vom 05.09.2002, abrufbar unter: www.unhcr.at (Stand Februar 2003). Information der Caritas Österreich, abrufbar unter: www.caritas.org.at (Stand Februar 2003).

1481 DRC, Austria, S. 15.

1482 Bis zum Alter von achtzehn Jahren wird unbegleiteten Minderjährigen ein gesetzlicher Vertreter zur Seite gestellt, Auskunft von Frau SABINE RACKETSEDER, UNHCR Österreich, Wien am 27.09.2002.

1483 FERENGI, IJRL 2000, S. 252, (530). Zur Problematik der Altersfeststellung und der angewandten Methoden in Österreich, DIES., S. 531 ff.

1484 JGS, Nr. 970/1846, zuletzt geändert durch BGBl. I, Nr. 118/2002.

Vertreter zu bestimmen, und viele unbegleitete Minderjährige bleiben ohne einen gesetzlichen Vertreter.[1485]

Grundsätzlich sollten alle unbegleiteten Minderjährigen, die wohl in jedem Fall als hilfsbedürftig gelten, in staatlicher Verantwortung in geeigneten Unterkünften untergebracht werden. Tatsächlich wird nur ein Teil der Minderjährigen in die Bundesbetreuung aufgenommen, ein weiterer Teil wird in sozialen Einrichtungen oder bei Verwandten untergebracht, und etwa ein Drittel erhält keinerlei Unterstützung.[1486] Diejenigen, die in die Bundesbetreuung aufgenommen wurden, erhalten die bereits oben erwähnten Leistungen. Allerdings wird auf eine kindgerechte Fürsorge in der Regel nicht gesondert geachtet.[1487] Dies obwohl § 5 Abs. 2 BundebsteuungsVO normiert, daß unbegleitete Minderjährige im Einvernehmen mit der Pflegschaftsbehörde so untergebracht werden, daß ihrem Alter und Entwicklungsstand sowie ihrer persönlichen Situation Rechnung getragen werden kann. Diejenigen, die nicht in die Bundesbetreuung aufgenommen werden, sind von der Hilfe der Jugendwohlfahrtsämter und karitativen Organisationen abhängig.[1488]

d. Weitere Länder

aa. Belgien, Finnland, Luxemburg, Niederlande, Schweden, Vereinigtes Königreich

Da in *Belgien* Asylbewerber die gleiche medizinische Versorgung erhalten wie belgische Staatsangehörige, erhalten besonders schutzbedürftige Personen eine entsprechende Versorgung.

In *Belgien* gilt als unbegleiteter Minderjähriger eine Person, die unter achtzehn Jahren alt ist und weder von einem Elternteil oder seinem gesetzlichen Vormund begleitet wird.[1489] Grundsätzlich werden unbegleitete Minderjährige nicht in

[1485] Siehe ausführlich FERENCI, IJRL 2000, S. 525, (530f.). Auch wenn ein gesetzlicher Vertreter bestimmt wurde, gibt es in der Praxis zahlreiche Schwierigkeiten. Insbesondere die Betreuung des Minderjährigen durch den gesetzlichen Vertreter, in der Regel das Jugendwohlfahrtsamt, ist während der Vernehmung oft unzureichend, DIES. S. 540 ff.

[1486] FERENCI, IJRL 2000, S. 252, (543). Von denjenigen, die sich selbst überlassen bleiben, tauchen die meisten unter, DIES. S. 543.

[1487] FERENCI, IJRL 2000, S. 525, (544 f.).

[1488] FERENCI, IJRL 2000, S. 525, (544f.). Inzwischen haben einige NRO in Zusammenarbeit mit der Regierung Projekte initiiert, um die Situation der unbegleiteten Minderjährigen zu verbessern, DIES. S. 545 f. Die Caritas bezeichnet die Situation von unbegleiteten Minderjährigen in Österreich als besorgniserregend. Auch UNHCR ist der Auffassung, daß die UN-Kinderrechtskonvention in Österreich bisher nur unzureichend umgesetzt wurde, Stellungnahme des UNHCR vom 05.09.2002, abrufbar unter www.unhcr.at (Stand Februar 2003). In Österreich gab es im Jahr 2001 1500 unbegleitete Minderjährige, ECRE, Country Report 2001, Austria, S. 2.

[1489] Circulaire du 17.07.2001 - Précision relative au role de l'adminitration communale dans le

Gewahrsam genommen, sondern in Aufnahmezentren untergebracht. Diese verfügen teilweise über gesonderte Räumlichkeiten für unbegleitete Minderjährige.[1490] Es wird in der Regel kein gesetzlicher Vormund für einen unbegleiteten Minderjährigen bestellt, und es erfolgt keine gesonderte Betreuung dieser Gruppe hinsichtlich des Zugangs zur Sozialhilfe, zur medizinischer Versorgung und zu Schulen, obwohl CPAS die Verantwortung trägt.[1491] Allerdings wurde nun eine Abteilung innerhalb der Ausländerbehörde eingerichtet, deren Aufgabe es unter anderem ist, die Identität zu klären, die Verwaltung des Falles zu übernehmen und nach der Familie zu forschen.[1492] Oft übernehmen Personen, die sich ehrenamtlich für unbegleitete Minderjährige engagieren, später für sie die Vormundschaft.[1493] Die Regierung plant ein neues System einzuführen. Danach sollen alle unbegleiteten Minderjährigen durch einen gesetzlichen Vertreter vertreten werden.[1494]

In *Finnland* erhalten schwangere Frauen und Kinder die gleiche medizinische Betreuung wie finnische Staatsangehörige.[1495]

Unbegleiteten Minderjährigen, die einen Asylantrag stellen, wird ein Vormund bestellt, der das Kind oder den Jugendlichen betreut.[1496] Dieser ist verpflichtet, auf die Bedürfnisse des Kindes in besonderem Maße Rücksicht zu nehmen und vor jeder Entscheidung Rücksprache zu halten.[1497] Vier Gemeinschaftsunterkünfte sind speziell auf die Bedürfnisse von unbegleitete minderjährigen Asylbewerbern ausgerichtet. Dort leben die unbegleiteten Minderjährigen in eigenen Bereichen, es sei denn, sie können bei Verwandten unterkommen.[1498]

---

cadre de l'application de la loi du 15 décembre 1980 sur l'accès au territoire, le séjour, l'établissement et l'éloignment des étrangers, ainsi que àux taches de certain bureaux de l'Office des étrangers, Moniteur Belge vom 28.08.2001. 2001 gab es in Belgien 747 unbegleitete Minderjährige, ECRE Country Report 2001, Belgium, S. 10.

1490 UNHCR, Belgium, S. 51. Danach gibt es drei Aufnahmezentren, die über spezielle Abteilungen für unbegleitete Minderjährige verfügen. Insgesamt gibt es jedoch nur 83 gesonderte Betten für diese Gruppe, was nicht ausreichend ist. Es wird davon ausgegangen, daß circa 50 % aller unbegleiteten Minderjährigen die Aufnahmezentren vor Abschluß des Verfahrens verlassen und untertauchen. Im Jahr 2001 gab es in Belgien 747 unbegleitete Minderjährige, ECRE, Country Report 2001, Belgium, S. 10.

1491 DRC, Belgium, S. 15, UNHCR, Belgium, S. 51.

1492 Circulaire du 17.07.2001, Précision relatives au role de L'adminitration communale dans le cadre de l'application de la loi du 15 décembre 1980 sur l'accès au territoire, le séjour, l'établissement et l'éloignment des étrangers, ainsi que àux taches de certain bureaux de l'Office des étrangers, Moniteur Belge vom 28.08.2001.

1493 UNHCR, Belgium, S. 51.

1494 DRC, Belgium, S. 15.

1495 PLS RAMBOLL, Finland, S. 22.

1496 Vgl. §§ 26 ff. finn. IntegrationsG. In den neunziger Jahren sind in Finnland circa 1000 unbegleitete Minderjährige, meist aus Somalia, angekommen, DRC, Finland, S. 13.

1497 § 26 finn. IntegrationsG.

1498 DRC, Finland, S. 13.

Die Gesundheitsversorgung in *Luxemburg* ist aufgrund der Einbindung in das nationale Gesundheitssystem gut, so daß besonders bedürftige ihren Bedürfnissen entsprechend betreut werden.[1499]
Unbegleiteten Minderjährigen wird während des Verfahrens ein Anwalt zur Seite gestellt. Das Vormundschaftsgericht bestimmt zudem einen Vormund. Dies kann ein Familienmitglied oder ein Vertreter einer NRO sein. Die Unterbringung erfolgt, falls keine Angehörigen im Land sind, in diversen Einrichtungen speziell für Minderjährige.[1500]
In den *Niederlanden* haben Kinder, schwangere Frauen und sonstige medizinische Behandlung benötigende Asylbewerber Zugang zu einer umfassenden medizinischen Untersuchung, gegebenenfalls mit anschließender Behandlung.[1501]
Unbegleitete Minderjährige erfahren in den Niederlanden eine spezielle Betreuung. Zunächst soll das Zulässigkeitsverfahren bei unbegleiteten Minderjährigen so kurz wie möglich dauern. Kinder unter zwölf Jahren werden bei Pflegefamilien oder in speziellen Heimen untergebracht. Bei Kindern zwischen zwölf und fünfzehn Jahren erfolgt die Unterbringung in zwei speziellen Einrichtungen. Jugendliche, die sechzehn oder siebzehn Jahre alt sind, werden in den diversen Untersuchungseinrichtungen untergebracht. In den Unterkünften werden die Kinder und Jugendlichen speziell betreut, insbesondere wird Wert auf die Vermittlung sozialen Verhaltens und Eigenverantwortlichkeit gelegt. Zudem wird ein Vormund bestellt, welcher auch eine NRO sein kann und in der Regel „De Opbouw" ist.[1502]
In *Schweden* erhalten Kinder und schwangere Frauen dieselbe medizinische Betreuung wie schwedische Staatsangehörige. Schweden ist besonders auf das Wohlergehen von Kindern bedacht, die in irgendeiner Weise in ein Asylverfahren involviert sind.[1503] So ist auch die schwedische Migrationsbehörde besonders bemüht Aktivitäten für Kinder (alle Personen unter 18 Jahren) zu organisieren,

---

1499 PLS RAMBOLL, Luxemburg, S. 18, Tabelle 10.9.

1500 DRC, Luxembourg, S. 16. In Luxemburg gab es im Jahr 2001 nur vier unbegleitete minderjährige Asylbewerber, ECRE, Country Report 2001, Luxembourg, S. 146.

1501 PLS RAMBOLL, The Netherlands, S. 22.

1502 Vgl. PLS RAMBOLL, The Netherlands, S. 15, DRC, The Netherlands, S. 18, UNHCR, The Netherlands, S. 130 f. Die Niederlande sehen sich einer sehr hohen Zahl unbegeleitete Minderjähriger (sogenannte AMA's – Alleenstaande Minderjarige Asielzoekers) und vielen damit verbundenen Problemen ausgesetzt. Im Jahr 2001 kamen 5951 AMA's in die Niederlanden, ECRE, Country Report 2001, The Netherlands, S. 156. Aus diesem Grund wurden 2001 die Bestimmungen bezüglich der AMA's verschärft, insbesondere die Ausweisung vereinfacht, siehe dazu ausführlich Mitteilung des niederl. Justizministeriums, abrufbar unter: http://www.justitie.nl/publicaties (Stand Februar 2003).

1503 Kap. 1, § 1 Abs. 2 schwed. AusländerG. Dort heißt es: „In cases where a child is involved, special attention shall be given to what is required bearing in mind the child's health and development and the best interests of the child otherwise" (offizielle, konsolidierte Übersetzung durch den UNHCR).

geeignete Unterkünfte zu finden und die Eltern zu unterstützen, wenn Schwierigkeiten bestehen.[1504]

Für unbegleitete Minderjährige sind die Sozialeinrichtungen der Gemeinde, in der sich das Kind oder Jugendliche aufhält, zuständig. Es wird ein Vormund bestellt und es erfolgt eine Unterbringung in speziellen Jugendunterkünften oder Pflegeheimen. Zudem wird versucht, die Eltern oder Verwandte ausfindig zu machen. Minderjährigen wird immer ein Rechtsbeistand zur Seite gestellt.[1505]

Im *Vereinigten Königreich* werden Schwangere und Kinder sowie sonstige bedürftige Personen im Rahmen des staatlichen Gesundheitssystems betreut.

Im Vereinigten Königreich[1506] wird die besondere Verletzbarkeit und das Schutzbedürfnis von Flüchtlingskindern gesetzlich nicht anerkannt.[1507]

Der British Refugee Council beschäftigt ein Gremium mit rund 30 Beratern (Unaccompanied Children's Penal), die über das Land verteilt, unbegleitete minderjährige Asylbewerber betreuen. Sie helfen dabei, den Kindern und Jugendlichen rechtlichen Beistand und medizinische Hilfe zu organisieren. Zudem begleiten sie sie mit zu Anhörungen und zum Gericht.[1508] Dieses Gremium wird durch das Innenministerium finanziert. Das Gremium oder ein einzelner Berater ist allerdings nicht der gesetzliche Vormund des Minderjährigen. Ein solcher wird nicht benannt, was sich als großer Nachteil erweist. Das Gremium ist nur für eine erste Hilfestellung nach dem Aufgreifen des Minderjährigen konzipiert und nicht für die Vertretung während des gesamten Verfahrens. Dafür verfügt es weder über ausreichende Mittel noch über genügend Berater.[1509] Die Unterbringungseinrichtungen für unbegleitete Minderjährigen sind oft unzureichend.[1510]

1504 Informationsblatt der schwedischen Migrationsbehörde „Child refugees in Sweden".

1505 Informationsblatt des schwed. Migrationsbehörde „Child refugees in Sweden" sowie folgende Gesetze: Lag om mottagande av asylsökande m. fl., SFS nr: 1989:137; Socialtjänslagen, (Sozialhilfegesetz) SFS nr: 1980:620; Föräldrabalken (Elterngesetz), SFS nr. 1949:381. In Schweden belief sich im Jahr 2001 die Zahl der unbegleiteten Minderjährigen auf 461, ECRE Country Report 2001, Sweden, S. 230.

1506 Ausführlich und m.w.N. zu der Situation von unbegleiteten Flüchtlingskindern im Vereinigten Königreich, insbesondere auch die völkerrechtswidrige Praxis der Ingewahrsamnahme von Kindern, deren Alter nicht sicher feststellbar ist, siehe RUSSELL, IJRL 1999, S. 126 ff.

1507 RUSSELL, IJRL 1999, S. 126, (128f.). Die Zahl der unbegleiteten minderjährigen Asylbewerber steigt an. Für 1998 nannte der British Refugee Council eine Zahl von 3278 Anträgen, während das Innenministerium nur von 2833 Anträgen ausging.

1508 Information des British Refugee Council, abrufbar unter: http://www.refugeecouncil.org.uk (Stand Februar 2003).

1509 RUSSELL, IJRL 1999, S. 126, (146f.); British Refugee Council, Comments, Ziff. 25. Ebenfalls sehr kritisch hinsichtlich der Situation von unbeleiteten Minderjährigen WILLIAMSON, in: BLOCH/LEVY, (Hrsg.), Refugees, S. 149 ff.

1510 British Refugee Council, Comments, Ziff. 25.3.

bb. *Frankreich, Portugal*

In *Frankreich* werden besonders schutzbedürftige Asylbewerber vorrangig in CADA's aufgenommen, wo sie medizinisch und psychologisch betreut werden. Dort ist auch eine umfassende medizinische Betreuung von Kindern und schwangeren Frauen gewährleistet, wobei für Kinder keine speziellen Rehabilitationsmaßnahmen angeboten werden.[1511] Da allerdings nur eine Minderheit in einem CADA Aufnahme findet, gibt es auch viele schutzbedürftige Asylbewerber, die nicht ihren besonderen Bedürfnissen entsprechend behandelt werden. Unbegleitete Minderjährige werden zunächst in einem Aufnahmezentrum speziell für unbegleitete Minderjährige untergebracht. Dort wird über den Verbleib entschieden, der Minderjährige ärztlich betreut, das Alter festgestellt und die Situation in sozialer, familiärer und in schulischer Hinsicht geklärt.[1512] Hat der Minderjährige keine Verwandte in Frankreich, bei denen er leben kann, leitet der Vormundschaftsrichter in der Regel eine Vormundschaft des Staates ein. Eine solche Vormundschaft hat die Konsequenz, daß dem Minderjährigen Unterhalt und Unterkunft in einer Einrichtung des jeweiligen „Departement", in dem er sich aufhält, als Leistungen des „service de l'aide sociale à l'enfance" zu gewähren sind.[1513] Eine Unterbringung in einer Familie ist ebenfalls möglich.[1514]
Asylbewerbern, die besonders schutzbedürftig sind, werden in *Portugal* Unterkunftsmöglichkeiten zur Verfügung gestellt. Frauen mit Kindern haben die Möglichkeit, psychologische und soziale Hilfe im Santa Casa da Misericórdia de Lisboa zu erhalten. Alle Asylbewerber werden im Rahmen des nationalen Gesundheitssystems behandelt.
In Portugal fallen gemäß Art. 56 des port. AsylG unbegeleitete Minderjährige unter das nationale Vormundschaftsgesetz. Unter Umständen können unbegleitete Minderjährige auch von NRO vertreten werden. Unbegleitete Minderjährige, die beim Ausländer- und Grenzdienst ihren Antrag stellen, werden in der Regel in einem nationalen Kinderheim zusammen mit portugiesischen Waisenkindern untergebracht.[1515] Die Betreuung von schutzbedürftigen Menschen wird

---

1511 PLS RAMBOLL, France, S. 24 f, Tabelle 5.7.

1512 GEGENWART, Sozialrechtliche Stellung, S. 114 f.

1513 Art. 433, 373, 390 Abs. 1 Code Civil bzw. Art. 46 Abs. 1 Nr. 3 CFAS. Siehe ausführlich GEGENWART, Sozialrechtliche Stellung, S. 116 f. Siehe auch UNHCR, France, S. 82. Die Unterkunft erfolgt in Aufnahmezentren, die oft nicht auf die Bedürfnisse von Minderjährigen ausgerichtet sind, PLS RAMBOLL, France, S. 21.

1514 GEGENWART, Sozialrechtliche Stellung, S. 116.

1515 PLS RAMBOLL, Portugal, S. 19. Dies wird vom Santa Casa da Misericórdia de Lisboa organisiert. Im Santa Casa da Misericórdia selbst werden auch (unbegleitete) Minderjährige und andere bedürftige Menschen medizinisch und sozial betreut. Im Jahr 2000 gab es in Portugal zehn unbegleitete minderjährige Asylbewerber, ECRE, Country Report 2001, Portugal, S. 193.

hauptsächlich von NRO übernommen, spezielle staatliche Programme existieren für sie nicht.[1516]

cc. Griechenland, Italien

In *Griechenland* erhalten behinderte Asylbewerber seit dem Jahr 2000 keine gesonderten Zuwendungen mehr.[1517] Grundsätzlich habe alle Asylbewerber Zugang zu einer umfassenden Gesundheitsfürsorge.
Wird ein Kind/Jugendlicher als ein unbegleiteter minderjähriger Asylbewerber identifiziert, wird die Staatsanwaltschaft informiert, die dafür zu sorgen hat, daß für den Betroffenen angemessen gesorgt wird und eine Unterkunft bereitgestellt wird.[1518] Eine Unterbringung erfolgt entweder in einem Kinderheim oder aber bei Pflegefamilien.[1519] Zudem wird der Schulbesuch organisiert und ein Vormund bestellt (Art. 1 Abs. 4 präsidialer Erlaß Nr. 61/1999).[1520] Es wird versucht, Familienangehörige des Minderjährigen ausfindig zu machen.[1521]
In *Italien* haben Asylbewerber Zugang zum nationalen Gesundheitssystem. Für geistig kranke Menschen wird spezielle Gesundheitsfürsorge angeboten.[1522]
Unbegleitete Minderjährige werden in einer Pflegefamilie oder in speziellen Unterkünften untergebracht, die von den Kommunen bereitgestellt werden.[1523]
Ihnen wird ein Vormund durch das Jugendgericht zur Seite gestellt. Zudem wird dafür gesorgt, daß sie umfassend betreut werde, Ausweise erhalten, die erforderliche medizinische Versorgung bekommen und zur Schule gehen.[1524]

4. Richtlinienkonformität der nationalen Bestimmungen

a. Deutschland

Die deutschen beziehungsweise bayerischen Bestimmungen erfüllen die Vorgaben der Richtlinienbestimmung. Die Bestellung eines gesetzlichen Vertreters erfolgt. Eine gesonderte Unterbringung bis zu einem Alter von sechzehn Jahren,

---

1516 DRC, Portugal, S. 13.
1517 SITAROPOULOS, CSP 2002, S. 436, (446).
1518 PLS RAMBOLL, Greece, S. 23. In Griechenland gab es im Jahr 2001 118 unbgeleitete minderjährige Asylbewerber, ECRE Country Report, Greece, S. 94.
1519 UNHCR, Greece, S. 103.
1520 PLS Ramboll, Greece, S. 23.
1521 UNHCR, Greece, S. 103.
1522 PLS RAMBOLL, Italy, S. 21.
1523 PLS RAMBOLL, Italy, S. 17; UNHCR, Italy, S. 115. Siehe auch Art. 31, 33 ital. EinwanderungsG. Für Italien liegen keine Informationen über die Zahl der unbegleiteten minderjährigen Asylbewerber vor, ECRE Country Report 2001, S. 129.
1524 UNHCR, Italy, S. 115.

eine angemessene Versorgung und Betreuung wird ebenfalls gewährleistet. Es wird sich bemüht, die Angehörigen ausfindig zu machen.
Fraglich ist allerdings, ob das Wohl des Kindes, das bei allen Entscheidungen im Vordergrund stehen soll, in Deutschland hinreichend beachtet wird. Dies ist in der Praxis wohl teilweise zu verneinen. Die gesetzlichen Vertreter lassen sich oft von allgemeinen politischen Überlegungen oder ausländerpolitischen Zielsetzungen leiten, obwohl sie als parteilicher Interessenvertreter des Mündels ausschließlich dem Kindeswohl - im Rahmen des geltenden Ausländerrechts - verpflichtet sind.[1525] Daher verstößt die deutsche Praxis diesbezüglich gegen die Richtlinienbestimmung.

b. Spanien

Nach Art. 15 Abs. 4 Erlaß Nr. 203 zum span. AsylG werden unbegleitete minderjährige Asylbewerber in Übereinstimmung mit den auf sie anwendbaren internationalen Konventionen behandelt. Zudem finden internationale Empfehlungen bei ihrer Behandlung Berücksichtigung. Diese Bestimmung steht in Einklang mit Art. 18.
Zudem erfülllen die spanischen Vorschriften im Hinblick auf die Bestellung eines Vormundes für den unbegleiteten Minderjährigen die Anforderungen des Art. 19. Das gleiche gilt für das Ausfindigmachen von Angehörigen sowie die Unterbringung von minderjährigen Asylbewerbern.

c. Österreich

Zwar steht dem Mitgliedsstaat ein Ermessen zu, wen er als hilfsbedürftig einstuft und dementsprechend, wie er die Aufnahmebedingungen auf die spezielle Situation abstimmt. Allerdings kann das Ermessen nicht uneingeschränkt gelten. Insofern verstößt Österreich gegen Art. 17 der Richtlinie, da in der Praxis zur Zeit noch objektiv hilfsbedürftige Personen, wie beispielsweise unbegleitete Minderjährige, keine ihrer Situation angemessene Betreuung erhalten.
Die österreichischen Bestimmungen, welche die gesetzliche Vertretung von unbegleiteten Minderjährigen während des Verfahrens betreffen (§ 25 Abs. 2 öst. Asylgesetz und die §§ 187 ff ABGB), sind richtlinienkonform. Allerdings erfolgt bisher die praktische Umsetzung nicht in Einklang mit Art. 19 der Richtlinie, da unbegleitete Minderjährige teilweise das Verfahren - entgegen der nationalen Bestimmungen - ohne einen gesetzlichen Vertreter durchlaufen.

[1525] HEINHOLD, InfAuslR 1997, S. 286, (295); JOCKENHÖVEL-SCHIECKE, ZAR 1998, S. 165, (167 ff.). Siehe auch MENZEL, ZAR 1996, S. 22 ff., der kritisiert, daß Deutschland die Verpflichtungen aus der KRK im Rahmen des Asylverfahrensechts nicht ausreichend beachtet.

Hinsichtlich der Unterbringung von unbegleiteten Minderjährigen besagt § 5 BundesbetreuungsVO, daß unbegleitete Minderjährige im Einvernehmen mit der Pflegschaftsbehörde untergebracht werden. Dabei ist ihrem Alter und Entwicklungsstand sowie ihrer besonderen persönlichen Situation Rechnung zu tragen. Diese Vorschrift ist richtlinienkonform. Problematisch ist allerdings, daß in der Praxis nicht alle unbegleiteten Minderjährigen in die Bundesbetreuung aufgenommen werden und die Unterbringungsmodalitäten, sofern die Unterbringung von staatlicher Seite erfolgt, oft gänzlich ungeeignet sind.
Die österreichische Praxis verstößt gegen Art. 19 der Richtlinie, da die bestehenden Unterbringungsplätze nicht auf die Bedürfnisse der unbegleiteten Minderjährigen zugeschnitten sind und das Wohl des Kindes nicht im Mittelpunkt steht.

5. *Bewertung*

Es ist sehr zu begrüßen, daß die Vertretung und die Aufnahme von unbegleiteten minderjährigen Asylbewerbern geregelt wird. In vielen Ländern bestehen derzeit diesbezüglich erhebliche Defizite. Teilweise ist eine gesetzliche Vertretung von unbegleiteten minderjährigen Asylbewerbern nicht einmal in den nationalen Bestimmung vorgesehen (Belgien, Vereinigtes Königreich). Viele Defizite bestehen in der Praxis zudem im Hinblick auf die Bestellung eines gesetzlichen Vertreters sowie der Ausübung seiner Verpflichtungen und der angemessenen Unterbringung des betroffenen Personenkreises. Die ausdrückliche Normierung in Art. 18 „das Wohl des Kindes bei allen Bestimmungen, die Minderjährige betreffen, vorrangig zu berücksichtigen" ist zu begrüßen. Unbegleitete Minderjährige, die oft unter traumatischen Erlebnissen leiden, sind extrem schutzbedürftig nicht nur als Flüchtlinge, sondern auch als Kinder.[1526] Für die Durchführung eines fairen Verfahrens ist es essentiell, daß unbegleitete Minderjährige gesetzlich vertreten werden und der gesetzliche Vertreter dabei das Kindeswohl vorrangig berücksichtigt.
Im Rahmen des Art. 19 ist lediglich ein Kritikpunkt anzubringen. Die Möglichkeit der Mitgliedstaaten, unbegleitete minderjährige Asylbewerber ab dem Alter von sechzehn Jahren in Aufnahmezentren für Erwachsene unterzubringen, ist abzulehnen. Auch in diesem Alter ist noch eine besondere Schutz- und Betreuungsbedürftigkeit anzunehmen, die sich auch in der Unterbringung widerspiegeln muß.
Die Aufforderung des Art. 17, die Situation von besonders hilfsbedürftigen Personen zu berücksichtigen, ist zu begrüßen.

[1526] RUSSEL, IJRL 1999, S. 126, (126).

XIII. Opfer von Folter und Gewalt

1. Art. 20 der Richtlinie

Nach dieser Vorschrift tragen die Mitgliedstaaten dafür Sorge, daß Personen, die Folter, Vergewaltigung oder andere schwere Gewalttaten erlitten haben, im Bedarfsfall die Behandlung erhalten, die für Schäden, welche ihnen durch die genannten Handlungen zugefügt wurden, erforderlich ist.

2. Völkerrechtskonformität

Es ist davon auszugehen, daß von dem Begriff der Behandlung die medizinische und psychologische Behandlung umfaßt ist. Wie bereits erörtert, bestimmt Art. 12 Abs. 1 IPWSKR, daß die Vertragsstaaten das Recht eines jeden auf das für ihn erreichbare Höchstmaß an körperlicher und geistiger Gesundheit anerkennen. Art. 20 der Richtlinie steht in Einklang mit Art. 12 IPWSKR.
Weiterhin normiert Art. 39 KRK, daß die Vertragsstaaten alle geeigneten Maßnahmen treffen, um die physische und psychische Genesung und die soziale Wiedereingliederung eines Kindes zu fördern, wenn dieses Opfer von Vernachlässigung, Ausbeutung oder Mißhandlung, Folter oder einer anderen Form grausamer, unmenschlicher, erniedrigender Behandlung oder Strafe oder bewaffneter Konflikte wurde.

3. Die nationalen Bestimmungen und die Praxis in den Mitgliedstaaten

a. Deutschland

Die psychologische Behandlung von Asylbewerbern, die Folteropfer sind oder sonstige schwere Gewalttaten erlitten haben, richtet sich - genau wie die medizinische Behandlung - nach den §§ 4, 6 AsylbLG. Eine Behandlung ist im Falle von akuten Erkrankungen und Schmerzzuständen zu gewähren.[1527] Die Rechtssprechung sieht eine Psychotherapie zur Behandlung eines akuten Schmerzzustandes i.S.d. § 4 Abs.1, S. 1 AsylbLG als erforderlich an, denn „depressive Leidenszustände sind in der Regel mindestens ebenso quälend und beeinträchtigend wie erhebliche körperliche Schmerzen".[1528] Folglich ist die Durchführung einer

[1527] Zur der schwierigen Aufgabe der Feststellung, wer ein Folteropfer ist und wer nicht, was vor allem bei der Begründetheit des Asylantrags von entscheidender Bedeutung ist, siehe TREIBER, ZAR 2002, S. 282 ff.. m.w.N.

[1528] NdsOVG, Beschluß vom 22.09.1999 - 4 M 3551/99 -. Das Gericht hat allerdings letztendlich o ff.engelassen, ob der Anspruch auf Übernahme der Kosten der Psychotherapie auf § 4 oder auf § 5 AsylbLG zu stützen ist. Siehe auch GK-AsylbLG, § 4, Rn. 27, 72.

Psychotherapie von § 4 AsylVfG gedeckt. Gegebenenfalls müssen Leistungen über § 6 AsylbLG als sonstige Leistungen gewährt werden, wenn die besondere Situation des Leistungsberechtigten dies erfordert.[1529]
Inzwischen gibt es in fast allen größeren deutschen Städten Beratungs- und Behandlungszentren für traumatisierte Flüchtlinge und Folteropfer.[1530] Eines der bekanntesten ist das Behandlungszentrum für Folteropfer in Berlin, welches zusammen mit dem Deutschen Roten Kreuz gegründet wurde und sich die Rehabilitation von Folteropfern zum Ziel gesetzt hat.[1531] Viele der psychosozialen Zentren werden finanziell vom Staat unterstützt.[1532]

b. Spanien

In *Spanien* erhalten Asylbewerber im regulären Verfahren, die unter posttraumatischen Beschwerden leiden, eine entsprechende medizinische und psychologische Betreuung.[1533] Die Rechtsgrundlage ist zum einen Art. 15 Abs.1 Erlaß Nr. 203 zum span. AsylG, zum anderen Art. 12 Abs. 1 span. AusländerG.
Jedes Aufnahmezentrum verfügt über festangestellte Sozialarbeiter und Psychologen, die den Asylbewerbern jederzeit zur Verfügung zu stehen. Gemäß Art. 19 lit d der Resolution wird Asylbewerbern, die in einem Aufnahemzentrum untergebracht sind, bei psychischen Erkrankungen Hilfe zuteil. Es werden gemeinschaftliche Aktivitäten aber auch individuelle Therapien angeboten. Zudem werden auch Aktivitäten präventiver Art, wie Konfliktbewältigung, angeboten.[1534] In der Regel werden Opfer von Gewalt und Folter in Aufnahmezentren aufgenommen, so daß ihre Betreuung grundsätzlich gewährleistet ist.[1535]

1529 Siehe VG Augsburg, Urt. v. 17.10.2000, NVwZ Beilage I, 5/2001, S. 46 ff. In diesem Fall wurde über § 6 AsylbLG einer schwer psychisch Erkrankten die vollstationäre Behandlung gewährt. Zum Anspruch auf Übernahme von Fahrtkosten zum Behandlungszentrum für Folteropfer nach §§ 4, 6 AsylbLG siehe OVG Berlin, Beschluß vom 03.04.2001, OVG 6 S 49/98 -.

1530 In München betreut zum Beispiel „Refugio" traumatisierte Flüchtlinge und Folteropfer und bietet medizinische und psychische Behandlungen an.

1531 Weitere Informationen über das Behandlungszentrum für Folteropfer in Berlin sind unter http://www.bzfo.de (Stand Februar 2003) abrufbar.

1532 So stammen z.B. beim Zentrum für Folteropfer in Berlin 50% der Einnahmen aus öffentlichen Zuwendungen unter anderem vom Bundesministerium für Familie, Senioren und Frauen.

1533 PLS RAMBOLL, Spain, S. 24.

1534 EFIONAYI-MÄDER, Espangne, S. 47. Siehe die Internetseite von IMSERSO unter: http://www.seg-social.es. (Stand Februar 2003) IMSERSO führt explizit die Möglichkeit auf, psychologische Betreuung in den Aufnahmezentren in Anspruch zu nehmen, um das Risiko dauerhafter Störungen zu verhindern.

1535 Laut UNHCR werden allerdings nicht immer alle bedürftigen Asylbewerber in Aufnahmezentren untergebracht, UNHCR, Spain, S. 150.

c. Österreich

In *Österreich* existieren keine speziellen Vorschriften zur Behandlung von Folteropfern und Opfern anderer schwerer Gewalt.[1536] Asylbewerber, die in die Bundesbetreuung aufgenommen wurden, werden in eine Krankenversicherung aufgenommen, § 3 Abs. 1 BbetrVO und haben damit kostenlosen Zugang zu medizinischer bzw. psychologischer Behandlung bei einem Arzt beziehungsweise Psychologen ihrer Wahl. Die Behandlung im Krankheitsfall entspricht dann der Behandlung österreichischer Staatsangehöriger. Asylbewerber, die nicht durch den Bund betreut werden, sind auf das Hilfsangebot von Hilfsorganisationen und Kirchen angewiesen.[1537]

d. Weitere Länder

aa. Belgien, Finnland, Luxemburg, Niederlande, Schweden, Vereinigtes Königreich

In *Belgien* wird Opfern von Folter und Gewalt sowie Asylbewerber, die unter posttraumatischen Ängsten leiden, spezielle psychologische Hilfe angeboten. Es existieren zwei Therapiezentren nur für Asylbewerber.[1538]. Gesonderte Unterbringungsmöglichkeiten für diese Gruppe von besonders bedürftigen Asylbewerbern existieren nicht.[1539]

In *Finnland* erhalten Folteropfer und Opfer anderer organisierter Gewalt sowie Erwachsene und Kinder, die unter post-traumatischen Erlebnissen leiden, kostenlose medizinische und psychologische Behandlung. Schwere Fälle werden im Rehabilitationszentrum für Folteropfer in Helsinki oder anderen geeigneten Einrichtungen, die es in drei anderen größeren Städten gibt, untergebracht.[1540] Langzeittherapien werden in der Regel nur durchgeführt, wenn es als wahrscheinlich gilt, daß Asyl gewährt wird.[1541]

Es bestehen keine gesonderten Vorschriften in *Luxemburg* für die Behandlung von Folteropfern oder sonstigen traumatisierten Menschen. Sie werden im Rahmen des nationalen Gesundheitssystems betreut.[1542] Zudem erhalten bedürftige Personen Hilfestellungen seitens verschiedener NRO.[1543]

[1536] PLS RAMBOLL, Austria, S. 18.
[1537] UNHCR, Austria, S. 40.
[1538] UNHCR, Belgium, S. 50.
[1539] PLS RAMBOLL, Final Report A; S. 124, Tabelle 7.8., S. 126.
[1540] DRC, Finland, S. 13; PLS RAMBOLL, Final Report A, S. 124, 127. So auch die Mitteilung der finnischen Einwanderungsbehörde vom 26.10.2002.
[1541] Mitteilung der finnischen Einwanderungsbehörde vom 26.10.2002.
[1542] UNHCR, Luxembourg, S. 121.
[1543] PLS RAMBOLL, Luxemburg, S. 19.

In den *Niederlanden* haben Asylbewerber, die Opfer von Folter und Gewalt wurden, die Möglichkeit, sich umfassend medizinisch untersuchen zu lassen. Arzt und Asylbewerber entscheiden dann gemeinsam, welche psychologische beziehungsweise medizinische Behandlung am besten den Bedürfnissen des Patienten entspricht.[1544] Spezielle Unterkünfte für Folteropfer existieren nicht.[1545]
In *Schweden* wird Folteropfern und anderen Gewaltopfern psychiatrische oder psychologische Behandlung im Rahmen des staatlichen Gesundheitssystems ermöglicht.[1546] Zudem besteht die Möglichkeit, in Unterkünften zu wohnen, die den Umständen besonders Rechnung tragen.[1547]
Im *Vereinigten Königreich* besteht für Folteropfer und Opfer anderer Gewalt die Möglichkeit, medizinisch und psychologisch durch die „Medical Foundation of the Care of Victims of Torture" betreut zu werden.[1548] Zur Zeit betreut die Medical Foundation circa 2000 Patienten, von denen etwa 400 bis 500 unter die Betreuung durch NASS fallen. Da sich die Medical Foundation of the Care of Victims of Torture in London befindet, werden diejenigen Asylbewerber, die durch sie betreut werden, in der Regel in London untergebracht. Teilweise kommt es zu Kapazitätsengpässen, die mit der Hilfe von anderen NRO zu überbrücken versucht werden.[1549] Oft ist es schwierig für die Opfer, Informationen über Hilfsangebote zu erhalten. Dies gilt insbesondere für diejenigen, die dennoch entfernt von größeren Städten untergebracht werden.[1550] Es gibt kein Gesetz, welches die besondere Hilfsbedürftigkeit dieser Gruppe anerkennt. Staatliche Betreuungsprogramme existieren nicht.[1551]

bb. Frankreich, Portugal

In *Frankreich* wird in einigen CADAs psychologische Betreuung angeboten.[1552] Zudem existieren einige medizinische Einrichtungen, welche spezielle Hilfe für Asylbewerber anbieten. Sie stellen Ärzte, Psychologen und Psychiater zur Ver-

---

1544 PLS RAMBOLL, The Netherlands, S. 22 f., Tabelle 11.8.

1545 PLS RAMBOLL, Final Report A, S. 129.

1546 Häso- och sjukvarslagen (Gesetz zur Gesundheit und medizinischen Versorgung, Übersetzung B.g.), SFS nr: 1982:763.

1547 PLS RAMBOLL, Final Report A, S. 127, Tabelle 7.8, S. 128.

1548 Die Stiftung wurde 1985 gegründet. Sie wird als gemeinnützige Organisation vom Innenministerium anerkannt, erhält aber keinerlei finanzielle Unterstützung von Seiten des Staates, BRITISH REFUGEE COUNCIL, Comments, V, 26.1. Siehe auch Informationen des IND. Abrufbar unter: http://www.ind.homeoffice.gov.uk (Stand Februar 2003).

1549 Siehe ausführlich zum Zugangsverfahren, zu den Aufgaben der Medical Foundation of the Care of Victims of Torture und zu organisatorischen Abläufen die Internetseite des IND unter http://www.ind.homeofficegov.uk (Stand Februar 2003).

1550 Siehe ausführlich zu der Problematik WATTERS, in: NICHOLSON/TWOMEY (Hrsg.), Current Issues, S. 283, (289 ff.).

1551 BRITISH REFUGEE COUNCIL, Comments, V, 26.1.

1552 PLS RAMBOLL, France, S. 24.

fügung, die sich um die Asylbewerber kümmern.[1553] Allerdings befinden sich alle diese Einrichtungen im Großraum Paris und sind damit nur für die dort lebenden Asylbewerber zugänglich.[1554]
Grundsätzlich gibt es in *Portugal* keine besondere medizinische Behandlung oder Unterbringung für Folteropfer oder Opfer anderer schwerer Gewalttaten. Allerdings sieht Art. 58 port. AsylG vor, daß für Menschen, die als besonders bedürftig gelten, die Möglichkeit besteht, in einem der regionalen Sozialhilfezentren Hilfe zu erhalten.. Unter Umständen können sie dort auch untergebracht werden.[1555]

cc. Griechenland, Italien

In *Griechenland* werden Personen, die sich als Folteropfer bezeichnen, zu einem Spezialisten geschickt, der einen psychologisches Gutachten.[1556] Wird bestätigt, daß es sich um ein Folteropfer handelt, wird dem Asylbewerber eine Behandlung in dem Rehabilitationszentrum für Folteropfer angeboten. Daneben bieten viele NRO's Hilfe für Opfer von Folter und Gewalt an.[1557]
In *Italien* wird unter Umständen für Folteropfer bzw. für Opfer anderer schwerer Gewalttaten sowie für Menschen, die unter posttraumatischen Beschwerden leiden, spezielle medizinische und psychologische Betreuung im Rahmen des nationalen Gesundheitssystems bereitgestellt. Einige NRO haben spezielle Projekte, die durch die Europäische Union finanziert werden, ins Leben gerufen.[1558]

4. Richtlinienkonformität der nationalen Regelungen

a. Deutschland

Die §§ 4, 6 AsylbLG gewähren Asylbewerbern, die Opfer von Folter, Vergewaltigung oder sonstiger schwerer Gewalt wurden, im Bedarfsfall eine Behandlung im Sinne der Richtliniebestimmung. Es bedarf somit keines Umsetzungsaktes in das nationale Recht mehr.

[1553] UNHCR, France, S. 81. Die drei wichtigsten sind die Association pour les victimes de la répression en exile (AVRE), das Comité médico-social pour les éxiles (COMEDE) und die Primo Levi Vereinigung.
[1554] UNHCR; France, S. 81.
[1555] PLS RAMBOLL, Report A, S. 125.
[1556] Art. 2 präsidialer Erlaß Nr. 61/1999.
[1557] PLS RAMBOLL, Greece, S. 23, 24; UNHCR, Greece, S. 102.
[1558] UNHCR, Italy, S. 115.

b. Spanien

Art. 15 Abs. 1 Erlaß Nr. 203 zum span. AsylG sowie Art. 12 Abs. 1 span. AusländerG umfassen die medizinische und psychologische Betreuung von Asylbewerbern. Damit wird Art. 20 Rechnung getragen und eine Umsetzung erübrigt sich somit.

c. Österreich

In Österreich gibt es keine Vorschrift, die Art. 20 entspricht. Allerdings ist davon auszugehen, daß die Krankenhilfe, die bundesbetreute Asylbewerber erhalten, auch die erforderliche Behandlung von Gewaltopfern umfaßt. Insofern erfüllt Österreich seine Verpflichtungen aus Art. 20 der Richtlinie hinsichtlich dieser Personengruppe.
Anders sieht es wiederum im Hinblick auf die Asylbewerber aus, die sich außerhalb der Bundesbetreuung befinden. Sie sind von der in Art. 20 normierten Behandlung ausgeschlossen, denn diese geht in der Regel über eine akute Notfallversorgung hinaus. Österreich erfüllt die Voraussetzungen von Art. 20 insoweit nicht, da nicht allen Asylbewerbern, die in den Berechtigtenkreis von Art. 20 fallen, eine entsprechende Behandlung gewährt wird. Daran ändert auch die öst. Praxis nichts, daß in der Regel Opfer von Folter, Vergewaltigung und sonstiger Gewalt in die Bundesbetreuung aufgenommen werden, da dies für eine richtlinienkonforme Umsetzung nicht ausreichend ist.

5. Bewertung

Es ist zu begrüßen, daß die Mitgliedstaaten dafür Sorge zu tragen haben, daß dem in Art. 20 geannten Personenkreis die erforderliche Behandlung zuteil wird. Wünschenswert wäre es indes gewesen, wenn der Begriff der „Behandlung" präzisiert worden wäre und damit der Ermessensspielraum der Mitgliedstaaten eingeschränkt worden wäre. In der Mehrzahl der Mitgliedstaaten werden Folteropfer gesondert medizinisch und psychologisch betreut. Insofern wird der Vorschlag gemacht, den Begriff „Behandlung" durch „medizinisch und psychologisch" zu ergänzen. Zudem wäre es wünschenswert festzuschreiben, daß die Mitgliedstaaten dafür sorgen, daß traumatisierte Personen Zugang zu speziellen Rehabilitierungsprogrammen haben, die in zahlreichen Mitgliedstaaten entweder von staatlicher Seite oder aber von NRO angeboten werden.[1559]

[1559] Dies entspricht auch dem ursprünglichen Vorschlag der Kommission (2011/C 213 E/19), der auch vom Europäischen Parlament Zustimmung erfuhr, Europäisches Parlament, Bericht, S. 57.

XVI. Einschränkung oder Entzug der im Rahmen der Aufnahmebedingungen gewährten Vorteile

1. Art. 16 der Richtlinie

Die Mitgliedstaaten können die im Rahmen der Aufnahmebedingungen gewährten Vorteile in folgenden Fällen einschränken oder entziehen:
Wenn ein Asylbewerber
den von der zuständigen Behörde bestimmten Aufenthaltsort verläßt, ohne diese davon zu unterrichten oder erforderlichenfalls eine Genehmigung erhalten zu haben oder
seinen Melde- und Auskunftspflichten oder Aufforderungen zu persönlichen Anhörungen betreffend das Asylverfahren während einer im nationalen Recht festgesetzten angemessenen Frist nicht nachkommt oder
im gleichen Mitgliedstaat bereits einen Antrag gestellt hat;
wird ein Asylbewerber aufgespürt oder meldet er sich freiwillig bei der zuständigen Behörde, so ergeht eine zu begründende Entscheidung unter Berücksichtigung der Motive des Untertauchens über die erneute Gewährung einiger oder aller im Rahmen der Aufnahmebedingungen gewährten Vorteile;
wenn ein Asylbewerber verschwiegen hat, daß er über Finanzmittel verfügt und dadurch im Rahmen der Aufnahmebedingungen zu Unrecht in den Genuß materieller Vorteile gekommen ist.
Stellt sich heraus, daß ein Asylbewerber zum Zeitpunkt der Gewährung materieller Vorteile im Rahmen der Aufnahmebedingungen über ausreichende Mittel verfügte, um Grundbedürfnisse zu decken, so können die Mitgliedstaaten von dem Asylbewerber eine Erstattung verlangen“.
Gemäß Abs. 2 können die Mitgliedstaaten „die im Rahmen der Aufnahmebedingungen gewährten Vorteile verweigern, wenn ein Asylbewerber keinen Nachweis dafür erbracht hat, daß der Asylantrag so bald wie vernünftigerweise möglich nach der Ankunft in diesem Mitgliestaat gestellt wurde.
Nach Abs. 3 könne die Mitgliedstaaten Sanktionen für grobe Verstöße gegen die Vorschriften der Unterbringungszentren und grob gewalttätiges Verhalten festlegen.
Abs. 4 legt fest, daß Entscheidungen über die Einschränkung oder den Entzug der im Rahmen der Aufnahmebedingungen gewährten Vorteile oder Sanktionen nach den Absätzen 1 und 2 jeweils für den Einzelfall objektiv und unparteiisch getroffen und begründet werden. Die Entscheidungen sind aufgrund der besonderen Situation der betreffenden Personen, insbesondere im Hinblick auf die in Artikel 17 genannten Personen, unter Berücksichtigung des Verhältnismäßigkeitsprinzips zu treffen. Die Mitgliedstaaten gewährleisten in jedem Fall Zugang zur medizinischen Notversorgung.

Die Mitgliedstaaten gewährleisten gemäß Abs. 5, daß materielle Vorteile im Rahmen der Aufnahmebedingungen nicht entzogen oder eingeschränkt werden, bevor eine abschlägige Entscheidung ergeht.

2. *Völkerrechtskonformität*

Völkerrechtlich relevant ist im Rahmen dieser Richtlinienbestimmung ausschließlich der Passus, der vorsieht, daß eine Entscheidung über eine Einschränkung oder einen Entzug der materiellen Aufnahmebedingungen, im Rahmen des Verhältnismäßigkeitsprinzips zu treffen ist. Sowie die Bestimmunge, daß in jedem Fall der Zugang zur medizinischer Notversorgung zu gewährleisten ist. In diesem Zusammenhang werden wieder die Art. 11 Abs. 1, Art. 12 IPWSKR sowie Art. 7 IPBPR, Art. 3 EMRK relevant.
So darf eine Kürzung beziehungsweise ein Entzug der Leistungen nicht dazu führen, daß Art. 11 Abs. 1 IPWSKR so ausgehöhlt wird, daß ein menschenwürdiges Überleben nicht mehr garantiert werden kann. Folglich darf der Asylbewerber nicht der Obdachlosigkeit ausgesetzt werden und muß auch weiterhin in der Lage sein, sich ausreichend zu ernähren, zu kleiden und sonstige Grundbedürfnisse zu decken.[1560] Eine Kürzung beziehungsweise ein Entzug von Leistungen in diesem Bereich, die noch von Art. 11 IPWSKR gedeckt ist, ist bei der knapp bemessenen Versorgung von Asylbewerbern in den Mehrzahl der Mitgliedstaaten kaum denkbar. Die medizinische Notversorgung muß in jedem Fall gewährleistet sein, wie dies die Bestimmung auch vorsieht. Die Verweigerung, den Schulbesuch von Kindern weiter zu gestatten, ist nicht völkerrechtskonform, da diese Maßnahme das Wohl des Kindes (Art. 3 Abs. 1KRK) mißachten würde. Die Einschränkungen dürfen nicht so weit führen, daß der Tatbestand einer unmenschlichen und erniedrigenden Behandlung vorliegt, die durch Art. 3 EMRK und Art. 7 IPBPR verboten ist.[1561] Eine Behandlung ist dann unmenschlich, wenn sie absichtlich schwere psychische und physische Leiden verursacht.[1562] Das Vorenthalten von Essen und Trinken sowie medizinischer Behandlung wurde von der Kommission als unmenschliche Behandlung qualifiziert.[1563] Eine erniedrigende Behandlung liegt dann vor, wenn eine Behandlung ein nicht hinzunehmendes Maß an Demütigung beinhaltet.[1564] Auch staatliche Untätigkeit gegenüber existenzbedrohender Armut kann eine Verletzung von Art. 3 EMRK

1560 Dazu gehört z.B. der Kauf von Hygienartikeln.

1561 Der Tatbestand beider Normen deckt sich weitgehend. Die Regelung des Art. 7 IPBPR geht insofern weiter, als sie ausdrücklich das Verbot der Vornahme medizinischer und wissenschaftlicher Versuche an einem Menschen ohne dessen freiwillige Einwilligung in den Schutzbereich miteinbezieht.

1562 FROWEIN/PEUKERT, EMRK, Art. 3, S. 41.

1563 Bericht der Kommission 6780/74 und 6950/75, Zypern gegen Türkei vom 10.07.1976.

1564 Urteil des EGMR, *Tyrer gegen Großbritannien* vom 24.04.1978, A/26 = EuGRZ 1979, S. 162 ff.

bedeuten.[1565] Insofern dürfen die Einschränkungen nicht so weit gehen, daß eine Deckung der Grundbedürfnisse nicht mehr möglich ist.[1566]
Auch nach dem Völkergewohnheitsrecht verbietet sich eine Behandlung, welche das Recht auf Leben und körperliche Unversehrtheit mißachtet.
Nur bei Beachtung der genannten Aspekte wird die Verhältnismäßigkeit gewahrt und eine Verletzung des Völkerrechts vermieden.

3. *Die nationalen Bestimmunge und die Praxis in den Mitgliedstaaten*

a. Deutschland

In Deutschland können Asylbewerbern Leistungen gekürzt oder entzogen werden. Nach § 11 Abs. 2, 3 AsylbLG darf in den Teilen der Bundesrepublik, in denen sich ein Asylbewerber entgegen der asylrechtlich räumlichen Beschränkung (vgl. § 55 AsylVfG ff.) aufhält, die für den tatsächlichen Aufenthaltsort zuständige Behörde nur die unabweisbar gebotene Hilfe leisten.[1567]
Nach § 7 Abs. 1 muß der Asylbewerber verfügbares Einkommen und Vermögen aufbrauchen, bevor er Leistungen nach dem AsylbLG beanspruchen kann. Zudem kann für erhaltene Sachleistungen, Unterkunft und Heizung eine Kostenerstattung verlangt werden.[1568]
Gemäß § 7 Abs. 4 AsylbLG finden die §§ 60 bis 67 SGB I über die Mitwirkung des Leistungsberechtigten entsprechend Anwendung. Danach sind Asylbewerber z.B. verpflichtet, Angaben für die Leistung erheblicher Tatsachen zu machen und Änderungen in den Verhältnissen, die für die Leistungen relevant sind, mitzuteilen. Die Verschleierung der Identität oder Falschangaben stellen ebenfalls eine Verletzung der Mitwirkungspflicht dar.[1569] Bei fehlender Mitwirkung steht es nach § 66 Abs. 1 AsylbLG im Ermessen der Behörde, Leistungen teilweise oder ganz zu versagen. Der Betroffen muß schriftlich über diese Möglichkeit belehrt werden. Zudem ist eine Frist zu setzen, in der die versäumte Handlung nachgeholt werden kann.[1570]
Weiterhing besteht bei unbegründeter Ablehnung einer Tätigkeit bei staatlichen, kommunalen oder gemeinnützigen Trägern (vgl. § 5 AsylbLG) kein Anspruch

---

[1565] FROWEIN/PEUKERT, EMRK, Art. 3, S. 56.
[1566] So würde eine Kürzung des Geldbetrages auf eine Summe, die nicht ausreicht, um den täglichen Bedarf an Nahrung gegen Art. 3 EMRK und gegen Art. 7 IPBPR verstoßen, denn dies käme einer Vorenthaltung von Essen gleich.
[1567] Zur Auslegung des Begri ff.s der „unabweisbar geboten Hilfe“, siehe Gk-AsylbLG, § 11, Rn. 63 ff.
[1568] Zu § 7 AsylbLG siehe CLASSEN, Menschenwürde, S. 161 ff.; GK-AsylbLG § 7, Rn. 11 ff.; HAILBRONNER, Ausländerrecht, Ordner 3, B 12, Rn. 130 ff.
[1569] HAILBRONNER, in: HAILBRONNER (Hrsg.), Ausländerrecht, Ordner 3, B 12, Rn. 135.
[1570] Siehe zu § 7 Abs. 4 AsylbLG, GK-AsylbLG, § 7, Rn. 130 ff.

auf Leistungen nach dem AsylbLG.[1571] Der Leistungsberechtigte ist vorher entsprechend zu belehren, Abs. 4, S. 3 AsylbLG. Auch bei unbegründeter Arbeitsverweigerung hat der Leistungsberechtigte jedoch einen Anspruch gegenüber der zuständigen Behörde auf ermessensfehlerfreie Entscheidung, ob bzw. in welchem Umfang die Leistungen zu kürzen sind.[1572] Der Menschenwürdegrundsatz und der im Sozialstaatsprinzip wurzelnde Fürsorgegedanke verbieten allerdings eine vollständige Kürzung[1573].

b. Spanien

Weder das span. AsylG noch der Erlaß Nr. 203 zum span. AsylG enthalten Bestimmungen, wonach Asylbewerbern Leistungen gekürzt oder entzogen werden können. Allerdings sieht die Resolution vom 06.07.1998 in Art. 17 lit. b vor, daß ein Asylbewerber das Aufnahmezentrum verlassen muß, falls er die dort aufgestellten Regeln des Zusammenlebens verletzt. Der Asylbewerber erhält dann keine Form von Unterstützungsleistungen mehr.[1574] Die medizinische Notversorgung wird allerdings in jedem Fall durch Art. 12 Abs. 2 span AusländerG gewährt.

c. Österreich

In *Österreich* betrifft diese Bestimmung nur Asylbewerber, die in die Bundesbetreuung aufgenommen wurden. Gemäß § 9 Abs. 1 der öst. Bundesbetreuung-VO kann die Bundesbetreuung bei Verdacht strafbarer Handlungen und bei fortgesetzten Verhalten, das für den Unterkunftgeber oder für andere Betreute eine unzumutbare Belastung darstellt, beendet werden. Gemäß § 9 Abs. 3 wird der Asylbewerber auf das Ende der Betreuung schriftlich hingewiesen; in besonderen Fällen kann eine Entlassung allerdings auch sofort und formlos erfolgen. Der Asylbewerber ist bei einer Entlassung verpflichtet, innerhalb eines Zeitraumes von vier Wochen die Unterkunft zu verlassen. Zudem führt unentschuldigte Abwesenheit in der dem Asylbewerber zugewiesenen Unterkunft von länger als zwei Tagen zur Entlassung aus der Bundesbetreuung.[1575] Ein entlassener Asylbewerber ist dann auf die Hilfe von karitativen Einrichtungen angewiesen. Die medizinische Notfallversorgung wird allerdings weiterhin gewährt.

1571 STREIT, ZAR 1998, S. 266, (271). Bestehen berechtigte Gründe, eine Arbeitsgelegenheit nicht anzunehmen, ist eine Sanktion unzulässig, siehe dazu CLASSEN, Menschenwürde, S. 150 f.

1572 GK-AsylbLG, § 5, Rn. 55; HOHM, NVwZ 1998, S. 1045, (1047); VG Würzburg, Beschluß vom 09.05.2000 - W3E 00.372 -.

1573 Classen, Menschenwürde, § 5, S. 151; vgl. ausführlich dazu GK-AsylbLG, § 5, Rn. 61 ff.

1574 Auskunft von Frau CHARO SANTOS, IMSERSO Madrid, Abteilung „Asilo y Refugio" am 08.01.2003.

1575 Auskunft von Frau SABINE RACKETSEDER, UNHCR Österreich, am 27.09.2002.

d. Weitere Länder

aa. Belgien, Finnland Luxemburg, Niederlande, Schweden, Vereinigtes Königreich

In *Belgien* wurde 2001 ein sehr strenges Meldeverfahren eingeführt. Unterläßt der Asylbewerber es, einen Adressenwechsel den Behörden mitzuteilen, so führt dies ohne eine weitere Überprüfung sofort zu einer negativen Entscheidung im Asylverfahren.[1576]

In *Finnland* sind erwachsene Asylbewerber verpflichtet, in den Aufnahmezentren mitzuarbeiten.[1577] Diese Arbeit umfaßt z.B. Gartenarbeit, Hausarbeit aber auch die Erteilung von Unterricht.[1578] Zudem sind sie verpflichtet, an berufsbildenden Aktivitäten teilzunehmen.[1579] Dahinter steht der Gedanke, die Teilnahme an verschiedenen, die Integration fördernden Aktivitäten zu unterstützen und so das Untertauchen während des Verfahrens zu vermeiden.[1580] Wird die Arbeit im Aufnahmezentrum verweigert, so besteht die Möglichkeit, die finanzielle Zuwendung um bis zu 20 % zu kürzen. Gegen diese Sanktionsmaßnahme können Rechtsmittel eingelegt werden[1581].

In *Luxemburg* kann die finanzielle Unterstützung gekürzt oder gestrichen werden. Dies ist unter anderem dann möglich, wenn der Asylbewerber eigene finanzielle Mittel verschweigt, sich gewalttätig verhält oder seinen Meldepflichten nicht nachkommt.[1582] Der Asylbewerber wird vor einer solchen schriftlich Maßnahme informiert. Er hat die Möglichkeit, Stellung zu nehmen. Eine Kürzung oder Streichung darf nicht unverhältnismäßig sein.[1583]

Kommt ein Asylbewerber in den *Niederlanden* seinen Meldepflichten für mehr als drei Tage nicht nach, so verliert er sein Bett in seiner Unterkunft und sein Asylantrag wird als nichtig behandelt.[1584] Zudem sind die Asylbewerber verpflichtet, die Regeln des Unterbringungs-zentrums zu beachten, ansonsten drohen Sanktionen.[1585]

1576 ECRE Country Report 2001, Belgium, S. 13.

1577 § 22 finn. IntegrationsG.

1578 PLS RAMBOLL, Finland, S. 23.

1579 § 22 finn. IntegrationsG.

1580 PLS RAMBOLL, Finland, S. 23, 26.

1581 §§ 22 ff. finn. IntegrationsG.

1582 Vgl. Art. 4 Abs. 4 Règlement grand-ducal du 4 juillet 2002 fixant les conditions et les modalités d'octroi d'une aide sociale aux demandeurs d'asile, Mémorial A, Journal Officiel du Grand-Duché de Luxembourg, N° 84, 6 août 2002.

1583 Art. 4 Abs. 5 f. lux. Verordnung zu Gewährung von Sozialhilfe an Asylbewerber.

1584 PLS RAMBOLL, The Netherlands, S. 15. Danach verschwinden viele Asylbewerber für immer auf diese Art und Weise.

1585 Schriftliche Information von Herrn THOMAS HESSELS, niederl. Justizministerium am 17.11.2002.

In *Schweden* organisiert die Migrationsbehörde, wie oben bereits erläutert, diverse Aktivitäten für erwachsene Asylbewerber. Obwohl nur der Sprachkurs verpflichtend ist, bestehen wirtschaftliche Anreize, auch an den übrigen Aktivitäten teilzunehmen, da bei unentschuldigtem Fernbleiben die Kürzung der finanziellen Unterstützung möglich ist.[1586] Diejenigen Asylbewerber, die untertauchen, den Fortgang des Asylverfahrens behindern oder ihre Ausweisung unmöglich machen, erhalten ebenfalls reduzierte Beträge.[1587]
Im *Vereinigten Königreich* besteht die Möglichkeit, Asylbewerbern die soziale Unterstützung zu streichen. Dies ist zum Beispiel dann möglich, wenn der Asylbewerber oder eine von ihm abhängige Person die Bedingungen, nach welchen soziale Unterstützung gewährt wird, nicht einhält, eine Straftat begangen hat oder unentschuldigt sieben aufeinanderfolgende Tage nicht unter der angegebenen Adresse zu erreichen ist.[1588] Der Asylbewerber wird schriftlich von der Suspendierung der sozialen Hilfe benachrichtigt. Die Gründe werden ihm mitgeteilt.[1589] Asylbewerber, die über finanzielle Mittel verfügen und dennoch soziale Unterstützung erhalten haben, müssen diese zurückerstatten.[1590]

bb. Frankreich, Portugal

In *Frankreich* kann ein Asylbewerber, der in einer staatlichen Aufnahmeeinrichtung lebt, gemäß Art. 11 circulaire DPM/CI 3 n°99-399 dieser Unterkunft verwiesen werden. Dies ist unter anderem nach Art. 11 dann möglich, wenn die Hausordnung mißachtet wird, falsche Angabe zur Identität gemacht werden oder ein gewalttätiges Verhalten erkennbar ist. Die Entscheidung trifft die Heimleitung übereinstimmend mit der „direction départementale des affaires sanitaires et sociales". Zudem wird Terre d'Asile, France informiert.[1591]
In *Portugal* bestimmt, Art. 59 des port. AsylG, daß die Unterstützung beendet wird, wenn der Asylbewerber ohne Entschuldigung vor den zuständigen Behörden nicht erscheint, einen Wohnsitzwechsel den Behörden nicht mitteilt oder untertaucht. Die medizinische Versorgung kann nie verweigert werden, denn die Verfassung garantiert jedermann das Recht auf Zugang zu medizinischer Versorgung.[1592]

1586 § 10 schwed. AsylbewerberaufnahmeG.
1587 PLS RAMBOLL, Sweden, S. 19.
1588 Art. 20 Asylum Support Regulations 2000, No. 704, in Kraft getreten am 03.04.2000.
1589 Art. 22 Asylum Support Regulations 2000, No. 704, in Kraft getreten am 03.04.2000.
1590 Art. 17, 18 Asylum Support Regulations 2000, No. 704, in Kraft getreten am 03.04.2000.
1591 I, A, 1 des circulaire MES/DPM n°2000-170 du 29.03.2000.
1592 Schriftliche Information von Prof. CONSTANZA URBANO DE SOUSA, Universität Autónoma de Lisboa, vom 25.10.2002.

cc. Griechenland, Italien

In *Griechenland* gibt es nur eine Einschränkung bzw. Entzug von im Rahmen der Aufnahmebedingungen gewährten Vorteilen, da der griechische Staat kaum Leistungen gewährt. Insofern besteht nur eine Regelung, wonach eine Person, die im Zentrum Lavrio untergebracht ist und länger als 48 Stunden das Zentrum ohne Erlaubnis oder Entschuldigung verläßt, nicht mehr länger in dem Zentrum wohnen darf.[1593]

In *Italien* existiert keine Bestimmung, wonach im Rahmen der Aufnahme gewährte Leistungen eingeschränkt oder entzogen werden können, denn vom Staat werden quasi keine Leistungen gewährt.

4. Richtlinienkonformität der nationalen Bestimmungen

a. Deutschland

Art. 16 bedarf keiner Umsetzung in nationales Recht mehr, da die bestehenden Vorschriften, die den Entzug bzw. die Kürzungen von Leistungen betreffen, den Vorgaben der Richtlinie entsprechen. Die Richtlinie erlaubt sogar Leistungskürzungen in Fällen, in denen Deutschland keine Kürzungen der materiellen Vorteile vorsieht. Die medizinische Notversorgung wird in Deutschland in jedem Fall gewährt.

b. Spanien

Der Ausschluß aus dem Aufnahmezentrum bei Fehlverhalten gemäß Art. 17 lit. b der Resolution vom 06.07.1998 steht in Einklang mit Art. 16 Abs. 2. Allerdings schweigt die spanische Bestimmung zu dem Ausschlußverfahren. Hier macht Art. 16 Abs. 3 genaue Vorgaben, die zu beachten sind, wenn Leistungen gekürzt oder entzogen werden. Folglich muß Spanien für eine ordnungsgemäße Umsetzung in seine nationalen Bestimmungen eine Bestimmung schaffen, welche das Ausschlußverfahren regelt oder aber Art. 16 Abs. 3 übernehmen. Daß die medizinische Notversorgung in jedem Fall gewährleistet wird, ist richtlinienkonform.

c. Österreich

§ 9 des öster. BundesbetreuungsG steht in Einklang mit der Richtlinienbestimmung. Hingegen bedarf die Verwaltungspraxis, daß ein Asylbewerber aus der Bundesbetreuung entlassen wird, wenn er unentschuldigt die zugewiesene Un-

---

[1593] PLS RAMBOLL, Greece, S. 31.

terkunft länger als zwei Tage verläßt, einer Verankerung im innerstaatlichen Recht, denn eine mit der Richtlinienbestimmung übereinstimmende Verwaltungspraxis ist für eine ordnungsgemäße Umsetzung nicht ausreichend. Die medizinische Notversorgung wird auch in Österreich in jedem Fall gewährt.

5. Bewertung

Bis auf Italien kennen alle Mitgliedstaaten in irgendeiner Form Sanktionsmaßnahmen für negatives Verhalten von Asylbewerbern. Für die Einführung von Art. 16 besteht aus Sicht der Staaten ein legitimes Interesse. Ihnen müssen Sanktionsmöglichkeiten gegen den tatsächlichen Mißbrauch der Asylsysteme zur Verfügung stehen. Dies ist auch im Interesse derjenigen Asylbewerber, welche das Asylverfahren ordnungsgemäß durchlaufen, bzw. sicher in den Unterbringungszentren leben möchten. Insofern ist die Möglichkeit, Vorteile zu kürzen oder zu entziehen, wenn der Asylbewerber unerlaubterweise den zugewiesenen Aufenthaltsbereich verläßt, seinen Melde- und Auskunftspflichten nicht nachkommt, im gleichen Mitgliedstaat bereits einen Asylantrag gestellt hat oder untergetaucht ist und wieder in Erscheinung tritt, angemessen. Diese Verhaltensweise zeigen grundsätzlich, daß der Asylbewerber kein Interesse an der Weiterverfolgung des Antrags hat und insofern auch nicht mehr in vollem Umfang die Leistungen des staatlichen Asylsystems in Anspruch nehmen kann. Das gleiche gilt für den Fall, daß der Asylbewerber über eigene Finanzmittel verfügt und dies nicht angibt. Es erscheint ebenfalls angemessen, daß die Mitgliedstaaten die Möglichkeit haben, Sanktionen bei groben Verstöße gegen die Ordnung des Unterbringungszentrums sowie im Fall von gewaltätigem Verhalten festzulegen.[1594]

Kritisch hingegen ist die Möglichkeit der Mitgliedstaaten zu beurteilen, Asylbewerbern Vorteile für den Fall zu verweigern, daß sie nicht sobald wie möglich nach ihrere Ankunft einen Asylantrag gestellt haben (Abs. 2). Die Bestimmung läßt den Mitgliedstaaten einen zu großen Ermessensspielraum. Sie mißachtet die Tatsache, daß Asylbewerber das Rechtssystem ihres Aufnahmelandes in der Regel nicht kennen, die Sprache nicht sprechen und in zahlreichen Mitgliedstaaten die Information von Asylbewerbern über ihre Rechte und Pflichten unzureichend ist. Darüberhinaus mißachtet die Bestimmung, daß Asylbewerber vor der Stellung eines Asylantrages möglicherweise erst den Rat von Flüchtlingsorganisationen einholen möchten im Hinblick auf die Stellung des Asylantrages und

[1594] UNHCR schlägt vor, daß für negatives Verhalten, welches nicht im Zusammenhang mit der Prüfung des Asylantrages steht, wie zum Beispiel ungebührliches Verhalten im Unterbringungszentrum, dieselben Maßnahmen gelten sollten wie für Staatsbürger und rechtmäßig im Land lebende Zuwanderer in vergleichbarer Lage, UNHCR Comments, S. 9.

der in der Regel sofort folgenden Befragung.[1595] Folglich sollte dieser Absatz gestrichen werden.
Positiv zu bewerten ist hingegen die Ausgestaltung des Entscheidungsverfahrens betreffend den Entzug oder die Kürzung von Vorteilen (Abs. 4, 5).
Um den Ermessensspielraum der Mitgliedstaaten bei der Anwendung der Bestimmung zu verringern, wäre es wünschenswert, festzuschreiben, daß die Mitgliedstaaten neben dem Zugang zur medizinischen Notversorgung auch das Vorhandensein einer Unterkunft und ausreichend Nahrung sicherstellen. Vor allem die Möglichkeit des Ausschlusses aus einem Unterbringungszentrum erscheint problematisch. Der ausgeschlossene Asylbewerber wird obdachlos und setzt sich - diese Erfahrung wurde in den Niederlanden gemacht - oft ab. Insofern erscheint es sinnvoller, den Asylbewerber in einer Unterkunft zu belassen und dort Sanktionen durchzusetzen.

[1595] So auch ECRE, Press Statement, abrufbar unter: http://www.ecre.org (Stand Febuar 2003).

Schlußbetrachtung und Ausblick

Die Festlegung gemeinsamer Mindestnormen für die Aufnahme von Asylbewerbern ist ein Baustein des gemeinsamen europäischen Asylsystems.
Es erscheint allerdings fraglich, ob mit der Richtlinie insgesamt ein gerechter Ausgleich der Interessen unter angemessener Berücksichtigung des Völkerrechts gefunden wurde.
Auf der einen Seite ist es gelungen, Verpflichtungen zu normieren, welche die Menschenrechte umfassend berücksichtigen. Dazu zählen die Bestimmungen, welche die speziellen Bedürfnisse von besonders schutzbedürftigen Personen anerkennen (Art. 13 Abs. 2, Art. 14 Abs. 3, Art. 15 Abs. 2, Art. 16 Abs. 4, Art. 17 Abs. 1, Art. 20). Hervorzuheben sind zudem die Art. 18 und 19. Sie stehen mit der KRK in Einklang und bestimmen detailliert, wie Minderjährige, die Opfer von Gewalt im weitesten Sinne wurden, und unbegleitete minderjährige Asylbewerber zu behandeln sind.
Die Art. 7, 8 und 9 sind trotz vielfältiger Beschränkungen der Rechte der Asylbewerber auf Bewegungs- und Wohnsitzfreiheit und auf Achtung des Familien- und Privatlebens völkerrechtskonform. Bei Art. 7 und 8 können die Beschränkungen allerdings bei einer langen Verfahrensdauer, soweit sie nicht dem Asylbewerber anzulasten ist, als unverhältnismäßig eingestuft werden. Die genannten Vorschriften dienen in erster Linie der Sicherung der staatlichen Interessen, das Verfahren zügig durchzuführen sowie dem Schutz der öffentlichen Gesundheitsvorsorge.
Die Art. 13, 14 und 16 der Richtlinie sind ebenfalls völkerrechtskonform. Sie lassen den Mitgliedstaaten quasi ein uneingeschränktes Ermessen bezüglich der Form und der Höhe der zu gewährenden Leistungen für die Sicherung des Lebensunterhaltes und der Unterbringung. Insofern kommt bei diesen Normen der völkerrechtskonformen Auslegung eine besondere Bedeutung zu. Art. 16 ist als solcher völkerrechtskonform. Diese Vorschrift birgt jedoch die Gefahr, so angewendet zu werden, daß eine Verletzung anderer Menschenrechte droht, da Mitgliedstaaten ein sehr weites Ermessen hinsichtlich des Feststellens eines Fehlverhaltens des Asylbewerbers sowie hinsichtlich der daran anknüpfenden Reichweite der Sanktionen haben.
Für die Art. 10, 11 und 15 der Richtlinie kann die Völkerrechtskonformität nur teilweise bejaht werden. Bei Art. 10 verstößt die Nichtnormierung der Schulpflicht gegen Art. 13 Abs. 2 lit. a IPWSKR. Im übrigen ist Art. 10 völkerrechtskonform und berücksichtigt in angemesser Weise die Interessen der Asylbewerberkinder.
Art. 15 Abs. 1 verstößt gegen das Diskriminierungsverbot des Art. 2 Abs. 2 IPWSKR, indem es für Asylbewerber, die nicht als bedürftig angesehen werden, ausschließlich die Notfallversorgung und die unbedingt erforderliche Behandlung von Krankheiten vorsieht.

Art. 11 war nur eingeschränkt einer völkerrechtlichen Untersuchung zugänglich, da es den Mitgliedstaaten zum einen überlassen bleibt, die Dauer eines Arbeitsverbotes und zum anderen, den Zugang zum Arbeitsmarkt festzulegen. Bei Art. 11 Abs. 2 wurde eine Nichtvereinbarkeit der Höchstfrist, in der ein Arbeitsverbot bestehen kann, mit Art. 6 Abs. 1 IPWSKR festgestellt.
Art. 12 beläßt die Frage des Zugangs zur beruflichen Bildung im Kompetenzbereich der Mitgliedstaaten. Folglich erübrigt sich eine Prüfung der Völkerrechtskonformität.
Sowohl Art. 11 als auch Art. 12 zeigen deutlich, daß die Mitgliedstaaten keine europäische Regelung dulden wollten, die ihre nationalen Arbeitsmärkte tangieren könnte. Bei beiden Bestimmungen wurde die Chance nicht genutzt, auf europäischer Ebene völkerrechtskonforme Lösungen für den Zugang zum Arbeitsmarkt und zur Berufsausbildung zu finden. Dies ist eine gravierende Schwachstelle der Richtlinie.
Die Bestimmungen, wonach Asylbewerber umfassend über ihre Rechte und Pflichten zu informieren sind, bzw. während ihres Aufenthaltes ein Dokument erhalten müssen (Art. 5 und 6), sind einer völkerrechtlichen Überprüfung mangels einer völkerrechtlichen Regelung nicht zugänglich. Beide Vorschriften stehen sowohl im Interesse der Aslybewerber als auch der Mitgliedstaaten.

Die Staaten waren in Bereichen, in denen überwiegend nationale Interessen betroffen waren, kaum bereit, Zugeständnisse zu machen. Vielmehr wurde darauf beharrt, bestehende Aufnahmepraxen weiter fortzuführen. Dies spiegelt sich offensichtlich in den Bestimmungen wider, die den Mitgliedstaaten einen weiten Ermessenspielraum zubilligen. Das Bekenntnis, die internationalen Menschenrechte zu beachten, bleibt vage. Dies verdeutlichen insbesondere Art. 15 Abs. 1 und Art. 16. Der Kommissionsvorschlag, dessen Intention es war, Mindestnormen festzulegen, normierte in vielen Bereichen höhere Standards als sie letztendlich vereinbart wurden. Die Mitgliedstaaten haben den Kommissionsvorschlag im Rat bedenklich aufgeweicht und primär versucht, nationale Interessen durchzusetzen. Zahlreiche Bestimmungen lassen eine Einigung auf dem kleinsten gemeinsamen Nenner erkennen. Insofern führt die Bewertung der Richtlinie zu einem gemischten Resultat.
Zudem ist es zu bedauern, daß die Richtlinie keine Aussage dazu macht, daß die Aufnahmebedingungen zu verbessern und dem Asylbewerber mehr Rechte einzuräumen sind, wenn sich das Verfahren in die Länge zieht und dies nicht dem Asylbewerber anzulasten ist. Das hätte auch dem Geist der GFK entsprochen.
Da dies kein befriedigendes Ergebnis ist, werden zusammenfassend die folgenden Änderungen vorgeschlagen:

1. Art. 5 Abs. 1 sollte bestimmen, daß Asylbewerber unmittelbar nach der Antragstellung zu informieren sind.

2. Art. 6 Abs. 5 sollte statt der Ermessensnorm eine Soll-Vorschrift normieren.

3. Im Rahmen von Art. 7 sollte der Asylbewerber im regulären Verfahren grundsätzlich Bewegungsfreiheit genießen.

4. Wird die Wohnverpflichtung nach sechs Monaten aufgehoben, so kann Art. 8 in der jetzigen Form bestehen bleiben. Ansonsten ist bei einer langen Verfahrensdauer, die der Asylbewerber nicht zu verschulden hat, die Beschränkung auf die Kernfamilie unverhältnismäßig. Für diese Situation ist folglich der Familienbegriff großzügiger zu definieren.

5. Im Rahmen von Art. 9 ist ein verpflichtender HIV-Test von der völkerrechtlichen Auslegung nicht mehr gedeckt. Folglich sollte Art. 9 bestimmen, daß ein obligatorischer HIV-Test nicht durchgeführt werden darf.

6. Im Rahmen von Art. 10 Abs. 1 sollte die Schulpflicht normiert werden. Die Möglichkeit, Asylbewerberkinder auch in Unterbringungszentren zu unterrrichten, sollte gestrichen werden.

7. Bei Art. 11 Abs. 2 sollte die Höchstfrist sechs Monate betragen. Zudem sollte der Zugang zum Arbeitsmarkt europarechtlich geregelt werden. Es wird vorgeschlagen, Asylbewerbern den Zugang zum Arbeitsmarkt nicht länger als sechs Monate nach der Antragsstellung zu verweigern. Nach diesem Zeitraum sollen die Mitgliedstaaten die Zugangsbedingungen festlegen.

8. Der Zugang von Asylbewerbern zur beruflichen Bildung sollte künftig ebenfalls auf europäischer Ebene geregelt werden. Sechs Monate nach der Antragsstellung sollten die Mitgliedstaaten Asylbewerbern Zugang zur beruflichen Bildung gewähren und den Zugang zu angemessener Bildung festlegen.

9. Art. 15 Abs. 1 sollte dahingehend geändert werden, daß Asylbewerber für die Behandlung akuter Erkrankungen und Schmerzzustände die erforderliche ärztliche und zahnärztliche Behandlung erhalten sowie die erforderlichen Arzneimittel.

10. Es wird vorgeschlagen, bei Art. 13 hinzuzufügen, daß sich der Gesamtwert der materiellen Aufnahmebedingungen an einem objektiven Maßstab zu orientieren hat. Als solcher könnte das Niveau der Fürsorgesysteme in den einzelnen Mitgliedstaaten herangezogen werden. Zudem sollte die Möglichkeit, Leistungen in Form von Gutscheinen zu gewähren, nicht be-

stehen. Schließlich sollte bestimmt werden, daß die Entscheidung, ob Behandlungsbedarf vorliegt, medizinischem Fachpersonal zu überlassen ist.

11. Nach sechs Monaten Aufenthalt in einer Gemeinschaftsunterkunft, sollte für den Asylbewerber grundsätzlich die Möglichkeit bestehen, in einer privaten Unterkunft zu leben. Art. 14 sollte die Bedingung normieren, daß Gemeinschaftsunterkünfte so gelegen sein müssen, daß Schulen, soziale Einrichtungen und ärztliche Betreuung schnell zu erreichen sind.

12. Die Möglichkeit, unbegleitete Minderjährige ab 16 Jahren in Aufnahmezentren für erwachsene Asylbewerber unterzubringen, sollte nicht bestehen (Art. 18 Abs. 2).

13. Bei Art. 20 ist der Begriff „Behandlung“ durch „medizinische und psychologische Behandlung“ zu ersetzen. Zudem sollten die Mitgliedstaaten dafür sorgen, daß traumatisierte Asylbewerber Zugang zu speziellen Rehabilitationsprogrammen haben.

14. Art. 16 Abs. 2 sollte ersatzlos gestrichen werden. Zu Abs. 4 sollte hinzugefügt werden, daß die Mitgliedstaaten neben dem Zugang zur medizinischen Notversorgung auch dafür Sorge zu tragen haben, daß der Asylbewerber nicht der Obdachlosigkeit ausgesetzt ist und für ausreichend Verpflegung gesorgt wird.

Die Verpflichtung der Mitgliedstaaten, die Richtlinie in nationales Recht umzusetzen, verlangt von Deutschland nur wenige Änderungen der jetzigen Bestimmungen. Deutschland wird zum einen die in Art. 5 normierte Informationspflicht in das nationale Recht integrieren müssen sowie die Dreitagesfrist im Hinblick auf die Ausstellung eines Dokumentes für den Asylbewerber (Art. 6 Abs. 1). Weiterhin richtet sich die Betreuung unbegleiteter minderjähriger Asylbewerber nicht immer ausreichend an dem in Art. 18 und 19 normierten Kindeswohl aus, so daß diesbezüglich die deutsche Praxis nicht den Vorgaben der Richtlinie entspricht.
In Spanien führt die Umsetzung der Richtlinie ebenfalls nur zu wenigen Änderungen des nationalen Rechts. Für eine richtlinienkonforme Umsetzung von Art. 6 Abs. 1 muß ebenfalls die Dreitagesfrist normiert werden. Weiterhin bedarf es einer Klarstellung, daß die Wahrung der Familieneinheit auch bei Asylbewerbern Beachtung findet. Schließlich muß für eine richtlinienkonforme Umsetzung das Verfahren, welches nach Art. 16 Anwendung findet, wenn dem Asylbewerber gewährte Vorteile entzogen werden sollen, in nationales Recht umgesetzt werden.
Österreich wird weitgehende Änderungen seines Asylrechts vornehmen müssen, um den Vorgaben der Richtlinie zu entsprechen. Art. 9 der Richtlinie muß in

nationales Recht umgesetzt werden. Zukünftig muß das österreichische Recht vorsehen, daß allen Asylbewerbern eine Unterkunft zur Verfügung gestellt wird und daß darüberhinausgehende Grundbedürfnisse durch materielle Leistungen gedeckt werden. Weiterhin muß das nationale Recht normieren, daß alle Asylbewerber eine medizinische Versorgung in Anspruch nehmen können, die nicht nur die Notversorgung umfaßt. Von der erforderlichen Behandlung im Falle von Folter oder sonstiger Gewalt, darf kein Asylbewerber ausgeschlossen werden. Die Möglichkeit, einen Asylbewerber aus einer Unterbringungseinrichtung bei negativem Verhalten auszuschließen, bedarf der gesetzlichen Normierung. Schließlich bedarf es für eine richtlinienkonforme Anwendung der Art. 17 und 19 einer Änderung der derzeitigen Praxis. Dies gilt insbesondere für die Vertretung und Betreuung unbegleiteter minderjähriger Asylbewerber.

Am Beispiel Österreichs wird deutlich, daß die Richtlinie zu einer Verbesserung der gegenwärtigen Aufnahmebedingungen in einigen Ländern führen wird. Neben Österreich gilt dies insbesondere für Italien, Griechenland und das Vereinigte Königreich. Positive Auswirkungen wird die Richtlinie auch dahingehend entfalten, als künftig der normierte Standard eingehalten werden muß und der Wettlauf um die restriktivsten Aufnahmebedingungen damit ein Ende hat.
Es bleibt allerdings zu hoffen, daß die Mitgliedstaaten erkennen, daß der Zweck von gemeinsamen Mindestnormen in erster Linie der ist, daß Mitgliedstaaten, die den Mindeststandard nicht erreichen, die Aufnahmebedingungen verbessern und nicht, daß die Mitgliedstaaten, welche die Aufnahmebedingungen bereits erfüllen oder sogar bessere bieten, ihren Standard reduzieren. Die Mitgliedstaaten mit besseren Aufnahmebedingungen sollten diese beibehalten und als Vorbild für künftige Verbesserungen der Richtlinie zu einem „Gemeinsamen Europäischen Asylsystem“ dienen. Dieses sollte auf der „besten Lösung“, dem Bekenntnis zum Schutz von Flüchtlingen und der geteilten Verantwortung der Mitgliedstaaten beruhen und sich nicht an kurzfristigen, individuellen Interessen einzelner Staaten orientieren.
Im Hinblick auf die Osterweiterung im Jahr 2004 ist es zu bedauern, daß die Richtlinie nicht einen höheren Standard normiert. Die künftigen Mitgliedstaaten sind verpflichtet, den gemeinschaftlichen Besitzstand zu übernehmen.[1596] Bei einer Evaluierung der Richtlinie in einigen Jahren wird eine Verbessserung der normierten Aufnahmebedingungen sowie eine Regelung betreffend den Zugang zum Arbeitsmarkt und zur beruflichen Bildung kaum realistisch sein, da dann noch mehr Mitgliedstaaten an einer Kompromißfindung beteiligt sein werden.

Trotz der Schwächen der Richtlinie, kommt ihr als integrierender Bestandteil eines gemeinsamen europäischen Asylsystems erhebliche Bedeutung zu. Bedau-

---

[1596] Vgl. V. D. KLAAUW, in: V. D. KRIEKEN, (Hrsg.), Aquis Handbook, S. 9, (16 ff.), SEIFFARTH, in. V. D. KLAUUW, in: V. D. KRIEKEN, (Hrsg.), Aquis Handbook, S. 61, (70 ff.). Vgl. dazu auch BYRNE/NOLL/VESTED-HANSEN, (Hrsg.), New Asylum Countries?

erlicherweise scheint eine Einigung hinsichtlich der Mindeststandards für das Asylverfahren, der Festlegung der Kriterien und Verfahren zur Bestimmung des zuständigen Mitgliedstaates für die Prüfung des Asylantrages sowie der Festlegung von Mindestnormen für die Anerkennung von Staatsangehörigen aus dritten Staaten als Flüchtlinge große Schwierigkeiten zu bereiten. Derzeit werden die Vorschläge der Kommission noch verhandelt. Das Hauptproblem besteht darin, daß die Mitgliedstaaten die Komissionsvorschläge in der Regel als zu großzügig einstufen und diese, je weiter die Verhandlungen voranschreiten, immer weiter verwässern. Insbesondere Deutschland vertritt in vielen Fragen eine restriktive Haltung und erschwert eine Einigung.[1597]

Die Europäische Union muß sich dieses Jahr auf Mindestnormen in den genannten Bereichen einigen, wenn sie die Kohärenz ihrer Asylpolitik bewahren möchte. Zudem drängt die Zeit, denn Art. 63 Abs. 1 EGV schreibt vor, daß bis zum Jahr 2004 Maßnahmen erlassen sein müssen.

Darüberhinaus sollten sich die Bemühungen darauf konzentrieren, daß in allen Mitgliedstaaten im Rahmen der jeweiligen nationalen rechtlichen und administrativen Gegebenheiten, die Verfahren so zügig wie möglich durchgeführt werden. Dies liegt im Interesse der Mitgliedstaaten, und derjenigen, die schutzbedürftig sind und läßt viele Folgeprobleme entfallen.

[1597] F.A.Z. vom 27.03.2003, S. 4 und vom 28.02.2003, S. 1.

Literaturverzeichnis

Achermann, Alberto/ Roland Bieber/ Astrid Epiney/ Ruth Wehner (Hrsg.): Schengen und die Folgen, Der Abbau der Grenzkontrollen in Europa, Bern 1995, zitiert: Bearbeiter, in: Achermann u.a.(Hrsg.), Schengen und die Folgen.

Abiri, Elisabeth: The Changing Praxis of "Generosity": Swedish Refugee Policy during the 1990's, in: JRS, Vol. 13, No. 1, 2000, S. 11 ff.

Akmann, Thorsten: Die Zusammenarbeit in den Bereichen Justiz und Inneres als „3. Säule" des Maastrichter Unionsvertrages, in: JA 1994, S.49 ff.

Alber, Siegbert/ Ulrich Widmaier: Die EU-Charta der Grundrechte und ihre Auswirkung auf die Rechtsprechung, in: EuGRZ 2000, S. 497 ff.

Albors-Llorens, Albertina: Changes in the Jurisdiction of the European Court of Justice under the Treaty of Amsterdam, in: CML. Rev 1998, S. 1273 ff.

Alston, Philip (Hrsg.): The EU and Human Rights, New York 1999, zitiert: Bearbeiter, in: Alston (Hrsg.), The EU and Human Rights.

Alston, Philip (Hrsg.): The United Nations and Human Rights, Oxford 1992, zitiert: Bearbeiter, in: Alston (Hrsg.), UN and Human Rights.

Alston, Philip, (Hrsg.): The best interests of the Child, Oxford 1994, zitiert, Alston: The best intersts of the Child.

Alston, Philip: Out of the Abyss: The Challenges Confronting the New U.N. Committee on Economic, Social, Cultural Rights, in: HRQ 1987, S. 332 ff.

Alston, Philip/ Gerald Quinn: The Nature and Scope of States Parties' Obligations under the International Covenant on Economic, Social and Cultural Rights, in: HRQ 1987, S. 156 ff.

Amann, Christine: Recht auf Asyl-Recht im Asyl und die Genfer Flüchtlingskonvention, in: AWR-Bulletin 1992, S. 24 ff.

Andersen, Robert/ Colette Debroux: Le droit d'asile en Belgique, in: REDP/ERPL, Vol. 7 1995, S. 685 ff.

Anderson, Philip: "You don't belong here in Germany..." On the Social Situation of Refugee Children in Germany, in: JRS, Vol. 14, No. 2, 2001, S. 187 ff.

Angenendt, Steffen (Hrsg.): Asylum and Migration Policies in the European Union, Bonn 1999, zitiert: Bearbeiter, in: Angenendt (Hrsg.), Migration.

Antalovsky, Eugen: Die letzte Etappe für eine Novellierung des österreichischen Asylgesetzes, in: AWR-Bulletin 1997, No. 1/2, S. 85 ff.

Baldwin-Edwards, Martin: The Emerging European Immigration Regime: Some Reflections on Implications for Southern Europe, in: JCMS, Vol. 35, Nr. 4 1997, S. 497 ff.

Bank, Roland: Reception conditions for Asylum seekers in Europe: an analysis of provisions in Austria, Belgium, France, Germany and the United Kingdom, in: NJIL, 2000, S. 257 ff.

Barwig, Klaus/ Klaus Lörcher/ Christoph Schumacher (Hrsg.): Asylrecht im Binnenmarkt, Baden-Baden 1989, zitiert: Bearbeiter, in Barwig u.a (Hrsg.), Asylrecht im Binnenmarkt.

Barwig, Klaus/ Klaus Lörcher/ Christoph Schumacher (Hrsg.): Asyl nach der Änderung des Grundgesetzes, Baden-Baden 1994, zitiert: Bearbeiter, in: oBarwig u.a. (Hrsg.), Asyl nach der Änderung des GG.

Barwig, Klaus /Klaus Sieverking/ Gisbert Brinkmann/ Klaus Lörcher/Sybille Röseler (Hrsg.): Sozialer Schutz von Ausländern in Deutschland, Baden-Baden 1997, zitiert: Bearbeiter, in: Barwig/Sieverking u.a. (Hrsg.), Sozialer Schutz.

Bausback, Winfried: 50 Jahre Allgemeine Erklärung der Menschenrechte - Politsches Dokument mit rechsgestaltender Wirkung ?, in: BayVBl. 1999, S. 705 ff.

Beitz, Wolfgang/ Wollenschläger, Michael (Hrsg.):, Handbuch des Asylrechts, Band I: Grundlagen, Baden-Baden 1980, zitiert: Bearbeiter, in: Beitz/Wollenschläger, Handbuch.

Berger, Nathalie: La Politique europeénne d'asile et d'immigration, Bruxelles 2000, zitiert: Berger, La Politique.

Bergmann, Jan/ Christofer Lenz (Hrsg.): Der Amsterdamer Vertrag vom 2. Oktober 1997. Eine Kommentierung der Neuerungen des EU- und EG-Vertrages, Köln 1998, zitiert: Bearbeiter, in: Bergmann/Lenz (Hrsg.), Der Amsterdamer Vertrag.

Bieber, Roland: Die Abkommen von Schengen über den Abbau der Grenzkontrollen, in: NJW 1994, S. 294 ff.

Bieber, Roland/ Joerg Monar (Hrsg.): Justice and Home Affairs in the European Union, The Development of the Third Pillar, Brussels 1995, zitiert: Bearbeiter, in: Bieber/Monar, Justice and Home Affairs.

Bleckmann, Albert: Zur Entwicklung europäischer Grundrechte, in: DVBL. 1978, S. 457 ff.

Bleckmann, Albert: Die wertende Rechtsvergleichung bei der Entwicklung der europäischen Grundrechte, in: Jürgen Baur, Peter-Christian Müller-Graff, Manfred Zuleeg (Hrsg.), Europarecht, Energierecht, Wirtschaftsrecht, Festschrift für Bodo Börner zum 70. Geburtstag, Köln, Berlin, Bonn, München 1992, zitiert: Bleckmann, in: Festschrift Börner.

Bleckmann, Albert: Europarecht, Das Recht er Europäischen Union und der Europäischen Gemeinschaften, Köln, Berlin, Bonn, München 1997, zitiert: Bleckmann, Europarecht.

Bleckmann, Albert: Völkerrecht, Baden-Baden 2001, zitiert: Bleckmann, Völkerrecht.

Bloch, Alice/ Carl Levy (Hrsg.): Refugees, citizenship and social policy in Europe, Houndsmill, Basinstoke, Hampshire, London, New York 1999, zitiert: Bearbeiter, in Bloch/Levy (Hrsg.), Refugees.

Bloch, Alice: A New Era of more of the Same ? Asylum Policy in the UK, in: JRS 2000, S. 29 ff.

Bloch, Alice/ Liza Schuster: Asylum and welfare: contemporary debate, in: CSP 2002, S. 393 ff.

Blumann, Claude: Aspects institutionels, in: RTDE 1997, S. 722 ff.

Blumenwitz, Dieter/ Gerd Wehner (Hrsg.): Rechte der Staaten, Volksgruppen und Individuen, Hanns-Seidel-Stifung, Müchen, 2002, zitiert: Beartbeiter, in: Blumenwitz/Wehner (Hrsg.), Rechte der Staaten.

Bommes, Michael/ Andrew Geddes (Hrsg.): Immigration and Welfare - Challenging the borders of welfare state, London, New York 2000, zitiert: Bearbeiter, in: Bommes/Geddes (Hrsg.), zitiert: Immigration and Welfare.

Bosswick, Wolfgang: Development of Asylum Policy in Germany, in: JRS 2000, S. 43 ff.

Brandl, Ulrike: Das österreichische Asylgesetz 1997, in: ASYL 1999, S. 9 ff.

Busse, Christian: Die Geltung der EMRK für Rechtsakte der EU, in: NJW 2000, S. 1074 ff.

Byrne, Rosemary/ Gregor Noll/ Jens Vested-Hansen. (Hrsg.): New Asylum Countries? Migration Control and Refugee Protection in an Enlarged European Union, Den Haag 2001, zitiert: Byrne/Noll/Vested-Hansen, New Asylum Countries?

Calliess, Christian/ Matthias Ruffert (Hrsg.): Kommentar des Vertrages über die Europäische Union und des Vertrages zur Gründung der Europäischen Gemeinschaft – EUV/EGV, Neuwied, Kriftel 1999, zitiert: Bearbeiter, in: Calliess/ Ruffert (Hrsg.), EUV/EGV.

Candappa, Mano: The rights to education and an adequate standard of living: Refugee children in the UK, in: IJCR 2000, S. 261 ff.

Carlier, Jean-Yves/ Dirk Vanheule/ Klaus Hullmann/ Carlos Peña Galiano (Hrsg.): Who is a Refugee? A coparative Case Law Study, The Hague, London, Boston 1997, zitiert: Bearbeiter, in: Carlier/Vanheule/Hullmann/Peña Galiano, Refugee.

Caroni, Martina: Privat- und Familienrecht zwischen Menschenrecht und Migration, Berlin 1999, zitiert: Caroni, Privat- und Familienrecht.

Cholewinski, Ryszard: Enforces destitution of asylum seekers in the United Kingdom: The denial of fundamental human rights, in: IJRL Vol. 10, Nr. 3 S. 462 ff.

Christensen, Arne Piel: Comparative Aspects of the Refugee Situation in Europe, IJRL, Vol. 7 1995, S. 102 ff.

Classen, Georg: Menschenwürde mit Rabatt, Leitfaden und Dokumentation zum Asylbewerberleistungsgesetz, Karlsruhe 2000, zitiert: Classen, Menschenwürde.

Commans, A.P.M./ Godefridus J.H. van Hoof: The Rights to Complain about Economic, Social and Cultural Rights, Utrecht 1995, zitiert: Bearbeiter, in: Commans/van Hoof, The Rights to Complain.

Corado, Laura: L'intégration de Schengen dans l'Union Européenne: Problèmes et Perspectives, in: Revue du Marché coummun et de l'Union européenne, Nr. 428, 1999. S. 342 ff.

Craven, Matthew: The International Convenant on Economic, Social and Cultural Rights, Oxford 1995, zitiert: Craven, ICESCR.

Danieli, Yael, Elsa Stamatopoulou, Clarence J. Dias (Hrsg.): The Universal Declaration of Human rights: Fifty Years and Beyond, Amityville, New York 1999, zitiert: Bearbeiter, in: Danieli u.a. (Hrsg.), The Universal Declaration of Human Rights.

Dankwa, Victor/ Cees Flinterman/ Scott Leckie: Commentary to the Maastricht Guidelines on Violation of Economic, Social and Cultural Rights, in: HRQ 1998, vol. 20, S. 703 ff.

Davy, Ulrike: Asyl und internationales Flüchtlingsrecht, Band II: Innerstaatliche Ausgestaltung, Wien 1996, zitiert: Davy, Asyl.

De Bruycker, Philippe (Hrsg.) : Les régularisations des étrangers illégaux dans l'Union Européenne / Regularisation of illegal immigrants in the EU, Bruxelles 2000, zitiert: Bearbeiter, in: De Bruycker, Les régularisations des étrangers illégaux.

Deckers, Daniel: Ruf nach fairer Lastenverteilung, in: F.A.Z. vom 01.12.2000, S. 3.

Deibel, Klaus: Praktische Probleme bei der Bewilligung von Leistungen nach dem Asylbewerberleistungsgesetz, in: ZAR 1995, S. 57 ff.

Deibel, Klaus: Das neue Asylbewerberleistungsgesetz, in: ZAR 1998, S. 28 ff.

Delbrück, Jost: The Right to Education as an International Human Right, in: GYIL 1992, S. 92 ff.

Della Cananea, Giacinto: Aliens in Italy, in: ERPL/REDP, Vol. 7, S. 809 ff.

Delouvin, Patrick: The Evolution of Asylum in France, in: JRS 2000, S. 61 ff.

Detrick, Sharon (Hrsg.): The United Nations Convention on the Rights of the Child, A Guide to the "Travaux Préparatoires", Dordrecht, Boston, London 1992, zitiert: Detrick (Hrsg.), Convention.

Di Pascale, Alessia: The New Regulations on Immigration and the Status of Foreigners in Italy, in: EJML 2002, S. 71 ff.

Dijk, van P./ G.J.H. van Hoof (Hrsg.): Theory and Practice of the European Convention on Human Rights, The Hague, The Netherlands, 1998, zitiert: Dijk/van Hoof, European Convention.

Dohmes-Ockenfels, Daniela: Die Rechte auf Arbeit und Bildung der Asylbewerber in der Europäischen Union, Berlin 1999, zitiert: Dohmes-Ockenfels, Arbeit und Bildung.

Dörr, Oliver: Das Schengener Durchführungsübereinkommen - ein Fall des Art. 24 Abs. I GG, in: DÖV 1993, S. 696 ff.

Dörr, Oliver/ Ute Mager: Rechtswahrung und Rechtsschutz nach Amsterdam, in: AöV 2000, S. 386 ff.

Dorsch, Gabriele: Die Konvention der Vereinten Nationen über die Rechte des Kindes, Berlin 1992, zitiert: Dorsch, Rechte des Kindes.
*Drüke, Luise/ Klaus Weigelt (*Hrsg.*)*: Fluchtziel Europa – Strategien für eine neue Flüchtlingspolitik, München 1993, S. 82 ff, zitiert: Bearbeiter, in: Drüke/Weigelt, Fluchtziel.
Due, Ole/ Marcus Lutter/ Jürgen Schwarze, (Hrsg.): Festschrift für Ulrich Everling, Band II, Baden-Baden 1995.
Duchrow, Julia: Die flüchtlingsrechtlichen Profile des Zuwanderungsgesetzes, in: ZAR 2002, S. 269 ff.
Düvell, Franck/ Bill Jordan: Immigration, asylum and welfare: the European context, in: CSP 2002, S. 498 ff.
Efionayi-Mäder, Denise: Sozialleistungen an Asylsuchende im europäischen Vergleich, in: ASYL, 1999, Nr. 3, S. 16 ff.
Efionayi-Mäder, Denise: Sozialhilfe für Asylsuchende im europäischen Vergleich, Forschungsbericht Nr. 14 des Schweizerischen Forums für Migrationsstudien vom 14.02.2001, Neufchâtel 1999, zitiert: Efionayi-Mäder.
Efionayi-Mäder, Denise: Determinanten der Asylmigrationen in Europa, in: ASYL 2001, Nr. 2, S. 17 ff.
Ehlermann, Claus-Dieter: Engere Zusammenarbeit nach dem Amsterdamer Vertrag: Ein neues Verfassungsprinzip, in: EuR 1997, S. 362 ff.
Ehrenkrona, Carl Hendrik: Folkrättsliga hinder mot utvisning enligt utlänningslagen (1998:529) m.m, in: Svensk juristtidning 1999, Vol. 1 S. 1 ff.
Eide, Asbjørn: Realization of Social and Economic Rights and the Minimum Threshold Approach, in: HRLJ 1989, Vol. 10, S. 35 ff.
Eide, Asbjørn/ Catarina Krause/ Allan Rosas (Hrsg.): Economic, Social and Cultural Rights, Dordrecht, Boston, London 1995, zitiert: Bearbeiter, in: Eide u.a. (Hrsg.), ESCR 1995.
Eide, Asbjørn/ Catarina Krause/ Allan Rosas (Hrsg.): Economic, Social and Cultural Rights, Dordrecht, Boston, London 2001, zitiert: Bearbeiter, in: Eide u.a. (Hrsg.), ESCR 2001.
Empell, Hans-Michael: Die Kompentenz des UN-Menschenrechtsausschusses im Staatenberichtverfahren, Frankfurt am Main 1987, zitiert: Empell, Die Kompetenz.
Epiney, Astrid: Zur Stellung des Völkerrechts in der EU, in: EuZW, 1999, S. 5 ff.
Everling, Ulrich: Das Vorabentscheidungsverfahren vor dem Gerichtshof der Europäischen Gemeinschaft, Baden-Baden 1986, zitiert: Everling, Vorabentscheidungsverfahren.
Everling, Ulrich: Die Zukunft der europäischen Gerichtsbarkeit in einer erweiterten Europäischen Union, in: EuR 1997, S. 398 ff.
F.A.Z.: Großbritannien sucht neue Wege im Asylrecht, 31.10.2001, S. 7.

F.A.Z.: Dänemark verabschiedet schärferes Ausländergesetz, 01.06.2002, S. 6.
F.A.Z.: Minister für Internierung von Asylbewerbern, 17.08.2002, S. 1.
F.A.Z.: EU plant Aktionsprogramm gegen illegale Einwanderung, 21.06.2002, S. 1.
F.A.Z.: Länder warnen vor EU-Asyl-Regelungen, 27.02.2003, S. 4.
F.A.Z.: Einigung in der EU über Familienzusammenführung, 28.02.2003, S. 1.
Ferengi, Beatrix: Separated Refugee Children in Austria, in: IJRL 2000, Nr. 4, S. 525 ff.
Fischer, Hans-Georg: Die Zusammenarbeit in den Bereichen Justiz und Inneres- die „3. Säule" des Vertrages über die Europäische Union in: EuZW 1994, S. 747 ff.
Fischer, Klemens H.: Der Vertrag von Nizza, Baden-Baden 2001, zitiert: Fischer, Nizza.
Folkelius, Kristina/ Gregor Noll: Affirmation exclusion, in: IJRL 1998, Vol. 10, S. 607 ff.
Fromont, Michel: Le droit d'asile et France, in: ERPL/REDP 1995, Vol. 7, S. 739.
Frowein, Jochen Abraham/ Wolfgang Peukert: Europäische Menschenrechtskonvention, Kommentar, Kehl, Straßburg, Arlington 1996, zitiert: Frowein/Peukert, EMRK.
Fulchiron, Hugues: La reforme du droit des étrangers, in: Journal droit publique, No. 1 1999, S. 333 ff.
Garry, Hannah R.: Harmonisation of Asylum Law and Policy within the European Union: A Human Rights Perspective, in: NQHR 2002, S. 163 ff.
Gegenwart Martin: Die sozialrechtliche Stellung des Asylbewerbers in Frankreich und Deutschland, Frankfurt/a.M.; Berlin, Bern; New York; Paris, Wien, 1998, zitiert: Gegenwart, Sozialrechtliche Stellung.
Geiger, Rudolf: EUV/EGV, Vertrag über die Europäische Union und Vertrag zur Gründung der europäischen Gemeinschaft, Kommentar, München 2000, zitiert: Geiger, Kommentar.
Gialdino, Carlo Curti: Schengen et le troisième pilier: le contrôle juridictionnel organisé par le traité d'Amsterdam, in: Revue du marché unique européen, 1998, Band 1989, S. 89 ff.
Giegerich, Thomas/ Rüdiger Wolfrum: Einwanderungsrecht, national und international - staatliches Recht, Europa- und Völkerrecht, Opladen 2001, zitiert: Bearbeiter, in: Giegerich/Wolfrum (Hrsg.), Einwanderungsrecht.
Gil Bazo, María Teresa: The role of Spain as a gateway to the Schengen area: Changes in asylum law and their implications for Human rights, in: IJRL 1998, No. 1/2, S. 214 ff.
Gilsdorf, Peter: Die Kompetenz der Gemeinschaft zu Angleichung asylrechtlicher Bestimmungen in der EG in: EuR 1990, S. 65 ff.

GK-AsylbLG: Herausgegeben von Fritz, Roland/ Karl-Heinz Hohm/ Jürgen Vormeier, Gemeinschaftskommentar zum AsylbLG, Stand: September 2002, Neuwied, Kriftel, zitiert, GK-AsylbLG.

GK-AsylVfG: Herausgegeben von Fritz, Roland/ Jürgen Vormeier, Gemeinschaftskommentar zum Asylverfahrensgesetz 1992, Stand Juni 2002, zitiert: Bearbeiter, in: GK-AsylVfG.

Göbel-Zimmermann, Ralph: Asyl- und Flüchtlingsrecht, München 1999, zitiert: Göbel-Zimmeramnn, Asylrecht.

Goerens, Jean-Mathias/ François Delaporte: L'étranger dans la cité, in: Annales de droit luxembourg 1997, S. 93 ff.

Goodwin-Gill, Guy S.: The Refugee In International Law, Oxford 1996, zitiert: Goodwin-Gill, The Refugee.

Goodwin-Gill, Guy, S.: Refugees and Security, in: IJRL 1999, S. 1 ff.

Gorning, Gilbert: Das "non-refoulement" - Prinzip, ein Menschenrecht „in status nascendi ", in: EuGRZ 1986, S. 521 ff.

Gortázar, Christina: Spain: Two Immigration Acts at the end of the millennium, in: EJML, Vol. 4, 2002, S. 1 ff.

Grabenwarter, Christoph/ Rudolf Thiene (Hrsg): Kontinuität und Wandel der EMRK, Studien zur Europäischen Menschenrechtskonvention, Kehl, Straßburg, Arlington, 1998, zitiert: Bearbeiter, in: Gabenwarter/Thiene (Hrsg.), Kontinuität und Wandel.

Grabitz, Eberhard/ Meinhard Hilf (Hrsg.): Kommentar zur Europäischen Union, Band I, Stand: Februar 2002, zitiert: Bearbeiter, in: Grabitz u.a. (Hrsg.), Das Recht der EU, Band.

Grabitz, Eberhard/ Meinhard Hilf (Hrsg.): Kommentar zum EWG-Vertrag, Band I, Stand: Oktober 1999, zitiert: Bearbeiter, in: Grabitz u.a. (Hrsg.), EWG- Vertrag.

Grahl-Madsen, Atle: The Status of Refugees in International Law, Vol. II, Asylum, Entry, Sojourn, Leiden 1972, zitiert: Grahl-Madsen, The Status of Refugees.

Grewe, Constanze/ Albrecht Weber: Die Reform des Ausländer- und Asylrechts in Frankreich, in: EuGRZ 1993, S. 496 ff.

Griller, Stefan/ Gerda Falkner/ Katrin Fargó/ Michael Netwich/ Dimitri Droutsas, The Treaty of Amsterdam, Facts, Analysis, Prospects, Wien, New York 2000, zitiert: Griller u.a., The Treaty of Amsterdam.

Groeben, Hans v. d./ Jochen Thiesing/ Claus-Dieter Ehlermann (Hrsg.): Kommentar zum EU-/EG-Vertrag, Artikel 210-248 EGV, Artikel H-S EUV, 5. Auflage, Baden-Baden 1997, zitiert: Bearbeiter, in: v.d. Groeben u.a. (Hrsg.), Kommentar, Band.

Groß, Thomas: Europäisch Grundrechte als Vorgabe für das Einwanderungs- und Asylrecht, in: KJ 2001, S. 100 ff.

Guild, Elspeth/ Carol Harlow (Hrsg.): Implementing Amsterdam, Immigration and Asylum Rights in EC Law, Amsterdam, Portland Oregon 2001, zitiert: Bearbeiter, in: Guild/Harlow (Hrsg.), Implementing Amsterdam.

Guimezanes, Nicole: La loi du 11 mai 1998 relative à l'entrée et au séjour des étrangers en France et au droit d'asile, in: Juriclasseur périodique 1998, S. 2047 ff.

Hailbronner, Kay: Möglichkeiten und Grenzen einer europäischen Koordinierung des Einreise- und Asylrechts, Baden-Baden 1989, zitiert: Hailbronner, Möglichkeit und Grenzen.

Hailbronner, Kay: Asyl- und Einwanderungsrecht im europäischen Vergleich, Köln 1992, zitiert: Hailbronner, Vergleich.

Hailbronner, Kay: Die Rechtsstellung der De-facto-Flüchtlinge in den EG-Staaten, Baden-Baden 1993, zitiert: Hailbronner, De-facto-Flüchtlinge.

Hailbronner, Kay: Rückübernahme eigener und fremder Staatsangehöriger, Heidelberg 1996, zitiert: Hailbronner, Rückübernahme.

Hailbronner, Kay: Kompatibilität des Schweizer Asylverfahrens mit Harmonisierungsbestrebungen im Asylrecht der Europäischen Union, Zürich 2000, zitiert: Hailbronner, Kompatibilität.

Hailbronner, Kay: Immigration and Asylum Law and Policy of the European Union, The Hague, London; Boston 2000, zitiert: Hailbronner, Immigration and Asylum Law.

Hailbronner, Kay (Hrsg.): Ausländerrecht, Kommentar, Ordner 3 Asylrecht, Arbeits- und Sozialrecht, Stand Mai 2002, Heidelberg, zitiert: Bearbeiter, in: Hailbronner (Hrsg.), Ausländerrecht, Ordner 3.

Hailbronner, Kay: Perspektiven einer europäischen Asylrechtsharmonisierung nach der Maastrichter Gipfelkonferenz, in: ZAR 1992, S. 51 ff.

Hailbronner, Kay: Die europäische Asylrechtsharmonisierung nach dem Vertrag von Maastricht, in: ZAR 1995, S. 3 ff.

Hailbronner, Kay: Readmission agreements and the obligation on states under public international law to readmit their own and foreign nationals, in: ZaöRV 1997, S. 1 ff.

Hailbronner, Kay/Claus Thiery: Schengen II und Dublin – Der zuständige Asylstaat in Europa in: ZAR, 1997, S. 55 ff.

Hailbronner, Kay: European Immigration and Asylum Law under the Amsterdam Treaty, in: CML Rev. 1998, S. 1047 ff.

Hailbronnner, Kay: Art. 3 EMRK - ein neues europäisches Konzept der Schutzgewährung?, in: DÖV 1999, S. 617 ff.

Hailbronner, Kay: Angebot und Nachfrage, Zwanzig Gedanken zur Verringerung illegaler Einwanderung und zur Etablierung eines europäischen Flüchtlingsrechts, in: F.A.Z. vom 17.05.2001, S. 10.

Hailbronner, Kay: Asylpolitik in der Europäischen Union, in: ZAR 2002, S. 259 ff.

Hailbronner, Kay/ Eckart Klein/ Siegfried Magiera,/ Peter-Christian Müller-Graff (Hrsg.):
Handkommentar zum Vertrag über die Europäische Union (EUV/EGV), Köln, Berlin, Bonn, München, Loseblattsammlung, 5. Lieferung Juni 1996, zitiert, Bearbeiter: in Hailbronner u.a. (Hrsg.), Handkommentar, Art.

Hailbronner, Kay/ Claus Thiery: Amsterdam- Vergemeinschaftung der Sachbereiche freier Personenverkehr, Asylrecht und Einwanderung sowie Überführung des Schengen-Besitzstandes auf EU-Ebene in: Europarecht 1998, S. 582 ff.

Hailbronner, Kay/ Patrick Weil (Hrsg.): Von Schengen nach Amsterdam: auf dem Weg zu einem europäischen Einwanderungs- und Asylrecht, Trier 18. und 19. Februar 1999, Köln 1999, zitiert, Bearbeiter, in: Hailbronner/Weil (Hrsg.), Von Schengen nach Amsterdam.

Harris, David/ Sarah Josephs: The International Covenant on Cilvil and Political Rights and the United Kingdom Law, Oxford 1995, zitiert: Harris/Joseph, The International Covenant on Cilvil and Political Rights.

Harris, David/ Michael O'Boyle/ Chris Warbrick: Law of the European Convention on Human Rights, London, Dublin, Edinburgh 1995, zitiert: Harris/O'Boyle/Warbrick, ECHR.

Harvard Law School Human Rights Program: Economic and social rights and the right to health. An interdisciplinary discussion held at Harvard Law School in September 1993, Veröffentlichung 1995, zitiert: Harvard Law School Human Rights Program, Economic and social rights and the right to health.

Harvey, Colin: Restructing Asylum: Recent Trends in United Kingdom Asylum Law and Policy, in: IJRL 1997, S. 60 ff.

Heffernan, Liz: A comparative view of individual petition procedures under the European Convention on Human Rights and the International Covenant on Civil and Political Rights, in: HRQ 1997, S. 78 ff.

Hein, Christopher: Italy, Current Asylum Problems, in: AWR-Bulletin, 1992, S. 64 ff.

Heinhold, Hubert: Pflichtenkollision bei der Vormundschaft in ausländerrechtlichen Angelegenheiten, in: InfoAuslR 1997, S. 287 ff.

Hendry, I.D: The third Pillar of Maastricht: Cooperation in the Fields of Justice and Home Affairs, in: GYIL (36), 1993, S. 295 ff.

Henkel, Joachim: Asyl in Polen: Fragen– Probleme– Perspektiven, in: ZAR 1993, S. 79 ff.

Himmelmann, Steffen: Gemeinschaftliche Vorgaben für die Umsetzung von EG-Recht, in: DÖV 1995, S. 145 ff.

Hilf, Meinhard: Europäische Union und Europäische Menschenrechtskonvention, in: Beyerlin, Ulrich/Michael Bothe u.a (Hrsg.), Recht zwischen Umbruch und Bewahrung, Festschrift für Rudolf Bernhardt, Berlin, Heidelberg, New York, London, Paris u.a.O. 1995, S. 1193 ff, zitiert: Hilf, in: Festschrift Bernhardt.

Hohm, Karl-Heinz: Zweites Gesetz zur Änderung des Asylbewerberleistungsgesetzes, in: NVwZ 1998, S. 1045 ff.

Holterman Thom: The Legal Condition of the Asylum Seeker in the Netherlands, in: ERPL/REDP, Vol. 7 1995, S. 821 ff.

Hort, Peter: Mit „Folterwerkzeugen" gegen illegale Einwanderer?, F.A.Z. vom 21.06.2002, S. 6.

Hort, Peter: „Diplomatischer Quark", F.A.Z. vom 24.06.2002, S. 4.

Huber, Bertold: Asyl und Ausländerrecht in der Europäischen Gemeinschaft, in: NVwZ 1992, S. 618 ff.

Huber, Bertold (Hrsg): Handbuch des Ausländer- und Asylrechts, Band I, Stand: 01.02.2002, München 2002, zitiert: Bearbeiter, in: Huber (Hrsg.), Handbuch I.

Huber, Bertold (Hrsg): Handbuch des Ausländer- und Asylrechts, Band II, Stand: 01.02.2002, München 2002, zitiert: Bearbeiter, in: Huber (Hrsg.), Handbuch II.

Huber, Berthold: Das Schengener Durchführungsübereinkommen und seine Auswirkungen auf das Ausländer- und Asylrecht, in: NvWZ 1996, S. 1069 ff.

Huber, Berthold: Geändertes Kindschaftsrecht und Ausländerrecht, in: NVwZ 1998, S. 713 ff.

Huber, Berthold: Asyl- und Ausländerrecht in der Europäischen Gemeinschaft, in: NVwZ 1992, S. 618 ff.

*Huber, Berthold:*in: Das Schengener Durchführungsübereinkommen und seine Auswirkung auf das Ausländer- und Asylrecht, in: NVwZ 1996, S. 1069 ff.

Huber, Bertold: Das Dubliner Übereinkommen, in: NVwZ 1998, S. 150 f.

Hummel, Dirk: Aufnahme und Unterbringung von unbegleiteten minderjährigen Flüchtlingen unter 16 Jahren im Bundesgebiet, in: AWR-Bulletin 1995, S. 149 ff.

Hummer, Waldemar: Flüchtlinge im Europäischen Binnenmarkt, in: ZfRV, 1991, S. 129 ff.

Hummer, Waldemar (Hrsg.): Rechtsfragen in der Anwendung des Amsterdamer Vertrages, Wien 2001, zitiert: Bearbeiter, in: Hummer (Hrsg.), Rechtsfragen.

Hummer, Waldemar (Hrsg.): Die Europäische Union nach dem Vertrag von Amsterdam, Wien 1998, zitiert: Bearbeiter, in: Hummer (Hrsg.), Die Europäische Union.

Hurwitz, Agnès: The 1990 Dublin Convention: A comprehensive Assessment, in: IJRL 1999, Vol. 11, S. 646 ff.

Hyndman, Patricia: The 1951 Convention and its implication for procedural questions, in: IJRL 1994, S. 245 ff.

Iglesias, Gil Carlos Rodriguez: Zur Stellung der Europäischen Menschenrechtskonvention im europäischen Gemeinschaftsrecht, in: Beyerlin, Ulrich/Michael Bothe u.a (Hrsg.), Recht zwischen Umbruch und Bewahrung, Festschrift für Rudolf Bernhardt, Berlin, Heidelberg, New York, London, Paris u.a.O. 1995, S. 1269 ff., zitiert: Iglesias, in: Festschrift Bernhadt.

Institut for Minority and Ethnic Studies, University of Amsterdam, Migration Research Unit, University College, London, Centre d'Etudes et de Recherche International, Paris (Hrsg):
Feasibility Study for a European Migration Observatory, Final Report 1996, zitiert: Institut for Minority and Ethnic Studies, Feasibility Study for a European Migration Observatory.

Inston, Mark John: Recent Changes to Asylum Law in the United Kingdom, in: AWR-Bulletin, 2000, S. 131 ff.

IntKomm EMRK : Internationaler Kommentar zur Europäischen Menschenrechtskonvention, herausgegeben von Golsong, Heribert/Karl Wolfram, Köln, Berlin, Bonn, München, Loseblattsammlung, Stand Januar 2002, zitiert: Bearbeiter, IntKomm EMRK.

Ipsen, Knut: Völkerrecht, München 1999, zitiert: Ipsen, Völkerrecht.

Jacobs Francis G./ Robin C.A. White: The European Convention on Human Rights, Oxford 1996, zitiert: Francis/White, ECHR.

Jadoul, Pierre/ Eric Mignon: Le Droit des Etrangers. Statut, Evolution Européenne, droits Economique et Sociaux, Bruxelles 1993, zitiert: Jadoul/Mignon, Droit des Etrangers.

Jahn, Kurt: Sozialgesetzbuch (SGB) für die Praxis, Drittes Buch (III) Arbeitsförderung, Loseblattsammlung, Freiburg, Berlin München 2001, zitiert: Bearbeiter, in: Jahn, SGB III.

Janning, Josef: Dynamik in der Zwangsjacke - Flexibilität in der Europäischen Union nach Amsterdam, in: Integration 1997, S. 285 ff.

Jarass, Hans: EG-Kompetenzen und das Prinzip der Subsidiarität nach Schaffung der Europäischen Union, in: EuGRZ 1994, S. 209 ff.

Jarass, Hans/ Bodo Pieroth: Grundgesetz für die Bundesrepublik Deutschland, Kommentar, München 2000, zitiert: Jarass/Pieroth, GG.

Jöckenhövel-Schiecke, Helga: Schutz für unbegleitete Flüchtlingskonder: Rechtsgrundlagen und gegenwärtige Praxis, in: ZAR 1998, S. 165 ff.

Joly, Danièle: The Porous Dam: European Harmonization on Asylum in the Nineties in: IJRL 1994, Vol. 2, S. 159 ff.

Jubany-Baucells, Olga: The state of welfare für asylum seekers and refugees in Spain, in: CSP 2002, S. 145ff.

Julien-Laferrière, François: La „loi Chevènement“ sur l'entrée et le séjour des étrangers et sur le droit d'asile, in: Regards sur l'actualité, N° 242, 1998, S. 17 ff.

Kälin, Walter: Das Prinzip des non-refoulement. Das Verbot der Zurückweisung, Ausweisung und Auslieferung von Flüchtlingen in den Verfolgerstaat im Völkerrecht und im schweizerischen Landesrecht, Bern, Frankfurt am Main 1982, zitiert: Kälin, Non-refoulement.

Kälin, Walter/ Alberto Achermann: Rückkehr von Gewaltflüchtlingen in Sicherheit und Würde: Ein neues Instrument der Flüchtlingspolitik? Aus der Reihe Forschungspolitische Früherkennung, Nr. 121, Bern 1992, zitiert: Kälin, Rückkehr von Gewaltflüchtlingen.

Kälin, Walter/ Giorgio Malinverni/ Manfred Nowak: Die Schweiz und die UNO-Menschenrechtspakete, La Suisse et les Pactes des Nations Unies relatifs aux droits de l'homme, Basel, Frankfurt am Main 1997, zitiert: Bearbeiter, in: Kälin/Malinverni/Nowak (Hrsg.), Die UNO-Menschenrechtspakete.

Kälin, Walter: Die Bedeutung der EMRK für Asylsuchende und Flüchtlinge: Materialien und Hinweise, ZDWF-Schriftenreihe Nr. 70, Bonn 1997, zitiert: Kälin, Bedeutung der EMRK.

Kälin, Walter: Temporary Protection in the EC: Refugee Law, Human Rights and the Temptations of Pragmatism, in: GYIL 2001, Band 44, S. 203 ff.

Kanein, Werner/ Günther Renner: Ausländerrecht, Kommentar von Günther Renner, München 1993, zitiert: Kanein/Renner, Ausländerrecht.

Kenntner, Markus : Das Subsidiaritätsprotokoll des Amsterdamer Vertrags, in: NJW 1998, S. 2871 ff.

Kerber, Karoline: Die vorübergehende Schutzgewährung in der Europäischen Union: völkerrechtliche Grundlagen, innerstaatliches Recht und unter besonderer Berücksichtigung der Harmonisierungsbestrebungen, Leipzig 1998, zitiert: Kerber, Vorübergehende Schutzgewährung.

Kimminich, Otto: Grundprobleme des Asylrechts, Darmstadt 1983, zitiert: Kimminich, Grundprobleme.

Kimminich, Otto: Der internationale Rechtsstatus des Flüchtlings, Köln, Berlin, Bonn, München 1962, zitiert: Kimminich, Rechtstatus.

Kimminich, Otto/ Stephan Hobe: Einführung in das Völkerrecht, 7. Auflage, Tübingen, Basel 2000, zitiert: Kimminich/Hobe, Einführung.

Kjærum, Morten: Refugee Protection between state interest and human rights: Where is Europe heading?, in: HRQ, Band 24, 2002, S. 513 ff.

Klee, Kristina: Die progressive Verwirklichung wirtschaftlicher, sozialer und kultureller Menschenrechte - eine Interpretation von Art. 2 Abs. 1 des Internationalen Pakts für wirtschaftliche, soziale und kulturelle Rechte - Stuttgart, München u.a. 2000, zitiert: Klee, Progressive Verwirklichung.

Kloesel, Arno/ Rudolf Christ/ Otto Häußer (Hrsg.): Deutsches Ausländerrecht, Kommentar zum Ausländergesetz und den wichtigsten ausländerrechtlichen Vorschriften, Band 3, Stuttgart/Berlin/Köln, 4. Auflage, Stand Mai 2000, zitiert: Kloesel/Christ/Häußer, Kommentar zum Ausländerrecht.

Klos, Christian: Rahmenbedingungen und Gestaltungsmöglichkeiten der Europäischen Migrationspolitik, Konstanz 1998, zitiert: Klos, Europäische Migrationspolitik.

Klos, Christian: Deutschlands Verhältnis zur Genfer Flüchtlingskonvention und zur Europäischen Menschenrechtskonvention, in: ZAR 2000, S. 202 ff.

Kluth, Winfried (Hrsg.): Die Europäische Union nach dem Amsterdamer Vertrag, Baden-Baden 2000, zitiert: Bearbeiter, in: Kluth (Hrsg.), Die EU nach dem Amsterdamer Vertrag.

Knapp, Andreas: Die Garantie des effektiven Rechtsschutzes durch den EuGH im „Raum der Freiheit, der Sicherheit und des Rechts“, in: DÖV, 2001, S. 12 ff.

Koch, Elisabeth: Social Rights as Components of the Civl Rights to Personal Liberty: Another Step foreward in the integrated Human Rights Approach ?, in: NQHR 2002, S. 29 ff.

Koch, Gustav: Die Genfer Flüchtlingskonvention und der notwendige Schutz von Kriegs- und Bürger-Kriegsflüchtlingen, in: AWR-Bulletin 1999, S. 137 ff.

Koenig, Christian/ Andreas Haratsch: Europarecht, Tübingen 2000, zitiert, Koenig/Haratsch, Europarecht.

Kokott, Juliane: Der Grundrechtsschutz im europäischen Gemeinschaftsrecht, in: AöR 1996, S. 599 ff.

Kuijer, A./ J.D.M. Steenbergen: Nederlands Vreemdelingenrecht, 4. Auflage, Utrecht 1999, zitiert: Kuijer/Steenbergen, Vreemdelingenrecht.

Kuosma, Tapio: Pakolaisen oikeusasemasta suomessa, Legal conditions of refugees in Finland, Helsinki 1993, zitiert: Kuosma, Pakolaisen.

Kussbach, Erich: The 1991 Austrian Asylum Law, in: IJRL 1994, Vol. 6, S. 227 ff.

Krüger, Hans Christian/ Jörg Polakiewicz: Vorschläge für ein kohärentes System des Menschenrechtsschutzes in Europa, in: EuGRZ 2001, S. 92 ff.

Labayle, Henri: Un espace de liberté, de sécurité et de justice, in: RTD eur. 1997, S. 813 ff.

Laier, Tanja: Das Flughafenasylverfahren nach § 18 1 AsylVfG in rechtsvergleichender Perspektive, Berlin 1999, zitiert: Laier, Das Flughafenasylverfahren.

Lambert, Hélène: Seeking Asylum. Comparative Law and Practice in Selected European Countries. Doderecht, Boston, London 1995, zitiert: Lambert, Asylum.

Lang, Gernot: Das Gemeinschaftsrecht der Drittstaatsangehörigen. Eine Analyse der Rechtsstellung der Nicht-Unionsbürger im Recht von Europäischer Gemeinschaft und Union, Baden-Baden 1998, zitiert: Lang, Das Gemeinschaftsrecht der Drittstaatangehörigen.

Lecki, Scott: The UN-Committe on Economic, Social and Cultural Rights and the Right to Adequate Housing: towards an appropriate approach, in: HRQ, 1997, S. 522 ff.

Léger, Philippe: Commentaire article par article des traités UE et CE, Bâle, Genève, Munich, Paris, Bruxelles 2000, zitiert: Bearbeiter, in: Léger, (Hrsg.), Commentaire.

Lehnguth, Gerold: Die Verträge der Bundesrepublik Deutschland zur Rückübernahme ausreisepflichtiger Ausländer, in: ZAR 1997, S. 161 ff.

Leible, Stefan/ Olaf Sosnitza: Richtlinienkonforme Auslegung vor Ablauf der Umsetzungsfrist und vergleichende Werbung, in: NJW 1998, S. 2507 ff.

Leitaõ, José/ Luis Nunes de Almeida: Portugal, in: Annuaire international de justice constitutionnelle, 1998, S. 297 ff.

Lenz, Carl Otto (Hrsg.): EG-Vertrag Kommentar, 2. Auflage, Köln, Basel, Genf, München, Wien 1999, zitiert: Bearbeiter, in: Lenz (Hrsg.), EG-Vertrag-Kommentar.

Liedtke, Matthias: National Welfare and Asylum in Germany, in: CSP 2002, S. 479 ff.

Löper, Friedrich: Das Dubliner Übereinkommen über die Zuständigkeit für Asylverfahren, in: ZAR 2000, S. 16 ff.

Maaßen, Hans-Georg: Die Rechtsstellung des Asylbewerbers im Völkerrecht, Berlin, Bern, New York, Paris, Wien 1997, zitiert: Maaßen, Rechtsstellung.

Maaßen Hans-Georg: Abschiebeschutz aus Art. 3 EMRK auch bei nicht vom Staat ausgehenden Menschenrechtsverletzungen und allgemeinen dem Ausländer im Herkunftsland drohenden Gefahren für Leib, Leben und Gesundheit, in: ZAR 1998, S. 107 ff.

Maaßen, Hans-Georg/ Marion de Wyl: Folgerungen aus dem Asylurteil des Bundesverfassungsgerichts vom 14. Mai 1996 zur Drittstaatenregelung, in: ZAR 1996, S. 158 ff.

McGoldrick, Dominic: The Human Rights Committee. Its Role in the Development of the International Covenant on Civil and Political Rights, Oxford 1991, zitiert: McGoldrick, Human Rights Committee.

Machacek, Rudolf/ Willibald Pahr/ Gerhard Stadler (Hrsg.), 50 Jahre Allgemeine Erklärung der Menschenrechte, Grund- und Menschenrechte in Österreich, Band III, Wesen und Werte, Kehl, Straßburg, Arlington 1998, zitiert: Bearbeiter, in: Machacek u.a (Hrsg), Grund- und Menschenrechte.

Mahlmann, Matthias: Die Grundrechtscharta der Europäischen Union, in: ZEUS 2000, S. 419 ff.

Marx, Reinhard: Anforderungen an ein europäisches Asylrecht, in: KJ 1992, S. 405 ff.
Marx, Reinhard: Non-Refoulement, Access to procedures, and Responsibility for Determining Refugee Claims, in: IJRL 1995, Band 7, S. 383 ff.
Marx, Reinhard: AsylverfahrensG – Kommentar zum AsylVG, Neuwied, Kriftel 1999, zitiert: Marx, Asylverfahrensgesetz.
Marx, Reinhard: Stellungsnahme zum Zuwanderungsgesetz, BT-Innenausschuß, 14. Wp.; Protokoll Nr. 674, zitiert: Marx, Stellungsnahme.
Matscher, Franz (Hrsg): Die Durchsetzung der wirtschaftlichen und sozialen Grundrechte, Kehl, Straßbourg, Arlington 1991, zitiert: Bearbeiter, in: Matscher (Hrsg.), Die Durchsetzung.
Maunz, Theodor/ Günter Dürig/ Roman Herzog/ Rupert Scholz/ Peter Lerche/ Hans-Jürgen Papier/ Albrecht Randelzhofer/ Eberhard Schmidt-Assman (Hrsg.): Grundgesetz Kommentar, Band II: Art. 12-21, Stand 36. Lieferung Oktober 1999, München, zitiert: Bearbeiter, in: Maunz/Dürig u.a. (Hrsg.), GG.
Meijers, Herman: Schengen: Internationalisation of central chapters of the law on aliens, refugees, privacy, security and the police, Leiden 1992, zitiert: Bearbeiter, in: Meijers (Hrsg.), Schengen.
Menke, Matthias: Bedingungen einer Asylgesetzgebung der Europäischen Gemeinschaft, Baden-Baden 1993, zitiert: Menke, Bedingungen.
Menzel, Hans-Joachim: Minderjährige Flüchtlinge zwischen völkerrechtlichem Kinderschutz und nationaler Ausländerabwehr, in: ZAR 1996, S. 22 ff.
Merten, Detlef (Hrsg.): Die Subsidiarität Europas; Berlin 1994, zitiert: Merten, Die Subsidiarität.
Mickel, Wolfgang: Handlexikon der Europäischen Union, Köln 1994, zitiert: Mickel, Handlexikon.
Modeen, Tore: La situation juridique du demandeur d'asile: Finlande, in: Revue française de Droit administratif 1993, S. 565 ff.
Monar, Joerg/ Roger Morgan (Hrsg.): The third Pillar of the European Union, Brussels 1994, zitiert: Bearbeiter, in: Monar/Morgan (Hrsg.), The third pillar.
Monar, Joerg Justice and home affoars in the Treaty of Amsterdam: reform at the price of fragmentation, in: ELR1998, S. 333 ff.
Monar, Joerg /Wolfgang Wessels (Hrsg.): The European Union after the Treaty of Amsterdam, London, New York 2001, zitiert: Bearbeiter, in: Monar/Wessels, (Hrsg.), The European Union.
Morrison, John: Asylum in the United Kingdom, in: ERPL/REDP Vol. 7, 1995, S. 879 ff.
Müller-Graff, Peter-Christian: Die Europäische Zusammenarbeit in den Bereichen Justiz und Inneres, in: Due, Ole/Marcus Lutter/Jürgen Schwarze (Hrsg.), Festschrift für Ulrich Everling, Band II, Baden-Baden 1995, S. 925 ff., zitiert: Müller-Graff, in: Festschrift Everling.

Müller-Graff, Peter-Christian (Hrsg.): Europäische Zusammenarbeit in den Bereichen Justiz und Inneres. Der dritte Pfeiler der Union, Baden-Baden 1996, zitiert: Müller-Graff, Europäische Zusammenarbeit.

Müller-Graff, Peter-Christian/ Jürgen Schwarze (Hrsg.): Rechtsschutz und Rechtskontrolle nach Amsterdam, EuR-Beiheft, Baden-Baden, 1999, zitiert: Bearbeiter, in: Müller-Graff/Schwarze (Hrsg.), Rechtsschutz.

Münder, Johannes/ E. Jordan/ D. Kreft/ Th. Lakis/ H. Lauer/ R. Proksch/ K. Schäfer: Frankfurter Lehr- und Praxiskommentar zum KJHG/SGB VIII, Stand 1999, Münster 1998, zitiert: Münder u.a. (Hrsg.) Frankfurter LPK-KJHG.

Muzak, Gerhard: Die Aufenthaltsberechtigung im österreichischen Fremdenrecht, Wien 1995, zitiert: Muzak, Aufenthaltsberechtigung.

Nanz, Klaus-Peter: Schengen Übereinkommen und Personenfreizügigkeit, in: ZAR 1994, S. 99 ff.

Nathwani, Niraj: The purpose of Asylum, in: IJRL 2000, Vol. 3, S. 354 ff.

Nicholson, Frances/ Patrick Twomey (Hrsg.): Current Issues of UK Asylum Law and Policy, Aldershot, Brookfield USA, Singapore, Sydney 1998, zitiert: Bearbeiter, in: Nicholson/Twomey (Hrsg.), Current Issues.

Nicholson, Frances/ Patrick Twomey (Hrsg.): Refugee Rights and Realities,Cambridge 1999, zitiert: Bearbeiter, in: Nicholson/Twomey (Hrsg.), Refugee Rights.

Niemeyer, Frank: Neues Flüchtlingsrecht in Spanien, in: ZAR 1995, S. 187 ff.

Nowak, Manfred: U.N. Covenant on Civil and Political Rights, CCPR Commentary, Kehl, Strasbourg, Arlington 1993, zitiert: Nowak; CCPR.

Neuwahl, Nanette/ Allan Rosas (Hrsg.): The European Union and Human Rights, The Hague, Boston, London 1995, zitiert: Bearbeiter, in: Neuwahl/Rosas (Hrsg.), Human Rights.

Newman, Frank/ David Weissbrodt: International Human Rights, Law, Policy and Process, 2. edition, Cincinnati 1996, zitiert: Bearbeiter, in: Newman/Weissbrodt (Hrsg.), International Human Rights Law.

Noll, Gregor: Negotiating Asylum, The EU-Aquis, Extraterritorial Protection and the Common Market of Deflection, Den Haag 2002, zitiert: Noll, Negotiating Asylum.

O'Keeffe, David: The Schengen Convention: A Suitable Model for European Integration?, in: YEL 1991, S. 185 ff.

O'Keeffe, David/ Patrick Twomey (Hrsg.): Legal Issues of the Amsterdam Treaty, Oxford, Portland, Oregon 1999, zitiert: Bearbeiter, in: O'Keefe/Twomey (Hrsg.), Legal Issues.

Oppermann, Thomas: Europarecht, München 1999, zitiert: Oppermann, Europarecht.

Palm-Risse, Martina: Der völkerrechtliche Schutz von Ehe und Familie, Berlin 1990, zitiert: Palm-Risse, Schutz.

Pappa, Christoph: Das Individualbeschwerdeverfahren des Fakultativprotokolls zum Internationalen Pakt über bürgerliche und politische Rechte, Bern 1996, zitiert: Pappa, Das Individualbeschwerdeverfahren.

Papadoupoulo, Olga: Le statut de réfugie en Grèce, in: ERPL/REDP 1995, Vol. 7, S. 845 ff.

Papassiopi-Passia, Zoe: The legal conditions of Refugees in Greece, in: Revue Hellénique de Droit international 1994, S. 6 ff.

Pauly, Alexis: Les accords de Schengen: Abolition des frontières intérieures ou menace pour les libertés publiques? Maastricht 1993, zitiert, Bearbeiter, in: Pauly (Hrsg.), Les accords des Schengen.

Pechstein, Matthias: Amsterdamer Vertrag und Grundgesetz, in: DÖV 1998, S. 569 ff.

Pechstein Matthias/ Christian Koenig: Die Europäische Union, 3. Auflage, Tübingen 2000.

Pérez Sola, Nicolás: La regulación del derecho de asilo y refugio en España, Jaén 1999, zitiert: Pérez, La regulación.

Pescatore, Pierre: La Cour de Justice des Communautés européennes et la Convention européenne des Droits de l'Homme, in: Matscher, Franz/Sigfried Pezold (Hrsg.), Protection Human Rights: The European Dimension. Festschrift für Gérad Wiarda, Köln 1988, zitiert: Bearbeiter, in: Festschrift Wiarda.

Pieper, Stefan Ulrich: Subsidiarität. Ein Beitrag zur Begrenzung der Gemeinschaftskompetenzen, Köln, Berlin, Bonn, München 1993, zitiert: Pieper, Subsidiarität.

Peter, Erich: Die Rücknahme des deutschen Ausländervorbehalts zur UN-Kinderrechtskonvention im Spannungsfeld verfassungsrechtlicher Kompetenzzuweisung, in: ZAR 2002, S. 144 ff.

Peers, Steve: Immigration, Asylum and the European Union Charta of Fundamental Rights, in: EJML 2001, Vol. 3, S. 141 ff.

Pollern, Ingo von: Das moderne Asylrecht, Völkerrecht und Verfassungsrecht der Bundesrepublik Deutschland, Berlin 1980, zitiert: v. Pollern, Das moderen Asylrecht.

Reiland, Werner: Das Asylrecht in der verwaltungsgerichtlichen Praxis, in: BayVBl. 1998, S. 321 ff.

Rengeling, Hans-Werner/ Andreas Middeke/ Martin Gellermann/ Michael Ch. Jakobs: Rechtsschutz in der Europäischen Union. Durchsetzung des Gemeinschaftsrechts vor europäischen und deutschen Gerichten, München 1994, zitiert: Rengeling u.a., Rechtsschutz.

Rengeling, Hans-Werner: Europäische Normgebung und ihre Umsetzung in nationales Recht, in: DVBl 1995, S. 945 ff.

Rengeling, Hans-Werner: Grundrechtsschutz in der Europäischen Gemeinschaft, München 1992, zitiert: Rengeling, Grundrechtsschutz.

Renner, Günther: Ausländerrecht, Kommentar, München 1999, zitiert: Renner, Ausländerrecht.

Ress, Georg: Die Bedeutung der Rechtsvergleichung für das Recht internationaler Organisationen, in: ZaöRV 1976, Band 36, S. 227 ff.

Ress, Georg: Die Europäische Union und die neue juristische Qualität der Beziehungen zu den Europäischen Gemeinschaften, in: JuS 1992, S. 985 ff.

Riedel, Eibe: Verhandlungslösungen im Rahmen des Sozialpaktes der Vereinten Nationen, in: Ipsen, Jörn/ Edzard Schmidt-Jortzig (Hrsg.): Recht - Staat - Gemeinwohl, Festschrift für Dietrich Rauschning, Köln, Berlin, Bonn, München 2001, zitiert: Riedel, in: Festschrift Rauschning.

Rogers, Nicola: Minimum Standards for Reception, in: EJML 2002, S. 215 ff.

Ruffert, Matthias: Die Mitgliedstaaten der Europäischen Gemeinschaft als Verpflichtete der Gemeinschaftsgrundrechte, in: EuGRZ 1995, S. 518 ff.

Rupprecht, Reinhard/ Markus Hellenthal: Innere Sicherheit im europäischen Binnenmarkt Reihe: Strategie und Optionen für die Zukunft Europas, Gütersloh 1992, zitiert, Rupprecht/Hellenthal, Innere Sicherheit.

Russell, Simon: Unaccompanied Refugee Children in the United Kingdom, in: IJRL Vol. 11, Nr. 1 1999, S. 126 ff.

Sales, Rosemary: The deserving and the undeserving? Refugees, asylum seekers and welfare in Britain, in: CSP, 2002, Vol. 22, S. 456 ff.

Salmimies, Okka-Pekka: Die asylpolitischen Richtlinien und Minderheitenrechte Finnlands, in: AWR-Bulletin 1993, S. 219 ff.

Sandersjö Håkan/ Kurt Björk: Utlänningsärenden – Praxis. Utlännningsnämndens och regeringens beslut 1995 års utgåva, Göteborg 1995, zitiert: Sandersjö, Utlänningsärenden.

Schah, Prakash/ Curtis Francis Doebbler (Hrsg.): United Kingdom Asylum Law in its European Context, London 1999, zitiert: Bearbeiter, in: Schah/Doebbler, (Hrsg.), U.K. Asylum Law.

Schelter, Kurt: Innenpolitische Zusammenarbeit in Europa zwischen Maastricht und Regierungskonferenz 1996, in: ApuZ 1996, S. 19 ff.

Schenk, Karl-Heinz: Die Entwicklung des Asylrechts in der 50 jährigen Rechtssprechung des BVerfG, in: NVwZ 2002, S. 801 ff.

Seanger, Michael: Die Rechtsstellung der bosnisch-herzogewinischen Kriegsflüchtlinge, in: ZAR 1997, S. 173 ff.

Schieffer, Martin: Die Zusammenarbeit der EU-Mitgliedstaaten in den Bereichen Einwanderung und Asyl, Baden-Baden 1998, zitiert: Schieffer, Zusammenarbeit.

Schmahl, Stefanie: Die Vergemeinschaftung der Asyl und Flüchtlingspolitik, in: ZAR 2001, S. 3 ff.

Schoch, Friedrich: Asyl- und Ausländerrecht in der Europäischen Gemeinschaft, in: DVBl 1992, S. 525 ff.

Schoenemann, Peter: Das deutsche Asylrecht im Licht der europäischen Asylrechtsharmonisierung und des nationalen Asylrechts in Europa, in: NVwZ 1997, S. 1049 ff.

Schrammel, Walter: Rechtsfragen der Ausländerbeschäftigung, Wien 1995, zitiert, Schrammel, Ausländerbeschäftigung.

Schwarze, Jürgen (Hrsg.): EU-Kommentar, Baden-Baden 2000, zitiert: Bearbeiter, in: Schwarze, EU-Kommentar.

Schwarze, Jürgen: Europäische Verfassungspersektiven nach Nizza, in: NJW 2002, S. 993 ff.

Schweitzer, Michael: Europäische Gemeinschaft und Asylrecht, in: ZAR 1992, S. 147 ff.

Schweitzer, Michael: Das Asylrecht im Europäischen Gemeinschaftsrecht, in: Baur Jürgen/ Peter-Christian Müller-Graff/Manfred Zuleeg (Hrsg.), Festschrift für Bodo Börner zum 70. Geburtstag, Europarecht - Energierecht - Wirtschaftsrecht, Köln, Berlin, Bonn, München 1992, zitiert: Schweitzer, in: Festschrift Börner.

Seidel, Gerd: Handbuch der Grund- und Menschenrechte auf staatlicher, europäischer und universeller Ebene, Baden-Baden 1996, zitiert: Seidel, Handbuch.

Seidl-Hohenveldern, Ignatz: Völkerrecht, Köln, Berlin, Bonn, München, 1997, zitiert: Seidl-Hohenverldern, Völkerrecht.

Shaw, Malcom N.: International Law, Cambridge, New York, Melbourne, 1997, zitiert: Shaw, International Law.

Simma, Bruno: Der Schutz wirtschatlicher und sozialer Rechte durch die Vereinten Nationen, in: VRÜ 25, 1992, S. 382 ff.

Simpson, Gerald: Asylum and Immigration in the European Union after the Treaty of Amsterdam, in: EPL 1999, S. 91 ff.

Sitaropoulos, Nicholas: Greek immigration and refugee law-an update, in: Imm. & Nat. Law & Pract. 1994, Vol. 8, S. 57 ff.

Sitaropoulos, Nicholas: Refugee welfare in Greece: towards a remodelling of the responsibility-shifting paradigm?, in: CSP 2002, Vol. 22, S. 436 ff.

Skordas, Achilles: The new refugee legislation in Greece, in: IJRL 1999, Vol. 11, Nr. 4, S. 678 ff.

Skordas, Achilles: The new immigration law in Greece: Modernization on the wrong track, in: EJML 2002, Nr. 4, S. 23 ff.

Société française pour le droit international (Hrsg.): Droit d'asile et des réfugies, Paris 1997, zitiert, Bearbeiter, in: Société française, Droit d'asile.

Sousa Pinhero, Alexandre: Le droit d'asile au Portugal, in: ERPL/REDP, Vol. 7, No. 3 1995, S. 867 ff.

Sommermann, Karl-Peter: Die Bedeutung der Rechtsvergleichung für die Fortentwicklung des Staats- und Verwaltungsrechts in Europa, in: DÖV 1999, S. 1017 ff.

Stabenow, Michael: Meilensteine und Trippelschritte, F.A.Z. vom 14.12.2001, S. 8.

Stavropoulou, Maria: Refugee Law in Greece, in: IJRL 1994, S. 53 ff.

Stavropoulou, Maria: The Practice of the Greek Appeals Board: A Major Leap Ahead, in: IJRL 1999, Vol. 12, Nr. 1, S. 90 ff.

Storey, Hugo: Implications of Incorporation of the ECHR in the Immigration and Asylum Context: Some Challenges for Judicial Decision-making, in: E.H.R.L.R 1998, S. 452 ff.

Streinz, Rudolf: Europarecht, 5. Auflage, 2001, zitiert: Streinz, Europarecht.

Streinz, Rudolf: Der Vertrag von Amsterdam, in: EuZW 1998, S. 137 ff.

Streit, Christian: Das Zweite Gesetz zur Änderung des Asylbewerberleistungsgesetzes, in: ZAR 1998, S. 266 ff.

Streit, Christian/ Frank Hüschmann: Das Zweite Gesetz zur Änderung des Asylbewerberleistungsgesetzes, in: ZAR 1998, S. 266 ff.

Sudre, Frédéric: Les „obligatios positives" dans la juridprudence européenne des droits de l'homme, in: RTDH, 1995, S. 363 ff.

Taschner, Hans-Claudius: Schengen oder die Abschaffung der Personenkontrollen an den Binnengrenzen der EG, Saarbrücken 1990, zitiert: Taschner, Schengen.

Tausch, Christian: Die Umsetzung der europäischen Asylpolitik im deutschen Recht: Bilanz und Ausblick, in: NVwZ 2002, Beilage NR. I 8/2002, S. 81 ff.

Tomuschat, Christian: Asylrecht in der Schieflage, in: EuGRZ 1996, S. 381 ff.

Thun-Hohenstein, Christoph: Der Vertrag von Amsterdam, Wien 1997, zitiert: Thun-Hohenstein, Der Vertrag von Amsterdam.

Tiemann, Axel: Der Schutzbereich des Art. 2 II 2 GG. Zum Grundrecht auf Bewegungsfreiheit im Asylverfahrensrecht, in: NVwZ 1987, S. 10 ff.

Treiber, Wilhelm: Flüchtlingstraumatisierung im Schnittfeld zwischen Justiz und Medizin, in: ZAR 2002, S. 282 ff.

Türk, Volker: Das Flüchtlingshochkommissariat der Vereinten Nationen (UNHCR), Berlin 1992, zitiert: Türk, Flüchtlingshochkommissariat.

Turpin, Dominique: La loi n°98-349 du 11 mai 1998 relative à l'entrée et au séjour des étrangers en France et au droit d'asile, in: Revue critique de droit international privée, N° 1, 1998, S. 521 ff.

Uibopuu, Henn-Jüri: Der Schutz der Flüchtlinge im Rahmen des Europarates, in: ArchVR, Band 21, 1983, S. 60 ff.

Van Buren, Geraldine: The International Law on the Rights of the Child, Dordrecht, Boston, London 1995, zitiert: Van Buren, Rights of the Child.

Vandercam, P.: De asielprocedure in haar hiudige vorm, kort eschetst, Tijdschrift voor Vremdelingenrecht, 2000, S. 3 f.

Van Dijk Pieter/ Godefridus van Hoof (Hrsg.): Theory and Practice of the European Convention on Human Rights, The Hague 1998, zitiert: Van Dijk/Van Hoof, European Convention.

Van der Krieken, P.J.: The Asylum Aquis Handbook, The Hague 2000, zitiert: Bearbeiter, in: v. d. Krieken, Aquis Handbook.
Van Selm, Johanne: Asylum in the Netherlands: A hazy shade of puple, in: JRS 2000, S. 74 ff.
Vassilouni, Stravròula (Hrsg): Aspect of the protection of individual and social rights, Athens 1995, zitiert: Bearbeiter, in: Vassilouni, (Hrsg,), Aspect of protection.
Velu; Jacques/ Rusen Ergec: La convention européenne des droits de l'homme, Bruxelles 1990, zitiert: Velu/Ergec, La Convention.
Verdross, Alfred/ Bruno Simma: Universelles Völkerrecht, Theorie und Praxis, Berlin 1984, zitiert, Verdross/Simma, Völkerrecht.
Verdrussen, Marc/ Donatienne de Bruyn: Le droit des étrangers à l'aide sociale en Belgique, in: Administration publique, 1998, Band 22, S. 302 ff.
Vierdag, E.W.: The legal nature of the rights grantes by the International Convent on Economic, Social and Cultural Rights, in: NYIL 1978, Vol.9, S. 69 ff.
Villiger, Mark E.: Handbuch der Europäischen Menschenrechtskonvention (EMRK), Zürich 1999, zitiert, Villiger, Handbuch.
Vincenzi, Stefano: Italy, a Newcomer with a Positive Attitude ? in: JRS, Vol. 13, No. 1, 2000, S. 91 ff.
Vitzthum, Wolfgang Graf (Hrsg.): Völkerrecht, Berlin, New York 1997, zitiert: Bearbeiter, in: Vitzthum (Hrsg.), Völkerrecht.
Von Bogdandy, Armin/ Claus-Dieter Ehlermann (Hrsg.): Konsolidierung in Kohärenz des Primärrechts nach Amsterdam, EuR 1998, Beiheft 2, Baden-Baden 1998, zitiert: Bearbeiter, in: v.Bogdandy/Ehlermann, Konsolidierung.
Von Bogdandy, Armin: The European Union as a Human Rights Organization? Human Rights and the Core of the European Union, in: CML Rev. 2002, S. 1307 ff.
Waldstein, Michael: Das Asylgrundrecht im europäischen Kontext. Wege einer europäischen Harmonisierung des Asyl- und Flüchtlingsrechts, Frankfurt am Main 1993.
Watt, Bob: HIV/AIDS and European Human Rights Law, in: E.H.R.L.R. 2000, S. 54.
Weber, Albrecht: Die Harmonisierung der europäischen Einwanderungs- und Asylpolitik, in: ZRP, 1993, S. 170 ff.
Weber, Albrecht: Möglichkeiten und Grenzen europäischer Asylrechtsharmonisierung, in: ZAR 1998, S. 147 ff.
Weber, Albrecht: Ansätze zu einem gemeineuropäischen Asylrecht, in: EuGRZ 1999, S. 301 ff.
Weidenfeld, Werner/ Wolfgang Wessels (Hrgs.): Jahrbuch der Europäischen Integration 1991/92, Bonn 1992, zitiert: Bearbeiter, in: Weidenfeld/Wessels (Hrsg.), Jahrbuch 1991/92.

Weidenfeld, Werner/ Wolfgang Wessels (Hrgs.): Jahrbuch der Europäischen Integration 1998/1999, Bonn 1992, zitiert: Bearbeiter, in: Weidenfeld/Wessels (Hrsg.), Jahrbuch 1998/99.

Weidenfeld, Werner/ Wolfgang Wessels (Hrgs.): Jahrbuch der Europäischen Integration 2000/2002, Bonn 1992, zitiert: Bearbeiter, in: Weidenfeld/Wessels (Hrsg.), Jahrbuch 2000/01.

Welte, Hans-Peter: Ausländerrecht, Baden-Baden, 2000, zitiert: Welte, Ausländerrecht.

Winkler, Sebastian: Der Beitritt der Europäischen Gemeinschaft zur Europäischen Menschrechtskonvention, Konstanz 1999, zitiert: Winkler, Der Beitritt.

Winkler, Sebastian: Der Europäische Gerichtshof für Menschenrechte, das Europäische Parlament und der Schutz der Konventionsgrundrechte im Europäischen Gemeinschaftsrecht, in: EuGRZ 2001, S. 18 ff.

Wikrén, Gerhard/ Håkan Sandesjö: Utlänningslagen, med kommentarer, Stockholm 1999, zitiert: Wirkén, Utlänningslgen.

Wollenschläger, Michael/ Ulrich Becker: Harmonisierung des Asylrechts in der EG und Art. 16 Abs. 2 S. 2 GG, in: EuGRZ, 1990 S. 1 ff.

Wollenschläger; Michael: Das Asyl- und Einwanderungsrecht der EU, in: EuGRZ 2001, S. 354 ff.

Wollenschläger, Michael: Europäisierung des Flüchtlingsrechts, in: AWR-Bulletin 2001, Nr. 1-2, S. 4 ff.

Wolter, Miriam: Auf dem Weg zu einem gemeinschaftlichen Asylrecht in der Europäischen Union. Rechtsvergleichende Betrachtung des materiellen Asylrechts der EU-Mitgliedstaaten im Hinblick auf eine Vergemeinschaftung der Materie, Kiel 1998, zitert: Wolter, Asylrecht in der EU.

Zacher, Hans. F.: Wird es einen europäischen Sozialstaat geben?, in: EuR 2002, S. 147 ff.

ZDWF (Hrsg.): Art. 16 a GG und seine Folgen. Rechtliche und praktische Auswirkungen der beabsichtigten Verfassungs- und Gesetzesänderungen für Flüchtlinge, ZDWF -Schriftenreihe Nr. 53, Bonn 1993.

Zimmermann, Andreas: Der Vertrag von Amsterdam und das deutsche Asylrecht, in: NVwZ 1998, S. 450 ff.

Zuleeg, Manfred (Hrsg.): Ausländerrecht und Ausländerpolitik in Europa, Baden-Baden 1987, zitiert: Bearbeiter, in: Zuleeg, (Hrsg.), Ausländerrecht.

Zuleeg, Manfred: Zum Verhältnis nationaler und europäischer Grundrechte, in: EuGRZ 2000. S. 511 ff.

Materialien:

British Refugee Council: Comments from the British Refugee Council on the European Commission's proposal for the Council Directive laying down minimum standards on the reception of applicants for asylum in Member States, June 2001, zitiert: British Refugee Council, Comments. Abrufbar unter: http://www.ecre.org (Stand Februar 2003).

ECRE: Comments from the European Council on Refugees and Exiles on the proposal for a Council Directive laying down minimum standards on the reception of applicants for asylum in Member States, zitiert: ECRE, Comments. Abrufbar unter http://www.ecre.org (Stand Februar 2003).

ECRE: Country Report 2001, zitiert: ECRE, Country Report. Abrufbar unter: http//:www.ecre.org (Stand Februar 2003).

Europäisches Parlament: Bericht über den Vorschlag für eine Richtlinie des Rates zur Festlegung von Mindestnormen für die Aufnahme von Asylbewerbern in den Mitgliedstaaten (KOM (2001) 181 - C 5-0248/2001 - 2001/0091 (CNS)), Ausschuß für die Freiheiten und Rechte der Bürger, Justiz und Innere Angelegenheiten, Dokument Nr. A5-0112/2002, zitiert: Europäisches Parlament, Bericht. Abrufbar unter: http://www.europa.eu.int (Stand Februar 2003).

Danish Refugee Council: Legal and Social Conditions for Asylum Seekers and Refugees in Western European Countries, Liebaut, Fabrice/Tanja Blichtfeldt Johnsen (Hrsg.), 2000, zitiert: DRC. Abrufbar unter: http://www.flygntning.dk (Stand Februar 2003).

PLS Ramboll: DG (Directorate General) for Justice and Home Affairs – Study on the legal framework and administrative practices in the Member States of the European Communities regarding reception conditions for persons seeking international protection. Final Report A: Comparative analysis of reception conditons for persons seeking protection in the Member States of the European Union, November 2000 zitiert: PLS-Ramboll, Final Report A.

PLS Ramboll: DG (Directorate General) for Justice and Home Affairs – Study on the legal framework and administrative practices in the Member States of the European Communities regarding reception conditions for persons seeking international protection. Final Report B: Reception conditions for persons seeking protection in the Member States of the European Union – 15 country profiles, November 2000, zitiert: PLS Ramboll.

UNHCR: Reception Standards for Asylum Seekers in the European Union, Part I: UNHCR Recommendations as Regards Harmonisation of Reception Standards for Asylum Seekers in the European Union, July 2000, zitiert: UNHCR, Part 1.

UNHCR: Reception Standards for Asylum Seekers in the European Union, Part II: Study on Reception Conditions of Asylum Seekers in the European Union, July 2000, zitiert: UNHCR.

UNHCR: UNHCR-Stellungnahme zum Vorschlag der Europäischen Kommission für eine Richtlinie des Rates zur Festlegung von Mindestnormen für die Aufnahme von Asylbewerbern in den Mitgliedstaaten, zitiert: UNHCR, Stellungnahme. Abrufbar unter http://www.unhcr.de (Stand Februar 2003).

AUGSBURGER SCHRIFTEN ZUM STAATS- UND VÖLKERRECHT

Herausgegeben von Professor Dr. Dieter Blumenwitz

Band 1 Fritz-Harald Wenig: Rechtsprobleme des innerdeutschen Handels.

Band 2 Wilfried Niedermeier: Der Beitritt der Bundesrepublik Deutschland zum Statut des Internationalen Gerichtshofes unter besonderer Berücksichtigung der obligatorischen Gerichtsbarkeit.

Band 3 Johann G. Gleich: Die Anerkennung der DDR durch die Bundesrepublik.

Band 4 Matthias Weigand: Der Vertrag über die gegenseitigen Beziehungen zwischen der Bundesrepublik Deutschland und der Tschechoslowakischen Sozialistischen Republik vom 11. Dezember 1973 - Eine völkerrechtliche Analyse.

Band 5 Werner Trützschler von Falkenstein: Die sich ändernde Bedeutung der Feindstaatenartikel (Artikel 53 und 107 der Satzung der Vereinten Nationen) für Deutschland.

Band 6 Reiner Schenk: Die Viermächteverantwortung für Deutschland als Ganzes, insbesondere deren Entwicklung seit 1969.

Band 7 Wolfgang Wagner: Die Verwirklichung der Menschenrechte im Pakt der Vereinten Nationen über bürgerliche und politische Rechte vom 16. Dezember 1966, im Grundvertrag und den ihn begleitenden Nebeninstrumenten.

Band 8 Ulrich Wacker: Der Konflikt verschiedener Rechtssysteme vor, während und nach der Kolonialzeit in Kenia.

Band 9 Wolfgang Enders: Der mexikanische Bundesstaat. Die politische und sozioökonomische Problematik eines föderalen Verfassungssystems in einem Land der "Dritten Welt".

Band 10 Heiner Hasford: Die Jurisdiktion der Europäischen Gemeinschaften. Zur extraterritorialen Wirkung des Gemeinschaftsrechts.

SCHRIFTEN ZUM STAATS- UND VÖLKERRECHT

Band 11 Wolf Dieter Remmele: Die Selbstdarstellung der Bundesrepublik Deutschland im Ausland durch den Rundfunk als Problem des Staats- und Völkerrechts.

Band 12 Elisabeth Lichtenstern: Die Gesetzgebung im Spannungsverhältnis zwischen Bund und Ländern.

Band 13 Peter Gassner: Kollektivmacht und Individualschutz im amerikanischen Arbeitsrecht.

Band 14 Helga Walter: Das Selbstverständnis des modernen Algeriens. Die historisch-nationalen und islamischen Elemente.

Band 15 Dieter Schütz: Der internationale ordre public. Der Ausschluß völkerrechtswidrigen fremden Rechts im Internationalen Privatrecht der Bundesrepublik Deutschland.

Band 16 Klaus-Peter Kißler: Die Zulässigkeit von Wirtschaftssanktionen der Europäischen Gemeinschaft gegenüber Drittstaaten.

Band 17 Rainhardt Freiherr von Leoprechting: Die neue Rohrwaffen-Artillerie-Munition im Lichte des I. Genfer Zusatzprotokolles vom 12. Dezember 1977. Zur Frage der Völkerrechtskonformität der Verteidigung der Bundesrepublik Deutschland mit modernen konventionellen Artilleriesystemen.

Band 18 Roland Steinmeyer: Die Schiffsgläubigerrechte im südafrikanischen nationalen und internationalen Privatrecht. Eine rechtsvergleichende Darstellung unter Einbeziehung des englischen und deutschen internationalen Privatrechts und unter besonderer Berücksichtigung des ordre public.

Band 19 Martin C. Ney: Der Einsatz von Atomwaffen im Lichte des Völkerrechts. Summary: The Use of Nuclear Weapons and International Law.

Band 20 Teodoro Ribera Neumann: Das chilenische Verfassungsgericht und das deutsche Bundesverfassungsgericht - Ein Rechtsvergleich -. 1985.

Band 21 Theodora Antoniou: Europäische Integration und griechische Verfassung. 1985.

Band 22 Georg Teyssen: Deutschlandtheorien auf der Grundlage der Ostvertragspolitik. 1987.

Band 23 Karin Klüpfel: Selbstbestimmung durch Assoziation. Die Assoziation als Verwirklichung des Selbstbestimmungsrechts der Völker - dargestellt am Beispiel von Puerto Rico. 1987.

Band 24 Friedrich Dehner: Die Stellung Berlins im Bundesrat. 1987.

Band 25 Thilo Morhard: Die Rechtsnatur der Übereinkommen der Internationalen Arbeitsorganisation. Zugleich ein Beitrag zur Lehre vom "soft law". 1988.

Band 26 Ralf Jahn: Ansiedlung von Einzelhandelsgroßprojekten (§ 11 Abs. 3 BauNVO 1977). Zur Frage der Bestimmtheit grundrechtsbeschränkender Eingriffsnormen. 1988.

Band 27 Wolfgang Götzer: Der völkerrechtliche Status der Donau zwischen Regensburg und Kelheim. Eine völkerrechtliche Untersuchung des Donauabschnittes Regensburg - Kelheim unter Einbeziehung der gesamten deutschen Donau. 1988.

Band 28 Michael Hakenberg: Die Iran-Sanktionen der USA während der Teheraner Geiselaffäre aus völkerrechtlicher Sicht. 1988.

Band 29 Renate Oxenknecht: Der Schutz ethnischer, religiöser und sprachlicher Minderheiten in Art. 27 des Internationalen Paktes über bürgerliche und politische Rechte vom 16. Dezember 1966. 1988.

Band 30 Raphael Quarshie Avornyo: Deutschland und Togo. (1847-1987). 1988.

Band 31 Friedrich Frhr. Waitz von Eschen: Die völkerrechtliche Kompetenz der Vier Mächte zur Gestaltung der Rechtslage Deutschlands nach dem Abschluß der Ostvertragspolitik. 1988.

Band 32 Gisela Süß: Die Zulassung von Zahnärzten aus dem EG-Bereich zur deutschen Kassenarztpraxis. Ein Beitrag zu Standort und Bedeutung der Grundrechte im Europäischen Gemeinschaftsrecht. 1988.

Band 33 Meggy Steffens: Die deutsche Ostpolitik im Spiegel publizistischer Stellungnahmen in den USA 1969-1973. 1988.

Band 34 Norbert Karl Riedel: Der Einsatz deutscher Streitkräfte im Ausland - verfassungs- und völkerrechtliche Schranken -. 1989.

Band 35 Heidi Dünisch: Der Mundatwald - Zur Bereinigung letzter Kriegsfolgenprobleme zwischen Deutschland und Frankreich.1989.

Band 36 Sabine Niedermeyer-Krauß: Kommunalwahlrecht für Ausländer und Erleichterung der Einbürgerung. Integrationsmöglichkeiten für Ausländer aus verfassungs- und europarechtlicher Sicht. 1989.

Band 37 Dirk-Hermann Voß: Regionen und Regionalismus im Recht der Mitgliedstaaten der Europäischen Gemeinschaft: Strukturelemente einer Europäischen Verfassungsordnung. 1989.

Band 38 Tilo Klinner: Satellitenfernerkundung im Völkerrecht. Inwieweit existiert ein völkerrechtlicher Datenschutz? 1989.

Band 39 Barbara Schmidt: Die Erweiterung der seewärtigen Hoheitsrechte der Bundesrepublik Deutschland und der DDR unter besonderer Berücksichtigung deutschlandrechtlicher Probleme. 1989.

Band 40 Hans-Joachim Brauns: Wiedervereinigung und europäische Integration. 1990.

Band 41 Gilbert-Hanno Gornig: Der Hitler-Stalin-Pakt. Eine völkerrechtliche Studie. 1990.

Band 42 Gudrun Lehnberger: Kommunale Entwicklungshilfe. Eine Aufgabe der Gemeinden? - Bestandsaufnahme und rechtliche Würdigung unter besonderer Berücksichtigung der bayerischen Verwaltungspraxis. 1990.

Band 43 Heike Kaup: Der Schwangerschaftsabbruch aus verfassungsrechtlicher Sicht. Eine rechtsvergleichende Untersuchung anhand des deutschen und des amerikanischen Rechts. 1991.

Band 44 Bernadette Steinmeyer: Verfassungsrechtliche Ansätze zur Neuordnung der multirassischen Gesellschaft Südafrikas unter Berücksichtigung des Vorschlages des Verhandlungsforums der "KwaZulu/Natal Indaba". 1991.

Band 45 Burkhard Schöbener: Die amerikanische Besatzungspolitik und das Völkerrecht. 1991.

Band 46 Christian Raap: Die Souveränität der Bundesrepublik Deutschland unter besonderer Berücksichtigung des militärischen Bereichs und der deutschen Einheit. 1992.

Band 47 Andrea Wagner: Der argentinisch-chilenische Konflikt um den Beagle-Kanal. Ein Beitrag zu den Methoden friedlicher Streiterledigung. 1992.

Band 48 Ralf Wittkowski: Die Staatensukzession in völkerrechtliche Verträge unter besonderer Berücksichtigung der Herstellung der staatlichen Einheit Deutschlands. 1992.

Band 49 Michael Piazolo: Das Recht auf Abtreibung als Teilaspekt des Right of Privacy. 1992.

Band 50 Silke Wenk: Das konfiszierte deutsche Privatvermögen in Polen und der Tschechoslowakei. Die Rechtslage nach Abschluß des deutsch-polnischen und deutsch-tschechoslowakischen Nachbarschaftsvertrages. 1993.

Band 51 Antje Kießwetter: Die Verfassungsentwicklung in Namibia. 1993.

Band 52 Angelika Kleffner-Riedel: Regionalausschuß und Subsidiaritätsprinzip. Die Stellung der deutschen Bundesländer nach dem Vertrag über die Europäische Union. 1993.

Band 53 Jerzy Kranz: Entre l'influence et l'intervention. Certains aspects juridiques de l'assistance financière multilatérale. 1994.

Band 54 Knut Kettwig: Rechtsgrundlagen dezentraler grenzüberschreitender Zusammenarbeit im deutsch-polnischen und deutsch-tschechischen Grenzraum. 1994.

Band 55 Ulrich Seidenberger: Die diplomatischen und konsularischen Immunitäten und Privilegien. Ein Beitrag zur Diskussion über die Reformbedürftigkeit des Diplomaten- und Konsularrechts aus staats- und völkerrechtlicher Sicht. 1994.

Band 56 Christian Schede: Bundesrat und Europäische Union. Die Beteiligung des Bundesrates nach dem neuen Artikel 23 des Grundgesetzes. 1994.

Band 57 Florian Prugger: Die Nachfolge in das Vermögen der ehemaligen DDR. Ein Beitrag zu Art. 21 ff Einigungsvertrag unter besonderer Berücksichtigung der Firma F.C. Gerlach des Bereichs Kommerzielle Koordinierung. 1994.

Band 58 Mark Zimmer: Einsätze der Bundeswehr im Rahmen kollektiver Sicherheit. Staats- und völkerrechtliche Grundlagen unter Berücksichtigung des BVerfG-Urteils vom 12.07.1994. 1995.

Band 59 Gerd von Laffert: Die völkerrechtliche Lage des geteilten Zypern und Fragen seiner staatlichen Reorganisation. 1995.

Band 60 Wolfram Schneeweiß: Die rechtliche Stellung der Indianerstämme innerhalb der Vereinigten Staaten von Amerika. Ein Modell für den Schutz der *indigenous peoples*. 1995.

Band 61 Marianne Janik: Möglichkeiten und Grenzen einer gemeinsamen Exportkontrolle für sensitive Waren und Dienstleistungen im Lichte des europäischen Gemeinschaftsrechts. 1995.

Band 62 Michael Brems: Die politische Integration ethnischer Minderheiten aus staats- und völkerrechtlicher Sicht. 1995.

Band 63 Martin Vocke: Verfassungsinterpretation und Normbegründung - Grundlegung zu einer prozeduralen Theorie der Verfassungsgerichtsbarkeit. 1995.

Band 64 Stefan von der Beck: Die Konfiskationen in der Sowjetischen Besatzungszone von 1945 bis 1949. Ein Beitrag zu Geschichte und Rechtsproblemen der Enteignung auf besatzungsrechtlicher und besatzungshoheitlicher Grundlage. 1996.

Band 65 Stephanie Baer: Der Zerfall Jugoslawiens im Lichte des Völkerrechts. 1995.

Band 66 Christine Sauerwald: Die Unionsbürgerschaft und das Staatsangehörigkeitsrecht in den Mitgliedstaaten der Europäischen Union. 1996.

Band 67 Silke Buchner: Die Rechtswidrigkeit der Taten von "Mauerschützen" im Lichte von Art. 103 II GG unter besonderer Berücksichtigung des Völkerrechts. Ein Beitrag zum Problem der Verfolgung von staatlich legitimiertem Unrecht nach Beseitigung des Unrechtssystems. 1996.

Band 68 Bernd Weiß: Einführung und Umsetzung der Europäischen Charta der kommunalen Selbstverwaltung in Deutschland, insbesondere in Bayern und Nordrhein-Westfalen. 1996.

Band 69 Gesine Katharina Neumann: Boliviens Recht auf freien Zugang zum Pazifik. Zur völkerrechtlichen Problematik des Zugangs der Binnenstaaten zum Meer. 1997.

Band 70 Elvira Pfrang: Das Verhältnis zwischen Europäischem Gemeinschaftsrecht und deutschem Recht nach der Maastricht-Entscheidung des Bundesverfassungsgerichts. Eine Studie zu den Konflikten beider Rechtsordnungen auf dem Gebiet des Grundrechtsschutzes und der Kompetenzen. 1997.

Band 71 Dieter Blumenwitz / Burkhard Schöbener: Stabilitätspakt für Europa. Die Sicherstellung mitgliedstaatlicher Haushaltsdisziplin im Europa- und Völkerrecht. 1997.

Band 72 Matthias Weinberg: Schutz der deutschen Minderheit in Polen nach den Weltkriegen. Ein Vergleich unter Berücksichtigung der aktuellen Rechtslage. 1997.

Band 73 Reinhard Müller: Der "2+4-Vertrag und das Selbstbestimmungsrecht der Völker. 1997.

Band 74 Stefan Strobl: Das Nichtverbreitungsregime für Kernwaffen nach 1995 und der freie Zugang zu nuklearen Technologien und Materialien. 1997.

Band 75 Christine Weber: Das Gegenzeichnungsrecht unter besonderer Berücksichtigung der Verfassung des Fürstentums Liechtenstein. 1997.

Band 76 Stephan Semrau: Die Gemeinsame Außen- und Sicherheitspolitik der Europäischen Union. 1998.

Band 77 Marcus Schultz: Die Auslandsentsendung von Bundeswehr und Bundesgrenzschutz zum Zwecke der Friedenswahrung und Verteidigung. Völker- und verfassungsrechtliche Analyse unter besonderer Berücksichtigung der Entscheidung des Bundesverfassungsgerichtes zum Einsatz deutscher Streitkräfte vom 12. Juli 1994. 1998.

Band 78 Benedikt P. Kuttenkeuler: Die Verankerung des Subsidiaritätsprinzips im Grundgesetz. Ein Beitrag zur Bedeutung des Subsidiaritätsprinzips für die Kompetenzabgrenzung im Bundesstaat. 1998.

Band 79 Winfried Bausback: Verfassungsrechtliche Grenzen des Wahlrechts zum Deutschen Bundestag. 1998.

Band 80 Elvira Pfrang: Towards Liberalisation of the European Electricity Markets. The Directive concerning Common Rules for an Internal Market in Electricity in the Frame of the Competition and Internal Market Rules of the EC-Treaty. 1999.

Band 81 Alexander Wolf: Prozessuale Probleme des „Maastricht"-Urteils des Bundesverfassungsgerichts. 1999.

Band 82 Jürgen Bartl: Die humanitäre Intervention durch den Sicherheitsrat der Vereinten Nationen im "Failed State". Das Beispiel Somalia. 1999.

Band 83 Thomas Gnielinski: Die Reform des deutschen Staatsangehörigkeitsrechts. Eine Analyse und Bewertung der vorliegenden Gesetzesvorhaben. 1999.

Band 84 Margarita González: Der völkerrechtliche Status des Panamakanals nach Ablauf der Übergangszeit im Jahr 1999. 2000.

Band 85 Petra Johnen: Die Verfassungsentwicklung Südafrikas unter besonderer Berücksichtigung der verfassunggebenden Gewalt des Volkes. 2001.

Band 86 Markus Allstadt: Die offene Völkerrechtslage im deutsch-tschechischen Verhältnis und ihre Bedeutung für die Osterweiterung der Europäischen Union. Zugleich Überlegungen zu den Auswirkungen zwingenden Völkerrechts in der Vertriebenenfrage. 2000.

Band 87 Gerrit Aschmann: Europol aus Sicht der deutschen Länder. 2000.

Band 88 Mark Weber: Der Berlin-Status im intertemporalrechtlichen Konflikt. Dargestellt am Beispiel von Grundstücksenteignungen im Ostteil Groß-Berlins. 2001.

Band 89 Heidi Hellwig: Die Staatsangehörigkeit als Anknüpfung im deutschen IPR. Unter besonderer Berücksichtigung des Gesetzes zur Reform des Staatsangehörigkeitsrechts. 2001.

Band 90 Aline Bruer-Schäfer: Der Internationale Strafgerichtshof. Die Internationale Strafgerichtsbarkeit im Spannungsfeld von Recht und Politik. 2001.

Band 91 Andreas Rosenfeld: Die Verfassungsentwicklung von Mosambik. Ein Beitrag zur rechtsstaatlichen Transformation im südlichen Afrika. 2001.

Band 92 Markus Pallek: Der Minderheitenschutz im deutschen Verfassungsrecht. Eine analytische Untersuchung des Begriffs sowie der bundes- und landesverfassungsrechtlichen Stellung der ethnischen, nationalen, sprachlichen, kulturellen und religiösen Minderheiten in der Bundesrepublik Deutschland vor dem Hintergrund der völker- und europarechtlichen Rahmenbedingungen. 2001.

Band 93 Ansgar Firsching: Die Samen, ihre Rechtsstellung in Schweden und ihre Rechtsstellung im Lichte der Indigenous Peoples weltweit. 2002.

Band 94 Jörg Dunker: Regionale Integration im System des liberalisierten Welthandels. EG und NAFTA im Vergleich. 2002.

Band 95 Katharina Wodarz: Gewaltverbot, Menschenrechtsschutz und Selbstbestimmungsrecht im Kosovo-Konflikt. 2002.

Band 96 Grit Hokema: Immunität von Staatsoberhäuptern. 2002.

Band 97 Tido Oliver Hokema: Mehrfache Staatsangehörigkeit. Eine Betrachtung aus völkerrechtlicher und verfassungsrechtlicher Sicht. Unter Berücksichtigung des Staatsangehörigkeitsreformgesetzes vom 15. Juli 1999. 2002.

Band 98 Janet Kerstin Butler: Die Beteiligung von Privatpersonen am WTO-Streitbeilegungsverfahren. Bestandsaufnahme und Entwicklungsperspektiven. 2002

Band 99 Tobias H. Irmscher: Die Behandlung privater Beschwerden über systematische und grobe Menschenrechtsverletzungen in der UN-Menschenrechtskommission. Das 1503-Verfahren nach seiner Reform. 2002.

Band 100 Markus Voltz: Menschenrechte und ordre public im Internationalen Privatrecht. 2002.

Band 101 Sabine Schorer: Das Konsensprinzip in der internationalen Gerichtsbarkeit. 2003.

Band 102 Anja Weisgerber: Das Beweiserhebungsverfahren parlamentarischer Untersuchungsausschüsse des Deutschen Bundestages. 2003.

Band 103 Stephan Anstötz: Perspektiven zur staatlichen Neuordnung Zyperns. 2003.

Band 104 Eva Stumpf: Kulturgüterschutz im internationalen Recht unter besonderer Berücksichtigung der deutsch-russischen Beziehungen. 2003.

Band 105 Christian Malzahn: GATT-widrige *Treble Damages*-Klagen auf der Grundlage des US Antidumping Act 1916. Eine Untersuchung der Rechtsstellung beklagter deutscher Unternehmen im US-amerikanischen und deutschen Recht. 2003.

Band 106 Susanne Giannios: Ein Wasserregime im Nahen Osten. Rechtliche und politische Grundlagen und Perspektiven der internationalen Wasserverteilung im Jordanbecken. 2004.

Band 107 Jan Hübner: Das Verbrechen des Völkermordes im internationalen und nationalen Recht. 2004.

Band 108 Benjamin Krenberger: Deutschland im Spannungsfeld zwischen Europäischer Menschenrechtskonvention und nachzubefolgendem Besatzungsrecht. Reichweite der Verpflichtungen des souveränen Deutschlands nach der Liechtenstein-Entscheidung des Europäischen Gerichtshofes für Menschenrechte. 2004.

Band 109 Matthias Werner Schneider: Kommunaler Einfluß in Europa. Die Einflußnahme der Kommunen beim Europarat als Modell für die Europäische Union. KGRE, AdR und EKC als Säulen eines europäischen Kommunalschutzes. 2004.

Band 110 Bettina Gerber: Die Asylrechtsharmonisierung in der Europäischen Union. Unter besonderer Berücksichtigung der Richtlinie zur Festlegung von Mindestnormen für die Aufnahme von Asylbewerbern in den Mitgliedstaaten. 2004.

Kolibri 360 GmbH
Ferdinand-Jühlke-Straße 7
99095 Erfurt, Deutschland
produktsicherheit@kolibri360.de

Druck:
CPI Druckdienstleistungen GmbH
im Auftrag der
Kolibri 360 GmbH
Ferdinand-Jühlke-Str. 7
99095 Erfurt